Ihr Vorteil als Käufer dieses Buches

Auf der Bonus-Webseite zu diesem Buch finden Sie zusätzliche Informationen und Services. Dazu gehört auch ein kostenloser **Testzugang** zur Online-Fassung Ihres Buches. Und der besondere Vorteil: Wenn Sie Ihr **Online-Buch** auch weiterhin nutzen wollen, erhalten Sie den vollen Zugang zum **Vorzugspreis**.

So nutzen Sie Ihren Vorteil

Halten Sie den unten abgedruckten Zugangscode bereit und gehen Sie auf **www.galileocomputing.de**. Dort finden Sie den Kasten **Die Bonus-Seite für Buchkäufer**. Klicken Sie auf **Zur Bonus-Seite/Buch registrieren**, und geben Sie Ihren **Zugangscode** ein. Schon stehen Ihnen die Bonus-Angebote zur Verfügung.

Ihr persönlicher **Zugangscode**: `4qed-fvin-tcw5-gb8s`

Klaus M. Rodewig, Clemens Wagner

Apps entwickeln für iPhone und iPad

Das Praxisbuch

Liebe Leserin, lieber Leser,

haben Sie auch schon davon geträumt, die nächste Killer-App für iPhone und iPad zu schreiben? Mit diesem Buch geben Ihnen die beiden erfahrenen Autoren Klaus M. Rodewig und Clemens Wagner alles an die Hand, was Sie wissen müssen, damit Sie Ihre eigene App mit Objective-C und Cocoa Touch entwickeln können. Zahlreiche Praxisbeispiele zeigen Ihnen, wie Sie grundlegende Funktionen implementieren, ein ansprechendes User Interface entwickeln sowie Ihre App absichern und auf den verschiedenen Gerätetypen testen können. Natürlich kommt dabei auch nicht zu kurz, wie Sie Ihre Anwendung später im App Store von Apple veröffentlichen können.

Die Entwicklung von Anwendungen für iPhone und Co. ist alles andere als trivial und Sie werden nicht umhinkommen, sich mit vielen neuen Konzepten, Mustern und Objektklassen zu beschäftigen. Aber keine Sorge, unser Buch wird Sie sicher durch das Labyrinth des vollständigen Entwicklungsweges von der Konzeption bis zur Veröffentlichung begleiten. Natürlich berücksichtigen die Autoren bereits die aktuelle Version 5 des iOS und die Arbeit mit Xcode 4.

Dieses Buch wurde mit großer Sorgfalt lektoriert und produziert. Sollten Sie dennoch Fehler finden oder inhaltliche Anregungen haben, scheuen Sie sich nicht, mit uns Kontakt aufzunehmen. Ihre Fragen und Änderungswünsche sind uns jederzeit willkommen. Auch die Autoren stellen unter der URL *www.cocoaneheads.de* eine Website zur Verfügung, wo Sie weitere Informationen rund um die iOS-Programmierung finden.

Viel Vergnügen beim Lesen!

Wir freuen uns auf den Dialog mit Ihnen.

Ihr Stephan Mattescheck
Lektorat Galileo Computing

stephan.mattescheck@galileo-press.de
www.galileocomputing.de
Galileo Press · Rheinwerkallee 4 · 53227 Bonn

Auf einen Blick

1	Einführung	17
2	Einstieg in die Praxis	61
3	Aufwachen – analoger Wecker	145
4	Daten, Tabellen und Controller	231
5	Animationen und Layer	325
6	Programmieren, aber sicher	399
7	Jahrmarkt der Nützlichkeiten	457
A	Die Buch-DVD	505

Der Name Galileo Press geht auf den italienischen Mathematiker und Philosophen Galileo Galilei (1564–1642) zurück. Er gilt als Gründungsfigur der neuzeitlichen Wissenschaft und wurde berühmt als Verfechter des modernen, heliozentrischen Weltbilds. Legendär ist sein Ausspruch *Eppur si muove* (Und sie bewegt sich doch). Das Emblem von Galileo Press ist der Jupiter, umkreist von den vier Galileischen Monden. Galilei entdeckte die nach ihm benannten Monde 1610.

Lektorat Stephan Mattescheck
Fachgutachter Norbert M. Doerner
Korrektorat Friedericke Daenecke
Einbandgestaltung Barbara Thoben, Köln
Titelbild © Merve Karahan – istockphoto, © Maaster °[-.-]° – fotolia.com,
 © Yuri Arcurs – Fotolia.com
Typografie und Layout Vera Brauner
Herstellung Maxi Beithe
Satz Typographie & Computer, Krefeld
Druck und Bindung Bercker Graphischer Betrieb, Kevelaer

Dieses Buch wurde gesetzt aus der Linotype Syntax Serif (9,25/13,25 pt) in FrameMaker. Gedruckt wurde es auf chlorfrei gebleichtem Offsetpapier.

Gerne stehen wir Ihnen mit Rat und Tat zur Seite:
stephan.mattescheck@galileo-press.de bei Fragen und Anmerkungen zum Inhalt des Buches
service@galileo-press.de für versandkostenfreie Bestellungen und Reklamationen
britta.behrens@galileo-press.de für Rezensions- und Schulungsexemplare

Bibliografische Information der Deutschen Nationalbibliothek
Die Deutsche Nationalbibliothek verzeichnet diese Publikation in der Deutschen National-bibliografie; detaillierte bibliografische Daten sind im Internet über *http://dnb.d-nb.de* abrufbar.

ISBN 978-3-8362-1463-6

© Galileo Press, Bonn 2012
1. Auflage 2012

Das vorliegende Werk ist in all seinen Teilen urheberrechtlich geschützt. Alle Rechte vorbehalten, insbesondere das Recht der Übersetzung, des Vortrags, der Reproduktion, der Vervielfältigung auf fotomechanischem oder anderen Wegen und der Speicherung in elektronischen Medien. Ungeachtet der Sorgfalt, die auf die Erstellung von Text, Abbildungen und Programmen verwendet wurde, können weder Verlag noch Autor, Herausgeber oder Übersetzer für mögliche Fehler und deren Folgen eine juristische Verantwortung oder irgendeine Haftung übernehmen. Die in diesem Werk wiedergegebenen Gebrauchsnamen, Handelsnamen, Warenbezeichnungen usw. können auch ohne besondere Kennzeichnung Marken sein und als solche den gesetzlichen Bestimmungen unterliegen.

Im Gedenken an Steve Jobs

Inhalt

Geleitwort des Gutachters 13
Vorwort 15

1 Einführung 17

1.1 iOS 18
    1.1.1 Core OS 21
    1.1.2 Core Services 21
    1.1.3 Media 23
    1.1.4 Cocoa Touch 23
1.2 iOS-SDK 25
    1.2.1 Xcode 27
    1.2.2 Instruments 29
    1.2.3 Simulator 30
    1.2.4 Test auf dem iPhone 31
1.3 iOS-Hardware 32
1.4 Besonderheiten der Programmierung 36
    1.4.1 Speicher 37
    1.4.2 Akkulaufzeit 38
    1.4.3 Benutzerschnittstelle 39
    1.4.4 Sicherheit 42
    1.4.5 Der App Store 43
1.5 Objektorientierte Programmierung 44
    1.5.1 Objekte 46
    1.5.2 Vererbung 47
    1.5.3 Nachrichten 52
    1.5.4 Objective-C 53

2 Einstieg in die Praxis 61

2.1 Hefte raus, Klassenarbeit! – Die Arbeit mit Klassen 67
    2.1.1 Objekte erzeugen: alloc und init 70
    2.1.2 Objekte löschen: release und dealloc 72
    2.1.3 Initializer 75
    2.1.4 Accessoren 78
    2.1.5 Eigene Methoden 81
    2.1.6 Vererbung 84
    2.1.7 Kategorien 89
    2.1.8 Protokolle 93

2.2	Das erste iOS-Projekt	94
	2.2.1 Der Interface Builder	97
	2.2.2 Delegation	102
2.3	Model, View und Controller	108
	2.3.1 Der Aufbau des Musters	109
	2.3.2 Key-Value-Observing	111
	2.3.3 Target-Action-Mechanismus	113
	2.3.4 Controller in Cocoa Touch	114
2.4	Speicherverwaltung, Propertys und Key-Value-Coding	114
	2.4.1 Referenzenzählen in Objective-C	116
	2.4.2 Die Speicherverwaltungsregeln	119
	2.4.3 Propertys	124
	2.4.4 Key-Value-Coding	129
	2.4.5 Abschließende Bemerkungen	131
2.5	Automatisches Referenzenzählen	133
	2.5.1 Zurück in die Zukunft	133
	2.5.2 Weakie und die starken Zeiger	134
	2.5.3 Autoreleasepools	137
	2.5.4 Einzelgänger	138
	2.5.5 Migration bestehender Projekte	140

3 Aufwachen – analoger Wecker ... 145

3.1	Eigene View-Klassen in Cocoa Touch	145
	3.1.1 Zeichnen in Cocoa Touch	151
	3.1.2 Zeitberechnung	159
	3.1.3 View-Erzeugung über NIB-Dateien	161
	3.1.4 Aktualisierung der Zeitanzeige	163
	3.1.5 Wiederverwendbarkeit von Views	166
3.2	Views und Viewcontroller	167
	3.2.1 Outlets	168
	3.2.2 View-Hierarchien	175
	3.2.3 Actions	176
	3.2.4 Ereignisse	179
	3.2.5 Controlzustände und Buttons	182
	3.2.6 Direkte Gestenverarbeitung	185
	3.2.7 Übergänge	193
	3.2.8 Der Lebenszyklus eines Viewcontrollers	195
3.3	Lokale Benachrichtigungen	199
	3.3.1 Benachrichtigungen versenden ...	200
	3.3.2 ... und verarbeiten	202

3.4		Eine App für alle	206
	3.4.1	Das Retina Display	208
	3.4.2	Sprachkursus für die App	210
	3.4.3	Es funktioniert nicht	213
	3.4.4	Universelle Apps	213
3.5		Fehlersuche	215
	3.5.1	Logging	216
	3.5.2	Der Debugger	217
	3.5.3	Laufzeitfehler	221
3.6		Die App auf einem Gerät testen	222
	3.6.1	Das iOS Developer Program	224
	3.6.2	Entwicklungszertifikat und Entwicklungsprofile ..	224
	3.6.3	Profilprobleme	229

4 Daten, Tabellen und Controller 231

4.1		Benachrichtigungen	231
	4.1.1	Benachrichtigungen empfangen	231
	4.1.2	Eigene Benachrichtigungen verschicken	233
4.2		Core Data	234
	4.2.1	Datenmodellierung	235
	4.2.2	Implementierung von Entitätstypen	239
	4.2.3	Einbindung von Core Data	240
	4.2.4	Der Objektkontext	242
	4.2.5	Die Nachrichten des Objektkontexts	243
	4.2.6	Anlegen und Ändern von Entitäten in der Praxis ..	244
4.3		View-Rotationen	246
	4.3.1	Flexible Views dank der Autoresizingmask	247
	4.3.2	Lang lebe das Rotationsprinzip	249
	4.3.3	Anpassung des Layouts	251
4.4		Texte, Bilder und Töne verwalten	253
	4.4.1	Die Tastatur betritt die Bühne	254
	4.4.2	Fotos aufnehmen	259
	4.4.3	Töne aufnehmen und abspielen	267
4.5		Tableviews und Core Data	278
	4.5.1	Tableviews	279
	4.5.2	Tabellenzellen gestalten	281
	4.5.3	Buttons in Tabellenzellen	286
	4.5.4	Zellen löschen	287
	4.5.5	Core Data II: Die Rückkehr der Objekte	287
	4.5.6	Prädikate	289

		4.5.7	Aktualisierung des Tableviews	292
		4.5.8	Das Delegate des Fetchedresultscontrollers	294
		4.5.9	Tabelleneinträge suchen	298
	4.6	Containerviewcontroller		301
		4.6.1	Der Navigationcontroller	301
		4.6.2	Splitviewcontroller	309
		4.6.3	Der Pageviewcontroller	313
		4.6.4	Subview- und Containerviewcontroller	320

5 Animationen und Layer 325

	5.1	Modell und Controller		326
		5.1.1	iOS Next Topmodel	326
		5.1.2	View an Controller	329
		5.1.3	Modell an Controller	335
		5.1.4	Undo und Redo	337
		5.1.5	Unittests	341
	5.2	Als die Views das Laufen lernten		347
		5.2.1	Blockfunktionen in C	349
		5.2.2	Animationen mit Blöcken	353
		5.2.3	Transitionen	357
		5.2.4	Zur Animation? Bitte jeder nur einen Block!	358
	5.3	Core Animation		360
		5.3.1	Layer	360
		5.3.2	Vordefinierte Layerklassen	366
		5.3.3	Unser Button soll schöner werden	367
		5.3.4	Spieglein, Spieglein an der Wand	369
		5.3.5	Der bewegte Layer	372
		5.3.6	Der View, der Layer, seine Animation und ihr Liebhaber	376
		5.3.7	Die 3. Dimension	380
	5.4	Der Tabbar-Controller		383
		5.4.1	Aufbau einer Reiternavigation	383
		5.4.2	Für ein paar Controller mehr	384
	5.5	Was Sie schon immer über Instruments wissen wollten, aber nie zu fragen wagten		388
		5.5.1	Spiel mir das Lied vom Leak	390
		5.5.2	Ich folgte einem Zombie	394
		5.5.3	Time Bandits	396

6 Programmieren, aber sicher ... 399

- 6.1 Sicherheitsmechanismen von iOS ... 400
- 6.2 Bedrohungen, Angriffe, Sicherheitslücken und Maßnahmen ... 403
  - 6.2.1 Arten von Sicherheitslücken ... 405
- 6.3 Threat Modeling ... 406
  - 6.3.1 Erstellen eines Datenflussdiagramms ... 408
  - 6.3.2 STRIDE ... 414
  - 6.3.3 Generische Design-Grundsätze ... 421
  - 6.3.4 Threat Modeling aus der Tube – das Microsoft SDL Threat Modeling Tool ... 422
- 6.4 Sicherer Entwicklungszyklus ... 428
  - 6.4.1 Awareness ... 430
  - 6.4.2 Umgebung ... 432
  - 6.4.3 Training ... 433
  - 6.4.4 Dokumentation ... 434
  - 6.4.5 Requirements ... 434
  - 6.4.6 Design ... 436
  - 6.4.7 Implementierung ... 437
  - 6.4.8 Security-Testing ... 439
  - 6.4.9 Deployment ... 440
  - 6.4.10 Security Response ... 441
  - 6.4.11 Sicherheitsmetriken ... 441
  - 6.4.12 Abschließende Bemerkung ... 442
- 6.5 Sicherheit in der iOS-API ... 443
  - 6.5.1 Keychain ... 443
  - 6.5.2 Dateiattribute ... 451
  - 6.5.3 Jailbreak-Erkennung ... 452
  - 6.5.4 Event-Handling ... 456

7 Jahrmarkt der Nützlichkeiten ... 457

- 7.1 Xcode 4 ... 457
  - 7.1.1 Tabs ... 458
  - 7.1.2 Organizer ... 460
- 7.2 Das Buildsystem ... 462
  - 7.2.1 Workspaces, Projekte und Targets ... 462
  - 7.2.2 Klassen in Bibliotheken auslagern ... 463
  - 7.2.3 Bibliotheken wiederverwenden ... 469
  - 7.2.4 Konfigurationen ... 472

		7.2.5	Targets	476
		7.2.6	Schemata	481
	7.3	Ad-Hoc-Distributionen		485
		7.3.1	Geräteregistrierung	486
		7.3.2	Installation über das iPhone Konfigurationsprogramm	489
		7.3.3	Ad-Hoc-Distributionen über einen Webserver	491
	7.4	Versionsverwaltung mit Git		492
		7.4.1	Git und Xcode	493
		7.4.2	Git ohne Xcode	499
	7.5	Abschließende Bemerkung		503

A   Die Buch-DVD 505

Index 507

Geleitwort des Gutachters

Nichts weniger als das Ende des PCs will Apple mit seinen iPhones und iPads einläuten. Dieses überaus ambitionierte Projekt scheint im Moment noch weit in der Zukunft, und es scheint mir auch mehr als fraglich, ob es in allen Bereichen jemals Realität werden wird. Und doch, die aktuellen tragbaren iOS-Geräte verfügen über Rechenleistungen und Speicherkapazitäten, die vor wenigen Jahren nicht einmal in einem professionellen Entwickler-System anzutreffen waren.

Besonders interessant sind diese unglaublich erfolgreichen, kompakten Geräte aber auch, weil man für sie selbst Software schreiben kann. Wer schon mit der bewährten und mächtigen Klassenbibliothek Cocoa, und der dazu gehörigen Programmiersprache Objective-C zu tun hatte, um etwa für den Mac Programme zu entwickeln, wird sich im Cocoa Touch des iOS schnell zurecht finden, und mit diesem Buch eine wunderbare Einführung in die Eigenheiten der Programmierung dieser Post-PC Geräte bekommen.

Und gerade diejenigen, denen die eckigen Klammern von Objective-C spanisch vorkommen, oder die sich durch die Vielzahl der neu zu lernenden Konzepte, Muster und Objektklassen zunächst überfordert fühlen, finden hier eine überaus hilfreiche und detaillierte Landkarte, die den Weg zur erfolgreichen Entwicklung zeigt. Die Reise führt über Beschreibungen von Xcode und dem iOS SDK zu den Design-Prinzipien wie MVC und KVO. CoreData und Views dürfen auch nicht vergessen werden. Keine Sorge, wenn Sie das Buch komplett durchgearbeitet haben, werden Sie genau wissen, was ich meine.

Mit dem iOS-Simulator liefert Apple zu den Entwicklungswerkzeugen auch gleich eine sehr nützliche erste Möglichkeit, die neuen Programme sofort auszuprobieren, direkt auf dem eigenen Mac. Aber wie die Autoren rasch zeigen, kann das nur ein erster Anfang sein, dem ein echtes Testing auf real existierender Hardware folgen muss. Diese eigentlich für Apple eher untypisch komplizierte Ad-hoc Distribution wird in allen recht unerfreulichen und komplizierten Details gezeigt, damit Sie Ihre ersten Projekte auch erfolgreich auf einem echten iOS Gerät installieren und die Software dort ausprobieren können.

Richtig spannend beim Lesen war für mich als Gutachter das Kapitel zum Thema Sicherheit. Dieses zunehmend an Bedeutung gewinnende Problem wird in fast allen anderen Büchern einfach nicht erwähnt, dabei darf man es als Entwickler keineswegs übersehen. Hier zeigt sich die berufliche Erfahrung des Autoren-Duos. Durch sehr praxisbezogene Beispiele wird gezeigt, was so alles passieren kann, und was dagegen zu tun ist.

Natürlich ist das Entwickeln einer richtig guten iPhone- oder iPad-App kein Kinderspiel. Zu viele Details müssen beachtet werden, denn neben dem grundlegenden Funktionieren sollte natürlich auch auf die Sicherheit geachtet werden. Ebenso ist es für die zu Recht visuell reichlich verwöhnten Benutzer der iGeräte erforderlich, ein ansprechendes User Interface – vielleicht sogar von einem echten Designer gestaltet – zu realisieren. Aber zusätzlich ist es auch unvermeidlich, die Software auf den verschiedenen Geräteklassen ausgiebig zu testen. Mit diesem Buch können Sie sich das erforderliche Wissen für all diese Aufgaben erarbeiten, wenn es auch manchmal sehr komplex und der Weg sehr steinig erscheinen mag.

Halten Sie durch und schreiben Sie die nächste Killer-App für das iOS!

Langenhahn,
Norbert M. Doerner, Diplom-Informatiker
http://www.cdfinder.de

Vorwort

haben Sie vielen Dank dafür, dass Sie dieses Buch gekauft haben. Wir hoffen, dass Ihnen die Lektüre hilft, einen guten Einstieg in die Programmierung von Apps für iPhone und iPad zu finden. Für uns war eine große Praxisnähe bei der Themenauswahl wichtig, die wir an mehreren Projekten erläutern. Dabei steht aber nicht nur die reine Umsetzung der Projektidee im Vordergrund, sondern wir gehen auch auf die vielen Fallstricke bei der Programmierung mit Cocoa Touch ein. Aber auch einige Grundlagen sind für eine ernsthafte iOS-Entwicklung essenziell, und wir haben versucht, diese Themen durch Beispiele und Bilder möglichst anschaulich darzustellen.

Mit der Arbeit an dem Buch haben wir im Herbst 2010 begonnen, und zunächst sollte es auf Xcode 3 und iOS 4 basieren. Da damals Version 4.0 der Entwicklungsumgebung schon in den Startlöchern stand, entschieden wir uns aber relativ früh, darauf zu wechseln. Im Juni hat Apple auf der Worldwide Developers Conference (WWDC) 2011 Xcode 4.2 und iOS 5 vorgestellt. Diese Betriebssystemversion enthält sehr viele interessante Neuerungen, die selbst zwei alte Hasen wie uns begeistert haben. Und so haben wir bei unserem bis dahin noch freundlichen Lektor noch etwas Zeit herausgehandelt, um über Storyboards, Übergänge, Automatic Reference Counting und noch viele andere Features schreiben zu können.

Leider haben es am Ende dann nicht alle Themen ins Buch geschafft, die wir behandeln wollten, obwohl es wesentlich umfangreicher als geplant geworden ist. Aber irgendwann mussten wir den Sack ja mal zumachen. Inzwischen ist es schlicht unmöglich, jede Komponente des inzwischen riesigen Betriebssystems iOS in einem Buch angemessen vorzustellen. Wir haben aber großen Wert darauf gelegt, die grundlegenden Schritte und Komponenten für die Erstellung einer iOS-App vorzustellen. Natürlich erfolgte die Auswahl der Themen aber nicht nur nach objektiven Kriterien, sondern auch nach unseren persönlichen Vorlieben, und hoffentlich springt ein Teil unserer Begeisterung auf Sie über.

Es gibt auch eine Website zum Buch: Diese finden Sie unter der URL *http://www.cocoaneheads.de*. Neben vielen Themen, die wir Ihnen noch nahebringen möchten, finden Sie dort auch weitere Informationen rund um die iOS-Programmierung. Über die Webseite können Sie auch mit uns in Kontakt treten. Sie finden dort außerdem den Zugang zum Beispielcode aus diesem Buch. Da wahrscheinlich weder die Software noch das Buch frei von Fehlern sind, finden Sie dort die Errata.

Parallel zu iOS entwickelt Apple auch Xcode immer weiter. Seit dem Erscheinen der ersten Preview-Version von Xcode 4 im Herbst 2010 bis zur Fertigstellung des Manuskriptes im Herbst 2011 hat eine zweistellige Anzahl von Xcode-Versionen unsere Rechner passiert. Da die Entwicklung auch in Zukunft genauso rasant weitergehen wird, kann es vorkommen, dass einzelne Abbildungen von Xcode im Buch von der jeweils aktuellen Version abweichen. Lassen Sie sich dadurch nicht verwirren – die Entwicklungsgeschwindigkeit von Apple ist wesentlich größer als die Release-Zyklen dieses Buches. Größere Änderungen werden wir auf der Website zum Buch kommentieren und erläutern.

Wir wünschen Ihnen eine lehrreiche und unterhaltsame Lektüre und hoffen, dass Sie viel Spaß und Erfolg bei der Entwicklung Ihrer Apps haben.

Köln,
Klaus Rodewig und **Clemens Wagner**

»Also, wat is en Dampfmaschin? Da stelle mer uns janz dumm.«
– Lehrer Bömmel (aus dem Film »Die Feuerzangenbowle«)

1 Einführung

Das iPhone ist zwar keine Dampfmaschine, aber sein Erscheinen hat die Welt der Mobiltelefone ähnlich durcheinandergewirbelt wie die Dampfmaschine seinerzeit die konventionelle Produktion. Mobiltelefone gab es schon vor dem iPhone unübersichtlich viele. Smartphones, PDAs, MP3-Player und tragbare Computer ebenso. Aber ein tragbarer, handgroßer Computer mit eingebautem iPod und Telefon, auf dem ein Unix-basiertes Betriebssystem – das iOS – läuft, das hat erst das iPhone verwirklicht. Neben den vorstehend genannten Eigenschaften basiert es zudem auf objektorientierten Frameworks und als Entwicklungsumgebung steht mit Xcode ein seit Jahren bewährtes SDK zur Verfügung. Aber damit nicht genug. Der iPhone-Vorfahre iPod und das große Geschwister iPad hatten ähnliche fulminante Erfolge bei ihrer Markteinführung.

Zweifelsohne sind Apple mit dem iPod, dem iPhone und dem iPad mehrere große Würfe gelungen. Aber nicht nur die Geräte, sondern auch das damit verbundene Geschäftsmodell hat sich innerhalb kürzester Zeit einen veritablen Marktanteil sichern können. Der App Store, also der Online-Shop, in dem sich iOS-Benutzer mit Programmen (*Apps*) versorgen können, ist fest in den iTunes-Store integriert und kann darüber hinaus auch direkt vom iPhone aus angesprochen werden. Apple erlaubt das Hinzufügen von Programmen für Endkunden ausschließlich über den App-Store. Apple prüft jede App im Online-Store vor deren Veröffentlichung, um einen möglichst hohen Qualitätsstandard der Programme zu erreichen.

Leider sind die Bewertungskriterien von Apple für die Freigabe von Programmen nicht immer nachvollziehbar, auch wenn Apple in den letzten Monaten immer stärker versucht, das Verfahren transparenter zu gestalten. Dieses Konzept bewahrt zumindest den Benutzer vor der Entscheidung, Software aus nicht überprüfbaren Quellen zu installieren, wenngleich es auch keine Sicherheitsgarantie ist. Im Umkehrschluss bedeutet dies, dass ein Programmierer seine iOS-Programme ausschließlich über den App-Store in Umlauf bringen kann. Ausnahmen bestätigen aber auch hier die Regel, wie Abschnitt 1.4.5, »Der App Store«, zeigt.

2010 hat Apple mit dem iPad eine weitere Revolution in der IT eingeläutet. Das iPad ist ein Tablet-PC, auf dem ebenfalls iOS läuft und das sich in der Programmierung daher nicht vom iPhone unterscheidet. Das Einsatzgebiet des iPads ist ein anderes als das eines iPhones. Während sich das iPad durch sein großes Display als Laptop-Ersatz für Konsumenten etabliert, ist das iPhone das digitale Gegenstück zum Schweizer Taschenmesser – auch wenn es bislang noch keine Nagelscheren-App gibt. Und so unterscheiden sich viele iPhone- und iPad-Apps in ihrer grundsätzlichen Zielsetzung. Die Programmierung ist aber fast identisch, sodass dieses Buch sowohl die Programmierung des iPhone als auch die des iPad zeigt. Der Hauptunterschied bei der App-Erstellung besteht im Wesentlichen darin, die grafische Benutzungsschnittstelle für die jeweilige Gerätefamilie zu adaptieren. Die gleiche App sieht auf dem iPad in der Regel anders aus als auf dem iPhone.

Abschnitt 1.3, »iOS-Hardware«, beschreibt die verschiedenen Hardware-Plattformen, auf denen iOS läuft, und geht auf die Punkte ein, die ein Programmierer beim Erstellen von Apps für die verschiedenen Hardware-Typen beachten muss.

> **iPhone, iPad und iPod touch**
>
> Das iPhone besitzt einen kleinen Bruder, den iPod touch. Dieser iPod sieht dem iPhone sehr ähnlich, ist aber flacher und verfügt über keine Mobilfunk-Funktionalität. Das Betriebssystem des iPod touch ist dasselbe wie das des iPhones, also iOS. Daher ist ein für das iPhone geschriebenes Programm in der Regel auch auf einem iPod touch lauffähig. Bei der iOS-Programmierung gibt es fast keine Unterschiede mehr zwischen iPhone und iPod touch. Der Übersichtlichkeit halber ist hier aber nur vom iPhone die Rede, was – bis auf sehr wenige Ausnahmen – auch den iPod touch mit einschließt.
>
> Dasselbe gilt auch für das iPad. Stellen, an denen Besonderheiten bei der Programmierung für das iPad zu beachten sind, sind entsprechend gekennzeichnet. Für den Rest des Textes gebrauchen wir iPhone, iPod und iPad synonym.

1.1 iOS

Das Betriebssystem von iPhone und iPad, das iOS, ist eine für beide Geräte angepasste Variante von Mac OS X. Mac OS X ist das Haus-Betriebssystem von Apple und läuft auf allen von Apple ausgelieferten Computern im Desktop- und Serverbereich. Die Wurzeln von OS X lassen sich bis zum ersten Unix, dem Ur-Unix V1 von AT&T, zurückverfolgen. Dieses Ur-Unix wurde 1971 u. a. von Dennis Ritchie und Ken Thompson entwickelt und bildet die Basis aller Unix-basierenden Betriebssysteme.

Unix V1 hat sich im Laufe der Zeit in unüberschaubar viele Derivate aufgeteilt. Eine wichtige Entwicklungslinie von Unix ist das BSD-Unix der Universität von

Berkeley in Kalifornien. BSD – bitte nicht mit LSD aus dem gleichen Hause zu verwechseln – steht für *Berkeley Software Distribution*. Die erste Version von BSD ist im Jahr 1978 erschienen. 1985 wurde der Mach-Mikrokernel von BSD abgespalten. Dabei handelt es sich um einen der ersten Mikrokernel. Das ist ein Betriebssystemkern mit einem bewusst klein und übersichtlich gehaltenen Funktionsumfang. Zusätzliche Funktionalitäten werden über Treiber oder Module eingebunden.

Der Mach-Mikrokernel fristete ein akademisches Schattendasein, bis ein gewisser Steve Jobs, vormals Chef und Mit-Inhaber der Firma Apple, 1986 mit seiner Firma NeXT das Betriebssystem NEXTSTEP auf den Markt brachte. NEXTSTEP war nicht nur ein weiteres Betriebssystem, das einen Unix-Kern hatte, es war seiner Zeit weit voraus, da es komfortable Entwicklungswerkzeuge und gut strukturierte und leistungsfähige objektorientierte Frameworks mitbrachte.

Die von NeXT für die Programmierung unter NEXTSTEP verwendete Programmiersprache war Objective-C, eine objektorientierte Erweiterung von C. Objektorientierte Programmierung und objektorientierte Programmiersprachen waren zwar bereits seit Ende der 60er-Jahre bekannt. Allerdings konnte Objective-C wesentlich besser die elegante Schlankheit und Effizienz von C mit objektorientierten Konzepten verbinden als sein bekannterer Vetter C++.

NeXT wurde 1996 von Apple gekauft, und durch diese Transaktion kam Steve Jobs wieder an die Spitze von Apple. In der Folge wurde NEXTSTEP zur Basis des neuen Apple-Betriebssystems Mac OS X. Zunächst entwickelte die Firma Sun 1996 aus NEXTSTEP OPENSTEP, und aus OPENSTEP 4.2 und NEXTSTEP 3.3 entwickelte Apple 1997 die erste Version von Mac OS X. Sie hieß damals noch *Rhapsody*, und Apple hat sie zu *Mac OS X Server 1.0* weiterentwickelt und 1999 veröffentlicht.

Der Unterbau von Mac OS X ist seit Beginn das Betriebssystem Darwin, das Apple 1999 in der Version 0.1 unter der *Apple Public Source Licence* (APSL) als Open-Source freigegeben hat. Gemeinsam mit Mac OS X wird Darwin von Apple weiterentwickelt und zur freien Verfügung veröffentlicht. Im Gegensatz zu Darwin ist Mac OS X nicht quelloffen. Das, was Mac OS X zum Benutzer hin ausmacht, beispielsweise die Aqua-Oberfläche, ist nicht Bestandteil von Darwin und damit auch keine Open-Source-Software.

2006 hat Apple erstmals einen neuen Entwicklungszweig von Mac OS X abgespalten. Dieser Zweig ist das Betriebssystem AppleTV 1.0, das auf den AppleTV-Boxen läuft.[1] 2007 eröffnete Apple eine weitere Entwicklungslinie von Mac OS

---

1 In der 2010 vorgestellten zweiten Version der AppleTV-Box hat Apple das AppleTV durch iOS ersetzt.

X, das *iPhone OS*. Dieses stammt also direkt von Mac OS X ab, weist daher alle nennenswerten Eigenschaften von Mac OS X auf und ist speziell auf die Gegebenheiten des iPhone angepasst.

Mit dem Versionssprung von 3.2 auf 4.0 hat Apple den Namen des iPhone OS geändert – ab 4.0 trägt es den Namen *iOS*. Damit hat Apple den Namen des Betriebssystems für die Verwendung auf weiteren Geräten (iPad und AppleTV) angepasst. Den Markennamen kaufte Apple der Firma Cisco ab, deren Netzwerkkomponenten ebenfalls ein Betriebssystem namens IOS (*Internetworking Operating System*) verwenden. Da es sich dabei aber nur um eine Umbenennung des bereits vorhandenen iPhone OS gehandelt hat, stellt das iOS keine neue Entwicklungslinie dar.

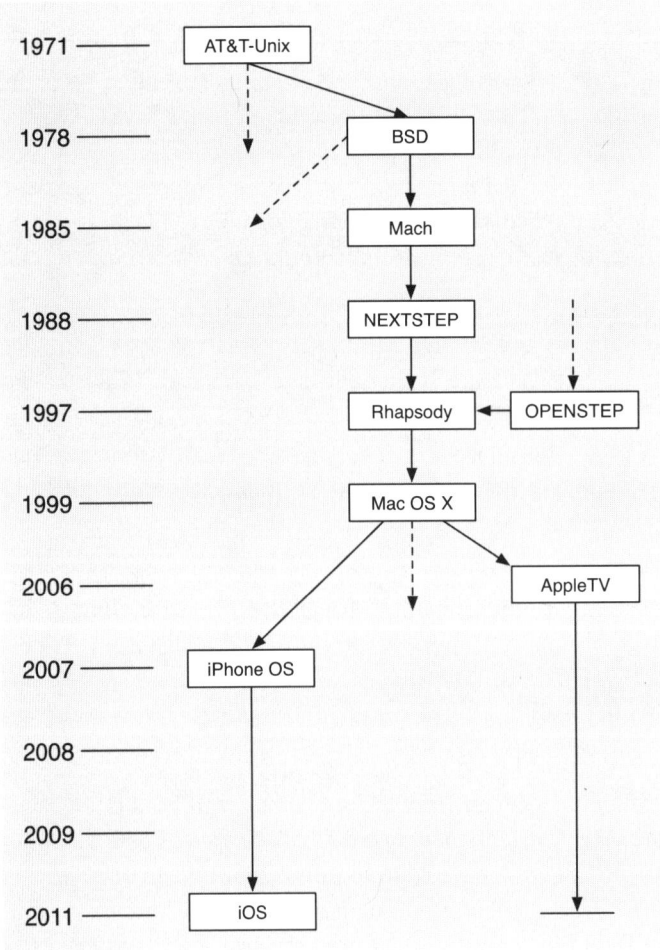

Abbildung 1.1 Vom Ur-Unix zum iOS

Neben den Frameworks sind aber auch die wichtigsten Entwicklerwerkzeuge selber Weiterentwicklungen der bereits unter NEXTSTEP vorhandenen Werkzeuge. Der mittlerweile mit Xcode verschmolzene *Interface Builder* war bereits unter NEXTSTEP verfügbar. Die Entwicklungsumgebung *Project Builder* entwickelte Apple im Laufe der Zeit zu *Xcode weiter*, was das zentrale Werkzeug zur Programmierung für Mac OS X und iOS ist. Das Cocoa-Framework, die zentrale Schnittstelle für Programmierer, wurde für das iOS den speziellen Anforderungen an die iPhone-Programmierung angepasst und heißt dort *Cocoa Touch*.

Abbildung 1.1 zeigt eine grafische Übersicht der Entwicklung von Unix aus dem Ur-Unix von AT&T bis hin zum iOS.

1.1.1 Core OS

iOS ist in vier Schichten aufgeteilt (siehe Abbildung 1.2). Auf der untersten Schicht, dem *Core OS*, residieren der Mach-Kernel und grundlegende Funktionen wie POSIX-Threads, BSD-Sockets, Interprozesskommunikation, Dateisystemzugriffe, die Standard-Bibliothek von iOS (*LibSystem*), Treiber, etc. Diese Schicht beherbergt auch die Netzwerkdienste Bonjour und DNS, was deren integralen Charakter innerhalb von Mac OS X beziehungsweise iOS zeigt. Sie sind keine gekapselten Abbildungen von BSD-Sockets, sondern direkt in das Betriebssystem integriert.

Die über Core OS angesiedelten, höher liegenden Schichten kapseln die Funktionalitäten, so dass ein Programmierer, der beispielsweise in seinem Programm Threads oder Sockets verwenden möchte, nicht direkt mit POSIX-Threads und BSD-Sockets arbeiten muss. Stattdessen kann er Abstraktionen dieser Funktionalitäten in den höheren Ebenen verwenden. Es ist zwar durchaus möglich, direkt gegen die LibSystem zu programmieren, allerdings sollte es dafür gute Gründe geben. Die höheren Schichten bieten komfortable Abstraktionen aller benötigten Funktionen und kümmern sich um Dinge wie beispielsweise das Speicher- und Ressourcenmanagement. Das erleichtert einem Programmierer das Leben, denn in der Regel hat dieser weder Zeit noch Geld, um sich neben dem Umsetzen der Anforderungen der eigentlichen Applikation auch noch mit Grundsätzlichem wie der Speicherverwaltung des Betriebssystems zu beschäftigen.

1.1.2 Core Services

In der Schicht über dem Core OS befinden sich die *Core Services*. Diese bestehen aus den Frameworks *Core Foundation*, *CFNetwork*, *Core Location*, *Security Framework*, der direkten Unterstützung von XML, dem *Address Book Framework* und der in iOS integrierten Datenbank *SQLite*. Die Core Services sind Grundlage aller Dienste und Anwendungen, die auf dem iPhone laufen.

Core Foundation bietet den darüber liegenden Schichten grundlegende Operationen und Funktionen wie Zeichenkettenverwaltung, Bundles, Datum und Uhrzeit, Threads, Ports und Sockets. Core Foundation ist ein in C implementiertes Framework, auf das man als Programmierer für das iOS selten direkt zugreift. Das primäre Framework für die Programmierung unter iOS ist Cocoa Touch, das in Objective-C implementierte Schnittstellen zu den Funktionen der unteren Schichten des Betriebssystems bietet. CFNetwork ist ein ebenfalls in C implementiertes Framework, das die Netzwerkfunktionen (BSD-Sockets) des Core OS kapselt.

Core Location bietet die Schnittstellen zur Positionsbestimmung von iPhone und iPad. Das iPhone hat zwar seit dem 3G-Modell ein GPS-Modul eingebaut, die Positionsbestimmung erfolgt in der Regel aber nicht per GPS, da das GPS-Modul zum einen (auf Mobilgeräten) teuren Strom verbraucht und zum anderen in überdachten oder dicht bebauten Gebieten nicht oder nur sehr ungenau funktioniert. Daher nutzt iOS für die Positionsbestimmung neben GPS auch noch aGPS und WPS. Bei aGPS wird die aktuelle Position aus einer Kombination von Triangulierung der erreichbaren Mobilfunkmasten und GPS ermittelt, und WPS bestimmt die Position durch einen Abgleich der erreichbaren WLAN-Netzwerke mit einer entsprechenden Datenbank.

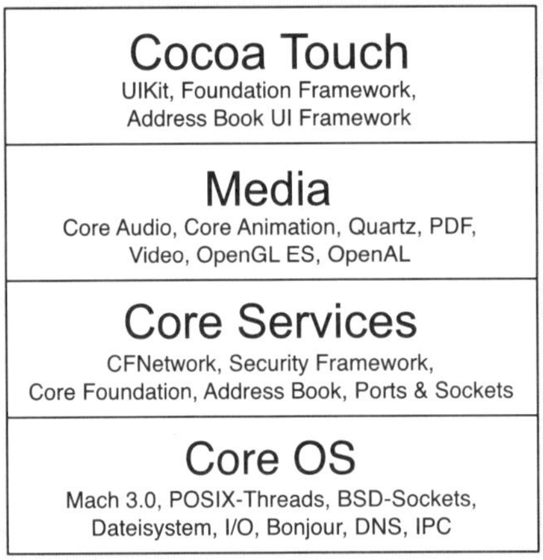

Cocoa Touch
UIKit, Foundation Framework, Address Book UI Framework
Media
Core Audio, Core Animation, Quartz, PDF, Video, OpenGL ES, OpenAL
Core Services
CFNetwork, Security Framework, Core Foundation, Address Book, Ports & Sockets
Core OS
Mach 3.0, POSIX-Threads, BSD-Sockets, Dateisystem, I/O, Bonjour, DNS, IPC

Abbildung 1.2 Die vier Schichten des iOS

Das Security Framework bietet Möglichkeiten zum Umgang mit Zertifikaten, Schlüsseln und Zufallszahlen. Es stellt einen Ersatz für die unter Unix weitverbreitete OpenSSL-Bibliothek dar, die unter iOS nicht vorhanden ist. Neben dem XML-Handling ist das Address Book Framework ein weiterer, wichtiger Bestandteil von Core Services. Das iPhone ist in erster Linie ein Telefon, und dementsprechend wichtig ist der Umgang mit Kontakten und Adressdaten, die das Address Book Framework kapselt. Außerdem enthält Cocoa Touch dafür in Objective-C implementierte Schnittstellen, die den Zugriff auf die Adressdaten noch vereinfachen.

1.1.3 Media

Die dritte Schicht von iOS, der Media-Layer, beinhaltet alle Multimediafunktionen, die iPhone und iPad bieten. Dies sind für die Grafik *Quartz* zur 2D-Darstellung, *OpenGL ES* für 2D- und 3D-Darstellungen sowie *Core Animation* zum Rendern von Bewegungen und Animationen. Für die Verarbeitung von Audiodaten stellt der Media-Layer *Core Audio* zur Verfügung. Darüber hinaus unterstützt iOS den plattformübergreifenden Standard *OpenAL*, was das plattformübergreifende Programmieren von Audio-Funktionen erheblich vereinfacht. Das *Media Player Framework* dient zur Wiedergabe von Audio- und Video-Daten. Es enthält eine Implementierung des Video-Codecs H.264/MPEG-4. Dieser Codec ist seit Mac OS X 10.4 der Kompressionsstandard für Videodaten durch Quicktime, und beispielsweise verwendet iChat ihn für Videokonferenzen.

1.1.4 Cocoa Touch

Die vierte iOS-Schicht ist Cocoa Touch. Es ist die Grundlage aller Programme mit grafischer Benutzungsoberfläche unter iOS und der mobile Bruder von Cocoa, der obersten Schicht von Mac OS X. Wie Cocoa bietet auch Cocoa Touch umfangreiche Möglichkeiten zur Programmierung grafischer und eventgesteuerter Programme. Dazu bringt es Klassen für die Erstellung grafischer Benutzeroberflächen und die Fähigkeit zum Event Handling mit. Der größte Unterschied zum Bruder auf dem Mac ist die vollkommen andere Benutzerschnittstelle von iPhone und iPad. Während auf einem Mac der Benutzer in der Regel über Tastatur und Maus mit den Programmen kommuniziert, geschieht das auf dem iPhone über das Multitouch-Display und die Bewegungssensoren. Auf dem Display führt der Benutzer mit einem oder mehreren Fingern *Gesten* aus, die das iOS an das jeweils aktive Programm weiterreicht. Außerdem können die Programme die Bewegungen des Geräts (z. B. Kippen, Schütteln) als Eingaben des Nutzers interpretieren. Cocoa Touch ist speziell an diese Benutzerschnittstelle angepasst und bietet dem Programmierer genau darauf abgestimmte Eingabeelemente und Events.

Cocoa Touch besteht seinerseits aus sechs einzelnen Frameworks. Das wichtigste für die Programmierung eigener Applikationen ist das *UIKit*. Es stellt die grundlegenden Klassen für das Erstellen von grafischen, eventgesteuerten Benutzeroberflächen zur Verfügung. Dazu bringt es eine große Anzahl fertiger Elemente mit, die ein Programmierer für eine App nur noch zu einer eigenen Benutzeroberfläche zusammenbauen und mit Applikationslogik versehen muss. Textfelder, Buttons, Tabellen, Copy & Paste, grafische Elemente etc. sind alles Bestandteile des UIKits, auf die ein Programmierer direkt zurückgreifen kann. Das Event-Handling findet ebenfalls über das UIKit statt. Es bietet darüber hinaus einen gekapselten Zugriff auf die Hardware des iPhone, also auf Systeminformationen, Kamera und die Beschleunigungs- und Neigungssensoren. Falls Sie bereits unter Mac OS X mit Cocoa gearbeitet haben, kennen Sie das *AppKit*, das das Pendant zum UIKit ist.

Mit iOS 3.0 hat Apple mit dem *Game Kit* den sogenannten Peer-to-Peer-Modus eingeführt, über den Verbindungen zwischen iOS-Geräten und damit z. B. Netzwerkspiele zwischen iOS-Geräten möglich sind. Game Kit ist ebenfalls ein Bestandteil von Cocoa Touch.

Den Zugriff auf die Kartenfunktionen von iOS ermöglicht seit iPhone OS 3.0 das *Map Kit*. Damit können Sie Landkarten mit Positionsbestimmung in eigene Programme einbauen. Diese Möglichkeit entspricht dem klassischen Web-2.0-Mashup, das Google Maps verwendet, um geografische Informationen zu visualisieren.

Das *Message UI Framework* erlaubt die Anzeige eines E-Mail-Formulars, sodass man aus eigenen Programmen heraus E-Mails erstellen und versenden kann. Die Foto-Applikation des iPhone oder Safari verwendet dieses Formular, wenn Sie ein Foto beziehungsweise eine URL direkt aus diesen Programmen heraus versenden.

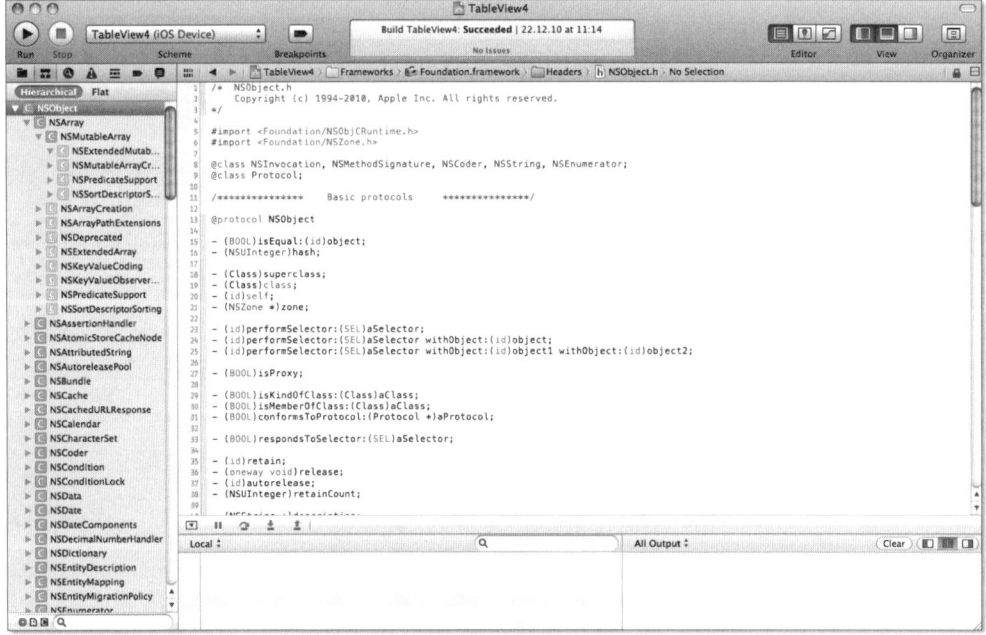

Abbildung 1.3 Die Klassenhierarchie des Foundation Framework

Cocoa Touch ähnelt in vielen Bereichen Cocoa, das wiederum von NEXTSTEP abstammt. Cocoa Touch ist wie Cocoa durchgängig objektorientiert, und die Mutter aller Klassen von Cocoa Touch ist `NSObject`, die das Foundation Framework enthält. Auch fast alle anderen Klassen innerhalb dieses Frameworks sind Unterklassen von `NSObject`. Die Übersicht der Klassenhierarchie, das ist die linke Spalte in Abbildung 1.3, spiegelt dies wider.

1.2 iOS-SDK

Apple stellt Programmierern zum Entwickeln von iOS-Applikationen das iOS-SDK zur Verfügung. Es enthält auch die Entwicklungsumgebung für Mac OS X. Es besteht aus einer Reihe von Tools, die einen bequemen Zugriff auf die Kommandozeilenprogramme wie den Compiler, den Linker, das Codesign und den Paketbuilder ermöglichen.

Das iOS-SDK beinhaltet neben einer IDE zahlreiche grafische Tools, mit denen die Entwicklung von iOS-Applikationen leicht von der Hand geht. Das Schöne an der Sache ist: Das iOS-SDK ist für registrierte Entwickler kostenlos. Es läuft nur unter Mac OS X und setzt Apple-Rechner mit Intel-Prozessoren voraus. Alte Macs mit PowerPC-CPUs sind daher ebenso außen vor wie Rechner mit anderen Betriebssystemen. Das SDK enthält einen Simulator, der das Testen von selbst geschriebenen Applikationen für die verschiedenen Gerätetypen (iPhone oder iPad) und Displaygrößen direkt auf dem Entwicklungssystem erlaubt. Der Simulator ist allerdings kein Ersatz für das Testen auf den Endgeräten.

Das SDK ist im *iOS Dev Center*[2] und im Mac App Store erhältlich. Voraussetzung für das iOS Dev Center ist eine kostenlose Registrierung, mit der Sie allerdings nur die alte Entwicklungsumgebung (Xcode 3) erhalten.[3] Für OS X 10.7 (Lion) können Sie die kostenlose Version 4.1 aus dem Mac App Store herunterladen. Wenn Sie unter Snow Leopard mit Xcode 4 entwickeln möchten, müssen Sie sich leider kostenpflichtig registrieren und die Version 4.0 verwenden. Zu welchem Preis Apple die Version 4.2 von Xcode vertreibt, war bei Drucklegung (Anfang September 2011) noch nicht bekannt. Tabelle 1.1 gibt Ihnen einen Überblick über die verfügbaren Xcode-Versionen.

---

2 *http://developer.apple.com/iphone/*
3 Der Link befindet sich unauffällig am unteren Ende des Downloadbereichs im iOS Dev Center (Looking for Xcode 3 for Snow Leopard? Download).

OS X-Version	Xcode-Version	Bezugsquelle	Verfügbarkeit
10.6 (Snow Leopard)	3.2.6	iOS Dev Center	Kostenlose Mitgliedschaft
	4.0.2		Kostenpflichtige Mitgliedschaft
	4.2	Wahrscheinlich Mac App Store und iOS Dev Center	Stand bei Drucklegung noch nicht fest.
10.7 (Lion)	4.1	Mac App Store	Kostenlos
	4.2	Wahrscheinlich Mac App Store und iOS Dev Center	Stand bei Drucklegung noch nicht fest.

Tabelle 1.1 Übersicht der Xcode-Versionen

Das Developer Center erlaubt Ihnen auch, auf die umfangreiche Entwickler-Dokumentation zuzugreifen. Diese besteht neben einer vollständigen API-Referenz aus Tutorials, Getting-Started-Dokumenten, Videos und Beispiel-Code.

Möchten Sie Ihre selbst geschriebenen Applikationen nicht nur im iOS-Simulator verwenden, sondern auf dem eigenen iPhone testen, ist eine Mitgliedschaft im *iOS Developer Program* erforderlich. Für 79 € pro Jahr bekommen Sie dort ein Zertifikat, mit dem Sie eigene Applikationen signieren und diese auf bis zu 100 dafür registrierte iOS-Geräte aufspielen können. Die Teilnahme am iOS Developer Program ist überdies die Voraussetzung dafür, Apps in den App Store einstellen zu können.

Das iOS Developer Program existiert in zwei Ausprägungen: *Individual* und *Company*. Die Company-Version unterscheidet sich von der Individual-Version durch die Fähigkeit, Entwicklerteams verwalten zu können, bietet dem Programmierer aber keine weiteren Vorteile.

Die Mitgliedschaft *iOS Enterprise Program*, die 279 € jährlich kostet, ermöglicht ebenfalls die Installation selbst geschriebener Programme auf über 100 eigenen Geräten. Mit diesem Programm können Sie aber keine Apps in den App-Store hochladen. Das Programm ist nur für Firmen mit einer DUNS-Nummer[4] zugänglich. Für private oder selbstständige Entwickler sowie kleine Firmen ist dieses Programm also uninteressant.

---

4 *http://www.dnb.ch/htm/690/de/Eindeutige-Identifikation.htm*

Nutzer aus dem akademischen Bereich können am kostenlosen *iOS Developer University Program* teilnehmen, das zwar den Test von selbst geschriebenen Apps auf Endgeräten erlaubt, aber keine Veröffentlichung im App-Store.

Wichtiger Hinweis: Bei allen kostenpflichtigen Programmen sind zwei Supportanfragen pro Jahr beim technischen Entwicklersupport von Apple enthalten. Sie können sich damit von Apple also bei der Entwicklung Ihrer Programme individuell unterstützen lassen. Weitere Supportanfragen können Sie als Mitglied im Entwicklerprogramm kostenpflichtig erwerben.

Voraussetzungen für dieses Buch
Um die in diesem Buch gezeigten Beispiele nachzuprogrammieren, reicht das iOS-SDK ohne die kostenpflichte Registrierung als Entwickler aus. Alle Beispiele laufen, zumindest mit Einschränkungen, im Simulator. Voraussetzung dafür ist lediglich die kostenlose Anmeldung im iOS Dev Center und das Herunterladen und Installieren des jeweils aktuellen iOS-SDK oder der Kauf des SDK im Mac App Store.
Wir haben alle Anleitungen für Xcode 4 geschrieben und auch alle Screenshots dieses Buches damit erstellt. Es unterscheidet sich in vielen Bereichen sehr stark von der Version 3, die Sie über die kostenlose Registrierung im Developer Program erhalten. Wir empfehlen Ihnen die Verwendung von Xcode 4.
Das iOS-SDK installiert sich standardmäßig im Verzeichnis */Developer*. Die Programme des SDK befinden sich nach der Installation im Verzeichnis */Developer/ Applications*.

1.2.1 Xcode

Xcode ist die Entwicklungsumgebung oder auch IDE für die Programmierung von MacOS-X- und iOS-Applikationen. Xcode bietet viele Funktionen. In erster Linie ist es aber ein Werkzeug zur Steuerung des Erzeugungsprozesses von Programmen. Es steuert dabei die verschiedenen Kommandozeilenprogramme wie den Compiler, Linker und andere. Außerdem enthält Xcode einen umfangreichen Quellcodeeditor. Code-Vervollständigung, das Falten von Code-Blöcken, Textmarken und Syntax Highlighting sind nur einige der Funktionen, die das Programmieren erleichtern. Xcode bietet Ihnen zudem noch eine grafische Schnittstelle zum Debugger.

Darüber hinaus ist Xcode das zentrale Tool zum Verwalten von iOS-Projekten. In der Projektansicht in der linken Hälfte des Xcode-Fensters sind alle Projekt-Dateien und -Ressourcen aufgeführt. Es bietet Integration von SCM-Tools zur Projekt- und Versionsverwaltung und den Zugriff auf die Dokumentation zu Cocoa und Objective-C. An Versionsverwaltungen unterstützt Xcode mittlerweile kein *CVS* und *Perforce* mehr, sondern nur noch *Subversion* und *Git*. Für das Suchen in SCM-Repositorys bietet Xcode einen eigenen Browser.

Das Anlegen neuer Projekte erleichtert Xcode über Projektvorlagen, die alle notwendigen Dateien und Einstellungen für das jeweilige Ziel enthalten. Xcode ist nicht nur die IDE für iPhone-Programmierung, sondern auch für die Programmierung unter Mac OS X. So verwendet Apple selber Xcode für die Software-Entwicklung.

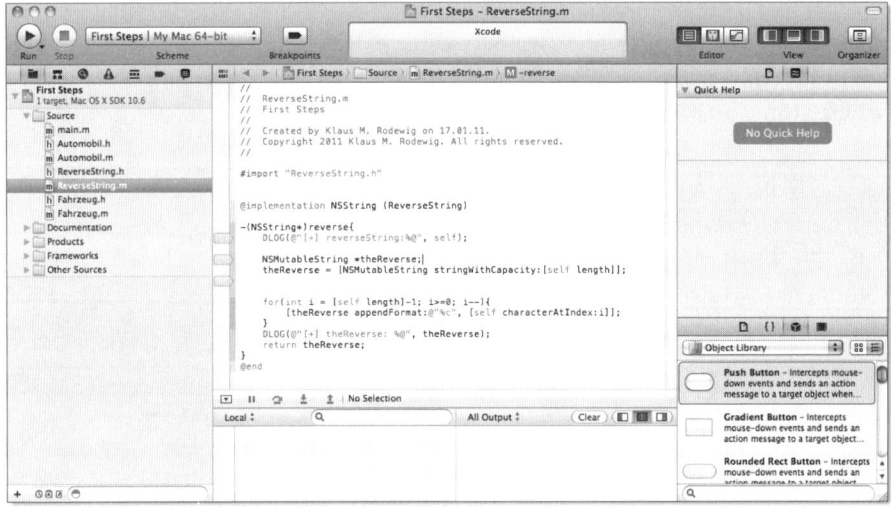

Abbildung 1.4 Der Hauptbildschirm von Xcode 4

Das Erstellen grafischer Benutzeroberflächen erfolgt ebenfalls mit Xcode. Bis zur Version 3 übernahm diese Funktion ein eigenständiges Programm namens *Interface Builder*, ein Relikt aus den NEXTSTEP-Ursprüngen von OS X und iOS.

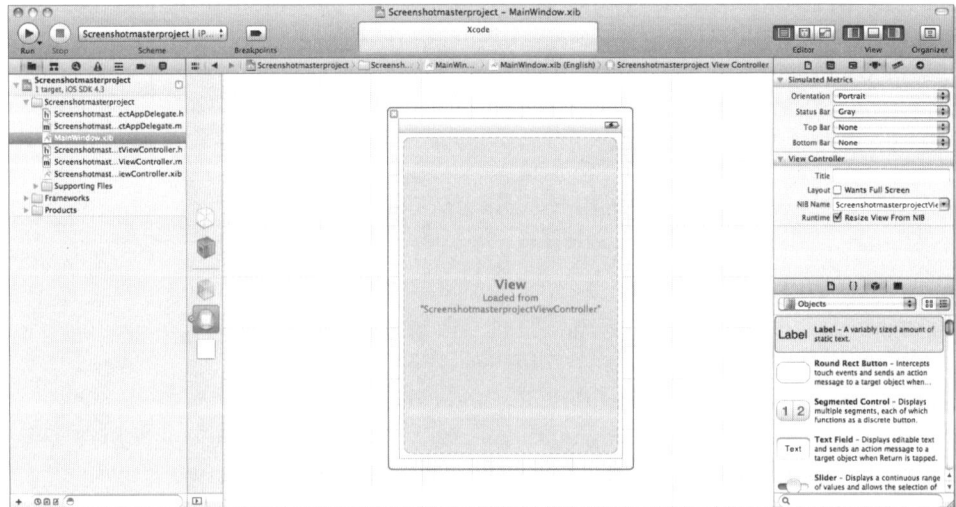

Abbildung 1.5 GUI-Erstellung in Xcode

Mit Xcode 4 hat Apple das SDK komplett überarbeitet und in diesem Zuge den Interface Builder in Xcode integriert. Ein Wechsel zwischen beiden Programmen ist daher nicht mehr notwendig. Wie jedes komplexe Programm ist auch Xcode in hohem Maße individuell konfigurierbar. In Kapitel 7 finden Sie einen umfassenden Überblick über Xcode 4 und lernen Tipps und Tricks kennen, wie Sie Xcode optimal an Ihre Bedürfnisse anpassen.

1.2.2 Instruments

Wie in Abschnitt 1.4, »Besonderheiten der Programmierung«, beschrieben wird, erfordert die Programmierung für iOS ein besonderes Augenmerk bezüglich Speicherfehlern und Ressourcenverbrauch. Praktischerweise liefert Apple mit dem Tool *Instruments* im Xcode-Paket ein Programm mit, das die Analyse von laufenden Prozessen erlaubt. Instruments ist ein mächtiges und vielseitiges Werkzeug, das auf den Einsteiger meist etwas verwirrend wirkt. Allerdings ist es ratsam, sich schon von Beginn der iOS-Programmierung an mit Instruments zu beschäftigen, denn dies erhöht zum einen enorm das Verständnis für das Verhalten der eigenen Applikation, und zum anderen gewinnen Sie dadurch Routine in der Verwendung des Tools. Im Fall der Fälle, wenn also wirklich mal ein Problem mit einer eigenen Applikation auftritt, wissen Sie so die Ausgaben von Instruments richtig zu interpretieren. Das fünfte Kapitel geht genauer auf Instruments ein und erläutert dessen Verwendung an praktischen Beipielen.

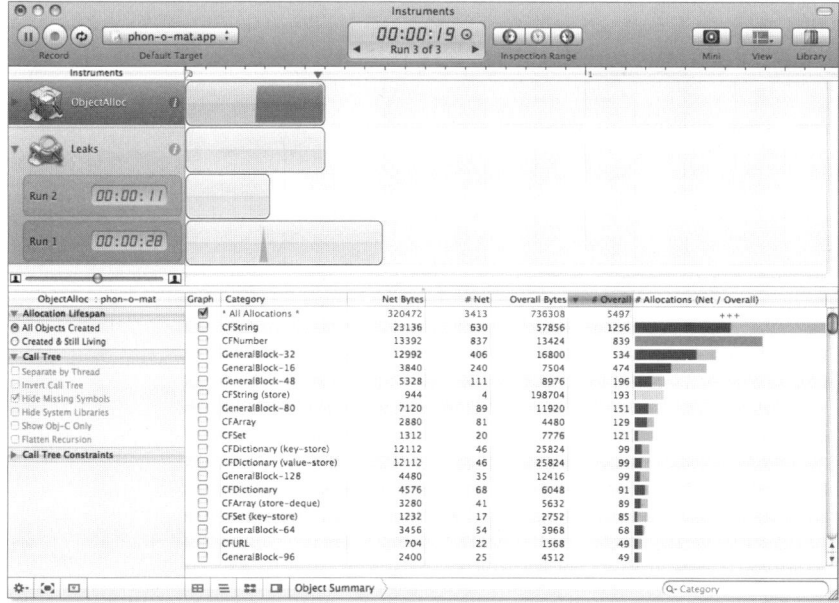

Abbildung 1.6 Instruments bei der Arbeit

1.2.3 Simulator

Das Testen und Debuggen von iOS-Applikationen wäre eine äußerst umständliche Angelegenheit, wenn es sich nur direkt auf einem Gerät ausführen ließe. Außerdem müssten sich Einsteiger von Beginn an kostenpflichtig registrieren, auch wenn sie nur mal in die iOS-Entwicklung hineinschnuppern wollen. Das würde wahrscheinlich viele potenzielle Entwickler abschrecken. Um diese Probleme zu umgehen, liefert Apple mit dem iOS-SDK einen Simulator mit. Dieses Programm simuliert in Aussehen und Verhalten ein echtes iPhone oder iPad und ist dabei an die Entwicklungsumgebung angebunden.

Mit dem iOS-Simulator können Sie die meisten Funktionen eines iOS-Gerätes nachstellen. Lokalisierung funktioniert nur auf Rechnern mit Airport. Die Kamera, der Bewegungssensor, Bluetooth und Mobilfunk funktionieren im Simulator allerdings nicht. Hierfür muss eine Applikation immer erst auf einem durch das iOS Developer Programm entsprechend freigeschalteten Gerät installiert werden.

Abbildung 1.7 Der iPhone- und iPad-Simulator

Auch wenn Ihre App im Simulator perfekt laufen sollte, kommen Sie niemals um Tests auf mindestens einem Gerät herum. Hier ist eine – wahrscheinlich unvollständige – Liste mit Gründen dafür:

- Ein iOS-Gerät hat eine andere Architektur als der Simulator beziehungsweise der Mac. Das fängt schon mit unterschiedlichen Prozessoren an.
- Die Geschwindigkeit Ihrer App kann auf beiden Systemen stark variieren. Ein Programm, das im Simulator flüssig läuft, kann auf einem iPod quälend langsam dahinkriechen.
- Ihr Mac hat vermutlich wesentlich mehr Hauptspeicher zur Verfügung als die 512 MB eines iPhone 4. Während die App im Simulator stabil läuft, gibt sie auf dem Gerät andauernd Speicherwarnungen aus.
- Die Dateisysteme sind verschieden aufgebaut, und Sie können viele Verzeichnisse unter iOS nicht lesen, geschweige denn dorthin schreiben. Das betrifft besonders das Ressourcenverzeichnis einer App, in das Sie auf dem iPhone nicht schreiben können, im Simulator hingegen schon.
- Der Simulator unterstützt nicht alle Hardware-Eigenschaften. Sie können keine Fotos mit der Kamera schießen, und es gibt keinen Beschleunigungs- oder Gyrosensor.

> **Tipp**
>
> Bevor Sie Ihre App in den App-Store hochladen, sollten Sie diese ausführlich auf echten Geräten testen – am besten auf jedem Gerätetyp, den Ihre App unterstützt. Hierbei erweisen sich gerade ältere Modelle als besonders wertvolle Testgeräte. Sie sind in der Regel langsamer und haben weniger Arbeitsspeicher, sodass auf diesen Geräten Programmfehler wesentlich leichter auftreten.
>
> Wenn Ihre App kompatibel zu iOS 3 sein soll, sollte sie auf einem Gerät mit dieser Betriebssystemversion getestet werden. Dadurch finden Sie inkompatiblen Code am zuverlässigsten.
>
> Abschnitt 1.3, »iOS-Hardware«, zeigt die verschiedenen Hardware-Plattformen, auf denen iOS läuft. Daraus ergeben sich entsprechende Anforderungen an den Entwickler, der die verschiedenen Plattformen berücksichtigen muss, um es beim Anwender nicht zu einem bösen Erwachen kommen zu lassen.

1.2.4 Test auf dem iPhone

Als zahlendes Mitglied des iOS Developer Program haben Sie die Möglichkeit, ihre eigene App auf bis zu 100 entsprechend konfigurierten iOS-Geräten zu testen. iOS führt grundsätzlich nur Apps aus, die ein gültiges Zertifikat tragen. Eine in Xcode erstellte App muss daher vor dem Überspielen auf ein echtes Gerät signiert werden. Der *iOS Development Guide*, den Sie im iOS-Portal der Developer-Seiten von Apple[5] finden, erläutert die Einrichtung gut verständlich Schritt für Schritt, sodass an dieser Stelle der Verweis auf die Apple-Dokumentation genügt.

---

5 *http://developer.apple.com/ios*

In aller gebotenen Kürze: Sie benötigen zum Ausführen eigener Apps auf einem iOS-Gerät ein Zertifikat und ein *Provisioning Profile*. Um das Zertifikat zu erhalten, müssen Sie vorher eine Zertifikatsanfrage mit dem Schlüsselbund-Programm Ihres Entwicklungsrechners erstellen. Durch die notwendigen Schritte zum Erstellen der Zertifikatsanfrage, des Zertifikates und des *Provisioning Profiles* führt ein Online-Wizard im *iOS Provisioning* Portal. Neben der Installation über Xcode, die Sie überdies in die Lage versetzt, direkt auf dem Gerät zu debuggen, kann iOS seit der Version 4 auch über Safari Apps installieren.

Abbildung 1.8 Der Provisioning-Wizard

Jailbreak

Für das iPhone sowie das iPad existieren verschiedene Tools, um das Sicherheitskonzept und Geschäftsmodell von Apple zu umgehen. Diesen Vorgang bezeichnet man als *Jailbreak*. Dabei wird das Betriebssystem des iPhone so modifiziert, dass beliebige Applikationen installiert werden können, der Zugriff auf gesperrte Systemfunktionen ermöglicht wird und die Verwendung alternativer Mobilfunkanbieter bei Geräten mit SIM-Lock möglich wird.

Dieses Vorgehen ist rechtlich umstritten, zumindest aber von Apple nicht vorgesehen. Entsprechend modifizierte iPhones verhalten sich unter Umständen nicht mehr so wie ein originales iPhone, denn die Modifikation greift in den Kernel des Betriebssystems ein. Alle in diesem Buch gezeigten Beispiele beziehen sich daher ausschließlich auf nicht modifizierte iPhones, da nur diese Geräte den von Apple vorgesehenen vollen Funktionsumfang garantieren können.

1.3   iOS-Hardware

Das iPhone ist nicht nur ein tragbarer Computer, der über zahlreiche Kommunikationsschnittstellen wie GSM, UMTS, Bluetooth und WLAN verfügt. Es bietet darüber hinaus auch noch eine Kamera, ein GPS-Modul und Bewegungssensoren. Die Bedienung des iPhones unterscheidet sich von der Bedienung eines konventionellen Desktop-Computers enorm, denn die Eingabemedien sind weder Tastatur noch Maus, sondern ein Touchpad, das über Tippen und Ziehen mit einem oder mehreren Fingern bedient wird, und die Bewegungssensoren.

Vom iPhone gibt es mittlerweile drei verschiedene Modelle, die sich in der Hardware-Ausstattung unterscheiden. Allen gemeinsam ist das Multitouch-Display, die Bewegungs-, Helligkeits- und Näherungssensoren, GSM, GPRS, WLAN und Bluetooth. Als CPU kommen bei allen iOS-Geräten ARM-Prozessoren zum Einsatz, die sich je nach Modell in ihrer Leistungsfähigkeit unterscheiden.

Das iPhone der zweiten Generation, das *iPhone 3G*[6], verfügt zusätzlich über ein GPS-Modul und die Fähigkeit, UMTS- und HSDPA-Verbindungen aufzubauen. Genauso wie die erste Generation verfügt das 3G über 128 MB Arbeitsspeicher. Dies ist im Vergleich zu Desktop-Systemen, bei denen man den Arbeitsspeicher mittlerweile in Gigabyte misst, verschwindend gering.

Die nachfolgende Version des iPhones, das *iPhone 3GS*, erlaubt HSDPA-Verbindungen mit bis zu 7,2 Mbit/s, besitzt einen Kompass, genauer gesagt ein Magnetometer, eine verbesserte Kamera und einen neuen Grafikchip mit Unterstützung für OpenGL ES 2.0. Darüber hinaus ist die CPU des iPhone 3GS leistungsfähiger als die ihrer Vorgänger, da immer aufwendigere Spiele für das iPhone erhöhte Anforderungen and die Hardware stellten. Gleichzeitig hat Apple den Arbeitsspeicher auf 256 Megabyte vergrößert.

2010 erschien mit dem iPhone 4[7] der wiederum leistungsfähigere Nachfolger des iPhone 3GS. Den Arbeitsspeicher hat Apple im iPhone 4 auf 512 MB vergrößert, und die Bewegungsmessung wurde durch ein zusätzlich zum Bewegungssensor integriertes Gyroskop erweitert. Neben der Verbesserung der Kamera hat Apple auf der Vorderseite des iPhone 4 eine weitere Kamera integriert, die hauptsächlich für Anwendungsgebiete wie Videotelefonie vorgesehen ist. Das im Oktober 2011 erschienene iPhone 4S verfügt als Neuerung über Spracherkennungsfunktionen.

Das Display hat beim iPhone 4 den Namen *Retina Display* bekommen. Der Hinweis auf die Netzhaut des menschlichen Auges (Retina) soll die hohe Auflösung des Displays von 960 × 640 Pixeln auf einer Größe von 3,5 Zoll unterstreichen. Diese Auflösung ist so detailliert, dass das menschliche Auge aus einem »normalen« Abstand keine einzelnen Pixel mehr unterscheiden kann.

Der App Store unterscheidet derzeit nicht explizit zwischen den verschiedenen Versionen des iPhone, weswegen Sie Ihre Programme so gestalten sollten, dass sie auf allen Hardware-Plattformen laufen. Dazu stellt Cocoa Touch Klassen bereit, um Informationen über das jeweilige iPhone-Modell herausfinden zu können.

---

6 Der Zusatz *3G* ist übrigens eine andere Bezeichnung für UMTS und bedeutet nicht etwa »3. Generation des iPhone«.
7 Aber diese 4 bezeichnet die iPhone-Modellreihe.

> **Modell versus Eigenschaften**
> Bei geräteabhängigen Programmen ist es besser, auf Hardwareeigenschaften anstatt auf die Modellreihe zu testen. Prüfen Sie also beispielsweise lieber, ob das Gerät eine Kamera besitzt, anstatt ob es ein iPhone, ein iPod touch oder ein iPad 2 ist. Apple stellt ungefähr jährlich pro Gerätereihe ein neues Modell vor, sodass Sie sonst Ihre App ständig anpassen müssten.

2010 hat Apple neben iPod touch und iPhone mit dem iPad eine weitere Geräteklasse auf iOS-Basis eingeführt. Das iPad ist ein tastaturloses Tablet-Device mit Touchscreen, das im Prinzip einen großen iPod touch darstellt. Mit einer Auflösung von 1024 × 768 Pixeln auf einem Display der Größe 9,7 Zoll ist das iPad wesentlich größer als iPhone und iPod und bietet damit wesentlich weitreichendere Darstellungsmöglichkeiten als seine kleinen Brüder.

Im Unterschied zum iPhone 4 besitzt das iPad nur 256 MB Arbeitsspeicher. Eine Telefonfunktion ist nicht vorgesehen, wenngleich es das iPad auch mit UMTS-Ausstattung gibt. Letztere dient aber nur zur mobilen Datenübertragung.

2011 folgte das iPad 2, das über dieselbe Auflösung wie das erste iPad verfügt. Mit dem Prozessor *Apple A5* besitzt es aber eine schnellere CPU sowie einen Hauptspeicher von 512 MB. Auch das iPad 2 existiert in den zwei Ausstattungen WLAN und WLAN + UMTS.

Neben den vorstehend genannten iPhones und iPads läuft iOS noch auf dem ebenfalls 2011 veröffentlichten »Verizon-iPhone«, einem CDMA-fähigen iPhone für das amerikanische Mobilfunknetz des Anbieters Verizon, und auf allen Modellen des iPod touch (1G, 2G, 3G und 4G).

Sie müssen daher gut darauf achten, vor der Verwendung von Hardware-Funktionen, über die nicht alle Plattformen verfügen, deren Anwesenheit zu prüfen. Abbildung 1.9 zeigt, wie schnell eine breite Unterstützung der verschiedenen iOS-Versionen auf den unterschiedlichen Plattformen mit den verschiedenen Hardware-Merkmalen unübersichtlich werden kann.

Da auf iPad und iPhone dasselbe Betriebssystem läuft und die Bedienung ebenfalls über einen Touchscreen erfolgt, unterscheidet sich die Programmierung für das iPad und das iPhone kaum. Das größere Display und die höhere Auflösung stellen allerdings größere Ansprüche an das Design von Applikationen und an das Layout der Benutzeroberflächen. iPhone-Apps können zwar in einer Emulationsdarstellung auf dem iPad laufen, sind aber entweder nur so klein wie auf dem iPhone, wodurch die Größe des Displays nicht zum Tragen kommt, oder das iPad passt die Anzeige an das größere Display an, was zu einer unschönen, pixeligen Darstellung führt.

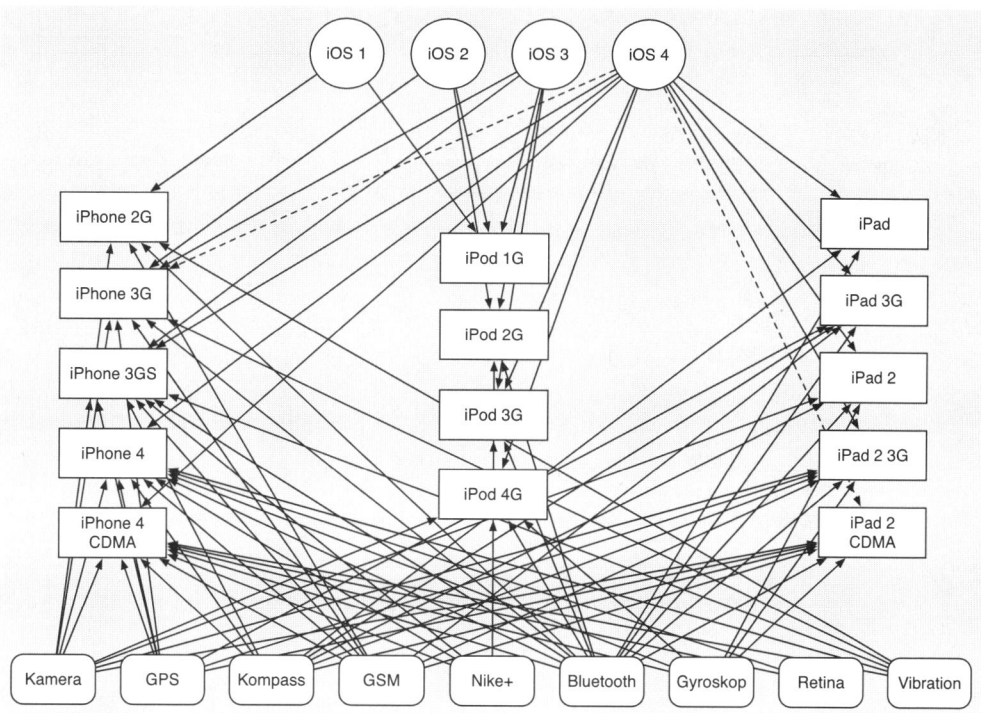

Abbildung 1.9 Geräte, Versionen und Features

Beim Erstellen von Apps für iPhone und iPad liegt die Hauptarbeit daher in der Pflege von zwei verschiedenen Benutzungsoberflächen. Bei durchgängiger Anwendung des MVC-Paradigmas (siehe Kapitel 2), das eine Trennung von Darstellung und Funktion vorsieht, hält sich der Aufwand allerdings in Grenzen.

Durch ihre neuartige Benutzungsschnittstelle und ihre Hardware-Ausstattung ermöglichen iPhone und iPad eine vollkommen neue Art der Benutzerinteraktion. Die Bedienung über das Multitouch-Display unterscheidet sich grundlegend von der Bedienung eines PCs. Der Benutzer wählt mit einem oder mehreren Fingern Elemente auf dem Display aus und steuert so die Software. Das bedeutet, dass das herkömmliche Denken über die Auswertung von Maus- und Tastatur-Events auf dem iPhone keine Bedeutung hat. Als Programmierer müssen Sie sich mit einer vollständig neuen Benutzerschnittstelle vertraut machen.

Die Sensoren des iPhones erlauben eine Aussage darüber, in welcher Lage sich das Gerät befindet, ob es bewegt wird oder ruhig liegt, ob es in heller oder dunkler Umgebung betrieben wird und ob es verdeckt wird, weil es sich beispielsweise am Ohr des Benutzers befindet.

Das iPhone kann seinen geografischen Standort über drei verschiedene Methoden bestimmen. Die erste ist die Verwendung des eingebauten GPS-Moduls (iPhone 3G und iPhone 3GS). Darüber hinaus beherrscht das iPhone Wifi- und Mobilfunk-Triangulation. Bei der Wifi-Triangulation bestimmt das iPhone seinen Standort aus dem Vergleich der erreichbaren WLAN-Hotspots mit einer Datenbank. Im Gegensatz zu den anderen Verfahren zur Positionsbestimmung steht diese Methode auch auf Geräten ohne SIM-Karte (iPod touch, iPad) zur Verfügung.

Die Mobilfunk-Triangulation funktioniert ähnlich zur Wifi-Triangulation. Hierbei bestimmt das iPhone durch die Lagebestimmung zu Mobilfunk-Sendern seine Position. Die Positionsbestimmung mit GPS ist die genaueste, erfordert aber freie Sicht auf mindestens vier GPS-Satelliten und benötigt zusätzlichen Strom für den Betrieb des GPS-Moduls. Die Wifi- und Mobilfunk-Triangulation funktioniert mit hoher Genauigkeit in dicht besiedelten Gebieten und braucht keinen zusätzlichen Strom, wenn Mobilfunk und WLAN ohnehin aktiviert sind.

1.4 Besonderheiten der Programmierung

Die technischen Möglichkeiten des iPhone bieten Ihnen viele Möglichkeiten, innovative Applikationen zu erstellen. Allerdings bekommen Sie dabei auch nichts geschenkt. Die Vielzahl der Möglichkeiten auf einem so kompakten Gerät stellt besondere Anforderungen an effiziente und ressourcenschonende Programmierung. Im Gegensatz zu Applikationen, die auf Desktop- und Server-Systemen laufen, sind die Ressourcen, insbesondere die Stromversorgung und der Speicher, auf dem iPhone begrenzt. Dies stellt für Einsteiger in der Regel kein Problem dar, sie können sich von Anfang an eine ressourcenschonende Art der Programmierung aneignen. Anders sieht es allerdings häufig mit Programmierern aus, die vorher Desktop-Applikationen programmiert haben. Je billiger leistungsfähige CPUs, Speicher und Festplatten werden, desto weniger wird die Tugend der schlanken Programmierung gepflegt und geschätzt. War in der Anfangszeit der Desktop-PCs der verfügbare Speicher noch auf 640 KB beschränkt (auf x86-PCs), haben aktuelle Desktop-PCs Hauptspeichergrößen im Gigabyte-Bereich. Einen Programmierer auf nicht benutzte Variablen oder unnötige Iterationen im Code aufmerksam zu machen, ist in Zeiten von Quad-Core-CPUs und nahezu unbegrenztem Speicher ein ziemlich aussichtsloses Unterfangen.

Anders sieht es auf dem iPhone aus. In Bezug auf Ressourcen sorglose Programmierer machen beim Einstieg in die iPhone-Programmierung die schmerzliche Erfahrung, dass die Ressourcen des iPhone im Vergleich zu aktuellen Desktop- oder Server-Systemen sehr begrenzt sind. Sowohl in Bezug auf Speicherplatz als auch auf die Verwendung effizienter Algorithmen stellt das iPhone hohe Anforderungen an den Programmierer. Ein schlecht programmierter, ineffizienter Such-Algorithmus mag auf einem Desktop-PC nicht negativ auffallen, da genügend Hauptspeicher vorhanden ist und die fehlende Optimierung durch pure Rechenleistung ausgeglichen wird. Auf dem iPhone geht einer schlecht programmierten Applikation schnell der Speicher aus, und eine erhöhte Rechenleistung erfordert einen erhöhten Stromverbrauch, was bei einem tragbaren Gerät wie dem iPhone ein wichtiger Faktor ist.

Aber keine Sorge, Sie müssen nicht gleich jede geschriebene Anweisung auf die Goldwaage legen und immer nach noch besseren Lösungen suchen. Sie sollten vielmehr einen pragmatischen Ansatz wählen und Ihr Programm zuerst so schreiben, dass es funktioniert und es danach optimieren. *Instruments* bietet Ihnen eine Menge Möglichkeiten, die Schwachstellen in Ihrem Code zu entdecken.

1.4.1 Speicher

Einem Programm steht unter iOS nicht mehr als der physische Speicher zur Verfügung. Wenn bei einer Applikation der Speicher knapp wird, sendet iOS zunächst Speicherwarnungen und beendet im äußersten Fall die App. Dieses Verhalten kommt bei Desktop- und Serverbetriebssystemen extrem selten vor. Dort kann eine Applikation so viel Speicher belegen, wie Hauptspeicher und Swap-Platz hergeben. Die vollständige Belegung führt zwar auch dort häufig zu einem Absturz der Applikation, allerdings ist die Menge an verfügbarem Speicher um ein Vielfaches größer als beim iPhone.

Über spezielle Delegate-Methoden und Benachrichtigungen informiert das iOS darüber, dass nur noch wenig Speicher zur Verfügung steht. Eine Applikation sollte diese Informationen entgegennehmen und möglichst viel nicht benötigten Speicher freigeben.

Speicher sollte im Programmverlauf stets so früh wie möglich freigegeben werden. Mehr zum Speichermanagement enthält Kapitel 2. Bei der Arbeit mit Dateien ist es angezeigt, diese über *Memory Mapping* anzusprechen und nicht komplett in den Arbeitsspeicher einzulesen. Dies gilt insbesondere für Dateien unbekannter Herkunft, wie z. B. RSS-Feeds. Sind solche Dateien zu groß, wird der Speicher knapp, und über ausreichend große Dateien kann das iPhone lahmgelegt werden – ein effizienter Denial-of-Service-Angriff.

Speichersparende Programmierung umfasst nicht nur den bedachten Umgang mit Variablen und externen Datenquellen, sondern beinhaltet auch ein entsprechendes Design der Benutzeroberfläche. Ein gutes Beispiel dafür ist das *Mail*-Programm des iPhone. Dieses zeigt – je nach Konfiguration – nur die Kopfzeilen der erhaltenen E-Mails an. Es belegt dabei natürlich auch nur den Speicherplatz für die Anzeige der Kopfzeilen. Erst beim Auswählen einer E-Mail wird die entsprechende Mail in den Speicher geladen und verarbeitet. Beim Schließen dieser E-Mail gibt *Mail* den entsprechenden Speicher wieder frei. Das Speichermanagement hat beim iPhone also einen großen Stellenwert.

Dazu gehört auch, bei fertigen Applikationen nachzuprüfen, ob Speicherlecks vorhanden sind. Xcode (siehe Abschnitt 1.2) stellt dafür entsprechende Werkzeuge zur Verfügung. Fehlerhafter Umgang mit Speicher kann darüber hinaus zu instabilen Programmen führen.

1.4.2 Akkulaufzeit

Neben dem stark beschränkten Speicher ist die Stromversorgung die zweite Schwachstelle bei mobilen Geräten, so auch beim iPhone. Insbesondere bei voll aktivierten Netzwerkfunktionen (UMTS, WLAN, Bluetooth und Push-Dienste) hält der Akku nur kurze Zeit. Daher gilt für den Programmierer auch hier, dass das aktive Schonen der vorhandenen Ressourcen sehr wichtig ist. Der größte Stromfresser beim iPhone ist die Datenübertragung. Daraus ergibt sich, dass eine Applikation nur dann Daten übertragen sollte, wenn es wirklich notwendig ist. Ein RSS-Reader beispielsweise sollte die Verbindung ins Internet nur einmal aufbauen, um die RSS-Feeds zu laden. Danach ist keine Netzwerkverbindung mehr notwendig, wenn er die Feed-Inhalte zwischenspeichert. Dasselbe gilt für das *Mail*-Programm des iOS. Beim Start lädt das Programm die Header der ungelesenen E-Mails und geht danach in den Offline-Modus. Erst beim Anwählen einer E-Mail zum Lesen baut es eine Verbindung zum E-Mail-Server auf und lädt die E-Mail herunter. Es ist für die Nutzer übrigens auch sehr angenehm, wenn sie auf die bereits geladenen Inhalte auch ohne aktive Internetverbindung zugreifen können. Gerade beim iPod touch und dem iPad ohne UMTS können Sie nicht immer eine aktive Onlineverbindung voraussetzen.

Auch sollte möglichst vermieden werden, UMTS-Verbindungen intensiv zu nutzen. Das Verwenden der UMTS-Funktionalität des iOS ist ein großer Stromfresser. Viele Benutzer haben auch gar kein UMTS aktiviert, da zum täglichen Gebrauch, also um E-Mails und Nachrichten zu lesen, EDGE vollkommen ausreichend ist und die Akkulaufzeit des iPhone sich vergrößert, wenn UMTS deaktiviert ist. Wie bei der Verwendung des Speichers gilt daher auch bei den Netzwerkfunktionen: So sparsam wie möglich einsetzen. Ein zu starker Datenaustausch über mobile Verbindungen kann übrigens auch zu einer Ablehnung der App im App-Store führen.

> **Datenverbindungen und der Freigabeprozess**
>
> Apple gibt Programme für den App-Store nicht frei, wenn sie mehr als 1 MB pro Minute über das Mobilfunknetz laden. Sie können das relativ einfach nachprüfen, indem Sie in den iOS-Einstellungen unter ALLGEMEIN • BENUTZUNG auf STATISTIKEN ZURÜCKSETZEN drücken. Starten Sie danach Ihre App auf dem Gerät, und benutzen Sie sie 5 Minuten lang. In den Einstellungen können Sie dann unter dem Punkt EMPFANGEN sehen, welche Datenmenge Ihre App geladen hat. Dieser Wert darf nicht größer als 5 MB sein.
>
> Diese Datenmenge erreicht eine App aber meistens nur durch den Download von Multimedia-Inhalten. Achten Sie also bei Bildern darauf, dass sie genau die Ausmaße der jeweiligen Anzeige haben. Für Fotos sollten Sie das Format JPG verwenden, das die besten Komprimierungsraten hat. Für Videos unterstützt iOS ein bandbreitenabhängiges Format namens *M3U*, bei dem Sie eine Videodatei in mehreren Bitraten und somit Datengrößen bereitstellen können. Apple stellt zu diesem Thema ein Dokument mit dem Titel *HTTP Live Streaming Overview*[8] zur Verfügung.

1.4.3 Benutzerschnittstelle

Die Benutzerschnittstelle des iPhone unterscheidet sich fundamental von der eines herkömmlichen PC. Es gibt keine Maus und keine Tastatur, stattdessen interagiert der Benutzer mit dem Multitouch-Display und gegebenenfalls über Gerätebewegungen. Daraus ergeben sich ganz neue Anforderungen an den Programmierer, denn zum einen muss er die Besonderheiten dieser Benutzerschnittstellen beachten und nutzen, zum anderen muss er sich bei der Gestaltung einer Applikation an ein völlig neues Benutzerverhalten gewöhnen.

Die Philosophie hinter iOS ist, dass es für jeden Anwendungsfall eine eigene Applikation gibt. Dies macht bereits Apple vor: *Mail, Kalender, iPod, Safari, Wetter* und *Aktien* sind alles getrennte Applikationen und keine Eier legende Wollmilchsäue. Eine Applikation sollte für einen einzigen bestimmten Anwendungszweck konzipiert und implementiert sein. Bis zur Version 4 bot das iOS auch kein Multitasking – von den Systemdiensten, dem Telefon und der iPod-Funktionalität abgesehen. Multitasking im Sinne gleichzeitig ablaufender Programme, zwischen denen der Anwender hin- und herschalten kann, war nicht vorgesehen. Bei der Erstellung von Applikationen ist dieser Umstand daher abhängig von der Zielplattform zu beachten. Auf Geräten mit den Vorgängerversionen von iOS 4 beendet das Drücken der Home-Taste stets das aktuell laufende Programm. Sie müssen also entsprechende Vorkehrungen treffen und beispielsweise den aktuellen Programmstatus speichern. Multitasking unterstützen nur die iPhone-

---

8 http://developer.apple.com/library/ios/#documentation/NetworkingInternet/Conceptual/
StreamingMediaGuide/Introduction/Introduction.html

Modelle 3GS und neuer, die iPod-Modelle ab der dritten Generation sowie alle iPad-Modelle. Einen Sonderfall stellt das iPhone 3G dar, auf dem zwar iOS 4 läuft, das aber kein Multitasking unterstützt.

Abbildung 1.10 zeigt den Lebenszyklus einer iPhone-Applikation ohne Multitasking, also unter iOS vor der Version 4 oder wenn sie kein Multitasking unterstützt. Sobald der Benutzer das Applikations-Icon angetippt hat, lädt das iPhone OS die main-Funktion der Applikation. Diese ist lediglich ein Wrapper für UIApplicationMain() und lädt neben dieser Funktion nur noch einen Autorelease-Pool und gibt diesen nach Programmbeendigung wieder frei. Was sich dahinter verbirgt, behandelt Kapitel 3 im Abschnitt »Speicherverwaltung und Outlets«.

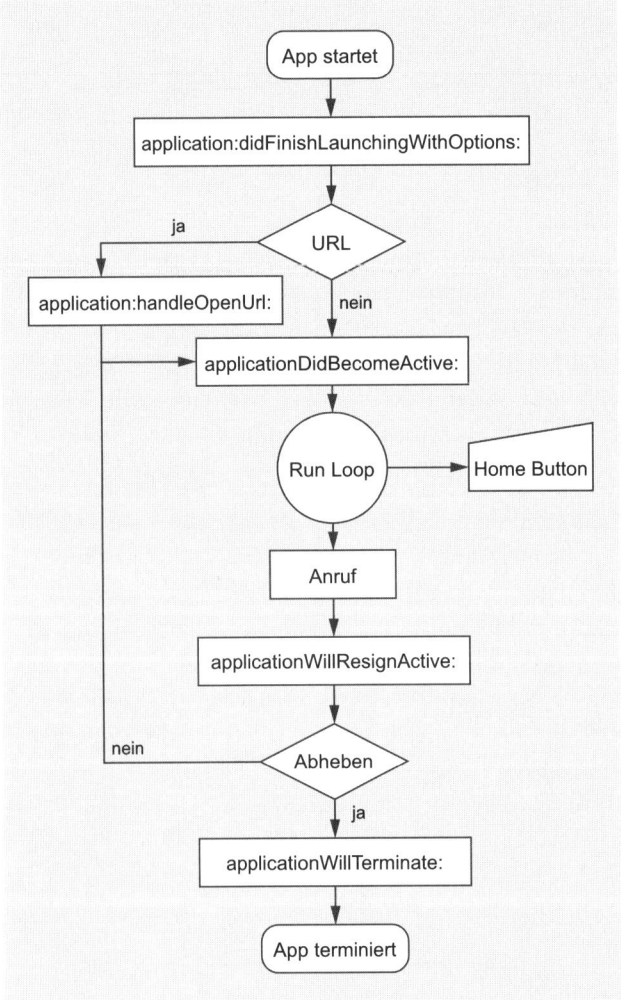

Abbildung 1.10 Lebenszyklus einer iOS-Applikation unter iOS vor Version 4

Die Funktion `UIApplicationMain()` ruft die Methode `applicationDidFinishLaunching:withOptions:` im Application-Delegate auf. Danach wartet die Applikation in der *Run-Loop* auf *Events* (*Ereignisse*). Diese können sowohl Benutzereingaben als auch programmierte Aktionen oder Trigger über Schnittstellen sein – hier findet der eigentliche Programmablauf statt.

Komplizierter sieht der Lebenszyklus ab iOS 4 und mit Multitaskingunterstützung aus, denn dort bleibt die App nach Betätigung des Home-Buttons im Hintergrund, sodass es für den Programmierer mehr Zustände und Entscheidungen abzufangen gibt (siehe Abbildung 1.11).

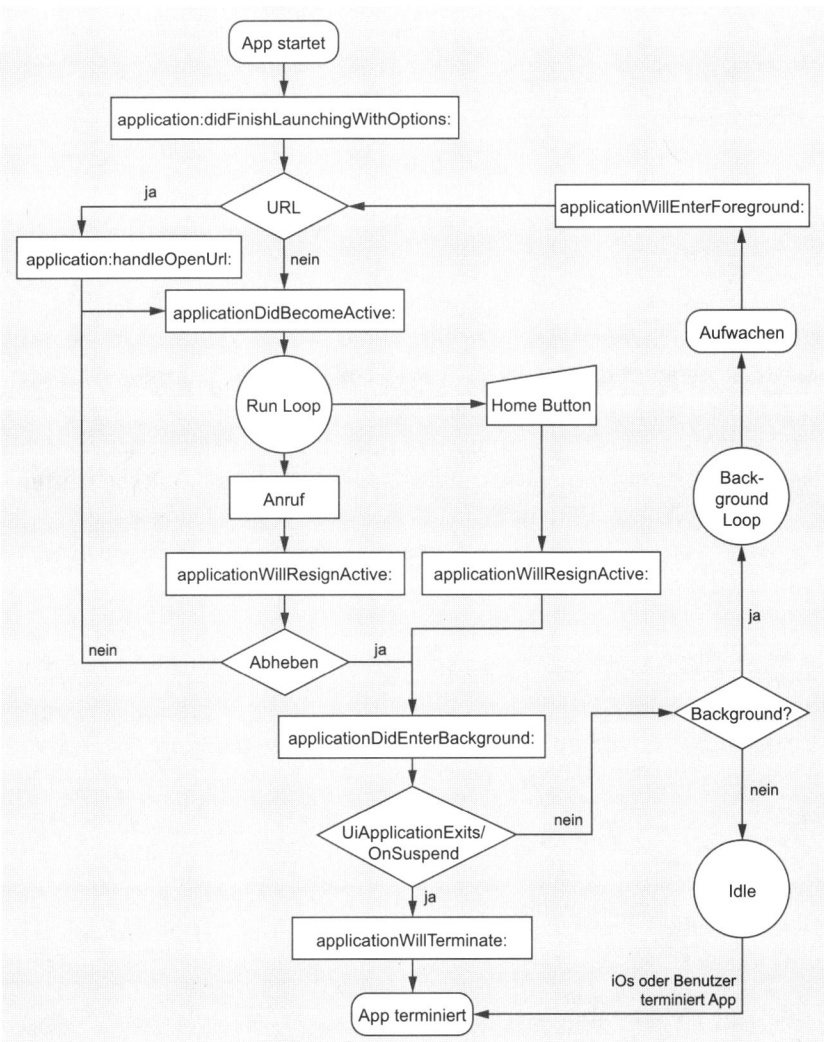

Abbildung 1.11 Lebenszyklus einer iOS-Applikation unter iOS ab Version 4

> **Die Home-Taste**
>
> Das Drücken der Home-Taste sendet das aktive Programm in den Hintergrund. Diese Aktion beendet das Programm unter älteren iOS-Versionen oder falls es kein Multitasking unterstützt. Durch die Spezialisierung der iOS-Programme auf eng begrenzte Aufgaben ist der häufige Wechsel von Applikationen typisch für die Bedienung von iOS. Darüber hinaus ist die Home-Taste schnell gedrückt, wenn eine Applikation nicht auf Anhieb das verspricht, was sich der Benutzer erhofft hat. Der typische iOS-Benutzer hat dabei wahrscheinlich ähnlich wenig Geduld wie viele Internet-Surfer. Daher sollten Sie Ihre Applikation so gestalten, dass sie den Benutzer auf Anhieb anspricht und die gewünschten Informationen schnell und übersichtlich zeigt.
>
> Apple fasst in dem Dokument *iOS Human Interface Guidelines* auf 150 Seiten die Philosophie der iOS-Benutzeroberfläche zusammen. Dieses Dokument stellt Ihnen eine Anleitung zur Verfügung, iOS-Applikationen benutzer- und hardwaregerecht zu gestalten.

1.4.4 Sicherheit

Das iOS startet eine Applikation in einer *Sandbox*. Das ist ein geschützter Bereich, aus dem die Applikation nicht ausbrechen kann. Sie kann also nicht auf die Speicherbereiche und Dateien anderer Apps zugreifen. Damit verhindert das iOS, dass eine Applikation das System oder andere Applikationen kompromittiert. Die Sandbox erschwert die Programmierung von Viren wie Trojanern, die ja gerade die Daten (z. B. Kontonummern, Passwörter) anderer Applikationen auslesen wollen. Trotz des Multitaskings ist auch eine gegenseitige Beeinflussung der Applikationen untereinander nicht möglich, da nur die aktive Applikation die volle Rechenleistung beanspruchen kann. Die im Hintergrund laufenden Programme haben nur eine sehr begrenzte Rechenzeit zur Verfügung. Unter den iOS-Versionen 2 und 3 war das Ausführen von Hintergrundprozessen für Applikationen generell nicht möglich.

Die Apple-Dokumentation erwähnt Sicherheit häufig im Zusammenhang mit dem Security Framework, beispielsweise für die Datenverschlüsselung, die Benutzung des Schlüsselbundes und die Arbeit mit Zertifikaten. Ein weiterer Aspekt ist die Sicherheit einer Applikation selber. Er wird im *Secure Coding Guide* von Apple behandelt, der auf eine Vielzahl gängiger Implementierungsfehler bei der Programmierung eingeht. Dass eine Applikation innerhalb ihrer eigenen Sandbox läuft, schützt sie aber nicht unbedingt vor Implementierungsfehlern, mit denen ein Angreifer auf die Daten der Applikation zugreifen oder eigenen Code auf einem fremden Gerät ausführen kann.

> **Faustregeln für die iOS-Programmierung**
>
> Die wichtigsten Regeln für Neueinsteiger, die mit der Programmierung für das iPhone nicht vertraut sind, sind die folgenden:
>
> - Sparsam mit Speicher umgehen.
> - Speicherlecks suchen.
> - Speicher so früh wie möglich freigeben.
> - Netzwerkfunktionen nur benutzen, wenn es notwendig ist.
> - Speichern des Applikationsstatus beim Beenden oder Unterbrechen.
> - Apples Vorgaben für die Gestaltung beachten.
> - Benutzer sind ungeduldig – ein Applikation muss gut aussehen und funktionieren.
> - Zeitaufwendige Algorithmen optimieren, um CPU-Zeit zu sparen.

1.4.5 Der App Store

Zur Verteilung von iOS-Applikationen auf beliebige Geräte von privaten Anwendern sieht Apple ausschließlich den App-Store vor. Er ist, wie der iTunes Music Store, in iTunes integriert. Es ist die wichtigste Möglichkeit, iOS-Applikationen unters Volk zu bringen. Große Firmen haben außerdem die Möglichkeit, firmenspezifische Apps zu erstellen und über Ad-hoc-Distributionen direkt auf die Geräte ihrer Mitarbeiter zu verteilen. Möchten Sie Ihre Applikation im App-Store veröffentlichen, müssen Sie sie bei Apple zur Prüfung einreichen. Die Prüfkriterien waren anfangs sehr undurchsichtig und haben häufig Grund zur Beanstandung gegeben. Inzwischen gibt es mit den *App Store Review Guidelines*[9] ein Dokument, das zumindest die wichtigsten Richtlinien für eine erfolgreiche Veröffentlichung beschreibt.

Die Prüfung von Applikationen vor ihrer Veröffentlichung im App-Store durch Apple sollten Sie nicht als Qualitäts- oder Sicherheitskontrolle verstehen. Sie ersetzt keinesfalls die eigene Sorgfalt in Design und Implementierung. Die Review Guidelines enthalten eine Reihe handfester Regeln, an die Sie sich bei der Programmierung Ihrer App halten sollten. Spätestens, wenn eine App im Kundenauftrag entsteht oder Grundlage einer Geschäftsidee ist, sollte das strenge Entwickeln entlang der Vorgaben von Apple erfolgen, um eine Ablehnung zu vermeiden.

---

9 Sie können darauf nur zugreifen, wenn Sie einen kostenpflichtigen Entwickleraccount besitzen.

> **Ablehnung der App**
>
> Trotz der strikten Befolgung aller Regeln kann es trotzdem passieren, dass Apple Ihre App ablehnt. Sie erhalten dann eine E-Mail, die den genauen Ablehnungsgrund enthält. Das ist in vielen Fällen eine Kleinigkeit. Verzagen Sie nicht, sondern nehmen Sie es sportlich. Beheben Sie das Problem, und reichen Sie die App erneut ein. Falls Sie den Ablehnungsgrund nicht nachvollziehen können, scheuen Sie sich nicht, bei Apple nachzufragen.

1.5 Objektorientierte Programmierung

Um saubere Cocoa-Touch-Programme erstellen zu können, müssen Sie sich mit der objektorientierten Programmierung vertraut machen. Daher finden Sie in diesem Abschnitt einen Überblick über die wichtigsten Begriffe, ohne deren Kenntnis Sie sich leicht in der Dokumentation und der Klassenhierarchie verirren können.

Bei der objektorientierten Programmierung fasst der Entwickler die Daten und die Operationen, die mit diesen Daten durchgeführt werden können, in Objekten zusammen. Im Gegensatz dazu verbindet man bei der prozeduralen Programmierung die Daten und Operationen nicht fest miteinander. Auf der einen Seite gibt es Daten, und auf der anderen Seite gibt es Instruktionen, die diese Daten verarbeiten. Die folgende Funktion `computeAge` erhält als Eingabeparameter ein Datum als Zahl und berechnet daraus das Alter:

```
int computeAge(long inDate) {
    // lots of magic stuff here
    return theAge;
}
```

Wie die Funktion aus der einen Zahl die andere berechnet, ist an dieser Stelle nicht so wichtig. Es kann über alle möglichen Anweisungen geschehen, die die Programmiersprache zulässt. Mit welchen Daten der Programmierer die Funktion aufruft, ist ihm freigestellt. Es gibt keinen Mechanismus, der beispielsweise einen Aufruf mit einer Längenangabe oder einer Gewichtsangabe verhindert. In diesem Fall liefert die Funktion höchstwahrscheinlich einen unsinnigen Wert zurück. Die Verantwortung für die sinnvolle Verwendung der Funktion und der Daten trägt allein der Programmierer. Er erhält dabei kaum Unterstützung vom Compiler, der ihn nicht vor solchen Fehlern warnen kann.

Bei kleinen Programmen, an denen ein einzelner Entwickler arbeitet und über die er den Überblick behält, ist das noch kein besonders großes Problem. Bei größeren Softwareprojekten, die neben eigenem Code auch Module und Bibliotheken anderer Programmierer einsetzen, besteht eine große Gefahr, Operationen mit unpassenden Daten zu kombinieren. Der Compiler bewahrt den Programmierer zwar davor, Operationen mit unpassend typisierten Daten auszuführen, aber nicht vor Operationen mit logisch unpassenden Daten.

Hier ist noch ein Beispiel für den logisch falschen, syntaktisch hingegen korrekten Umgang mit einem Datum. Ein Verkaufsprogramm von Autos enthält den selbst definierten Datentyp `fahrzeug`. Das Programm stellt ihn über eine C-Struktur dar. Er enthält verschiedene Attribute, die die Eigenschaften des Fahrzeugs repräsentieren – also beispielsweise Farbe, Alter, Preis und Art des Fahrzeugs:

```
struct fahrzeug {
    int alter;
    int preis;
    char farbe[10];
    ...
}
```

Der Datentyp `fahrzeug` enthält nun zwar alle im Programm benötigten Eigenschaften eines Fahrzeugs, legt aber deren korrekte Verwendung nicht fest. Dem Programmierer steht es frei, sämtliche Eigenschaften so zu ändern, wie es der Compiler zulässt. Überschreibt er im Programmverlauf aus Versehen oder auch mit Absicht das Attribut `alter`, macht der Compiler ihn nicht darauf aufmerksam. Die Zuweisung `fahrzeug.alter=1;` ist syntaktisch korrekt. Der Compiler erkennt keinen Fehler, das Programm wird nicht abstürzen oder ein anderes Fehlverhalten aufweisen. Es wird lediglich den Verkäufer dieses Fahrzeugs erfreuen, dass sein Fahrzeug auf seltsame Art und Weise eine Verjüngungskur und damit eine implizite Wertsteigerung erfahren hat – vorausgesetzt, das Fahrzeug war vorher älter.

Die zunehmende Komplexität von Software machte daher ein neues Paradigma notwendig, eine neue Art zu programmieren, um sinnvoll und sicher mit Daten umgehen zu können. Denn insbesondere bei verteilter Programmierung verlieren selbst erfahrene Programmierer schnell den Überblick, welche Operationen mit welchen Daten möglich und erlaubt sind.

Überdies ist es enorm schwierig, Code wiederzuverwenden, der aus getrennten Daten und Operationen besteht. Im vorliegenden Beispiel könnte ein Programmierer lediglich den Datentyp `fahrzeug` und einige Funktionen in ein eigenes Programm übernehmen, was aber häufig auch noch einen hohen Anpassungsaufwand erfordert.

Aus dieser Problematik hat sich die objektorientierte Programmierung entwickelt, die Daten fest mit den auf ihnen zulässigen Operationen zu Objekten verknüpft. Als erste objektorientierte Programmiersprache gilt Simula, die Dahl und Nygaard Anfang der 1960er-Jahre in Norwegen entwickelt haben. In den

1970er-Jahren haben Kay, Ingalls und Goldberg die Programmiersprache Smalltalk-80 bei der Firma Xerox im Palo Alto Research Center entwickelt. Sie gilt als die erste einsetzbare objektorientierte Programmiersprache, und viele Programmierer verwenden sie auch noch heutzutage. Objektorientierte Programmierung ist also auf dem Zeitstrahl der IT-Geschichte bereits ein alter Hut.

Die objektorientierte Programmierung basiert auf den vier Paradigmen *Message Passing*, *Kapselung*, *Vererbung* und *Polymorphie*. Dem Problem des ungeregelten Zugriffs auf Daten begegnet die objektorientierte Programmierung durch die Kapselung der Daten. Dahinter verbirgt sich, dass ein objektorientiertes Programm nicht mehr aus Funktionen und davon losgelösten Daten besteht, sondern aus Objekten. Diese Objekte repräsentieren Einheiten aus Daten und Operationen, die mit diesen Daten möglich sind. Diese Operationen sind in den Objekten selber enthalten und das wiederum bedeutet, dass Daten und Code fest miteinander verbunden sind.

1.5.1 Objekte

In vielen objektorientierten Sprachen beschreiben Klassen die möglichen Objekte. Die zu einem Objekt gehörenden Daten bezeichnet man (siehe Abschnitt 1.5.4, »Objective-C«) als *Attribute* und die Operationen als *Methoden*. Attribute definieren den Zustand eines Objektes, die Methoden das Verhalten. Ein Objekt ist also die Zusammenfassung aus Zustand und Verhalten. Es erleichtert in vielen Fällen den Einstieg in die objektorientierte Programmierung, wenn Sie die Programm-Objekte als Entsprechungen von Objekten in der Realität betrachten. Das geht in der Regel sehr gut bei den Objekten des Modells: Das ist eine Schicht des MVC-Musters, das Sie später noch genauer kennenlernen. Bei der oben beschriebenen Fahrzeugverwaltung würde ein Objekt der Klasse Fahrzeug beispielsweise zu den Modellobjekten gehören. Diesem Objekt entspricht in der Regel ein echtes Fahrzeug auf dem Hof des Händlers. Aber nicht jedes Objekt muss eine Entsprechung in der Realität haben.

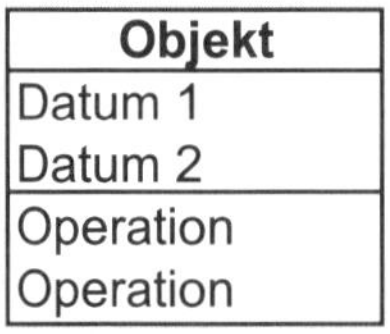

Objekt
Datum 1
Datum 2
Operation
Operation

Abbildung 1.12 Ein Objekt mit Attributen und Methoden

Die Klasse Fahrzeug beschreibt alle Attribute und Methoden der Fahrzeugobjekte. Aber nur die Methoden haben Zugriff auf die Attribute. Von außerhalb des

Objektes ist kein direkter Zugriff auf die im Objekt gespeicherten Daten in den Attributen möglich. Den Zugriff darauf stellt also das Objekt nur über seine Methoden bereit.

Fahrzeug
alter
preis
farbe
getAlter
getPreis
setPreis:
getFarbe
setFarbe:

Abbildung 1.13   Die Klasse »Fahrzeug« mit Methoden und Attributen

Für das Abrufen des Alters stellt das Objekt beispielsweise die Methode `alter` zur Verfügung. Diese liefert auf Anfrage das Alter des Fahrzeugs zurück. Ein versehentliches oder unbefugtes Überschreiben des Alters des Fahrzeugs ist nicht möglich – dafür stellt das Objekt gar keine Methode bereit. Der Aufruf einer Methode ähnelt dem Senden einer Nachricht an einen Empfänger, weshalb dafür auch die Bezeichnung *Message Passing* verwendet wird. Das Objekt, dessen Methode aufgerufen wird, wird auch als *Empfänger* und die Methode als *Nachricht* bezeichnet.

Eine Methode, die nur einen einzelnen Attributwert eines Objektes ausliest oder verändert, nennt man häufig auch *Getter* (lesender Zugriff) oder *Setter* (schreibender Zugriff). Ein anderer Begriff für eine Setter-Methode ist *Mutator-Methode*.

Die Begriffe *Klasse* und *Objekt* dürfen Sie nicht miteinander verwechseln. Die Klasse ist der Bauplan eines Objektes, und ein Objekt ist eine Ausprägung einer Klasse. Das Programm erzeugt die Objekte zur Laufzeit, wobei die Klasse die Eigenschaften des Objektes definiert. Auf das Beispiel bezogen bedeutet das: Für die Fahrzeugverwaltung haben deren Entwickler die Klasse `Fahrzeug` programmiert. Der Autohändler erstellt hingegen ein neues Fahrzeugobjekt, wenn er den *Duesenberg SJ* von 1933 in die Fahrzeugverwaltung aufnimmt.

1.5.2   Vererbung

Ein weiteres wichtiges Merkmal objektorientierter Programmierung ist die Möglichkeit der Vererbung. Die Wiederverwendbarkeit von Code ist im Laufe der Zeit immer wichtiger geworden. Software wird immer umfangreicher, und es ist mittlerweile nahezu unmöglich, alle Funktionen eines Programms mit zeitgemäßem

Layout und Funktionen selber zu schreiben. Stattdessen verwendet man Bibliotheken und Frameworks (z. B. Cocoa Touch), die eine Grundlage für eigene Programme bieten. Natürlich findet sich nicht für jede Anforderung eine Lösung in einem Framework. Aber in den meisten Fällen gibt es mit hoher Wahrscheinlichkeit zumindest eine ansatzweise Lösung. Über die Vererbung bietet die objektorientierte Programmierung eine einfache Möglichkeit, vorhandene Funktionalitäten zu erweitern und auf diese Weise an die eigenen Anforderungen anzupassen.

Um beim Beispiel des Objektes Fahrzeug zu bleiben, käme Vererbung dann ins Spiel, wenn nicht mehr nur Fahrzeuge allgemein betrachtet werden, sondern auch spezialisierte Formen von Fahrzeugen wie beispielsweise Autos, Fahrräder, Eisenbahnen. In diesem Fall bietet die Klasse Fahrzeug zwar einige grundlegende Attribute und Methoden, ist aber kaum dazu geeignet, die speziellen Attribute der jeweiligen Sonderformen von Fahrzeugen zu beschreiben. Dieses Problem lässt sich durch Vererbung lösen. Sie erlaubt eine hierarchische Verknüpfung zwischen Klassen (siehe Abbildung 1.14). Dabei erben jeweils die Klassen alle Attribute und Methoden der Klassen, auf die der ausgehende Pfeil zeigt. Die vererbende Klasse heißt dabei *Ober-* oder *Superklasse*, die erbende Klasse ist entsprechend die *Unter-* oder *Subklasse*.

Die Subklasse erbt alle Eigenschaften ihrer Superklasse und kann diese überschreiben oder neue Eigenschaften hinzufügen. Durch das Erben verfügt also die Subklasse automatisch über alle Eigenschaften ihrer Superklasse. Im vorliegenden Beispiel lassen sich von der Superklasse Fahrzeug beliebig viele Subklassen ableiten. Sie besitzen alle die Eigenschaften von Fahrzeug, können aber neue Eigenschaften hinzufügen, um die jeweiligen Fahrzeuge präziser beschreiben zu können. Als Beispiel zeigt Abbildung 1.14 die von der Superklasse Fahrzeug abgeleiteten Subklassen Fahrrad und Auto. Die Superklasse Fahrzeug enthält bereits einige Attribute und Methoden, die für die Beschreibung eines generischen Fahrzeugs sinnvoll sind. Um weiter spezialisierte Fahrzeuge zu beschreiben, reichen diese Attribute und Methoden allerdings nicht aus. Die beiden Subklassen Fahrrad und Auto bieten daher alle Attribute und Methoden der Klasse Fahrzeug und darüber hinaus auch noch weitere Attribute und Methoden, die für die Beschreibung der jeweiligen Klassen notwendig sind. Bei einem Auto sind sicherlich die Leistung und insbesondere der Verbrauch von Interesse, die aber bei einem Fahrrad keine Rolle spielen. Da ist es eher wichtig, ob das Fahrrad eine Ketten- oder eine Nabenschaltung hat.

Die obersten Superklassen innerhalb einer Klassenhierarchie sind daher immer die kleinsten gemeinsamen Nenner aller Klassen ihrer Hierarchie. Diese Klassen nennt man auch Wurzelklassen. Die wichtigste Wurzelklasse in Cocoa Touch ist die Klasse NSObject, von der sich fast alle anderen Cocoa-Klassen ableiten. Vererbung ist ein mächtiges Werkzeug für die Wiederverwendung von Code, da sie es dem Programmierer erlaubt, die Funktionalitäten vorhandener Klassen ohne großen Aufwand zu verwenden und zu erweitern. Im Gegensatz zu vielen anderen objektorientierten Sprachen verwendet aber Cocoa noch andere Möglichkeiten, um Klassen zu erweitern und das Verhalten von Methoden zu beeinflussen.

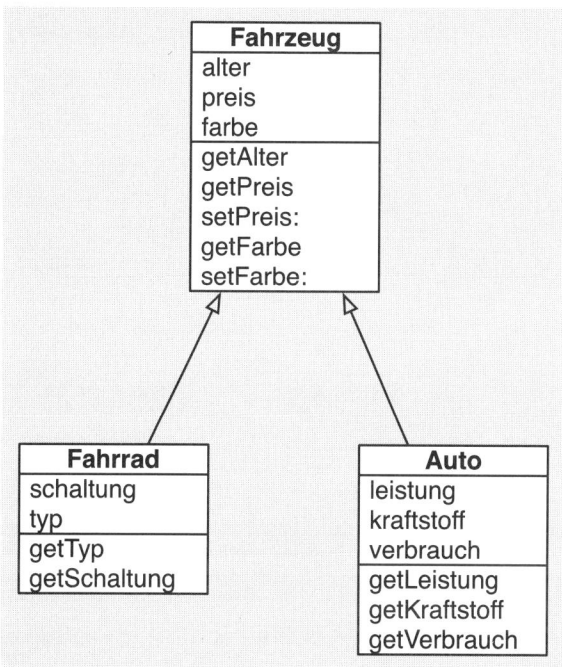

Abbildung 1.14 Superklasse und Subklassen

Die Subklasse kann die von der Superklasse ererbten Attribute und Methoden übernehmen oder überschreiben. Ererbte und nicht überschriebene Eigenschaften verwenden dabei die Implementierung der Superklasse. Bei der Programmierung mit Objective-C kann eine Klasse nur von einer Superklasse erben – im Gegensatz zu C++, wo Klassen von mehreren Superklassen erben können (*Mehrfachvererbung*). Dabei unterscheidet sich die Mehrfachvererbung durch das gleichzeitige Erben von hierarchisch gleichberechtigten Superklassen von der *Einfachvererbung* über mehrere Hierarchieebenen, die das Ererben von Eigenschaften verschiedener, hierarchisch geschachtelter Superklassen darstellt. Abbildung 1.15 zeigt das Prinzip der Einfachvererbung über drei Ebenen. Die Superklasse Fahrzeug vererbt ihre Eigenschaften an ihre Subklasse Kraftfahrzeug, die wiederum ihre Eigenschaften an ihre Subklasse Lastkraftwagen vererbt. Diese Klasse besitzt somit alle Eigenschaften der Klassen Fahrzeug und Kraftfahrzeug. Das ist aber keine Mehrfachvererbung, sondern einfach das Erben über verschiedene Hierarchieebenen hinweg. Fahrzeug ist in dem Fall nur die direkte Superklasse von Kraftfahrzeug, nicht aber von Lastkraftwagen.

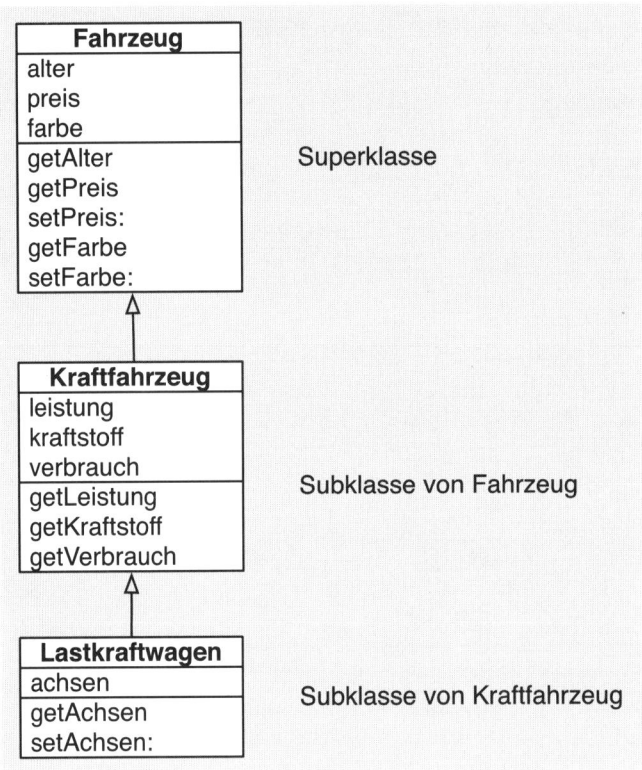

Abbildung 1.15 Vererbung über drei Ebenen

Im Gegensatz dazu bedeutet Mehrfachvererbung, dass eine Subklasse mehrere Superklassen besitzen kann, die sich auf derselben Hierarchieebene befinden können. Abbildung 1.16 veranschaulicht dieses Prinzip anhand der Klassen Motorschiff und Kraftfahrzeug, die beide direkte Superklassen von Amphibienfahrzeug sind. Das Ergebnis ist scheinbar das gleiche wie bei der hierarchischen Vererbung über mehrere Ebenen, beruht aber auf einem anderen Prinzip und wird schnell unübersichtlich.

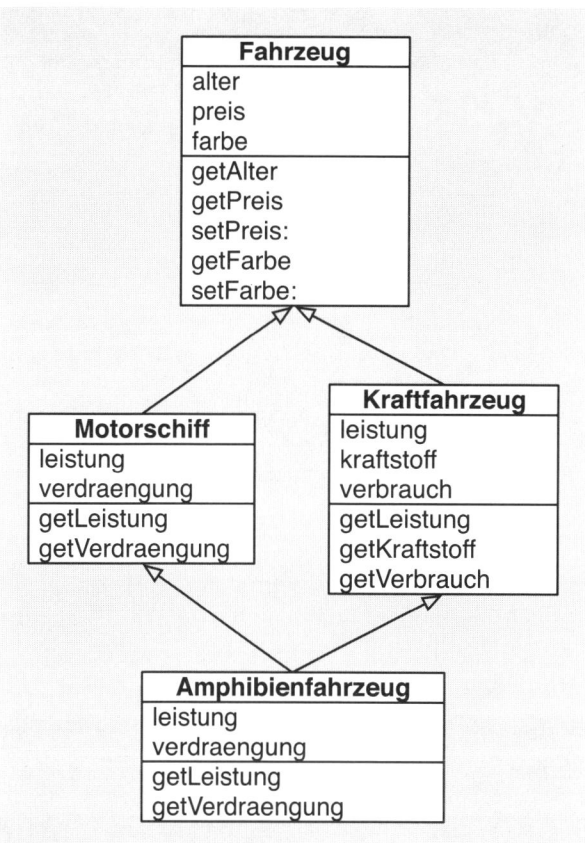

Abbildung 1.16 Mehrfachvererbung

Insbesondere kann es vorkommen, dass eine Klasse über verschiedene Wege Eigenschaften einer einzigen Superklasse erbt. Das ist das sogenannte *Diamond-Problem*. Es heißt so, weil die Vererbungspfeile im Klassendiagramm häufig eine Raute bilden, wie das Abbildung 1.16 zeigt. Bei einem Objekt der Klasse Amphibienfahrzeug besteht in diesem Beispiel das Problem, welches Attribut es für z. B. für alter verwenden soll.

In der Praxis ist die Mehrfachvererbung auch in der Regel nicht notwendig. Daher hat sich Mehrfachvererbung auch nicht durchsetzen können, und außer Objective-C verzichten die meisten anderen objektorientierten Programmiersprachen wie C# und Java auf Mehrfachvererbung.

> **Abstrakte Klassen**
>
> Eine Klasse muss nicht zwingend Implementierungen für ihre Attribute und Methoden besitzen. Klassen, die eher verallgemeinerte Konzepte, aber keine konkreten Bestandteile des Programms beschreiben und nur als gemeinsamer Nenner von konkreteren Subklassen dienen (beispielsweise die Klasse Fahrzeug im oben stehenden Beispiel), kann der Programmierer lediglich die für die Subklassen relevanten Attribute und Methoden anlegen, die Implementierung aber den Subklassen überlassen. Eine *abstrakte Klasse* ist also eine verallgemeinerte Beschreibung der Eigenschaften ihrer Objekte, die erst konkrete Unterklassen spezifizieren.
>
> Objective-C unterstützt abstrakte Klassen nicht so wie viele andere objektorientierte Sprachen. Jede Klasse in Objective-C ist konkret, und Sie können Objekte davon erzeugen. Im Gegensatz dazu können Sie beispielsweise in C++, C# oder Java abstrakte Klassen anlegen, von denen Sie keine Objekte erzeugen können. Sie können dort nur von den konkreten Unterklassen Objekte anlegen.

1.5.3 Nachrichten

In der objektorientierten Programmierung findet der Programmfluss durch den Austausch von Nachrichten – den Aufruf von Methoden – zwischen Objekten statt. Es gibt keine Funktionen, die mit entsprechenden Parametern aufgerufen werden, sondern Objekte, die über Methoden miteinander kommunizieren. Diese Kommunikation zwischen Objekten ist das Paradigma des Nachrichtenaustauschs oder auch *Message Passings*. Ein Objekt sendet eine Nachricht an ein anderes Objekt.

> **Nachrichtenaustausch in Objective-C**
>
> Das Message-Passing in Objective-C unterscheidet sich sehr stark von dem anderer Programmiersprachen – besonders von C++. In Objective-C können Sie jede Nachricht an jedes Objekt senden – also auch, wenn die Klasse und deren Oberklassen des Objekts diese Methoden gar nicht implementieren. Objective-C unterscheidet also zwischen dem Versenden und dem Empfangen von Nachrichten. Jede Klasse kann dabei festlegen, wie sie auf solche Nachrichten reagiert. Proxy-Klassen nutzen beispielsweise diese Möglichkeit aus – aber dazu später mehr.

Beim Versenden von Methoden kommt das dritte wichtige Merkmal der objektorientierten Programmierung zum Tragen – die Polymorphie. Polymorphie erlaubt es unterschiedliche Methoden gleich zu benennen. Das kann sowohl innerhalb von Vererbungslinien als auch außerhalb stattfinden.

Die in Abbildung 1.14 gezeigten Beispiele besitzen alle drei Klassen Methoden mit den gleichen Namen: getAlter, getPreis, setPreis:, getFarbe, setFarbe:. Die Subklassen von Fahrzeug können diese Methoden überschreiben und die Implementierungen der Superklasse durch eigene Implementierungen ersetzen. Die

Polymorphie stellt sicher, dass das Programm immer die richtige Methode aufruft. Wenn es eine Nachricht an ein Objekt sendet, wählt das Laufzeitsystem die passende Methodenimplementierung aus. Dabei reicht für den Nachrichtenversand der Methodenname aus. Da das Programm erst zur Laufzeit die Methodenimplementierung ermittelt – also sie erst dann an den Aufruf bindet, bezeichnet man dieses Verfahren auch als *dynamisches Binden*. Im Gegensatz dazu verknüpft beispielsweise Xcode bei der Programmerstellung die verwendeten C-Funktionen fest mit ihrem Aufruf. Dieses Vorgehen heißt *statisches Binden*, weil es bereits zur Kompilierzeit erfolgt. Zur Laufzeit ruft das Programm für den Funktionsaufruf immer das gleiche Codefragment auf.

Wie also genau ein Objekt auf eine Nachricht reagiert, entscheidet sich bei Objective-C immer erst zur Laufzeit des Programms und nicht zum Zeitpunkt des Kompilierens. Dabei können Sie in Objective-C die Polymorphie und das dynamische Binden nicht innerhalb von Objekten der jeweiligen Vererbungslinien verwenden, sondern auch kreuz und quer durch die gesamte Klassenhierarchie. Sie können in Objective-C jede Methode an jedes beliebige Objekt senden, da diese Programmiersprache zwischen dem Versenden und dem Empfangen von Nachrichten unterscheidet. Die Klasse des Objekts entscheidet, ob eine empfangene Methode verarbeitet werden kann oder ob ein Fehler vorliegt. Dabei können Sie in den Klassen auch eine Methode implementieren, die auf Nachrichten reagiert, für die die Klasse keine Implementierung bereitstellt.

1.5.4 Objective-C

Die Programmiersprache für iOS und Cocoa Touch ist Objective-C. Objective-C ist eine objektorientierte Erweiterung von ANSI-C und war schon unter NEXTSTEP und Mac OS X die Programmiersprache der Wahl. Tim Berners-Lee hat den ersten Webbrowser und -server unter NEXTSTEP in Objective-C programmiert und damit Referenzimplementierungen des von ihm erfundenen WWW erstellt.

Im Zuge des Vormarschs objektorientierter Programmierung wurden in den 80er-Jahren auf Basis der rein proceduralen Programmiersprache C zwei objektorientierte Varianten entwickelt. Die eine Variante, *C with classes*, ist später unter dem Namen C++ bekannt geworden. C++ war lange Zeit die Standardsprache in der Programmierung unter Windows, bevor sich für die Anwendungsentwicklung .NET als ernst zu nehmende Alternative entwickelt hat. Es hat sich aber auch dank der *GNU Compiler Collection* (GCC) und in Form vieler proprietärer Compiler auf vielen UNIX-basierten Systemen verbreitet.

Parallel dazu hat sich Objective-C als weitere objektorientierte Sprache entwickelt, die auf C aufbaut. Dabei erweitert Objective-C im Gegensatz zu C++ den Sprachumfang von C, ohne ihn zu verändern, sodass C-Programme auch immer von einem Objective-C-Compiler übersetzt werden können. Die wichtigsten syntaktischen Erweiterungen sind Klassen und Methodenaufrufe.

Von den im vorstehenden Abschnitt beschriebenen Eigenschaften objektorientierter Programmierung besitzt Objective-C alle vier grundlegenden Merkmale und verwendet ausschließlich dynamisches Binden. Attribute heißen auch *Objekt-* oder *Instanzvariablen*. Der Zugriff auf die Attribute eines Objekts sollte nur über die Methoden des Objekts möglich sein. Der direkte Zugriff von außen ist zwar prinzipiell möglich, wenn Sie ihn explizit freigeben. Sie sollten das aber grundsätzlich vermeiden, da es ein eklatanter Verstoß gegen das Paradigma der Datenkapselung wäre.

Variablenarten

Die Bezeichnung *Instanzvariable* ist nur eine von vielen Bezeichnungen für die Variablen einer Klasse. Der Begriff *Instanzvariable* hat sich als Bezeichnung für *Attribute* mittlerweile sehr stark verbreitet, obwohl er von einer unpassenden Übersetzung für das englische Wort *instance* herrührt. In der englischsprachigen Literatur und auch bei Apple werden Sie häufiger den Begriff *ivar* sehen – er bezeichnet dasselbe.

Darüber hinaus gibt es in Blöcken, Funktionen und Methoden Variablen, die nur innerhalb dieser Konstrukte gelten. Deshalb nennt man sie auch *lokale Variablen*. Außerdem gibt es noch Variablen, die als Übergabeparameter für Methoden fungieren. Sie heißen *Parameter*. Von der Verwendung globaler Variablen, die Sie von jeder Stelle eines Programms aus verwenden können, sollten Sie absehen. Die einzige Ausnahme bilden hier globale Konstanten, die Sie aber nur auslesen und nicht verändern können.

Ein Klasse in Objective-C dient auch dort als Blaupause für Objekte. Sie sind aber auch selber Objekte – sogenannte Klassenobjekte. Ein Klassenobjekt repräsentiert seine Klasse und verfügt über Methoden. Es kann also Nachrichten empfangen. Auch das Binden dieser *Klassenmethoden* erfolgt im Gegensatz zu vielen anderen objektorientierten Sprachen erst zur Laufzeit.

Das Erzeugen eines neuen Objekts einer bestimmten Klasse geschieht über das Versenden einer Nachricht an das betreffende Klassenobjekt, ein neues Objekt seiner Klasse zu erzeugen. Die Klassenobjekte erzeugt das Laufzeitsystem beim Programmstart. Außerdem kann Objective-C aber auch noch Klassenobjekte zur Laufzeit erzeugen. Davon bekommen Sie aber in der Regel nicht viel mit.

Objective-C verwendet im Umgang mit den von C übernommenen Datentypen dieselbe Typisierung wie C – statisch, schwach und explizit. Sie ist *statisch*, da der Typ einer Variablen schon zur Übersetzungszeit feststeht. Implizite und explizite Typumwandlung sind möglich, können aber sowohl in C als auch in Objective-C mitunter zu Fehlern führen. Aus diesem Grund bezeichnet man die Typsysteme der beiden Sprachen als *schwach*, da sie zur Laufzeit Typen nicht immer richtig konvertieren.

Darüber hinaus bietet Objective-C für Objekte das Konzept der dynamischen Typisierung. Hierfür existiert der Datentyp *id*, der einen Zeiger auf ein beliebiges Objekt repräsentiert. Er ist dabei unabhängig davon, zu welcher Klasse das Objekt gehört. Sie können jedes Objekt einer Variablen vom Typ *id* zuweisen und umgekehrt jeder Variablen einer bestimmten Klasse einen *id*-Wert. Bei Letzterem müssen Sie natürlich sicherstellen, dass das zugewiesene Objekt und die Klasse der Variablen zueinander passen. Dazu ein paar Beispiele:

```
id theString = @"12345"; // OK, NSString -> id
NSString *theText = theString; // OK, NSString -> NSString
NSNumber *theValue = theString; // logischer Fehler
char theCharacter = [theValue charValue]; // Laufzeitfehler
```

Listing 1.1 Typzuweisungen mit »id«

> **Konstante Zeichenketten**
>
> In Objective-C erzeugen Sie über die Notation @"..." ein konstantes Stringobjekt. Es hat die Klasse NSString – genauer gesagt eine Unterklasse davon. Diese Konstante verhält sich wie ein Objekt. Sie können also auch Nachrichten an sie schicken. Das @-Zeichen ist übrigens wichtig. Wenn Sie es weglassen, erzeugen Sie kein Objekt, sondern einen nullterminierten C-String.

Alle vier Anweisungen in Listing 1.1 führen nicht zu einem Übersetzungsfehler, aber nur die beiden ersten sind unproblematisch. Die dritte Zuweisung führt zu keinem Laufzeitfehler, obwohl eine Variable für numerische Objekte eine Zeichenkette zugewiesen bekommt. Erst wenn das Programm, wie in der letzten Zeile, eine unbekannte Nachricht an das Objekt sendet, kommt es zu einem Laufzeitfehler, da die Klasse NSString die Methode charValue nicht implementiert.

Sie können an id-Werte jede beliebige Nachricht senden. Einen Laufzeitfehler wie in Listing 1.1 können Sie also auch einfach durch [theString charValue] erzeugen. Falls Sie dabei einen unbekannten Methodennamen verwenden, verwendet Objective-C immer *id* als Rückgabetyp.

> **Typlosigkeit nur bedingt**
>
> Der Typ id lässt keine direkten Rückschlüsse darauf zu, welchen Typ dieses Objekt besitzt. Sie können die Klasse eines Objekts aber zur Laufzeit über die Methode class abfragen. Die dynamische Typisierung erleichtert die Programmierung, da Sie sich – wie bei der Polymorphie – keine Gedanken darum machen müssen, wie genau ein Objekt aussieht. Sie *können* durch Verwendung des Typs id erheblich an Flexibilität

gewinnen. Sie verzichten damit aber auf die Erkennung von Typfehlern zur Laufzeit, wie das oben stehende Listing zeigt. Sie sollten also gerade am Anfang Ihrer Programmiererkarriere typisierte Variablen bevorzugen, um Laufzeittypfehler zu vermeiden.

Da Sie Klassen in Objective-C immer vollständig implementieren müssen, können Sie immer auch Objekte aller Klassen erzeugen. Sie haben also keine Möglichkeit, abstrakte Klassen zu erstellen, von denen sich keine direkten Objekte erzeugen lassen. Sie können nur über Konventionen (z. B. Regeln für die Klassennamen) festlegen, welche Klassen abstrakt sind. Abstrakte Klassen deklarieren häufig Methoden, ohne sie zu implementieren. Sie sollten diese *abstrakten Methoden* so implementieren, dass sie eine Warnung ausgeben oder noch besser einen Programmfehler verursachen.

Um in Objective-C eine Methode zu versenden, verwendet das Laufzeitsystem *Selektoren*. Eine Nachricht besteht also aus einem Selektor und den Parameterwerten. Das Laufzeitsystem sucht damit die passende Methodenimplementierung in der Objektklasse und führt sie im Erfolgsfall aus. Selektoren beschreiben also passende Methoden für den Nachrichtenempfang. Da Objective-C Methoden nicht anhand der Parametertypen unterscheiden kann, besteht ein Selektor im Prinzip nur aus dem reinen Methodennamen.

Stack und Heap in Objective-C

C verwendet zur Ablage bestimmter Daten, beispielsweise lokaler Variablen, den *Stack*. Bei jedem Funktionsaufruf legt das Programm den bisherigen Programmstatus auf dem Stack ab. Nach Beendigung der Funktion kann es von dort die Daten rekonstruieren und mit der Programmausführung fortfahren. Dabei kann das Programm einen neuen Wert immer nur oben auf den Stack legen oder den obersten Wert von dort entfernen. Außerdem ist die Größe des Stacks fest und im Vergleich zum *Heap* relativ klein, was Schadprogramme gerne für Buffer-Overflow-Angriffe ausnutzen.

Heap-Speicher müssen Sie explizit anfordern und auch wieder freigeben. Im Gegensatz zum Stack gibt es dafür aber keine festgelegte Ordnung. Objective-C legt alle Objekte auf dem Heap ab, und so kann ein Objekt auch außerhalb der Methode weiterleben, die es erzeugt hat. Während die Verwaltung des Stacks für den Entwickler vollkommen transparent erfolgt, müssen Sie den Heap selber verwalten. Sie müssen also darauf achten, ein Objekt zum richtigen Zeitpunkt wieder freizugeben. Andernfalls haben Sie Ihren Speicher mit lauter unbenutzten Objekten zugemüllt. Aber dazu später mehr.

Die Syntax von Objective-C ist für viele Ein- und Umsteiger ungewohnt, da sich die Schreibweise für Methodenaufrufe nicht wie in C++, Java und C# an Funktionsaufrufe anlehnt. Das Vorbild ist vielmehr die Syntax von Smalltalk. Dabei ist Objective-C aber im Gegensatz zu C++ eine echte Obermenge von C, und ein Objective-C-Programm enthält auch immer gewöhnliche C-Anweisungen und Ausdrücke.

```
#import <Foundation/Foundation.h>
#import "Fahrzeug.h"
#import "Fahrrad.h"

int main(int argc, const char *argv[]) {
    NSAutoreleasePool * pool =
        [[NSAutoreleasePool alloc] init];
    Fahrzeug *fahrzeug = [[Fahrzeug alloc] init];
    [fahrzeug setPreis:500];
    [fahrzeug release];
    return 0;
}
```

Listing 1.2 Ein einfaches Objective-C-Programm

Die Import-Präprozessordirektive ist eine Objective-C-Erweiterung, die wie eine Include-Direktive eine Headerdatei einbindet. Im Gegensatz dazu vermeidet aber #import automatisch das versehentliche Mehrfacheinbinden. Sie brauchen also nicht zu überprüfen, ob Sie eine Datei bereits importiert haben, wie das bei #include notwendig ist. Diese Eigenschaft ist sehr nützlich, und so unterstützen sie auch alle mit Xcode ausgelieferten C-Compiler (*gcc*, *clang* und *llvm-gcc*). Wie in C ist auch in Objective-C die Funktion main der Einsprungspunkt des Programms in Ihren Code.

In der ersten Anweisung versendet diese Funktion bereits zwei Nachrichten. Die Klasse NSAutoreleasePool bekommt die Nachricht alloc geschickt und das Ergebnis die Nachricht init. Diese Nachrichtenketten treten sehr häufig in Objective-C auf, da sie den Speicherplatz für Objekte belegen und initialisieren. Aus anderen Programmiersprachen kennen Sie wahrscheinlich *Konstruktoren*, die diese zwei Schritte übernehmen.

Für das Versenden einer Nachricht verwendet Objective-C also die Notation mit den eckigen Klammern, die der Sprache Smalltalk entlehnt ist. Im Gegensatz zu vielen anderen Programmiersprachen besteht aber ein Methodenname in der Regel nicht aus einem Bezeichner und einer Parameterliste, sondern aus mehreren Bezeichnern mit den Parametern dazwischen. Dabei beschreiben die Bezeichner meistens die Parameter. Beispielsweise möchten Sie der Klasse Fahrzeug eine Methode hinzufügen, die zu einem Kraftstoffpreis und einer Strecke die Kosten berechnet. In einem Java-Programm würden Sie sie folgendermaßen schreiben:

```
public double berechneKosten(double inPreis, double inStrecke) {
    ...
}
```

```
// Nachrichtenversand
double kosten = fahrzeug.berechneKosten(1.59, 235.0);
```
Listing 1.3 Methodenimplementierung und -aufruf in Java

In Objective-C sieht das dann so aus:

```
- (double)berechneKosten:(double)inPreis
            zuStrecke:(double)inStrecke {
    ...
}
// Nachrichtenversand
double kosten = [fahrzeug berechneKosten:1.59 zuStrecke:235.0];
```
Listing 1.4 Methodenimplementierung und -aufruf in Objective-C

Objective-C hat also keine Parameterliste, sondern benennt die Parameter explizit. Dieses Vorgehen hat den Vorteil, dass Sie auch beim Nachrichtenversand in der letzten Zeile in Listing 1.4 sehen können, was die einzelnen Parameter bedeuten. Gerade bei Parametern des gleichen Typs hilft das anderen Programmierern, Ihren Code zu verstehen. Das erste Element innerhalb der eckigen Klammern ist immer der Nachrichtenempfänger, den Sie im Gegensatz zu C++ und Java niemals weglassen dürfen – auch nicht, wenn ein Objekt eine Nachricht an sich schickt. In diesem Fall bezeichnen Sie den Empfänger mit dem Schlüsselwort *self*.

> **Stilfrage**
>
> Objective-C tendiert zu sehr langen Methodennamen. In diesem Buch werden Sie Methodennamen begegnen, die nicht in eine Zeile passen. *That's not a bug – it's a feature.* Sie beschreiben in der Regel auch die Parameter, da es zu lesbarerem und verständlicherem Code führt. Der Leser eines Programmcodes hat ja nicht immer die Deklarationen zu jeder Nachricht parat, und da vereinfachen solche Methodennamen stark das Verständnis. Ein Programm zu schreiben ist nicht schwer. Aber den Programmcode so zu verfassen, dass andere ihn verstehen, ist Kunst.
>
> Die Methode `berechneKosten:zuStrecke:` hat aber noch einen gekürzten Namen, um Sie nicht direkt mit einem zu langen Wort zu schocken. Sie beschreibt ja nicht ihren ersten Parameter – sie müsste also `berechneKostenMitPreis:zuStrecke:` heißen.
>
> Die Programme der restlichen Kapitel dieses Buches verwenden ausschließlich englische Bezeichner. Das hat zwei Gründe: Zum einen lassen sich viele Begriffe nur sehr schlecht ins Deutsche übertragen. Zum anderen ist es beim Lesen anstrengender, zwischen zwei Sprachen zu wechseln, da ja alle Bezeichner von Cocoa Touch englisch sind.
>
> Welchen Stil Sie für Ihre Programme verwenden, bleibt natürlich Ihnen überlassen. Seien Sie nicht zu geizig mit Bezeichnern – Xcode hat eine automatische Vervollständigungsfunktion im Editor.

Sie können einen verketteten Methodenaufruf wie `[[Fahrzeug alloc] init]` natürlich auch in die zwei getrennten Aufrufe

```
Fahrzeug *fahrzeug = [Fahrzeug alloc];
fahrzeug = [fahrzeug init];
```

zerlegen. Das ist zwar inhaltlich gleich zu Listing 1.2, ist aber kein guter Stil, da die erste Anweisung ein uninitialisiertes Objekt erzeugt. Es erhält erst durch die Nachricht `init` einen konsistenten Zustand. Dieses Zwischenobjekt dürfen Sie also niemals direkt verwenden. Da die Initialisierungsmethode nicht unbedingt den Empfänger zurückgeben muss, müssen Sie der Variablen das Ergebnis zuweisen.

> **Obacht im Klammerwald**
>
> LISP-Programmierer kennen die Warnung: Bei geschachtelten Nachrichten kommt man schnell mit den eckigen Klammern durcheinander. Der Editor in Xcode 4 hilft Ihnen aber bei der Suche nach fehlenden Klammern. Sobald Sie den Cursor über eine schließende Klammer bewegen, leuchtet die passende öffnende Klammer kurz auf. Zeilen mit fehlerhafter Klammerung kennzeichnet der Editor außerdem durch ein rotes Ausrufezeichen am linken Rand (siehe Abbildung 1.17).
>
> Falls das aber alles nichts nützt, hilft immer noch Abzählen. Jeder Ausdruck muss immer genau so viele öffnende wie schließende Klammern enthalten.

```
Fahrzeug *fahrzeug = [[Fahrzeug alloc] init]| autorelease];
```

Abbildung 1.17   Anzeige der öffnenden Klammer und eines Fehlers

Ein weiteres wichtiges Merkmal objektorientierter, dynamischer Programmierung ist die Fähigkeit der Objekte, Kenntnis über sich selber zu haben. Diese Fähigkeit heißt deshalb auch *Reflexion* oder *Introspektion*. In Objective-C können Sie eine Klasse oder ein Objekt fragen, ob sie bzw. es eine bestimmte Nachricht versteht. Darüber hinaus können Sie zu jedem Objekt seine Klasse ermitteln und es fragen, ob seine Klasse eine Unterklasse einer bestimmten anderen Klasse ist. Dadurch können Sie das Verhalten eines Programms extrem dynamisch gestalten.

Alle Objekte, auch die Klassenobjekte, besitzen die Methode `respondsToSelector:`, die jeweils die Wurzelklassen implementieren. Sie lässt sich also auf eine Klasse oder ein Objekt anwenden und gibt `YES` zurück, wenn es die angefragte Nachricht versteht. Andernfalls ist der Rückgabewert `NO`. Hier sind ein paar Beispiele für diese Abfragen.

```
if([fahrzeug respondsToSelector:@selector(getFarbe)]) {
    ...
}
```

```
if([fahrrad respondsToSelector:@selector(getFarbe)]) {
    ...
}
if([fahrrad respondsToSelector:@selector(getLeistung)]) {
    ...
}
```
Listing 1.5 Abfrage auf Nachrichten

Die erste Bedingung ist wahr, weil die Klasse `Fahrzeug` die Methode bereitstellt. Da die Klasse `Fahrrad` eine Unterklasse von `Fahrzeug` ist, ist auch die zweite Bedingung wahr. Hingegen ist die letzte Bedingung falsch, weil weder `Fahrrad` noch irgendeine ihrer Oberklassen die Methode `getLeistung` implementiert. Sie können anstatt der Klassen in Listing 1.5 auch einfach Objekte als Empfänger der Nachricht `respondsToSelector:` angeben. Wenn diese Objekte auch noch jeweils die gleichen Klassen haben, erhalten Sie die gleichen Ergebnisse.

> **Abfragen der Eigenschaften**
> Im Programmcode ist es häufig günstiger, das Objekt statt die Klasse nach ihren Eigenschaften zu fragen, da Sie ja die Klassen und damit ihre Methoden kennen. Von einem Objekt kennen Sie aber zur Laufzeit nicht unbedingt dessen Klasse. Da macht es dann natürlich wesentlich mehr Sinn, die Existenz von Methoden abzufragen.

Außerdem können Sie ja das Klassenobjekt eines Objektes über die Methode `class` abfragen.

Die Fähigkeit der Reflexion ist ein extrem mächtiges Werkzeug, mit dem beispielsweise die dynamische Erzeugung von Objekten, dynamische Programmmodule und Plugins sowie Objektserialisierung umgesetzt werden können. In Cocoa gibt es sogar dafür bereits fertige Klassen. Sie sollten die Reflexion aber nicht für Fallunterscheidungen zur Laufzeit verwenden. Das können Sie in Objective-C eleganter über Kategorien lösen, die das nächste Kapitel vorstellt.

> **Methoden: Plus oder Minus**
> Wie bereits erwähnt, besitzen in Objective-C sowohl Klassen als auch Objekte Methoden. Die Unterscheidung von Klassen- und Objektmethoden geschieht in Objective-C durch unterschiedliche Präfixe. Klassenmethoden beginnen in der Deklaration und Implementation mit einem Pluszeichen vor dem Namen, während Objektmethoden mit einem Minus beginnen.
>
> Die Methode `alloc` ist eine Klassenmethode und hat die folgende Deklaration:
> `+(id)alloc;`
> Hingegen ist `init` eine Methode für Objekte:
> `-(id)init;`

»Am Anfang wurde das Universum erschaffen. Das machte viele Leute sehr wütend und wurde allenthalben als Schritt in die falsche Richtung angesehen.«
– Douglas Adams

2   Einstieg in die Praxis

Nach der theoretischen Beschreibung objektorientierter Programmierung und ihrer Merkmale folgt ein tieferer Einstieg in Objective-C und einige praktische Beispiele für den Umgang mit Klassen und Objekten. Die Einführung im ersten Abschnitt macht Sie mit der Syntax von Objective-C und der Entwicklungsumgebung Xcode vertraut. Dabei machen Sie direkt die ersten Schritte mit Xcode und erhalten einen Einblick in die wichtigsten Grundlagen. Um den Blick auf den Kern des Themas nicht durch Nebensächlichkeiten zu versperren, sind die folgenden Beispiele Kommandozeilenprogramme, also keine vollständigen iPhone-Applikationen. In Abschnitt 2.2, »Das erste iOS-Projekt«, geht es dann ans Eingemachte. Dort erstellen Sie die erste eigene iPhone-App.

Voraussetzung für das Nachvollziehen der Beispiele ist, dass Sie das aktuelle iOS-SDK mit Xcode 4 installiert haben. Wie Sie es erhalten, haben Sie ja bereits in Kapitel 1 erfahren. Die nachfolgenden Schritte zum Erzeugen eines neuen Projekts in Xcode sind immer gleich. Machen Sie sich mit diesem Vorgehen vertraut, da die folgenden Kapitel das Erzeugen eines neuen Projekts als bekannt voraussetzen.

Öffnen Sie Xcode, und wählen Sie im Startbildschirm den Punkt CREATE A NEW XCODE PROJECT (siehe Abbildung 2.1).

Abbildung 2.1 Erzeugen eines neuen Xcode-Projekts

Es öffnet sich automatisch die Template-Übersicht von Xcode und bietet verschiedene Arten von Projekten an. Wählen Sie dort in der linken Spalte MAC OS X • APPLICATION und anschließend rechts in der Übersicht der verfügbaren Templates das Icon COMMAND LINE TOOL (siehe Abbildung 2.2).

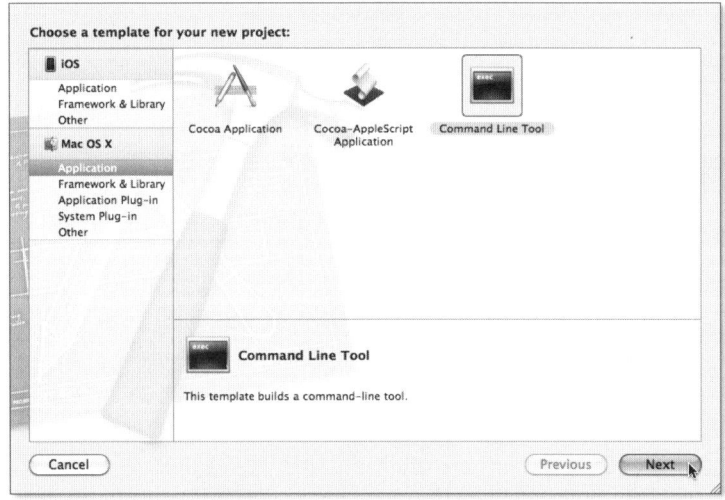

Abbildung 2.2 Anlegen eines Foundation-Projekts

Nach Betätigen des Buttons NEXT fordert Xcode Sie auf, einen Projektnamen und -typ festzulegen. Als Namen verwenden Sie »*First Steps*« und als Typ FOUNDATION (siehe Abbildung 2.3). Danach klicken Sie auf den Button NEXT. Mit dem letzten Dialog des Wizards legen Sie das Verzeichnis Ihres Projekts fest. Dort können Sie außerdem noch festlegen, dass Xcode ein lokales Git-Repository für Ihr Projekt anlegt. Um gleich richtig anzufangen, aktivieren Sie in diesem Dialog bitte die Checkbox CREATE LOCAL GIT REPOSITORY FOR THIS PROJECT. *GIT*[1] ist ein SCM-System (*Source-Code-Managementsystem*), das von Ihren Quellcodedateien beliebig viele Versionen speichern und verwalten kann.

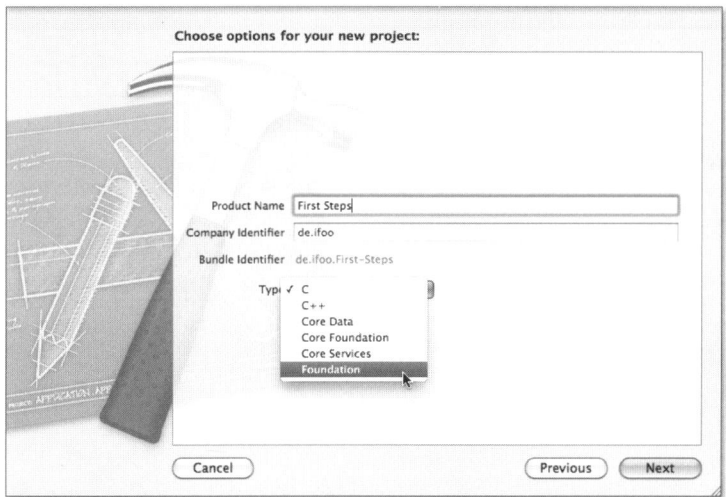

Abbildung 2.3   Name und Typ des neuen Projekts festlegen

> **Versionsverwaltung**
>
> Wer sich jemals im Dschungel seiner verschiedenen, über unzählige Ordner und Rechner verstreuten Versionen des Sourcecodes eines Projekts verirrt und aus dem wirren Wust keine übersetzungsfähige Version mehr zusammenbekommen hat, der wird Versionsverwaltung auch für kleine Projekte schätzen. Für die Zusammenarbeit mit anderen Entwicklern ist sie schlicht unverzichtbar.
>
> Die Mutter aller Versionsverwaltungen ist CVS, das *Concurrent Versions System*, das lange Zeit der Standard, gerade im Open-Source-Bereich war. Aufgrund zahlreicher konzeptioneller Eigenheiten ist es aber nicht mehr zeitgemäß und wurde weitestgehend von den Systemen Subversion und GIT abgelöst.
>
> GIT wurde ursprünglich vom Linux-Erfinder Linus Torvalds entwickelt und hat sich im Open-Source-Bereich gerade für große Projekte zum Standard entwickelt. Der Linux-Kernel, Android, Gnome, VLC und viele andere bekannte (und noch mehr unbekannte) Projekte verwenden GIT. Durch seinen bewährten Einsatz bei der Verwaltung des Linux-Kernels hat es seine Eignung auch für große Projekte bereits erfolgreich unter Beweis gestellt.

---

[1] *http://git-scm.com/*

Bis zur Version 4 hat Xcode GIT nicht unterstützt und wurde mit der Einführung der neuen Version zum Standard-SCM der IDE. Sie sollten jedes neue Xcode-Projekt als GIT-Repository einrichten, sofern Sie nicht ein anderes Repository verwenden wollen. Einen umfassenden Einblick in die Arbeit mit GIT bietet Kapitel 7, »Jahrmarkt der Nützlichkeiten«.

Die Sourcen aller Beispiele im Buch finden Sie übrigens auch in einem GIT-Repository: *git@github.com:hinkeldei/iPhone.git*

Nach Abschluss des Template-Wizards öffnet sich das Hauptfenster von Xcode. Im linken Teil des Fensters, dem Projekt-Navigator, befindet sich in der Gruppe SOURCES die Hauptdatei *main.m* des neuen Projekts. Durch Auswählen der Datei öffnet sich im rechten Teil des Xcode-Fensters die Datei im Editor.

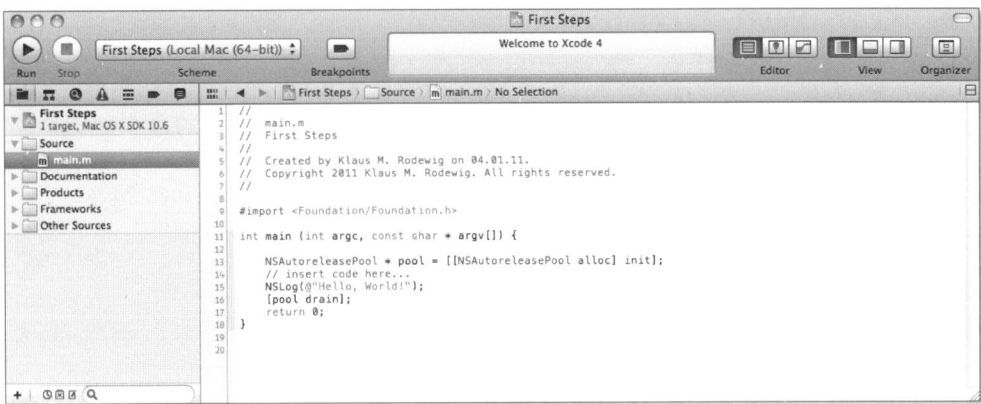

Abbildung 2.4 Die Hauptdatei im Xcode-Editor.

> **Ansichtssache**
>
> Xcode ist ein sehr komplexes Werkzeug, das der Benutzer an vielen Stellen individuell an seine Bedürfnisse anpassen kann. Die Xcode-Screenshots in diesem Buch weichen an der einen oder anderen Stelle mitunter von der Standard-Darstellung von Xcode ab. Wie Sie Xcode selber an Ihre Bedürfnisse anpassen können, zeigt das Kapitel 7.

Der Inhalt der Datei *main.m* ist übersichtlich:

```
#import <Foundation/Foundation.h>

int main (int argc, const char * argv[]) {
    NSAutoreleasePool * pool =
        [[NSAutoreleasePool alloc] init];
    NSLog(@"Hello, World!");
```

```
    [pool drain];
    return 0;
}
```

Listing 2.1 »Hello World« in Objective-C

Eingebettet in die C-Funktion `main`, befindet sich Objective-C-Code. Die Ausführung eines C-Programms beginnt immer in dieser Funktion, und sowohl Objective-C als auch C++ haben diese Konvention übernommen. Eine Erläuterung zum `NSAutoReleasePool` finden Sie in dem Abschnitt über Speicherverwaltung an Ende dieses Kapitels. Dieses Thema ist bei den folgenden Beispielen noch nicht relevant.

Lassen Sie das Programm von Xcode übersetzen und ausführen. Dies erfolgt entweder über den Button RUN, links oben in der Toolbar, über den Menüpunkt PROJECT • RUN oder über das Tastenkürzel [CMD] + [R].

Da das Programm nur ein Konsolenprogramm ist, öffnet sich durch den Run-Befehl kein Fenster. Sie können die Ausgabe des Programms über die Konsole von Xcode verfolgen. Wählen Sie dazu über dem Projekt-Navigator das Symbol für den Log-Navigator (siehe Abbildung 2.5).

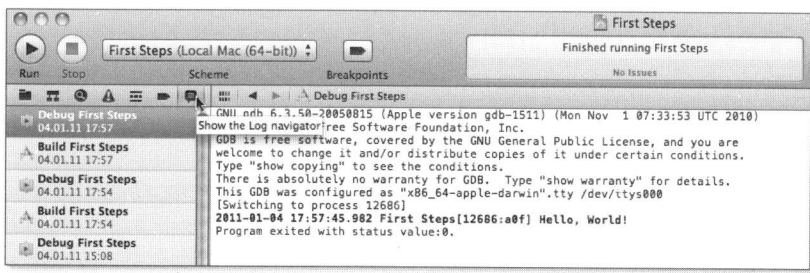

Abbildung 2.5 Der Log-Navigator von Xcode zeigt die Konsole.

Neben den Ausgaben des Debuggers zeigt das Konsolenfenster in Fettschrift die Ausgabe des Programms an:

```
2011-01-04 17:57:45.982 First Steps[12686:a0f]↩
Hello, World!
```

Das Hin- und Herschalten zwischen den verschiedenen Ansichten von Xcode kann mit der Zeit umständlich werden. Bei intensiver Nutzung von `NSLog` ist es sinnvoll, das Programm *Konsole* von OS X zu verwenden, da dort alle Konsolenmeldungen des Betriebssystems und der Programme ausgegeben werden. Sie finden es im Ordner */Programme/Dienstprogramme*. Wenn Sie im Filterfeld oben rechts den Namen des aktuellen Xcode-Projekts angeben und als Quelle im linken Teil des Fensters KONSOLENMELDUNGEN auswählen, sehen Sie ausschließlich die Ausgaben Ihres Programms:

2 | Einstieg in die Praxis

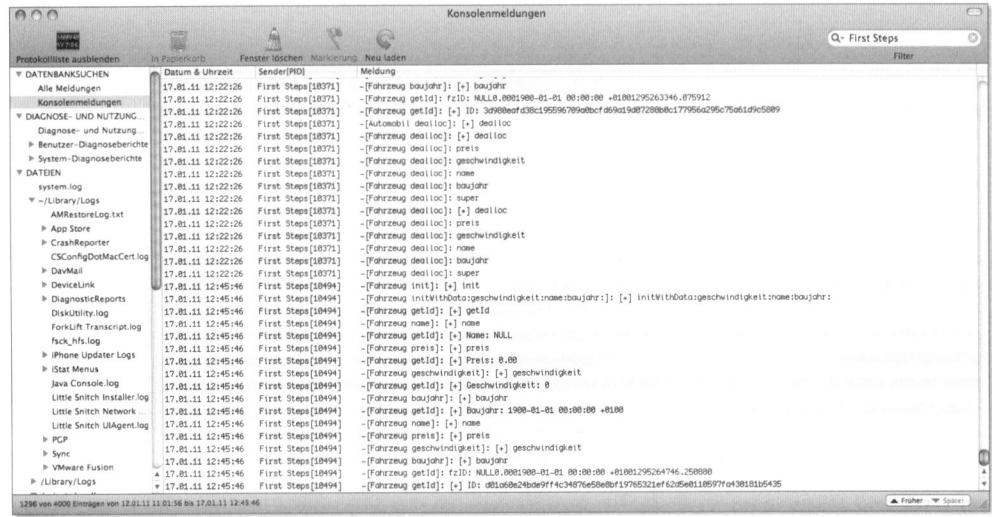

Abbildung 2.6 NSLog-Ausgabe in der Konsole

Der Nachteil daran ist, dass das Konsolenfenster sich nicht automatisch aktualisiert, sobald es eine Änderung gibt. Eine Alternative ist daher das Betrachten der Logdatei im Terminal (*/Programme/Dienstprogramme/Terminal*) über den folgenden Befehl:

```
# tail -f /var/log/system.log | grep "First Steps"
```

Abbildung 2.7 Die Konsolenausgabe im Terminal

2.1 Hefte raus, Klassenarbeit! – Die Arbeit mit Klassen

Dieser Abschnitt demonstriert die praktische Arbeit mit Klassen. Der Quelltext einer Klasse verteilt sich per Konvention auf zwei Dateien: auf die *Headerdatei* mit der Dateiendung *.h* und auf die Implementierungsdatei mit der Endung *.m*. Die Headerdatei enthält die *Schnittstelle* (das *Interface*) der Klasse nach außen, während die Implementierungsdatei die Umsetzung enthält, auf die andere Klassen keinen Zugriff haben. Diese Aufteilung hat Objective-C von C geerbt. Dort tragen die Headerdateien ebenfalls die Endung *.h* und die Implementierungsdateien die Endung *.c*.

Die Implementierungsdatei enthält den ausführbaren Code einer Klasse. Die Implementierung einer Klasse ist geheim. Sie geht nur den Programmierer etwas an. Damit andere Programmierer diese Klasse benutzen können, reicht es, die Interface-Datei weiterzugeben. Über die Interface-Datei ist genau definiert, welche Attribute und Methoden eine Klasse besitzt. Auf diese Weise ist es möglich, kompilierte Klassen zur freien Verwendung weiterzugeben, ohne den Code offenlegen zu müssen. Wenn Sie die Festplatte Ihres Macs nach den Klassen des Foundation-Frameworks durchsuchen, werden Sie einen Haufen Interface-Dateien finden, aber keine Implementierungsdateien. Apple verrät Ihnen nur, wie Sie die Foundation-Klassen verwenden können, aber nicht, wie sie programmiert sind (siehe Abbildung 2.8).

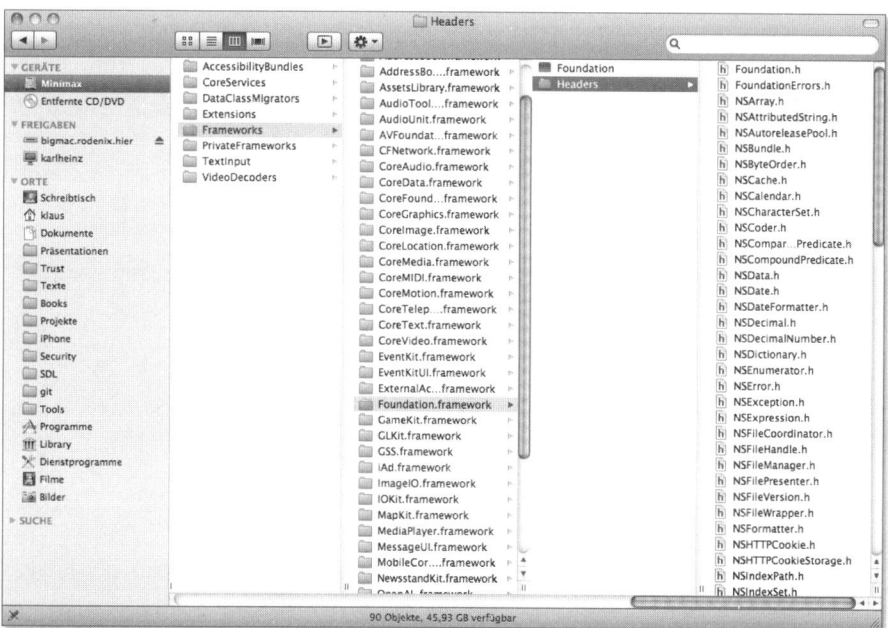

Abbildung 2.8 Die Interface-Dateien des Foundation-Frameworks

Um eine eigene Klasse zu erstellen, legen Sie im ersten Schritt in Xcode über den Menüpunkt FILE • NEW • NEW FILE... die Dateien dafür an. Wählen Sie im Dialogfenster links MAC OS X • COCOA und in der Übersicht rechts anschließend OBJECTIVE-C CLASS (siehe Abbildung 2.9).

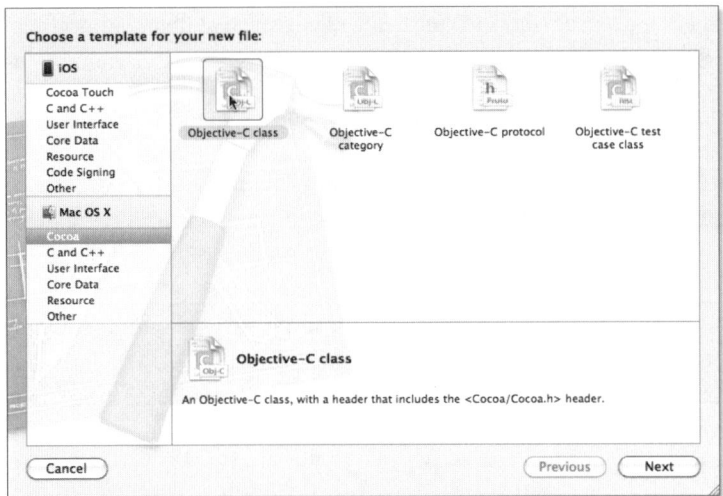

Abbildung 2.9   Eine neue Objective-C-Klasse

Nach dem Drücken von NEXT gelangen Sie zu einem weiteren Dialog, in dem Sie den Namen und die Oberklasse Ihrer neuen Klasse eingeben müssen (siehe Abbildung 2.10).

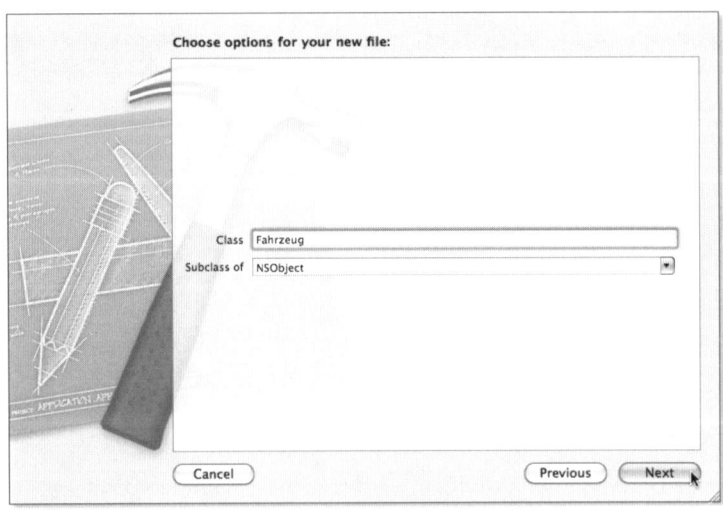

Abbildung 2.10   Auswahl der Oberklasse

Die Klasse nennen Sie »Fahrzeug« und als Oberklasse können Sie die voreingestellte Klasse `NSObject` verwenden. Per Konvention beginnen Klassennamen mit einem Großbuchstaben. Auch hier müssen Sie den Button NEXT drücken, damit Sie zum nächsten Dialog gelangen. Dort brauchen Sie nur noch den Ablageort Ihrer neuen Klasse festzulegen.

Dort können Sie über das Dropdown-Feld GROUP festlegen, in welcher Gruppe des Projektnavigator Xcode die Klasse anzeigen soll. Der voreingestellte Wert FIRST STEPS kann bleiben, denn in dieser Gruppe befindet sich bereits die Datei *main.m*.

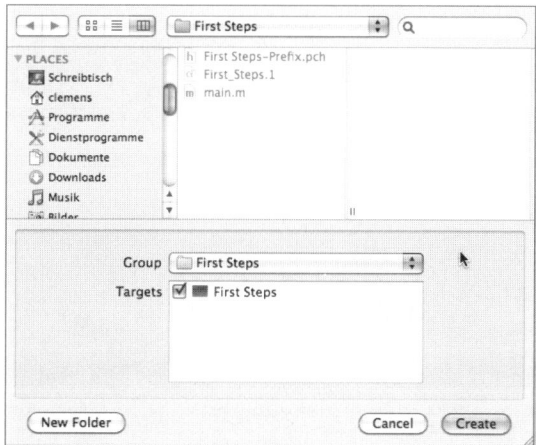

Abbildung 2.11 Der Name der neuen Klasse

Nach dem Anlegen der Klasse finden sich die Dateien *Fahrzeug.h* und *Fahrzeug.m* im Projektnavigator in der Gruppe SOURCE:

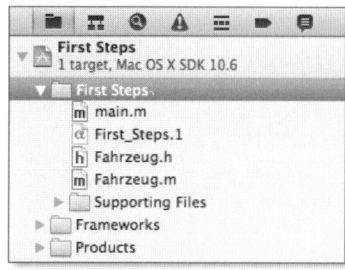

Abbildung 2.12 Die Klasse »Fahrzeug« mit ihren beiden Dateien

Xcode erzeugt beide Dateien über Vorlagen. Die Headerdatei enthält die Klassendeklaration, während Sie in der Implementierung die Methoden `init` und dealloc finden. *Fahrzeug.h* importiert außerdem die Interface-Datei des Foundation-Frameworks:

```
#import <Foundation/Foundation.h>

@interface Fahrzeug : NSObject {
@private
}
@end
```

Listing 2.2 Headerdatei der »Fahrzeug«-Klasse

Die Implementierungsdatei ist etwas umfangreicher:

```
#import "Fahrzeug.h"

@implementation Fahrzeug
- (id)init {
   self = [super init];
   if (self != nil) {
       // Initialization code here.
   }
   return self;
}

- (void)dealloc {
   // Clean-up code here.
   [super dealloc];
}
@end
```

Listing 2.3 Implementierungsdatei der »Fahrzeug«-Klasse

Interessant sind die beiden Methoden init und dealloc. Beide sind nicht in der Interface-Datei vorhanden, und doch müssen sie einen Sinn haben, denn irgendwer außerhalb der Klasse muss ja wissen, dass es beide Methoden gibt. Des Rätsels Lösung ist einfach.

2.1.1 Objekte erzeugen: alloc und init

Wie in Kapitel 1 beschrieben, ist eine Klasse die Konstruktionszeichnung für ein Objekt. Klassen können keine Daten speichern oder Berechnungen anstellen – man muss Objekte erzeugen, um Daten speichern und verarbeiten sowie Nachrichten senden und empfangen zu können. Ein Objekt ist nicht einfach vorhanden, man muss es vor seiner Verwendung erzeugen. Dies erfolgt über einen Methodenaufruf an die Klasse des Objekts (also eine Klassenmethode), mit der die Klasse angewiesen wird, ein Objekt von sich selbst zu erzeugen. Die dazu aufgerufene Methode trägt den Namen alloc.

> **Die Klassenmethode alloc**
>
> In der Datei *NSObject.h* können Sie sehen, dass alloc eine Klassenmethode ist:
>
> +(id)alloc;
>
> Das vorangestellte Plus-Zeichen weist alloc als Klassenmethode aus.

alloc erzeugt eine Instanz der jeweiligen Klasse, also ein neues Objekt. Das bedeutet aber nur, dass alloc den Speicher für das Objekt reserviert, alle Attribute auf 0 setzt und einen Zeiger auf das Objekt zurückliefert.

Ein mit alloc erzeugtes Objekt ist also leer. Um das Objekt direkt nach der Erzeugung zur Verwendung vorzubereiten, es also direkt mit sinnvollen Daten zu füllen, sollte unmittelbar nach dem Aufruf der Klassenmethode alloc an NSObject der Aufruf der Methode init oder einer anderen Initialisierungsmethode erfolgen. init ist ein *Initializer* (eine Initialisierungsmethode) des Objekts, der den aus anderen Programmiersprachen bekannten *Konstruktoren* ähnelt. Neben init sind natürlich auch andere Initializer mit Parameterübergabe möglich.

Alle Subklassen von NSObject erben oder überschreiben die Methode init. Die in der Datei *Fahrzeug.m* definierte Methode init überschreibt die von NSObject ererbte Methode. Das erklärt, warum die Methode vorhanden, nicht aber im Interface deklariert werden muss. Wäre die Methode nicht vorhanden, würde der Aufruf von init an die Klasse Fahrzeug einfach an die Superklasse, also an NSObject, weitergereicht und die init-Methode von NSObject verwendet.

> **Die Objektmethode init**
>
> Auch init finden Sie in *NSObject.h*, und Sie können ihren Methodentyp überprüfen:
>
> -(id)init;
>
> Es ist eine Objektmethode – erkennbar an dem vorangestellten Minus-Zeichen.

init gibt nach erfolgreicher Ausführung einen Zeiger auf das initialisierte Objekt zurück (self).[2] Es ist wichtig, dass init oder eine andere Initialisierungsmethode der erste Methodenaufruf nach dem Erzeugen eines Objektes ist! Um ein Objekt verwenden zu können, sind also zwei Schritte notwendig. Der erste Schritt erzeugt das Objekt durch Aufruf der Klassenmethode alloc:

---

[2] Das muss aber nicht immer so sein: Es gibt beispielsweise Klassen, die bei unmöglicher Initialisierung nil zurückliefern.

```
Fahrzeug *fahrzeug = [Fahrzeug alloc];
```

Der zweite Schritt initialisiert das neu erzeugte Objekt durch die Nachricht `init` an das Objekt selber:

```
fahrzeug = [fahrzeug init];
```

Der Einfachheit halber, und so empfiehlt es auch Apple, fasst man beide Aufrufe zusammen und bekommt so in einer Zeile ein schlüsselfertiges Objekt zurückgeliefert:

```
Fahrzeug *fahrzeug = [[Fahrzeug alloc] init];
```

2.1.2 Objekte löschen: release und dealloc

Ist ein Objekt am Ende seiner Lebenszeit angekommen, wird es gelöscht, d. h., alle Referenzen auf das Objekt werden entfernt und der vom Objekt belegte Speicher wird freigegeben. Dies erfolgt über die Methode `release`:

```
[fahrzeug release];
```

`release` ist ein wichtiges Instrument für die Speicherverwaltung, das im nächsten Kapitel eingehend thematisiert wird. Die Nachricht `release` kann, ohne dem Abschnitt über Speicherverwaltung zu sehr vorwegzugreifen, den Aufruf der Methode `dealloc` bewirken. Sie ist das Gegenstück zu `init` und auch in `NSObject` definiert. Über `dealloc` gibt ein Objekt seine verwendeten Ressourcen frei. Sie sollten diese Methode niemals direkt aufrufen, da sie ausschließlich von der Methode `release` aufgerufen wird.

Da die `dealloc`-Implementierung von `NSObject` nichts über die Ressourcen – das sind hier die benutzten Objekte, der benutzte Speicher usw. des Objekts – weiß, die eine Subklasse belegt, muss jede Subklasse eine eigene `dealloc`-Methode besitzen. Sie gibt zunächst alle eigenen Ressourcen frei und ruft anschließend die `dealloc`-Methode der Superklasse auf.

Sie können das Aufrufen der Methoden `init` und `dealloc` in der neuen Klasse selber nachvollziehen. Fügen Sie dazu in jeder der beiden Methoden die folgende Zeile hinzu:

```
NSLog(@"[+] %@", NSStringFromSelector(_cmd));
```

`NSLog` gibt eine Ausgabe an die Konsole aus. Die Formatierung erfolgt analog zu den aus C bekannten Format-Strings. Das heißt, innerhalb der Anführungszeichen stehen Konstanten und Platzhalter, und die Variablen für die Platzhalter folgen, durch Kommata getrennt, hinter den Anführungszeichen. In diesem Fall steht der Platzhalter %@, der für Objective-C-Objekte verwendet werden kann, für `NSStringFromSelector(_cmd)`. Die Funktion liefert den Namen eines Selektors als Zeichenkette, und die implizit deklarierte Variable _cmd enthält den Selektor der aktuellen Methode. Also gibt die Anweisung den Namen der Methode aus, innerhalb derer sich diese Zeile befindet.

Das Ganze sieht also wie folgt aus:

```
- (id)init {
    NSLog(@"[+] %@", NSStringFromSelector(_cmd));
    [...]
Und in der Methode dealloc:
- (void)dealloc {
    NSLog(@"[+] %@", NSStringFromSelector(_cmd));
    [...]
```

Um die Klasse Fahrzeug verwenden zu können, müssen Sie dem Hauptprogramm noch die Interface-Datei der Klasse bekannt machen. Fügen Sie dazu im Kopf der Datei *main.m* die entsprechende Import-Anweisung ein:

```
#import "Fahrzeug.h"
```

Ein Objekt der Klasse Fahrzeug erzeugt innerhalb der Main-Funktion die folgende Anweisung:

```
Fahrzeug *fahrzeug = [[Fahrzeug alloc] init];
```

In der nächsten Zeile sorgt dann [fahrzeug release]; dafür, dass das Objekt wieder gelöscht wird. Das Programm ruft also beide Methoden, init und dealloc, auf. Die gesamte Datei *main.m* enthält damit den folgenden Code:

```
#import <Foundation/Foundation.h>
#import "Fahrzeug.h"

int main (int argc, const char * argv[]) {
    NSAutoreleasePool * pool =
        [[NSAutoreleasePool alloc] init];

    NSLog(@"Hello, World!");
    Fahrzeug *fahrzeug = [[Fahrzeug alloc] init];
    [fahrzeug release];
    [pool drain];
    return 0;
}
```

Listing 2.4 Das erste Beispielprogramm

Nach dem Übersetzen und Starten des Projekts können Sie die Ausgabe auf der Konsole prüfen. Aus Gründen der Übersichtlichkeit ist das Datum in den Konsolenausgaben hier entfernt:

```
First Steps[21233:a0f] Hello, World!
First Steps[21394:a0f] [+] init
First Steps[21394:a0f] [+] dealloc
```

Neben dem unvermeidbaren »Hello, World!« zeigt die Ausgabe den Aufruf der init- und `dealloc`-Methoden der Klasse `Fahrzeug` an. Als kleinen Vorgriff auf das Thema Speicherverwaltung ändern Sie die Zeile

`[fahrzeug release];`

in:

`[fahrzeug autorelease];`

Damit fügen Sie das Objekt zum *Autoreleasepool* hinzu, den die Projektvorlage in der Main-Funktion angelegt hat. Sie überlassen also dem System das Entfernen des Objekts. Die Konsolenausgabe des Programms ist aber trotzdem gleich.

Wenn Sie die Zeile zum Entfernen des Objekts (egal ob über `release` oder `autorelease`) ganz entfernen, sehen Sie in der Konsolenausgabe, dass Ihr Programm nur die Methode `init`, aber nicht `dealloc` aufruft. Das ist im vorliegenden Beispiel nicht dramatisch, da das Programm nach dem Beenden ohnehin seinen gesamten Speicher freigibt. Nichtsdestotrotz liegt hier ein Speicherleck vor, und in einem komplexen Programm kann das Nichtfreigeben von unbenutzten Objekten üble Folgen haben. Es gilt daher grundsätzlich:

Jedes `alloc` *braucht ein* `(auto)release`*!*

Oder in der Sprache des Volksmundes:

*Wer **a***(lloc) *sagt, muss auch **r***(elease) *sagen.*

> **Garbage Collection**
>
> Auf dem Mac gibt es seit OS X 10.5 (Leopard) eine automatische *Garbage Collection*. Dabei muss sich der Programmierer keine Sorgen mehr um das Freigeben von Speicher machen, da der *Garbage Collector* automatisch alle Objekte freigibt, auf die keine Referenzen mehr zeigen. Er sammelt also den Objektmüll aus dem Speicher und wirft ihn weg. So angenehm eine Garbage Collection auch ist – sie wird von iOS nicht unterstützt. Das liegt daran, dass das Müllsammeln extrem rechenaufwendig ist.
>
> Ab iOS 5 geht Apple deshalb mit dem *Automatic Reference Counting* einen anderen Weg, der eine Synthese aus der Bequemlichkeit der Garbage Collection und der Geschwindigkeit des Referenzenzählens ist. Aber keine Sorge, Sie werden sicherlich auch ohne Garbage Collection gut zurechtkommen. Näheres zum Referenzenzählen und der automatisierten Variante finden Sie in den Abschnitten 2.4 und 2.5.

2.1.3 Initializer

Die Klasse `Fahrzeug` ist bisher noch nicht wirklich nützlich. Sie verfügt weder über Methoden, um irgendetwas zu tun, noch über Attribute, um Daten zu speichern. Damit die Klasse nicht nur Speicher belegt, bekommt sie nun einige Attribute, die fahrzeugtypische Daten speichern können. Zusätzlich erhält sie Methoden, um auf die Variablen zuzugreifen und um Operationen mit den in den Variablen gespeicherten Werten durchzuführen.

Interessant an einem Fahrzeug sind beispielsweise die folgenden Parameter:

1. Preis
2. Baujahr
3. Geschwindigkeit
4. Name

Mit den Attributen für diese Eigenschaften sieht die Klasse `Fahrzeug` wie folgt aus:

```
@interface Fahrzeug : NSObject {
@private
    NSNumber    *preis;
    int         geschwindigkeit;
    NSString    *name;
    NSDate      *baujahr;
}
@end
```

Listing 2.5 Schnittstelle der Klasse »Fahrzeug« mit Attributen

Den Preis nimmt eine Variable der Klasse `NSNumber` auf, die zur Speicherung von Zahlenwerten dient. Variablen dürfen natürlich aber auch »alte« C-Typen sein, und so ist die Variable für die Geschwindigkeit ein Integer, also kein Objekt, sondern ein einfacher Datentyp. Der Klasse `NSNumber` wird dann gerne der Vorzug gegenüber dem primitiven Datentyp gegeben, wenn der enthaltene Wert optional ist, also nicht vorliegen muss. Einen fehlenden Wert drücken Sie dabei durch den Wert `nil` aus. Der Preis des Fahrzeugs muss also nicht bekannt sein, die Geschwindigkeit hingegen schon.

Der Name des Fahrzeugs wird in einem String abgelegt. Cocoa Touch bietet dazu die Klasse `NSString` und die davon abgeleitete Klasse `NSMutableString`, die das nachträgliche Ändern des Strings erlaubt. Wer schon mal mit Zeichenketten in C gearbeitet hat, der weiß die Vorzüge eines eigenen Typs für Zeichenketten zu schätzen. Das Baujahr des Fahrzeugs nimmt eine Variable der Klasse `NSDate` auf, die einen genauen Zeitpunkt enthält.

Es wäre nun schön, wenn ein Objekt vom Typ Fahrzeug direkt bei der Initialisierung Werte entgegennähme, um damit die Attribute zu füllen. Das Objekt erst zu initialisieren, um dann mittels extra dafür implementierter Methoden die Attributwerte zu setzen, ist häufig umständlich. Glücklicherweise erlaubt Objective-C das Implementieren von unterschiedlichen Initializern in einer Klasse.

Zwar kann man in der Methode init bereits Werte in die Instanzvariablen setzen. Das sind aber mangels Eingabeparametern immer nur die gleichen Standardwerte und ergibt wenig Sinn, wenngleich dies in vielen Situationen ausreichend ist. Bei vielen Klassen ist es sehr hilfreich, dem Initialisierungsaufruf Parameter übergeben zu können, sodass das neu erzeugte Objekt direkt mit den gewünschten Werten versehen werden kann.

Die Klasse Fahrzeug erhält dazu eine neue Methode, die nach der Konvention mit dem Präfix init beginnen sollte. Diese Methode übernimmt alle gewünschten Werte und weist sie den Instanzvariablen zu:

```
-(id)initWithPreis:(NSNumber*)inPreis
   geschwindigkeit:(int)inGeschwindigkeit
           name:(NSString*)inName
         baujahr:(NSDate*)inBaujahr;
```

Die Methode besitzt vier Parameter für die vier Attribute. Die Implementierung der Methode sieht demnach wie folgt aus:

```
-(id)initWithPreis:(NSNumber*)inPreis
   geschwindigkeit:(int)inGeschwindigkeit
           name:(NSString*)inName
         baujahr:(NSDate*)inBaujahr {
   NSLog(@"[+] %@", NSStringFromSelector(_cmd));
   self = [super init];
   if(self != nil){
       preis = inPreis;
       geschwindigkeit = inGeschwindigkeit;
       name = inName;
       baujahr = inBaujahr;
       [preis retain];
       [name retain];
        [baujahr retain];
   }
   return self;
}
```

Listing 2.6 Initializer mit Parameterübergabe

Die drei retain-Aufrufe sind notwendig, um Speicherfehler zu vermeiden. Eine genauere Erklärung dazu finden Sie im Abschnitt über Speicherverwaltung.

Sie können jetzt diesen Initializer dazu verwenden, dass auch der Standardinitializer Werte setzen kann. Dazu verändern Sie einfach die Methode `init` so, dass sie die Methode `initWithPreis:geschwindigkeit:name:baujahr:` mit den gewünschten Werten aufruft. Diese kümmert sich um alles.

> **Designierter Initializer**
>
> Die Beispielklasse `Fahrzeug` verfügt über mehrere Initializer, von denen nur einer die eigentliche Initialisierungsaufgabe übernimmt. Diesen Initializer nennt man den *designierten Initializer (designated Initializer)*. Der designierte Initializer muss auch immer die Initialisierung der Superklasse ausführen, da es andernfalls eine Initialisierungsmöglichkeit gäbe, die das nicht macht. Das würde zu unvollständig initialisierten Objekten führen. Jeder Initializer muss also – direkt oder indirekt – einen Initializer der Superklasse aufrufen. Der Standard-Initializer (`init`) macht also nichts weiter, als den designierten Initializer aufzurufen.

```
- (id)init {
    NSLog(@"[+] %@", NSStringFromSelector(_cmd));
    NSNumber *thePreis = [NSNumber numberWithInt:20000];
    return [self initWithPreis:thePreis
                geschwindigkeit:120
                           name:@"Herbi"
                        baujahr:[NSDate date];
}
```

Listing 2.7 Initialisierung über den designierten Initializer

`init` gibt also einfach den Rückgabewert von `initWithPreis:geschwindigkeit:name:baujahr:` zurück. Die Werte für diesen Aufruf sind in diesem Beispiel natürlich wenig sinnvoll, da sie hart im Programmcode verdrahtet sind. In der Praxis werden solche Werte dynamisch erzeugt, zumindest aber nicht fest in die `init`-Methode kodiert. Um das Prinzip der Initialisierung mit Argumenten zu zeigen, ist dies allerdings ausreichend.

Verfügt eine Klasse über Attribute, muss der Programmierer in der `dealloc`-Methode sicherstellen, dass alle Ressourcen freigegeben werden. Daher müssen Sie die `dealloc`-Methode der Klasse `Fahrzeug` um die neuen Attribute erweitertn:

```
- (void)dealloc {
    NSLog(@"[+] %@", NSStringFromSelector(_cmd));
    [preis release];
    [name release];
    [baujahr release];
    [super dealloc];
}
```

Listing 2.8 Ressourcenfreigabe in »dealloc«

Für die drei Aufrufe von `release` gilt dasselbe wie weiter oben für die drei `retain`-Aufrufe: Die Erläuterung folgt in Abschnitt 2.4.

Die Klasse `Fahrzeug` besitzt nun also Attribute und einen Initializer, der diese Variablen beim Erzeugen füllt. Was jetzt noch fehlt, sind Methoden, um auf die Attributwerte zuzugreifen. Schließlich möchte man das Objekt ja benutzen, um etwas damit zu tun, beispielsweise um die Werte auszugeben.

Der Zugriff auf Attribute erfolgt grundsätzlich nie direkt, sondern über *Accessoren* (Zugriffsmethoden). In Objective-C 2.0 kann der Compiler diese automatisch erzeugen (siehe Abschnitt 2.4.3, »Propertys«); für ein fundiertes Verständnis ist es aber notwendig, das Prinzip der Accessoren nachzuvollziehen.

2.1.4 Accessoren

Jede Instanzvariable erhält zwei Accessoren: einen *Getter* zum Lesen der Daten und einen *Setter* zum Schreiben. Dazu erweitern Sie das Interface der Klasse `Fahrzeug` um die folgenden Zeilen:

```
#pragma mark Getter
-(NSNumber*)preis;
-(int)geschwindigkeit;
-(NSString*)name;
-(NSDate*)baujahr;

#pragma mark Setter
-(void)setPreis:(NSNumber*)inPreis;
-(void)setGeschwindigkeit:(int)inGeschwindigkeit;
-(void)setName:(NSString*)inName;
-(void)setBaujahr:(NSDate*)inBaujahr;
```

Listing 2.9 Accessoren für die Klasse »Fahrzeug«

Die beiden `#pragma`-Direktiven sind Anweisungen an Xcode, damit es im Menü mit der Methodenliste die Überschriften GETTER und SETTER einfügt. Für den Compiler sind diese Direktiven nicht von Belang, und sie dienen lediglich der Übersichtlichkeit. Bei Klassen mit vielen Methoden kann das von großem Nutzen sein.

In Objective-C ist es Konvention, dass der Getter eines Attributs den Namen des Attributs bekommt. Der Setter hingegen bekommt den Namen des Attributs mit dem Präfix `set`. Die Implementierung der Accessoren ist simpel und häufig reine Tipp-Arbeit. Die Getter geben einfach den Wert des Attributs zurück:

```
#pragma mark Getter

-(NSNumber*)preis{
```

```objc
    NSLog(@"[+] %@", NSStringFromSelector(_cmd));
    return preis;
}

-(int)geschwindigkeit{
    NSLog(@"[+] %@", NSStringFromSelector(_cmd));
    return geschwindigkeit;
}

-(NSString*)name{
    NSLog(@"[+] %@", NSStringFromSelector(_cmd));
    return name;
}

-(NSDate*)baujahr{
    NSLog(@"[+] %@", NSStringFromSelector(_cmd));
    return baujahr;
}
```
Listing 2.10 Die Getter der Klasse »Fahrzeug«

Die Setter für einfache Datentypen weisen den neuen Wert einfach dem Attribut zu. Bei Objekten ist es etwas komplizierter. Da müssen Sie wegen der Speicherverwaltung dem neuen Wert ein Retain schicken, den alten Wert freigeben und schließlich den Attributwert setzen. Sie wissen ja schon: Genaueres dazu erfahren Sie in Abschnitt 2.4. Für die Klasse Fahrzeug sieht das dann so aus:

```objc
#pragma mark Setter

-(void)setPreis:(NSNumber*)inPreis {
    NSLog(@"[+] %@", NSStringFromSelector(_cmd));
    [inPreis retain];
    [preis release];
    preis = inPreis;
}

-(void)setGeschwindigkeit:(int)inGeschwindigkeit {
    NSLog(@"[+] %@", NSStringFromSelector(_cmd));
    geschwindigkeit = inGeschwindigkeit;
}

-(void)setName:(NSString*)inName{
    NSLog(@"[+] %@", NSStringFromSelector(_cmd));
    [inName retain];
    [name release];
```

```
        name = inName;
}

-(void)setBaujahr:(NSDate*)inBaujahr{
    NSLog(@"[+] %@", NSStringFromSelector(_cmd));
    [inBaujahr retain];
    [baujahr release];
    baujahr = inBaujahr;
}
```

Listing 2.11 Die Setter der Klasse »Fahrzeug«

Logging

Die Log-Anweisungen in den Gettern und Settern dienen später nur der Veranschaulichung des Programmablaufs. In eigenen Programmen sollten Sie sparsam mit Log-Ausgaben umgehen, da auch das iOS diese in einer Datei speichert. Nutzen Sie Log-Ausgaben möglichst also nur dazu, um wichtige Programmzustände zu protokollieren.

Für die Beobachtung des Programmablaufs brauchen Sie kein Logging. Dafür gibt es elegantere Wege. Der *Debugger* (siehe Kapitel 3) erlaubt Ihnen die schrittweise Verfolgung des Programmablaufs, und über *Instruments* (siehe Kapitel 5) können Sie quantitative Analysen der Methodenaufrufe durchführen.

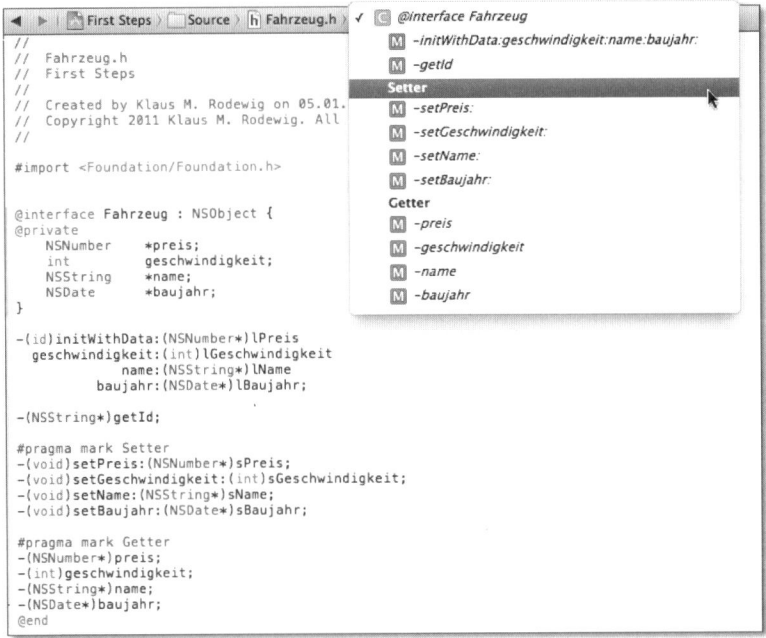

Abbildung 2.13 Gruppierung der Methodenübersicht mit »#pragma«

> **Die Punktnotation**
>
> Objective-C erlaubt für den Aufruf von Zugriffsmethoden eine alternative Syntax. Anstelle der eckigen Klammern verwenden Sie hierfür einen Punkt, und bei den Settern lassen Sie das Präfix set weg. Die Anweisung
>
> `[[self user] setName:[textField text]];`
>
> können Sie mit der Punktnotation auch kurz als
>
> `self.user.name = textField.text;`
>
> schreiben. Es ist aber auch hier ein Unterschied, ob Sie self.user oder einfach nur user schreiben. Während [self user] und self.user Methodenaufrufe sind, ist user nur ein direkter Attributzugriff ohne Methodenaufruf. Zwischen der Notation mit eckigen Klammern und der Punktnotation besteht also nur ein syntaktischer, aber kein semantischer Unterschied.

2.1.5 Eigene Methoden

Ein Objekt der Klasse Fahrzeug besitzt jetzt also Attribute und Accessoren, um auf diese Attribute zuzugreifen. Damit lässt sich schon fast eine Fahrzeugdatenbank aufbauen. Um der Klasse neben den Accessoren und den Standardmethoden init und alloc wenigstens eine Methode zu geben, die mehr als das reine Setzen oder Abrufen von Attributwerten macht, erhält die Klasse Fahrzeug jetzt noch die Methode getId, die eine eindeutige Kennung für jedes Fahrzeug erzeugt und ausgibt.

Die Deklaration der Methode getId ist einfach. Die Methode übernimmt keine Argumente und gibt als Rückgabewert einen Zeiger auf ein Objekt vom Typ NSString zurück.

```objc
-(NSString*)getId;
```

Zu Demonstrationszwecken ist die Implementierung etwas aufwendiger. Die Methode nimmt alle Attribute des Objekts, fügt sie als String hintereinander und erzeugt aus diesen Informationen einen SHA256-Hash. Mit diesem Hash lässt sich das Fahrzeug eindeutig identifizieren.

```objc
-(NSString*)getId {
    NSLog(@"[+] %@", NSStringFromSelector(_cmd));
    NSString *theKey =↩
        [NSString stringWithFormat:@"%@%0.2f%d%@",↩
         [self name], [[self preis] floatValue],↩
         [self geschwindigkeit], [self baujahr]];
    unsigned char theCharacters[CC_SHA256_DIGEST_LENGTH];
    NSMutableString *theHash = [NSMutableString ↩
        stringWithCapacity:CC_SHA256_DIGEST_LENGTH];
```

```
    CC_SHA256([theKey UTF8String],
            [theKey ⮐
            lengthOfBytesUsingEncoding:NSUTF8StringEncoding],⮐
            theCharacters);
    for (int i = 0; i < CC_SHA256_DIGEST_LENGTH; ++i) {
        [theHash appendString:[NSString ⮐
        stringWithFormat:@"%02x", theCharacters[i]]];
    }
    NSLog(@"[+] ID: %@", theHash);
    return theHash;
}
```

Listing 2.12 Berechnung eines Kennungswertes

Die Methode setzt im ersten Teil alle Attributwerte zu einer Zeichenkette zusammen. Dabei verwendet sie die Getter und greift nicht direkt auf die Attribute zu. Dieses Vorgehen hat den Vorteil, dass Unterklassen die Getter überschreiben können und die Zeichenkette dann die überschriebenen Werte enthält.

Die Funktion zum Erzeugen des SHA256-Hashwertes lautet `CC_SHA256` und ist in der Header-Datei *CommonCrypto/CommonDigest.h* deklariert, weswegen Xcode automatisch beim Eintragen der Funktion in den Editor die entsprechende `#import`-Anweisung anlegt:

`#import <CommonCrypto/CommonDigest.`

Diese C-Funktion gehört zum Betriebssystem und ist nicht Bestandteil des Foundation-Frameworks:

`CC_SHA256(const void *data, CC_LONG len, unsigned char *md);`

Als Parameter erwartet die Funktion beliebige Binärdaten, die Länge dieser Daten und ein `char`-Array für die Ablage des Hashwertes. Zunächst muss die Methode aber die Objective-C-Zeichenkette in Binärdaten umwandeln. Das geht am einfachsten, indem sie die C-Zeichenkette berechnet. Eine Zeichenkette repräsentiert C als Array von Zeichen mit einer abschließenden Null am Ende.

> **Verwendung kryptografischer Funktionen**
>
> Beim Einreichen von Apps mit kryptografischen Funktionen in den App-Store sind einige Zusatzfragen zur *Export Compliance* zu beantworten. Die verwendeten Funktionen dürfen dabei der US-Exportbeschränkung für Kryptografie nicht zuwiderlaufen. Überdies durchläuft jede App, die kryptografische Funktionen verwendet, einen gesonderten Prozess. An dessen Ende stellt die US-Regierung eine CCATS-Nummer aus, die die App freigibt. Dieser Prozess kann bis zu 30 Tage und länger dauern.

> Export laws require that products containing encryption be properly authorized for export. Failure to comply could result in severe penalties.
> For further information, click here.
>
> | Does your product use encryption? | Yes ● No ○ |
> | --- | --- |
> | Does your product use encryption for any purpose other than authentication? | Yes ● No ○ |
> | Does your product use encryption for any purpose other than piracy prevention and theft prevention for software, music, books etc; games or gaming; printing, reproduction, imaging and video recording or playback (but not videoconferencing)? | Yes ● No ○ |
> | Does your product use encryption > 64-bit symmetric or > 1024-bit asymmetric algorithms? | Yes ● No ○ |
> | Does your product use encryption for protection of data or information security purposes? | Yes ● No ○ |
>
> A copy of the commodity classification ruling (CCATS) confirming classification of the Product under ECCN 5D992, as a mass market encryption item under section 742.15(b)(2) of the Export Administration Regulations OR a copy of the "Notification" described in 742.15(b)(1), must be attached. If you do not have a CCATS, please view our FAQs page for further information.
>
> [Choose File]

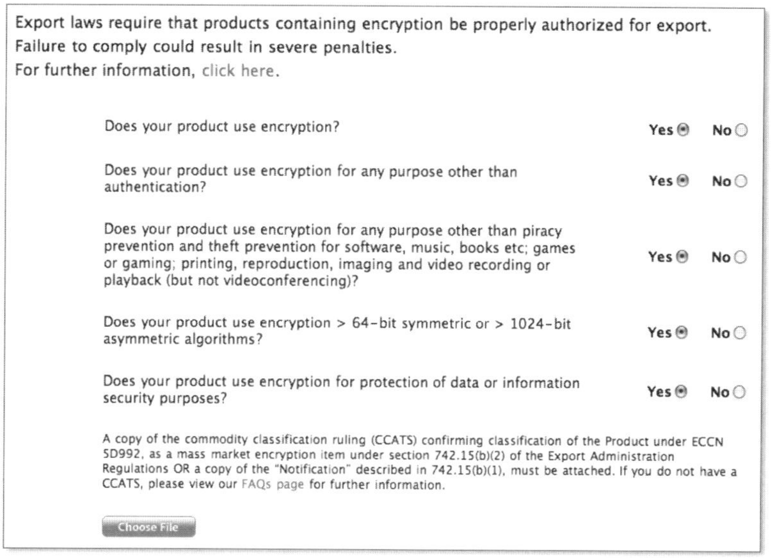

Abbildung 2.14 Export Compliance bei Verwendung von Kryptografie

Aus dem berechneten SHA-256-Hash in der Variablen `theCharacters` muss die Methode wieder eine Objective-C-Zeichenkette erzeugen. Dafür verwendet sie ein Objekt der Klasse `NSMutableString`. Dabei erzeugt sie zu jedem Zeichen im Funktionsergebnis

```
unsigned char theCharacters[CC_SHA256_DIGEST_LENGTH];
```

die zugehörige, zweistellige Hexadezimaldarstellung.[3]

Um die Methode `getId` aufzurufen, erweitern Sie die Datei *main.m* um den entsprechenden Methodenaufruf:

```
...
Fahrzeug *fahrzeug = [[Fahrzeug alloc] init];
[fahrzeug getId];
[fahrzeug autorelease];
...
```

Listing 2.13 Aufruf der Methode `getId`

Führen Sie das Programm nun aus, und beobachten Sie die Ausgabe auf der Konsole ohne den Zeitstempel und den Programmnamen:

---

3 Ein einzelnes, vorzeichenloses Zeichen in C hat den Typ `unsigned char`. Dieser Typ belegt unter Cocoa und Cocoa Touch immer genau ein Byte. Diese Zeichen können Sie aber auch als Zahlen zwischen 0 und 255 auffassen.

```
[+] initWithPreis:geschwindigkeit:name:baujahr:
[+] getId
[+] ID: ∋
    411799869428242da044890c97403194b25f234849573cf2141ea84e7117d010
[+] dealloc
```

Nach dem Aufruf der Methode `init` erfolgt der Aufruf von `initWithPreis:geschwindigkeit:name:baujahr:` und anschließend der von `getId`, um am Ende über `dealloc` das Objekt freizugeben. So weit verhält sich das Programm wie erwartet.

2.1.6 Vererbung

Ein Grundmerkmal objektorientierter Programmierung ist, wie im ersten Kapitel beschrieben, die Vererbung. Im Beispiel der Klasse `Fahrzeug` wären `Automobil` und `Motorrad` denkbare Unterklassen. Damit lassen sich von der generischen und in der Praxis wenig brauchbaren Klasse `Fahrzeug` Spezialisierungen für konkrete Anwendungsbereiche erzeugen.

Natürlich könnte man die Klasse `Fahrzeug` so erweitern, dass sie alle notwendigen Informationen und Operationen auch für Autos und Motorräder aufnehmen beziehungsweise ausführen kann. Das führt aber sehr schnell zu einer sehr großen und unübersichtlichen Klasse. Sie müssen an jeder Stelle, wo das Verhalten von Autos und Motorrädern unterschiedlich ist, eine Fallunterscheidung einbauen. Das widerspricht also dem Grundgedanken der Strukturierung und Wiederverwendung. In vielen Fällen haben Sie aber keinen Zugriff auf den Quelltext der gewünschten Oberklasse, sodass sich die Option der Erweiterung einer bestehenden Klasse auch gar nicht anbietet. Wollten Sie beispielsweise `NSObject` erweitern, müssten Sie den Quelltext dieser Klasse haben. Den rückt Apple aber nicht heraus, und der geht Sie auch, offen gesagt, nichts an. Also erstellen Sie lieber eine Subklasse und fügen dort die gewünschten Änderungen ein.

Eine Unterklasse von `Fahrzeug` erzeugen Sie in Xcode analog zur Klasse `Fahrzeug`. Allerdings geben Sie im zweiten Schritt (siehe Abbildung 2.10) die Klasse `Fahrzeug` als Oberklasse ein und speichern die Klasse unter dem Namen `Automobil`. Die Schnittstelle der Klasse sieht wie folgt aus:

```
#import <Foundation/Foundation.h>
#import "Fahrzeug.h"

@interface Automobil : Fahrzeug
@end
```

Listing 2.14 Deklaration der Klasse »Automobil«

Die Import-Anweisung für das Interface der Klasse `Fahrzeug` ist notwendig, damit der Klasse `Automobil` die Eigenschaften der Superklasse bekannt sind. Welche Klasse die Superklasse ist, steht hinter dem eigenen Klassennamen. Mehr ist für das Erzeugen der neuen Subklasse nicht erforderlich – der Vorgang der Vererbung ist in Objective-C also wesentlich einfacher als im echten Leben.

Die Implementierung enthält zunächst lediglich die Methoden `init` und `dealloc`. Sofern keine Notwendigkeit besteht, müssen Sie diese Methoden nicht überschreiben.

```
#import "Automobil.h"

@implementation Automobil

- (id)init {
    self = [super init];
    if (self != nil) {
        // Initialization code here.
    }
    return self;
}

- (void)dealloc {
    // Clean-up code here.
    [super dealloc];
}
@end
```

Listing 2.15 »init« und »dealloc« der »Automobil«-Klasse

Namen und Schlüsselwörter

Ein etwas weniger umständlicher Name als `Automobil` für die neue Klasse wäre `Auto`. Der Compiler hat zwar keine Einwände gegen diese Namenswahl. Da allerdings `auto` ein Schlüsselwort der Programmiersprache C und somit reserviert ist, riskieren Sie bei der Wahl von Variablen- und Attributnamen leicht Konflikte mit dem Übersetzer.

Erzeugen Sie ein Objekt der Klasse `Automobil`, in dem Sie in der Datei *main.m* zunächst die Headerdatei von `Automobil` über

```
#import "Automobil.h"
```

importieren. Danach können Sie ein neues Auto analog zu den Fahrzeugen allozieren und initialisieren:

```
Automobil *automobil = [[Automobil alloc] init];
```

Senden Sie dem Objekt `automobil`, genauso wie vorher schon dem Objekt `fahrzeug`, nach der Initialisierung die Nachricht `getId`:

```
[automobil getId];
```

Führen Sie das Programm wieder aus, und beobachten Sie die Ausgabe auf der Konsole. Sie erhalten die folgende Ausgabe:.

```
--- Fahrzeug *fahrzeug = [[Fahrzeug alloc] init]; ---
[+] init
[+] initWithPreis:geschwindigkeit:name:baujahr:
 --- Automobil *automobil = [[Automobil alloc] init]; ---
[+] init
[+] init
[+] initWithPreis:geschwindigkeit:name:baujahr:
 --- [fahrzeug getId]; ---
[+] getId
[+] name
[+] preis
[+] geschwindigkeit
[+] baujahr
[+] ID: ↵
    673408a9d32cb6c15cae5c5bc3bf71fef27ef48e277e7fb8af80c3cac8b8b8e9
 --- [automobil getId]; ---
[+] getId
[+] name
[+] preis
[+] geschwindigkeit
[+] baujahr
[+] ID: ↵
    673408a9d32cb6c15cae5c5bc3bf71fef27ef48e277e7fb8af80c3cac8b8b8e9
 --- [fahrzeug release]; ---
[+] dealloc
 --- [automobil release] ---
[+] dealloc
[+] dealloc
 --- [pool drain]; ---
```

Listing 2.16 Ausgabe des Beispielprogramms

Die Konsolenausgabe zeigt schön, wie die Methodenaufrufe zwischen der Ober- und der Basisklasse verlaufen. Nach der Initialisierung des Objekts `fahrzeug` erfolgt die Initialisierung des Objekts `automobil`. Das Programm führt dafür zuerst die Init-Methode der Klasse `Automobil` aus, die ihrerseits die Init-Methode und darüber `initWithPreis:geschwindigkeit:name:baujahr:` der Oberklasse `Fahrzeug` aufruft.

Den Aufruf der Methode `getId` leitet das Objekt `automobil` ebenfalls an die Superklasse weiter, da `Automobil` diese Methode zwar geerbt, aber nicht überschrieben hat.

Die `dealloc`-Methode gibt zunächst die eigenen Ressourcen von `Automobil` und anschließend, durch den Aufruf der `dealloc`-Methode von `Fahrzeug`, dessen Ressourcen frei, weswegen Listing 2.16 zwei `dealloc`-Ausgaben für dem Aufruf der Methode enthält.

Bis hierher hat sich durch die Vererbung noch keine Änderung gegenüber der Superklasse ergeben. Darum überschreiben Sie jetzt in der Klasse `Automobil` die Methode `getId` aus der Klasse `Fahrzeug`. Um die von der Superklasse ererbte Methode zu überschreiben, müssen Sie diese nicht erneut im Interface deklarieren.

In der Implementierung der Methode `getId` ändern Sie den Hash-Algorithmus von SHA256 auf SHA512. Damit einhergehend müssen Sie auch die Größe des Puffers sowie die Anzahl der Schleifendurchläufe für die Iteration über den Hashwert auf SHA512 anpassen. Um die Ausgabe des neuen Hashwertes in der Konsole kenntlich zu machen, fügen Sie in der Log-Ausgabe noch eine 512 hinzu:

```
-(NSString*)getId {
    NSLog(@"[+] %@", NSStringFromSelector(_cmd));
    NSString *theKey = [NSString stringWithFormat:@"%@%0.2f%d%@",ⱽ
                        [self name], [[self preis] floatValue],ⱽ
                        [self geschwindigkeit], [self baujahr]];
    unsigned char theCharacters[CC_SHA512_DIGEST_LENGTH];
    NSMutableString *theHash = [NSMutableString ⱽ
    stringWithCapacity:CC_SHA512_DIGEST_LENGTH];

    CC_SHA512([theKey UTF8String],
              [theKey ⱽ
              lengthOfBytesUsingEncoding:NSUTF8StringEncoding],ⱽ
              theCharacters);
    for (int i = 0; i < CC_SHA512_DIGEST_LENGTH; ++i) {
        [theHash appendString:[NSString stringWithFormat:@"%02x",ⱽ
        theCharacters[i]]];
    }
    NSLog(@"[+] ID 512: %@", theHash);
    return theHash;
}
```

Listing 2.17 Die Methode »getId« in der Klasse »Automobil«

Obwohl Sie den Aufruf der Methode `getId` in der Datei *main.m* nicht verändert haben, führt das Programm jetzt die `getId`-Methode der Klasse `Automobil` und nicht die von `Fahrzeug` aus. Die Ausgabe des Programms ändert sich wie folgt:

```
--- [automobil getId]; ---
[+] getId
[+] name
[+] preis
[+] geschwindigkeit
[+] baujahr
[+] ID 512: a58933990411851ba74c57a16b6b1a464a16c4203adad46c4fff270f↩
       daa06a65fb45ef2f7498235af61803d282f014ec3a1a1fd338b67340↩
       af048a977363364c
```

Listing 2.18 Ausgabe der überschriebenen »getId«-Methode

Die Klasse `Automobil` hat zwar die Methode `getId` von `Fahrzeug` geerbt, diese aber überschrieben. Beim Aufruf von `getId` wird durch die Polymorphie automatisch zur Laufzeit die richtige Methode, und zwar die von `Automobil`, angesprochen.

Um die Klasse `Automobil` stärker auf die Eigenschaften eines Autos anzupassen, können Sie jetzt beliebige Attribute und Methoden hinzufügen. Entweder stellen diese eine Erweiterung der Superklasse dar oder überschreiben deren Eigenschaften. Hier ist eine mögliche Deklaration mit Erweiterungen:

```
@interface Automobil : Fahrzeug {
    @private
    NSDate   *hauptUntersuchung;
    unsigned int anzahlTueren;
    double leistung;
}

#pragma mark Getter
-(NSDate *)hauptUntersuchung;
-(unsigned int)anzahlTueren;
-(double)leistung;

#pragma mark Setter
-(void)setHauptUntersuchung:(NSDate*)inDate;
-(void)setAnzahlTueren:(unsigned int)inTueren;
-(void)setLeistung:(double)inLeistung;

@end
```

Listing 2.19 Die Schnittstelle der Klasse »Automobil«

2.1.7 Kategorien

Eng mit der Vererbung verwandt sind Kategorien. Angenommen Sie möchten eine bestehende Klasse um eine oder mehrere Methoden erweitern, die Ihnen die Arbeit mit dieser Klasse erleichtert, dann können Sie eine Subklasse erzeugen und die neue Methode in der Subklasse verwenden. Das wird ziemlich viel Arbeit, wenn die Klassenhierarchie tief geschachtelt und vieles bereits implementiert ist. Außerdem ist es nicht immer möglich, eine Unterklasse zu verwenden. Sie können ja die Klasse eines Objekts nicht austauschen.

An dieser Stelle helfen Kategorien. Eine Kategorie ist die nachträgliche Definition einer oder mehrerer Methoden zu einer beliebigen Klasse, ohne von dieser Klasse ableiten zu müssen.

Kategorien funktionieren nicht nur für eigene, sondern für alle Klassen und vererben sich obendrein auch auf die Unterklassen der Klasse. Sie können beispielsweise mit einer Kategorie der Klasse NSObject neue Methoden hinzufügen, und alle Unterklassen erben diese neuen Methoden.

Ein Beispiel für eine Kategorie ist eine zusätzliche Methode für die Klasse NSString, die den gespeicherten String in der umgekehrten Reihenfolge ausgibt. Eine Kategorie besitzt, wie eine Klasse, eine eigene Header- und Implementierungsdatei. Fügen Sie daher eine neue Kategorie zu dem vorhandenen Xcode-Projekt hinzu, und geben Sie der Kategorie den Namen »ReverseString«. Xcode hält für Kategorien eine eigene Vorlage, OBJECTIVE-C CATEGORY, bereit (siehe Abbildung 2.15).

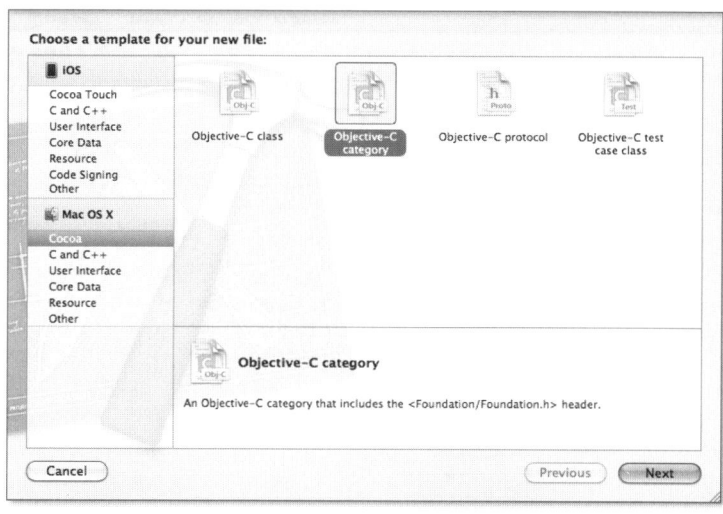

Abbildung 2.15 Xcode besitzt ein Template für Kategorien.

Geben Sie nach deren Auswahl die Klasse `NSString` an, auf der die Kategorie basieren soll. Als Kategorienamen verwenden Sie »ReverseString« (siehe Abbildung 2.16).

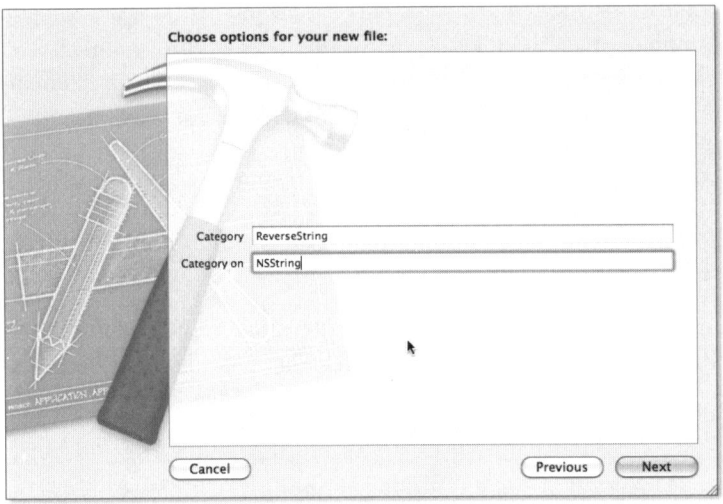

Abbildung 2.16 Name und Klasse der Kategorie

Nach dem Hinzufügen der Kategorie mit dem Xcode-Wizard sieht die Headerdatei wie folgt aus:

```
#import <Foundation/Foundation.h>

@interface NSString (ReverseString)

@end
```
Listing 2.20 Headerdatei einer Kategorie

Im Vergleich zu einem Klassen-Interface fehlen der Kategorie der Bezug auf die Superklasse und der Block für die Attribute. Dafür steht der Name der Kategorie in Klammern hinter dem Namen der zu erweiternden Klasse. Das gilt auch für die Implementierung:

```
#import "ReverseString.h"

@implementation NSString (ReverseString)

@end
```
Listing 2.21 Implementierung der Kategorie

Erweitern Sie die Deklaration um die Methode `reverseString`:

```
@interface NSString (ReverseString)
-(NSString*)reverse;
@end
```

Listing 2.22 Methodendeklaration in einer Kategorie

Die Implementierung der Methode ist reine Fleißarbeit, da das Umdrehen von Strings nicht zu den geistig anspruchsvollsten Arbeiten gehört:

```
-(NSString*)reverse{
    NSlog(@"[+] revert: %@", self);
    NSMutableString *theReverse =
        [NSMutableString stringWithCapacity:[inString length]];

    for(int i = [inString length]-1; i>=0; i--){
        [theReverse appendFormat:@"%C",
          [inString characterAtIndex:i]];
    }
    NSlog (@"[+] the reverse: %@", theReverse);
    return theReverse;
}
```

Wenn Sie anschließend in der Datei *main.m* die Headerdatei der neuen Kategorie über `#import "ReverseString.h"` importieren, können Sie die Methode `reverseString` dort verwenden. Sie können das überprüfen, indem Sie in der `main`-Funktion einen Aufruf von `reverse` hinzufügen:

```
int main (int argc, const char * argv[]) {
    NSAutoreleasePool *pool = [[NSAutoreleasePool alloc] init];

    [@"Wortverdreher" reverse];
    ...
}
```

Listing 2.23 Aufruf der Kategoriemethode »reverse«

Beim nächsten Programmlauf zeigt die Konsole das erwartete Ergebnis an:

```
[+] revert: Wortverdreher
[+] the reverse: reherdrevtroW
```

Die Klasse `NSString` verfügt jetzt über eine zusätzliche Methode, und das, ohne eine Subklasse ableiten zu müssen. Einfacher geht's nicht. Kategorien können zwar Methoden, aber keine Attribute zu den Klassen hinzufügen.

> **Verwenden Sie es sparsam!**
>
> Sie können jetzt natürlich anfangen und alle möglichen Klassen mit Kategorien erweitern. Dadurch verlieren Sie aber schnell die Übersicht über Ihre Methoden. Sofern es mehrere Kategorien mit den gleichen Methoden zu einer Klasse gibt, ist außerdem nicht festgelegt, welche dieser Methoden das Laufzeitsystem aufruft. Das kann zu unerwarteten Ergebnissen führen.
>
> Sie können mit Kategorien auch die Methoden der Superklasse überschreiben. Das sollten Sie aber nur machen, wenn die Klasse das nicht schon selber macht. Verwenden Sie Kategorien daher gezielt und wohlüberlegt.

Mit der *anonymen Kategorie* gibt es noch einen Sonderfall. Wie der Name schon andeutet, hat sie keinen Namen. Stattdessen geben Sie bei der Deklaration nur ein leeres Klammerpaar an.

```
@interface Fahrzeug()
...
@end
```

Listing 2.24 Deklaration einer anonymen Kategorie

Die Implementierung ihrer Methoden erfolgt aber nicht in einem entsprechenden Implementierungsblock, sondern bei der Implementierung der Methoden der Klasse. Auch anonyme Kategorien haben den Zweck, ihre Klassen um Methoden zu erweitern. Im Gegensatz zu den anderen Kategorien sollen deren Methoden aber nicht öffentlich zugänglich sein. Sie können über die anonyme Kategorie also geschützte Methoden einer Klasse deklarieren. Aus diesem Grund erfolgt ihre Deklaration auch in der Implementierungsdatei der Klasse. Sie können beispielsweise die Klasse `Fahrzeug` um eine Logging-Methode erweitern:

```
@interface Fahrzeug()
- (void)logWithSelector:(SEL)inSelector;
@end
@implementation Fahrzeug
...
- (int)geschwindigkeit {
    [self logWithSelector:_cmd];
    return geschwindigkeit;
}
- (void)logWithSelector:(SEL)inSelector {
    NSLog(@"%@[%@] %@", [self class], [self name],⇗
          NSStringFromSelector(inSelector));
}
@end
```

2.1.8 Protokolle

Ein weiteres wichtiges Sprachmerkmal von Objective-C sind Protokolle. Protokolle bündeln Methoden, die nicht zu einer bestimmten Klasse gehören. Damit lässt sich die vermeintliche Beschränkung der fehlenden Mehrfachvererbung in Objective-C kompensieren. Um einer Klasse mehr vordeklarierte Methoden als nur von einer Superklasse hinzuzufügen, kann die Klasse über ein Protokoll weitere Methoden adaptieren. Protokolle bestehen im Gegensatz zu Klassen und Kategorien aber immer nur aus einer Deklaration. Die Implementierung erfolgt immer in den adaptierenden Klassen.

Das Schlüsselwort `@protocol` kennzeichnet eine Protokolldeklaration. Wenn Sie beispielsweise eine einheitliche Methode zum Datenladen für Ihre Klassen haben möchten, können Sie das über ein Protokoll beschreiben:

```
@protocol Loadable
@required
- (void)loadFromFile:(NSString *)inPath;
@optional
- (void)loadFromURL:(NSURL *)inURL;
@end
```

Listing 2.25 Deklaration eines Protokolls

Die Protokollmethoden können Sie als zwingend erforderlich (`@required`) und optional (`@optional`) deklarieren. Erforderliche Methoden muss jede adaptierende Klasse implementieren, während Sie sich das bei optionalen Methoden aussuchen können. Jede Klasse, die das Beispielprotokoll `Loadable` adaptiert, muss also die Methode `loadFromFile:` implementieren. Standardmäßig sind alle Protokollmethoden erforderlich.

Sie können dann bei der Deklaration einer Klasse das Protokoll in spitzen Klammern hinter der Oberklasse angeben:

```
#import "Loadable.h"
@interface Fahrzeug : NSObject<Loadable> {
    ...
}
...
@end
```

Listing 2.26 Adaption eines Protokolls durch eine Klasse

Sie können natürlich auch mehrere Protokolle in einer Klasse implementieren. In diesem Fall trennen Sie die Namen der Protokolle in den spitzen Klammern einfach durch jeweils ein Komma. Protokolle über Kategorien zu implementieren, ist auch möglich. Hierfür platzieren Sie die spitzen Klammern einfach hinter den runden Klammern in der Kategoriedeklaration.

```
@interface Fahrzeug(Loading)<Loadable>
...
@end
```

Listing 2.27 Adaption eines Protokolls über eine Kategorie

Das funktioniert natürlich auch mit mehreren Protokollen und auch bei anonymen Kategorien.

2.2 Das erste iOS-Projekt

Nach den ersten Schritten in Objective-C können Sie jetzt endlich mit Ihrem ersten iOS-Projekt beginnen. Öffnen Sie Xcode 4, und wählen Sie in der linken Spalte den Punkt APPLICATION unter iOS aus. Oben auf der rechten Seite erscheinen die in Abbildung 2.17 dargestellten Auswahlmöglichkeiten. Für dieses Projekt verwenden Sie die Vorlage SINGLE VIEW APPLICATION.

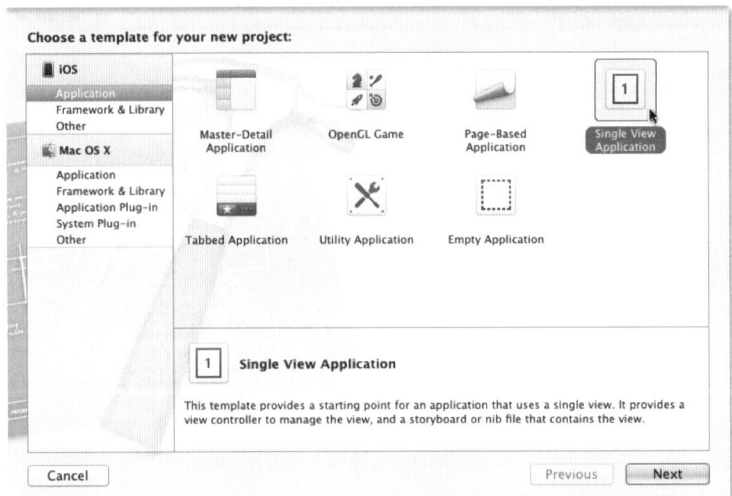

Abbildung 2.17 Erstellen einer Single View Application

Im nächsten Schritt geben Sie den Produktnamen und Ihre Firmenbezeichnung an. Als Produktnamen verwenden Sie in der Regel den Namen, den Ihre App oder Ihr Projekt erhalten soll. Vermeiden Sie aber möglichst Umlaute, Leer- und Sonderzeichen. Verwenden Sie also möglichst nur Buchstaben und Ziffern. Unter der Firmenbezeichnung können Sie einen beliebigen Bezeichner eintragen, der aus

Buchstaben, Ziffern, Punkten und Minuszeichen besteht. Es hat sich eingebürgert, kanonische Domainnamen in umgekehrter Reihenfolge zu verwenden. Die Apps in diesem Buch erhalten beispielsweise alle die Firmenbezeichnung `de.ifoo`.

Xcode legt für das Projekt zwei Klassen an. Über das Feld CLASS PREFIX können Sie den Namensanfang dieser Klassen festlegen. Wählen Sie in dem Dropdownmenü DEVICE FAMILY den Eintrag IPHONE aus. Die drei Checkboxen schalten Sie aus. Auf deren Bedeutung gehen wir später noch genauer ein.

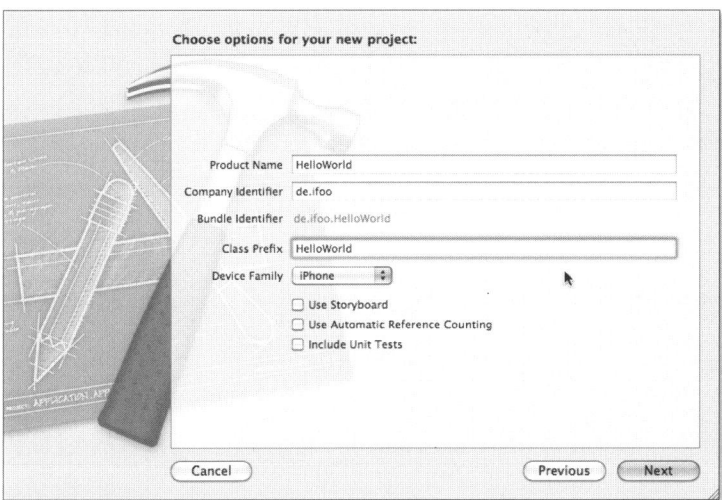

Abbildung 2.18   Der Name des Projekts

> **NIB-Dateien und Storyboards**
>
> Mit iOS 5 hat Apple ein neues Ablagesystem für die grafischen Benutzungsschnittstellen geschaffen. Statt mehrerer XIB-Dateien, auf die Abschnitt 2.2.1 näher eingeht, kann das Projekt auch ein Storyboard enthalten. Die Bearbeitung der Storyboards ist analog zu der Bearbeitung von XIB-Dateien. Wenn Sie Ihre App kompatibel zu iOS 4 halten möchten, sollten Sie aber XIB-Dateien verwenden. Aus diesem Grund basieren die Projekte dieses Buches auch auf XIB-Dateien.
>
> Ob ein neues Projekt auf XIB-Dateien oder Storyboards basiert, können Sie über die Checkbox USE STORYBOARD in dem Dialog festlegen, in dem Sie auch den Namen und die Firmenbezeichnung angeben.

Xcode erzeugt aus der Firmenbezeichnung und dem Produktnamen den *Bundle Identifier*. Dieser muss für jede App im App-Store eindeutig sein. Durch die Verwendung des eigenen Domainnamens lassen sich somit leicht Duplikate vermeiden – und gut merken kann man sich diesen Bezeichner auch. Nachvollziehen kann man die Zusammensetzung des Bundle Identifiers in Xcode:

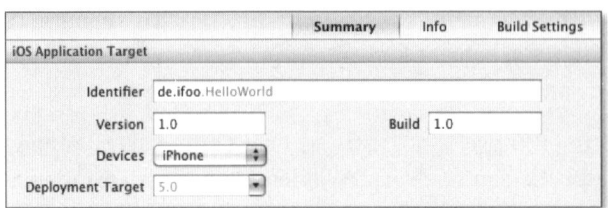

Abbildung 2.19 Zusammensetzung des Bundle Identifiers

Als Produktnamen für das Beispielprojekt verwenden Sie »HelloWorld«. Sie können später den Namen der App anpassen, der im Springboard (der Benutzeroberfläche von iOS) angezeigt wird, und ihn auch an verschiedene Sprachen anpassen.

Nach Beenden des Assistenten lässt sich das Projekt bereits kompilieren und ausführen. Sie können das ausprobieren, indem Sie den Button Run oben links in der Xcode-Toolbar drücken (siehe Abbildung 2.20). Vorerst sollten Sie allerdings darauf achten, dass in dem Dropdown rechts neben dem ausgegrauten Button Stop der Punkt iPhone Simulator ausgewählt ist.

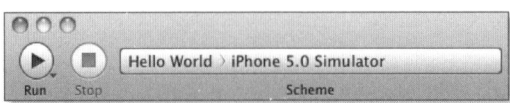

Abbildung 2.20 Übersetzen und Starten der App im Simulator

Nach dem Run-Befehl übersetzt und linkt Xcode das Programm und führt es auf dem iPhone-Simulator aus. Da Sie das Projekt noch nicht verändert haben, sehen Sie nur einen grauen Bildschirm mit der Statusleiste im Simulator. Beenden Sie die Ausführung der App über den Stop-Button, der sich in Xcode neben dem Play-Button befindet.

In der linken Spalte von Xcode, der Nagivatorspalte, sehen Sie die Quelltextdateien des Projekts (und noch einige mehr). Die Gruppe HelloWorld enthält alle editierbaren Dateien Ihres Projekts. Dort finden Sie die Header- (Dateiendung .h) und Implementierungsdateien (Dateiendung .m) für zwei Klassen:

▶ Die Klasse HelloWorldAppDelegate ist das *Application-Delegate*. Abschnitt 2.2.2 geht auf diese Klasse genauer ein.

▶ Die andere Klasse, HelloWorldViewController, enthält die Controller-Komponente für die einzige View-Hierarchie dieses Projekts.

Außerdem befinden sich in der Gruppe zwei Dateien mit der Endung *.xib*. Diese Dateien enthalten beliebig viele Objekte. Sie beschreiben Views und andere Elemente, die Ihre Applikation benötigt.

Das erste iOS-Projekt | **2.2**

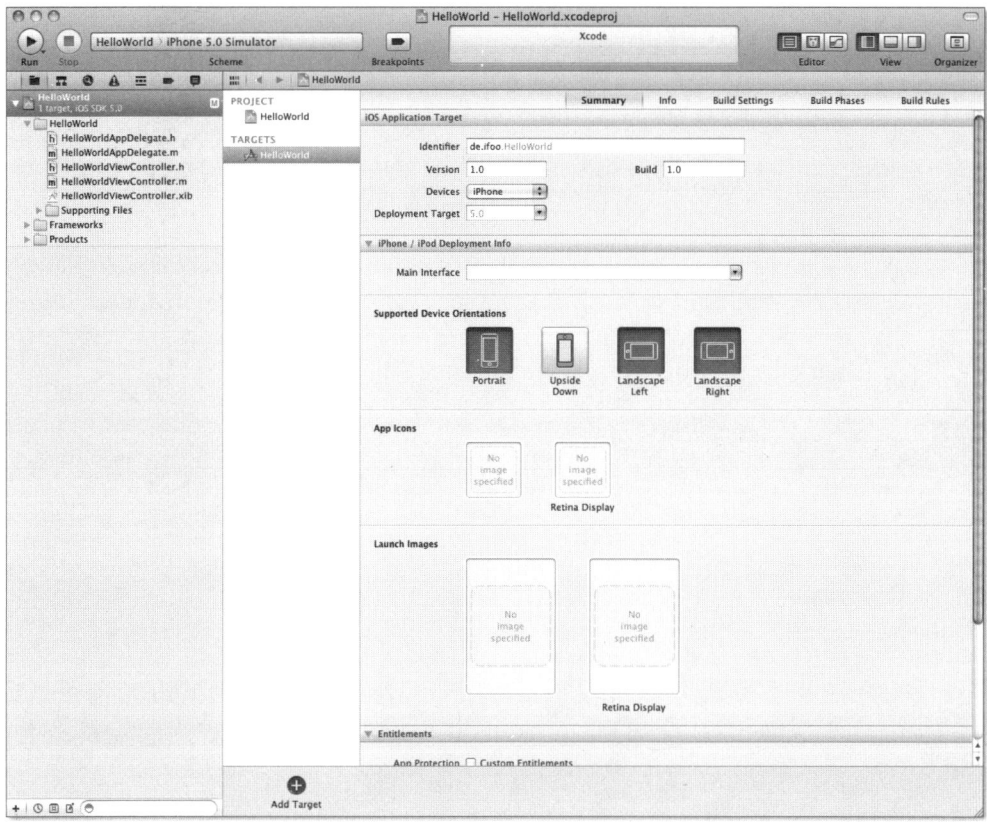

Abbildung 2.21 Das Übersichtsfenster in Xcode

2.2.1 Der Interface Builder

Sie können in Cocoa Touch Views durch Programmcode oder über den *Interface Builder* erzeugen. Mit dem Interface Builder können Sie iOS-Oberflächen grafisch gestalten und in sogenannten XIB- oder NIB-Dateien speichern. NIB-Dateien (NIB steht für **N**EXT **I**nterface **B**uilder) liegen im Binär-, XIB-Dateien im XML-Format vor. Cocoa Touch verwendet ausschließlich das NIB-Format. Es verbraucht wesentlich weniger Speicherplatz als das XML-Format. Bei der Übersetzung eines Programms wandelt Xcode automatisch alle vorhandenen XIB-Dateien in das Binärformat um.

Diese Dateien speichern die Views als serialisierte Objekte ab. Diese Objekte sind sozusagen *eingefroren*. Sie wurden auf der Festplatte – beziehungsweise im Speicher des iPhone oder iPad – schlafen gelegt. Beim Laden der NIB-Datei stellt die Runtime-Umgebung die Objekte wieder her, sodass sie umgehend zur Verfügung stehen.

> **Objekte serialisieren und deserialisieren**
>
> Als *Objektserialisierung* bezeichnet man den Vorgang, Objekte in eine Datei oder einen Datenblock zu schreiben. Diese Dateien oder Daten können Sie dann beispielsweise zwischen verschiedenen Computern übertragen, dauerhaft sichern oder in einer Versionsverwaltung ablegen. Durch den Vorgang der *Deserialisierung* können Sie die Objekte beziehungsweise Kopien davon jederzeit wieder rekonstruieren.

Für Ihren View-Controller `HelloWorldViewController` hat Xcode bereits bei der Erstellung des Projekts eine XIB-Datei angelegt. Sie finden diese in der Navigatorspalte von Xcode. Wenn Sie die Datei *HelloWorldViewController.xib* auswählen, erscheint der in Xcode integrierte Interface Builder.

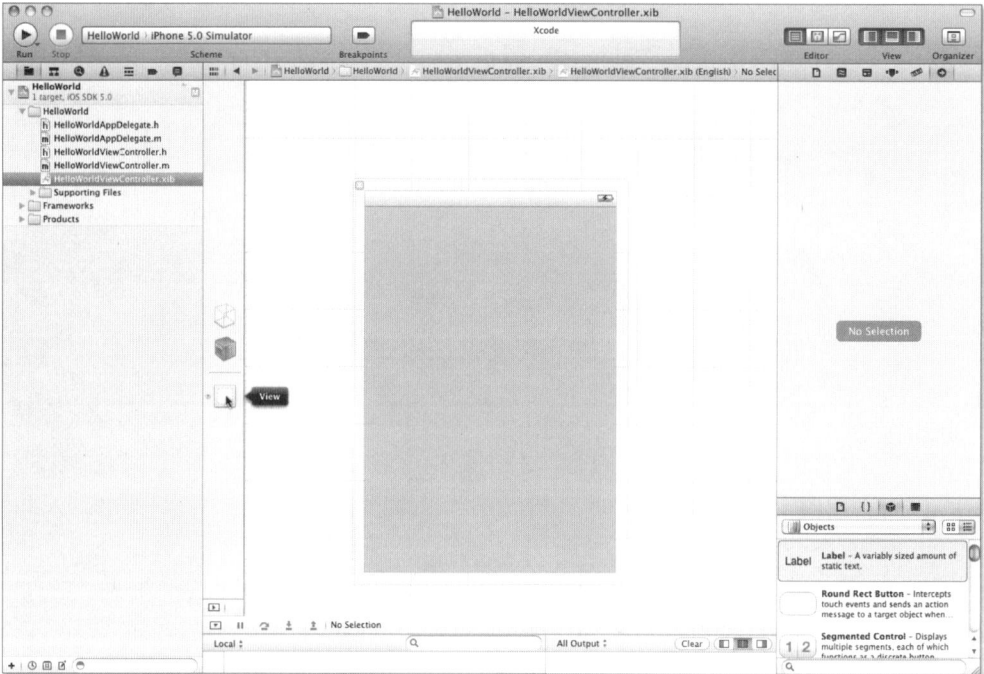

Abbildung 2.22 Der Interface Builder innerhalb der Xcode-GUI

Links neben dem Layout-Bereich des Interface Builders wählen Sie auf der grauen Leiste das unterste Objekt aus – das helle Quadrat mit der gestrichelten, weißen Innenfläche, auf das in Abbildung 2.22 der Mauspfeil zeigt. Das ist der Hauptview (Vollansicht) der App, den der `HelloWorldViewController` verwaltet.

> **Delegation und Delegates**
>
> Sie werden bei der Programmierung von Apps für iOS immer wieder mit dem Begriff *Delegate* in Berührung kommen. Xcode hat beim Anlegen des Projekts ja bereits ein Delegate angelegt, die Klasse `HelloWorldAppDelegate`. Was genau sich hinter dem Prinzip der Delegates verbirgt, erklärt Abschnitt 2.2.2 im Anschluss an dieses Projekt – für die ersten Schritte ist dieses Wissen erst einmal entbehrlich.

Um die folgenden Schritte nachvollziehen zu können, sollten Sie Xcode wie folgt einstellen:

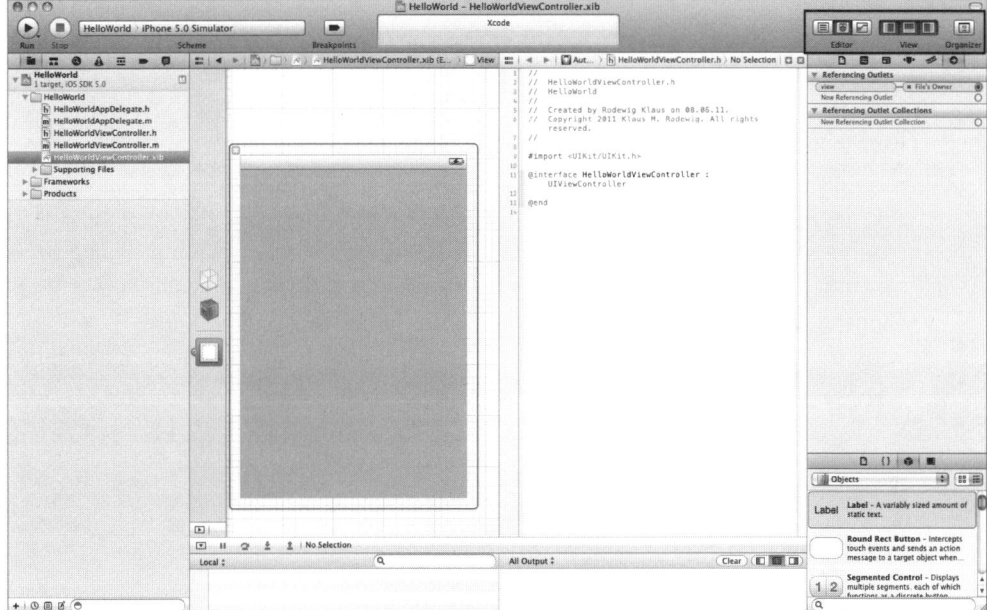

Abbildung 2.23 Einstellungen von Xcode (oben rechts) für das aktuelle Beispiel

Das Layout der Arbeitsfläche können Sie über die sieben Buttons oben rechts in der Toolbar von Xcode konfigurieren. Stellen Sie alle Buttons so ein, wie in Abbildung 2.23 gezeigt.

Der Interface Builder zeigt jetzt eine graue Fläche, die eine Voransicht des Hauptviews darstellt. Rechts daneben befindet sich im Editorfenster die Headerdatei der Klasse `HelloWorldViewController`. Unten rechts im Xcode-Fenster finden Sie die Objektbibliothek, in der sich GUI-Elemente befinden. Sie können der App durch einfaches Ziehen mit der Maus diese Elemente hinzufügen.

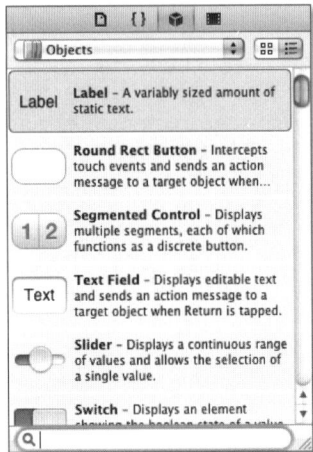

Abbildung 2.24 Die Objektbibliothek von Xcode

Suchen Sie in der Bibliothek nach dem Element LABEL. Falls Sie es nicht sofort finden, können Sie es auch mit der Suchfunktion am unteren Rand des Fensters aufspüren. Wenn Sie mit der Maus auf ein Element klicken, erscheint ein Popup-Fenster, das die Eigenschaft des betreffenden Elements erklärt. Diese Hilfe-Funktion ist gerade für Einsteiger extrem praktisch, denn sie erspart das umständliche Nachschlagen in Büchern oder der Online-Dokumentation.

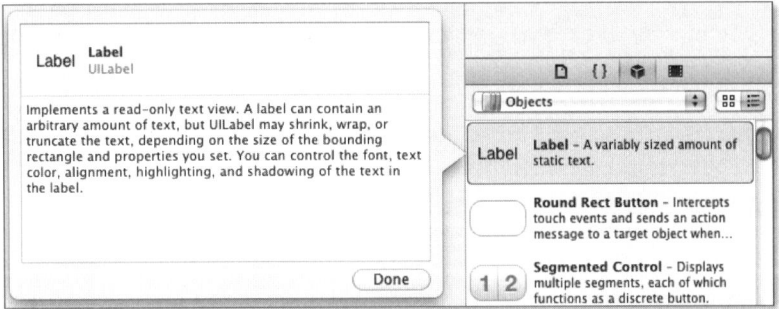

Abbildung 2.25 Popup-Hilfe zu den GUI-Elementen

Ziehen Sie jetzt das Label bei gedrückter Maustaste auf den Hauptview der App im Interface Builder, und lassen Sie über dem Hauptview die Maustaste los.

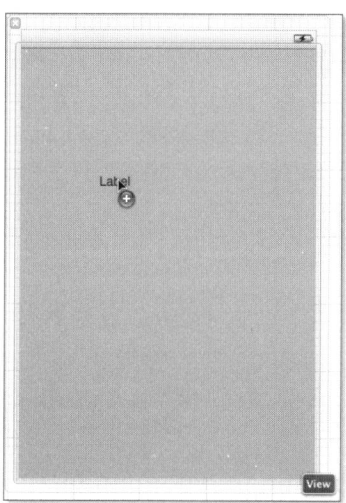

Abbildung 2.26 Platzieren eines Labels auf dem Hauptview

Anschließend aktivieren Sie durch einen Doppelklick auf den Text des Labels (»Label«) die Editierfunktion und geben einen eigenen Text ein, z. B. das obligatorische »Hello World« oder irgendwas anderes, was Ihnen gerade einfällt. Beenden Sie diese Eingabe mit der ⟨Enter⟩-Taste, und ziehen Sie das Label dann mit der Maus in die linke obere Ecke des Views, bis Xcode Hilfslinien zur Ausrichtung einblendet. Diese Hilfslinien sind ein angenehmes Werkzeug, um GUI-Elemente auszurichten – je komplexer eine GUI ist, desto mehr weiß man als Programmierer dieses Hilfsmittel zu schätzen.

Abbildung 2.27 Ausrichtung des Labels mit Hilfslinien

Die – zugegebenermaßen nicht als Raketentechnologie zu bezeichnende – App ist jetzt fertig für die Ausführung. Wählen Sie dazu den RUN-Button in der Toolbar von Xcode, oder drücken Sie [CMD] + [R]. Xcode kompiliert und linkt die App und startet anschließend automatisch den iPhone-Simulator mit der App.

Abbildung 2.28 Noch nicht ganz fertig für den App Store …

2.2.2 Delegation

Sie sind im vorstehenden Beispiel bereits mit dem Thema Delegation in Kontakt gekommen, ohne dass wir in der Beschreiben näher darauf eingegangen sind. Für dieses einfache Beispiel kommen Sie noch gerade so ohne Wissen über die Delegation zurecht. Für die tägliche Arbeit mit Cocoa Touch brauchen Sie aber unbedingt ein fundiertes Wissen über deren Prinzip und Funktionsweise, da sich dieses Muster wie ein rotes Band durch Cocoa Touch zieht. In der Zeit, als das Internet noch schwarz-weiß und prozedurale Programmierung noch das vorherrschende Paradigma war, gab es in vielen C- oder Pascal-Programmen einen Haufen Funktionen, die die Aufgaben des Programms erledigt haben. Funktionen haben aber den entscheidenden Nachteil, dass sie sich nur schlecht erweitern oder an spezifische Programmbedürfnisse anpassen lassen.

Mit der Einführung der objektorientierten Programmierung (OOP) hat sich die Situation geändert, da die OOP durch die Paradigmen der Vererbung und der Polymorphie bereits Konzepte für die Erweiterbarkeit und Modifizierung bestehenden Programmcodes besitzt. Diese Paradigmen sind zwar sehr nützlich, in der Praxis zeigt sich aber häufig, dass sie nicht immer ausreichen. In den schlimmsten Fällen kann eine undurchdachte Vererbungshierarchie sogar zu unverständlichem, schlecht wartbarem Code führen.

Viele dieser Probleme lassen sich aber durch die Ausnutzung der Möglichkeiten objektorientierter Sprachen umgehen, ohne dabei alles auf die Karte Vererbung zusetzen. Ein Entwurfsmuster, um die Funktionalitäten von Objekten anzupassen und zu erweitern, ist die Delegation. Ihr Prinzip ist dem vieler Vorgesetzter abgeschaut: Den täglichen Kleinkram, den sie selber nicht erledigen wollen oder können, geben sie einfach an andere weiter.

In der objektorientierten Programmierung funktioniert das ganz ähnlich. Wenn bei einer Klasse bestimmte Implementierungsdetails offen gelassen werden sollen, delegiert sie diese Aufgaben an ein anderes Objekt, das *Delegate*, das sich um den Kleinkram kümmert.

Für diesen Zweck besitzen viele Klassen ein Attribut `delegate`, das auf ein Delegate zeigen kann. Das auf das Delegate zeigende Objekt ist dann das delegierende Objekt. Die Delegate-Methoden sind eventgesteuert, d. h., wenn das delegierende Objekt ein bestimmtes Ereignis durchläuft, ruft es die entsprechenden Methoden im Delegate auf – sofern es diese implementiert.

Cocoa Touch verwendet für die meisten Delegate-Methoden ein einheitliches Muster. Der Methodenname beginnt in der Regel mit dem Namen der delegierenden Klasse, und mit dem ersten Parameter wird das delegierende Objekt übergeben. Typische Vertreter finden Sie im App-Delegate Ihres Hello-World-Projekts:

```
- (void)application:(UIApplication *)application↵
    didFinishLaunchingWithOptions:(NSDictionary *)options;
```

Viele Delegate-Methoden enthalten im Namen die Hilfsverben *should*, *will* oder *did*, die Auskunft über die Funktion der Methode geben. Über Methoden mit dem Namensbestandteil *should* fragt das delegierende Objekt den Delegate, ob dieses eine bestimmte Operation ausführen soll. Die Namensbestandteile *will* oder *did* enthalten Methoden, deren Ausführung vor beziehungsweise nach einem bestimmten Ereignis erfolgt. Abbildung 2.29 stellt die Beziehung zwischen der delegierenden Klasse und dem Delegate-Protokoll grafisch dar.

> **Delegation und Vererbung**
>
> Durch Delegation lässt sich Vererbung in vielen Fällen umgehen. Wenn Ihnen das Standardverhalten eines Objekts nicht gefällt, sollten Sie immer zuerst prüfen, ob Sie Ihr Ziel durch eine entsprechende Konfiguration des Objekts erreichen können. Außerdem sollten Sie unbedingt überprüfen, welche Anpassungen Ihnen die Delegation bietet. Nicht alle Klassen unterstützen allerdings Delegation.
>
> Erst wenn Sie diese beiden Wege überprüft haben, sollten Sie an die Erstellung einer Unterklasse denken.

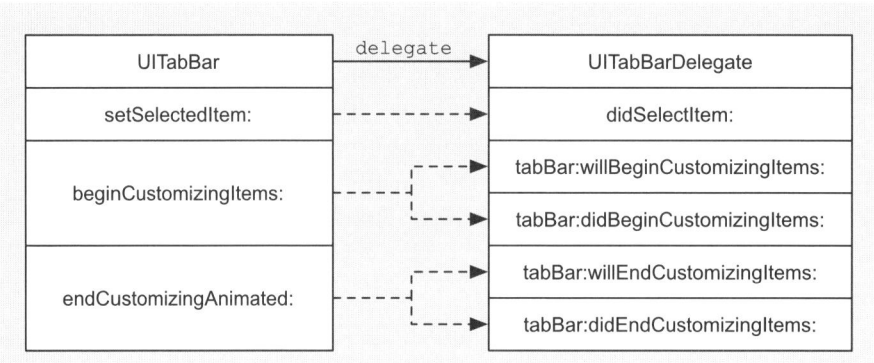

Abbildung 2.29 Ein Delegate implementiert Methoden des Delegierenden.

Das HelloWorld-Beispiel aus Abschnitt 2.2 verwendet bereits Delegation. Wenn Sie das Projekt in Xcode betrachten, sehen Sie, dass es eine Klasse `HelloWorld AppDelegate` besitzt:

Abbildung 2.30 Das »AppDelegate« von »HelloWorld«

Das `HelloWorldAppDelegate` ist das Delegate eines Objekts der Klasse `UIApplication`, das die Applikation repräsentiert. Sobald dieses Objekt ein Ereignis registriert, informiert es sein Delegate – im vorliegenden Beispiel also `HelloWorldAppDelegate` – über dieses Ereignis. Zu diesen Ereignissen gehören alle, die den Lebenszyklus der App betreffen (siehe Abschnitt 1.4, »Besonderheiten der Programmierung«).

> **Singletons**
>
> Die Klasse des Applikationsobjekts basiert auf einem weiteren Entwurfsmuster namens *Singleton*, das nur ein Objekt dieser Klasse im gesamten Programm zulässt. Sie können auf dieses Objekt jederzeit über die Klassenmethode `sharedApplication` zugreifen.

Damit das `HelloWorldAppDelegate` besagte Ereignisse auswerten kann, implementiert es das Protokoll `UIApplicationDelegate`, was an der entsprechenden Zeile in der Header-Datei des Delegates zu erkennen ist:

```
@interface HelloWorldAppDelegate : ↪
NSObject<UIApplicationDelegate>
```

Die Headerdatei von `UIApplicationDelegate` deklariert alle verfügbaren Methoden als optional. Nichtsdestotrotz sollte eine Applikation zumindest die wichtigsten Nachrichten abfangen, da sie ansonsten nicht auf wichtige Zustandsänderungen reagieren kann.

Eine der wichtigsten Delegate-Methoden des Application-Delegates ist `application:didFinishLaunchingWithOptions:` (Sie bemerken das Hilfsverb *did* im Methodennamen?). Diese Methode ruft das Applikationsobjekt auf, nachdem das Betriebssystem die App gestartet hat. Die Projektvorlage hat diese Methode bereits implementiert:

```
- (BOOL)application:(UIApplication *)application↪
    didFinishLaunchingWithOptions:(NSDictionary *)launchOptions {
    // Override point for customization after application launch.

    self.window.rootViewController = self.viewController;
    [self.window makeKeyAndVisible];
    return YES;
}
```

Listing 2.28 Startmethode des App-Delegates

Die Methode weist dem Fenster der Applikation einen View-Controller zu und bringt es über die Nachricht `makeKeyAndVisible` zur Anzeige.

Dies ist ein greifbares Beispiel für das Prinzip der Delegation. Ohne eine Subklasse von `UIApplication` ableiten und ohne das Application-Singleton verändern zu müssen, können Sie auf alle Ereignisse der Applikation reagieren.

Abbildung 2.31 stellt alle Delegatemethoden der Applikation zusammen mit den drei Applikationszuständen dar, wobei die gestrichelten Pfeile die Aufrufreihenfolge der Methoden zwischen den Zuständen angeben. Die durchgezogenen Pfeile zeigen die Zustandsübergänge an. Wenn die Applikation `application:didFinishLaunchingWithOptions:` aufruft, ist sie noch *inaktiv*. Beim Übergang in den aktiven Zustand sendet sie dann die Nachricht `applicationBecomeActive:`. Wenn Sie eine Applikation über den Home-Button des Geräts in den Hintergrund schicken, wechselt die Applikation in den Zustand *Background*.

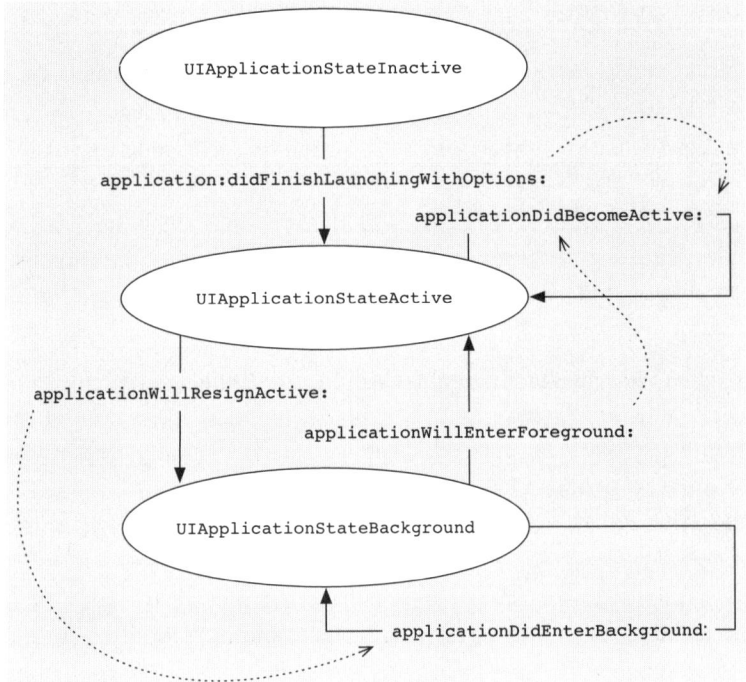

Abbildung 2.31 Die Delegatemethoden der Applikation

Sichern und Aufräumen

Sie sollten die Methoden `applicationDidEnterBackground:` und `applicationWillTerminate:` implementieren, um eventuell noch nicht gespeicherte Daten Ihrer App zu sichern. Außerdem können Sie diese Methoden für Aufräumarbeiten nutzen. Wenn Sie Ihr Programm in den Hintergrund schicken, sollten Sie immer so viel Speicher wie möglich freigeben. Aber auch während der Hintergrundausführung kann Ihr Programm noch Speicherwarnungen von Cocoa Touch empfangen.

Während der Hintergrundausführung kann ein iOS-Programm nicht beliebig viel Rechenzeit in Anspruch nehmen. Sie dürfen in den Methoden `applicationDidEnter-Background:` und `applicationWillTerminate:` auch nicht einfach lange und aufwendige Operationen durchführen. Sie haben innerhalb dieser Methoden ungefähr fünf Sekunden Zeit, um notwendige Aufgaben auszuführen. Falls Ihre Implementierungen länger brauchen, wirft iOS Ihre App einfach aus dem Speicher.

In größeren Apps kann es sehr umständlich sein, alle Aufräumaktionen zentral vom Application-Delegate aus zu steuern – besonders wenn viele View-Controller entsprechende Operationen durchführen müssen. In diesen Fällen sollte jede Komponente selbst aufräumen. View-Controller sollten ihre Daten und verwendeten Ressourcen möglichst früh freigeben. Hierzu bieten sich beispielsweise die Methoden `viewWillDisappear:` und `viewDidUnload` an, auf die das dritte Kapitel näher eingeht.

Parallel zu den Delegatemethoden sendet die Applikation aber auch entsprechende *Benachrichtigungen*, das sind programminterne Nachrichten, die beliebige Objekte empfangen können. Die Namen der entsprechenden Benachrichtigungen finden Sie in der Apple-Dokumentation des Protokolls `UIApplicationDelegate`. Eine genauere Beschreibung von Notifications finden Sie in Kapitel 4.

Sie können das Verwenden von Delegate-Methoden im vorliegenden HelloWorld-Beispiel selber testen. Fügen Sie in der Implementierungsdatei *HelloWorld-AppDelegate.m* eine simple Implementierung für die Methode `applicationDidReceiveMemoryWarning` hinzu:

```
- (void)applicationDidReceiveMemoryWarning:
    (UIApplication *)application {
    NSLog(@"Oh nein, Speicher voll!");
}
```

Diese Methode ruft das iOS bei knappem Hauptspeicher auf und ist eine Aufforderung, umgehend Ressourcen freizugeben. Wenn Sie dieser freundlichen Aufforderung nicht umgehend nachkommen, beendet das Betriebssystem gnadenlos Ihr Programm. Die Implementierung besteht in diesem Fall lediglich aus einer Konsolenmeldung. In der Praxis ist das natürlich nicht die angemessene Art, um auf knappen Speicher zu reagieren.

Übersetzen und starten Sie die App. Möglicherweise wird Xcode fragen, ob es die geänderten Dateien automatisch speichern soll. Diese Frage können Sie immer ungestört mit Ja beantworten. Sie können auch unter XCODE • PREFERENCES... im Tab GENERAL die Option AUTO-SAVE auf ALWAYS setzen, um diese Nachfragen abzuschalten (siehe Abbildung 2.32). Da der Editor von Xcode Änderungen auch über den letzten Speicherpunkt hinaus rückgängig machen kann, können Sie das automatische Speichern aktivieren, ohne sich damit größere Probleme einzuhandeln.

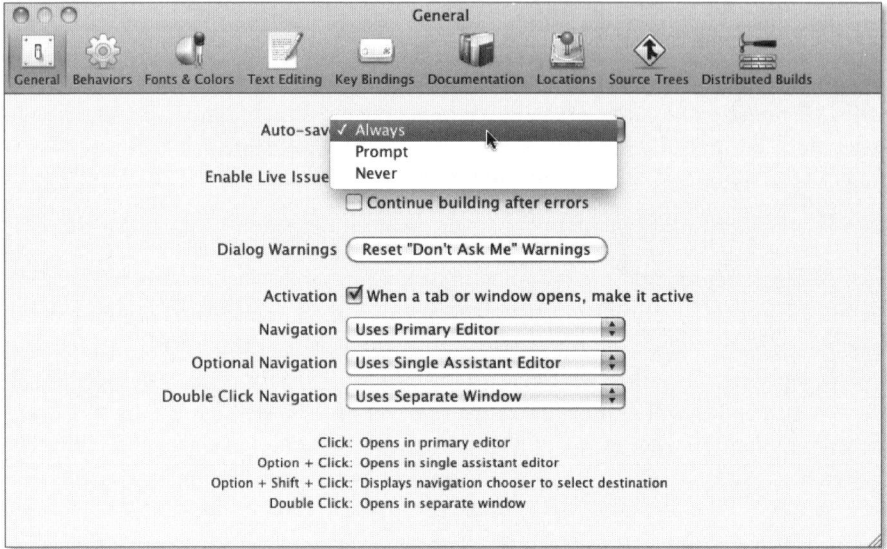

Abbildung 2.32 Automatisches Speichern geänderter Dateien

Nach dem Start der App im Simulator rufen Sie den Menüpunkt HARDWARE • SPEICHERWARNHINWEIS SIMULIEREN auf, der eine Speicherwarnmeldung erzeugt. Beobachten Sie dabei die Ausgabe der Konsole:

```
15:36:15.064 HelloWorld[6396:207] Received memory warning.
15:36:15.067 HelloWorld[6396:207] Oh nein, Speicher voll!
```

Et voilà, die Applikation ruft die im Delegate implementierte Methode des UIApplicationDelegate-Protokolls korrekt auf, und das schon wieder ganz ohne Vererbung.

2.3 Model, View und Controller

Für das Beispielprogramm *HelloWorld* hat Xcode diverse Dateien angelegt. Wozu sind die alle da? Wenn der View – also die Ansicht – der App doch in den XIB-Dateien liegt, wozu dient dann die Controller-Klasse? Die Antwort auf diese Fragen liefert das Architekturmuster, das Apple für alle Cocoa-Applikationen empfiehlt.

Das *Model-View-Controller*-Muster, nach seinen Komponenten auch abgekürzt MVC genannt, wurde Ende der 1970er-Jahre zusammen mit der Programmiersprache Smalltalk entwickelt. Es beschreibt eine Struktur zum Aufbau von Applikationen und zählt deswegen zu den Architekturmustern und nicht zu den Entwurfsmustern, die nur Lösungen für Teilprobleme einer Applikation beschreiben. Die Struktur soll dabei die Wartbarkeit und die Erweiterbarkeit des Programmcodes verbessern. Sie unterteilt die Applikationen in sinnvolle Komponenten und erleichtert dadurch die Entwicklung größerer Anwendungen.

Cocoa verwendet das Model-View-Controller-Muster als Grundlage für die Applikationsentwicklung. Wenn Sie dieses Muster noch nicht kennen, erscheint es Ihnen vielleicht für kleinere Apps etwas aufwendig. Sie sollten aber dieses Muster konsequent in Ihren Applikationen anwenden. Zum einen erleichtert es Ihnen auf Dauer die Entwicklung und hilft Ihnen, sauberen und übersichtlichen Code zu schreiben. Zum anderen ist es aber auch sehr schwer, eine Cocoa-App an diesem Muster vorbei zu programmieren, da sowohl die Tools als auch das API auf das MVC-Muster ausgerichtet sind.

2.3.1 Der Aufbau des Musters

MVC teilt die Klassen eines Programms in drei Bereiche auf, die man auch *Ebenen* oder *Schichten* nennt. Das Modell verwaltet die Daten des Programms. Diese Schicht kapselt also die Daten der Anwendung in Klassen. In dem Programm *Adressbuch* sind beispielsweise diese Daten die gespeicherten Adressen. Dessen Modell besitzt also Klassen zur Darstellung von Adressen. Die Aufgabe des Modells ist auch, die Daten konsistent zu halten. Das bedeutet, dass ein gutes Datenmodell die Anwendungsdaten fehlerfrei abbilden sollte. Im Adressbuch können Sie beispielsweise keinen vollständig leeren Eintrag speichern. Für das Datenmodell des Adressbuchs ist ein leerer Eintrag ein Fehler, den es nicht zulässt. Das fünfte Kapitel stellt ein Puzzlespiel vor. Dort hat das Modell nicht nur die Aufgabe, den aktuellen Zustand des Puzzles zu speichern. Es achtet auch darauf, dass der Nutzer keine ungültigen Züge ausführen kann.

Der View enthält alle Klassen, die für die direkte Interaktion des Programms mit dem Nutzer zuständig sind. Das sind sowohl Klassen, die etwas anzeigen als auch Eingaben verarbeiten können. Viele View-Klassen können auch beides. Typische Beispiele für Views sind Bilder, Buttons, Textfelder und Fenster. Der Wecker aus dem nächsten Kapitel verwendet für die Darstellung nicht nur Standardelemente, die iOS zur Verfügung stellt. Er benötigt darüber hinaus auch applikationsspezifische View-Elemente, die spezielle Darstellungs- und Eingabemöglichkeiten haben.

Der Controller im MVC-Muster stellt schließlich das Bindeglied zwischen dem Modell und den Views dar. Er übernimmt die Steuerung des Programms und enthält die Applikationslogik. Der Controller darf auf die Komponenten des Modells und des Views zugreifen und auch deren Methoden aufrufen. Umgekehrt sollten aber weder das Modell noch der View die Klassen oder Methoden des Controllers kennen.

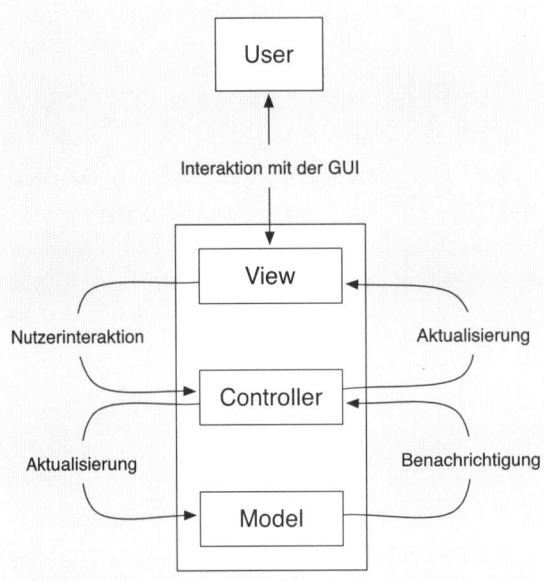

Abbildung 2.33 Das MVC-Architekturmuster in der Übersicht

> **Machen Sie sich nicht abhängig!**
>
> Die Modell- und die View-Schicht sollten jeweils keine Abhängigkeit zu den beiden anderen Schichten haben. *Abhängigkeit* meint dabei die Verwendung der Klassen der anderen Ebenen. Verwenden Sie also keine Controller- oder View-Klassen bei der Implementierung des Modells und auch keine Controller- oder Modell-Klassen bei der Implementierung Ihrer Views.
>
> Sie erhöhen so die Wiederverwendbarkeit dieser beiden Schichten. Das bedeutet beim Modell, dass jedes seiner Objekte durch mehrere unterschiedliche Controller verarbeitet und durch unterschiedliche Views dargestellt werden kann. Andererseits sollten Sie Ihre View-Klassen so entwickeln, dass sie sich auch für ähnliche Anwendungsfälle eignen. Denken Sie an die View-Klassen von Cocoa-Touch, wie Buttons, Slider oder Textfelder, die Sie in vollkommen unterschiedlichen Applikationen einsetzen können.
>
> Die stringente Anwendung von MVC erleichtert überdies die Portabilität von Apps. Für die Portierung von iPhone-Apps zum iPad müssen Sie in der Regel die View-Schicht sehr stark anpassen, während der Controller geringere Anpassungen benötigt. Das Modell sollte in den meisten Fällen gleich bleiben. Ein sauber implementiertes Modell können Sie unter Umständen sogar in OS X Applikationen verwenden.

Stellen Sie sich vor, Sie sollen für einen Kunden eine App für die Inventur seines Lagers entwickeln. Das MVC-Muster gibt Ihnen dazu einen einfachen und groben Weg vor, wie Sie das Programm umsetzen können. Sie starten mit dem Modell, in dem Sie die Klassen (z. B. für Produkte, Warengruppen, Hersteller), deren Attribute und deren Beziehungen zueinander festlegen. Danach setzen Sie die ersten Eingabemasken nach den Wünschen Ihres Kunden um und implementieren schließlich die Geschäftslogik der App in den Controllern.

Wenn das Programm erfolgreich ist, wird der Kunde wahrscheinlich recht bald mit Änderungswünschen zu Ihnen kommen. Die Lageristen wollen einen Barcode-Scanner integriert haben, die Buchhaltung braucht eine Suchfunktion, und die IT-Abteilung will endlich die SAP-Anbindung realisieren. Sie werden wahrscheinlich alle drei Schichten des Programms verändern müssen. Jetzt treten aber die Vorteile des MVC-Musters zutage:

- Sie können neue Controller und Views für die neuen Anwendungsfälle implementieren, ohne aufwendige Änderungen an den bestehenden Klassen vornehmen zu müssen.
- Wenn Sie Ihre Modellklassen erweitern müssen, müssen Sie in der Regel nur die bestehenden Controller anpassen.
- Auch für die Erweiterung Ihrer bestehenden Views brauchen Sie nur Logik in den entsprechenden Controllern anzupassen.

Natürlich kann das auch alles sehr aufwendig und kompliziert sein. Aber diese Aufwände sind verglichen mit *Spaghetticode*, bei dem sich Abhängigkeiten quer durch die gesamte Applikation ziehen, relativ gering.

2.3.2 Key-Value-Observing

Die Modellobjekte können auch ohne Abhängigkeit Kontakt zum Controller aufnehmen, da sie von Haus aus das *Beobachtermuster* unterstützen. Damit können sich Controllerobjekte als Beobachter bei den Modellobjekten registrieren. Wenn das Programm ein Modellobjekt verändert, benachrichtigt es alle Beobachter durch einen Methodenaufruf. Das Beobachtermuster erzeugt dabei keine Abhängigkeit des Modells vom Controller, da die Modellobjekte die Klassen ihrer Beobachter nicht kennen. Diese Verbindung nennt man auch *lose Kopplung*.

Cocoa Touch setzt das Beobachtermuster über das *Key-Value-Observing* (KVO) um. Es ist aber nicht nur auf Modell- und Controllerklassen beschränkt, sondern beliebige Klassen können es verwenden. Das beobachtete Objekt muss das Protokoll `NSKeyValueObserving` implementieren, was für jede Subklasse von `NSObject` automatisch gilt, da diese das Protokoll von `NSObject` erben.

Die Klasse `NSObject` implementiert folgende Methoden, um die Beobachter eines Objekts zu verwalten:

```
- (void)addObserver:(NSObject *)observer
       forKeyPath:(NSString *)keyPath
          options:(NSKeyValueObservingOptions)options
          context:(void *)context;
- (void)removeObserver:(NSObject *)observer
          forKeyPath:(NSString *)keyPath;
```

Listing 2.29 Methoden zur Verwaltung von Beobachtern

Darüber können Sie jeweils einen Beobachter zu einem Attribut bei einem Objekt registrieren beziehungsweise abmelden. Wenn Sie beispielsweise das Attribut `firstName` einer Person beobachten wollen, können Sie den Beobachter folgendermaßen registrieren:

```
[thePerson addObserver:theController
        forKeyPath:@"firstName"
           options:NSKeyValueObservingOptionNew |
                   NSKeyValueObservingOptionOld
           context:NULL];
```

Listing 2.30 Registrierung eines Beobachters

Nach dieser Registrierung benachrichtigt das Personenobjekt `thePerson` den Beobachter `theController` jetzt bei jeder Änderung des Attributs `firstName`. Die beiden Konstanten für den Optionsparameter geben dabei an, dass die Benachrichtigung immer den alten und den neuen Attributwert enthalten soll. Für den Empfang der Benachrichtigung muss der Empfänger folgende Methode implementieren:

```
- (void)observeValueForKeyPath:(NSString *)keyPath
             ofObject:(id)object
              change:(NSDictionary *)change
             context:(void *)context
```

Die Attributwerte enthält dabei das Dictionary `change`. Sie können die Methode folgendermaßen implementieren:

```
- (void) observeValueForKeyPath:(NSString *)inKeyPath
              ofObject:(id)inObject
                change:(NSDictionary *)inChange
               context:(void *)inContext {
    if([inKeyPath isEqualToString:@"firstName"]) {
        NSLog(@"alter Wert:%@",↵
            [inChange valueForKey:NSKeyValueChangeOldKey]);
```

```
        NSLog(@"neuer Wert:%@",⏎
              [inChange valueForKey:NSKeyValueChangeNewKey]);
    }
}
```
Listing 2.31 Implementierung der Observierungsmethode

Die Registrierung aus Listing 2.30 registriert den Beobachter nur für genau ein Objekt-Attribut-Paar. Wenn Sie weitere Objekte oder Attribute beobachten möchten, müssen Sie diese gesondert registrieren. Vor der endgültigen Freigabe eines Beobachters müssen Sie ihn immer abmelden. Ansonsten erhalten Sie einen Laufzeitfehler, und Ihr Programm stürzt ab.

Für dieses Beispiel sieht der entsprechende Aufruf folgendermaßen aus:

```
[thePerson removeObserver:theController⏎
           forKeyPath:@"firstName"];
```
Listing 2.32 Abmelden eines Beobachters

2.3.3 Target-Action-Mechanismus

Sie können auch bei Views das Beobachtermuster einsetzen, um Änderungen des View-Zustands im Controller mitzubekommen. Das ist aber häufig recht aufwendig umzusetzen, da es nur eine Beobachtermethode, meistens aber mehrere zu beobachtende Views gibt.

Stattdessen kann in Cocoa Touch ein View den Controller über den *Target-Action-Mechanismus* benachrichtigen. Dazu registrieren Sie das Objekt (das *Target*) mit einer Methode (der *Action*) und den Ereignistypen beim betreffenden View. Dieser View ruft dann beim Auftreten des entsprechenden Ereignisses die Methode in dem registrierten Objekt auf.

In Cocoa Touch unterstützen aber nicht alle Views diesen Mechanismus. Er ist nur bei Objekten der Klassse UIControl verfügbar, wobei aber das Target eine beliebige Klasse haben darf. Es sollte aber ein Controller sein, da die Verwendung von Klassen der beiden anderen Schichten eine Verletzung des MVC-Musters wäre. Sie können Target-Action-Beziehungen über den Programmcode oder den Interface Builder herstellen. Sie können über die Methoden

```
- (void)addTarget:(id)target
          action:(SEL)action
 forControlEvents:(UIControlEvents)controlEvents
- (void)removeTarget:(id)target
             action:(SEL)action
    forControlEvents:(UIControlEvents)controlEvents
```
Listing 2.33 Verwaltung von Action-Targets bei Controls

Target-Action-Paare registrieren beziehungsweise abmelden. Der Datentyp `SEL` bezeichnet dabei übrigens Selektoren.

Auch hier müssen Sie darauf achten, die Paare rechtzeitig freizugeben. Sie dürfen allerdings bei der Abmeldung `nil` für das Target verwenden, um alle Paare abzumelden. Abschnitt 3.2.4, »Ereignisse«, stellt die verschiedenen Ereignistypen vor.

2.3.4 Controller in Cocoa Touch

Als Sie das *HelloWorld*-Projekt angelegt haben, hat Xcode automatisch eine Klasse `HelloWorldViewController` als Unterklasse von `UIViewController` erzeugt. Sie ist die Basisklasse für alle Controller, die eine Vollansicht verwalten. Der Begriff *Vollansicht* bezeichnet entweder den kompletten Bildschirm oder die komplett sichtbaren Bereiche der *Containerviewcontroller*. Zu diesen gehören die Navigations-, Tabbar-, Popover- und Splitviewcontroller. Unterklassen von `UIViewController` sollten bis einschließlich iOS 4 immer Vollansichten und niemals nur Teilansichten verwalten, da diese Betriebssysteme nur so den kompletten Lade- und Anzeigezyklus des Viewcontrollers unterstützen. Das vierte Kapitel behandelt aber eine Möglichkeit, wie Sie für Subviews eigene Controller erstellen können. Ab iOS 5 können Sie aber auch auf der Basis von `UIViewController`n Subviews verwalten.

Jede Vollansicht sollte einen eigenen View-Controller besitzen. Dieser sollte immer eine Unterklasse von `UIViewController` sein. In der Regel legen Sie für jede Vollansicht auch eine Unterklasse an, da Sie die kompletten View-Controller-Klassen in der Regel nicht wiederverwenden können. Diese Klassen enthalten ja schließlich Ihre Geschäftslogik. Die Hierarchie eines View-Controllers liegt in einer XIB-Datei, sofern die Views nicht über Programmanweisungen erzeugt werden. Die Datei sollte den gleichen Namen wie die Controller-Klasse haben.

Nicht nur die View-Controller, sondern auch das Application-Delegate gehören zur Controller-Schicht der Applikation. Die Aufgabe der Controller ist es, die Eigenschaften des jeweiligen Views zu steuern und zu kontrollieren.

2.4 Speicherverwaltung, Propertys und Key-Value-Coding

Bevor Sie im nächsten Kapitel mit der Programmierung einer umfangreicheren iOS-App anfangen, steht noch das Thema Speicherverwaltung auf dem Plan. Während Mac OS X bereits über eine automatische Speicherverwaltung verfügt (den Garbage Collector), ist bei iOS noch Handarbeit angesagt. Allerdings hört sich das wesentlich schlimmer an, als es ist.

Im Gegensatz zur wirklich echten Handarbeit bei der Speicherverwaltung, wie sie bei der Verwendung von C oder C++ notwendig ist, beschränkt sich die Speicherverwaltung bei der iOS-Programmierung auf die Buchführung über benötigte und nicht mehr benötigte Objekte. Alles andere erledigt die Laufzeitumgebung automatisch.

Die Lebenszeit eines dynamisch erzeugten Objekts wird im Hauptspeicher, dem *Heap*, durch die Technik des *Referenzenzählens* bestimmt. Dabei gibt es zwei mögliche Fehler: Speicherlecks (*Leaks*) oder *Dangling Pointer*.

Ein Leck entsteht, wenn Sie ein nicht mehr verwendetes Objekt nicht freigeben, was dazu führt, dass es unnötig Speicherplatz belegt. Zu viele Lecks belegen mit der Zeit den gesamten verfügbaren Hauptspeicher des Rechners und lassen das Programm abstürzen. Das ist wie in einem All-Inclusive-Hotel auf den Balearen: Auf allen Sonnenliegen liegt schon vor dem Frühstück ein Handtuch, und für Sie ist keine mehr frei.

Ein Dangling Pointer hingegen ist das Gegenteil: ein Verweis auf ein Objekt, das bereits freigegeben wurde. Findet innerhalb einer App ein Zugriff auf ein bereits freigegebenes Objekt statt, führt das in der Regel zu einem Absturz.

In Cocoa Touch gibt es feste Regeln für die Speicherverwaltung. Wenn Sie sich daran halten, werden Sie viele Speicherverwaltungsfehler schon bei der Programmierung vermeiden können. Die Speicherverwaltung basiert auf dem Referenzenzählen, das das nachfolgende Beispiel veranschaulichen soll.

Ein Hausarzt schickt seinen Patienten ins Krankenhaus. Dort untersuchen und behandeln ihn verschiedene Fachärzte, indem er bei jedem Arzt die Sprechstunde besucht. Die Ärzte schicken den Patienten zu weiteren Ärzten im Krankenhaus, bestellen ihn zu erneuten Untersuchungen oder Behandlungen ein oder teilen ihm ihren Befund mit. Da der Patient glücklicherweise nicht schwer erkrankt ist, fallen die Befunde immer negativ aus beziehungsweise sind die Behandlungen immer erfolgreich. Die Frage ist nun: Wann weiß der Patient, dass er geheilt und entlassen ist?

Ein Arzt kann nicht alleine über die Entlassung des Patienten entscheiden. Wenn aber andererseits kein Arzt den Patienten entlässt, belegt der Patient weiter ein Bett im Krankenhaus, und irgendwann kann es keine weiteren Patienten mehr aufnehmen, da lauter gesunde Menschen die Betten belegen.

Wie kann die Klinikleitung dieses Problem lösen? Die Ärzte können sich natürlich regelmäßig abstimmen und zu gegebener Zeit dem Patienten seine Entlassung mitteilen. Das wäre aber aufwendig, und die Ärzte verbrächten viel Zeit mit der Abstimmung, in der sie besser andere Patienten behandeln könnten.

Eine andere Möglichkeit besteht darin, dem Patienten einen Laufzettel zu geben. Darauf bekommt jeder Arzt, den der Patient noch aufsuchen muss, einen Strich. Wenn ein Arzt mit der Behandlung des Patienten fertig ist, entfernt er diesen Strich wieder von dem Zettel. Der Patient darf nach Hause gehen, wenn kein Strich mehr auf dem Zettel ist.

In diesem Beispiel ist der Patient ein Bild für ein dynamisch erzeugtes Objekt, die Ärzte sind Verweise auf dieses Objekt, und die Entlassung aus dem Krankenhaus entspricht der Freigabe des Objekts aus dem Speicher. Und so funktioniert es auch unter iOS: So wie die einzelnen Ärzte den Patienten nicht entlassen können, können die einzelnen Referenzen nicht entscheiden, wann das von ihnen referenzierte Objekt freigegeben werden soll.

Wenn das Objekt zu früh freigegeben wird, entsteht im Programm ein Dangling Pointer. Im Krankenhausbeispiel würde ein Arzt vergebens auf den Patienten warten, der schon zu Hause gemütlich im Sessel sitzt. Analog entsteht im Hauptspeicher ein Leck, wenn keine Referenz das referenzierte Objekt endgültig freigibt. Das entspricht dem gesunden Patienten im Krankenhaus, den kein Arzt mehr sehen will. Da er nie die Information bekommt, dass er gehen darf, sitzt er bis zum Sankt-Nimmerleins-Tag im Krankenhaus.

Die zentrale Frage der Speicherverwaltung unter iOS dreht sich also um die Frage, wann ein Objekt freigegeben werden kann. Verweise in Objective-C beziehungsweise C sind einfach nur Speicheradressen, die von beliebigen Programmbereichen auf das Objekt zeigen können. Eine Lösung, die auf die selbstständige Abstimmung dieser Zeiger setzt, kommt deswegen nicht infrage. Die Ärzte im Krankenhaus haben auch Besseres zu tun, als sich ständig darüber auszutauschen, welcher Patient nun nach Hause darf und welcher noch bleiben muss. Diesen Mehraufwand würde keine Krankenkasse bezahlen.

2.4.1 Referenzenzählen in Objective-C

Daher bekommt jedes Objekt in Objective-C eine Strichliste in Form eines Zählers, sodass sich jedes Objekt selber merken kann, wie viele Verweise auf es zeigen. Im Gegensatz zum Laufzettel des Patienten zählt das Objekt allerdings nur die Anzahl der Verweise. Es merkt sich nicht, welche Verweise auf es zeigen. Anhand des Zählers kann es aber feststellen, ab wann es keinen Verweis mehr darauf gibt, und kann sich selber aus dem Hauptspeicher löschen.

Die folgenden Abbildungen zeigen dieses Prinzip. Jede der drei Personen (Objekte) besitzt einen *Referenzzähler* (*Reference Counter*). Jeder neue Verweis auf das Objekt kann diesen Referenzzähler erhöhen, damit das Objekt weiß, dass eine weitere Referenz existiert. Beim Wegfall dieses Verweises muss dann der

Referenzzähler dekrementiert werden. Das Objekt kann nun feststellen, wann das Programm den letzten Verweis auf es löst und sich aus dem Speicher entfernen. In Abbildung 2.34 zeigen Fred und Jeff auf Ophelia, die dementsprechend einen Referenzzähler von 2 hat.

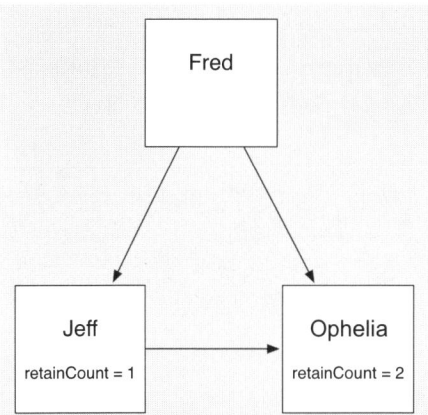

Abbildung 2.34 Ophelia hat einen Referenzenzähler von 2.

In Abbildung 2.35 ist der Verweis von Jeff auf Ophelia weggefallen, die daher nur noch einen Referenzzähler von 1 besitzt.

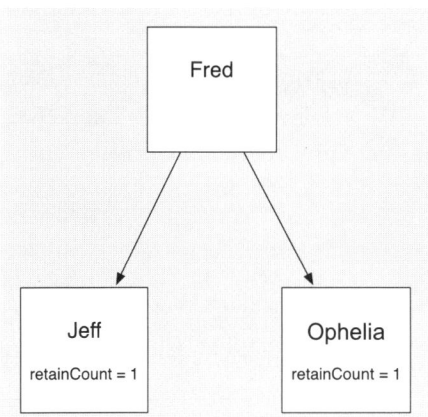

Abbildung 2.35 Ophelia hat nur noch einen RC von 1.

Da Feierabend ist, hat in Abbildung 2.36 auch Fred seinen Verweis entfernt, womit der Referenzzähler von Ophelia auf 0 sinkt. Sie stellt dabei fest, dass niemand sie mehr braucht, entfernt sich somit aus dem Speicher und verwandelt sich in das in der Abbildung gezeigte Logik-Wölkchen im Daten-Nirwana.

> **Der Referenzenzähler**
>
> Das Beispiel gibt Werte für die Referenzenzähler nur zur Veranschaulichung an. In der Praxis sehen Sie selten so einen einfachen Werteverlauf. Der Sinn des Referenzenzählens ist ja gerade, dass beliebige Verweise auf Ihre Objekte bestehen können. Außerdem gibt es Objekte – beispielsweise Stringkonstanten oder Singletons – die das Referenzenzählen nur vortäuschen.
>
> Langer Rede kurzer Sinn: Vergessen Sie den Referenzenzähler. Er taugt nicht zur Analyse der Speicherverwaltung oder gar zur Suche nach Speicherverwaltungsfehlern.

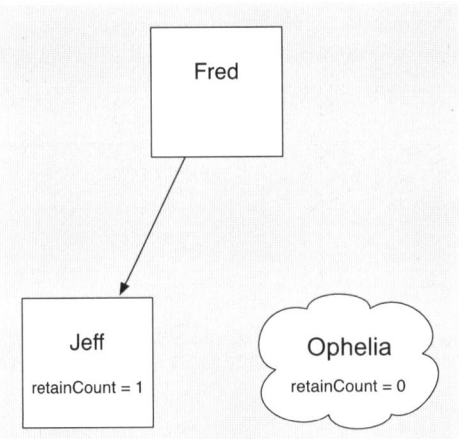

Abbildung 2.36 Ophelia ist entlassen.

Das Verwalten der Referenzzähler ist genau die Handarbeit, von der am Anfang dieses Abschnitts die Rede war. Dafür gibt es die drei Methodenaufrufe `retain`, `release` und `autorelease`. Die Cocoa-Wurzelklassen, von denen Sie in der Regel nur `NSObject` für Ihre Klassen verwenden, stellen diese Methoden bereit.

Um den Referenzzähler eines Objektes um eins zu erhöhen, senden Sie ein `retain` an das Objekt, und mit `release` können Sie den Referenzzähler um eins verringern. Als Aufrufer dieser Methoden sollten Sie sich nicht darum kümmern, wie viele Verweise auf ein Objekt zeigen.

Die Methode `autorelease` markiert ein Objekt für einen späteren Aufruf der Methode `release`. Sie dürfen das Objekt also nach dem Aufruf von `autorelease` noch verwenden. Sie legt das Objekt in den Autoreleasepool. Jeder Aufruf von `autorelease` legt das Objekt ein weiteres Mal in den Autoreleasepool, sodass das Objekt für jedes `autorelease` jeweils ein `release` erhält.

2.4.2 Die Speicherverwaltungsregeln

Durch die vorgenannten Methodenaufrufe legen Sie also fest, ob ein Verweis das referenzierte Objekt im Speicher hält oder nicht. Wenn eine Referenz das Objekt nicht halten soll, brauchen Sie keine der genannten Methoden aufzurufen. Aus Sicht der Speicherverwaltung sind also nur die haltenden Referenzen interessant. Aber wann hält eine Referenz ein Objekt?

Apple hat dafür vier einfache Regeln aufgestellt:

1. Ein Objekt wird gehalten, wenn der Name seiner Erzeugungsmethode mit `alloc`, `new`, `copy` oder `mutableCopy` beginnt.
   Erzeugen Sie hingegen ein Objekt über eine Methode, deren Name nicht auf diese Regel passt, dann ist der Verweis kein Halter des Objektes. Sie sollten das bei der Benennung Ihrer eigenen Methoden unbedingt beachten.
2. Wenn Sie die Methode `retain` eines Objekts aufrufen, ist der Verweis ein Halter des Objekts.
3. Für jeden haltenden Verweis auf ein Objekt müssen Sie entweder die Methode `release` oder `autorelease` genau einmal aufrufen.
4. In der Methode `dealloc` sollten Sie immer alle Verweise auf andere Objekte freigegeben, die die Attribute des Objekts halten. Diese Methode ruft die Laufzeitumgebung auf, unmittelbar bevor es den Speicher des Objekts freigibt. Sie sollten in dieser Methode als Letztes immer die `dealloc`-Methode der Oberklasse aufrufen. Sie dürfen aber sonst `dealloc` niemals direkt aufrufen.

Die erste Regel gilt übrigens nicht nur für die Methoden aus der Klasse des Objekts, sondern für alle Methoden. Dabei ist die Methode `alloc` die einzig wirkliche Erzeugungsmethode für Objekte. Die anderen Methoden geben nur über `alloc` erzeugte Objekte zurück. Diese Regel gilt übrigens auch, wenn die Methode das Objekt nicht neu erzeugt, wie das beispielsweise bei einem Objektcache der Fall sein kann.

> **Tipp**
>
> Die Speicherverwaltungsregeln sind fundamental. Nehmen Sie sich die Zeit, um sich damit ausreichend vertraut zu machen. Es zahlt sich aus. Bedenken Sie auch, dass die erste Regel eine Namenskonvention ist. Sie erlaubt Ihnen zum einen, erzeugte Objekte richtig zu verwalten. Andererseits gibt sie Ihnen aber auch ein Schema vor, wie Sie Ihre Methoden zu benennen haben.

Die folgenden Beispiele sollen Ihnen die Regeln veranschaulichen:

```
NSNumber *theAge = [NSNumber numberWithInt:15];
NSLog(@"age=%@", theAge);
```
Listing 2.34 Objekterzeugung über einen Convenience-Konstruktor

Der Methodenname in der ersten Zeile passt nicht auf die erste Regel. Die Variable `theAge` hält also die Zahl nicht, und Sie dürfen dem Objekt kein `release` schicken. Klassenmethoden wie die in der ersten Zeile nennt man übrigens *Convenience-Konstruktoren*. Ohne einen solchen Konstruktor sieht das Bespiel so aus:

```
NSNumber *theAge = [[NSNumber alloc] initWithInt:15];
NSLog(@"age=%@", theAge);
[theAge release];
```
Listing 2.35 Objekterzeugung über eine »alloc-init«-Kette

Hier passt der Aufruf in der ersten Zeile auf die erste Regel. Der Verweis `theAge` hält also die Zahl. Sie müssen das Objekt deshalb durch ein `release` freigeben.

Für eine Methode, die ein neues Objekt erzeugt, gibt es also zwei Möglichkeiten. Wenn ihr Name auf die erste Regel passt, muss sie das Objekt halten, das sie zurückgibt.

```
- (NSNumber *)newAge {
   return [[NSNumber alloc] initWithInt:15];
}
- (void)printAge {
   NSNumber *theAge = [self newAge];
   NSLog(@"age=%@", theAge);
   [theAge release];
}
```
Listing 2.36 Objekthaltende Erzeugung über eine Methode

In diesem Beispiel gibt die Methode `newAge` die Halterschaft an die Variable `theAge` in der aufrufenden Methode `printAge` ab. Sie müssen das Objekt über diese Variable freigeben.

Alternativ können Sie auch einen Namen wählen, der nicht auf die erste Regel passt. Dann sollte die Methode so aussehen:

```
- (NSNumber *)age {
   return [NSNumber numberWithAge:15];
}
- (void)printAge {
   NSNumber *theAge = [self age];
   NSLog(@"age=%@", theAge);
}
```
Listing 2.37 Objekterzeugung über eine Methode und einen Convenience-Konstruktor

Die aufrufende Methode `printAge` darf das Objekt in diesem Fall also nicht durch einen Aufruf von `release` freigeben.

In diesem Beispiel wurde ein Convenience-Konstruktor für die Objekterzeugung verwendet. Viele Cocoa-Klassen stellen aber keinen solchen Konstruktor zur Verfügung. In diesem Fall muss die Methode das Objekt auch durch einen `alloc-init`-Aufruf erzeugen. Die aufrufende Methode darf aber aufgrund der Namenskonvention kein Halter des Objekts sein. Die Methode muss also das Objekt freigeben. Sie dürfen es aber nach einem Aufruf von `release` nicht mehr verwenden, da es dadurch ja bereits aus dem Speicher gelöscht worden sein könnte.

Aus diesem Grund müssen Sie `autorelease` verwenden, sodass der `release`-Aufruf erst zu einem späteren Zeitpunkt erfolgt.

```
- (NSNumber *)age {
    NSNumber *theAge = [[NSNumber alloc] initWithInt:15];
    return [theAge autorelease];
}
```

Listing 2.38 Objekterzeugung über eine Methode und Autorelease-Pool

Die Beispiele erläutern die Speicherverwaltungsregeln auf Methodenebene. Die folgenden Beispiele veranschaulichen die Regeln auf Klassenebene. Zum Teil haben Sie dazu schon etwas in Abschnitt 2.1.4, »Accessoren«, gelesen.

Hier ist die Deklaration für die Beispielklasse:

```
@interface Person : NSObject {
    @private
    NSNumber *age;
}
- (NSNumber *)age;
- (void)setAge:(NSNumber *)inAge;
@end
```

Listing 2.39 Klasse mit Methoden für den Attributzugriff

Der Getter `age` hat eine einfache Implementierung, da Sie hier keine Speicherverwaltungsoperationen durchführen müssen:

```
-(NSNumber *)age {
    return age;
}
```

Listing 2.40 Methode zum Lesen eines Attributwertes

Ein Objekt der Klasse `Person` hält ja bereits die Zahl für das Alter, und der Methodenname passt nicht auf die erste Regel. Also brauchen Sie sich hier nicht weiter um die Speicherverwaltung zu kümmern.

Die vierte Regel fordert, dass die Methode `dealloc` alle Verweise auf die gehaltenen Objekte freigibt. Außerdem soll sie die Methode der Superklasse aufrufen. Für dieses Beispiel sieht diese Methode also so aus:

```
- (void)dealloc {
    [age release];
    [super dealloc];
}
```

Listing 2.41 Freigabe eines Attributwertes in der Methode »dealloc«

Sie müssen jetzt nur noch die Methode zum Setzen des Alters implementieren. Hier können Sie aber nicht nur einfach dem Attribut `age` den neuen Wert zuweisen. Es könnte ihm ja bereits ein Wert zugewiesen sein. Diesen Wert müssen Sie natürlich zuerst freigeben.

```
- (void)setAge:(NSNumber *)inAge {
    [age autorelease]; // release kann Dangling Pointer erzeugen
    age = [inAge retain];
}
```

Listing 2.42 Setzen eines Attributwerts

Vielleicht wundern Sie sich darüber, dass die Methode in der zweiten Zeile `autorelease` anstatt `release` verwendet. Aber `release` könnte an dieser Stelle zu einem Laufzeitfehler führen, wenn `age` und `inAge` bereits vor dem Aufruf auf das gleiche Objekt verweisen (siehe Abbildung 2.37).

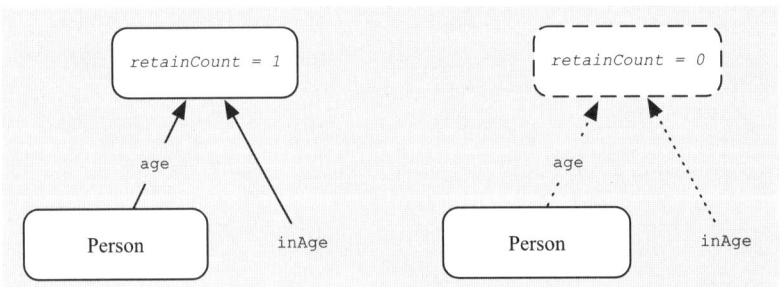

Abbildung 2.37 Freigabe des Verweises »age« über »release«

Ein `release` gäbe dieses Objekt aber unmittelbar frei, wenn das Attribut sein letzter Halter wäre, und es entstünde ein Dangling Pointer. Der nachfolgende `retain`-Aufruf würde wahrscheinlich direkt zu einem Laufzeitfehler führen. Durch die Verwendung von `autorelease` bleibt das Objekt zunächst erhalten, und der `release`-Aufruf erfolgt erst später. Das vermeidet einen Dangling Pointer in der dritten Zeile. Sie können die Methode auch ohne `autorelease` formulieren, indem Sie zuerst das `retain` und danach das `release` senden:

```
- (void)setAge:(NSNumber *)inAge {
    [inAge retain];
    [age release];
    age = inAge;
}
```

Listing 2.43 Setter mit Vertauschung von »retain« und »release«

Sie können auch einfach das Attribut und den Parameter miteinander vergleichen (siehe Listing 2.44). Diese Variante hat den Vorteil, dass die Methode nur die wirklich notwendigen Speicherverwaltungsoperationen ausführt.

```
- (void)setAge:(NSNumber *)inAge {
    if(age != inAge) {
        [age release];
        age = [inAge retain];
    }
}
```

Listing 2.44 Setter mit If-Abfrage

> **Vorsicht**
>
> Sie sollten sich bei der Verwendung eines Setters niemals davon ausgehen, dass er eine bestimmte Variante verwendet. Das ist ein Implementierungsdetail, und die gehen Sie nichts an. Bei der ersten Variante überlebt der alte Wert immer den Setter-Aufruf, weil Sie ihn ja in den Autoreleasepool legen. Bei den beiden anderen Varianten ist das aber nicht der Fall.

Was passiert aber in der Methode `setAge:`, wenn der neue Wert `nil` ist oder wenn das Attribut `age` auf `nil` verweist? In Objective-C können Sie an `nil` jede beliebige Nachricht senden, und das ist im Gegensatz zu vielen anderen Programmiersprachen kein Fehler. Ein solcher Methodenaufruf führt keine Anweisungen aus, und das Ergebnis ist immer `nil` oder 0, wenn die Methode einen primitiven Datentyp zurückgibt.

Sie können also auch die Methode `setAge:` in `dealloc` für die Freigabe des Age-Objekts verwenden.

```
- (void)dealloc {
    [self setAge:nil];
    [super dealloc];
}
```

Listing 2.45 Freigabe eines Attributwertes durch Verwendung des Setters

Die Verwendung der Methode statt der direkten Freigabe durch release hat den Nebeneffekt, dass sie das Attribut auf einen definierten Wert setzt. Es verweist danach nicht mehr auf den ungültigen Speicherbereich des freigegebenen Objekts. In der Methode dealloc ist die Auswirkung nicht so groß. Aber falls Sie ein Attribut an einer anderen Stelle freigeben wollen, macht das natürlich schon einen Unterschied.

Diese Methoden können Sie auch über die Punktnotation aufrufen, die es seit Objective-C 2.0 gibt. Sie lehnt sich an die Syntax anderer objektorientierter Sprachen an. Mit Punktnotation sieht die dealloc-Methode dann so aus:

```
- (void)dealloc {
    self.age = nil;
    [super dealloc];
}
```

Listing 2.46 Freigabe eines Attributwertes mit Punktnotation

2.4.3 Propertys

Da diese Attributzugriffe sehr häufig vorkommen und sehr ähnlich sind, gibt es ebenfalls seit Objective-C 2.0 dafür Konstrukte, die Ihnen die Deklarationen der Methoden vereinfachen. Sie können die Klasse Person auch wie folgt deklarieren:

```
@interface Person : NSObject
@property(retain) NSNumber *age;
@end
```

Listing 2.47 Klassendeklaration mit einer Property

Die Property-Deklaration in der vorletzten Zeile ersetzt die beiden Methodendeklarationen und das Attribut aus Listing 2.39. Da die Klasse keine Attribute mehr besitzt, kann sogar der Attributblock in der Deklaration entfallen. Die Deklaration beschreibt also einen Getter und einen Setter für eine Eigenschaft. Sie können sich die Implementierung dieser beiden Methoden auch automatisch erzeugen lassen. Dazu verwenden Sie eine @synthesize-Anweisung. Die Implementierung der Klasse Person sieht damit so aus:

```
@implementation Person
@synthesize age;
-(void)dealloc {
    self.age = nil;
    [super dealloc];
}
@end
```

Listing 2.48 Implementierung einer Property

Hier ersetzt die `@synthesize`-Anweisung in der zweiten Zeile die Methodendefinitionen für `age` und `setAge:`. Durch diese Anweisung legt der Compiler die entsprechenden Methoden automatisch an. Außerdem erzeugt er das Attribut `age`. Sie können also auch ohne Attributdeklaration in der Klasse auf das Attribut direkt zugreifen.

```
-(void)printAge {
    NSLog(@"age=%@", age);
}
```

Listing 2.49 Direkter Zugriff auf das Attribut einer Property

Die synthetischen Getter und Setter legt der Compiler aber nur an, wenn Sie sie nicht selber anlegen. Sie können also trotz `@synthesize` auch eigene Getter und Setter implementieren. Wenn Sie beide Zugriffsmethoden selbst implementieren, müssen Sie `@synthesize` verwenden, wenn Ihnen der Compiler das Attribut anlegen soll.

> **Die Accessoren und die Polymorphie**
>
> Sie sollten nur innerhalb des Getters und Setters auf das Attribut direkt zugreifen, wenn Sie diese Methoden selbst implementieren. Andere Methoden sollten den Attributwert immer über diese Accessoren lesen oder schreiben. Das schließt auch die Freigabe des Wertes ein. Setzen Sie dazu einfach den Wert über den Setter auf `nil`.
>
> Durch die konsequente Verwendung der Getter und Setter können Sie so den Attributzugriff polymorph gestalten: Unterklassen können diese Methoden überschreiben und so das Verhalten der Methoden in der Oberklasse verändern.

Ihnen ist vielleicht aufgefallen, dass Sie die Property-Deklaration über Parameter beeinflussen können. In Tabelle 2.1 sind die möglichen Parameter nach Gruppen unterteilt aufgelistet.

Name	Gruppe	Beschreibung
setter=*Name*	-	Legt den Namen der Methode zum Setzen des Wertes fest. Der Name hat aber keine Auswirkung auf den Property-Zugriff mit der Punktnotation.
getter=*Name*	-	Legt den Namen der Methode zum Lesen des Wertes fest. Der Name hat keine Auswirkung auf den Property-Zugriff mit der Punktnotation.
readwrite	Schreibbarkeit	Die Property ist les- und schreibbar. Das ist der Standard.
readonly		Die Property ist nur lesbar.

Tabelle 2.1 Parameter für Property-Deklarationen

Name	Gruppe	Beschreibung
assign	Speicher-verwaltung	Der Property-Wert wird nicht gehalten. Den Wert muss also noch mindestens eine Referenz halten. Andernfalls entsteht ein Dangling Pointer darauf.
retain		Der Property-Wert wird gehalten, und die Property-Implementierung sorgt für eine korrekte Freigabe dieses Wertes.
copy		Für den Property-Wert wird immer eine Kopie erzeugt und gehalten. Auch hier sorgt die Implementierung für eine korrekte Freigabe dieses Wertes.
nonatomic	Atomarität	Die Property ist nicht atomar. Atomare Propertys sind gegen gleichzeitige Änderungen durch unterschiedliche Threads abgesichert.

Tabelle 2.1 Parameter für Property-Deklarationen (Forts.)

Sie können diese Parameter in einer Property-Deklaration durch Kommata getrennt beliebig kombinieren. Dabei dürfen aber die verschiedenen Parameter nicht zur gleichen Gruppe gehören. Wenn die Property auf ein anderes Objekt verweist, müssen Sie immer einen Wert aus der Gruppe *Speicherverwaltung* angeben. Andernfalls erhalten Sie eine Compiler-Warnung. Bei einfachen Datentypen (beispielsweise BOOL, int, double) sollten Sie hingegen keinen Speicherverwaltungsparameter angeben.

Wenn Sie Propertys über @synthesize implementieren, dann legt der Compiler die Zugriffsmethoden entsprechend der aufgeführten Parameter an. Er sorgt also beispielsweise dafür, dass der Setter den Property-Wert bei einer Zuweisung kopiert, falls Sie den Parameter copy verwendet haben. Wenn Sie hingegen die Accessoren selber implementieren, sollten Sie eine zu den Parametern passende Implementierung wählen. Die Property-Deklaration beschreibt einen Vertrag. Halten Sie sich daran.

Hier sind einige Property-Deklarationen angegeben, wie sie in der Klasse Person stehen könnten:

```
@property NSInteger personId;
@property(nonatomic, getter=isFemale) BOOL female;
@property(copy) NSString *firstName;
@property(copy) NSString *lastName;
@property(retain) NSURL *imageURL;
@property(assign) Person *spouse;
```

Listing 2.50 Beispiele für Property-Deklarationen

Bei der Property `personId` handelt es sich nicht um eine Referenz auf ein anderes Objekt. Deswegen enthält die Deklaration auch keinen Parameter aus der Gruppe *Speicherverwaltung*.

Die Property `female` ist nicht-atomar, und ihre Methode zum Lesen hat den Namen `isFemale` anstatt `female`. In Cocoa wird bei booleschen Attributen häufig `isAttribute` anstelle von `attribute` für den Methodennamen verwendet. Sie greifen also auf diese Methode mit der Bracket-Syntax (z. B. `[thePerson isFemale]`) zu. Für die Punktnotation müssen Sie hingegen den Namen der Property verwenden, also `thePerson.female`.

Die Propertys für den Vor- und Nachnamen verwenden `copy`. Das ist sinnvoll, weil es eine Unterklasse `NSMutableString` von `NSString` gibt. Zeichenketten dieser Klasse können Sie im Gegensatz zu Objekten der Klasse `NSString` verändern. Durch das `copy` erzeugt die Zuweisung eine unveränderliche Kopie für den Attributwert. In diesem Fall hat also der Property-Wert immer die Klasse `NSString`.

Deklarieren Sie diese Propertys hingegen mit `retain`, so kann der Inhalt dieser Propertys verändert werden, ohne die Methoden zum Setzen aufzurufen.

```
theName = [NSMutableString stringWithString:@"Fritz"];
thePerson.firstName = theName;
[theName setString:@"Frank"];
```

Listing 2.51 Änderung des Property-Wertes durch veränderliche Objekte

Die zweite Zeile setzt den Vornamen der Person auf den Namen `Fritz`. Wenn Sie die Property `firstName` als `retain` deklarieren, dann verweist das Attribut auf das gleiche Objekt wie die Variable `theName`. Der Methodenaufruf in der letzten Zeile verändert den Wert dieses Objekts in `Frank`, und dadurch ändert sich auch der Inhalt der Property `firstName`.

Die Verwendung von `copy` verhindert das, da der Setter eine Kopie der Zeichenkette erzeugt und als Attributwert verwendet. Auf diese Kopie verweist nun die Property `firstName`. Dadurch bleibt sie von der Änderung in der letzten Zeile unberührt. Die Kopie ist übrigens kein `NSMutableString`, sondern immer ein `NSString` und somit gegen Veränderungen geschützt.

Bei `NSURL` gibt es die Problematik mit veränderlichen Objekten nicht, sodass Sie hier getrost `retain` verwenden können. Sie können aber hier auch `copy` verwenden. Dadurch entsteht keinerlei Overhead, da die nicht-veränderlichen Klassen (z. B. `NSURL`, `NSString` oder `NSDictionary`) beim Kopieren einfach das gleiche Objekt als Kopie verwenden. Sie kopieren hier also in Wirklichkeit nicht. Stattdessen gibt die Methode `copyWithZone:`, die Kopien des Objekts erzeugt, einfach nur `self` zurück. Allerdings sendet die Methode noch ein `retain`, da ja der

Methodenname auf die erste Speicherverwaltungsregel passt. Da das Programm das Objekt ja nicht verändern kann und es also während seiner Lebenszeit immer den gleichen Zustand hat, reicht das als *Kopie* vollkommen aus.

```
- (id)copyWithZone:(NSZone *)inZone {
    return [self retain];
}
```

Listing 2.52   Erzeugen einer Kopie in nicht-veränderlichen Klassen

Für die Ehegatten-Property `spouse` müssen Sie den Speicherverwaltungstyp `assign` verwenden. Da die Ehegatten gegenseitig aufeinander verweisen, entsteht eine zyklische Referenz. Bei diesen Referenzen dürfen Sie keinesfalls `retain` verwenden, da ansonsten Speicherlecks trotz Einhaltung der Speicherverwaltungsregeln entstehen. Wenn beispielsweise Fritz mit Erna verheiratet ist, dann verweist Fritz auf Erna und umgekehrt. Wenn nun diese Verweise den Typ `retain` hätten, dann würde Fritz Erna und Erna Fritz im Speicher halten. Die Freigabe der letzten Referenz auf Fritz oder Erna würde diese Objekte nicht löschen, da sie sich ja immer noch gegenseitig halten. Ist das nicht romantisch?

Atomare Propertys sind gegen gleichzeitige Aufrufe aus unterschiedlichen Threads abgesichert. Normalerweise werden Sie damit aber selten Probleme bekommen, sodass Sie Ihre Propertys in der Regel `nonatomic` deklarieren können. Allerdings haben die durch `@synthesize` erzeugten Methoden zum Lesen atomarer Propertys noch einen interessanten Nebeneffekt. Sie legen das Objekt in den Autoreleasepool, bevor sie es zurückgeben.

```
-(NSNumber *)age {
    // Anweisung zum Sperren
    NSNumber *theResult = [[age retain] autorelease];
    // Anweisung zum Entsperren
    return theResult;
}
```

Listing 2.53   Aufbau der Methode zum Lesen einer atomaren Property

Dieses Konstrukt ist in Situationen nützlich, in denen Sie zwischen dem Lesen und dem Verwenden eines Property-Wertes das haltende Objekt zerstören oder den Property-Wert neu setzen. Dieses Problem tritt beispielsweise in folgendem Code auf:

```
NSString *theFirstName = thePerson.firstName;
[thePerson release];
NSLog(@"firstName=%@", theFirstName);
```

Listing 2.54   Dangling Pointers durch eine nicht-atomare Property

Bei einer nicht-atomaren Property kann die zweite Zeile zu einem Dangling Pointer für die Variable `theFirstName` führen, da mit dem Objekt auch die Zeichenkette aus dem Speicher entfernt werden könnte. Bei der synthetischen Erzeugung einer atomaren Property kann hier kein Dangling Pointer auftreten. Aber auch hier gilt die gleiche Empfehlung wie für Setter: Sie können der Property-Deklaration die Getter-Implementierung nicht ansehen. Daher sollten Sie den Wert lieber explizit durch entsprechende Aufrufe von `retain` und `release` beziehungsweise `autorelease` schützen. Im Listing können Sie dazu einfach nach der ersten Zeile die folgende Zeile einfügen:

```
[[theFirstName retain] autorelease];
```
Listing 2.55 Einfügen eines Objekts in den Autoreleasepool

2.4.4 Key-Value-Coding

Den Zugriff auf die Attribute eines Objektes über Propertys (siehe Abschnitt 2.4.3) oder traditionelle Accessoren legen Sie immer zur Übersetzungszeit des Programms fest. Das Program ruft die entsprechenden Methoden auf, um die Attributwerte zu lesen oder zu schreiben. Egal ob Sie die Bracket- oder die Punktnotation für die Zugriffe verwenden, den Namen der Methode legen Sie dabei immer schon zur Übersetzungszeit fest.

Für bestimmte Aufgabenstellungen ist diese Art des Zugriffs aber sehr unpraktisch. Beispielsweise können Sie mit *Core Data* (siehe Kapitel 4) die Attributwerte Ihrer Objekte in einer relationalen Datenbank speichern. Dazu muss Core Data ohne hartkodierte Anweisungen auf diese Attribute zugreifen können. Es muss also an die Objekte Nachrichten der Form »gib mir den Wert zum Attribut mit dem Namen« oder »setze den Wert des Atributs mit dem Namen« senden, wobei der Name ein Parameter dieser Methoden ist.

Dieses Vorgehen heißt in Cocoa *Key-Value-Coding* (KVC), und das Protokoll `NSKeyValueCoding` deklariert die dazugehörenden Methoden. KVC ermöglicht es Ihnen, die Eigenschaften eines Objekts nicht über Accessoren, sondern über ihren Namen, also als Zeichenkette, anzusprechen. Dazu deklariert das Protokoll unter anderem die folgenden Methoden:

```
- (id)valueForKey:(NSString *)key;
- (void)setValue:(id)value forKey:(NSString *)key;
- (id)valueForKeyPath:(NSString *)key;
- (void)setValue:(id)value forKeyPath:(NSString *)key;
```
Listing 2.56 Methoden für das Key-Value-Coding

Mit den Methoden `valueForKey:` und `setValue:forKey:` können Sie die Attribute über ihre Namen ansprechen, wobei `key` der Name des Attributs ist:

```
NSString *theKey = ... // dynamische Daten
id theValue = [theObject valueForKey:theKey];
[theObject setValue:theNewValue forKey:theKey];
```

Listing 2.57 Beispiele für KVC-Methodenaufrufe

Da die Klasse `NSObject` das Protokoll implementiert, haben Sie automatisch KVC in Ihren Objekten zur Verfügung. Sie brauchen also für die Nutzung dieser flexiblen Möglichkeit nichts mehr zu tun – außer sie zu nutzen. Sie können auch auf Attribute zugreifen, die nicht zu dem Objekt direkt, sondern zu einem enthaltenen Objekt gehören. Dazu müssen Sie die Methoden `valueForKeyPath:` beziehungsweise `setValue:forKeyPath:` verwenden, die einen *Keypath* verarbeiten können. Ein Keypath ist einfach eine Zeichenkette mit Attributnamen, die durch Punkte getrennt sind.

Abbildung 2.38 zeigt ein Beispiel für einen solchen Zugriff. Es liest das Gehalt von Ophelia ausgehend vom Mitarbeiter Fred über dessen Abteilung und deren Managerin. Den dazu passenden Code finden Sie in Listing 2.58. Die letzte Anweisung setzt Fred als den neuen Manager in der Software-Entwicklungsabteilung.

```
Employee *theEmployee = [Employee employeeWithName:@"Fred"];
NSNumber *theSalary =↵
    [theEmployee valueForKeyPath:@"department.manager.salary"];

[theEmployee setValue:theEmployee↵
          forKeyPath:@"department.manager"];
```

Listing 2.58 Attributzugriffe über Pfade

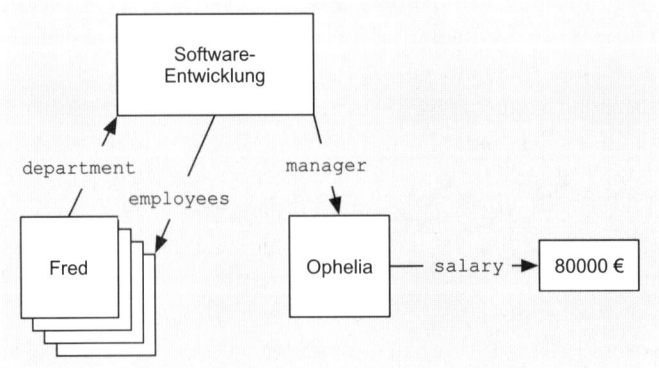

Abbildung 2.38 Zugriff über den Keypath »department.manager.salary«

Aber Key-Value-Coding kann noch mehr, beispielsweise Attributwerte aufsammeln. Wenn beispielsweise der Manager eine Liste mit den Gehältern seiner Angestellten bekommen möchte, kann man das über

```
NSArray *theSalaries = [theManager 
valueForKeyPath:@"department.employees.salaray"];
```

machen. Das Array `theSalaries` enthält nach der Ausführung `NSNumber`-Objekte. Der Manager will diese Liste natürlich, um die Summe der Gehälter auszurechnen. Aber anstatt jetzt mit einer Schleife die Werte mühsam aufzuaddieren, können Sie auch direkt eine Aggregation verwenden. Das sind KVC-Operatoren, mit denen Sie mehrere Werte zu einem zusammenfassen können:

```
NSNumber *theSum = [theManager
valueForKeyPath:@"department.employees.@sum.salaray"];
NSNumber *theAverage = [theManager
valueForKeyPath:@"department.employees.@avg.salaray"];
```

Listing 2.59 Berechnung der Gehaltssumme und des Durchschnittsgehalts

Neben der Summe `@sum` und dem Durchschnitt `@avg` stehen Ihnen noch die Anzahl `@count`, das Maximum `@max` sowie das Minimum `@min` zur Verfügung. Sie können diese Operatoren aber nur auf Sammlungen anwenden. Also muss der Keypath bis zum Aggregat auf eine Sammlung (z. B. `NSArray`, `NSSet`) verweisen, und der Pfad dahinter muss auf einen skalaren Wert (z. B. `NSNumber`, `double`, `NSString`) verweisen. Natürlich muss der Typ des skalaren Wertes zur Operation passen. Sie können beispielsweise keinen Durchschnittswert von Zeichenketten berechnen.

2.4.5 Abschließende Bemerkungen

Propertys sind eine gute Möglichkeit, die Speicherverwaltung in einer iOS-App zu vereinfachen. Sie geben nicht nur den Speicher frei, sondern setzen auch den Verweis auf `nil`. Das ist besonders praktisch, wenn die Freigabe eines Objekts außerhalb der `dealloc`-Methode erfolgen soll. Die Beispiele aus diesem Buch verwenden möglichst immer Propertys für die Speicherverwaltung.

Sie sollten alle Propertys, also auch die mit dem Speicherverwaltungstyp `assign`, in der Methode `dealloc` auf `nil` setzen. Sie können dann den Speicherverwaltungstyp später ändern, ohne sich Gedanken über Speicherlecks oder Dangling Pointer machen zu müssen. Voraussetzung dafür ist natürlich, dass Sie auch sonst nirgends ein `retain`, `release` oder `autorelease` an das Attribut senden. Das ist außerhalb der Accessoren des Attributs auch eine schlechte Idee.

Das gilt erst recht für Propertys. Senden Sie niemals eine dieser Methoden an eine Property, denn dabei wird der Wert der Property nicht gelöscht. Wenn Sie später dieser Property einen neuen Wert zuweisen, sendet der Setter der Property ein weiteres `release` zu dem alten Wert. Das bringt Ihre Speicherverwaltung natürlich vollkommen durcheinander.

Die implementierte Methode `setAge:` legt den alten Attributwert auf den Autoreleasepool, um einen Dangling Pointer zu vermeiden. Automatisch erzeugte Methoden umgehen diese Problematik, indem sie die Zeigerwerte für den alten und den neuen Attributwert miteinander vergleichen. Sie sollten sich also nicht darauf verlassen, dass der alte Wert im Autoreleasepool liegt.

Es gibt noch eine weitere Methode aus dem Bereich des Referenzenzählens mit dem Namen `retainCount`. Damit können Sie den Wert des Referenzenzählers eines Objekts auslesen. Diese Methode wird hier der Vollständigkeit halber erwähnt. Sie sollten diese Methode aber nicht zur Überprüfung oder gar zur Steuerung Ihrer Speicherverwaltung verwenden. Es gibt mehrere Gründe, die dagegen sprechen:

- Das Referenzenzählen dient dazu, beliebig viele Verweise auf ein Objekt zu verwalten. Es wird also häufig Verweise geben, die Sie nicht kennen. Diese Verweise verändern natürlich den Zähler.
- Es gibt Objekte, wie beispielsweise Zeichenkettenkonstanten oder Singletons, die das Referenzenzählen nur vortäuschen. Der Referenzenzähler hat in diesem Fall immer den gleichen, sehr hohen Wert.
- Der lesende Zugriff auf eine atomare Property erhöht den Zählerwert, obwohl die Anzahl der `retain`- und `release`-Aufrufe auf dem Objekt ausgeglichen bleibt.
- Es gibt wesentlich effizientere Möglichkeiten, wie Sie die Speicherverwaltung Ihrer App überprüfen können. Halten Sie sich lieber an die oben aufgeführten Speicherverwaltungsregeln. Zur Belohnung werden Ihnen der Objective-C-Compiler, der Debugger und das Programm *Instruments* viel effektiver helfen, Fehler in der Speicherverwaltung zu entdecken.

Da nicht oft genug darauf hingewiesen werden kann:

> **Tipp**
>
> Lernen Sie die Speicherverwaltungsregeln. Wenn Sie diese richtig anwenden können, haben Sie eine große Hürde in der Cocoa-Programmierung übersprungen. Sie erleichtern sich die Speicherverwaltung erheblich, wenn Sie konsequent Accessor- statt direkter Attributzugriffe verwenden – am besten über synthetisierte Propertys.

2.5 Automatisches Referenzenzählen

Die LLVM-Compiler ab Version 3.0 stellen mit dem *Automatic Reference Counting* (ARC) eine Erweiterung des bestehenden Speicherverwaltungssystems zur Verfügung. Auch wenn es erst mit Xcode 4.2 und iOS 5 zum Standardumfang des SDKs gehört, soll es laut Aussage von Apple bereits unter iOS 4.0 bei Benutzung geeigneter Compiler funktionieren. Das Automatic Reference Counting ist keine Erweiterung des Laufzeitsystems, sondern eine reine Compilererweiterung.

Die Idee, die dahinter steht, ist einfach, aber brillant. Die Speicherverwaltungsregeln sind einfach und maschinell überprüfbar. Mit dem *Analyzer* (siehe Kapitel 3) steht Ihnen sogar ein Tool zur Verfügung, mit dem Sie eine Menge Speicherverwaltungsfehler automatisiert entdecken können. Die Idee von ARC ist, die Verfahren des Analyzers zu verwenden, um die Speicherverwaltungsanweisungen mit der Übersetzung automatisch in den Code einzufügen.

Laut Apple sorgt der Compiler mit ARC aber nicht nur für eine korrekte Speicherverwaltung, sondern auch für fulminant schnelleren Code.

> **War alles umsonst?**
>
> Sie haben mit dem *Automatic Reference Counting* eine starke Vereinfachung in der Speicherverwaltung, die Ihnen die Programmierung erheblich erleichtert. Es ist aber keine neue Speicherverwaltung, da der Compiler Ihren Code um die notwendigen Speicherverwaltungsanweisungen erweitert. Für eine sinnvolle Verwendung der ARC-Erweiterung ist also das Verständnis der Speicherverwaltung nach wie vor unerlässlich.

2.5.1 Zurück in die Zukunft

Wie bereits erwähnt, analysiert beim automatischen Referenzenzählen der Compiler den Programmcode und ergänzt ihn um die notwendigen Anweisungen, damit bei der Ausführung des Programms weder Speicherlecks noch Dangling Pointer entstehen. Da ja mehrere Köche bekanntlich den Brei verderben, bedeutet das im Umkehrschluss für Sie, dass Sie aber auch Ihre Finger von der Speicherverwaltung zu lassen haben. Sie dürfen die Methoden `retain`, `release` und `autorelease` weder aufrufen noch in Ihren Klassen überschreiben. Außerdem ist das Anlegen und Verwenden von Objekten der Klasse `NSAutoreleasePool` strengstens untersagt. Zuwiderhandlungen werden mit Übersetzungsfehlern geahndet.

Eine ARC-konforme Methode könnte also so aussehen:

```
- (NSString *)newName {
    return [NSString stringWithFormat:@"%@ %@",⏎
            self.firstName, self.lastName];
}
```

Der ARC-Compiler bemerkt den Verstoß gegen die erste Speicherverwaltungsregel und korrigiert den Code während der Übersetzung, indem er ein `retain` einfügt:

```
- (NSString *)newName {
    return [[NSString stringWithFormat:@"%@ %@",
             self.firstName, self.lastName] retain];
}
```

Bei Methoden, deren Name nicht auf die erste Speicherverwaltungsregel passt, sieht die Korrektur etwas komplizierter aus. Aus

```
- (NSNumber *)age {
    return age;
}
```

erzeugt der ARC-Compiler (Änderungen hervorgehoben):

```
- (NSString *)age {
    NSNumber *theAge = [age retain];
    return [theAge autorelease];
}
```

Der Compiler sendet hier also ein `retain` an den Ergebniswert nach dessen Erzeugung – und beim Verlassen der Methode ein `autorelease`. Der Compiler verhält sich hier also wie ein synthetischer Getter einer atomaren Property.

Der ARC-Compiler achtet natürlich auch bei Methodenaufrufen auf die richtige Speicherverwaltung. Er wandelt

```
NSLog(@"name = %@", [thePerson newName]);
```

in

```
NSString *theName = [thePerson newName]
NSLog(@"name = %@", theName);
[theName release];
```

um und verwendet hier keinen Autoreleasepool, sondern eine direkte Freigabe über `release`.

2.5.2 Weakie und die starken Zeiger

Das sieht ja bis jetzt alles noch recht einfach aus. Bei Variablen ist es jedoch etwas komplizierter. Wenn Sie eine Variable oder ein Attribut deklarieren, setzt der Compiler es auf `nil`. Außerdem verhält sich die Variable immer wie eine haltende Referenz, die am Ende ihres Gültigkeitsbereiches (Blocks) wieder freigegeben wird. Die Deklaration

```
{
    NSString *theName;
```

```
    ...
}
```
wandelt der Compiler bei der Übersetzung in
```
{
    __strong NSString *theName = nil;
    ...
    [theName release];
}
```
um. Bei Attributen erzeugt der Compiler die `release`-Anweisung natürlich nicht im Block, sondern im `dealloc` der Klasse.

Der Speicherverwaltungstyp `__strong` legt dabei fest, dass die Variable den referenzierten Wert hält. Die Initialisierung mit `nil` erhöht die Stabilität Ihres Codes, da Sie dadurch an die Objektreferenz eine Nachricht senden können, ohne sie explizit vorher zu initialisieren. Die Zuweisung ist außerdem für das korrekte Funktionieren von Zuweisungen notwendig. Denn aus ...

```
theName = theNewName;
```

... erzeugt der Compiler:

```
[theNewName retain];
NSString *theOldName = theName;
theName = theNewName;
[theOldName release];
```

Ohne die Initialisierung auf `nil` enthielte die letzte Zeile in der Regel einen Dangling Pointer.

Das Gegenstück zu `__strong` ist `__weak`. Es legt fest, dass die Variable das Objekt nicht hält. Sie müssen diesen Typ natürlich immer explizit angeben. Trotzdem erweitert der Compiler auch hierbei Ihren Programmcode, da das Laufzeitsystem *schwache Referenzen* automatisch auf `nil` setzt, wenn das Programm die Methode `dealloc` des Objekts aufruft. Dazu verwendet ARC spezielle Funktionen aus der Laufzeitbibliothek. Aus

```
__weak NSString *theName = name;
NSUInteger theLength = [theName length];
```

erzeugt der Compiler:

```
__weak NSString *theName = nil;
objc_storeWeak(&theName, name);
NSUInteger theLength = [objc_readWeak(&theName) length];
objc_storeWeak(&theName, nil);
```

Analog zu den Modifizierern `__strong` und `__weak` gibt es die entsprechenden Parameter `strong` und `weak` für Propertys. Dabei ist `strong` nur ein Synonym für retain. Der ARC-Compiler erzeugt automatisch bei Propertys mit den Typen `copy`, `retain` und `strong` die entsprechende Freigabeanweisung in der `dealloc`-Methode der Klasse. Sie brauchen diese Methode also nur noch in Ausnahmefällen selber zu implementieren.

> **Propertys und das Automatic Reference Counting**
>
> Der neue Speicherverwaltungstyp `weak` verhindert die Entstehung von Dangling Pointern. Wenn Sie ihn anstatt `assign` verwenden, setzt die Laufzeitumgebung den Property-Wert automatisch auf `nil`, wenn Ihr Programm das referenzierte Objekt freigibt. Sie können natürlich `retain` und `copy` wie gewohnt weiterverwenden. Allerdings ist die Verwendung von `strong` anstelle von `retain` bezüglich `weak` stringenter.
>
> Aber auch hier müssen Sie zwischen der Property-Deklaration und der Implementierung der Accessoren unterscheiden. Wenn sie nicht über `@synthesize` erfolgt, müssen Sie die Accessoren händisch implementieren.

Der ARC-Compiler sorgt natürlich auch dafür, dass ein Objekt am Ende seines Lebens seine Verweise auf andere Objekte freigibt. Er erzeugt also automatisch eine `dealloc`-Methode. Sie dürfen aber auch weiterhin `dealloc` überschreiben und für die Freigabe anderer Ressourcenarten (z. B. Filehandles, Registrierungen als Beobachter, Sockets und Streams) verwenden. Der ARC-Compiler fügt am Ende einer `dealloc`-Methode automatisch den Aufruf der Supermethode ein, und Sie brauchen das nicht mehr zu tun. In einer ARC-Umgebung ist überall der explizite Aufruf von `dealloc` verboten.

Es gibt noch zwei weitere mögliche Speicherverwaltungstypen. Durch den Modifizierer `__unsafe_unretained` können Sie erreichen, dass sich eine Variable wie ein gewöhnlicher Zeiger in C verhält. Der Compiler verändert den Code für diese Variablen also nicht.

Der Modifizierer `__autoreleasing` veranlasst den Compiler, ein `retain` und ein `autorelease` bei der Zuweisung an den Wert zu senden. Er ist der Standardtyp für Ausgabeparameter – also Zeiger auf Objektreferenzen. Ein typisches Beispiel dafür sind Fehlerobjekte, die viele Cocoa-Methoden zurückgeben:

```
- (void)readWithError:(NSError **)outError {
    ...
    if(!success) {
        *outError = ...;
    }
}
```

Das übersetzt der Compiler in:

```
- (void)readWithError:(__autoreleasing NSError **)outError {
    ...
```

```
    if(!success) {
        *outError = [[... retain] autorelease];
    }
}
```

2.5.3 Autoreleasepools

Wie eingangs erwähnt, dürfen Sie bei der Verwendung des Automatic Reference Countings keine Autoreleasepools über die Klasse NSAutoreleasePool mehr anlegen. In der Regel müssen Sie das in Objective-C damit sowieso selten machen. Die Verwaltung von Autoreleasepools geschieht in der ARC-Umgebung durch @autorelease { ... }, das deren Handhabung vereinfacht. Es gibt drei wichtige Situationen, in denen Sie einen Pool verwalten müssen.

Die main-Funktion

Die main-Funkion legt Xcode bei der Erzeugung eines neuen Projekts automatisch für Sie an. Unter Umständen müssen Sie das aber in Ihren alten Programmen abändern. Die Funktion sieht mit einem ARC-Compiler so aus:

```
int main(int argc, char *argv[]) {
    @autoreleasepool {
        return UIApplicationMain(argc, argv, nil, nil);
    }
}
```

Listing 2.60 »main«-Funktion mit »@autoreleasepool«

Threads

Ein Thread ist ein eigenständiger Ausführungsstrang in einem Programm. Über Threads können Sie erreichen, dass Ihr Programm mehrere Aufgaben gleichzeitig erledigt. Safari unter OS X kann beispielsweise eine Datei herunterladen, während Sie mit dem Browser durch das Internet surfen.

Jeder Thread braucht einen eigenen Autoreleasepool. Das galt auch schon vor ARC. Allerdings gibt es in Cocoa elegantere Möglichkeiten als Threads, um nebenläufige Programme zu schreiben. *Multithreading* macht in vielen Fällen auch erst auf Mehrprozessorsystemen Sinn. Falls Sie aber dennoch einen eigenen Thread starten möchten, ist hier ein Gerüst dafür:

```
- (void)startParsingWithFile:(NSString *)inPath {
    [self perfomSelectorInBackground:@selector(parseWithFile:)
                          withObject:inPath];
}
- (void)parseWithFile:(NSString *)inPath {
```

```
    @autoreleasepool {
        ...
    }
}
```
Listing 2.61 Starten eines Threads

Vermeidung von Speicherüberläufen

Die exzessive Nutzung des Autoreleasepools kann zu einem Speicherüberlauf führen, obwohl Sie sich strikt an die Speicherverwaltungsregeln gehalten haben. Das liegt daran, dass der Autoreleasepool alle Objekte hält, bis Sie oder das Betriebssystem ihn leeren. Sie können aber Autoreleasepools ineinander verschachteln. Dann sammelt immer der innerste Pool die Objekte auf, denen Sie ein autorelease senden. Dadurch können Sie ein zu starkes Anwachsen des Berges der nicht mehr verwendeten Objekte verhindern. Da dieses Problem häufig bei großen Schleifen auftritt, reicht es da häufig aus, einen Autoreleasepool innerhalb der Schleife zu platzieren:

```
- (void)parseFiles:(NSArray *)inFiles {
    for(NSString *theFile in inFiles) {
        @autoreleasepool {
        [self parseFile:theFile];
        }
    }
}
```
Listing 2.62 Geschachtelter Autoreleasepool

2.5.4 Einzelgänger

Die Richtlinien für ARC-konformen Programmcode untersagen Ihnen nicht nur die Verwendung der Methoden retain, release und autorelease, sondern auch das Überschreiben dieser Methoden. Das müssen Sie in der Regel sowieso selten machen. Für die Implementierung des *Singleton-Entwurfsmusters* beim manuellen Referenzenzählen überschreibt man in der Regel diese Methoden, um sicherzustellen, dass es nur ein Objekt der Klasse gibt.

> **Pattern oder Antipattern?**
>
> Singletons gehören zu den 23 Entwurfsmustern, die Gamma, Helm, Johnson und Vlissides – die *Gang of Four* – in ihrem Buch über Entwurfsmuster[4] beschrieben haben. Allerdings betrachtet inzwischen auch eine große Anzahl von Entwicklern dieses Muster als *Antipattern*. Sogar Erich Gamma sieht das Muster inzwischen anscheinend kritisch:

---

4 E. Gamma, R. Helm, R. Johnson, J. Vlissides: Entwurfsmuster. Elemente wiederverwendbarer objektorientierter Software, Addison-Wesley, München 2004

»When discussing which patterns to drop, we found that we still love them all. (Not really—I'm in favor of dropping Singleton. Its use is almost always a design smell.)«[5]

Wie dem auch sei, setzen Sie dieses Muster allenfalls in homöopathischen Dosen ein. Außerdem sollten Sie bei Ihren Singletons auch immer an Einschränkungen durch das MVC-Architekturmuster denken. Falls es zur Controller-Schicht gehört, hat es in der View- oder gar Modellschicht nichts verloren. Das gilt übrigens auch für `UIApplication` und das App-Delegate.

Die einfachste Möglichkeit für die Implementierung eines Singletons ist eine Klassenmethode und eine statische Variable. Die statische Variable verweist dabei auf das Objekt und hält es im Speicher.

```objc
@implementation MySingleton
+ (id)sharedInstance {
    static id sharedInstance;
    if (sharedInstance == nil) {
        sharedInstance = [[MySingleton alloc] init];
    }
    return sharedInstance;
}
...
@end
```

Listing 2.63 Einfaches Singleton, über eine Klassenmethode implementiert

Ein Singleton sollte immer sicherstellen, dass es nur ein Objekt seiner Klasse gibt. Sie können das erreichen, indem Sie die Methode `allocWithZone:` überschreiben.

```objc
+ (id)allocWithZone:(NSZone *)inZone {
    static id sharedInstance;
    if(sharedInstance == nil) {
        sharedInstance = [super allocWithZone:inZone];
    }
    return sharedInstance;
}
+ (id)sharedInstance {
    return [[[self class] alloc] init];
}
```

Listing 2.64 Singleton-Erzeugung in »allocWithZone:«

---

[5] http://www.informit.com/articles/article.aspx?p=1404056

Bei dieser Lösung können Sie auf das Singleton wie auf jedes andere Objekt auch zugreifen. Sie legen es einfach durch eine `alloc-init`-Kette an. Sie müssen also nicht unbedingt die Methode `sharedInstance` aus Listing 2.64 dazu verwenden. Sie können diese Implementationsvariante dazu verwenden, um die Singleton-Eigenschaft einer Klasse zu verstecken.

2.5.5 Migration bestehender Projekte

Das Verbot der drei Speicherverwaltungsmethoden `retain`, `release` und `autorelease` führt natürlich zu Programmcode, der ohne ARC eine fehlerhafte Speicherverwaltung hat. Da der Compiler nach wie vor auch die manuelle Speicherverwaltung unterstützt, müssen Sie ihm mitteilen, um welche Art von Code es sich handelt. Dazu gibt es das Kommandozeilenflag `-fobjc-arc` beziehungsweise die Einstellung OBJECTIVE-C AUTOMATIC REFERENCE COUNTING in den Build Settings des Programm-Targets (siehe Abbildung 2.39):

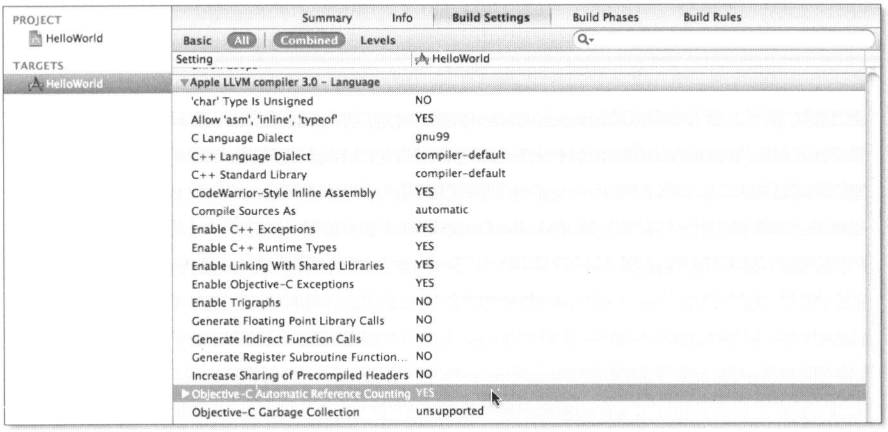

Abbildung 2.39 Automatisches Referenzenzählen einschalten

Um Ihren bestehenden Code für das automatische Referenzenzählen umzuwandeln, können Sie in Xcode 4.2 den Menüpunkt EDIT • REFACTOR • CONVERT TO OBJECTIVE-C ARC... aufrufen. Stellen Sie aber vorher das Schema auf den iPhone Simulator um (siehe Abbildung 2.40). Dadurch können Sie einen Fehler bei der Migration verhindern.

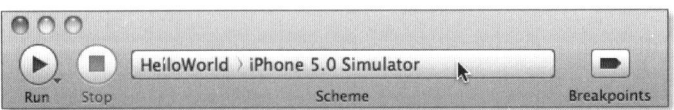

Abbildung 2.40 Umstellen des Schemas auf den iPhone Simulator

Nach dem Aufruf des Menüpunkts fragt Xcode Sie, welches Target Ihres Projekts Sie konvertieren möchten (siehe Abbildung 2.41). Die bislang erstellten Projekte enthalten jeweils nur ein Target, und es macht bei Projekten mit mehreren Targets nur in seltenen Fällen Sinn, gemischten Code zu haben. Die Auswahl fällt also in der Regel leicht.

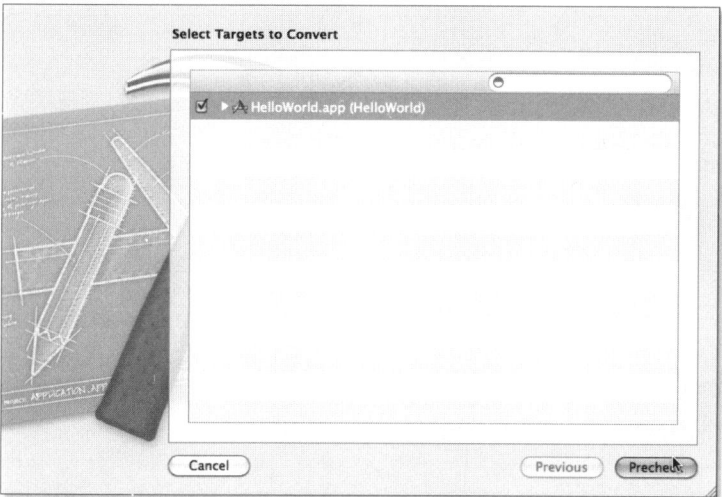

Abbildung 2.41 Auswahl des Konvertierungstargets

Wenn Sie PRECHECK anklicken, startet Xcode eine Prüfung für die Konvertierung. Da es zurzeit noch keine Autoreleasepools migrieren kann, meldet es drei Fehler in der main-Funktion (siehe Abbildung 2.42). Sie können diesen Fehler beheben, indem Sie ihn durch Listing 2.60 ersetzen. Wenn Sie alle gemeldeten Fehler behoben haben, starten Sie die Konvertierung einfach erneut.

Abbildung 2.42 Konvertierungsfehler in der »main«-Funktion

Wenn Xcode dabei keine Fehler mehr findet, zeigt es einen Dialog an, der Ihnen die nachfolgenden Schritte erläutert (siehe Abbildung 2.43). Klicken Sie einfach den Button NEXT, um fortzufahren.

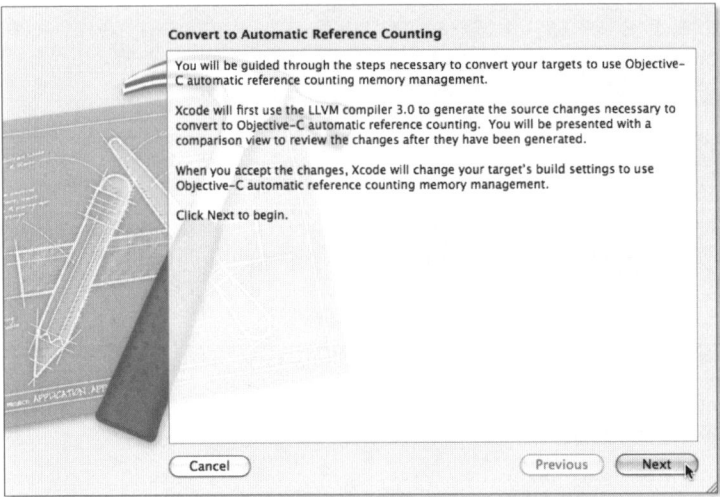

Abbildung 2.43 Start der Konvertierung

Anschließend zeigt es einen Fortschrittsdialog für die Konvertierung an. Falls Sie für das Projekt noch keine Snapshots eingeschaltet haben, fragt Xcode Sie danach.

> **Bitte recht freundlich**
>
> Ein *Snapshot* ist eine Momentaufnahme Ihres Projekts. Er enthält alle Dateien und Einstellungen des Projekts von dem Zeitpunkt, an dem Xcode ihn erstellt hat. Sie können damit also Zwischenstände Ihrer Projekte speichern. Das ist besonders praktisch bei größeren Änderungen an Ihrem Programmcode, besonders wenn Xcode sie automatisiert durchführt.
>
> Über den Menüpunkt FILE • CREATE SNAPSHOT... können Sie jederzeit eigene Zwischenstände speichern. Um einen Snapshot wiederherzustellen, verwenden Sie einfach den Menüpunkt FILE • RESTORE SNAPSHOT...

Da Xcode bei größeren Projekten Ihren Code sehr stark verändert, sollten Sie auf jeden Fall Snapshots zulassen (siehe Abbildung 2.44).

Automatisches Referenzenzählen | **2.5**

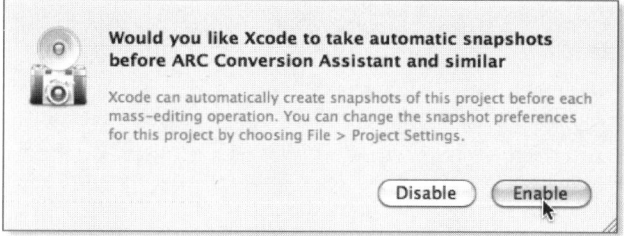

Abbildung 2.44 Einschalten der Snapshots

Anschließend startet Xcode die Konvertierung Ihres Projekts. Es zeigt dabei den Fortschritt in einem Dialog an. Nach der Konvertierung zeigt Xcode ein Fenster mit den Änderungen an den einzelnen Dateien an (siehe Abbildung 2.45). Sie können in der linken Spalte die Datei auswählen, deren Änderungen Sie ansehen möchten. Daneben sehen Sie den alten Quellcode der ausgewählten Datei und auf der rechten Seite den geänderten Code. Die Änderungen werden dabei hellblau hinterlegt.

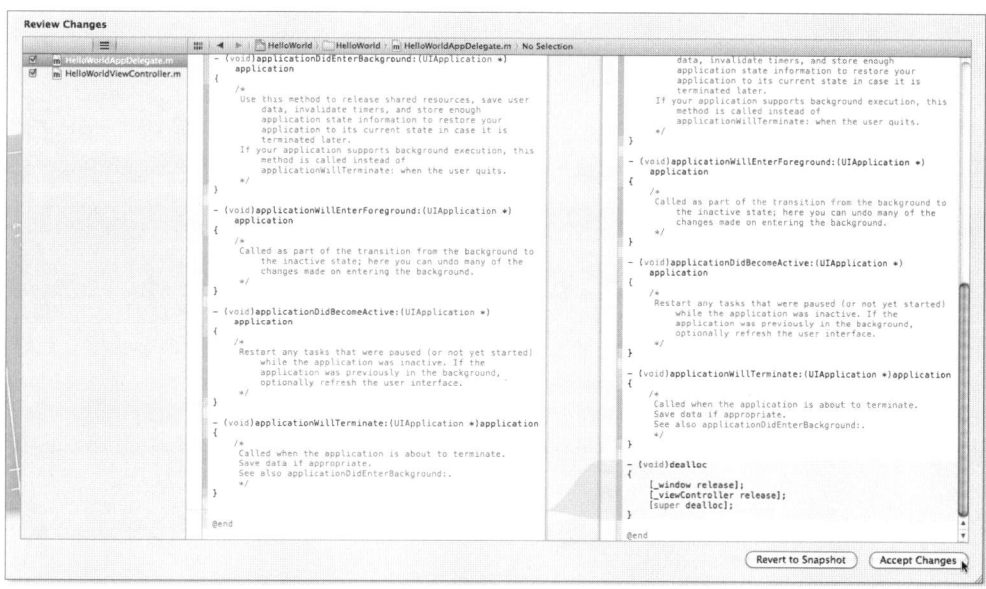

Abbildung 2.45 Anzeige der Änderungen

Wenn Sie schließlich auf den Button ACCEPT CHANGES klicken, übernimmt Xcode alle Änderungen in Ihren Programmcode und passt auch die Compiler-Einstellungen in den Build-Settings an. Nach diesem letzten Schritt haben Sie die Migration auf automatisches Referenzenzählen abgeschlossen.

> **Ja, ich will**
>
> Auch wenn das automatische Referenzenzählen der Standard für alle zukünftigen Entwicklungen und Projekte ist, müssen Sie Ihre Projekte nicht unbedingt konvertieren. Sie können auch Code mit und ohne ARC innerhalb einer App verwenden, wenn die Programmteile mit jeweils den richtigen ARC-Einstellungen übersetzt wurden. Das ist möglich, weil ja ARC auf dem manuellen Referenzenzählen basiert. Falls Ihnen Xcode bei der Konvertierung zu viele Fehler meldet, können Sie die Umstellung also ruhig noch etwas auf die lange Bank schieben.

»Never put off till tomorrow what you can do the day after tomorrow.«
– Mark Twain

3 Aufwachen – analoger Wecker

Ab hier geht es ans Eingemachte. In diesem Kapitel werden Sie einen analogen Wecker programmieren. Dabei stehen die Arbeit mit Xcode und die praktische Anwendung der in den ersten beiden Kapiteln ausgeführten theoretischen Grundlagen im Vordergrund. Außerdem gestalten Sie eine einfache eigene Oberfläche. Denn das wichtigste Merkmal eines analogen Weckers ist schließlich das Ziffernblatt mit den Zeigern.

3.1 Eigene View-Klassen in Cocoa Touch

Und los geht's: Legen Sie ein neues Projekt in Xcode an, und geben Sie dem Projekt den Namen *AlarmClock*. Der Projekttyp basiert, analog zum *HelloWorld*-Beispiel aus Kapitel 2, auf einem View.

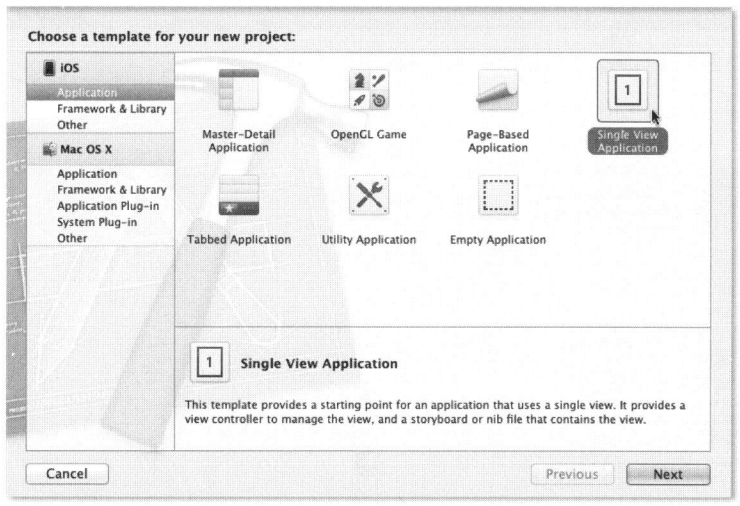

Abbildung 3.1 Auswahl der Projektvorlage für den Wecker

Im zweiten Schritt sollten Sie alle Checkboxen ausschalten. Als Produktnamen und Präfix für die Klassennamen geben Sie »AlarmClock« ein (siehe Abbildung 3.2).

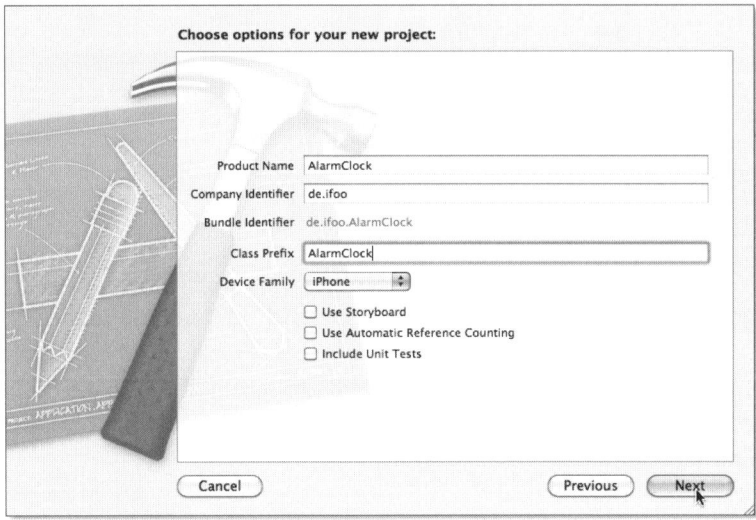

Abbildung 3.2   Die Parameter für das neue Projekt

Als Erstes muss der Wecker ein Ziffernblatt erhalten. Da es dafür keinen fertigen View in Cocoa Touch gibt, müssen Sie eine eigene View-Klasse erstellen. Zum Anlegen der Klasse klicken Sie mit der rechten Maustaste auf die Gruppe ALARM-CLOCK und wählen den Punkt NEW FILE... aus.

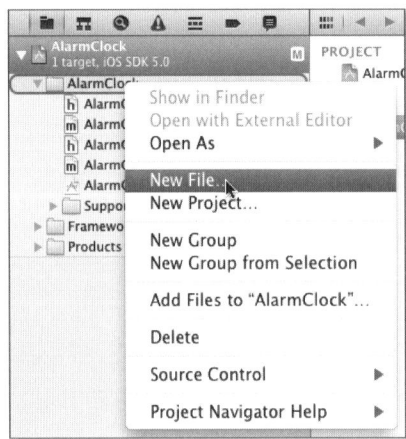

Abbildung 3.3   Hinzufügen einer neuen Klasse

Wählen Sie in der linken Spalte den Punkt Cocoa Touch in der Rubrik iOS aus. Auf der rechten Seite erscheint eine Liste mit Dateivorlagen, aus der Sie Objective-C class auswählen. Geben Sie im nächsten Schritt der Klasse den Namen `ClockView`, und wählen Sie als Superklasse `UIView` aus (siehe Abbildung 3.4) – Xcode erstellt die Klassen dann automatisch als Subklasse von `UIView`.

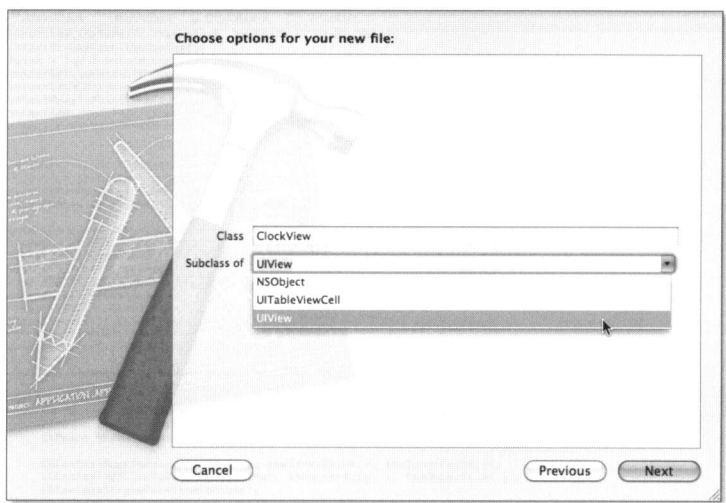

Abbildung 3.4 Subklasse von »UIView«

Im letzten Schritt wählen Sie den Ordner, die Gruppe und das Target für die Header- und die Implementierungsdatei aus. Hier können Sie einfach die Voreinstellungen übernehmen.

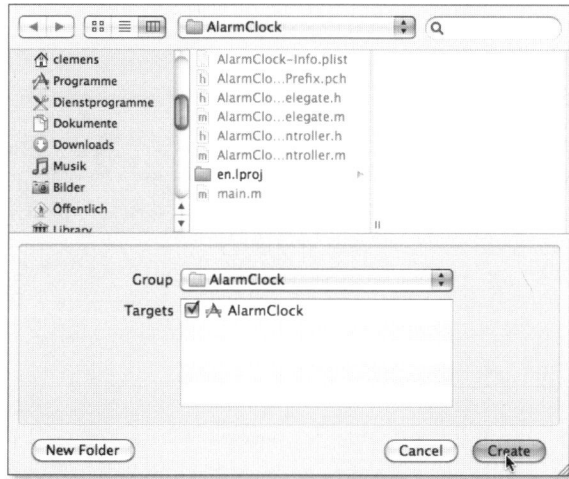

Abbildung 3.5 Anlegen der Klasse »ClockView« in der Gruppe »AlarmClock«

Nach dem Anlegen der Dateien offenbart ein Blick in den Quelltext der Headerdatei der neuen Klasse, dass Xcode eine Subklasse von `UIView` erstellt hat:

```
#import <UIKit/UIKit.h>

@interface ClockView : UIView

@end
```
Listing 3.1   Header-Datei der Klasse »ClockView«

Um diese neue Viewklasse benutzen zu können, müssen Sie dafür zunächst einen View in der XIB-Datei des Viewcontrollers anlegen, die Xcode beim Anlegen des Projekts erzeugt hat. Ziehen Sie dazu im Interface Builder, den Sie durch Auswählen der Datei *AlarmClockViewController.xib* aktivieren, einen `UIView` aus der Objektbibliothek auf den bereits vorhandenen View. Dieser Subview wird später das Ziffernblatt in der Wecker-App darstellen.

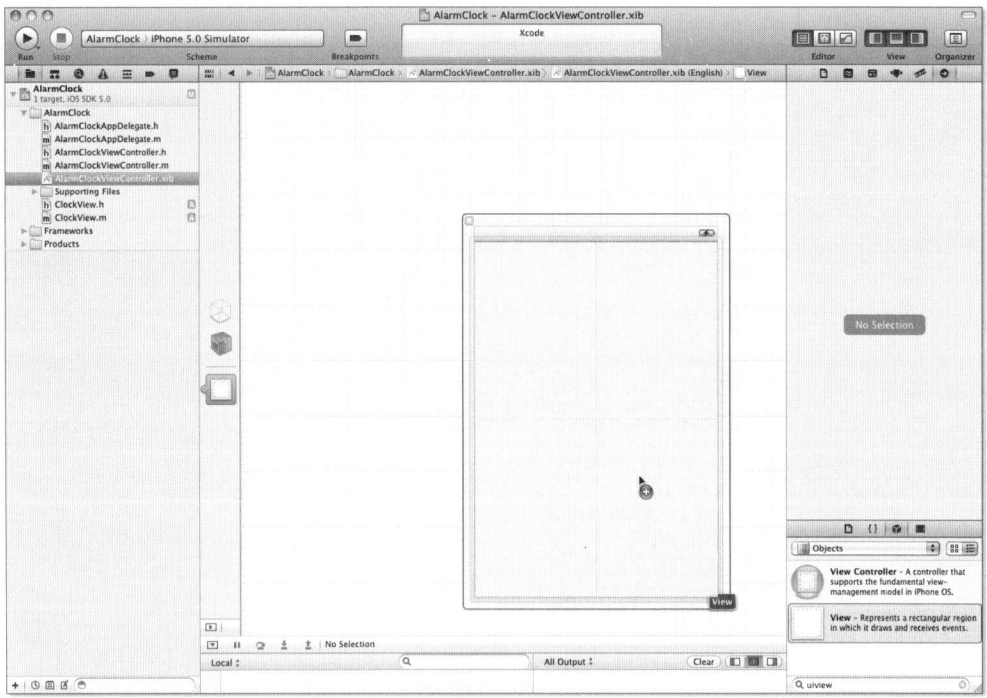

Abbildung 3.6   Ein neuer View im alten

Der neue View hat automatisch dieselbe Größe wie der bereits vorhandene erhalten. Da das Ziffernblatt der Weckers aber nicht den ganzen Bildschirm ausfüllen soll, markieren Sie den gerade hinzugefügten View und öffnen rechts oben im

Xcode-Fenster den Größen-Inpsektor (SHOW THE SIZE INSPECTOR in Abbildung 3.7 beziehungsweise [ALT] + [CMD] + [5]).

Setzen Sie die Koordinaten und die Größe des Views so, wie in Abbildung 3.7 dargestellt. Der Koordinatenursprung in einem View ist immer die linke obere Ecke. Die horizontale Ausdehnung wächst nach rechts und die vertikale nach unten.

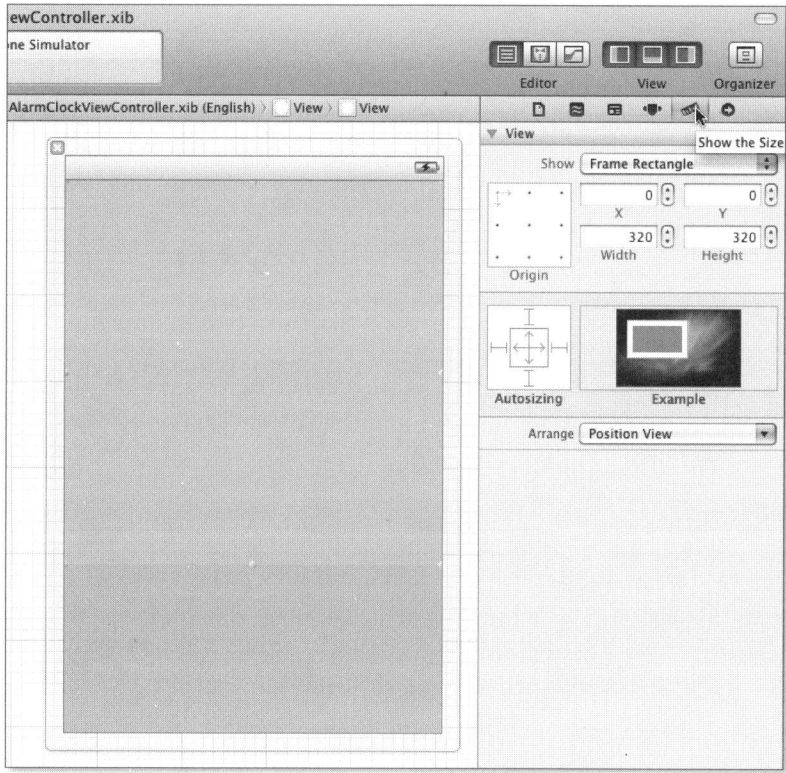

Abbildung 3.7 Der Größen-Inspektor des Views

Das Ziffernblatt belegt mit dieser Einstellung nur circa zwei Drittel der oberen Fläche des iPhone-Bildschirms. Sie können das überprüfen, indem Sie das Projekt ausführen. Der Simulator zeigt jetzt eine weiße und darunter eine etwa halb so große graue Fläche an.

Über das dritte Symbol von links (neben dem Größen-Inspektor) oder [ALT] + [CMD] + [3] wählen Sie den Identitätsinspektor aus. Legen Sie dort über das oberste Eingabefeld, CLASS, die Klasse des Views fest. Sie können den Klassennamen dort entweder direkt eingeben oder aus einer Liste auswählen (siehe Abbildung 3.8). Weisen Sie dem View die neu angelegte Klasse ClockView zu.

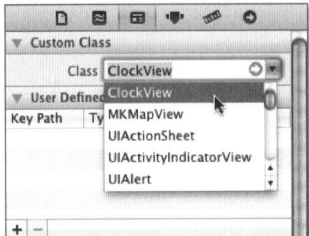

Abbildung 3.8 Der View bekommt die Klasse »ClockView« zugewiesen.

> **Der Interface Builder kennt die Klassenhierarchie**
>
> In der Liste erscheinen jeweils nur die Klasse des Elements und deren Unterklassen zur Auswahl. Da Sie das Element über einen `UIView` angelegt haben, erscheinen in der Liste also auch nur diese Klasse und deren Unterklassen. Wenn Sie das Element mit einer anderen Klasse angelegt hätten, würde die Klasse `ClockView` nicht in der Liste erscheinen.

Die Implementierungsdatei der Klasse `ClockView` enthält bereits zwei Methoden. Die erste Methode heißt `initWithFrame:` und hat einen Parameter vom Typ `CGRect`. Das ist eine C-Struktur und keine Objective-C-Klasse. Diese Struktur stellt ein Rechteck über eine Koordinate und die Größe dar.

In Objective-C gibt es keine Konstruktoren, die Sie vielleicht aus anderen Programmiersprachen kennen. Die Objekterzeugung ist vielmehr in Speicherplatzreservierung und Objektinitialisierung aufgeteilt. Die Klassenmethode `alloc` zur Speicherplatzreservierung haben Sie bereits kennengelernt. Sie reserviert den notwendigen Speicherplatz und füllt ihn mit Nullen.

Initialisierungsmethoden kennen Sie auch schon seit dem ersten Kapitel. In Objective-C heißen per Konvention alle Initialisierungsmethoden entweder `init` oder haben das Präfix `init`. Wenn Sie einen View über den Programmcode anlegen, sollten Sie den Initializer `initWithFrame:` verwenden. Der Parameter ist ein Rechteck, das die Größe und Position des neuen Views relativ zu dessen Superview angibt. Der Aufbau der Methode ist im Allgemeinen wie folgt:

```
- (id)initWithFrame:(CGRect)inFrame {
    self = [super initWithFrame:inFrame];
    if(self != nil) {
        // Initialisierung des Objekts
    }
    return self;
}
```

Listing 3.2 Initialisierungsmethode eines Views

Die Methode ruft als Erstes die Initialisierungsmethode der Oberklasse auf und weist deren Ergebnis der Variablen `self` zu. Danach überprüft sie, ob `self` nicht `nil` ist. Wenn `self` auf ein Objekt zeigt, kann sie das Objekt initialisieren. Schließlich gibt sie das initialisierte Objekt zurück.

Vielleicht überrascht es Sie, dass die Initialisierungsmethode `self` verändern kann oder `nil` zurückliefern darf. Das ist aber keine theoretische Möglichkeit, sondern wird auch eingesetzt. Eine Initialisierungsmethode sollte beispielsweise `nil` zurückgeben, wenn das Objekt nicht initialisiert werden kann. Der Initializer `initWithString:` der Klasse `NSURL` gibt beispielsweise `nil` zurück, wenn die angegebene URL einen syntaktischen Fehler enthält.

Die Klasse `ClockView` enthält in einem Kommentarblock eine weitere Methode namens `drawRect:`. Entfernen Sie die Kommentarzeichen um diese Methode, da Sie sie im Folgenden überschreiben. Cocoa Touch ruft sie automatisch auf, wenn es den Inhalt des Views neu zeichnen muss.

3.1.1 Zeichnen in Cocoa Touch

Es gibt in Cocoa Touch kein vorgefertigtes Element für ein Ziffernblatt, daher werden Sie alle Bestandteile, also das Ziffernblatt selber sowie die Uhrzeiger, selber zeichnen. Dafür verwenden Sie das *CoreGraphics*-Framework. *CoreGraphics* ist ein sehr mächtiges Framework, das auf reinem C und nicht auf Objective-C basiert. Deshalb enthält es keine Klassen und Methoden, sondern Datentypen, Strukturen und Funktionen. Alle zum *CoreGraphics*-Framework gehörenden Elemente erkennen Sie am Präfix `CG`.

Der Aufbau und die Implementierung der Datentypen in den Frameworks sind vor dem Nutzer versteckt. Sie können auf die Datentypen nur über Referenzen zugreifen. Die Referenzen übergeben Sie an Funktionen, die eine bestimmte Operation ausführen.

Der zentrale Datentyp in *CoreGraphics* ist der Grafikkontext, und die Referenzen darauf haben den Typ `CGContextRef`. Ein *Grafikkontext* speichert alle Werte für den aktuellen Zustand Ihrer Zeichenoperationen. Wenn Sie eine Zeichenoperation über einen Grafikkontext ausführen möchten, müssen Sie also zuerst die Parameter wie Farben, Muster und Clipping festlegen und danach die gewünschte Operation aufrufen. Für das Ziffernblatt werden Sie zunächst einen weißen Kreis als Grundfläche zeichnen. Die entsprechenden CoreGraphics-Operationen sehen wie folgt aus:

```
- (void)drawRect:(CGRect)inRectangle {
    CGContextRef theContext = UIGraphicsGetCurrentContext();
```

```
    CGRect theBounds = self.bounds;
    CGContextSaveGState(theContext);
    CGContextSetRGBFillColor(theContext, 1.0, 1.0, 1.0, 1.0);
    CGContextAddEllipseInRect(theContext, theBounds);
    CGContextFillPath(theContext);
    CGContextRestoreGState(theContext);
}
```

Listing 3.3 Zeichnen einer weißen Ellipse

Das Rechteck, das als Parameter übergeben wird, ist nicht die Zeichenfläche, sondern der Bereich der Zeichenfläche, der gezeichnet werden soll. Diesen Wert verwenden Sie aber in den meisten Fällen nicht, da dieses Rechteck nur für eine Reduktion der Zeichenoperationen bei optimierter Ausgabe interessant ist. Das ist in der Regel ist aber nicht notwendig.

Als Erstes muss die Methode den aktuellen Grafikkontext ermitteln, in den die Ausgabe erfolgen kann. Das iOS erzeugt den Kontext vor dem Aufruf der drawRect:-Methode. Sie dürfen drawRect: daher niemals direkt aufrufen, da dann kein Kontext zur Verfügung steht. Wenn Sie einen View neu zeichnen lassen möchten, können Sie dafür die Methode setNeedsDisplay des Views aufrufen.

Da die Größe des Ziffernblattes von der Größe des Views abhängt, ermittelt die Methode die Koordinaten und die Größe des Views in der Variablen theBounds. Ein View hat zwei Propertys, über die Sie seine Fläche ermitteln können. Die Property frame liefert die Position und die Maße des Views relativ zu seinem Superview. Die Koordinaten des Rechtecks, das bounds liefert, sind hingegen relativ zum View selbst. In der Regel hat also dieses Rechteck den Ursprung (0, 0) und die Breite und die Höhe des Views. Das sind genau die Koordinaten, die Sie zum Zeichnen des Kreises für das Ziffernblatt benötigen.

In der nächsten Zeile sichern Sie den aktuellen Zustand des Grafikkontexts. Damit lässt sich am Ende der Methode genau dieser Zustand sehr einfach wieder herstellen. Da Sie nicht wissen, welche Zeichenoperationen in dem Grafikkontext nach der Ausführung Ihrer drawRect:-Methode noch ausgeführt werden, sollten Sie immer darauf achten, den Kontext so zu hinterlassen, wie Sie ihn vorgefunden haben. (Ganz anders als die Toiletten der Deutschen Bahn, die man ja so hinterlassen soll, wie man sie vorzufinden wünscht. Dummerweise hat man nie einen Sandstrahler dabei, wenn man ihn braucht.)

Die folgenden Zeilen zeichnen dann den Kreis des Ziffernblattes, indem zuerst die Füllfarbe als RGBA-Wert gesetzt wird. Die Fließkommawerte für die Farbkomponenten (Rot, Grün und Blau) und den Alphawert, der die Deckkraft festlegt, dürfen zwischen 0 und 1 liegen. Danach wird dem Kontext ein Pfad in Form einer Ellipse hinzugefügt. Bei einem quadratischen Ziffernblatt haben die Radien dieser Ellipse die gleiche Länge, und es entsteht ein Spezialfall der Ellipse – ein Kreis. Durch den Aufruf der Funktion `CGContextFillPath()` zeichnet CoreGraphics diesen Kreis schließlich mit der gesetzten Füllfarbe.

Wenn Sie Ihr Programm ausführen, werden Sie feststellen, dass immer noch ein weißes Quadrat und ein graues Rechteck angezeigt werden. Das liegt daran, dass der View für das Ziffernblatt ebenfalls Weiß als Hintergrundfarbe verwendet. Es wird also ein weißer Kreis auf weißem Grund dargestellt.

Öffnen Sie Ihren View im Interface Builder, und wählen Sie den View für das Ziffernblatt aus, indem Sie auf die entsprechende Stelle des Hauptviews klicken. Über den Attributinspektor, der zwischen dem Identitäts- und dem Größeninspektor liegt, können Sie über das Attribut BACKGROUND die Hintergrundfarbe des Views verändern. Wählen Sie ein freundliches Grau oder die Transparenz (CLEAR COLOR) aus. Bei einem transparenten Hintergrund erscheint an den Stellen, die der Kreis nicht verdeckt, die Hintergrundfarbe des umgebenden Views.

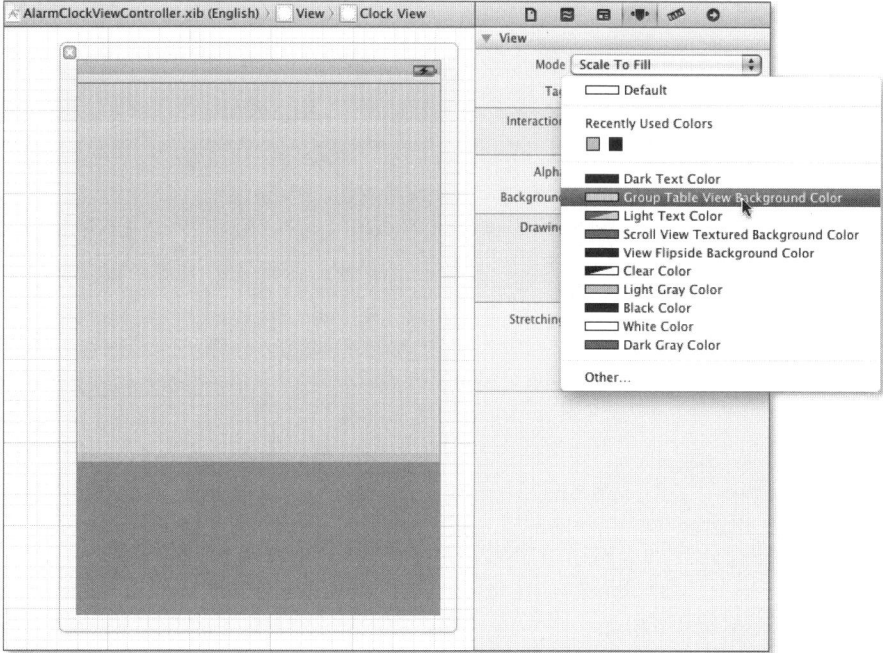

Abbildung 3.9 Der Subview bekommt eine eigene Farbe.

Die Änderung lässt sich umgehend im Simulator überprüfen – das Ziffernblatt ist jetzt sichtbar – ein schöner runder Kreis.

Abbildung 3.10   Das Ziffernblatt ist fast fertig.

Das Ziffernblatt ist in diesem Stadium noch sehr minimalistisch. Im nächsten Schritt fügen Sie die Zeichenoperationen für die Darstellung der Stunden- und Minuteneinteilung hinzu. Dazu braucht die Klasse ClockView zwei neue Methoden, die Sie vor der drawRect:-Methode einfügen:

```
- (CGPoint)midPoint {
    CGRect theBounds = self.bounds;
    return CGPointMake(CGRectGetMidX(theBounds),
                       CGRectGetMidY(theBounds));
}
```
Listing 3.4   Berechnung des Mittelpunktes des Views

Die Methode midPoint berechnet den Mittelpunkt des Views relativ zum bounds-Rechteck. Die Klasse UIView hat zwar eine ähnliche Methode center, die allerdings den Mittelpunkt des frame-Rechtecks liefert, also nicht geeignet ist.

Die zweite Methode, pointWithRadius:angle:, berechnet einen Punkt, der vom Mittelpunkt eine gegebene Entfernung hat und um einen gegebenen Winkel gedreht ist. Die Winkel werden im Bogenmaß, im Uhrzeigersinn und ausgehend von 12 Uhr gerechnet. Einen Winkel w in Grad können Sie über die Formel *w / 180* ins Bogenmaß umrechnen.

```
- (CGPoint)pointWithRadius:(CGFloat)inRadius
                     angle:(CGFloat)inAngle {
  CGPoint theCenter = [self midPoint];
  return CGPointMake(theCenter.x + inRadius * sin(inAngle),
                     theCenter.y - inRadius * cos(inAngle));
}
```

Listing 3.5 Berechnung eines Punktes über einen Radius und einen Winkel

Das Ziffernblatt stellt einen halben Tag, also 12 Stunden, dar. Somit entsprechen 12 Stunden 360° und eine Stunde 360°/12 = 30° oder 2π/12 = π/6 im Bogenmaß. Eine Stunde hat 60 Minuten, und damit hat eine Minute einen Winkel von 360°/60 = 6° oder π/30 im Bogenmaß. Für eine Sekunde gelten natürlich die gleichen Winkelwerte wie für Minuten.

Beispielsweise hat ein Zeiger auf »drei Uhr« den Winkel 90° beziehungsweise π/2 im Bogenmaß oder auf 10 Minuten den Winkel 60° beziehungsweise π/3. Die Position eines Uhrzeigers oder eines Strichs auf dem Ziffernblatt kann also durch die Angabe eines Winkels und ein oder mehrere Längenangaben bestimmt werden.

Mathematik für Einsteiger

Sie werden sich möglicherweise fragen, was die viele Mathematik im ersten echten Beispiel soll. Nun, die Antwort ist einfach. Mathematik begegnet einem Programmierer häufiger, als ihm bisweilen lieb ist. Gerade bei der Erstellung von Frontends und der Arbeit mit Grafiken und Animationen ist in der Regel gutes mathematisches Grundverständnis gefragt. Die im Wecker-Beispiel angewandte Mathematik ist ja kein Selbstzweck, sondern resultiert direkt aus der Verwendung des CoreGraphics-Frameworks. Eine kleine Auffrischung Ihres Wissens über Bogenmaß, Winkelberechnung etc. finden Sie bei Wikipedia[1].

Das Ziffernblatt soll Minuten durch einen Punkt und Stunden durch einen Strich darstellen. Die Striche für drei, sechs, neun und zwölf Uhr sollen dabei etwas länger als die sonstigen Stundenstriche sein. Die Einteilungen werden über eine Schleife gezeichnet, die von 0 bis 59 läuft, für jede Minute ein Durchlauf.

Da alle Einteilungen die gleiche Farbe, Linienstärke und Linienenden haben sollen, können Sie diese Einstellungen vor der Schleife festlegen. Beachten Sie, dass die Stunden-Einteilungen Linien und die Minuten-Einteilungen Kreise sind. Die

---

1 *https://secure.wikimedia.org/wikipedia/de/wiki/Bogenmass*

Linienfarbe müssen Sie über `CGContextSetRGBStrokeColor()` setzen. Die Stundenstriche sollen außerdem abgerundete Linienenden haben, was Sie über die Funktion `CGContextSetLineCap()` festlegen können. Da diese runden Kappen aber auf den Enden der Linien sitzen, reichen sie über den Rand des Ziffernblattes hinaus. Sie können das durch ein Clipping verhindern. Ein Clipping ist eine unsichtbare Maske auf der Zeichenfläche, mit der Sie die Zeichenfläche in Bereiche unterteilen können. Der Grafikkontext zeichnet dann nur in den Bereichen, die zum Clipping gehören. Als Clipping-Region verwenden Sie den Kreis des Ziffernblattes. Sie fügen dessen Pfad erneut dem Kontext hinzu und setzen diesen in der Methode `drawRect:` durch Aufruf von `CGContextClip` als Clipping-Pfad. Listing 3.6 enthält die soeben beschriebenen Funktionsaufrufe für die Kontexteinstellungen:

```
CGContextSetRGBStrokeColor(theContext, 0.25, 0.25, 0.25, 1.0);
CGContextSetRGBFillColor(theContext, 0.25, 0.25, 0.25, 1.0);
CGContextSetLineWidth(theContext, 7.0);
CGContextSetLineCap(theContext, kCGLineCapRound);
CGContextAddEllipseInRect(theContext, theBounds);
CGContextClip(theContext);
```

Listing 3.6 Setzen von Zeichenattributen im Grafikkontext

Die Schleife zum Zeichnen der Einteilungen sieht folgendermaßen aus:

```
for(NSInteger i = 0; i < 60; ++i) {
   CGFloat theAngle = i * M_PI / 30.0;
   if(i % 5 == 0) {
      CGFloat theInnerRadius = theRadius *
                              (i % 15 == 0 ? 0.7 : 0.8);
      CGPoint theInnerPoint =
         [self pointWithRadius:theInnerRadius
                         angle:theAngle];
      CGPoint theOuterPoint = [self
         pointWithRadius:theRadius
         angle:theAngle];
      CGContextMoveToPoint(theContext, theInnerPoint.x,
                          theInnerPoint.y);
      CGContextAddLineToPoint(theContext, theOuterPoint.x,
                             theOuterPoint.y);
      CGContextStrokePath(theContext);
   }
   else {
      CGPoint thePoint =
         [self pointWithRadius:theRadius * 0.95
                         angle:theAngle];
```

```
            CGContextAddArc(theContext, thePoint.x, thePoint.y,
                    3.0, 0.0, 2 * M_PI, YES);
            CGContextFillPath(theContext);
        }
    }
```
Listing 3.7 Zeichnen eines Ziffernblattes

Anhand der Schleifenvariablen i können Sie entscheiden, um welchen Einteilungstyp es sich handelt. Wenn ihr Wert durch 5 teilbar ist, muss es ein Strich sein. Ist sie außerdem auch durch 15 teilbar, so muss es ein langer Strich sein. Alle anderen Werte sind Punkte. Die Länge der Striche und die Lage der Punkte errechnen sich relativ zum Radius des Ziffernblattes.

Zum Zeichnen der Punkte wird die Funktion CGContextAddArc() verwendet. Es ist hier einfacher, den Kreis über dessen Mittelpunkt und Radius zu bestimmen als über sein umgebendes Rechteck. Über diese Funktion können Sie beliebige Kreisbögen erzeugen, weswegen Sie den Start- und den Endwinkel des Bogens im Bogenmaß angeben müssen.

Damit Sie prüfen können, ob Sie auf dem richtigen Weg sind, sehen Sie hier noch einmal die ganze Methode drawRect: an einem Stück:

```
- (void)drawRect:(CGRect)inRectangle {
    CGContextRef theContext = UIGraphicsGetCurrentContext();
    CGRect theBounds = self.bounds;
    CGFloat theRadius = CGRectGetWidth(theBounds) / 2.0;

    CGContextSaveGState(theContext);
    CGContextSetRGBFillColor(theContext, 1.0, 1.0, 1.0, 1.0);
    CGContextAddEllipseInRect(theContext, theBounds);
    CGContextFillPath(theContext);
    CGContextAddEllipseInRect(theContext, theBounds);
    CGContextClip(theContext);
    CGContextSetRGBStrokeColor(theContext,0.25, 0.25, 0.25, 1.0);
    CGContextSetRGBFillColor(theContext,0.25, 0.25, 0.25, 1.0);
    CGContextSetLineWidth(theContext, 7.0);
    CGContextSetLineCap(theContext, kCGLineCapRound);
    for(NSInteger i = 0; i < 60; ++i) {
        CGFloat theAngle = i * M_PI / 30.0;

        if(i % 5 == 0) {
            CGFloat theInnerRadius = theRadius *↩
                (i % 15 == 0 ? 0.7 : 0.8);
            CGPoint theInnerPoint =
                [self pointWithRadius:theInnerRadius↩
```

```
                                      angle:theAngle];
            CGPoint theOuterPoint =
                [self pointWithRadius:theRadius↵
                                angle:theAngle];
            CGContextMoveToPoint(theContext, theInnerPoint.x,↵
                                 theInnerPoint.y);
            CGContextAddLineToPoint(theContext,↵
                                    theOuterPoint.x,
                                    theOuterPoint.y);
            CGContextStrokePath(theContext);
        }
        else {
            CGPoint thePoint =
                [self pointWithRadius:theRadius * 0.95↵
                                angle:theAngle];
            CGContextAddArc(theContext,thePoint.x, thePoint.y,↵
                            3.0, 0.0, 2 * M_PI, YES);
            CGContextFillPath(theContext);
        }
    }
    [self drawClockHands];
    CGContextRestoreGState(theContext);
}
```

Listing 3.8 Die komplette Methode zum Zeichnen des Ziffernblattes

Abbildung 3.11 Das Ziffernblatt des Weckers

Die Methode `drawClockHands`, deren Aufruf am Ende von `drawRect:` erfolgt, zeichnet die Zeiger des Weckers. Für die Implementierung müssen Sie die aktuelle Systemzeit in Winkel umrechnen, damit Sie die Zeiger durch Linien darstellen können.

3.1.2 Zeitberechnung

Der `ClockView` soll die angezeigte Zeit in der Property `time` speichern. Diese hat den Typ `NSDate`, dessen Objekte einen Zeitpunkt basierend auf einem Referenzzeitpunkt enthalten. Da die Property das Datumsobjekt halten muss, bekommt sie den Speicherverwaltungstyp `retain`. Das Datumsobjekt enthält den Zeitpunkt als Anzahl der Sekunden zu einem festgelegten Referenzzeitpunkt – dem 1. Januar 2001 in der Zeitzone *Greenwich Mean Time*, aber die Umrechnung des Zeitpunktes in eine Datumsdarstellung ist sehr schwer. Dafür gibt es eigene Klassen. Das klingt zunächst unnötig kompliziert, hat aber einige Vorteile:

- Sie können mit Datumsobjekten gut rechnen. Beispielsweise können Sie einen weiteren Zeitpunkt durch Addition eines positiven oder negativen Zeitintervalls berechnen.
- Der Wert eines Zeitpunktes hat überall auf der Welt und zu jeder Zeit die gleiche Bedeutung.
- Es gibt sehr viele unterschiedliche Kalender und Zeitzonen. Es gibt also sehr viele verschiedene Darstellungen des gleichen Zeitpunktes. Es ist einfacher, einen Zeitpunkt in eine Datumsdarstellung umzuwandeln, als eine Datumsdarstellung in eine andere.
- Die interne Uhr aller Computer – auch die der iPhones und iPads – und der Atomuhren stellen die aktuelle Zeit als Differenz zu einem Referenzzeitpunkt dar. Für die Erzeugung eines Datumsobjekts braucht der Computer also nicht viel Rechenzeit.

Um einen Zeitpunkt in eine Datumsdarstellung umzurechnen, gibt es zwei Klassen im Foundation-Framework. Mit `NSDateFormatter` können Sie zu einem `NSDate`-Objekt eine Zeichenkette erzeugen, die das enthaltene Datum darstellt. Diese Klasse kommt im Beispielprojekt des nächsten Kapitels zum Einsatz.

Mit Objekten der Klasse `NSCalendar` berechnen Sie basierend auf einer Zeitzone und einer Region die Datumskomponenten zu einem Zeitpunkt und umgekehrt. Mit dieser Klasse und ein bisschen Rechnerei können Sie also die Positionen der Uhrzeiger zu einem Zeitpunkt bestimmen. Aus diesem Grund enthält die Klasse eine weitere, haltende Property vom Typ `NSCalendar`.

Mit der Methode `components:fromDate:` aus der Kalenderklasse können Sie ein `NSDateComponents`-Objekt berechnen lassen, das die benötigten Zeitkomponenten (Stunde, Minute und Sekunde) enthält. Mit den oben gegebenen Formeln können Sie daraus dann die entsprechenden Winkel für die Darstellung bestimmen. Wenn Sie allerdings die Stunde in einen Winkel umrechnen, bekommen Sie einen Stundenzeiger, der immer nur auf volle Stunden zeigt. Bei einer analogen Uhr soll er aber beispielsweise um halb fünf genau zwischen der vierten und fünften Stunde stehen. Das können Sie vermeiden, indem Sie zum Stundenwert den Minutenanteil hinzurechnen. Da eine Stunde bekanntlich 60 Minuten hat, ist der Minutenanteil einer Stunde ein Sechzigstel des Minutenwertes.

```
NSDateComponents *theComponents =
    [self.calendar components:NSHourCalendarUnit |↵
                              NSMinuteCalendarUnit |↵
                              NSSecondCalendarUnit↵
                     fromDate:self.time];
CGFloat theSecond = theComponents.second * M_PI / 30.0;
CGFloat theMinute = theComponents.minute * M_PI / 30.0;
CGFloat theHour   = (theComponents.hour +↵
              theComponents.minute / 60.0) * M_PI / 6.0;
```

Listing 3.9 Berechnung der Winkel für Sekunde, Minute und Stunde

Die Variablen `theSecond`, `theMinute` und `theHour` enthalten den Winkel, der der entsprechenden Zeigerstellung entspricht. Der Faktor π/30 = 2π/60 in der Berechnung entspricht dabei dem Winkel im Bogenmaß von einer Sekunde beziehungsweise einer Minute. Analog ist π/6 = 2π/12 der Winkel, der einer Stunde auf einem Zifferblatt entspricht.

> **Ist er Ihr Typ?**
>
> Bei der Berechnung des Minutenanteils verwendet Listing 3.9 nicht 60 sondern 60.0 als Teiler. Der Unterschied dieser beiden Werte ist ihr Datentyp. Während 60 den Typ `int` hat, ist 60.0 ein `double`. Da der Minutenwert `theComponents.minute` den Typ `NSInteger` hat, würde bei einer Division durch 60 eine Ganzzahldivision ausgeführt. Der Minutenwert liegt immer zwischen 0 und 59, bei einer Ganzzahldivision kommt also immer – Tusch – 0 raus. Die Rechnung können Sie sich also sparen. Bei einer Fließkommadivision kommen hingegen Werte zwischen 0 und 0.99 raus.

Jetzt brauchen Sie nur noch die drei Zeiger zu zeichnen, indem Sie eine Linie vom Mittelpunkt des Views in Richtung des jeweiligen Winkels ziehen. Die drei Linien unterscheiden sich aber nicht nur hinsichtlich ihres Winkels, sondern auch in der Länge, der Farbe und der Linienstärke.

Den Zielpunkt der Zeiger berechnen Sie über die Methode `pointWithRadius:angle:`, wobei Sie die unterschiedlichen Längen durch die Verwendung unterschiedlicher Radien erzielen. Das Zeichnen der einzelnen Zeiger ist recht ähnlich und unterscheidet sich nur in den unterschiedlichen Zeichenattributen für die Linien. Die gesamte Methode `drawClockHands` sieht dann wie folgt aus:

```
- (void)drawClockHands {
    CGContextRef theContext = UIGraphicsGetCurrentContext();
```

```
    CGPoint theCenter = [self midPoint];
    CGFloat theRadius = CGRectGetWidth(self.bounds) / 2.0;
    NSDateComponents *theComponents =↪
        [self.calendar components:NSHourCalendarUnit |↪
                                  NSMinuteCalendarUnit |↪
                                  NSSecondCalendarUnit↪
                          fromDate:self.time];
    CGFloat theSecond = theComponents.second * M_PI / 30.0;
    CGFloat theMinute = theComponents.minute * M_PI / 30.0;
    CGFloat theHour = (theComponents.hour +↪
        theComponents.minute / 60.0) * M_PI / 6.0;
    CGPoint thePoint = [self pointWithRadius:theRadius * 0.7↪
                                       angle:theHour];

    CGContextSetRGBStrokeColor(theContext,↪
                               0.25, 0.25, 0.25, 1.0);
    CGContextSetLineWidth(theContext, 7.0);
    CGContextSetLineCap(theContext, kCGLineCapButt);
    CGContextMoveToPoint(theContext, theCenter.x, theCenter.y);
    CGContextAddLineToPoint(theContext, thePoint.x, thePoint.y);
    CGContextStrokePath(theContext);
    thePoint = [self pointWithRadius:theRadius * 0.9↪
                               angle:theMinute];
    CGContextSetLineWidth(theContext, 5.0);
    CGContextMoveToPoint(theContext, theCenter.x, theCenter.y);
    CGContextAddLineToPoint(theContext, thePoint.x, thePoint.y);
    CGContextStrokePath(theContext);
    thePoint = [self pointWithRadius:theRadius * 0.95↪
                               angle:theSecond];
    CGContextSetLineWidth(theContext, 3.0);
    CGContextSetRGBStrokeColor(theContext, 1.0, 0.0, 0.0, 1.0);
    CGContextMoveToPoint(theContext, theCenter.x, theCenter.y);
    CGContextAddLineToPoint(theContext, thePoint.x, thePoint.y);
    CGContextStrokePath(theContext);
}
```

Listing 3.10 So werden die Uhrzeiger des Weckers gezeichnet.

3.1.3 View-Erzeugung über NIB-Dateien

Sie müssen den beiden Propertys vor der ersten Anzeige des Views nun noch sinnvolle Werte zuweisen. Dazu können Sie den Initializer entsprechend erweitern. Die betreffenden Werte müssen Sie in der Methode `dealloc` natürlich auch wieder freigeben, indem Sie die Propertys auf `nil` setzen.

```
- (id)initWithFrame:(CGRect)inFrame {
    self = [super initWithFrame:inFrame];
    if(self) {
        self.calendar = [NSCalendar currentCalendar];
        self.time = [NSDate date];
    }
    return self;
}
- (void)dealloc {
    self.calendar = nil;
    self.time = nil;
    [super dealloc];
}
```

Listing 3.11 Initialisierung und Freigabe der Propertys der Zeitanzeige

Ihr Programm verwendet die Initialisierungsmethode `initWithFrame:` allerdings nur, wenn Sie Ihren View direkt über Programmcode erzeugen. Die App lädt diesen View aber aus einer NIB-Datei oder einem Storyboard und ruft dabei diese Methode nicht auf.

Für diesen Fall gibt es zwei mögliche Alternativen. Sie können eine weitere Initialisierungsmethode namens `initWithCoder:` oder eine Methode namens `awakeFromNib` implementieren. Sie dürfen dabei eine oder auch beide Methoden verwenden. Die Initialisierung eines Objekts aus einer NIB-Datei erfolgt über `initWithCoder:`, sofern sie diese Methode besitzt. Bei allen anderen Klassen kommt die Initialisierungsmethode `init` zum Einsatz. Da die Klasse `UIView` das Protokoll `NSCoder` adaptiert und somit diesen Initializer bereitstellt, erfolgt die Initialisierung immer darüber. Sind alle Objekte aus der NIB-Datei erzeugt, wird jedes Objekt durch die Nachricht `awakeFromNib` wachgeküsst – aber auch nur, wenn es diese Methode auch besitzt.

Wie bereits weiter oben erwähnt wurde, sind alle Objekte in einer NIB-Datei als serialisierte Daten abgelegt. Die Serialisierung enthält alle notwendigen Informationen, um diese Objekte wiederherzustellen. Zu diesen Informationen gehören die Klassen, die Attributwerte und die Anordnung der Objekte zueinander. Während NIB-Dateien dafür ein kompaktes, binäres Dateiformat verwenden, verwenden XIB-Dateien und Storyboards ein XML-Format.

Wenn die Deserialisierung die Methode `initWithCoder:` des neuen Objekts aufruft, übergibt sie einen Parameter vom Typ `NSCoder` mit den notwendigen Daten für dieses Objekt. Da Ihre Klasse aber die Serialisierung nicht erweitert, brauchen Sie den Parameter nur für den Initialisierer-Aufruf der Oberklasse. Wenn Sie die

Methode `initWithCoder:` implementieren, sollten Sie immer als Erstes diese Methode der Oberklasse aufrufen, wie in Listing 3.12 gezeigt.

```
- (id)initWithCoder:(NSCoder *)inCoder {
   self = [super initWithCoder:inCoder];
   if(self) {
      self.calendar = [NSCalendar currentCalendar];
      self.time = [NSDate date];
   }
   return self;
}
```

Listing 3.12 Initialisierung der Propertys bei der Deserialisierung

Nach der Erzeugung aller Objekte aus einer NIB-Datei ruft Cocoa Touch die Methode `awakeFromNib` bei allen erzeugten Objekten auf. Wenn Sie diese Methode überschreiben, sollten Sie auch immer als Erstes die Methode in der Oberklasse aufrufen.

```
- (void)awakeFromNib {
   [super awakeFromNib];
   self.calendar = [NSCalendar currentCalendar];
   self.time = [NSDate date];
}
```

Listing 3.13 Initialisierung der Propertys nach der Deserialisierung

Verlassen Sie sich aber weder bei `initWithCoder:` noch bei `awakeFromNib` auf eine feste Aufrufreihenfolge. Für die Initialisierung ist häufig `awakeFromNib` die geeignetere Wahl, da bei Aufruf dieser Methode auch alle anderen Objekte des NIB-Files die Initialisierung durchlaufen.

3.1.4 Aktualisierung der Zeitanzeige

Als Nächstes soll die Zeitanzeige kontinuierlich aktualisiert werden. Diese Aufgabe kann entweder der View selbst oder der Viewcontroller übernehmen. Da aber jedes Objekt der Klasse `ClockView` diese Aufgabe erfüllen sollte, wird der dafür nötige Code in der View-Klasse angesiedelt.

Für die Aktualisierung der Zeitanzeige müssen Sie nur in regelmäßigen Abständen den Wert der Property `time` aktualisieren. Wenn Sie eine kurze Aufgabe wiederholt ausführen möchten, können Sie dafür die Klasse `NSTimer` verwenden.

Die Klasse `ClockView` erhält dazu eine weitere Property von diesem Typ und jeweils eine Methode zum Starten und zum Stoppen der Aktualisierung.

> **Anonyme Kategorie**
>
> Die Klasse verwendet die Property `timer` nur intern. Eine Zugriffsmöglichkeit von außen ist also nicht notwendig. Das lässt sich durch eine *anonyme Kategorie* vermeiden. Bei einer anonymen Kategorie geben Sie bei der Deklaration zwischen den runden Klammern keinen Namen an, und als Implementierungsteil verwenden Sie den der Klasse. In der Regel deklarieren Sie die anonyme Kategorie einer Klasse in deren Implementierungsdatei. Sie können die Timer-Property also in der anonymen Kategorie deklarieren:
>
> ```
> @interface ClockView()
> @property(nonatomic, retain) NSTimer *timer;
> @end
> @implementation ClockView
> @synthesize timer;
> ...
> @end
> ```
>
> **Listing 3.14**   Deklaration einer anonymen Kategorie

Sie können so die Property vor dem allgemeinen Zugriff verstecken. In der anonymen Kategorie können Sie sämtliche Methoden und Propertys deklarieren, die die Klasse `ClockView` nur intern braucht und die nicht für die Öffentlichkeit bestimmt sind.

```
@interface ClockView : UIView
...
- (void)startAnimation;
- (void)stopAnimation;
@end
```

Listing 3.15   Deklarationen für die automatische Aktualisierung der Zeitanzeige

Ein Timer kann eine Methode in einem Objekt nach einer festen Zeitspanne aufrufen. Er kann das einmal oder auch kontinuierlich machen. In der Methode `startAnimation` müssen Sie also ein Timer-Objekt erzeugen und starten. In `stopAnimation` müssen Sie es hingegen anhalten und zerstören. Sie können über die Property für den Timer außerdem verhindern, dass der Timer versehentlich mehrmals gestartet wird. Dazu prüft die zweite Zeile in Listing 3.16, ob die Property `timer` bereits auf einen Timer verweist.

```
- (void)startAnimation {
    if(self.timer == nil) {
        self.timer = [NSTimer
            scheduledTimerWithTimeInterval:0.5
            target:self selector:@selector(updateTime:)
            userInfo:nil repeats:YES];
    }
}
```

```
- (void)stopAnimation {
    [self.timer invalidate];
    self.timer = nil;
}
```
Listing 3.16 Starten und Stoppen der Animation

Die Anweisung in der dritten Zeile erzeugt und startet einen kontinuierlichen Timer und weist ihn der Property `timer` zu. Dabei geben der zweite und der dritte Parameter an, dass der Timer die Methode `updateTime:` im aktuellen Objekt aufrufen soll. Der Doppelpunkt im Selektor zeigt an, dass diese Methode einen Parameter erwartet. Das Zeitintervall beträgt eine halbe Sekunde, damit der Timer die Anzeige zweimal pro Sekunde aktualisiert. Da die Methodenaufrufe nicht in exakten Zeitabständen erfolgen, könnten bei längeren Zeitintervallen (z. B. einer Sekunde) sonst Sprünge auftreten.

Anonyme Kategorien erlauben auch das Überschreiben der Read-Only-Eigenschaft von Propertys. Dazu müssen Sie die Property, die Sie als `readonly` in der Schnittstelle der Klasse deklariert haben, genau mit den gleichen Parametern und dem Parameter `readwrite` in der anonymen Kategorie deklarieren. Sie dürfen keinen Parameter – bis auf `readonly` – bei der Redeklaration verändern. Außerdem müssen Sie natürlich im Header auch schon den Speicherverwaltungstyp angeben. Die Property `calendar` der Klasse `ClockView` soll von außen unveränderbar sein:

```
// Deklaration in ClockView.h
@property (nonatomic, retain, readonly)
    NSCalendar *calendar;
// Deklaration in der anonymen Kategorie in ClockView.m
@property (nonatomic, retain, readwrite)
    NSCalendar *calendar;
```
Listing 3.17 Öffentliche Read-Only- und private Read-Write-Property

Sie können nach dieser Änderung in der Implementierung von `ClockView` die Property `calendar` wie bisher verwenden. Außerhalb der Implementierung können Sie die Property aber jetzt nur noch auslesen. Eine Veränderung des Wertes ist nun nicht mehr möglich.

> **Tipp**
>
> Verwenden Sie anonyme Kategorien, um Implementierungsdetails Ihrer Klassen nach außen hin zu verstecken. Anonyme Kategorien erlauben Ihnen eine klarere Strukturierung Ihrer Schnittstellen.

Die Methode `updateTime:` aktualisiert den Wert der Property `time`. Damit Cocoa Touch den View danach auch neu zeichnet, müssen Sie auch noch die Methode `setNeedsDisplay` aufrufen. Sie zeichnet den View allerdings nicht direkt neu, sondern markiert ihn nur zum Neuzeichnen. Das macht das Betriebssystem erst dann, wenn es dafür die Zeit hat.

```
- (void)updateTime:(NSTimer *)inTimer {
    self.time = [NSDate date];
    [self setNeedsDisplay];
}
```

Listing 3.18 Aktualisierung der Zeitanzeige

> **Automatische Aktualisierung des Views versus Animationen**
>
> Die in diesem Abschnitt vorgestellten Methoden dienen der automatischen Aktualisierung eines Views. Dieses Vorgehen ist für diesen Anwendungsfall auch durchaus ausreichend, da Sie die Zeiger nur zweimal pro Sekunde neu zeichnen müssen. Bei jeder Aktualisierung zeichnet der View nicht nur die Zeiger, sondern auch das komplette Ziffernblatt neu. Die Uhr läuft aber trotzdem flüssig.
>
> Dieses Vorgehen eignet sich aber nicht für beliebige Animationen, da dort in der Regel häufigere Aktualisierungen des Views notwendig sind. Außerdem gibt Ihnen dafür Cocoa Touch mit *Core Animation* ein viel besseres System an die Hand, und einfache Animationen können Sie problemlos über Klassenmethoden von `UIView` realisieren. Mehr dazu finden Sie in Kapitel 5.

3.1.5 Wiederverwendbarkeit von Views

Die Klasse `ClockView` hat bis jetzt keine Abhängigkeiten zu dem Viewcontroller oder dem Application-Delegate. Sie ist also vollkommen unabhängig von der Controller- oder gar der Modellschicht des Programms. Das ist so gewollt und soll auch so bleiben. Die Unabhängigkeit erlaubt es Ihnen, beliebig viele Uhren in Ihrem Projekt anzulegen.

Sie können also erneut die XIB-Datei öffnen und weitere ClockView-Objekte so anlegen, wie oben beschrieben wurde. Sie müssen also einfach nur im Interface Builder weitere `UIView`-Objekte auf den Hauptview ziehen und die Klasse des neuen Objekts auf `ClockView` ändern. Sie können sogar die Header- und die Implementierungsdatei der Klasse in ein anderes Projekt übertragen und den View dort ohne Einschränkungen oder weitere notwendige Schritte verwenden. Die Größen der Uhren lassen sich über den Größeninspektor auch beliebig anpassen. Sie können sogar Ziffernblätter erzeugen, die nicht kreis-, sondern ellipsenförmig sind. Letztere sehen aber zugegebenermaßen etwas gewöhnungsbedürftig aus.

Außerdem können Sie die Farbe für den Hintergrund hinter dem Ziffernblatt frei wählen.

Ein möglichst hoher Wiederverwendungsgrad sollte immer Ihr Ziel bei der Entwicklung eigener View-Komponenten sein. Zugegebenermaßen kann der View auch nur eine Uhrzeit darstellen. Sie lernen aber im Verlauf dieses Buches noch weitere Möglichkeiten kennen, wie der View mit den Objekten aus den anderen Schichten interagieren kann, ohne dass dabei Abhängigkeiten zu Klassen aus diesen Schichten entstehen.

Das Beispielprogramm *AlarmClock*, das Sie auf der mitgelieferten DVD oder im Github-Repository finden, enthält alle Schritte, die wir bis jetzt unternommen haben, um unseren Wecker zu erstellen. Um die Wiederverwendbarkeit der Klasse zu demonstrieren, zeigt dieses Programm mehrere Uhren in unterschiedlichen Größen an.

Abbildung 3.12 Wiederverwendung eines Views

3.2 Views und Viewcontroller

Das Beispielprogramm *Clock*, das sich ebenfalls auf der DVD befindet, zeigt zwar mehrere Uhren an, deren Zeiger bleiben aber stehen. Das liegt daran, dass dieses Programm die Methode `startAnimation` nicht aufruft. Wenn Sie diesen Aufruf in die Methode `awakeFromNib` in der Klasse `ClockView` einfügen, bewegen sich die Zeiger. Allerdings startet dann das Laden des Views die Timer, und erst der

Aufruf der Methode `dealloc` der Uhren stoppt sie. Die Uhren laufen also ständig. Bei so einer kleinen App, die nur eine Ansicht zeigt, ist das zwar nicht schlimm. In größeren Projekten ist es sicherlich sinnvoller, die Timer nur dann laufen zu lassen, wenn die App sie auch tatsächlich anzeigt. Die Klasse `UIView` bietet dafür aber leider keine entsprechenden Methoden an.

Diese Aufgabe kann der Viewcontroller übernehmen. In Cocoa Touch leiten sich die Viewcontroller von der Klasse `UIViewController` ab. Diese bietet vier Methoden an, die bei einer Änderung des Anzeigezustandes aufgerufen werden und die Sie in Ihren Unterklassen überschreiben können.

```
-(void)viewWillAppear:(BOOL)inAnimated;
-(void)viewDidAppear:(BOOL)inAnimated;
-(void)viewWillDisappear:(BOOL)inAnimated;
-(void)viewDidDisappear:(BOOL)inAnimated;
```

Listing 3.19 Benachrichtigungsfunktionen für die Anzeige des Views

Während Cocoa Touch die ersten beiden Methoden bei der Anzeige des Views aufruft, ruft es die letzten beiden beim Verschwinden des Views auf. Der Namensbestandteil *Will* bedeutet, dass die Methode vor dem Ereignis aufgerufen wird, während *Did* bedeutet, dass sie nach dem Ereignis aufgerufen wird. Der boolesche Parameter gibt dabei jeweils an, ob die Anzeige oder das Verschwinden animiert erfolgt. Wenn Sie diese Methoden überschreiben, müssen Sie auch immer die entsprechende Methode in der Oberklasse aufrufen.

Sie könnten jetzt also die Uhren in `viewDidAppear:` starten und in `viewWillDisappear:` stoppen. Sie müssen dazu nur noch Ihren Viewcontroller mit den Uhren bekannt machen.

3.2.1 Outlets

Sie können in NIB-Dateien nicht nur den View-Aufbau speichern, sondern auch Verbindungen zwischen den Objekten im NIB und dem *Eigentümer* der NIB-Datei. Der Eigentümer ist dabei das Objekt, das die Datei geöffnet hat. Das ist in der Regel der Viewcontroller. Es gibt vier Verbindungstypen:

1. *Actions* sind Verbindungen zwischen Views, die Ereignisse versenden, und Methoden, die diese Ereignisse verarbeiten. Dieser Verbindungstyp ist Gegenstand des Abschnitts 3.2.3.

2. Ein *Outlet* verbindet ein Objekt in der NIB-Datei mit einem Attribut oder einer Property eines anderen Objekts.

3. Eine *Outlet-Collection* verbindet mehrere Objekte mit einem Array-Attribut oder einer Array-Property. Diesen Verbindungstyp gibt es erst seit iOS 4.0.
4. Ein *Segue* (*Übergang*) verbindet in einem Storyboard unter iOS 5 Views, die Ereignisse versenden, mit einem Viewcontroller. Übergänge beschreibt Abschnitt 3.2.7.

Diese Verbindungen erzeugen Sie über den Interface Builder. Kopieren Sie dazu das Beispielprojekt *Clock* auf Ihre Festplatte, und öffnen Sie es mit Xcode 4. Wählen Sie danach die Datei *ClockViewController.xib* aus und darin den Hauptview, wie Sie es bereits in Abschnitt 3.1. gemacht haben. Wenn Sie jetzt mit der rechten Maustaste (oder mit der linken bei gedrückter CTRL-Taste) in einen der Clockviews klicken, können Sie eine Verbindung von dem View zu der Headerdatei des Controllers ziehen. Dazu müssen Sie im Abschnitt EDITOR der Xcode-Toolbar den ASSISTANT EDITOR aktiviert haben (siehe Abbildung 3.13).

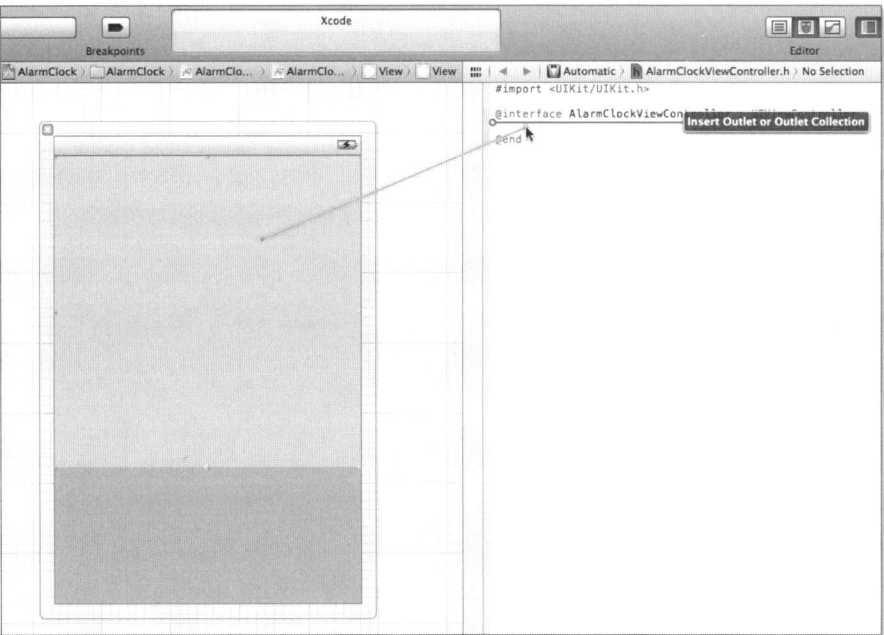

Abbildung 3.13 Ziehen einer Outlet-Verbindung

Nachdem Sie die Maustaste innerhalb der Klassendeklaration losgelassen haben, erscheint ein Popoverdialog (siehe Abbildung 3.14), über den Sie ein Outlet oder eine Outlet-Collection anlegen können. Geben Sie `clockView` in das Textfeld ein, und lassen Sie die übrigen Einstellungen des Dialogs unverändert.

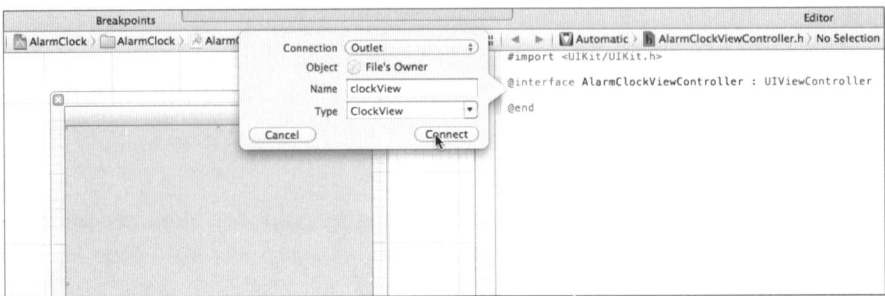

Abbildung 3.14 Popoverdialog für das Outlet

Durch einen Klick auf den Button CONNECT erstellen Sie im Quelltext ein Attribut und eine Property, vor deren Klasse die Markierung IBOutlet steht. Diese Markierung ist ein leeres C-Makro, das keine Auswirkung auf den erzeugten Programmcode hat. Es dient lediglich dazu, dem Interface Builder anzuzeigen, dass er zu dieser Property Verbindungen herstellen kann.

`@property (nonatomic, retain) IBOutlet ClockView *clockView;`

Der Speicherverwaltungstyp der Property hängt davon ab, welches Speicherverwaltungsmodell Ihr Projekt verwendet. Bei manuellem Referenzenzählen hat die Property den Typ retain, und bei automatischem Referenzenzählen hat sie den Typ strong.

> **Hilfe bei der Speicherverwaltung**
>
> Xcode verändert nicht nur die Deklaration Ihrer Klasse, sondern auch deren Implementierung. Wenn Sie eine Outlet-Property anlegen, setzt Xcode in der Methode viewDidUnload die Property auf nil. Wenn Sie in Ihrem Projekt manuelles Referenzenzählen verwenden, sendet Xcode in dealloc außerdem noch ein release an das Attribut.

Anstelle von Outlet-Propertys können Sie auch Outlet-Attribute erzeugen. Dazu müssen Sie das Gummiband in den Attributblock, also zwischen die geschweiften Klammern, der Klassendeklaration ziehen. Allerdings halten sich Outlet-Attribute nicht an die Speicherverwaltungsregeln. Ein Outlet-Attribut bekommt ein retain gesendet, wenn es keinen Setter dafür gibt. Verwenden Sie also auch hier lieber Propertys als Attribute.

Nach dem Laden der NIB-Datei verbindet Cocoa Touch diese Property mit dem View. Sie können sich die gesetzten und möglichen Verbindungen eines Objekts im Interface Builder über den Verbindungsinspektor ansehen (siehe Abbildung 3.15).

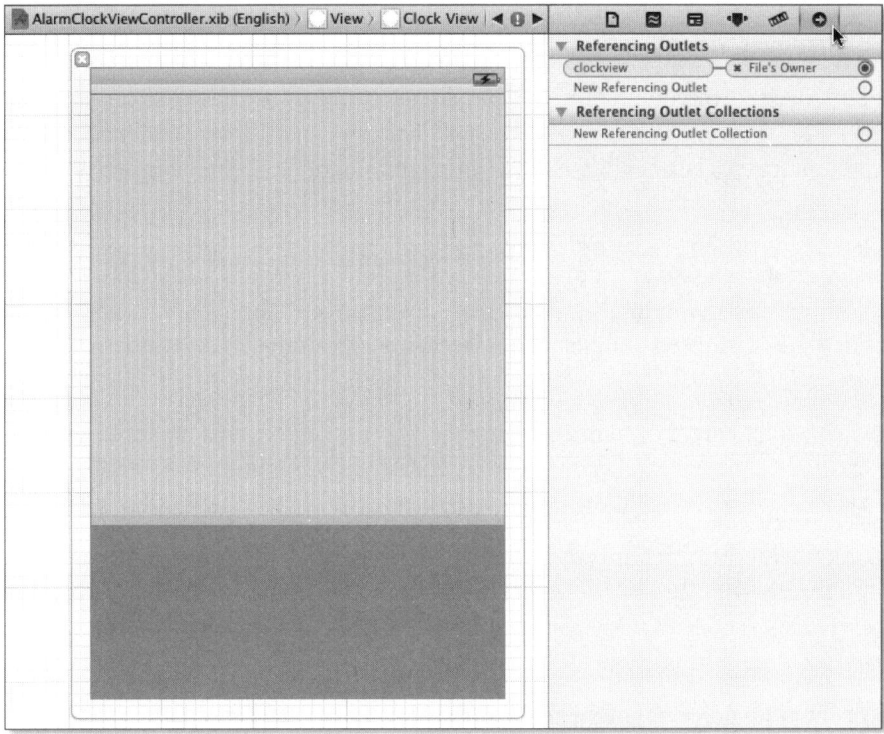

Abbildung 3.15 Der Verbindungsinspektor zeigt Verbindungen an.

Indem Sie die entsprechenden Anweisungen in die Methoden `viewDidAppear:` und `viewWillDisappear:` einfügen, können Sie über den Viewcontroller jetzt eine Uhr starten. Die kompletten Methoden müssen Sie in die Implementierungsdatei *ClockViewController.m* schreiben:

```
- (void)viewDidAppear:(BOOL)inAnimated {
    [super viewDidAppear:inAnimated];
    [self.clockView startAnimation];
}
- (void)viewWillDisappear:(BOOL)inAnimated {
    [self.clockView stopAnimation];
    [super viewWillDisappear:inAnimated];
}
```

Listing 3.20 Starten und Stoppen der Animation über den Viewcontroller

Außerdem sollten Sie die Headerdatei der Klasse `ClockView` in diese Implementierungsdatei einbinden, da Sie ansonsten Warnungen bei der Übersetzung erhalten. Dazu fügen Sie noch die Zeile

```
#import "ClockView.h"
```

in die Implementierungsdatei ein. Setzen Sie sie unter die bereits enthaltene Importanweisung.

Wenn Sie jetzt Ihr Programm im Simulator ausführen, bewegen sich die Zeiger einer Uhr, während die anderen Uhren stillstehen. Falls Sie eine andere Uhr aktivieren möchten, können Sie einfach ein Gummiband von einem anderen Clockview auf das Outlet ziehen. Sie können jetzt für jede Uhr auch ein eigenes Outlet mit den entsprechenden Start- und Stoppanweisungen anlegen, um die Uhren analog zu starten und zu stoppen. Das ist aber sehr unelegant und sieht nicht sehr schön aus, da Sie mehrmals die gleichen Anweisungen schreiben müssen. Für das mehrfache Ausführen der gleichen Anweisung gibt es doch schließlich Schleifen.

Seit iOS 4 können Sie Outlet-Collections verwenden, um mehrere Uhren zu verwalten. In früheren iOS-Versionen haben Sie diese Möglichkeit allerdings noch nicht. Hier können Sie aber Ihre Uhren über einen Container-View verwalten.

Legen Sie eine neue Kopie des Clock-Beispielprojekts an, öffnen Sie den View wie zu Beginn dieses Abschnitts, und ziehen Sie ein Band von einem Clockview in die Schnittstelle der Klasse `ClockViewController`. Lassen Sie wieder die Maustaste los, wenn sich der Mauszeiger zwischen der schließenden, geschweiften Klammer und dem Schlüsselwort `@end` befindet.

Im Popoverdialog wählen Sie unter CONNECTION jetzt den Punkt OUTLET COLLECTION aus, und in das Textfeld schreiben Sie `clockViews`. Nach einem Klick auf den CONNECT-Button wird eine Property mit dem Typ `NSArray` angelegt und eine Markierung `IBOutletCollection(ClockView)` vor der Deklaration des Typs. Außerdem hat Xcode ein Attribut `clockViews` angelegt und auch die Implementierungsdatei verändert.

Sie können jetzt der Outlet-Collection beliebig viele Clockviews zuweisen, indem Sie Gummibänder von den Views zu dieser Property-Deklaration ziehen. Der Makroparameter `ClockView` schränkt im Interface Builder die möglichen Objekte für die Zuweisung auf die Klasse `ClockView` ein. Zum Starten und Stoppen der Uhren können Sie jetzt eine Schleife verwenden:

```
- (void)viewDidAppear:(BOOL)inAnimated {
    [super viewDidAppear:inAnimated];
    for(ClockView *theView in self.clockViews) {
        [theView startAnimation];
    }
}
- (void)viewWillDisappear:(BOOL)inAnimated {
    for(ClockView *theView in self.clockViews) {
```

```
        [theView stopAnimation];
    }
    [super viewWillDisappear:inAnimated];
}
```

Listing 3.21 Starten und Stoppen der Uhren über eine Outlet-Collection

> **Achtung**
>
> Outlet-Collections verwenden zwar Arrays. Sie können aber die Reihenfolge der Elemente in dem Array nicht durch den Interface Builder festlegen.

Speicherverwaltung und Outlets

Für Objekte, die Cocoa Touch aus NIB-Dateien lädt und einem Outlet zuweist, gibt es eine besondere Speicherverwaltungsregel. Ein solches Objekt empfängt ein zusätzliches `retain`, wenn es keine Methode zum Setzen des Wertes gibt. Andernfalls bekommt das Objekt kein `retain` geschickt. Sie müssen also Outlet-Attribute freigeben, indem Sie ihnen ein `release` schicken. Das sollten Sie in den Methoden `dealloc` und `viewDidUnload` machen, wo Sie danach das Attribut auch noch auf `nil` setzen müssen.

> **Tipp**
>
> Verwenden Sie für Outlet-Collections und Outlets auf die Elemente in der obersten Ebene der NIB-Datei möglichst immer haltende Propertys. Outlets auf Subviews brauchen ihren View nicht zu halten, weil das ja deren Superview bereits macht. Verwenden Sie aber hier am besten eine Property mit dem Speicherverwaltungstyp `strong` beziehungsweise `retain`.
>
> Sie sollten alle Outlets und Outlet-Collections in der Methode `viewDidUnload` (siehe Abschnitt 3.2.7) – und bei manueller Speicherverwaltung auch in `dealloc` – freigeben und am besten auch auf `nil` setzen.
>
> Am einfachsten geht das über einen Setter-Aufruf mit dem Wert `nil`. Die Beispielprogramme verwenden ausschließlich Propertys.

Seit Xcode 4 gibt es diese Möglichkeit, die Verbindungen von den Views direkt in den Header des Controllers zu ziehen. In älteren Versionen war das nicht möglich, und der Controller wurde durch ein Symbol dargestellt. Dieses Symbol finden Sie auch immer noch in der aktuellen Version des Interface Builders. Es ist der FILE'S OWNER, der gelbe Würfel, links neben ihrem View. Dieses Objekt ist nur ein Platzhalter für ein Objekt, das aber nicht in der NIB-Datei enthalten ist. Wenn der Viewcontroller die NIB-Datei über die Methode `loadView` lädt, ist der File's Owner der Viewcontroller. Für die Datei *MainWindow.nib*, auf die wir später noch eingehen, ist es hingegen das Singleton `UIApplication`. Wenn Sie allerdings eine NIB-Datei manuell laden, können Sie jedes beliebige Objekt als Eigentümer verwenden.

Containerviews

Wenn Sie mit Ihrer App eine ältere iOS-Version als 4 unterstützen möchten oder die Reihenfolge der Views wichtig ist, können Sie statt der Outlet-Collection auch einen View als Container verwenden. Sie legen dazu alle Views, auf die Sie gesammelt zugreifen möchten, in einem gemeinsamen View an. Auf diesen View greifen Sie über ein Outlet zu. Häufig wird für diese *Containerviews* ein `UIView` mit transparenter Hintergrundfarbe verwendet. An die einzelnen Views gelangen Sie dann über die Property `subviews` des Containerviews. Allerdings kann jeder View nur in maximal einem Containerview liegen.

> **Unterstützung älterer iOS-Versionen**
>
> Programmierer neigen dazu, immer die aktuelle Version des Betriebssystems vorauszusetzen. Bei den Endanwendern sieht das allerdings anders aus. Apple unterstützt iOS 4 und erst recht iOS 5 nicht oder nur eingeschränkt auf älteren iPhones und iPod touches. Besitzer eines iPhone 2G müssen mit iOS 3 vorliebnehmen, und iOS 5 läuft nicht mehr auf einem 3G. Mit zunehmender Vielfalt von Cocoa-Touch-Geräten ist damit zu rechnen, dass es immer eine nicht zu kleine Benutzergruppe gibt, die nicht die aktuelle Version von iOS verwenden kann.
>
> Überlegen Sie daher vor der Verwendung neuer Features wie den Outlet-Collections, welche Reichweite Ihre App haben soll. Falls die App bezüglich der Hardware-Ressourcen sehr anspruchsvoll ist oder wenn sie Funktionen benötigt, die erst ab iOS 4 zur Verfügung stehen, ist die Unterstützung älterer Geräte nicht notwendig. Bei einer App ohne besondere Hardware-Anforderungen lässt sich der Kreis der potenziellen Benutzer aber allein dadurch vergrößern, dass die App auf allen möglichen Geräten läuft – auch wenn das bedeutet, dass Sie nicht alle Annehmlichkeiten der neueren iOS-Versionen verwenden können.

In unserem Beispielprojekt existiert bereits ein View, den Sie als Containerview verwenden können. Es ist der Hauptview, in den Sie alle Clockviews gelegt haben. Für diesen Containerview brauchen Sie kein Outlet, da er bereits durch eine Property mit dem Viewcontroller verbunden ist. Sie können also die Outlet-Collection im letzten Listing durch die Property `subviews` der `view`-Property des Viewcontrollers ersetzen. Sie müssen dazu nur die Zeilen mit den Schleifenköpfen durch

```
for(ClockView *theView in self.view.subviews) {
```

ersetzen. Das funktioniert aber nur solange, wie Sie keine Views einer anderen Klasse in den Hauptview legen.

3.2.2 View-Hierarchien

Die Reihenfolge der Subviews im darüber liegenden View ist entscheidend für die Anzeige. Sie können sich die Reihenfolge in der Baumdarstellung des Views ansehen, zu der Sie gelangen, indem Sie auf das Symbol am unteren Fensterrand von Xcode 4 klicken (siehe den Mauszeiger in Abbildung 3.16).

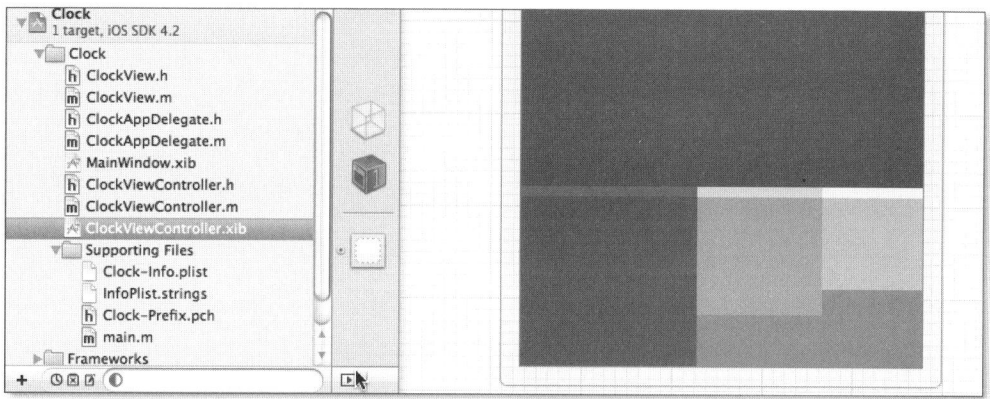

Abbildung 3.16 Umstellung auf Baumansicht (Mauszeiger)

In der Baumdarstellung können Sie sehen, wie die Views verschachtelt sind und in welcher Reihenfolge sie innerhalb einer Ebene liegen. Diese Anordnung wirkt sich auf die Darstellung und die Verarbeitung der Eingaben (oder auch *Touches*) aus. Je näher ein View zum Hauptview liegt, umso früher stellt Cocoa Touch ihn dar. Wenn also zwei Views einen gleichen Bereich auf dem Display verwenden, dann verdeckt der später dargestellte View den früher dargestellten.

In Abbildung 3.17 ist die Baumdarstellung eines Views zu sehen. Dabei haben die Views (❶ bis ❽) jeweils die gleichen Ziffern wie die Views in der Voransicht. Der rote View ❷ ist am nächsten zum Hauptview, weswegen ihn alle anderen Views verdecken. Der gelbe View ❻ liegt hinter dem grünen ❸ und verdeckt somit diesen. Der schwarze View ❼ liegt im gelben View, wodurch er diesen verdeckt.

> **Änderung der Viewhierarchie**
>
> Sie können auch in der Baumdarstellung die Anordnung der Views verändern. Ziehen Sie dazu die Views einfach an die gewünschte Position. Wenn Sie dort einen View auf einen anderen ziehen, fügt der Interface Builder den gezogenen View als letzten Subview des anderen Views ein.

3 | Aufwachen – analoger Wecker

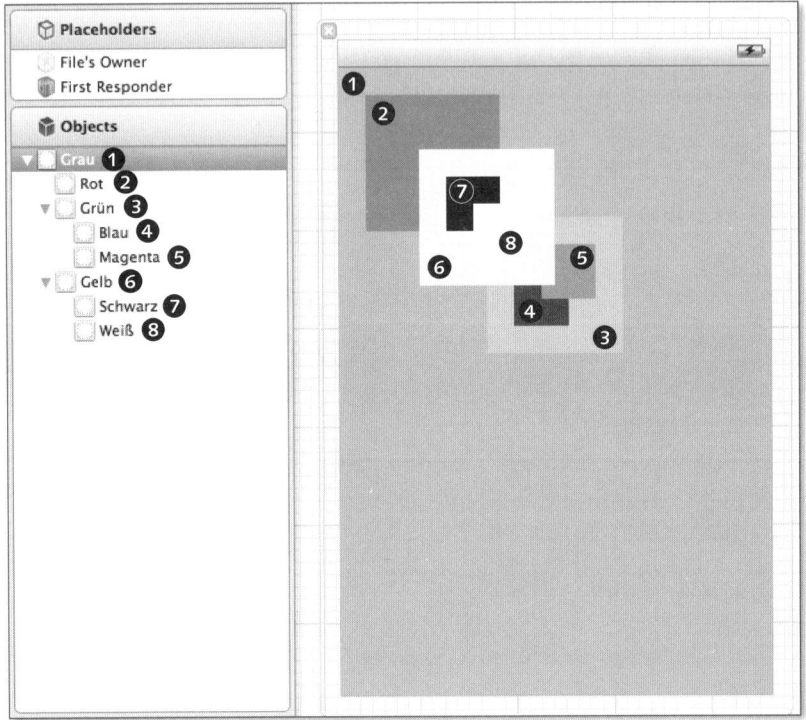

Abbildung 3.17   Baumdarstellung eines Views

3.2.3   Actions

Bislang haben die verwendeten Views nur etwas auf dem Bildschirm dargestellt. Viele Views können aber auch Eingaben verarbeiten. Im Gegensatz zu den meisten Desktop-Computern ist bei iOS-Geräten das Ausgabegerät ja auch gleichzeitig das Eingabegerät. Diese Views sind in der Regel von der Klasse UIControl abgeleitet und werden im Folgenden auch kurz als *Controls* bezeichnet. Typische Controls sind beispielsweise Buttons, Schieberegler und Textfelder.

Neben den Outlets können Sie auch Action-Verbindungen herstellen. Mit diesen Verbindungen verknüpfen Sie die von den Controls gesendeten Ereignisse mit einer Methode eines Controllers. Wenn Sie eine Action-Verbindung zu einem Control erzeugen, bekommt das Control ein Zielobjekt und eine Action-Methode übergeben. Dieses Vorgehen bezeichnet man auch als *Target-Action-Mechanismus*.

Action-Methoden müssen eine von drei vorgegebenen Signaturen haben und zumindest in der Deklaration für den Rückgabetyp das Makro IBAction verwenden. Dieses Makro wird während der Übersetzung durch den C-Typen void ersetzt. Es zeigt dem Interface Builder an, dass es sich bei einer Methode um eine Action-Methode handelt.

Die drei möglichen Signaturen für Action-Methoden sind:

```
-(IBAction)methodenName;
-(IBAction)methodenName:(id)inSender;
-(IBAction)methodenName:(id)inSender
             forEvent:(UIEvent *)inEvent;
```

Listing 3.22 Mögliche Signaturen für Action-Methoden

Den Methodennamen können Sie dabei natürlich frei wählen. Der erste Parameter in der zweiten und dritten Variante enthält das Control, das das Ereignis abgeschickt hat. Als Typ wurde hier id verwendet, der auf jede Klasse passt. Sie dürfen aber auch einen konkreten Typ, beispielsweise UIButton *, verwenden. Dann können Sie in der Methode auch die Punktnotation für dieses Control verwenden.

Über den Event-Parameter der dritten Variante können Sie zusätzliche Informationen über das auslösende Ereignis erhalten. Über den Event erhalten Sie beispielsweise die genauen Fingerpositionen zum Auslösezeitpunkt. Die liefert Ihnen der Event in Objekten der Klasse UITouch. Eine Möglichkeit, die Fingerposition zu bestimmen, stellt Listing 3.23 dar.

```
- (IBAction)touchWithSender:(id)inSender
              forEvent:(UIEvent *)inEvent {
   UITouch *theTouch = [inEvent.allTouches anyObject];
   CGPoint thePoint = [theTouch locationInView:inSender];
   // Touchposition in thePoint auswerten
}
```

Listing 3.23 Ermittlung der Touchposition

Sie sollen jetzt einen Schalter, das ist ein View der Klasse UISwitch, dafür verwenden, den Animationsstatus einer Uhr aus dem Clock-Projekt zu steuern. Legen Sie dafür wieder eine Kopie dieses Projekts an, löschen Sie die drei kleinen Uhren aus dem View, und legen Sie ein Outlet für die verbliebene Uhr an. Als Nächstes fügen Sie einen UISwitch hinzu. Das ist ein Schiebeschalter mit zwei Zuständen für »an« und »aus«. Nach dem Einfügen ziehen Sie von dem Schiebeschalter ein Band in den Header des Viewcontrollers. In dem Popoverdialog haben Sie nun eine zusätzliche Auswahlmöglichkeit ACTION. Füllen Sie diesen Dialog wie in Abbildung 3.18 gezeigt aus.

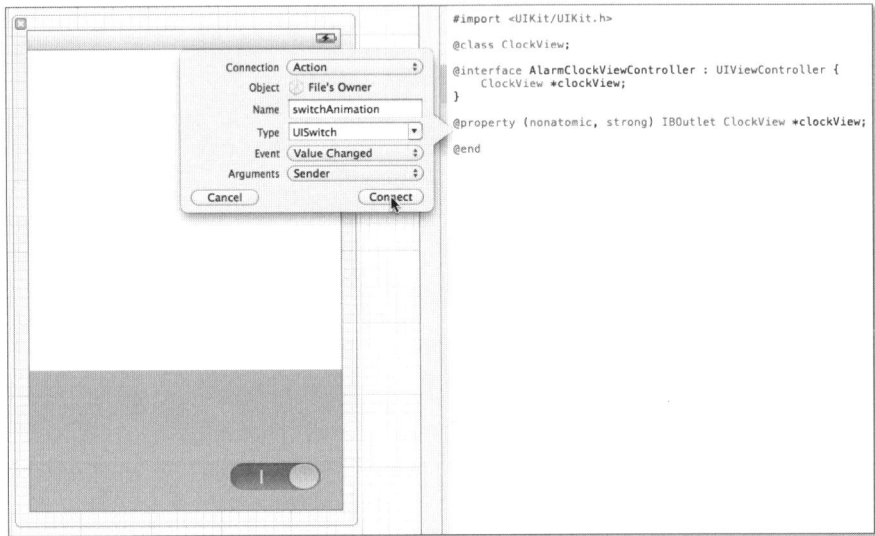

Abbildung 3.18 Anlegen einer Action-Methode

Das Control sendet das Ereignis *Value Changed* immer dann, wenn sich der Wert ändert, den das Control verwaltet. Bei einem UISwitch ist das ein boolescher Wert, der die Schalterstellung repräsentiert.

Sie können nun die Action-Methode wie folgt implementieren:

```
- (IBAction)switchAnimation:(UISwitch *)inSender {
    if(inSender.on) {
        [clockView startAnimation];
    }
    else {
        [clockView stopAnimation];
    }
}
```

Listing 3.24 Action-Methode zum Starten und Stoppen der Animation

Außerdem sollte die Methode viewWillDisappear: die Uhr stoppen. Wenn Sie nun das Projekt ausführen, können Sie die Uhr über den Schalter starten und stoppen. Allerdings wird nach dem Starten die Uhr stehen, obwohl der Schalter eingeschaltet ist. Sie können das umgehen, indem Sie entweder die Uhr in viewDidAppear: starten oder im Attributinspektor des Schalters dessen Anfangszustand ändern.

Eine andere Möglichkeit besteht darin, auch für den Schalter ein Outlet anzulegen. Der Wert des Schalters wird in der Methode viewDidAppear: ausgelesen, und in Abhängigkeit davon wird die Uhr gestartet. Der Vorteil dieser Lösung ist, dass Sie den Anfangszustand der Uhr über den Interface Builder, also ohne Veränderung des Programmcodes, einstellen können. Das ist bei diesem kleinen Projekt vielleicht kein so großer Vorteil, kann aber bei sehr umfangreichen und komplexen Applikationen sehr angenehm sein. Wenn Sie das entsprechende Outlet `animationSwitch` nennen, sieht der Code dafür so aus:

```
-(void)viewDidAppear:(BOOL)inAnimated {
    [super viewDidAppear:inAnimated];
    if(animationSwitch.on) {
        [clockView startAnimation];
    }
}
```

Listing 3.25 Starten der Animation in Abhängigkeit von einem Schalter

3.2.4 Ereignisse

Sie haben im Beispielprogramm das Ereignis *Value Changed* von einem Schalter an eine Methode Ihres Viewcontrollers gesendet. Ein Control kann noch eine Reihe weiterer Ereignisse senden. Diese Ereignisse lassen sich in drei Kategorien unterteilen:

- Ereignisse für Wertänderungen
- Ereignisse für Gesten
- Ereignisse für Textänderungen

Wir untersuchen die einzelnen Ereignisse im Folgenden genauer.

Ereignisse für Wertänderungen

Dieses Ereignis haben Sie bereits kennengelernt, und es hat den Typ `UIControlEventValueChanged`. Es wird von Controls gesendet, die einen Wert manipulieren. Dazu gehören die Klassen `UIPageControl`, `UISegmentedControl`, `UISlider` und `UISwitch`.

Ereignisse für Gesten

Ein wichtiger Erfolgsfaktor des iPhones ist dessen Gestensteuerung. Es gibt in iOS zwei Klassen von Gesten. Der Nutzer kann über *Berührungsgesten* Eingaben auf dem Bildschirm machen. Das können einfache Fingerdrücke oder komplexere Mehrfingerbewegungen auf dem Touchscreen sein. Dieser Abschnitt beschäftigt sich ausschließlich mit dieser Gestenklasse. Eine weitere grundsätzliche Möglichkeit, Eingaben vorzunehmen, sind Bewegungs- und Schüttelgesten, die das fünfte Kapitel behandelt.

Berührungsgesten lösen eine Reihe von unterschiedlichen Ereignissen aus. Eine Berührungsgeste kann sich über mehrere Views erstrecken. Die Ereignisse werden aber immer an das Control gesendet, das das erste Ereignis einer Geste empfangen hat.

1. `UIControlEventTouchDown` leitet alle Gesten ein und wird bei der ersten Berührung des Controls gesendet.

   `UIControlEventTouchDownRepeat` wird bei mehreren, schnell aufeinanderfolgenden Berührungen für die Berührungen nach `UIControlEventTouchDown` gesendet. Sie können mit diesem Ereignistyp beispielsweise Doppel- oder Dreifachtaps auswerten. Die Anzahl der Taps können Sie über die Property `tapCount` aus den `UITouch`-Objekten des Ereignisses erfragen. Die Touch-Objekte erhalten Sie über die Property `allTouches` der Klasse `UIEvent` (siehe Listing 3.23).

2. `UIControlEventTouchUpInside` beendet eine Geste, wenn sich die Finger zuletzt innerhalb des auslösenden Controls befunden haben. Sie verwenden diesen Ereignistyp in der Regel als Auslöser bei Buttons.

3. `UIControlEventTouchUpOutside` beendet eine Geste, wenn sich die Finger zuletzt außerhalb des auslösenden Controls befunden haben.

4. `UIControlEventTouchCancel` bricht eine Geste ab. Dieser Ereignistyp wird beispielsweise an Controls innerhalb eines Scrollviews gesendet, wenn Cocoa Touch erkennt, dass Sie mit der Geste scrollen möchten und die Ereignisse nicht das Control betreffen. Cocoa Touch sendet dieses Ereignis auch, wenn es die Gestenverarbeitung wegen einer Speicherwarnung abbrechen muss.

5. `UIControlEventTouchDragInside` zeigt eine Fingerbewegung innerhalb eines Controls an.

6. `UIControlEventTouchDragOutside` zeigt eine Fingerbewegung außerhalb eines Controls an.

7. `UIControlEventTouchDragExit` wird gesendet, wenn Sie die Finger aus dem Control heraus bewegen. Dieser Ereignistyp markiert den Übergang von `UIControlEventTouchDragInside` zu `UIControlEventTouchDragOutside`.

8. `UIControlEventTouchDragEnter` wird beim Verschieben der Finger in das Control hinein gesendet. Dieser Ereignistyp markiert den Übergang von `UIControlEventTouchDragOutside` zu `UIControlEventTouchDragInside`.

Sie können sich sehr komplexe Gesten ausdenken und mit diesen Ereignistypen umsetzen. Allerdings scheinen die von außerhalb des Controls gesendeten Ereignisse nicht so zuverlässig zu funktionieren. Es kann beispielsweise vorkommen, dass Sie bei einer Fingerverschiebung aus dem Control heraus noch weitere `UIControlEventTouchDragInside`-Ereignisse empfangen. Die Umschaltung auf

`UIControlEventTouchDragOutside` erfolgt teilweise erst, wenn sich der Finger schon lange außerhalb des Controls befindet. Wenn Sie also diese Ereignistypen verwenden möchten, sollten Sie ausgiebige Tests auf Geräten mit einplanen.

Viele Gesten lassen sich aber relativ einfach umsetzen. Sie können beispielsweise Mehrfachtaps mit folgender Action-Methode auswerten, die Sie mit dem Ereignistyp `UIControlEventTouchDownRepeat` verbinden:

```
- (IBAction)handleMultiTap:(id)inSender
              forEvent:(UIEvent *)inEvent {
   UITouch *theTouch = inEvent.allTouches.anyObject;
   if(theTouch.tabCount == 2) {
      // Doppel-Tap erkannt
   }
}
```
Listing 3.26 Erkennung einer Double-Tap-Geste

In den Body der If-Abfrage können Sie den Code einsetzen, den Sie bei einem Doppel-Tap ausführen wollen. Die Zahl in der Bedingung gibt die notwendige Anzahl der Taps an. Wenn Sie sie entsprechend anpassen, können Sie mit dem Code auch Dreifach- oder Vierfach-Taps erkennen.

Jede Geste sendet mindestens zwei Ereignisse: `UIControlEventTouchDown` und einen Touch-Up-Event. Sie können bei Gesten für Fingerbewegungen `UIControlEventTouchDown` zur Initialisierung der Geste und `UIControlEventTouchUpInside` oder `-Outside` zum Beenden verwenden. Gegebenenfalls sollten Sie auch das Ereignis `UIControlEventTouchCancel` auswerten. Über dieses Ereignis können Sie Änderungen bei einem Gestenabbruch rückgängig machen.

Die Gestenverarbeitung für Ereignisse lässt sich aber nur sehr schlecht wiederverwenden. Das ist gerade bei komplexen Gesten ungünstig. Für die Gestenverarbeitung gibt es noch andere Möglichkeiten, die dieses Kapitel auch noch vorstellt (siehe Abschnitt 3.2.6).

Ereignisse für Textänderungen

Diese Ereignisse unterstützt derzeit nur die Klasse `UITextField`. Sie können zwar auch hier Action-Methoden mit `UIEvent`-Parametern verwenden. Dafür bekommen Sie hier aber immer `nil` übergeben.

1. `UIControlEventEditingDidBegin` markiert den Beginn der Eingabe in ein Textfeld.
2. `UIControlEventEditingDidChange` zeigt die Änderungen des Textes im Textfeld an.

3. `UIControlEventEditingDidEnd` markiert das Ende der Eingabe in ein Textfeld.
4. `UIControlEventEditingDidEndOnExit` markiert ebenfalls das Ende der Eingabe in ein Textfeld. Das Textfeld sendet dieses Ereignis anscheinend nur, wenn der Nutzer das Textfeld durch Drücken des Return-Knopfes über die Systemfunktion beendet. Leider geht die Apple-Dokumentation auf dieses Ereignis nicht genauer ein.

Ein View, dessen Klasse nicht von `UIControl` abgeleitet ist, kann keine Ereignisse verschicken. Wenn Sie aber ein Ereignis senden möchten, beispielsweise um die Berührung eines Bildes zu verarbeiten, können Sie das Bild einfach in einen View mit der Klasse `UIControl` legen. Sie legen ein solches Control wie einen Clockview an. Ziehen Sie ein Viewobjekt an die gewünschte Stelle, und ändern Sie dessen Klasse im Identitätsinspektor auf `UIControl`. Im Verbindungsinspektor dieses Views finden Sie dann alle beschriebenen Ereignisse.

Sie können aber auch einen Button verwenden, der auch die Anzeige von Bildern unterstützt.

3.2.5 Controlzustände und Buttons

Neben den Ereignissen unterstützen Controls auch drei boolesche Systemzustände. Diese Zustände werden durch eine Bitmaske in der Property `state` des Controls abgebildet.

1. `UIControlStateHighlighted` ist aktiv, solange das Control gedrückt wird. Dieser Zustand kann auch über die Property `highlighted` abgefragt oder gesetzt werden.
2. `UIControlStateDisabled` setzt das Control inaktiv. Es verarbeitet keine Eingaben und versendet auch keine Ereignisse. Diesen Zustand können Sie auch über die Property `enabled` abfragen oder setzen. Der Wert der Property ist dabei aber genau umgekehrt zu dem Wert in der Bitmaske.
3. `UIControlStateSelected` zeigt an, dass das Control ausgewählt ist. Diesen Zustand können Sie auch über die Property `selected` abfragen oder setzen.

Ein Control kann mehrere Zustände gleichzeitig aktiviert haben. Wenn kein Zustand in der Bitmaske gesetzt ist, hat das Control den Zustand `UIControlStateNormal`. Am ausgiebigsten machen Buttons von den Zuständen Gebrauch.

Buttons sind relativ komplexe Controls, die mehrere Darstellungselemente unterstützen. Die Darstellungselemente können Sie in Abhängigkeit zu den Zuständen setzen. Sie können für jede Zustandskombination eine eigene Darstellung festlegen. Außerdem können Sie über die Property `adjustsImageWhen-`

Highlighted zusätzlich festlegen, dass der Button beim Drücken noch einen Glüheffekt anzeigt. Abbildung 3.19 stellt rechts jeweils einen Button im Zustand highlighted ohne und mit Glüheffekt dar.

Abbildung 3.19   Die verschiedenen Darstellungstypen für Buttons

Ein Button kann einen von sechs vordefinierten Darstellungstypen haben, wobei fünf Typen ein festes Aussehen haben (siehe Abbildung 3.19, links) und Sie beim sechsten Typ, UIButtonTypeCustom, das Aussehen selbst bestimmen können.

Ein *Custom-Button* unterstützt drei Darstellungselemente: ein Vorder- und ein Hintergrundbild und einen Titel (siehe Abbildung 3.20). Für den Titel können Sie außerdem noch die Text- und die Schattenfarbe zustandsabhängig setzen. Sie können also über diese fünf Eigenschaften das wesentliche Aussehen des Buttons festlegen, wobei Sie das Bild im Vordergrund und den Titel über *Insets* beliebig positionieren können.

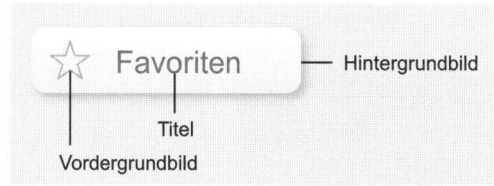

Abbildung 3.20   Die Darstellungselemente eines Buttons

Wenn Sie für eine Zustandskombination eine Darstellungseigenschaft nicht definieren, wird stattdessen die des Normalzustands verwendet. Im Interface Builder können Sie alle Eigenschaften für die einfachen Zustände, aber nicht für Kombinationen aus mehreren Zuständen festlegen. Sie können also beispielsweise das Hintergrundbild für den Zustand *Selected* festlegen aber nicht für *Selected + Highlighted*. Das geht nur über Programmcode.

Durch die Möglichkeit, für die verschiedenen Buttonzustände unterschiedliche Darstellungen festzulegen, können Sie Ihren Apps relativ einfach optisch ansprechende Buttons hinzufügen und damit auch fehlende Buttontypen (beispielsweise Checkboxen) basteln. Die Uhr können Sie auch über einen einrastenden Button anstatt einem Schalter steuern. Das Einrasten wird durch Invertierung des Zustandes *Selected* erreicht. Die Action-Methode `switchAnimation:` müssen Sie wie folgt ändern:

```
- (IBAction)switchAnimation:(UIButton *)inSender {
    inSender.selected = !inSender.selected;
    if(inSender.selected) {
        [clockView startAnimation];
    }
    else {
        [clockView stopAnimation];
    }
}
```

Listing 3.27 Action-Methode für einen einrastenden Button

Natürlich müssen Sie auch die Deklaration der Methode in der Headerdatei entsprechend ändern. Legen Sie im Interface Builder einen Button an, und stellen Sie über dessen Attributinspektor für die Zustände *Default*, *Highlighted* und *Selected* die Titel *ein*, *klick* beziehungsweise *aus* ein.

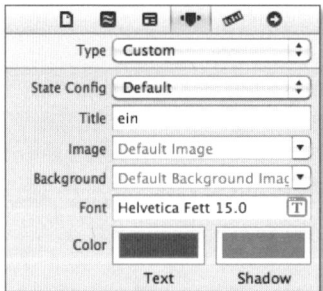

Abbildung 3.21 Der Attributinspektor eines Buttons

Verbinden Sie den Button mit der Action-Methode, indem Sie ein Band vom Button zum FILE'S OWNER ziehen. Wenn Sie das Band dort loslassen, erscheint ein Dialog, in dem Sie die Action-Methode auswählen können. Im Verbindungsinspektor des Buttons können Sie sehen, dass der Interface Builder automatisch die Action-Methode mit dem Ereignis *Touch Up Inside* verbunden hat. Der Button sendet dieses Ereignis, wenn der Finger den Button losgelassen hat.

Nach dem Start des Programms ist die Uhr ausgeschaltet und der Button zeigt die Beschriftung EIN. Wenn Sie den Button drücken, wechselt die Beschriftung auf KLICK und nach dem Loslassen auf AUS. In diesem Zustand verbleibt der Button, und die Uhr läuft.

Durch erneutes Drücken des Buttons wechselt die Beschriftung wieder auf EIN. Der Button hat doch den Zustand *Highlighted*. Warum erscheint hier nicht auch die Beschriftung KLICK? Das liegt daran, dass die Zustände *Highlighted* und *Selected* gesetzt sind. Für diese Zustandskombination haben Sie jedoch keinen Titel festgelegt, sodass der Button den Titel des Zustands *Default* verwendet.

Den Titel für diese Zustandskombination können Sie nicht im Interface Builder festlegen, sondern müssen das im Programmcode machen. Dafür legen Sie ein Outlet auf den Button an. Die Klasse `UIViewController` besitzt eine weitere Methode `viewDidLoad`, die aufgerufen wird, wenn der View geladen wurde.

Da der Button für den Zustand *Selected + Highlighted* den gleichen Titel wie für den Zustand *Selected* verwenden soll, kopiert die Methode den Titel. Dadurch können Sie den Titel allein über den Interface Builder pflegen. Durch diese Änderung zeigt der Button in der oben beschriebenen Situation jetzt auch den Titel KLICK anstatt EIN an.

```
- (void)viewDidLoad {
   [super viewDidLoad];
   NSString *theTitle =
       [switchButton titleForState:UIControlStateHighlighted];
   [switchButton setTitle:theTitle
              forState:UIControlStateSelected |
                       UIControlStateHighlighted];
}
```
Listing 3.28 Initialisierung eines Buttons nach dem Laden des Views

3.2.6 Direkte Gestenverarbeitung

Sie können den Target-Action-Mechanismus für die Gestenverarbeitung einsetzen. Dieses Vorgehen ist aber recht aufwendig, wenn Sie eine Geste wiederverwenden möchten. Cocoa Touch bietet noch andere Möglichkeiten, um Gesten zu verarbeiten.

Damit ein View die Touch-Ereignisse empfängt, müssen Sie dessen Property `userInteractionEnabled` setzen. Cocoa Touch durchsucht in der View-Hierarchie nur diese Views und sendet die Ereignisse an den tiefsten View, unter dem der Berührungspunkt des Fingers liegt. Mit *der tiefste View* ist gemeint, dass es in diesem View keinen weiteren Subview an der Fingerposition mit gesetzter Property `userInteractionEnabled` gibt.

> **Der View muss auch wollen**
>
> Sie können über `userInteractionEnabled` die Touchverarbeitung komplett ausschalten. Wenn Sie diesen Propertywert also auf NO setzen, reagieren weder der View noch seine Subviews mehr auf Berührungen. Dabei ist es egal, ob Sie ein *Control* verwenden oder die Touches direkt oder über eine andere Methodik auswerten. Bei `userInteractionEnabled` = NO ignoriert der View Ihre Berührungen – mögen Sie ihn noch so zärtlich streicheln.

Die Klasse `UIView` stellt zwei Methoden bereit, um den Subview zu bestimmen, der die Gesten verarbeitet. Die Methode `hitTest:withEvent:` bestimmt zu einem Punkt den Subview, der die Gestenverarbeitung übernehmen soll. Sie verwendet dazu die Methode `pointInside:withEvent:`.

Sie entscheidet, ob der angegebene Punkt in dem View liegt oder nicht. Während der Eventparameter bei beiden Methoden `nil` sein darf, müssen Sie den Punkt relativ zu dem Koordinatensystem des Views angeben. Wenn Sie diese Methode aus dem Programmcode aufrufen, müssen Sie also in der Regel den Punkt erst umrechnen.

Die Klasse `UIView` stellt dafür die Methoden `convertPoint:fromView:` und `convertPoint:toView:` bereit. Die erste Methode rechnet den Punkt aus dem Koordinatensystem des zweiten Parameters in das Koordinatensystem des Empfängers um. Bei der zweiten Methode sind die Koordinatensysteme des zweiten Parameters und des Empfängers bei der Berechnung vertauscht.

> **...und raus bist du!**
>
> Wenn Sie die View-Bestimmung für die Gestenverarbeitung anpassen möchten, sollten Sie in Ihren Views die Methode `pointInside:withEvent:` überschreiben. Ein Überschreiben der Methode `hitTest:withEvent:` ist in der Regel nicht notwendig.
>
> Sofern Sie den Propertywert `clipsToBounds` eines Views auf NO setzen, kann jeder Subview des Views über dessen Grenzen hinaus zeichnen. Allerdings empfängt der Subview auch nur da Touches, wo er innerhalb seiner Superviews liegt.

Gestenverarbeitung über Responder

Die Klasse `UIResponder` ist die direkte Oberklasse von `UIView` und `UIViewController`. Sie stellt mehrere Methoden zur Auswertung von Gesten bereit. Die Methoden für die Berührungsgesten haben jeweils zwei Parameter und liefern `void` zurück. Der erste Parameter ist eine Menge von `UITouch`-Objekten, die eine

Fingerberührung auf dem Bildschirm repräsentieren. Der zweite Parameter ist ein `UIEvent`-Objekt.

Der Methodenaufruf von `touchesBegan:withEvent:` leitet eine Gestensequenz ein. Die folgenden Fingerbewegungen erhält der Responder über die Methode `touchesMoved:withEvent:`. Abgeschlossen wird die Geste über einen Aufruf von entweder `touchesEnded:withEvent:` oder `touchesCancelled:withEvent:`. Dabei kennzeichnet ein Aufruf der Methode `touchesCancelled:withEvent:`, dass das System eine Geste abbrechen möchte (siehe dazu die Beschreibung zu `UIControlEventTouchCancel` in Abschnitt 3.2.4).

Diese Methoden sind die Grundlagen der Gestenverarbeitung. Allerdings führt die Verwendung dieser Methoden in der Regel zu einer relativ festen Koppelung von View und Controller. Meistens muss der View das Ergebnis einer Geste an den Controller weiterreichen.

> **Tipp**
>
> Falls Sie eine eigene Gestenverarbeitung über diese Responder-Methoden realisieren möchten, sollten Sie die Kommunikation mit dem Controller über Delegation realisieren. Eine direkte Verwendung von Controller-Eigenschaften im View ist eine Verletzung des MVC-Architekturmusters, weil dadurch der View abhängig von der Controller-Schicht ist. Es ist ja auch nicht besonders schwer, eine Delegate-Property und ein Protokoll zu erstellen.

Gestenverarbeitung über Controls

Eine andere Möglichkeit, einen Controller lose an einen View zu koppeln, ist die Verwendung des Target-Action-Mechanismus. Dafür können Sie eigene Unterklassen von `UIControl` erstellen. Die Klasse `UIControl` stellt ebenfalls vier Methoden zur Gestenverarbeitung bereit. Diese sind den Methoden der Klasse `UIResponder` sehr ähnlich. Die Methoden `beginTrackingWithTouch:withEvent:`, `continueTrackingWithTouch:withEvent:` und `endTrackingWithTouch:withEvent:` erhalten jeweils zwei Parameter, wovon der erste ein Touchobjekt und der zweite der Event ist. Im Gegensatz zu den Respondermethoden erhalten Sie hier also nicht alle Berührungen des Bildschirms als direkte Parameter. Falls Sie eine Mehrfingergeste implementieren möchten, können Sie jedoch alle Berührungen über die Methode `allTouches` des Events abfragen. Außerdem gibt es noch die Methode `cancelTrackingWithEvent:`, die analog zu `touchesCancelled:withEvent:` beim Abbruch einer Geste aufgerufen wird.

Mit der Gestenverarbeitung soll aus der Uhr ein Wecker entstehen. Bei einem analogen Wecker gibt es neben den Zeigern für die Zeitanzeige einen weiteren Zeiger für die Alarmzeit. In der Wecker-App soll der Nutzer diesen Zeiger durch

Berührung und Bewegung mit dem Finger einstellen können. Das Control muss also eine Drehbewegung mit einem Finger auf dem Bildschirm erkennen. Diese Bewegung ähnelt dem Wählen auf einem Telefon mit Wählscheibe. Das Control soll auch die Darstellung des Alarmzeigers übernehmen.

Das Control erhält für die Darstellung der Alarmzeit die Property time. Die Alarmzeit kann über die Methode angle in einen Winkel umgerechnet und über die Methode setAngle: als Winkelwert gesetzt werden. Die Methoden midPoint und pointWithRadius:angle: aus der Klasse ClockView werden in die Kategorie UIView(AlarmClock) ausgelagert, damit sowohl die View- als auch die Control-Klasse sie verwenden können. Die Methode angleWithPoint: berechnet über die C-Funktion atan2 zu einem Punkt im Control den Winkel der Linie, die vom Mittelpunkt zu diesem Punkt führt:

```
-(CGFloat)angleWithPoint:(CGPoint)inPoint {
    CGPoint theCenter = [self midPoint];
    CGFloat theX = inPoint.x - theCenter.x;
    CGFloat theY = inPoint.y - theCenter.y;
    CGFloat theAngle = atan2f(theX, -theY);
    return theAngle < 0 ? theAngle + 2.0 * M_PI : theAngle;
}
```

Listing 3.29 Berechnung des Winkels zu einem Punkt

Der Winkel, den die Funktion atan2 berechnet, liegt zwischen – und . Negative Werte müssen Sie also auf entsprechende positive Werte umrechnen.

Der Zeiger soll sich nur verstellen lassen, wenn die Fingerberührung in der Nähe des Zeigers ist. Dazu überschreiben Sie die Methode pointInside:withEvent:

```
- (BOOL)pointInside:(CGPoint)inPoint
        withEvent:(UIEvent *)inEvent {
    CGFloat theAngle = [self angleWithPoint:inPoint];
    CGFloat theDelta = fabs(theAngle - self.angle);
    return theDelta < 2 * M_PI / 180.0;
}
```

Listing 3.30 Prüfung, ob ein Punkt in der Nähe des Alarmzeigers liegt

Die Variable theDelta enthält den Winkelabstand des Fingers vom Zeiger. Wenn dieser Windel kleiner als 2° ist, soll das Control den Touch verarbeiten.

Zu Beginn der Gestenverarbeitung speichert das Control den alten Winkel in der Property savedAngle. Ansonsten enthält die Begin-, die Continue- und die End-Tracking-Methode den gleichen Code:

```
CGPoint thePoint = [inTouch locationInView:self];
self.angle = [self angleWithPoint:thePoint];
[self setNeedsDisplay];
[self sendActionsForControlEvents: UIControlEventValueChanged];
```
Listing 3.31 Aktualisierung der Daten in den Tracking-Methoden

Die Methoden berechnen jeweils den neuen Winkel, speichern ihn in `angle` und zeichnen den Zeiger neu (Zeilen 1 bis 3). Anschließend lösen sie das Ereignis `UIControlEventValueChanged` aus, das die Action-Methoden aller Target-Objekte aufruft.

In der XIB-Datei können Sie jetzt das Control in den Clock-View legen, wenn Sie dem Control eine transparente Hintergrundfarbe geben. Sie müssen die Property `userInteractionEnabled` des Views auf `YES` setzen, damit die Gesten auch an das Control gesendet werden. Im Beispielprojekt auf der beigelegten DVD ist ein Label mit einem Outlet `timeLabel` angelegt, das die aktuelle Weckzeit als Text anzeigt.

Für die Aktualisierung wird der Ereignistyp *Value Changed* im Interface Builder mit der Methode `updateTimeLabel` verbunden. Sobald Sie den Alarmzeiger bewegen, sendet das Control dieses Ereignis. Die Aktualisierung erfolgt durch folgende Anweisungen:

```
NSInteger theTime = round(clockControl.time / 60.0);
NSInteger theMinutes = theTime % 60;
NSInteger theHours = theTime / 60;
timeLabel.text = [NSString stringWithFormat:@"%d:%02d", theHours, th
eMinutes];
```
Listing 3.32 Erzeugung einer Zeichenkette aus einer Zeit

Dem Wecker fehlt jetzt nur noch die Weckfunktion, also das Klingeln. Das behandelt Abschnitt 3.3.

Gestenverarbeitung über Gesturerecognizer

Mit der iOS-Version 3.2[2] beziehungsweise 4.0 hat Apple eine weitere Möglichkeit der Gestenverarbeitung eingeführt. Die Klasse `UIGestureRecognizer` ermöglicht eine Implementierung von Gestensteuerungen, die von den Views getrennt ist. Damit können Sie jede beliebige Gestenverarbeitung zu jedem View hinzufügen. Die Darstellung und die Eingabeverarbeitung eines Views werden also durch Gesturerecognizers vollkommen unabhängig voneinander oder auch *orthogonal*.

---

[2] Diese Version war auf das iPad beschränkt. Für alle anderen Gerätetypen gibt es die Gesturerecognizer erst ab iOS 4.0.

Die Klasse `UIView` bietet zwei Methoden und eine Property zum Verwalten von Gesturerecognizern an. Mit `addGestureRecognizer:` fügen Sie einem View einen neuen Gesturerecognizer hinzu, den Sie mit `removeGestureRecognizer:` wieder entfernen können. Mit der Property `gestureRecognizers` können Sie alle Gesturerecognizers des Views abfragen oder auf einmal setzen. Mit Xcode 4.2 können Sie die Gesture-Recognizer auch direkt über den Interface Builder zu Ihren Views hinzufügen.

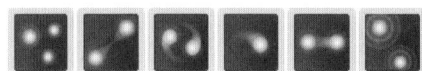

Abbildung 3.22   Die Gesturerecognizer in Xcode 4.2

Das UIKit bietet schon eine Reihe fertiger Gesturerecognizer. Die Klassen sind in der gleichen Reihenfolge wie die Icons in Abbildung 3.22 aufgeführt.

1. `UITapGestureRecognizer` erkennt einzelne oder mehrere Berührungen des haltenden Views. Sie können sowohl die notwendige Tap-Zahl als auch die Anzahl der beteiligten Finger zur Auslösung vorgeben.
2. `UIPinchGestureRecognizer` erkennt die Bewegung von zwei Fingern aufeinander zu oder voneinander weg. Diese Geste wird meistens zum Heraus- beziehungsweise Hereinzoomen verwendet.
3. `UIRotationGestureRecognizer` erkennt die Bewegung von zwei sich umeinander drehenden Fingern, wie sie meist für die Rotation von Bildern eingesetzt wird.
4. `UISwipeGestureRecognizer` erkennt Wischbewegungen. Sie können die Anzahl der beteiligten Finger angeben, aber damit nur die Richtung und keine Distanzen auswerten.
5. `UIPanGestureRecognizer` erkennt Verschiebe-Bewegungen in einem View. Sie können damit beispielsweise das Verschieben eines Views innerhalb eines anderen durchführen (*Dragging*). Auch bei diesem Gesturerecognizer können Sie die Anzahl der beteiligten Finger vorgeben.
6. `UILongPressGestureRecognizer` erkennt längere Berührungen des zugrunde liegenden Views. Diese Gestenauswertung wird häufig eingesetzt, wenn ein View unterschiedliche Gestenarten unterstützen soll. Beispielsweise können Sie eine Karte scrollen und durch längeres Drücken einen Pin setzen. Auch bei diesem Gesturerecognizer können Sie die Anzahl der beteiligten Finger einschränken. Außerdem können Sie eine minimale Dauer für die Berührungslänge wählen.

Sie können auch eigene Unterklassen der Klasse `UIGestureRecognizer` schreiben und so eine eigene Gestenverarbeitung implementieren. Dafür werden die gleichen Methoden verwendet, die auch die Klasse `UIResponder` bereitstellt. Zusätzlich gibt es eine Methode `reset`. Sie können diese Methode überschreiben, um nach dem Abschluss einer Geste Ihren Gesturerecognizer für die nächste Geste zurückzusetzen.

Gesturerecognizer unterstützen wie Controls den Target-Action-Mechanismus – allerdings ohne Ereignistypen. Sie können über die Methode `addTarget:action:` eine neue Aktion hinzufügen, die Sie mit `removeTarget:action:` auch wieder entfernen können.

Das Beispielprojekt verwendet einen `UILongPressGestureRecognizer`, um die Alarmzeit zusätzlich zur Zeigerdrehung einstellen zu können. Wenn Sie länger als vier Zehntelsekunden das Ziffernblatt mit einem Finger berühren, wird der Alarmzeiger eingeschaltet und an der Position des Fingers angezeigt.

In der Methode `viewDidLoad` erstellen Sie einen neuen Gesturerecognizer und fügen ihn dem Control hinzu:

```objc
UILongPressGestureRecognizer *theRecognizer =
  [[UILongPressGestureRecognizer alloc] initWithTarget:self
    action:@selector(updateAlarmHand:)];
[self.clockControl addGestureRecognizer:theRecognizer];
[theRecognizer release];
```

Listing 3.33 Erzeugung eines Gesturerecognizers

Die Action-Methode eines Gesturerecognizers hat entweder keinen oder genau einen Parameter. In diesem Parameter bekommen Sie den Gesturerecognizer übergeben, und er sollte dessen Typ haben. Die Action-Methode für den Wecker muss die Position des Fingers auslesen. Dazu bietet die Klasse `UIGestureRecognizer` die Methode `locationInView:`, mit der Sie die Fingerposition relativ zu dem Koordinatensystem eines Views berechnen können.

Die Action-Methode `updateClockHand:` können Sie jetzt folgendermaßen implementieren:

```objc
-(void)updateAlarmHand:(UIGestureRecognizer *)inRecognizer {
    CGPoint thePoint =
        [inRecognizer locationInView:clockControl];
    CGFloat theAngle =
        [self.clockControl angleWithPoint:thePoint];
    self.clockControl.angle = theAngle;
    [self.clockControl setNeedsDisplay];
    self.alarmSwitch.on = YES;
    [self updateAlarm];
}
```

Listing 3.34 Action-Methode zur Aktualisierung des Alarmzeigers

Die Qual der Wahl

Sie haben drei Möglichkeiten zur Gestenverarbeitung kennengelernt. Welche ist denn nun die beste? Das hängt natürlich von dem Anwendungsfall ab. Tabelle 3.1 listet die verschiedenen Möglichkeiten für die Gestenverarbeitung auf.

Gestenverarbeitung	Vor- und Nachteile
Überschreiben der Respondermethoden	Vorteile 1. Gestenverarbeitung auch im Viewcontroller und nicht nur im View möglich. 2. Auswertung mehrerer unterschiedlicher Gesten innerhalb eines Views Nachteile 1. Gefahr der Verletzung des MVC-Musters: Abhängigkeit des Views vom Controller
Unterklasse von `UIControl`	Vorteile 1. Nutzung des Target-Action-Mechanismus und dadurch keine Abhängigkeit des Views vom Viewcontroller 2. Nutzung der Action-Connections im Interface Builder 3. Hohe Wiederverwendbarkeit möglich Nachteile 1. Keine eigenen Eventtypen
Unterklasse von `UIGestureRecognizer`	Vorteile 1. Gestenverarbeitung komplett von der Darstellung getrennt 2. Viele fertige Recognizer vorhanden 3. Höchster Wiederverwendungsgrad, da die Gestenerkennung komplett von der Darstellung getrennt ist Nachteile 1. Erst ab iOS 3.2

Tabelle 3.1 Vor- und Nachteile verschiedener Möglichkeiten zur Gestenerkennung

Der Hauptnachteil bei der Verwendung der Respondermethoden, die enge Koppelung des Views an den Viewcontroller, kann natürlich auch bei undurchdachter Implementierung der anderen Verfahren auftreten. Bei der Verwendung des Respondermechanismus tappen jedoch viele Programmierer in diese Falle. Sie können eine starke Koppelung jedoch über Delegation vermeiden.

3.2.7 Übergänge

Mit iOS 5 und den Storyboards hat Apple auch *Segues* (Übergänge) eingeführt. Diese Objekte beschreiben einen Übergang von einem Viewcontroller zu einem anderen. Übergänge haben somit als Verbindungstyp im Interface Builder einen sehr eingeschränkten Anwendungsbereich. Andererseits können Sie darüber schon im Interface Builder eine Verknüpfung zwischen den UI-Elementen und den Views festlegen. Deswegen nennt Apple diese neuen Beschreibungsdateien für die Views auch *Storyboards*.

Um die Funktionsweise der Übergänge zu veranschaulichen, erstellen Sie dafür ein kleines Projekt. Sie finden es unter dem Namen *Segue* auch auf der beiliegenden DVD. Legen Sie dazu in Xcode ein neues iPad-Projekt des Typs *Single View Application* an, und geben Sie an, dass dieses Projekt ein Storyboard verwenden soll. Öffnen Sie das Storyboard, und legen Sie einen neuen Button in den dort angezeigten View. Danach ziehen Sie einen neuen Viewcontroller (siehe Abbildung 3.23) auf die Zeichenfläche des Storyboards.

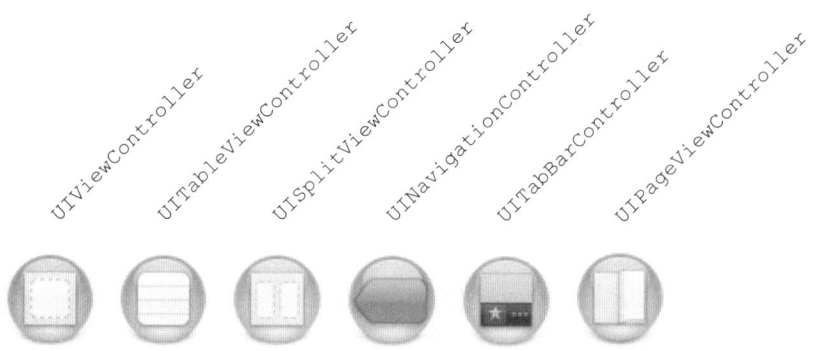

Abbildung 3.23 Die Viewcontroller im Interface Builder

Als Nächstes legen Sie einen Übergang an, indem Sie bei gedrückter rechter Maustaste ein Gummiband vom Button zu dem neuen Viewcontroller ziehen. Nachdem Sie in dem schwarzen Dialog den Eintrag `performSegueWith-Identifier:sender:` ausgewählt haben, zeigt der Interface Builder zwischen den Viewcontrollern einen grauen Pfeil mit einem Symbol in der Mitte an. Im Attributinspektor dieses Segues können Sie jetzt festlegen, wie der Übergang erfolgen soll. Wählen Sie unter STYLE die Option MODAL und unter PRESENTATION den Punkt FORM SHEET aus (siehe Abbildung 3.24).

3 | Aufwachen – analoger Wecker

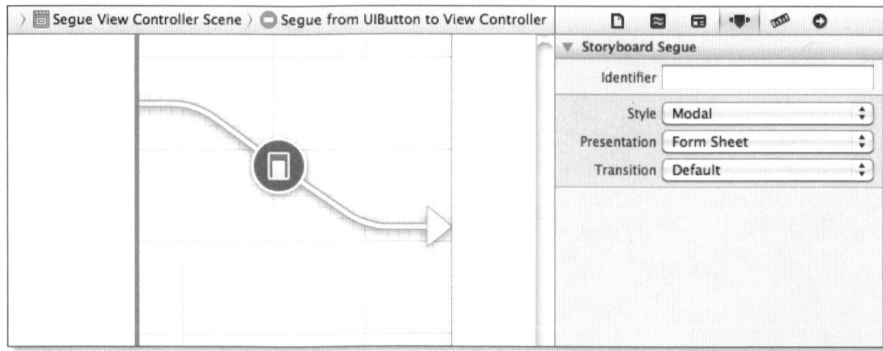

Abbildung 3.24 Ein Übergang zwischen zwei Viewcontrollern

Starten Sie das Projekt im Simulator, und klicken Sie den Button. Der Simulator graut die weiße Fläche aus und schiebt von unten ein weißes Rechteck auf den Bildschirm. Dieses Rechteck ist der neue Viewcontroller, den Sie im Storyboard angelegt haben.

Mit dieser Konfiguration zeigt die App ihn als modalen Dialog an. Wählen Sie nun im Attributinspektor des Segues den Stil POPOVER. Wenn Sie nun Ihr Programm starten, stürzt es mit der Meldung

```
*** Terminating app due to uncaught exception 'NSGenericException',⏎
reason: '-
[UIPopoverController dealloc] reached while popover is still visible.'
```

ab. Das liegt daran, dass Ihnen der Segue einen weiteren Controller für Ihr Popover angelegt hat, Ihr Programm ihn aber nicht hält. Er liegt nur im Autoreleasepool, und deshalb räumt ihn Cocoa Touch am Ende der Runloop gnadenlos weg. Um dieses Problem zu umgehen, legen Sie eine private Property popoverController mit der Klasse UIPopoverController an. In der Methode prepareForSegue:sender: können Sie dann den neu erzeugten Popovercontroller in der Property ablegen. Diese Methode ruft das Segueobjekt auf, bevor es den neuen Viewcontroller anzeigt:

```
#import "SegueViewController.h"

@interface SegueViewController()
@property (nonatomic, strong)
    UIPopoverController *popoverController;
@end

@implementation SegueViewController
```

```
@synthesize popoverController;
- (void)prepareForSegue:(UIStoryboardSegue *)inSegue
    sender:(id)inSender {
    if([inSegue respondsToSelector:
        @selector(popoverController)]) {
        self.popoverController =
            [(id)inSegue popoverController];
    }
}
@end
```

Listing 3.35 Zuweisung des Popover-Controllers

In Listing 3.35 befindet sich die Zuweisung in einem If-Block. Dadurch führt die Methode die Zuweisung nur aus, wenn das Segueobjekt eine Methode `popoverController` besitzt. Mit dieser Abfrage können Sie jederzeit und ohne Änderungen am Programmcode wieder auf einen modalen Übergang zurückschalten. Die Methode `prepareForSegue:sender:` ruft Cocoa Touch für jeden Übergang des Viewcontrollers auf. Wenn Sie also mehrere Segueobjekte zu einem Viewcontroller anlegen, müssen Sie diese auch unterscheiden können. Das können Sie über die String-Property `identifier` machen, die Sie im Attributinspektor des Segues setzen können. Sie können Übergänge auch im Code über die Methode `performSegueWithIdentifier:sender:` auslösen. Im Beispielprogramm *Segue* geschieht das in der Methode `performSegue:`

```
- (IBAction)performSegue:(id)inSender {
    [self performSegueWithIdentifier:@"dialog"
        sender:inSender];
}
```

Listing 3.36 Auslösung eines Übergangs

Auf Popover- und die anderen Viewcontroller-Arten gehen die beiden nächsten Kapitel noch genauer ein.

3.2.8 Der Lebenszyklus eines Viewcontrollers

Der Viewcontroller verwaltet den View. Er lädt also die NIB-Datei und erzeugt den View. Wie aber wird ein Viewcontroller erzeugt?

In Ihrem Projekt befindet sich eine weitere XIB-Datei, *MainWindow.xib*. Wenn Sie diese Datei öffnen, finden Sie darin drei Objekte.

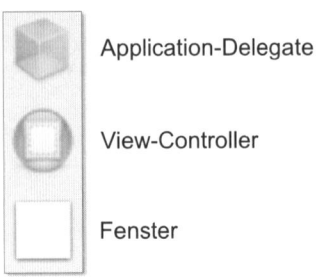

Abbildung 3.25 Die Objekte in »MainWindow.xib«

Der Viewcontroller und das Application-Delegate werden über eine NIB-Datei erzeugt. Die Datei *MainWindow.nib* wird beim Programmstart automatisch mit dem Singleton UIApplication als *File's Owner* geladen.

> **Storyboards**
>
> Mit den Storyboards in iOS 5 hat Apple dieses Vorgehen geändert. Die Funktion UIApplicationMain() erzeugt das Application-Delegate, weswegen der Klassenname als vierter Parameter im Funktionsaufruf in der Datei *main.m* steht. Das Fenster erzeugt die Applikation automatisch mit dem Storyboard und weist es dem Delegate zu.

Sie können übrigens Objekte von beliebigen Klassen in einer NIB-Datei ablegen. Wenn Sie diese Objekte nach der Erzeugung initialisieren möchten, sollte deren Klasse eine Initialisierungsmethode init oder initWithCoder: besitzen, oder Sie schreiben den Initialisierungscode in die Methode awakeFromNib. Zu beliebigen Objekten in NIB-Dateien folgen später noch Beispiele.

> **Tipp**
>
> Wenn Sie einen Viewcontroller über eine NIB-Datei erzeugen, dann sollten Sie unbedingt auf zwei Dinge achten. Erstens müssen Sie im Identitätsinspektor die Klasse des Viewcontrollers setzen. Andernfalls wird für den Viewcontroller ein Objekt mit der Klasse UIViewController erzeugt. Zweitens sollten Sie im Attributinspektor die richtige XIB-Datei mit dem passenden View auswählen.

Sie haben bereits einige Methoden kennengelernt, die Cocoa Touch zu bestimmten Zeitpunkten im Leben eines Viewcontrollers aufruft. Wenn Sie beispielsweise die Methode viewDidAppear: überschreiben, können Sie eigenen Programmcode ausführen, unmittelbar nachdem der View des Viewcontrollers zur Anzeige gebracht wurde. Cocoa Touch benachrichtigt Sie also über ein bestimmtes Ereignis, das Ihren Viewcontroller betrifft. In Abbildung 3.26 ist der komplette Lebenszyklus eines Viewcontrollers anhand seiner Initialisierungs- und Benachrichtigungsmethoden sowie der Property `view` dargestellt. Bis auf die Property `view` dürfen Sie aber keine dieser Methoden direkt aufrufen. Sie dürfen sie nur überschreiben.

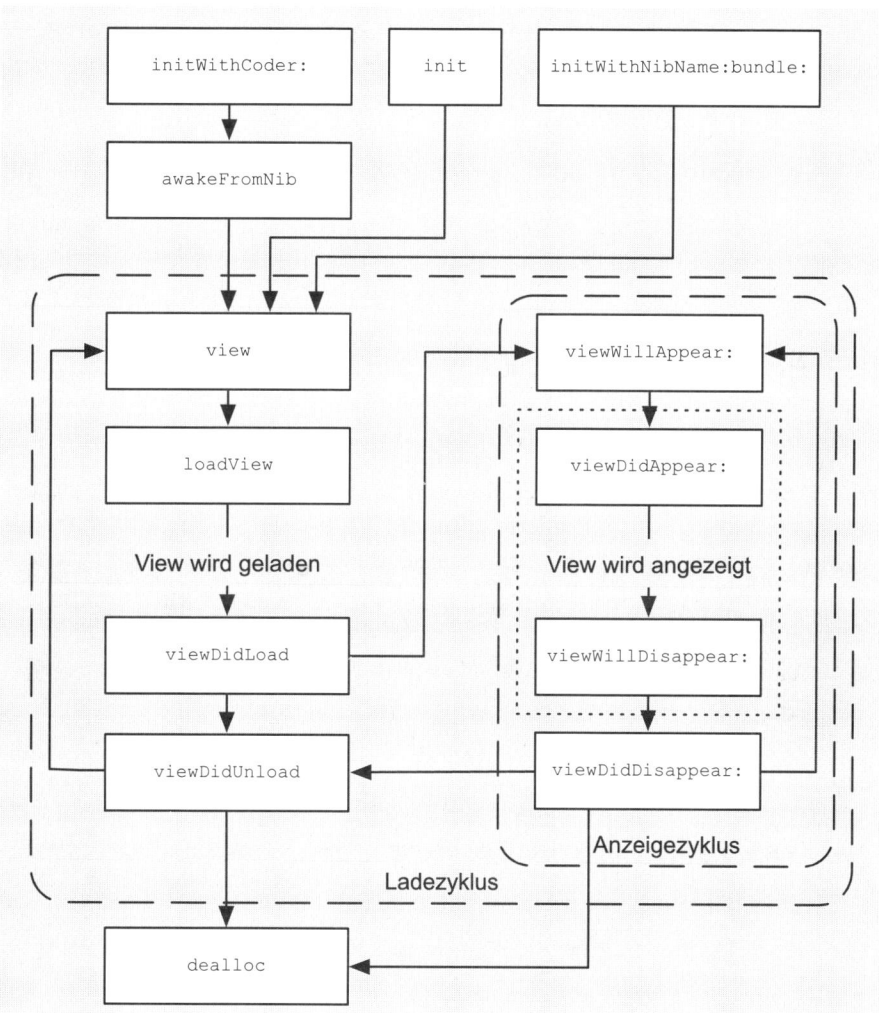

Abbildung 3.26 : Der Lebenszyklus eines Viewcontrollers

Die Methoden `initWithCoder:` und `awakeFromNib` kennen Sie ja bereits von den View-Klassen. Diese Methoden kommen zum Zuge, wenn Sie den Viewcontroller in einer NIB-Datei oder einem Storyboard erzeugen.

Sie können einen Viewcontroller auch aus Ihrem Programmcode erzeugen. Dazu dienen die Methoden `init` und `initWithNibName:bundle:`. Wenn Sie `init` verwenden, müssen Sie entweder die Methode `loadView` implementieren, oder die NIB-Datei des Viewcontrollers muss bis auf die Dateiendung genauso wie die Klasse Ihres Viewcontrollers heißen. Wenn sie allerdings einen anderslautenden Namen haben soll, sollten Sie stattdessen die Initialisierungsmethode `initWithNibName:bundle:` verwenden, wobei Sie für den Bundle-Parameter `nil` verwenden können.

Wenn Sie Ihr Viewcontroller-Objekt erzeugen, laden Sie gewöhnlich noch nicht dessen View. Das Überschreiben der Methode `awakeFromNib` ist also in vielen Fällen sinnlos, da aufgrund des fehlenden Views noch nicht alle Outlets initialisiert sind. Es sind nur die Outlets gesetzt, die in die NIB-Datei verweisen, die den Viewcontroller erzeugt. Beispielsweise erzeugt die Datei *MainWindow.xib* den Viewcontroller `AlarmClockViewController`. Wenn Sie von dessen Objekt innerhalb von *MainWindow.xib* ein Outlet zu einem anderen Objekt ziehen, ist dieses Outlet bereits in der Methode `awakeFromNib` gesetzt.

Der Viewcontroller lädt den View beim ersten Zugriff auf die Property `view`. Das geschieht vor der ersten Anzeige des Views. Sie können aber auch das Laden erzwingen, indem Sie die Property auslesen. Sie können dafür Ihrem Viewcontroller beispielsweise die folgende Methode hinzufügen:

```
-(void)forceLoadView {
    self.view;
}
```

Listing 3.37 Methode zum Laden des Views eines Viewcontrollers

Der Zugriff auf die Property in Zeile 2 erzwingt das Laden des Views. Den Ladezustand des Views erfragen Sie über die Methode `isViewLoaded`.

Die Methode `loadView` lädt den View aus der NIB-Datei. Sie können diese überschreiben, um den View durch Code zu erzeugen. Dazu weisen Sie der Property `view` einfach Ihren erstellten View zu. In diesem Fall sollten Sie aber nicht die Methode in der Oberklasse aufrufen. Cocoa Touch ruft nach dem Laden des Views die Methode `viewDidLoad` auf, die Sie ja auch bereits kennengelernt haben.

> **Tipp**
>
> Wenn Sie Ihren Viewcontroller oder dessen View nach dem Laden initialisieren möchten, sollten Sie dazu die Methode `viewDidLoad` überschreiben. Wegen der fehlenden Outlet-Verbindungen ist die Methode `awakeFromNib` ist in den meisten Fällen nicht dafür geeignet. Die Methode `loadView` ist zum Laden des Views gedacht und sollte auch nur dafür überschrieben werden.

Sie können jetzt Ihren Viewcontroller beliebig oft anzeigen und wieder verschwinden lassen. In diesen *Anzeigezyklen* ruft Cocoa Touch `viewWillAppear:`, `viewDidAppear:`, `viewWillDisappear:` und `viewDidDisappear:`, die Sie bereits kennengelernt haben, auf. Das nächste Kapitel stellt mehrere Möglichkeiten vor, Viewcontroller anzuzeigen und wieder verschwinden zu lassen.

Ein Viewcontroller muss seinen View nicht unbedingt im Hauptspeicher halten, falls er gerade nicht angezeigt wird. Cocoa Touch gibt den View bei knappem Speicher frei und ruft danach die Methode `viewDidUnload` auf. Diese Methode bildet somit das Gegenstück zu `viewDidLoad`. Sie sollten sie überschreiben, um Outlets auf `nil` zu setzen. Der Viewcontroller bleibt aber auch nach einem Aufruf von `viewDidUnload` im Hauptspeicher der App. Wenn auf dessen Property `view` zugegriffen wird, beginnt der Ladezyklus von vorne.

> **Tipp**
>
> Die Methoden `viewDidLoad` und `viewDidUnload` sollten Sie immer so implementieren, dass sie mehrmals aufgerufen werden können. Sie sollten also alle Ressourcen und besonders alle Outlets freigeben, die Sie über `loadView` oder in `viewDidLoad` angelegt haben. Achten Sie aber darauf, dass Sie in `viewDidUnload` keine Ressourcen oder Outlets freigeben, die bereits vor `loadView` erzeugt wurden. Diese Objekte können ja durch `loadView` oder `viewDidLoad` nicht wiederhergestellt werden.
>
> Sie können die Funktionsweise übrigens auch gut im Simulator testen. Rufen Sie dazu einfach den Menüpunkt HARDWARE • SPEICHERWARNHINWEIS SIMULIEREN auf.

3.3 Lokale Benachrichtigungen

Dem Wecker fehlt jetzt nur noch ein Alarmton, der zur gewählten Zeit erklingt. Sie können natürlich die Zeitdifferenz zum aktuellen Zeitpunkt berechnen und einen Timer starten. Dieser ruft nach Ablauf der Zeit eine Methode auf, die einen Ton abspielt. Das funktioniert aber nur, wenn Ihr Programm die ganze Zeit im Vordergrund weiterläuft. Sie können also Ihr iPhone in der Zwischenzeit nur eingeschränkt nutzen.

Das Beispielprogramm verwendet stattdessen lokale Benachrichtigungen, die Apple mit iOS 4.0 eingeführt hat. Das sind zeitgesteuerte Ereignisse, die durch das Betriebssystem zu einem bestimmten Zeitpunkt ausgelöst werden. Eine lokale Benachrichtigung kann beim Auslösen eine Alertbox auf dem Bildschirm anzeigen, eine Audiodatei abspielen oder die *Badgenummer* auf einen festen Wert setzen. Badgenummern sind die Zahlen in einem roten Kreis am App-Icon, die viele Apps (z. B. *Mail*) verwenden. Lokale Benachrichtigungen funktionieren auch, wenn Sie Ihre App in den Hintergrund schicken oder sogar stoppen. Die

Nachricht erscheint aber nicht, wenn die App im Vordergrund läuft. Stattdessen wird eine Methode im Application-Delegate aufgerufen.

Abbildung 3.27 Anzeige einer lokalen Benachrichtigung

Sie definieren eine neue Benachrichtigung, indem Sie ein Objekt der Klasse `UILocalNotification` erzeugen und den Auslösezeitpunkt setzen. Außerdem müssen Sie einen Nachrichtentitel und -text angeben, wenn Sie eine Alertbox anzeigen lassen wollen. Für den Benachrichtigungston und die Badgenummer sind ebenfalls entsprechende Methoden vorhanden. Die neue Benachrichtigung wird dann in die Verarbeitungswarteschlange eingefügt. Sie können auf diese Warteschlange über das Singleton `UIApplication` zugreifen.

3.3.1 Benachrichtigungen versenden ...

Die Methode `scheduleLocalNotification:` fügt eine Benachrichtigung in die Warteschlange ein, und `cancelLocalNotification:` entfernt sie wieder daraus. Die Methode `cancelAllLocalNotifications` entfernt alle Benachrichtigungen der App aus der Warteschlange. Über die Property `scheduledLocalNotifications` können Sie alle Benachrichtigungen aus der Warteschlange auslesen und ab iOS 4.2 auch setzen. Sie können in der Warteschlange aber nur auf die Benachrichtigungen Ihrer App zugreifen. Der Zugriff auf die Benachrichtigungen anderer Apps ist nicht möglich.

Die Methode `createAlarm` in der Klasse `AlarmClockViewController` erzeugt eine neue Benachrichtigung:

```
- (void)createAlarm {
    UIApplication *theApplication =
        [UIApplication sharedApplication];
    UILocalNotification *theNotification =
        [[UILocalNotification alloc] init];
    NSTimeInterval theTime = self.startTimeOfCurrentDay +↪
                    clockControl.time;
    while(theTime < [NSDate timeIntervalSinceReferenceDate]) {
        theTime += kSecondsOfDay / 2.0;
    }
```

```
    [theApplication cancelAllLocalNotifications];
    theNotification.fireDate =
        [NSDate dateWithTimeIntervalSince ReferenceDate:theTime];
    theNotification.timeZone = [NSTimeZone defaultTimeZone];
    theNotification.alertBody = @"Aufwachen";
    theNotification.soundName = UILocalNotificationDefaultSoundName;
    [theApplication scheduleLocalNotification:theNotification];
    [theNotification release];
}
```

Listing 3.38 Erzeugung einer lokalen Benachrichtigung

Zuerst muss die Methode die Alarmzeit in ein `NSDate`-Objekt umwandeln. Die Alarmzeit liegt als relative Zeit zum Beginn des aktuellen Tages oder der letzten Mittagszeit vor, da das Ziffernblatt nur 12 und nicht 24 Stunden umfasst. Die Berechnung erfolgt nun so, dass zu der Startzeit des Tages die Alarmzeit hinzugerechnet wird. Solange diese Zeit noch kleiner als die aktuelle Zeit ist, werden jeweils die Sekunden eines halben Tages hinzugezählt. Für die Berechnung wurde eine Konstante `kSecondsOfDay` mit der Anzahl der Sekunden eines Tages definiert. Bevor aber die neue Alarmzeit gesetzt wird, müssen Sie die eventuell vorhandenen Benachrichtigungen aus der Warteschlange löschen. Als Alarmton wird der Systemton für Benachrichtigungen verwendet.

Die Methode `startTimeOfCurrentDay` berechnet den Startzeitpunkt des Tages zu der aktuellen Uhrzeit. Dazu verwenden Sie einen Kalender, mit dem Sie das aktuelle Datum ohne Uhrzeit in einem `NSDateComponents`-Objekt berechnen lassen. Da alle Zeitkomponenten auf 0 stehen, hat dieses Objekt die Uhrzeit 0:00 Uhr. Sie brauchen es also nur über den Kalender wieder in ein `NSDate`-Objekt zurückrechnen lassen:

```
- (NSTimeInterval)startTimeOfCurrentDay {
    NSCalendar *theCalendar = [NSCalendar currentCalendar];
    NSDateComponents *theComponents =
        [theCalendar components:NSYearCalendarUnit |
                                NSMonthCalendarUnit |
                                NSDayCalendarUnit
                       fromDate:[NSDate date]];
    NSDate *theDate =
        [theCalendar dateFromComponents:theComponents];

    return [theDate timeIntervalSinceReferenceDate];
}
```

Listing 3.39 Berechnung des Startzeitpunktes des aktuellen Tages

Damit haben Sie den Versand einer lokalen Benachrichtigung abgeschlossen. Denken Sie beim Ausprobieren der App aber daran, dass sie die Benachrichtigungen nicht anzeigt, wenn die App im Vordergrund läuft. Sie sollten die App also vor der Versendung über den Home-Button des Simulators in den Hintergrund schicken oder sie über Xcode stoppen.

3.3.2 ... und verarbeiten

Durch eine lokale Benachrichtigung können Sie folgende Ereignisse auslösen. Sie können

- eine Nachricht anzeigen lassen,
- einen Klang mit einer maximalen Länge von 30 Sekunden abspielen und
- die Markierungszahl (die *Badgenummer*) am Icon der Applikation im Springboard auf einen festen Wert setzen.

Die lokale Benachrichtigung kann aber leider nicht Ihre Applikation automatisch in den Vordergrund bringen. Entweder ist sie bereits im Vordergrund, oder es erscheint die Alertbox, wenn Sie einen Nachrichtentext angeben. Ohne Nachrichtentext zeigt sie auch keine Alertbox an, sondern löst nur die anderen Ereignisse aus. Um die App zu aktivieren, muss der Nutzer den rechten Button ANZEIGEN in der Alertbox betätigen.

Wenn die App im Vordergrund läuft, informiert Cocoa Touch Sie direkt über das Auftreten einer lokalen Benachrichtigung. Das geschieht über die Methode `application:didReceiveLocalNotification:` im Application-Delegate. Das Betriebssystem ruft diese Methode auch auf, wenn die App nicht oder im Hintergrund lief und der Nutzer den Anzeige-Button gedrückt hat. Sie können also diese Methode nutzen, um auch dann eine Nachricht anzuzeigen, wenn die App bereits aktiv ist. Mit dieser Methode können Sie die Benachrichtigung manuell verarbeiten. Das Beispielprogramm soll auch eine Alertbox anzeigen und einen Ton abspielen.

Allerdings sollten Sie die Alertbox auch nur dann anzeigen, wenn die App bereits aktiv war. Sie können diese Unterscheidung über die Property `applicationState` des Singletons `UIApplication` machen. Die Nachricht zeigen Sie über eine Alertbox an. Dazu verwenden Sie die Klasse `UIAlertView`.

```
- (void)application:(UIApplication *)inApplication
    didReceiveLocalNotification:
        (UILocalNotification *)inNotification {
    if(inApplication.applicationState ==
        UIApplicationStateActive) {
```

```
        UIAlertView *theAlert =
            [[UIAlertView alloc] initWithTitle:nil
                message:inNotification.alertBody
                delegate:nil cancelButtonTitle:@"OK"
                otherButtonTitles:nil];
        [theAlert show];
        [theAlert release];
    }
}
```

Listing 3.40 Anzeige einer Alertbox beim Empfang einer Benachrichtigung

Sie können den Systemton für lokale Benachrichtigungen leider nicht selbst in Ihrem Programm abspielen. Es gibt dafür keine Funktion, die genau diesen Klang ertönen lässt. Die Applikation soll stattdessen einen anderen Ton abspielen. Das Klingeln eines mechanischen Weckers passt hier sehr gut.

Wenn Sie eigene Töne für eine lokale Benachrichtigung verwenden wollen, müssen diese laut Dokumentation als 16-Bit-Little-Endian-PCM-Audiodaten vorliegen. Die Länge des Tons darf nicht größer als 30 Sekunden sein, und die Datei sollte im *Core-Audio-Format* mit der Endung *.caf* vorliegen. Unter Mac OS X gibt es das Kommandozeilenprogramm afconvert, mit dem Sie eine Audiodatei in dieses Format konvertieren können. Der Aufruf dafür ist:

`/usr/bin/afconvert -f caff -d LEI16 {Eingabedatei} {Ausgabedatei}`

Der Parameter {Eingabedatei} ist die Datei mit dem Ton im Ursprungsformat, und das Programm schreibt den konvertierten Klang in die Datei {Ausgabedatei}. Liegt der Klingelton für den analogen Wecker beispielsweise als WAV-Datei vor, können Sie ihn mit

`/usr/bin/afconvert -f caff -d LEI16 ringtone.wav ringtone.caf`

in eine CAF-Datei konvertieren.

Bevor Sie den Klang verwenden können, müssen Sie diesen als Ressource zu Ihrem Projekt hinzufügen. Dazu ziehen Sie einfach die gewünschte Datei auf die Gruppe Supporting Files in der Navigatorspalte des Projekts. Sie sollten im folgenden Dialog darauf achten, dass Xcode die Datei auch in das Projekt kopiert. Setzen Sie dazu das Häckchen in der Checkbox Destination. Sie können anschließend den Systemton bei der Erzeugung der lokalen Benachrichtigung durch die Sounddatei ersetzen, indem Sie den Dateinamen ohne Pfadangabe verwenden.

Im Gegensatz zu einem Systemton können Sie diesen Klang auch über Funktionen aus der Audio-Toolbox abspielen. Dazu müssen Sie allerdings dieses Framework einbinden. Wählen Sie dazu zunächst das Target der App aus. Ein Xcode-

Projekt kann mehrere Produkte (zum Beispiel Apps oder Frameworks) verwalten. Jedes Produkt hat dabei sein eigenes Target. Es legt die Dateien und Regeln zur Erstellung des jeweiligen Produkts fest. Sie erreichen das Target, wenn Sie in der linken Navigationsspalte das Projekt auswählen. Daneben erscheint eine Spalte mit dem Abschnitt TARGETS. Wählen Sie dort das Target ALARMCLOCK aus (siehe Abbildung 3.28, links).

Im Hauptfenster befindet sich dann ein Tabulator BUILD PHASES mit dem Abschnitt LINK BINARY WITH LIBRARIES. Öffnen Sie diesen Punkt durch einen Klick auf das entsprechende Dreieck. Sie können dem Target über das Plus-Zeichen neue Frameworks hinzufügen. Selektieren Sie im Dialog den Eintrag AUDIOTOOLBOX.FRAMEWORK, und klicken Sie auf den Button ADD.

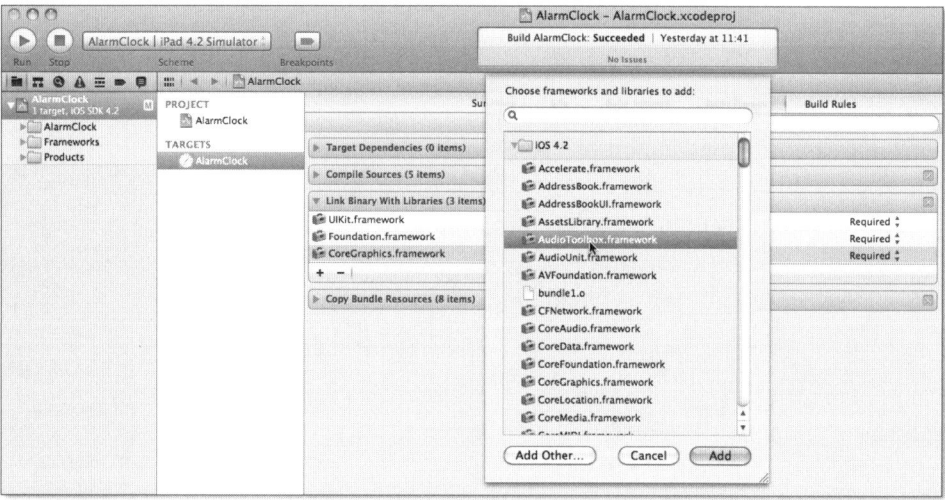

Abbildung 3.28 So fügen Sie ein Framework zu einem Target hinzu.

Wenn Sie ein Framework einbinden, fügt Xcode sowohl die Binärdateien mit den entsprechenden Klassen, Methoden und Funktionen als auch die entsprechenden Suchpfade für Headerdateien mit den Deklarationen zum Projekt hinzu. Dabei liegen die Headerdateien immer unterhalb eines virtuellen Ordners mit dem Namen des Frameworks.

In der Regel hat jedes Framework von Apple eine Headerdatei mit dem Namen des Frameworks. Über diese Datei können Sie alle Header des Frameworks auf einmal einbinden. Da Sie die Audio-Toolbox im Application-Delegate verwenden möchten, müssen Sie also dort den Header dieses Frameworks über die Direktive

```
#import <AudioToolbox/AudioToolbox.h>
```

einbinden.

Das Abspielen des Tons erfolgt in zwei Schritten. Zuerst muss ihn die App aus der Datei laden. Sie erhalten dabei einen Verweis auf den Ton, mit dem Sie ihn beliebig oft abspielen können. Wenn Sie ihn nicht mehr benötigen, sollten sie den Ton über diesen Verweis wieder freigeben.

Der Verweis auf den Ton ist eine vorzeichenlose Zahl, die das Application-Delegate über die Property `soundId` verwaltet. Das Delegate soll den Ton aber nur einmal laden, und das nur dann, wenn es ihn braucht. Dies erfolgt in dem *Lazy-Getter* `soundId`. Diese Methode prüft zuerst, ob sie den Ton bereits geladen hat, und macht dies gegebenenfalls.

> **Lazy-Getter**
>
> Lazy-Getter sind eine einfache und effektive Möglichkeit für den sparsamen Umgang mit Ressourcen. Sie haben bereits ein weiteres Beispiel dafür kennengelernt. Die Property `view` der Klasse `UIViewController` lädt den View erst, wenn das Programm das erste Mal darauf zugreift. Das ist in der Regel kurz vor dessen Anzeige.
>
> Lazy-Getter haben meist den gleichen, einfachen Aufbau:
> ```
> - (MyClass *)myObject {
>     if(myObject == nil) {
>         myObject = ...; // Speicherverwaltung nicht vergessen!
>     }
>     return myObject;
> }
> ```

Die Methode `playSound` spielt den Ton ab:

```
- (NSNumber *)soundId {
    if(soundId == nil) {
        NSURL *theURL =
            [[NSBundle mainBundle] URLForResource:@"ringtone"
                                    withExtension:@"caf"];
        SystemSoundID theId;

        if(AudioServicesCreateSystemSoundID(
            (CFURLRef) theURL, &theId) ==
                kAudioServicesNoError) {
            self.soundId =
                [NSNumber numberWithUnsignedInt:theId];
        }
    }
    return soundId;
}
- (void)playSound {
    NSNumber *theId = self.soundId;
```

```
   if(theId) {
      AudioServicesPlaySystemSound(
         [theId unsignedIntValue]);
   }
}
```
Listing 3.41 Laden und Abspielen eines Tons

Listing 3.41 verwendet für die Property `soundId` anstatt des Typs `NSUInteger` die Klasse `NSNumber`. Das hat den Vorteil, dass Sie als Propertywert `nil` den Zustand des nicht geladenen Tons abbilden können. In der Methode `dealloc` müssen Sie den Ton auch wieder freigeben, damit kein Speicherleck entsteht. Das können Sie durch den folgenden Setter erreichen:

```
- (void)setSoundId:(NSNumber *)inSoundId {
   if(soundId != inSoundId) {
      if(soundId != nil) {
         AudioServicesDisposeSystemSoundID(
            [soundId unsignedIntValue]);
         [soundId release];
      }
      soundId = [inSoundId retain];
   }
}
```
Listing 3.42 Freigabe des Alarmtons im Setter

Hier erfolgt der lesende Zugriff auf den Wert auch über das Attribut und nicht über den Getter. Der wäre hier kontraproduktiv, da er ja den Ton lädt, falls er noch nicht geladen wurde. Diese Implementierung stellt sicher, dass das Delegate den alten Alarmton immer freigibt, wenn Sie einen neuen über den Setter setzen.

Das Application-Delegate kann über die Methode `applicationDidReceive-MemoryWarning:` auch auf Speicherwarnungen reagieren. Da es den Alarmton jederzeit wieder laden kann, sollten Sie in dieser Methode den Propertywert für `soundId` auf nil setzen.

3.4 Eine App für alle

Im Springboard erscheint für Ihre App nur ein weißes, abgerundetes Quadrat mit einem Glanzeffekt und dem Namen *AlarmClock*. Sie können aber auch ein eigenes Icon anzeigen lassen. Das Bild muss im PNG-Format in den folgenden Größen vorliegen:

Displaytyp	Format	Bemerkung
Standard	57 × 57 Pixel	Notwendig für iPhone und iPod touch
Retina	114 × 114 Pixel	Optional für iPhone und iPod touch mit Retina Display
iPad	72 × 72 Pixel	Notwendig bei iPad-Unterstützung

Tabelle 3.2 Formate für das App-Icon

Wenn Sie die Dateien *icon.png* und *icon@2x.png* nennen, brauchen Sie diese einfach nur zu Ihrem Projekt hinzuzufügen. iOS erkennt diese Dateien automatisch und zeigt sie im Springboard an. Alternativ können Sie die Icons auch über das *Target* festlegen. Unter dem Tabulator SUMMARY finden Sie zwei Platzhalter, über die Sie per Kontextmenü die App-Icons auswählen können.

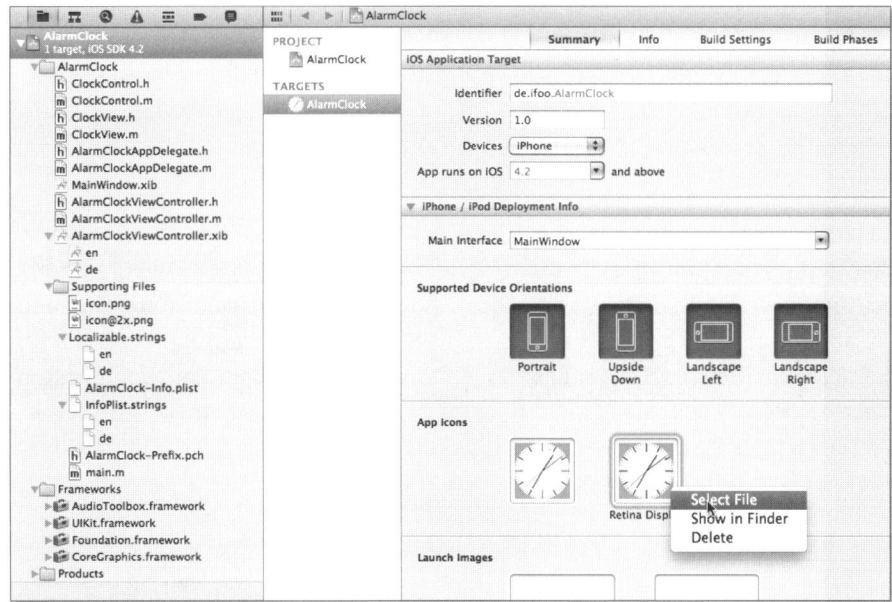

Abbildung 3.29 Einfügen der App-Icons

Um die abgerundeten Ecken und den Glanzeffekt in Ihren Icons brauchen Sie sich nicht zu kümmern. Das macht das Springboard für Sie:

Abbildung 3.30 Das App-Icon als Original (links) und im Springboard (rechts)

> **Tipp**
>
> Vermeiden Sie möglichst Texte in den Icons für Ihre App, da Sie die Icons nicht lokalisieren können (siehe dazu Abschnitt 3.4.2, »Sprachkursus für die App«).

3.4.1 Das Retina Display

Die neueren iPod-Touch-Modelle und das iPhone 4 besitzen *Retina Displays*, die gegenüber den Vorgängermodellen die doppelte Auflösung bei gleichen Displaymaßen besitzen. Während die Standarddisplays 320 × 480 Pixel darstellen können, besitzen die Retina Displays eine Auflösung von 640 × 960 Pixeln. Die höhere Auflösung ist also für eine größere Detailgenauigkeit gedacht. Viele UI-Elemente wie beispielsweise Buttons und Labels passt das iOS automatisch an die Auflösung an.

Bei Bildern geht das natürlich nicht automatisch. Hier müssen Sie eine Version des Bildes für die höhere Auflösung bereitstellen. Dazu brauchen Sie das Bild in der doppelten Breite und Länge. Wenn also das Bild in der normalen Auflösung beispielsweise die Größe 124 × 93 Pixel hat, hat das entsprechende Bild für das Retina Display die Größe 228 × 186 Pixel.

Das iOS verwendet die Retina-Version des Bildes automatisch, wenn Sie den gleichen Dateinamen mit dem Zusatz *@2x* vor der Dateiendung verwenden. Heißt beispielsweise das Bild für die Standardauflösung *Bild.png*, dann ist der Name für die hohe Auflösung *Bild@2x.png*. Das gilt für alle Bilder, die Sie über den Interface Builder einem UI-Element zuweisen oder die Sie mit dem Convenience-Konstruktor `imageNamed:` der Klasse `UIImage` laden. Sie müssen aber keine Retina-Version bereitstellen. In diesem Fall skaliert Cocoa Touch einfach die normalen Bilder auf die hohe Auflösung.

> **Die logische und die physikalische Bildgröße**
>
> Das Bild für die Retina-Auflösung ist zwar doppelt so breit und so hoch wie das für die Standardauflösung. Die Property `size` der Klasse `UIImage` liefert aber für beide Bilder die gleichen Werte – die der Standardauflösung. Das ist die *logische Bildgröße*. Wenn Sie das Bild nicht nur über einen Imageview anzeigen wollen, sondern es beispielsweise über Core Graphics verarbeiten möchten, brauchen Sie die *physikalische Bildgröße*. Die können Sie durch die Multiplikation der Ausdehnungen mit dem Skalierungsfaktor berechnen, den Sie über die Property `scale` des Bildes erhalten:
>
> ```
> CGSize theLogicalSize = theImage.size;
> CGFloat theScale = theImage.scale;
> CGSize thePhysicalSize = CGSizeMake(
>     theScale * theLogicalSize.width,
>     theScale * theLogicalSize.height);
> ```

Das kleine Beispielprojekt *Retina* auf der beiliegenden DVD soll das Prinzip verdeutlichen. Es enthält zwei Bilder mit unterschiedlichem Inhalt für die beiden Auflösungen, um den Mechanismus zu verdeutlichen. Es gibt jeweils zwei Dateien pro Bild, sodass es insgesamt vier Dateien (*both.png*, *both@2x.png*, *normal.png* und *retina@2x.png*) gibt. Dabei sollen die beiden letzten Dateien das Verhalten von Cocoa Touch illustrieren, wenn Bildvarianten fehlen. Im Interface Builder oder im Programmcode verwenden Sie aber immer nur die Dateinamen ohne den Zusatz @2x. Die Ausgabe des Beispielprogramms für das Standard- und das Retina Display können Sie in Abbildung 3.31 sehen.

> **Die Retina-Auflösung im Simulator**
>
> Der Simulator kann sowohl Geräte mit Standard- als auch mit Retina-Auflösung simulieren. Sie können den Displaytyp über den Menüpunkt HARDWARE • GERÄT umstellen. Auf kleinen Computerdisplays verkleinert der Simulator allerdings das Ausgabefenster auf die halbe Größe. Das ist zum Testen der höheren Auflösung natürlich suboptimal. Sie können aber über den Menüpunkt FENSTER • GRÖSSE beziehungsweise [CMD] + [1] den Simulator auf die volle Pixelzahl umstellen.

Bei dem Bild *both.png* verhält sich die App wie beschrieben. Sie verwendet die Datei *both.png* für die Standardauflösung und *both@2x.png* für die Retina-Auflösung. Liegt das Bild hingegen nur in der normalen Auflösung vor, verwendet die App für beide Displaytypen das gleiche Bild (Bild *normal.png*). Das gilt analog für Bilder, die nur in der Retina-Auflösung vorhanden sind (Bild *retina.png*).

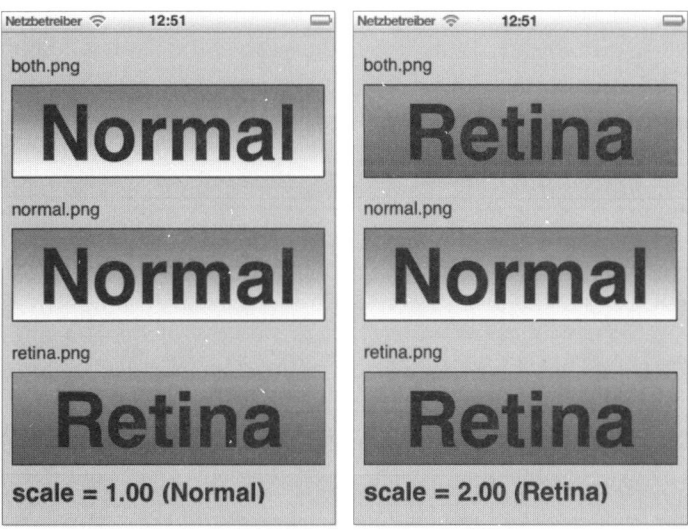

Abbildung 3.31 Ausgabe der App »Retina« für die Standard- und die Retina-Auflösung

Wenn Sie die Displayauflösung im Programmcode unterscheiden wollen, sollten Sie das aber nicht anhand der Displaygrößen machen. Vielleicht bietet Apple ja eines Tages iPhones mit anderen Auflösungen an. Die Anzahl und die Größe der Pixel eines Displays sind ja schließlich zwei vollkommen voneinander unabhängige Werte. Wenn Sie die Displayauflösung ermitteln wollen, können Sie dazu die Methode `scale` der Klasse `UIScreen` verwenden. Das Screenobjekt zum Display erhalten Sie über die Klassenmethode `mainScreen`, sodass Sie den Skalierungsfaktor über `[[UIScreen mainScreen] scale]` bestimmen können. Auf Standarddisplays hat der Skalierungsfaktor den Wert 1 und auf Retina Displays den Wert 2. Das Beispielprogramm zeigt diesen Wert ebenfalls an.

3.4.2 Sprachkursus für die App

Wenn Sie Ihre App in mehreren Ländern vertreiben möchten, sollte sie zumindest auch englische Texte anzeigen können. Sie müssen also Ihre App lokalisieren. Im Wesentlichen müssen Sie dazu Texte übersetzen und so in Ihr Programm einbauen, dass die App in Abhängigkeit von der gewählten Sprache des Nutzers die richtige Variante anzeigt. Das ist unter iOS nicht so aufwendig, wie es sich vielleicht anhört. Cocoa Touch unterstützt die Lokalisierung bereits – allerdings nur für unterschiedliche Sprachen. Sie können nicht nach Ländern oder Regionen lokalisieren. Sie können also damit keine Variante für österreichisches oder schweizerisches Deutsch erstellen.

In der Wecker-Applikation gibt es drei Stellen, an denen Texte vorkommen können:

1. in XIB- und Storyboard-Dateien
2. im Programmtext
3. im Programmnamen

Bei größeren Projekten müssen Sie häufig auch noch Programmressourcen wie Bilder, Töne oder andere Dokumente lokalisieren. Beispielsweise könnten Sie in der englischen Version der App das Läuten von Big Ben verwenden.

Der Lokalisierungsmechanismus unter Cocoa Touch ist relativ einfach. Für jede Sprache enthält die App einen eigenen Ordner, in dem die Ressourcendateien für die entsprechende Sprache liegen. Sie müssen aber nicht unbedingt alle Ressourcen lokalisieren und auch nicht für jede Sprache eine lokalisierte Variante anlegen. Wenn iOS zu einer Sprache eine Ressource nicht findet, nimmt es die entsprechende Ressource der Standardsprache. Die Standardsprache ist in der Regel Englisch.

Sie können eine Ressource über den Datei-Inspektor in Xcode lokalisieren, indem Sie auf das Pluszeichen unter LOCALIZATIONS klicken. Zuerst legt Xcode nur eine englische Variante an. Durch einen weiteren Klick auf das Pluszeichen können Sie weitere Sprachversionen hinzufügen.

Sobald Sie eine Ressource lokalisiert haben, erscheint vor dem Namen der Ressource in der linken Seitenleiste ein Dreieck, mit dem Sie die Ressource aufklappen können. In der aufgeklappten Ressource finden Sie deren unterschiedliche Sprachvarianten. Sie können die Varianten öffnen und die darin enthaltenen Texte entsprechend anpassen.

Die Texte im Programmcode können Sie auf eine ähnliche Weise anpassen, wobei Sie natürlich keine Varianten der Objective-C-Dateien anlegen. Sie müssen vielmehr Ihren Quelltext geringfügig ändern, sodass die App die Texte auch aus einer Ressource lädt. Dazu schreiben Sie um Ihre Zeichenketten den Makroaufruf `NSLocalizedString`. Beispielsweise können Sie in Listing 3.38 die Zuweisung für den Nachrichtentext durch folgende Zeile ersetzen:

```
theNotification.alertBody =
    NSLocalizedString(@"Aufwachen", @"Benachrichtigungstext");
```

Listing 3.43 Lokalisierung eines Textes im Programm

Der erste Parameter enthält den Text, den Sie lokalisieren möchten. Mit dem zweiten Parameter können Sie einen Kommentar angeben, der den Text beschreibt. Weder hat der Inhalt des zweiten Parameters noch die gesamte Änderung eine sichtbare Auswirkung auf Ihr Programm. Wenn eine Benachrichtigung erscheint, zeigt sie immer noch die Meldung »Aufwachen«.

> **Tipp**
>
> Am besten gewöhnen Sie sich an, um jeden Text einen Aufruf von `NSLocalizedString` zu schreiben. Dann entsteht Ihnen später bei der Lokalisierung Ihrer App kein zusätzlicher Aufwand für das Einfügen der Makros. Eine mögliche Lokalisierung von Anfang an vorzubereiten ist wenig Mehraufwand. Ein komplexes Projekt im Nachhinein zu lokalisieren ist jedoch das, was der Angelsachse »a pain in the ass« nennt.

Durch die Verwendung des Makros können Sie jetzt den Text aus einer Ressource laden. Die lokalisierbaren Texte bringen Sie in der Ressourcendatei *Localizable.strings* unter. Sie können sich diese Datei über das Kommandozeilenprogramm `genstrings` automatisch erzeugen lassen. Wechseln Sie dazu im Terminalprogramm in den Projektunterordner Ihrer App, wo die Klassendateien liegen. Dort geben Sie den Befehl

```
genstrings -o en.lproj *.m
```

ein. Dieser Aufruf erzeugt die Datei *Localizable.strings* in dem Unterordner *en.lproj*.

> **Hinweis**
>
> Der Ordnername für die englische Variante kann entweder *en.lproj* oder *English.lproj* sein. Die älteren Xcode-Versionen haben die zweite Variante verwendet. Bei älteren Apps müssen Sie also *English.lproj* im Befehl verwenden. Überprüfen Sie den Ordnernamen, bevor Sie den Befehl ausführen. Achten Sie auch darauf, ob sich die Lokalisierungsordner im gleichen Verzeichnis wie die Klassendateien befinden. Unter Umständen müssen Sie den Ausgabepfad anpassen (z. B. *../en.lproj*).

Sie erzeugen durch den Aufruf eine Datei *Localizable.strings* in dem Ordner für die englische Sprachvariante. Diese Datei müssen Sie anschließend noch Ihrem Projekt hinzufügen. Achten Sie dabei aber darauf, dass Sie beim Einfügen die Dateikodierung *Unicode (UTF-16)* verwenden. Wenn Sie die Datei in Xcode öffnen, sieht sie ungefähr so aus:

```
/* Dismiss alert */
"OK" = "OK";
/* Benachrichtigungstext */
"Aufwachen" = "Aufwachen";
```

Listing 3.44 Inhalt einer »Localizable.strings«-Datei

`genstrings` erzeugt die Kommentare in der ersten und dritten Zeile aus den Kommentarparametern der Makroaufrufe. Die zweite und vierte Zeile enthalten Textzuweisungen, wobei die linke Seite der Schlüssel und die rechte der Wert ist. Sie sollten also die linke Seite möglichst nicht verändern. Sie muss genau dem betreffenden Text im Makroaufruf entsprechen. Auf der rechten Seite können Sie in die doppelten Hochkommata einen beliebigen Text schreiben. Hier dürfen Sie die übliche Maskierung mit einem vorangestellten Backslash für Sonderzeichen (beispielsweise \" für " oder \u20AC für €) verwenden (*Escaping*).

Anstatt deutscher Texte sollten Sie im Programmtext lieber deren englische Entsprechung verwenden, da sowohl der Objective-C-Compiler als auch das Programm `genstrings` Probleme mit Umlauten haben können.

> **Tipp**
>
> Wenn Ihnen die Verwaltung der *Localizable.strings*- und XIB-Dateien zu aufwendig ist, sollten Sie sich die Werkzeugsammlung *Localization Suite* (http://www.loc-suite.org/) ansehen. Die enthaltenen Programme erlauben auch eine inkrementelle Lokalisierung Ihrer App.

Den Namen der App können Sie an verschiedene Sprachen anpassen. Dazu verwenden Sie die Ressource *InfoPlist.strings*, die Xcode 4 schon bei der Projekterzeugung angelegt hat. Diese Datei dient zur Lokalisierung der Datei *Info.plist*, die später noch ausführlich behandelt wird. Von dieser Datei können Sie natürlich auch für jede Sprache eine eigene Variante anlegen. In die deutsche Variante schreiben Sie Folgendes:

`"CFBundleDisplayName" = "Wecker";`

Dadurch stellen Sie den deutschen Namen Ihrer App auf *Wecker* um. Analog können Sie natürlich auch den englischen Namen anpassen.

3.4.3 Es funktioniert nicht

Sie haben alle Anweisungen befolgt und alles noch mal überprüft, aber trotzdem wird nur eine Sprachvariante Ihrer App angezeigt. Keine Sorge, Sie haben keinen Fehler gemacht. Dieses Problem entsteht dadurch, dass Ihre App noch die alten Dateien findet. Um dieses Problem zu beheben, müssen Sie alle Reste der Vorversionen Ihrer App löschen. Entfernen Sie dazu die App aus dem Simulator, und öffnen Sie den Organizer in Xcode über den Menüpunkt ORGANIZER unter WINDOW. Dort finden Sie unter PROJECTS auch Ihr Projekt. Löschen Sie dort über den Button DELETE die generierten Daten (DERIVED DATA) des Projekts. Falls Sie damit keinen Erfolg haben, müssen Sie die Daten über den Finder löschen. Sie finden sie im Pfad *Library/Developer/Xcode/DerivedData/* unterhalb Ihres Homeverzeichnisses. Löschen Sie dort alle Ordner, die mit dem Namen Ihrer App beginnen.

Unter OS X 10.7 (Lion) ist der Library-Ordner versteckt. Sie können sich den Pfad im Finder über GEHE ZU • GEHE ZUM ORDNER... (oder `SHIFT` + `CMD` + `G`) anzeigen lassen, wenn Sie im Dialog `~/Library/Developer/Xcode/DerivedData` eingeben. Achten Sie bei der Eingabe auf die Tilde (~) am Anfang – sie steht für Ihr Homeverzeichnis.

3.4.4 Universelle Apps

Sie haben eine App für das iPhone entwickelt, die Sie auch im *iPad Simulator* ausführen können. Um das auszuprobieren, brauchen Sie nur vor dem Start der App im Dropdownmenü oben links in Xcode den Punkt IPAD SIMULATOR (in der jeweils installierten Version) auszuwählen. Allerdings zeigt der Simulator Ihre App nicht über die komplette Bildschirmfläche, sondern nur in einem Fenster. Der iPad Simulator hat die App in seinem internen *iPhone Simulator* gestartet.

Um Ihr Programm auch auf dem Tablet als echte iPad-App starten zu können, müssen Sie die Konfiguration der App verändern. Dazu öffnen Sie das Target Ihrer Applikation (siehe Abbildung 3.29) und wählen in dem Dropdownmenü DEVICES den Punkt UNIVERSAL aus. Die Frage, ob Sie die Datei *MainWindow.xib* kopieren und für die Verwendung auf dem iPad anpassen möchten, beantworten

Sie durch Drücken des Buttons YES. Wenn Sie Ihre App jetzt im iPad Simulator starten, belegt sie den kompletten Bildschirm. Allerdings ist das Ziffernblatt ein Oval, und nicht alle Elemente befinden sich an der gewünschten Position. Das liegt an der *Autoresizingmask* der Elemente, die das Verhalten ihres Views bei Größenveränderung festlegt. Das nächste Kapitel behandelt sie ausführlicher.

Der View für das Ziffernblatt sollte quadratisch sein, damit das Ziffernblatt ein Kreis und keine Ellipse ist. Dazu legen Sie für das iPad eine eigene XIB-Datei mit den richtigen Größen an. Xcode hat zusammen mit der neuen *MainWindow-iPad.xib* eine Gruppe IPAD erzeugt. Dort fügen Sie über einen Rechtsklick auf die Gruppe und den Menüpunkt NEW FILE... eine neue XIB-Datei hinzu. Sie finden die richtige Vorlage mit dem Namen VIEW im Dialog unter IOS • USER INTERFACE. Achten Sie beim Anlegen darauf, dass Sie den View für das iPad anlegen, und nennen Sie die neue Datei *AlarmClockViewController-iPad.xib*.

In der neuen Datei legen Sie die gleichen Views wie in den XIB-Dateien für das iPhone an. Die Datei im Beispielprojekt enthält aber größere Labels, und das Ziffernblatt hat eine für das iPad-Display angepasste Größe.

Damit das iPad die neue XIB-Datei auch findet, müssen Sie in der Datei *MainWindow-iPad.xib* das Viewcontroller-Objekt entsprechend verändern. Öffnen Sie dazu den Attributinspektor des Objekts ALARM CLOCK VIEW CONTROLLER in dieser Datei. Sie müssen den Eintrag NIB NAME von *AlarmClockViewController* in *AlarmClockViewController-iPad* ändern. Durch diese Änderung lädt Ihre App beim nächsten Start auf dem iPad den dafür angepassten View.

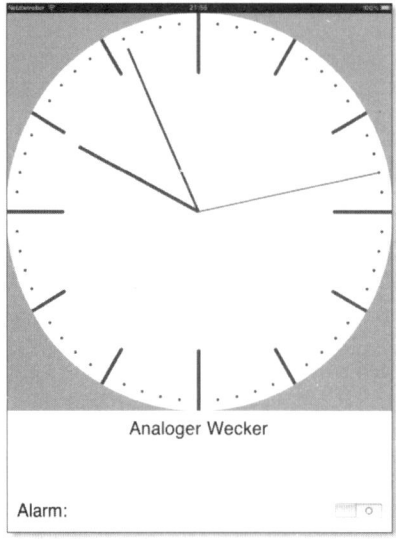

Abbildung 3.32   Darstellung des Weckers auf dem iPad

Sie können außerdem die Klasse des Objekts über den Identitätsinspektor verändern und so auch angepasste Implementierungen für das iPad bereitstellen. Im Gegensatz zur XIB-Datei können Sie aber für das Beispielprojekt die gleiche Viewcontroller-Klasse auch für das iPad verwenden.

Um die Anpassungen für das iPad noch abzurunden, sollten Sie die neue XIB-Datei auch lokalisieren und ein Icon für die iPad-Auflösung (siehe Tabelle 3.2) bereitstellen. Xcode hat für das Target der App einen neuen Bereich, IPAD DEPLOYMENT INFO, angelegt. Dort finden Sie einen Verweis auf die neue *MainWindow-iPad.xib* und ein Feld, über das Sie das Icon für das iPad festlegen können.

3.5 Fehlersuche

Beim Programmieren Ihrer ersten App ist wahrscheinlich der eine oder andere Fehler aufgetreten. Dabei haben Sie schon die ersten Möglichkeiten zur Fehlersuche kennengelernt, als Xcode Sie nach der Übersetzung auf Fehler hingewiesen hat. Außerdem hat Xcode Ihnen vielleicht Warnungen angezeigt. Der *Issue-Navigator* ([CMD] + [4]) zeigt Ihnen alle Fehler mit roten Punkten und Warnungen mit gelben Dreiecken zu Ihrem Code an. Sie können durch Anklicken eines Fehlers oder einer Warnung direkt zu der entsprechenden Programmstelle gelangen.

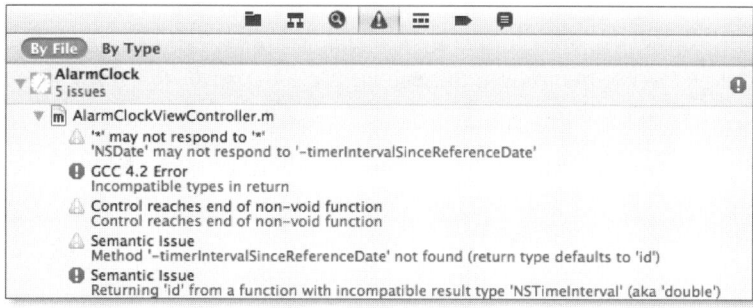

Abbildung 3.33 Der Issue-Navigator

Fehler und Warnungen unterscheiden sich darin, dass sich ein fehlerhafter Code nicht übersetzen oder gar ausführen lässt. Erhalten Sie bei der Übersetzung nur Warnungen, so wird trotzdem ein ausführbares Programm erzeugt. Allerdings enthält dieses Programm möglicherweise (abhängig von den Compiler-Einstellungen) Laufzeitfehler, die es ganz oder teilweise unbrauchbar machen. Sie sollten also Ihren Programmcode immer so formulieren, dass auch keine Warnungen bei der Übersetzung auftreten.

> **Schlagen Sie die Warnungen nicht einfach in den Wind!**
> Sie sollten die Warnungen auf keinen Fall ignorieren, sondern den Ursachen dafür auf den Grund gehen und diese beseitigen. Gerade als Anfänger werden Sie dabei viel lernen. Das leichtfertige Ignorieren von Warnungen oder das unbedachte Ändern von Code aufgrund von Warnungen kann fatale Folgen haben, wie der berühmt-berüchtigte Debian-OpenSSL-Bug[3] gezeigt hat.

Wenn Sie den Menüpunkt Analyze unter Product auswählen, untersucht Xcode den Programmcode genauer. Dafür dauert aber die Übersetzung des Projekts länger. Der Analyzer kann beispielsweise einige Arten von Speicherlecks oder die Verwendung nicht initialisierter Variablen finden. Xcode verwendet blaue Symbole, um Meldungen des Analyzers darzustellen.

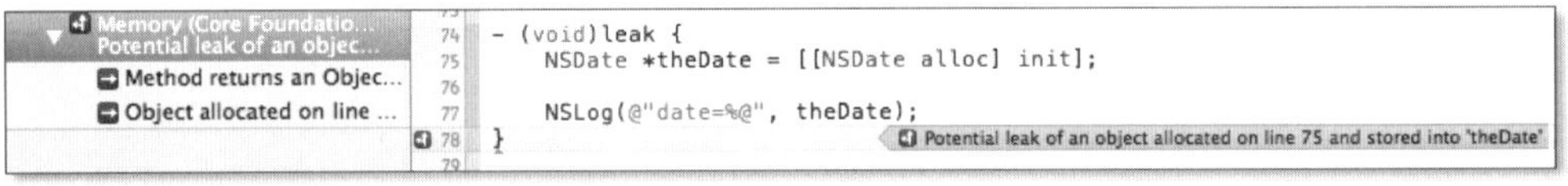

```
  Memory (Core Foundatio...
  ▼ Potential leak of an objec...    74  - (void)leak {
    🔵 Method returns an Objec...    75      NSDate *theDate = [[NSDate alloc] init];
    🔵 Object allocated on line ...  76
                                     77      NSLog(@"date=%@", theDate);
                                  🔵 78  }   🔵 Potential leak of an object allocated on line 75 and stored into 'theDate'
                                     79
```

Abbildung 3.34 Analyzer-Meldung in Xcode

3.5.1 Logging

Eine einfache Möglichkeit der Fehlersuche ist die Verwendung des Loggings. Mit dem Logger können Sie beliebige Texte in die Konsole schreiben. Wenn Sie Ihre App über Xcode ausführen, wird Ihnen die Konsole in einem Teil des Debuggerbereichs angezeigt. Sie können diesen Bereich auch über das Menü View • Show Debug Area oder die Tastenkombination [SHIFT] + [CMD] + [Y] öffnen.

Die Ausgabe Ihrer Apps auf einem Gerät können Sie aber auch über Xcode ansehen, indem Sie den *Organizer* über den Menüpunkt Organizer unter Window öffnen. Dort wählen Sie das Symbol Devices und unter dem gewünschten Gerät den Punkt Console aus. Sie werden dort aber wahrscheinlich noch keine Geräte finden, da Sie noch keine registriert haben. Das wird am Ende dieses Kapitels beschrieben.

Über die Funktion `NSLog` können Sie eine Ausgabe ins Log schreiben. Der Aufruf dieser Funktion ist ähnlich zu der C-Funktion `printf`, die Sie vielleicht kennen. `NSLog` erlaubt Ihnen also formatierte Ausgaben – mit dem Unterschied, dass `NSLog` einen Objective-C-String als ersten Parameter erwartet.

---

3 *http://digitaloffense.net/tools/debian-openssl/*

> **NSLog mit Format**
>
> Sie sollten für den Formatparameter immer eine Zeichenkettenkonstante verwenden, da Variablen unbeabsichtigt Prozentzeichen enthalten können. Das kann zu Abstürzen führen. Schreiben Sie also lieber
>
> `NSLog(@"%@", theLogText);`
>
> statt `NSLog(theLogText)`. Wenn beispielsweise die Variable die Zeichenkette `@"Es gibt 10%einmalig."` enthält, erwartet `NSLog` für den Platzhalter `%e` einen Fließkommaparameter. Bei der zweiten Variante führt das aber zu einem Absturz.

Hier sind einige Beispiele für Ausgaben mit `NSLog`:

```
NSLog(@"Hallo Welt");
NSLog(@"angle=%.2f", theAngle);
NSLog(@"x=%.1f, y=%.1f", thePoint.x, thePoint.y);
NSLog(@"current time=%@", [NSDate date]);
NSLog(@"frame=%@", NSStringFromCGRect(self.frame));
```

Listing 3.45 Ausgaben mit »NSLog«

Sie sollten beachten, dass Objekte der Klasse `NSString` nicht über das Format `%s`, sondern über `%@` ausgegeben werden. Das Format `%s` verwenden Sie für C-Strings, also für Zeiger auf `char`. Das Format `%@` verwenden Sie hingegen für Objekte beliebiger Klassen. Dabei verwendet `NSLog` für die Ausgabe die Rückgabe der Methode `description` des Objekts. Diese Methode stellt die Oberklasse `NSObject` bereit, und Unterklassen können sie überschreiben.

3.5.2 Der Debugger

Obwohl Xcode schon recht viele Fehler findet, kann Ihr Programm natürlich trotzdem noch weitere Fehler, sogenannte *Laufzeitfehler*, enthalten. Wie der Name schon sagt, treten diese Fehler erst bei der Ausführung des Programms auf. Diese Fehler sind leider nicht immer offensichtlich und manchmal nur sehr schwer zu finden. Bei der Verwendung von Threads kann die Fehlersuche sogar zu vorzeitiger Alterung, Haarausfall und schlechtem Atem führen.

Sie können Laufzeitfehler in der Regel am einfachsten über einen *Debugger* aufspüren. Damit können Sie Ihr Programm während der Ausführung anhalten, Variablen inspizieren und gegebenenfalls verändern. Sie können das Programm entweder durch einen Pause-Knopf oder durch Haltepunkte (*Breakpoints*) anhalten und danach die Ausführung schrittweise oder kontinuierlich fortsetzen. Außerdem können Sie die Breakpoints an Bedingungen knüpfen, was besonders bei Schleifen und wiederholt aufgerufenen Anweisungen hilfreich ist.

Das Setzen eines Breakpoints ist einfach. Sie klicken in die graue Leiste links neben Ihrem Quelltext. Es erscheint ein blaugrauer Pfeil, der den Breakpoint symbolisiert (siehe Abbildung 3.35). Der Debugger stoppt dann an dieser Stelle (oder an der ersten Anweisung nach dieser Stelle, wenn Sie den Haltepunkt in eine Zeile gesetzt haben, in der keine Anweisung steht). Sie können den Breakpoint wieder durch einen Rechtsklick auf das Symbol und die Auswahl des entsprechenden Menüpunkts entfernen. Alternativ verwenden Sie den Breakpoint-Navigator dazu oder ziehen den Haltepunkt wieder aus der Leiste. Außerdem erlaubt Ihnen Xcode das Verschieben der Breakpoints in der Leiste.

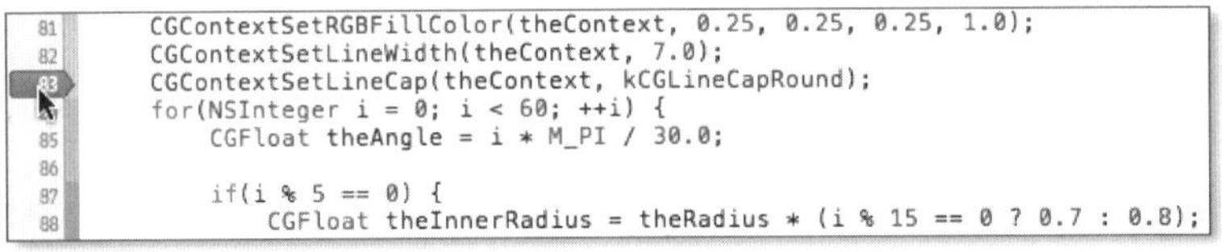

```
81  CGContextSetRGBFillColor(theContext, 0.25, 0.25, 0.25, 1.0);
82  CGContextSetLineWidth(theContext, 7.0);
83  CGContextSetLineCap(theContext, kCGLineCapRound);
    for(NSInteger i = 0; i < 60; ++i) {
85      CGFloat theAngle = i * M_PI / 30.0;
86
87      if(i % 5 == 0) {
88          CGFloat theInnerRadius = theRadius * (i % 15 == 0 ? 0.7 : 0.8);
```

Abbildung 3.35 Setzen eines Breakpoints

Über den Popupmenüpunkt EDIT BREAKPOINT können Sie einem Breakpoint auch eine Bedingung zuweisen (siehe Abbildung 3.36). Dabei können Sie in dem Eingabefeld CONDITION eine beliebige, gültige Bedingung in Objective-C formulieren. Der Debugger hält erst dann an diesem Breakpoint, wenn die Bedingung erfüllt ist.

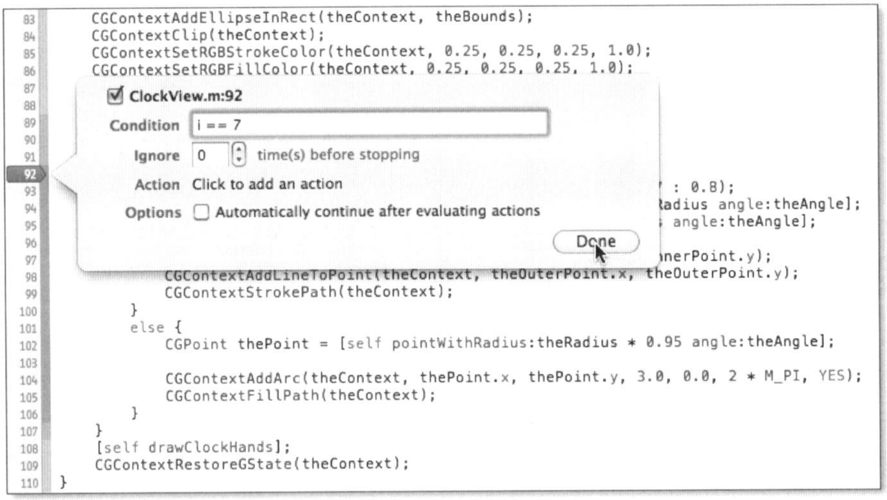

```
 83    CGContextAddEllipseInRect(theContext, theBounds);
 84    CGContextClip(theContext);
 85    CGContextSetRGBStrokeColor(theContext, 0.25, 0.25, 0.25, 1.0);
 86    CGContextSetRGBFillColor(theContext, 0.25, 0.25, 0.25, 1.0);
 87
 88    ☑ ClockView.m:92
 89    Condition  i == 7
 90
 91    Ignore  0  ⇕  time(s) before stopping
 92
 93    Action  Click to add an action                              : 0.8);
 94    Options  ☐ Automatically continue after evaluating actions  adius angle:theAngle];
 95                                                                 angle:theAngle];
 96                                        Done
 97                                                                nerPoint.y);
 98        CGContextAddLineToPoint(theContext, theOuterPoint.x, theOuterPoint.y);
 99        CGContextStrokePath(theContext);
100    }
101    else {
102        CGPoint thePoint = [self pointWithRadius:theRadius * 0.95 angle:theAngle];
103
104        CGContextAddArc(theContext, thePoint.x, thePoint.y, 3.0, 0.0, 2 * M_PI, YES);
105        CGContextFillPath(theContext);
106    }
107  }
108  [self drawClockHands];
109  CGContextRestoreGState(theContext);
110 }
```

Abbildung 3.36 Setzen einer Breakpoint-Bedingung

Wenn der Debugger hält, zeigt er einen grünen Pfeil links neben dem Quelltext an, der die aktuelle Ausführungsposition darstellt (siehe Abbildung 3.37). Der Debugger hat aber die Anweisung an dieser Position noch nicht ausgeführt.

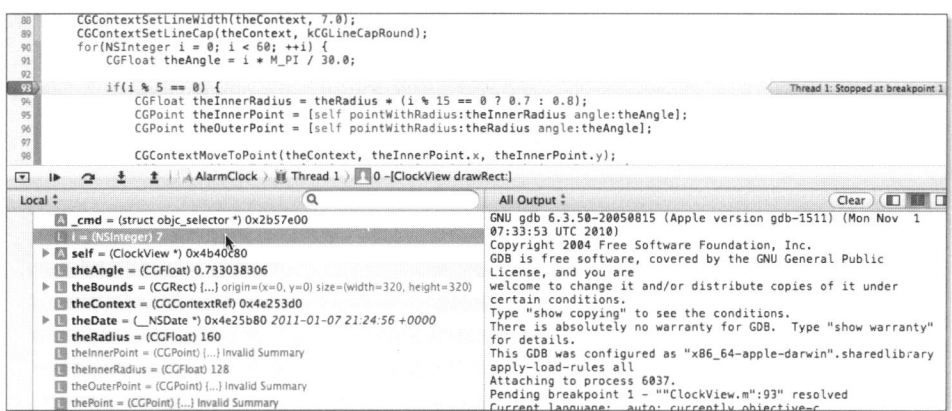

Abbildung 3.37 Halt des Programms an einem Breakpoint

Sie können sich während des Halts die aktuellen Variablenwerte ansehen und sie durch einen Doppelklick auf die betreffende Zeile ändern. Allerdings funktioniert das leider nur bei einfachen Variablen. Bei Zeigern auf Objekte können Sie so lediglich den Zeiger verbiegen (z. B. auf 0 = `nil` setzen). Außerdem haben Sie über die Steuerungsleiste des Debuggers (siehe Abbildung 3.38) folgende Möglichkeiten:

- Sie können die Ausführung bis zum nächsten Breakpoint oder einem manuellen Halt fortfahren lassen. Während Ihr Programm läuft, zeigt der Debugger statt des Fortfahren- ein Pause-Symbol, mit dem Sie die Ausführung anhalten lassen können.

- Sie können auch nur die nächste Anweisung ausführen. Durch mehrfaches Anklicken dieses Symbols können Sie Ihr Programm schrittweise ausführen.

- Falls der Debugger vor einem Methoden- oder Funktionsaufruf angehalten hat, können Sie ihn in diese Methode hineinspringen lassen. Das funktioniert allerdings nur, wenn zu dieser Methode auch die entsprechenden Debuggingsymbole vorhanden sind. Das ist bei den Systembibliotheken in der Regel nicht der Fall. Ansonsten verhält sich diese Funktion wie das schrittweise Ausführen.

- Analog können Sie auch aus einer Methode hinausspringen. Der Debugger läuft dabei so lange weiter, bis er die aktuelle Methode verlässt. Das funktioniert auch, wenn die Methode aus dem Betriebssystem oder einer Programmbibliothek heraus aufgerufen wurde. Sie bekommen dann aber statt Objective-C-Quellcode Assembleranweisungen zu sehen.

- In der Steuerungsleiste können Sie den aktuellen Thread sehen, in dem sich das Programm gerade befindet. Über eine Liste können Sie auch die anderen Threads auswählen und ansehen.

3 | Aufwachen – analoger Wecker

▸ Außerdem zeigt Ihnen die Steuerleiste die oberste Methode beziehungsweise Funktion des Stacks des ausgewählten Threads an. Durch Anklicken können Sie sich die anderen Methoden und Funktionen auf dem Stack ansehen und in diese wechseln.

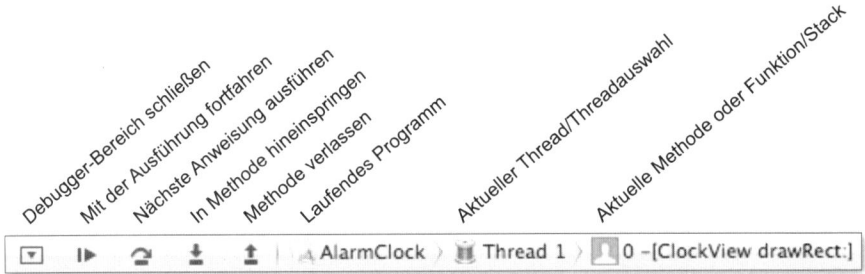

Abbildung 3.38 Steuerungsleiste des Debuggers

Die Funktionsweise des Debuggers soll jetzt anhand des Beispielprojekts verdeutlicht werden. Setzen Sie dazu einen Breakpoint in die erste Zeile der Action-Methode `updateAlarm` in der Klasse `AlarmClockViewController`, und starten Sie die App über Xcode. Der Simulator öffnet das Programm und zeigt die laufende Uhr an. Betätigen Sie nun den Schalter zum Ein- und Ausschalten der Weckfunktion. Der Debugger stoppt die Ausführung und zeigt den grünen Pfeil in der ersten Zeile dieser Methode.

Die Variablenansicht, die sich unter der Steuerleiste des Debuggers befindet, zeigt unter anderem auch das Symbol `self` mit einem Dreieck zum Aufklappen an. In diesem Symbol finden Sie die Attribute des Viewcontrollers und eine Zeile mit dem Namen `UIViewController`. Diese Zeile repräsentiert die Daten der Oberklasse des Objekts. Sie können die Attribute und das Symbol für die Oberklasse aufklappen und sich auch dort die enthaltenen Attribute ansehen.

Klicken Sie jetzt das auf Symbol, um die nächste Anweisung auszuführen. Der grüne Pfeil springt zur nächsten Zeile. Danach klicken Sie das Symbol mehrmals, bis der Pfeil in der letzten Zeile der Methode mit der Anweisung `[self updateTimeLabel];` angezeigt wird. Bei der schrittweisen Ausführung des Codes ist Ihnen sicherlich aufgefallen, dass der Debugger nur einen Block der Bedingung durchlaufen hat. Welchen Block die App durchläuft, hängt natürlich von der Schalterstellung im Wecker ab.

Springen Sie mit dem Debugger jetzt in die Methode `updateTimeLabel`, indem Sie auf das Symbol zum Hineinspringen in eine Methode klicken. Der Debugger hält in der ersten Zeile der Methode `updateTimeLabel`. Klicken Sie jetzt das Symbol zum Verlassen der Methode. Der grüne Pfeil springt in die Zeile mit der letzten schließenden, geschweiften Klammer der Methode `updateAlarm`.

Löschen Sie den Breakpoint über das Popupmenü, und setzen Sie danach einen Breakpoint in die letzte Zeile der Methode `angleWithPoint:` der Klasse `Clock-Control`. Geben Sie über den Popupmenüpunkt EDIT BREAKPOINT die Bedingung `theAlarm < 0` ein. Der Debugger sollte jetzt nur anhalten, wenn Sie in die linke Hälfte der Uhr klicken. Denn dann ist der Winkel, den die Funktion `atan2` liefert, kleiner als 0.

3.5.3 Laufzeitfehler

Viele Laufzeitfehler enden in einem Absturz des Programms. In den meisten Fällen bekommen Sie einen Hinweis auf die Ursache. Der Debugger zeigt Ihnen die Stelle, die den Absturz ausgelöst hat, und in bestimmten Fällen finden Sie in der Konsole eine Fehlermeldung. Die Absturzstelle entspricht aber in vielen Fällen nicht der Absturzursache, und diese Stelle ist häufig auch in Systembibliotheken zu finden.

Das bedeutet aber nicht, dass Sie einen Bug in iOS gefunden haben. Cocoa Touch wird jeden Tag von vielen Millionen Entwicklern wie Ihnen getestet. Sie sollten zuerst immer davon ausgehen, dass Ihr Code den Fehler verursacht hat. Natürlich ist auch das iOS nicht fehlerfrei. Aber einen Bug in den Systembibliotheken kann nur Apple beheben, und Sie sollten vorher alle Möglichkeiten ausprobieren, um Ihre App zum Laufen zu bekommen.

Nach einem Absturz wird die Absturzstelle mit dem Absturzsignal im Quellcode angezeigt. Dieses Signal gibt häufig direkt oder indirekt einen Hinweis auf die Absturzursache.

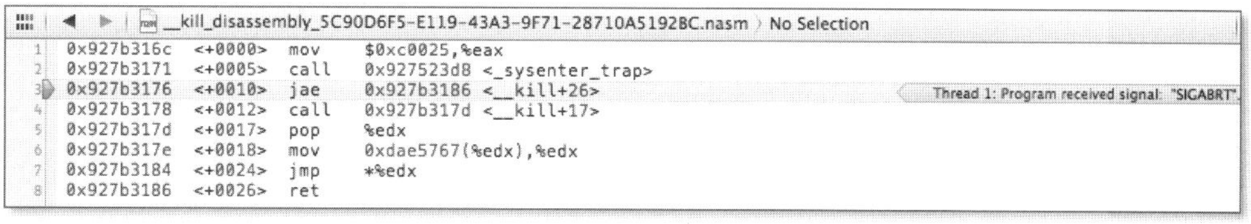

Abbildung 3.39 Anzeige der Absturzstelle mit dem Signal (`SIGART`)

Der Absturz in Abbildung 3.39 hat das Signal `SIGART` ausgelöst. Das geschieht in der Regel, wenn eine Ausnahme ausgelöst wurde. Die finden Sie in der Konsole, die im Bereich des Debuggers angezeigt wird. Die Ausgabe der Ausnahme erfolgt in der Konsole in fetter Schrift und ist in zwei Teile unterteilt. Die erste, sehr lange Zeile enthält eine Beschreibung der Ausnahme, und die restlichen Zeilen enthalten den Stacktrace.

Die Beschreibung der Ausnahme in Abbildung 3.39 lautet:

```
Terminating app due to uncaught exception 'NSUnknownKeyException',
reason: '[<UIViewController 0x4b44d90> setValue:forUndefinedKey:]:
this class is not key value coding-compliant for the key clockControl.'
```

Ihr Programm hat also versucht, bei einem Objekt zum Schlüssel `clockControl` einen Wert zu setzen. Die Meldung gibt auch die Klasse des Objekts (`UIViewController`) aus, und das ist der Hinweis auf die Ursache. Die Wecker-App verwendet nur einen Viewcontroller, und der sollte die Klasse `AlarmClockViewController` haben. Der Entwickler hat bei der Erzeugung dieses Viewcontrollers anscheinend vergessen, die richtige Klasse anzugeben. Da die App den Viewcontroller über *MainWindow.xib* anlegt, müssen Sie dort im Identitätsinspektor des Viewcontrollers die richtige Klasse setzen.

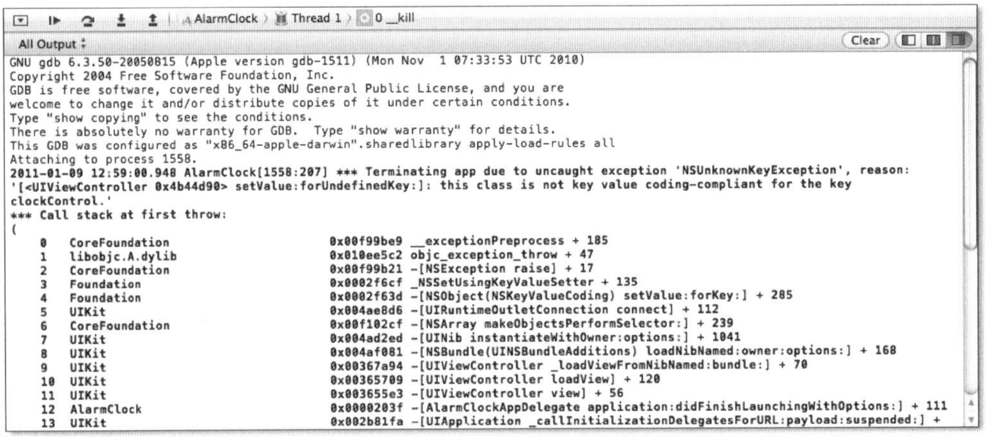

Abbildung 3.40 Ausgabe nach einem Programmabsturz durch eine Ausnahme

Ein anderes Signal, das Sie wahrscheinlich relativ häufig zu sehen bekommen, ist `EXC_BAD_ACCESS`. Dieses Signal deutet in der Regel auf einen Dangling Pointer hin. Für das Aufspüren von Fehlern bei der Speicherverwaltung stellt Apple das Programm *Instruments* zur Verfügung, das Kapitel 5 vorstellt.

3.6 Die App auf einem Gerät testen

Wenn Sie bislang Ihre Apps nur im Simulator getestet haben, wird es jetzt höchste Zeit, sie auch mal auf einem Gerät auszuführen. Wie in Kapitel 1 bereits beschrieben wurde, müssen Sie sich dafür bei einem von drei Entwicklerprogrammen registrieren, um Apps auf einem Gerät installieren und ausführen zu dürfen. Zum Zeitpunkt der Manuskripterstellung war die Aufteilung der Entwicklerprogramme wie folgt:

	Developer Program	Developer Enterprise Programm	Developer University Program
Ressourcen aus dem Entwicklerprogramm	Ja	Ja	Ja
iOS SDK	Ja	Ja	Ja
Pre-Release Software & Tools	Ja	Ja	Nein
Entwicklerteam	Nein/Ja[4]	Ja	Ja
Zugang zu den Entwicklerforen	Ja	Ja	Ja
Anzahl Supportanfragen pro Teilnahmejahr	2	2	-
App-Tests auf Entwicklungsgeräten	Ja	Ja	Ja
Teilnahmegebühr pro Jahr[5]	99 $	299 $	frei
Distributionsmöglichkeiten			
Ad-hoc	Ja	Ja	Nein
In-House	Nein	Ja	Nein
App-Store	Ja	Nein	Nein

Tabelle 3.3 Vergleich der drei iOS-Entwicklerprogramme

Welches Entwicklerprogramm aus Tabelle 3.3 zu Ihnen passt, können Sie am einfachsten über den Distributionsweg entscheiden. Wenn Sie Ihre Apps über den App-Store verbreiten möchten, kommt für Sie nur das *Developer Program* in Frage. Sie können Ihre Apps über Ad-hoc-Distributionen auch einem ausgewählten Personenkreis mit maximal 100 Geräten zur Verfügung stellen.

Wollen Sie Ihre App hingegen nur firmenintern auf über hundert Geräten einsetzen, sollten Sie das *Developer Enterprise Program* wählen. Dieses Programm ist für große Firmen gedacht, die iOS-Apps für ihre Geschäftsprozesse einsetzen möchten. Sie können an diesem Programm nur teilnehmen, wenn Ihr Betrieb eine DUNS-Nummer besitzt. Diese Nummern vergibt die Firma *Dun & Bradstreet* (*http://www.dnbgermany.de/*), die ein weltweiter Dienstleister für Wirtschaftsinformationen ist.

---

4 Individual/Company
5 Quelle: ; Stand: erstes Quartal 2011

Das *Developer University Program* ist für Universitäten und Hochschulen gedacht, die sich im Rahmen von Forschung und Lehre mit der Entwicklung unter iOS beschäftigen wollen.

> **Anmeldung zu den Entwicklerprogrammen**
> Unter der URL *http://developer.apple.com/programs/* können Sie sich zu den verschiedenen iOS-Entwicklerprogrammen anmelden.

3.6.1 Das iOS Developer Program

Wenn Sie Ihre Apps über den App-Store oder nur innerhalb eines kleinen Personenkreises vertreiben möchten, sollten Sie das *iOS Developer Program* wählen. Es ist sowohl für private und freiberufliche als auch für angestellte Entwickler gedacht. Innerhalb des Programms gibt es noch eine weitere Unterscheidung zwischen Einzelpersonen und Firmen.

Sie sollten sich als Einzelperson anmelden, wenn Sie privat oder freiberuflich iOS-Apps entwickeln möchten. Einzelpersonen können im Gegensatz zu Firmenentwicklern keine Entwicklungsteams bilden. Firmenentwickler müssen beim Anmeldeprozess einen Bevollmächtigten angeben, über den Apple die Richtigkeit ihrer Angaben überprüft. Sie können aber sich selbst als Repräsentanten angeben. Dann möchte Apple während des Anmeldeprozesses in der Regel einen Handelsregisterauszug von Ihrer Firma zugefaxt bekommen.

Wenn Sie den Anmeldeprozess durchlaufen haben, überprüft Apple Ihre Angaben und schaltet Sie frei. Das kann ein bis zwei Wochen dauern. Nach der Freischaltung erhalten Sie eine E-Mail mit einem Link in den Apple Online Store, über den Sie die Teilnahmegebühr entrichten können. Nach der Bezahlung dauert es ungefähr einen Tag, bis Apple Ihren Zugang zu den Ressourcen im Entwicklerportal freigeschaltet hat.

Nach der Freischaltung haben Sie Zugriff auf das *iOS Provisioning Portal*, über das Sie Ihre Zertifikate verwalten und die Bereitstellungsprofile erzeugen können.

3.6.2 Entwicklungszertifikat und Entwicklungsprofile

Sie benötigen ein Entwicklungszertifikat, um Bereitstellungsprofile erzeugen zu können. Mit diesen können Sie dann Ihre Apps signieren und auf Ihren iOS-Geräten installieren und ausführen.

> **Das iOS Provisioning Portal**
> Öffnen Sie das *iOS Provisioning Portal* über die URL *https://developer.apple.com/ios/manage/overview/index.action*. Dort finden Sie oben in der rechten Spalte den *Program User Guide*. Das ist das zentrale Dokument, das alle möglichen Aktionen innerhalb des Portals beschreibt. Sie finden dort außerdem Videos, die die notwendigen Schritte für verschiedene Vorgänge im Portal genau beschreiben.

Das Entwicklungszertifikat erzeugen Sie über eine Zertifikatsanfrage, die Sie ihrerseits mit dem Programm *Schlüsselbundverwaltung* erzeugen können. Öffnen Sie dazu in den Einstellungen dieser Applikation den Reiter ZERTIFIKATE. Dort schalten Sie die Eigenschaften OCSP (ONLINE CERTIFICATE STATUS PROTOCOL) und CRL (CERTIFICATE REVOCATION LIST) aus.

Das Dokument für die Zertifikatanfrage erzeugen Sie über den Menüpunkt SCHLÜSSELBUNDVERWALTUNG • ZERTIFIKATSASSISTENT • ZERTIFIKAT EINER ZERTIFIZIERUNGSINSTANZ ANFORDERN... Geben Sie unter E-MAIL DES BENUTZERS die E-Mail-Adresse ein, die Sie auch im Entwicklerportal angegeben haben. Außerdem müssen Sie Ihren Namen angeben. Da Sie die Anfrage auf der Festplatte speichern, brauchen Sie keine E-Mail für die Zertifizierungsinstanz anzugeben. Entfernen Sie außerdem den Haken auf der Checkbox EIGENE SCHLÜSSELPAARINFORMATION FESTLEGEN

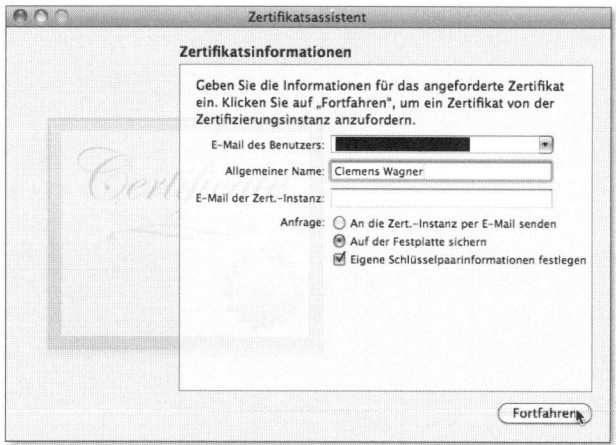

Abbildung 3.41 Erzeugung einer Zertifikatsanfrage

Nachdem Sie auf FORTFAHREN geklickt haben, müssen Sie eine Datei auswählen, in der Sie die Informationen speichern möchten. Anschließend müssen Sie noch eine Schlüssellänge von 2048 Bits und den Algorithmus RSA auswählen. Sie können jetzt die erzeugte Datei in das Provisioning Portal hochladen.

Rufen Sie das Portal in Ihrem Browser auf, und öffnen Sie unter dem Punkt CERTIFICATES den Reiter DEVELOPMENT. Dort sehen Sie eine Anleitung für die Erzeugung des Zertifikats und einen Button DATEI AUSWÄHLEN, über den Sie die gerade erzeugte Anfrage auswählen können. Danach laden Sie die Datei über den Button SUBMIT hoch. Sie bekommen eine E-Mail-Benachrichtigung, wenn Apple Ihre Zertifikatsanfrage akzeptiert oder ablehnt.

Wenn Apple Ihre Zertifikatsanfrage akzeptiert hat, können Sie aus dem Entwicklerportal das erzeugte Zertifikat herunterladen. Sie finden es im Portal unter CERTIFICATES und dem Reiter DEVELOPMENT. Es ist ein Jahr ab dem Erzeugungsdatum gültig. Öffnen Sie die heruntergeladene Datei mit dem Zertifikat durch einen Doppelklick. Die Schlüsselbundverwaltung fragt Sie dann über einen Dialog, in welchen Schlüsselbund Sie das Zertifikat importieren wollen. Hier wählen Sie den Anmeldeschlüsselbund aus.

Als Nächstes müssen Sie Ihr iPhone oder iPad als Entwicklungsgerät anmelden. Öffnen Sie dazu in Xcode den Organizer über WINDOW • ORGANIZER oder [SHIFT] + [CMD] + [2], und verbinden Sie Ihr iOS-Gerät über ein passendes Kabel mit Ihrem Computer.

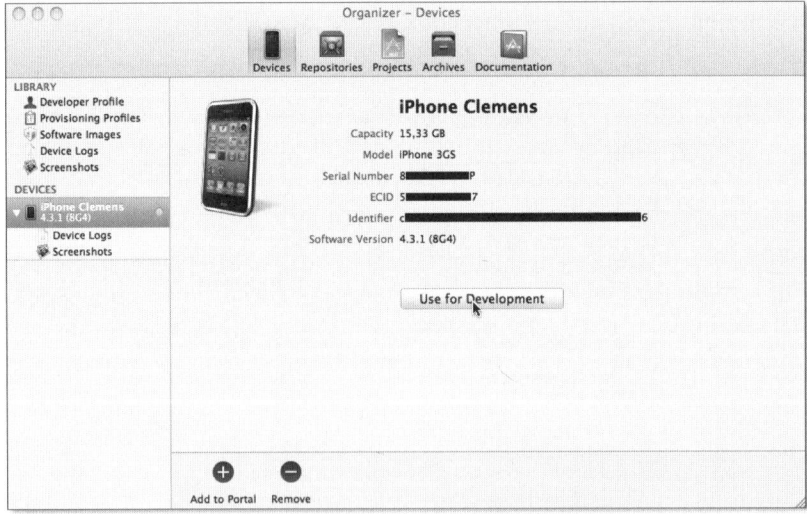

Abbildung 3.42 Geräteregistrierung

Öffnen Sie im Organizer den Reiter DEVICES, wo Sie in der linken Seitenleiste Ihr iOS-Gerät finden. Wenn Sie es auswählen, zeigt Ihnen der Organizer ein Bild und einige technische Daten an. Außerdem sollte dort der Button USE FOR DEVELOPMENT erscheinen, wenn Sie das Gerät auf dem Rechner noch nicht registriert haben (siehe Abbildung 3.42).

Wenn Sie diesen Button anklicken, beginnt Xcode mit der Registrierung des Geräts im Portal. Dazu müssen Sie Ihr Login und Ihr Passwort für das Portal eingeben. Außerdem müssen Sie das Passwort für Ihren Schlüsselbund eingeben, damit Xcode von dort das Entwicklungszertifikat lesen kann. Bei einer unbekannten iOS-Version auf dem Gerät importiert Xcode außerdem noch notwendige Daten des Betriebssystems von dort.

> **Registrierungsstatus**
>
> Den Registrierungsstatus können Sie auch in der Seitenleiste sehen. Dort erscheint neben einem nicht registrierten Gerät ein grauer Tropfen. Bei registrierten Geräten mit gültigen Profilen oder Zertifikaten ist der Tropfen grün. Bei ungültigen oder abgelaufenen Profilen beziehungsweise Zertifikaten zeigt der Organizer einen orangenen Tropfen an.

Die beschriebenen Schritte laufen bis auf die Nutzereingaben automatisch ab. Bei diesem Prozess erzeugt Xcode im Portal ein Entwicklungsprofil mit dem Namen *Team Provisioning Profile*, das als *App ID* einen Stern enthält. Profile mit dieser App ID können Sie für alle Apps verwenden, und sie sind drei Monate lang gültig. Andererseits können Sie aber mit diesen *Wildcard-Profilen* nicht alle iOS-Funktionen nutzen. Dazu gehören Push-Notifications, In-App-Purchase, Game-Center und iCloud.

Nachdem Sie Ihr iOS-Gerät erfolgreich registriert haben, können Sie Ihre Apps darauf testen. In der Schema-Auswahl (siehe Abbildung 3.43) sollte jetzt auch der Name Ihres iOS-Geräts enthalten sein. Wählen Sie ihn aus, und klicken Sie auf RUN. Nach der Übersetzung sollte die App auf dem Gerät starten.

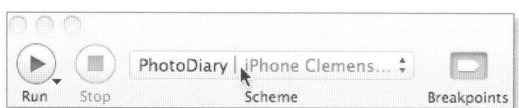

Abbildung 3.43   Auswahl des Schemas in Xcode

Beim Start über Xcode läuft Ihre App dann im Debugmodus. Sie können also beispielsweise Breakpoints setzen und Ihr Programm während der Ausführung untersuchen. Außerdem können Sie die hardware-abhängigen Funktionen der App testen. Dazu gehören beispielsweise der Zugriff auf die Kamera, den Bewegungs- und den Gyrosensor.

Wie bereits erwähnt wurde, können Sie mit einem Wildcard-Profil nicht alle Funktionen testen. Zum Testen von Push-Benachrichtigungen, für In-App-Bezahlungen oder Apps mit Game-Center-Integration brauchen Sie Entwicklerprofile ohne Wildcards. Diese Profile können Sie aber nicht über Xcode, sondern nur über das Portal erzeugen.

Melden Sie sich dazu im Provisioning Portal an, und wählen Sie in der linken Menüleiste den Punkt App IDs aus. Dort finden Sie die bereits bestehende Kennung und oben rechts den Button New App ID. Wenn Sie diesen Button anklicken, gelangen Sie zur Registrierungsseite für neue *App IDs*. Sie müssen drei Angaben bei der Registrierung einer neuen *App ID* machen:

1. In das Feld Description geben Sie eine Beschreibung der Kennung ein. Sie dürfen hier alphanumerische Zeichen und das Leerzeichen verwenden. Verwenden Sie eine sinnvolle Beschreibung oder den Namen Ihrer App, damit Sie die Kennungen gut voneinander unterscheiden können.

2. Bei der Bundle Seed ID können Sie eine bestehende auswählen oder eine neue anlegen. Apps mit gleicher *Bundle Seed ID* können auf die gleichen Schlüsselbundeinträge auf Ihrem iOS-Gerät zugreifen – also Logins und Passwörter teilen. Sie brauchen sich darum aber nur Gedanken zu machen, wenn Sie in Ihren Apps tatsächlich auf den Schlüsselbund zugreifen.

3. Als Bundle Identifier müssen Sie genau den Bundle Identifier Ihrer App verwenden. In der Regel legen Sie diese Kennung beim Anlegen des Projekts fest. Sie finden diese Zeichenkette in Ihrem Projekt, indem Sie das Target und dann den Reiter Summary auswählen. Beispielsweise ist der Bundle Identifier des Weckers `de.ifoo.AlarmClock`.

> **App IDs are forever**
>
> Sie können beliebig viele App IDs anlegen. Aber nachdem Sie eine App ID angelegt haben, können Sie sie weder löschen noch verändern. Noch nicht einmal die Beschreibung können Sie anpassen. Sie sollten sich also vor dem Anlegen genau überlegen, ob Sie wirklich diese Kennung benötigen und welche Werte Sie dafür eingeben.

Nachdem Sie die App ID erfolgreich angelegt haben, wählen Sie im Portal unter dem Menüpunkt Provisioning den Reiter Development aus. Dort finden Sie Ihre Entwicklungsprofile, und die Liste sollte bereits Ihr *Team Provisiong Profile* enthalten. Wenn Sie dort den Button New Profile anklicken, gelangen Sie zu der Seite, auf der Sie ein neues Profil anlegen können. Für die Erzeugung eines neuen Profils müssen Sie einen Namen, ein Entwicklungszertifikat, eine App ID und die Geräte auswählen, für die dieses Zertifikat gültig ist. Machen Sie die entsprechenden Eingaben, und klicken Sie auf Submit.

Die Profilseite enthält jetzt auch Ihr neues Profil mit dem Status *Pending*. Dieser Zustand dauert in der Regel allerdings nur einige Sekunden an, und das Profil steht bereits nach einem Neuladen der Seite zur Verfügung.

Sie müssen dieses Profil nun in Xcode importieren. Öffnen Sie dazu im Organizer den Menüpunkt PROVISIONING PROFILES unter dem Reiter DEVICES. Wenn Sie den Button REFRESH anklicken, lädt Xcode alle Entwicklungsprofile aus dem Portal.

Xcode installiert nur das *Team Provisioning Profile* automatisch auf Ihre Geräte. Wenn Sie andere Profile nutzen wollen, müssen Sie sie manuell auf Ihrem iOS-Gerät installieren. Ziehen Sie dazu einfach das Profil aus der Liste auf das iOS-Gerät in der Seitenleiste des Organizers.

3.6.3 Profilprobleme

Es kann aber auch vorkommen, dass sich Xcode weigert, Ihre App auf Ihrem Gerät zu installieren und zu starten. Xcode bricht den Build-Prozess mit einer Fehlermeldung – einem *Code-Sign-Fehler* – ab. Diese Meldung kann unterschiedliche Gründe haben.

Als Erstes sollten Sie überprüfen, ob Xcode auch das richtige Zertifikat verwendet. Öffnen Sie dazu im Target den Reiter BUILD SETTINGS, und geben Sie im Suchfeld die Worte »*Code Signing*« ein. Unter CODE SIGNING IDENTITY sollte das Target für die Konfiguration *Debug* den Schlüssel *Any iOS SDK* und den Wert *iPhone Developer* enthalten (siehe Abbildung 3.44).

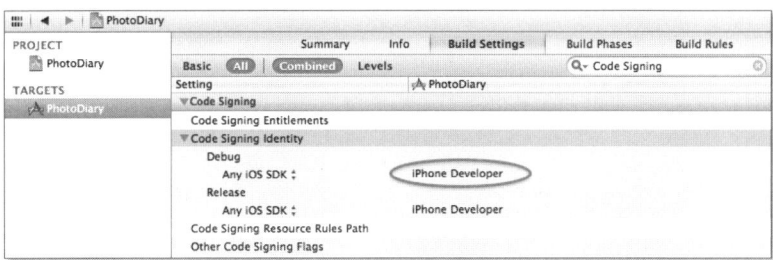

Abbildung 3.44 Anzeige des Entwicklungszertifikats

Danach öffnen Sie im Organizer den Reiter DEVICES und darunter den Menüpunkt PROVISIONING PROFILES. Sie können hier alle Profile in einer Tabelle sehen, die Xcode zur Verfügung stehen. Entwicklungsprofile haben nur eine begrenzte Gültigkeitsdauer. Das Verfallsdatum zeigt Ihnen die mittlere Spalte EXPIRATION DATE der Tabelle an. Ein abgelaufenes Profil hat zudem in der Spalte STATUS den Eintrag *Profile has expired* mit einem roten Ausrufezeichen davor. Abgelaufene Profile können Sie über das Entwicklerportal erneuern. Gehen Sie dazu im Portal im Menü PROVISIONING auf den Reiter DEVELOPMENT. Bei abgelaufenen Profilen finden Sie einen Button RENEW, mit dem Sie das Profil aktualisieren können. Nach der Aktualisierung müssen Sie das Profil über den Button REFRESH im Organizer in Xcode laden (siehe Abbildung 3.45).

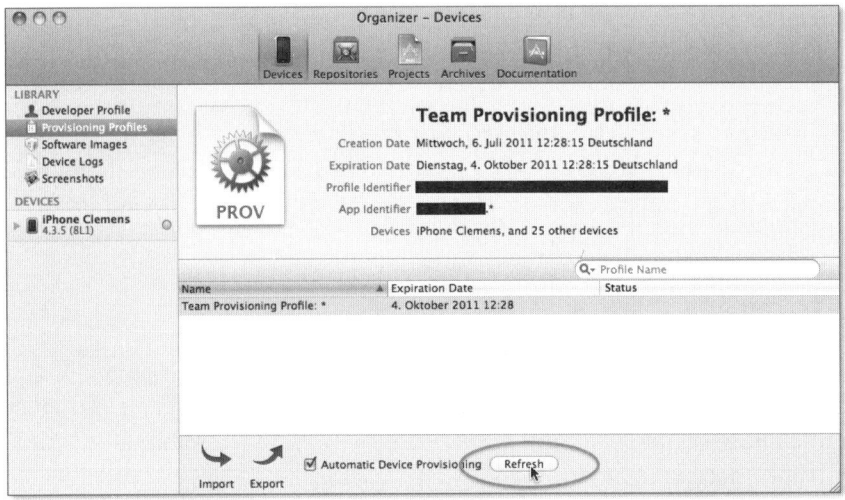

Abbildung 3.45 Erneuerung eines Entwicklungsprofils

Schließlich sollten Sie noch die Profile auf dem Gerät überprüfen. Im Organizer finden Sie unter dem Gerät, wenn es angeschlossen ist, den Menüpunkt PROVISIONING PROFILES. Darüber können Sie die installierten Profile auf dem Gerät ansehen und auch gegebenenfalls löschen. Alternativ können Sie diese aber auch in den iOS-EINSTELLUNGEN unter ALLGEMEIN • PROFIL(E) ansehen. Sie sollten unbedingt abgelaufene Profile von Ihren Geräten löschen, da manchmal iOS diese gegenüber den aktuellen Profilen bevorzugt.

Abbildung 3.46 Anzeige der Profile auf dem iPhone

>»Ich hoffe mein Schaden hat kein Gehirn genommen.«
– Homer Simpson

4 Daten, Tabellen und Controller

Das nächste Projekt behandelt ein Fototagebuch. Das ist ein Notizbuch, in dem Sie Texte, Bilder und Töne chronologisch geordnet ablegen können. Dieses Projekt ist wesentlich umfangreicher im Vergleich zum analogen Wecker des vorigen Kapitels. Die einzelnen Schritte zum Erstellen dieser App zu beschreiben, ist deshalb nicht möglich: Dies würde den Umfang unseres Buches sprengen. Das komplette Projekt finden Sie natürlich auf der DVD oder im GIT-Repository. Die Beschreibungen in diesem Kapitel konzentrieren sich auf die neuen und spannenderen Themen.

4.1 Benachrichtigungen

Delegation ist sehr praktisch, wenn bestimmte Aufgaben oder Informationen an ein anderes Objekt weitergereicht werden sollen. Häufig gibt es aber Situationen, bei denen mehrere Objekte eine Information verarbeiten sollen.

Sie haben bereits das Applikationsdelegate und dessen Methoden kennengelernt. Es bietet Ihnen beispielsweise eine Methode an, mit der Sie Operationen ausführen können, bevor das iOS die App in den Hintergrund schickt. Sie können diese Methode benutzen, um den aktuellen Applikationszustand zu sichern. Das ist sicherlich für viele Applikationen ausreichend, bei denen diese Zustandsdaten zentral – vorzugsweise im Applikationsdelegate selber – gelagert sind. Wenn sich diese Daten hingegen über viele unterschiedliche Objekte verteilen, stößt dieses Vorgehen an seine Grenzen.

4.1.1 Benachrichtigungen empfangen

Cocoa Touch bietet dafür aber ein weiteres Vorgehen an, das sich für solche Aufgabenstellungen besser eignet. Das geschieht über *Notifications* oder *Benachrichtigungen* – das sind Objekte der Klasse `NSNotification`, die innerhalb einer Applikation verschickt werden. Jede Benachrichtigung hat einen Typ, der durch eine Zeichenkettenkonstante repräsentiert wird. Jedes Objekt kann beliebige Benachrichtigungen empfangen. Sie müssen es dazu nur bei einem zentralen Objekt für die Verwaltung der Benachrichtigungen anmelden. Dieses Objekt hat die Klasse NSNotificationCenter.

Sie registrieren einen Empfänger über die Methode addObserver:selector:name:object: des Notificationcenters. Der Empfänger muss sich immer bei dem Center anmelden, über das der Nachrichtensender seine Benachrichtigungen schickt. In Cocoa Touch gibt es im Gegensatz zu MacOS X zurzeit nur ein Center. Sie können darauf über die Klassenmethode defaultCenter zugreifen.

Wenn das iOS eine Applikation in den Hintergrund schickt, verschickt die Applikation eine Benachrichtigung mit dem Typ UIApplicationWillResignActiveNotification. Sie können ein Objekt für den Empfang dieser Benachrichtigung wie folgt anmelden:

```
NSNotificationCenter *theCenter =
    [NSNotificationCenter defaultCenter];
[theCenter addObserver:theObject
    selector:@selector(applicationWillResignActive:)
    name:UIApplicationWillResignActiveNotification
    object:nil];
```

Listing 4.1 Anmelden eines Benachrichtigungsempfängers

Mit dem Parameter object der Registrierungsmethode können Sie die Benachrichtigungen nach dem Absender filtern. Wenn Sie bei der Registrierung hier einen Absender angeben, erhält der Empfänger nur Benachrichtigungen dieses Senders. Geben Sie hingegen nil (wie in Listing 4.1) an, erhält er alle Nachrichten.

Nach der Registrierung ruft das Notificationcenter immer die Methode applicationWillResignActive: des Objekts theObject auf, sobald die Applikation die entsprechende Benachrichtigung verschickt. Die Methode hat einen Parameter mit der Klasse NSNotification. Über die Property object des Notificationobjekts können Sie den Absender der Benachrichtigung ermitteln. Außerdem kann der Absender ein Dictionary mitschicken, auf das Sie über die Property userInfo zugreifen können.

Der kleine Unterschied

Achten Sie bei der Angabe des Selektors auf die richtige Schreibweise des Methodennamens. Gerade bei Methoden mit einem Parameter vergisst man schon mal leicht den Doppelpunkt am Ende. Der Selektor @selector(applicationWillResignActive:) beschreibt eine andere Nachricht als @selector(applicationWillResignActive).

```
- (void)applicationWillResignActive:
    (NSNotification *)inNotification {
    UIApplication *theApplication = inNotification.object;
    ...
}
```

Listing 4.2 Methode zum Empfangen von Benachrichtigungen

Über die Methoden `removeObserver:name:object:` und `removeObserver:` können Sie einen Nachrichtenempfänger wieder beim Notificationcenter abmelden. Während Sie mit der ersten Methode einzelne Benachrichtigungen abschalten können, können Sie über die zweite alle Benachrichtigungen eines Empfängers auf einmal abschalten.

> **Abmelden ist notwendig**
>
> Sie müssen jeden Nachrichtenempfänger vor seiner Zerstörung beim Notificationcenter abmelden. Andernfalls erzeugen Sie einen Dangling Pointer, was zu einem Programmabsturz führen kann.

4.1.2 Eigene Benachrichtigungen verschicken

Cocoa Touch stellt eine Vielzahl von Benachrichtigungen bereit, die Sie für die Entwicklung Ihrer Apps verwenden können. Sie können aber auch aus Ihren Klassen eigene Benachrichtigungen versenden. Beispielsweise könnte das Wecker-Beispielprogramm eine Benachrichtigung bei Alarmauslösung verschicken. Dazu sollten Sie sich zunächst einen Namen ausdenken, der das Ereignis möglichst gut beschreibt z. B. `kAlarmClockHasFiredAlarmNotification`. Da jedes beliebige Objekt diese Benachrichtigungen empfangen können soll, deklarieren Sie in der Headerdatei *AlarmClockAppDelegate.h* folgende Konstante:

```
extern NSString * const kAlarmClockHasFiredAlarmNotification;
```

Diese Deklaration sollten Sie in der Headerdatei vor der Klassendeklaration platzieren. In die Implementierungsdatei müssen Sie dann noch die entsprechende Definition einfügen:

```
NSString * const kAlarmClockHasFiredAlarmNotification =
    @"kAlarmClockHasFiredAlarmNotification";
```

> **Tipp**
>
> Sie sollten für den Namen der Benachrichtigung immer eine Konstante verwenden. Zum einen vermeiden Sie dadurch Fehler aufgrund falsch geschriebener Benachrichtigungsnamen. Außerdem können Sie eventuelle Namenskonflikte sehr einfach beheben.

Aus der Methode `application:didReceiveLocalNotification:` können Sie jetzt die Benachrichtigung über eine der Methoden

- `postNotification:`
- `postNotificationName:object:`
- `postNotificationName:object:userInfo:`

verschicken. Bei der ersten Variante müssen Sie das Notificationobjekt selbst erzeugen, während das bei den beiden anderen Varianten jeweils die Methode übernimmt. Im einfachsten Fall verwenden Sie die zweite Methode.

```
NSNotificationCenter *theCenter =
    [NSNotificationCenter defaultCenter];
[theCenter postNotificationName:kAlarmClockHasFiredAlarmNotification⤶
    object:self];
```
Listing 4.3   Verschicken einer einfachen Benachrichtigung

Wenn Sie aber auch den Nachrichtentext mit der Benachrichtigung verschicken wollen, sollten Sie die dritte Variante verwenden. Sie können bei ihr über den Parameter `userInfo` den Nachrichtentext übergeben.

```
NSNotificationCenter *theCenter =
    [NSNotificationCenter defaultCenter];
NSDictionary *theInfo = [NSDictionary⤶
    dictionaryWithObjectsAndKeys:inNotification.alertBody,⤶
    @"alertBody", nil];
[theCenter postNotificationName:kAlarmClockHasFiredAlarmNotification⤶
    object:self userInfo:theInfo];
```
Listing 4.4   Verschicken einer Benachrichtigung mit Parametern

Benachrichtigungen sind eine gute Möglichkeit, um mehrere andere Objekte zu informieren. Diese Technik ist eine einfache und sehr elegante Methode, um beliebige Empfänger lose an den Nachrichtensender zu koppeln.

4.2   Core Data

Das Beispielprogramm dieses Kapitels besitzt im Gegensatz zum analogen Wecker eine Modellschicht mit eigenen Klassen. Sie stellen die Daten des Fototagebuchs dar. Die Applikation kann diese Daten aber nicht nur anzeigen und bearbeiten, sondern auch im nichtflüchtigen Speicher des Gerätes ablegen und von dort auch wieder laden. Das Fototagebuch verwendet für die Datenmodellierung und -speicherung das Apple-Framework *Core Data*.

Core Data ist eine Technologie, um persistente Objektgraphen in Applikationen zu implementieren. Ein *Objektgraph* besteht aus durch *Relationships* miteinander verbundenen Objekten, und *Persistenz* ist die dauerhafte Speicherung von Daten. Core Data stellt Relationships durch entsprechende Propertys dar. Jede Applikation lässt natürlich nur bestimmte Objektgraphen zu. Wie die zulässigen Graphen eines Programms aussehen, legt das Datenmodell fest.

Solche Datenmodelle lassen sich am einfachsten durch Graphen beschreiben. Vielleicht kennen Sie ja auch schon Entity-Relationship-Diagramme (ER-Diagramme) oder UML-Klassendiagramme, die Ähnliches leisten. In Xcode ist einen Datenmodelleditor integriert, der sowohl eine graphische als auch eine dialogorientierte Erstellung und Bearbeitung von Datenmodellen erlaubt. Die graphische Darstellung orientiert sich dabei an ER-Diagrammen.

4.2.1 Datenmodellierung

Im Projekt *PhotoDiary* auf der beiliegenden DVD finden Sie in der Gruppe RESOURCES die Datei *Model.xcdatamodeld*. Sie enthält das Datenmodell des Fototagebuchs. Wenn Sie die Datei auswählen, sehen Sie das Datenmodell, wie in Abbildung 4.1 dargestellt.

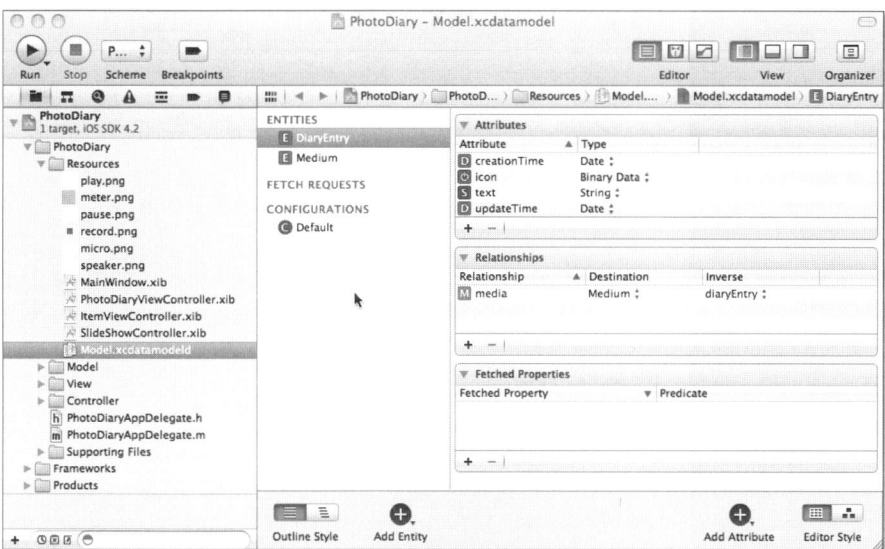

Abbildung 4.1 Das Datenmodell in der Dialogdarstellung

Unter ENTITIES finden Sie die Entitätstypen des Datenmodells. Ein *Entitätstyp* – häufig fälschlicherweise auch nur Entität genannt – beschreibt eine Objektklasse in einem Datenmodell. Sie enthält Attribute und ist durch Relationships mit anderen Entitätstypen verbunden. Im Fototagebuch ist jedem Entitätstyp eine gleichnamige Klasse zugeordnet. Das muss aber nicht immer so sein. Die Basisklasse aller Entitätstypen, NSManagedObject, reicht als Implementierung beliebiger Entitätstypen aus. Die Unterscheidung zwischen Entitätstypen und Klassen ist allerdings in der Praxis sekundär. Sie können sich also unter einem Entitätstyp ruhig so etwas wie eine Klasse vorstellen, die allerdings keine eigenen Methoden besitzt.

Durch die Buttongruppe EDITOR STYLE unten rechts im Xcode-Fenster können Sie auf die grafische Darstellung des Datenmodells umschalten. Die Diagrammdarstellung sehen Sie in Abbildung 4.2. Das Diagramm stellt Entitätstypen durch Kästen und Relationships durch Linien mit Pfeilenden dar. Die Kästen der Entitätstypen enthalten deren Namen als Titel und darunter die Namen der Attribute. Darunter sind die Namen der Relationships aufgeführt.

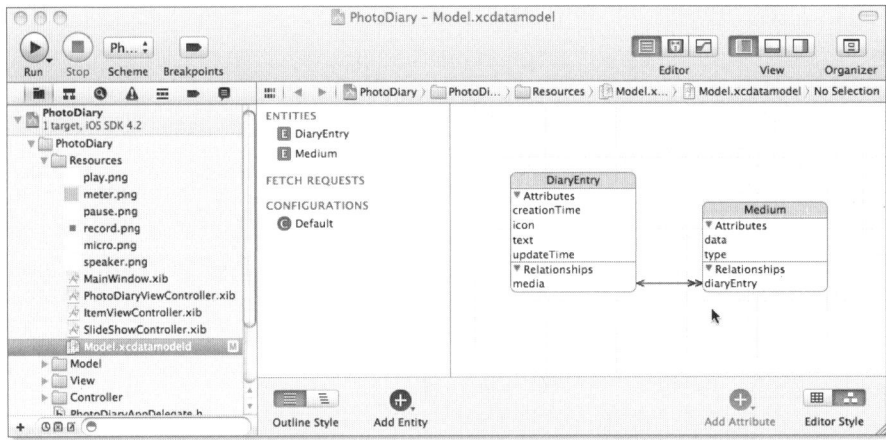

Abbildung 4.2 Diagrammdarstellung des Datenmodells

Das Datenmodell enthält zwei Entitätstypen: DiaryEntry und Medium. Während der erste Typ Tagebucheinträge beschreibt, dient der zweite zur Ablage von Mediendaten. In dem Tagebuch sind das Bilder und Tonaufnahmen. Über den Button ADD ENTITY können Sie dem Modell weitere Entitätstypen hinzufügen. Über den *Datenmodellinspektor* ([ALT] + [CMD] + [3]) können Sie den Klassennamen festlegen, und über das Dropdownmenü PARENT ENTITY den Obertyp eines Entitätstyps festlegen. Sie haben also in einem Datenmodell auch die Möglichkeit der Vererbung.

Im Modell des Fototagebuchs verbinden zwei Relationships die beiden Entitätstypen miteinander, die eine Verbindungslinie darstellt. Das liegt daran, dass die beiden Relationships zueinander invers sind. In Core Data sollte jede Relationship auch immer ein inverses Pendant haben. Neue Relationships legen Sie in der

Diagrammdarstellung analog zu Outlets im Interface Builder an, indem Sie bei gedrückter rechter Maustaste eine Verbindung zwischen den beteiligten Entitätstypen ziehen. Wenn Sie eine Relationship durch das Ziehen einer Verbindung erzeugen, legt der Modelleditor automatisch die inverse Relationship an.

Natürlich enthalten beide Entitätstypen auch noch einige Attribute, deren Datentypen Sie in der Dialogansicht direkt festlegen können. Weitere Einstellungsmöglichkeiten zu jedem Attribut finden Sie im Datenmodellinspektor. Dazu wählen Sie das Attribut aus, drücken [ALT] + [CMD] + [3] oder öffnen die Inspektorspalte auf der rechten Seite von Xcode und wählen dort das Icon ganz rechts aus (siehe Abbildung 4.3).

Bei allen Attributen können Sie drei boolesche Eigenschaften setzen:

- Ein *transientes* Attribut wird nicht persistent gespeichert. Es geht also spätestens nach Programmende verloren.
- Ein *optionales* Attribut darf auch den Wert `nil` annehmen. Wenn Sie hingegen versuchen, ein nichtoptionales Attribut mit dem Wert `nil` zu speichern, liefert Core Data einen Fehler.
- Für *indizierte* Attribute legt Core Data einen Index an. Er kann Suchanfragen beschleunigen, die nach diesem Attribut filtern.

Neben der Festlegung des Datentyps erlaubt der Inspektor auch noch datentypabhängige Einstellungen für einen Standardwert und Werteinschränkungen. Bei Strings können Sie beispielsweise eine minimale und maximale Länge sowie einen regulären Ausdruck festlegen, auf den die Werte passen müssen.

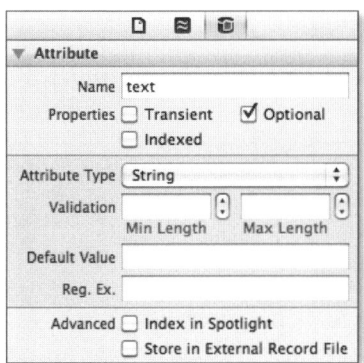

Abbildung 4.3 Der Datenmodellinspektor für ein Stringattribut

Der Entitätstyp verweist über die *One-To-Many-Relationship* `media` auf die zugehörigen Medien. Ein wichtiges Unterscheidungskriterium für Relationships sind die möglichen Anzahlen der Elemente an beiden Enden. Wenn die Relationship auf höchstens ein Element verweist, können Sie sie durch eine Property des Zieltyps darstellen. Ist hingegen mehr als ein Element möglich, müssen Sie dafür einen Sammlungstyp verwenden; in Core Data ist das NSSet. Bei der One-To-Many-Relationship media kann also immer ein Tagebucheintrag auf mehrere Medien verweisen.

Die *Many-To-One-Relationship* diaryEntry weist jedem Medium genau einen Tagebucheintrag zu. Sie ist die inverse Relationship zu media. Es gibt außerdem noch *Many-To-Many-Relationships*, die dieses Datenmodell allerdings nicht verwendet. Die Pfeilenden an der verknüpften Entität zeigen die Wertigkeit der Relationships an. To-One- haben eine einfache und To-Many-Relationships haben eine doppelte Pfeilspitze. Sie können die Wertigkeit über den Datenmodellinspektor für die Relationship setzen (siehe Abbildung 4.4).

Bei Relationships können Sie neben dem Zielentitätstyp auch die inverse Relationship festlegen. Wie Attribute können Relationships ebenfalls transient und optional sein. Sie können im Inspektor nicht nur festlegen, ob es sich um eine To-One- oder To-Many-Relationship handelt, sondern auch bestimmen, auf wie viele Elemente sie mindestens und höchstens verweisen darf. Die DELETE RULE legt schließlich fest, was mit dem Objekt bei Löschung des Zielobjekts passiert. Es stehen vier Möglichkeiten zur Auswahl, wie Core Data bei einer Löschung des Ursprungsobjekts mit den Zielobjekten umgehen soll:

▶ NO ACTION: Die Zielobjekte werden nicht verändert.
▶ NULLIFY: Core Data löscht den Verweis der inversen Relationship auf das Ursprungsobjekt.
▶ CASCADE: Löscht auch alle Zielobjekte, auf die das Objekt verweist.
▶ DENY: Core Data löscht das Objekt nur, wenn keine Zielobjekte existieren.

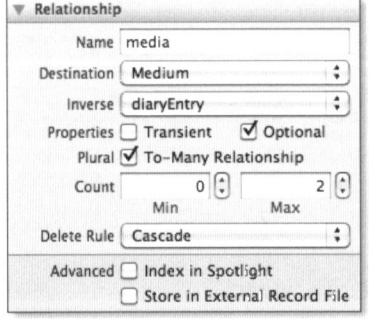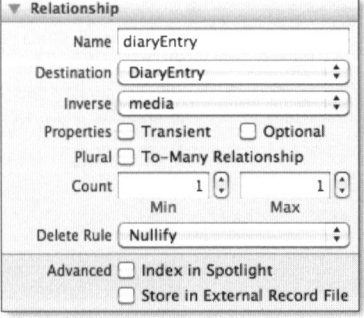

Abbildung 4.4 Der Datenmodellinspektor für Relationships

Die Relationship `media` verwendet kaskadierendes Löschen, weil die Medienobjekte zu dem jeweiligen Tagebucheintrag gehören. Wenn der Tagebucheintrag nicht mehr existiert, werden die Medien auch nicht mehr gebraucht. Wenn Sie hingegen ein Medium löschen, soll es aus der Medienmenge des Tagebucheintrags nur entfernt werden. Der Tagebucheintrag bleibt aber bestehen.

4.2.2 Implementierung von Entitätstypen

Das Fototagebuch stellt die Entitätstypen durch eigene Klassen dar, die Xcode direkt aus dem Datenmodell erzeugen kann. Dazu wählen Sie im Dialog zum Anlegen einer neuen Datei das Template NSMANAGEDOBJECT SUBCLASS unter dem Punkt CORE DATA aus.

> **Tipp**
>
> Den Ablauf dieses Dialogs können Sie verkürzen, in dem Sie vor dem Aufruf den zugrunde liegenden Entitätstyp auswählen. In diesem Fall brauchen Sie nämlich nur den Dateinamen festzulegen. Wenn Sie hingegen keinen Entitätstyp auswählen, können Sie die Klassen für mehrere Entitätstypen auf einmal erzeugen. Xcode zeigt Ihnen dazu entsprechende Auswahldialoge an.

Die erzeugte Klasse enthält für jedes Attribut des Entitätstyps eine Property-Deklaration, für die Sie in der Implementierung aber keine Synthesize-Anweisung finden. Stattdessen enthält die Datei für jede Property eine Dynamic-Anweisung:

```
@dynamic icon;
@dynamic creationTime;
@dynamic updateTime;
@dynamic text;
@dynamic media;
```

Listing 4.5 Dynamic-Anweisungen für die Propertys der Klasse »DiaryEntry«

Im Gegensatz zu den Synthesize-Anweisungen haben diese Anweisungen keine Auswirkung auf das erzeugte Programm. Sie zeigen dem Compiler lediglich an, dass der Implementierungsteil der Klasse für diese Propertys keine expliziten Methodendefinitionen enthält. Stattdessen erfolgt der Zugriff auf die Attributwerte über Key-Value-Coding, wofür die Oberklasse `NSManagedObject` von `DiaryEntry` die entsprechenden Implementierungen besitzt.

Außerdem enthält die Headerdatei noch eine Kategorie mit vier Methoden, über die Sie die Objekte der Relationship `media` verändern können:

```
@interface DiaryEntry (CoreDataGeneratedAccessors)
- (void)addMediaObject:(Medium *)value
- (void)removeMediaObject:(Medium *)value
- (void)addMedia:(NSSet *)value
- (void)removeMedia:(NSSet *)value
@end
```

Listing 4.6 Kategorie mit Methoden

Auch diese Methoden implementiert Core Data über Key-Value-Coding. Da der Tagebucheintrag aber noch andere Operationen bei der Veränderung der Relationship ausführen soll, befindet sich diese Kategorie in der Implementierungsdatei der Klasse. Diese Methoden sind also privat.

4.2.3 Einbindung von Core Data

Um einen Objektgraphen mit Core Data persistent speichern zu können, müssen Sie drei Objekte anlegen. Das Datenmodell repräsentiert ein Objekt der Klasse NSManagedObjectModel, das das Fototagebuch über einen Lazy-Getter des Application-Delegates aus dem Ressourcenordner der Applikation lädt:

```
- (NSManagedObjectModel *)managedObjectModel {
    if(managedObjectModel == nil) {
        NSURL *theURL = [[NSBundle mainBundle]
            URLForResource:@"Model" withExtension:@"momd"];

        self.managedObjectModel =
            [[[NSManagedObjectModel alloc]
                initWithContentsOfURL:theURL] autorelease];
    }
    return managedObjectModel;
}
```

Listing 4.7 Laden des Datenmodells

Analog zu den XIB-Dateien übersetzt Xcode während des Buildprozesses die Modelldateien in ein anderes Format, das für die Ausführung günstiger ist. Aus diesem Grund hat die Ressource jetzt die Dateiendung *.momd* und nicht mehr *.xcdatamodeld*.

Das Application-Delegate erzeugt außerdem ein Objekt der Klasse NSPersistentStoreCoordinator über einen Lazy-Getter. Der Store-Koordinator verbindet die Entitätstypen eines Datenmodells mit einem Ablageort, den Unterklassen von NSPersistentStore beschreiben. In iOS gibt es drei mögliche Arten von Stores: SQLite-Datenbanken, Binärdateien und die nichtpersistente Ablage im Hauptspeicher. Das Fototagebuch verwendet eine SQLite-Datenbank. Neben dem Typ müssen Sie außerdem eine URL auf eine Datei im lokalen Dateisystem angeben. Die App legt diese Datei *Diary.sqlite* in ihrem Dokumentenordner ab. Diesen Ordner können Sie so, wie in Listing 4.8 angegeben ist, ermitteln.

```
- (NSURL *)applicationDocumentsURL {
    NSFileManager *theManager = [NSFileManager defaultManager];
    return [[theManager URLsForDirectory:NSDocumentDirectory
        inDomains:NSUserDomainMask] lastObject];
}
```

Listing 4.8 Bestimmung des Dokumentenordners einer Applikation

Ein Store-Koordinator kann die Entitäten eines Datenmodells in unterschiedlichen Stores ablegen. Das können Sie über Konfigurationen festlegen. Das Fototagebuch macht davon allerdings keinen Gebrauch. Das Fototagebuch verwendet einen SQLite-Store. Es legt also die Entitäten in Tabellen einer SQL-Datenbank ab. Sie können einen neuen Store über die Methode

`addPersistentStoreWithType:configuration:URL:options:error:`

des Store-Koordinators anlegen. Sofern Sie Ihre Entitäten alle im gleichen Store ablegen möchten, dürfen Sie den Wert `nil` für den Konfigurationsparameter verwenden. Die URL gibt den Ablageort des Stores an. Momentan unterstützt Core Data nur Dateien im lokalen Dateisystem, weswegen Sie hier immer eine Datei-URL angeben müssen. Sie erkennen diese URLs an dem Protokoll beziehungsweise dem Präfix *file*.

```
- (NSPersistentStoreCoordinator *)storeCoordinator {
    if(storeCoordinator == nil) {
        NSURL *theURL = [[self applicationDocumentsURL]
            URLByAppendingPathComponent:@"Diary.sqlite"];
        NSError *theError = nil;
        NSPersistentStoreCoordinator *theCoordinator =
            [[NSPersistentStoreCoordinator alloc]
                initWithManagedObjectModel:
                    self.managedObjectModel];

        if([theCoordinator
            addPersistentStoreWithType:NSSQLiteStoreType
                configuration:nil URL:theURL options:nil↩
                error:&theError]) {
            self.storeCoordinator = theCoordinator;
        }
        else {
            NSLog(@"storeCoordinator: %@", theError);
```

```
        }
        [theCoordinator release];
    }
    return storeCoordinator;
}
```

Listing 4.9 Erzeugung des Store-Koordinators

Mit dem Store-Koordinator können Sie einen Objektkontext erstellen, über den Sie Ihre Objekte verwalten.

4.2.4 Der Objektkontext

Der *Objektkontext* ist eine Art Raum, in dem ihre persistenten Objekte leben. Sie können in den Kontext Objekte aus der Datenhaltung hineinladen, neue Objekte erzeugen und enthaltene Objekte verändern oder löschen. Sie können die Änderungen schrittweise zurücknehmen (*Undo*) und auch die Rücknahme wieder zurücknehmen (*Redo*). Das alles hat aber zunächst keine Auswirkungen auf die Datenhaltung. Um die Änderungen Ihres Objektgraphen dauerhaft zu machen, müssen Sie den kompletten Objektkontext sichern. Der Objektkontext ist also ein »Schmierpapier«, auf dem Sie Ihren Objektgraphen verändern können, und nur, wenn Ihnen das Ergebnis gefällt, machen Sie eine Reinzeichnung von dem Graphen. Die Erzeugung eines Objektkontextes ist denkbar einfach. Sie erzeugen ein Objekt der Klasse `NSManagedObjectContext` und weisen diesem über die Property `persistentStoreCoordinator` einen Store-Koordinator zu.

Eine neue Entität – so heißen die Objekte eines Entitätstyps – erzeugen Sie aber nicht über eine Alloc-Init-Kette, sondern lassen sie über die Klassenmethode `insertNewObjectForEntityForName:inManagedObjectContext:` der Klasse `NSEntityDescription` anlegen. Der erste Parameter enthält dabei den Namen des gewünschten Entitätstyps und der zweite den Objektkontext, der das neue Objekt aufnimmt. Sie brauchen danach das Objekt also nicht mehr selber in einen Kontext einfügen. Jedes Objekt kann aber nur zu einem Kontext gehören.

Über die Methode `deleteObject:` können Sie ein Objekt aus einem Objektkontext löschen. Für die Aktualisierung von Objekten gibt es keine gesonderten Methoden im Objektkontext. Sie weisen den Propertys des Objekts einfach nur neue Werte zu. Der Objektkontext bekommt diese Änderungen automatisch mit.

Die Änderungen des Objektgraphen im Objektkontext können Sie dauerhaft durch einen Aufruf der Methode `save:` sichern. Das Fototagebuch schreibt also durch diesen Aufruf alle Änderungen in die SQLite-Datenbank. Der Parameter ist ein Zeiger auf eine Objektreferenz der Klasse `NSError`. Über diesen gibt die

Methode eventuell aufgetretene Fehler beim Speichern zurück. Typische Fehler sind hierbei die Verletzung der *Integritätsbedingungen* des Entitätstyps. Wenn Sie beispielsweise versuchen, einen Tagebucheintrag ohne Erzeugungszeit zu speichern, liefert der Aufruf einen Fehler, da dieses Attribut obligatorisch ist.

Falls die genaue Fehlerursache Sie nicht interessiert, dürfen Sie auch NULL für diesen Parameter angeben. Sie können auch aus dem Rückgabewert des Methodenaufrufs den Erfolg ermitteln. Ein typischer Methodenaufruf mit Rückgabe des Fehlerobjekts sieht also so aus:

```
NSError *theError = nil;
if(![theContext save:&theError]) {
    // Verarbeitung des Fehlers
}
```

Listing 4.10 Sichern eines Objektkontextes mit Fehlerermittlung

> **Zeiger auf Objektreferenzen**
>
> In Cocoa Touch gibt es viele Methoden, die wie die Methode save: einen Zeiger auf eine Objektreferenz übergeben bekommen. Diese Zeiger sind C-Pointer und keine Objektreferenzen, weswegen Sie dafür NULL und nicht nil verwenden sollten. Umgekehrt sollten Sie Objektreferenzen auch nicht auf NULL setzen. Diese Unterscheidung ist eine Konvention, und ihre Missachtung führt (derzeit) zu keinen Compiler- oder Laufzeitfehlern. Es zeugt aber von gutem Stil, wenn Sie sich daran halten.

Über die Methode reset können Sie alle Änderungen in einem Objektkontext rückgängig machen. Dabei werden alle Objekte aus dem Kontext entfernt. Der Kontext befindet sich also nach dem Aufruf in seinem ursprünglichen Zustand.

4.2.5 Die Nachrichten des Objektkontexts

Sie können sich über Änderungen Ihrer Objekte im Objektkontext informieren lassen. Delegates sind dafür aber ungeeignet, da der Kontext ja Modellobjekte verwaltet. Stattdessen versendet er Benachrichtigungen, sodass er auch mehrere Controller auf einmal benachrichtigen kann. Es gibt drei Arten von Benachrichtigungen.

Der Objektkontext sendet eine Benachrichtigung vom Typ NSManagedObjectContextObjectsDidChangeNotification, wenn Sie die Attribute einer Entität im Kontext verändern. Vor dem Sichern versendet er eine Benachrichtigung vom Typ NSManagedObjectContextWillSaveNotification und danach eine NSManagedObjectContextDidSaveNotification. Das Objekt der Benachrichtigung ist dabei immer der Objektkontext. Außer bei der Will-Save-Notification enthält das

User-Info-Dictionary die geänderten Objekte unter den Schlüsseln `NSInserted-ObjectsKey`, `NSUpdatedObjectsKey` und `NSDeletedObjectsKey`. Diese Benachrichtigungen erleichtern es Ihnen, die Anzeigen in Ihren Viewcontrollern aktuell zu halten. Sie können beispielsweise die Zellen in einem Tableview relativ einfach über diese Benachrichtigungen aktualisieren lassen. Wie das geht, beschreibt Abschnitt 4.5, »Tableviews und Core Data«.

4.2.6 Anlegen und Ändern von Entitäten in der Praxis

In dem Beispielprogramm *Fototagebuch* gibt es einen eigenen Viewcontroller für die Bearbeitung eines Tagebucheintrags. Er hat die Klasse `ItemViewController`. Über diesen Controller können Sie neue Einträge anlegen und bestehende Einträge bearbeiten.

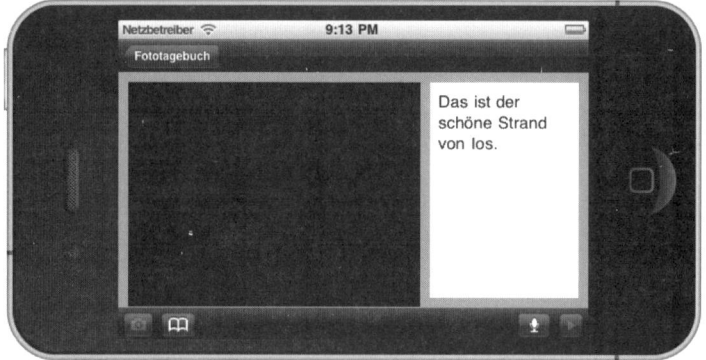

Abbildung 4.5 Anlegen eines neuen Eintrags

Ein Eintrag kann einen Text, ein Bild und einen Ton enthalten. Außerdem enthält der Eintrag noch das Erzeugungs- und das Aktualisierungsdatum. Diese beiden Werte setzt der Eintrag automatisch vor dem Speichern. Da der Controller einen Eintrag verwaltet, besitzt er eine Property `diaryEntry` der Klasse `DiaryEntry`. Diese Property kapselt den Zugriff auf eine interne Property `item`, die den Tagebucheintrag hält. Außerdem besitzt der Controller eine private Property `managedObjectContext`, die auf seinen eigenen Objektkontext verweist, den die Methode `awakeFromNib` erzeugt und initialisiert.

Bei der Anzeige des Controllers gibt es zwei Fälle. Entweder möchte der Nutzer einen neuen Eintrag anlegen oder einen bestehenden verändern. Vor der Anzeige setzt der Aufrufer dazu die Property `diaryEntry` entsprechend – entweder auf den zu verändernden Eintrag oder auf `nil`. Anhand des Wertes kann der Setter entscheiden, wie er den Objektkontext verändern muss.

Wenn der Wert `nil` ist, muss er einen neuen Eintrag erzeugen und in den Objektkontext legen. Andernfalls muss er überprüfen, ob der Eintrag bereits in dem Objektkontext des Controllers liegt. Falls das nicht der Fall ist, muss er das Objekt in den Kontext laden. Dazu verwendet die Implementierung die Methode `objectWithID:` des Kontexts. Jede CoreData-Entität hat eine eindeutige Kennung. Sie können diese über die Methode `objectID` der Klasse `NSManagedObject` jeder Entität abfragen. Den auf diese Weise geladenen Eintrag müssen Sie natürlich der Property `item` zuweisen, da Sie ja mit ihm weiterarbeiten möchten. Den Code zur Vorbereitung des Objektkontextes finden Sie in Listing 4.11.

```
- (void)setDiaryEntry:(DiaryEntry *)inDiaryEntry {
    [self.managedObjectContext reset];
    if(inDiaryEntry == nil) {
        self.item = [NSEntityDescription
            insertNewObjectForEntityForName:@"DiaryEntry"
            inManagedObjectContext:self.managedObjectContext];
    }
    else {
        self.item = inDiaryEntry;
    }
}
```
Listing 4.11 Vorbereitung des Objektkontexts

Das Speichern des Eintrags ist dagegen sehr einfach. Sie rufen dafür die Methode `save:` des Objektkontexts des Controllers auf. Das geschieht im Controller in der Methode `saveItem`, die die Methode `viewWillDisapper:` aufruft. Sie speichert allerdings keine leeren Einträge.

Der Controller kann jetzt den Eintrag verändern, indem er die Attribute des Eintrags setzt. Der Eintrag hat zwei Zeitstempel für den Erzeugungs- und den letzten Aktualisierungszeitpunkt des Eintrags. Diese Werte können Sie automatisch setzen, indem Sie in der Klasse `DiaryEntry` zwei Methoden der Klasse `NSManagedObject` überschreiben. Wenn Sie ein neues Objekt in einen Objektkontext einfügen, ruft Core Data die Methode `awakeFromInsert` des Objekts auf. Sie können diese Methode dazu verwenden, die Erzeugungs- und Aktualisierungszeit zu setzen.

```
- (void)awakeFromInsert {
    [super awakeFromInsert];
    NSDate *theDate = [NSDate date];
    [self setPrimitiveValue:theDate forKey:@"creationTime"];
    [self setPrimitiveValue:theDate forKey:@"updateTime"];
}
```
Listing 4.12 Vorbelegung der Erzeugungs- und Aktualisierungszeit

Die Aktualisierungszeit muss außerdem beim Sichern des Objekts aufgefrischt werden. Das können Sie über die Methode `willSave` bewerkstelligen. Der Name dieser Methode ist allerdings etwas missverständlich. Core Data ruft sie auf, bevor die Änderungen des Objekts in der Datenhaltung gesichert werden. Dazu zählt auch das Löschen der Entität. Sie können diesen Sonderfall aber über die Methode `isDeleted` abfragen.

```
- (void)willSave {
    [super willSave];
    if(!self.isDeleted) {
        NSDate *theDate = [NSDate date];
        [self setPrimitiveValue:theDate forKey:@"updateTime"];
    }
}
```

Listing 4.13 Erneuerung der Aktualisierungszeit beim Sichern

Die Methoden in Listing 4.12 und Listing 4.13 benutzen beide die Methode `setPrimitiveValue:forKey:` anstatt der Setter. Der Setter hat hier Nebeneffekte, die im Falle der Methode `willSave` sogar zu einer Endlosrekursion führen.

4.3 View-Rotationen

Zu den faszinierenden Neuerungen des iPhones gegenüber seinen Konkurrenzprodukten gehört sicherlich auch die Möglichkeit, das Gerät sowohl im Hoch- als auch im Querformat verwenden zu können. Sie drehen das iPhone um 90°, und die Bildschirmanzeige passt sich der neuen Ausrichtung automatisch an. Dabei gibt es Apps, wie beispielsweise *Safari*, die einfach nur das Layout anpassen, oder wie den *Rechner*, der im Hochformat einen einfachen und im Querformat einen wissenschaftlichen Rechner anzeigt (siehe Abbildung 4.6).

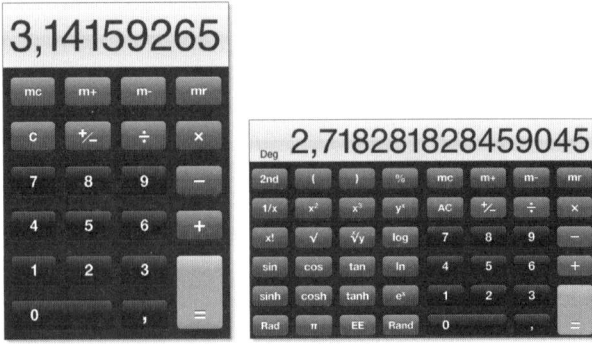

Abbildung 4.6 Anpassung der Anzeige im Rechner

Das Fototagebuch soll seine Views auch automatisch an die Ausrichtung des Gerätes anpassen. Dazu müssen Sie aber keine Rotationen berechnen oder unterschiedliche Layouts verwalten. Es reicht aus, wenn Sie Ihre Views größenunabhängig gestalten. Dabei hilft Ihnen die Autoresizingmask.

4.3.1 Flexible Views dank der Autoresizingmask

Jeder View besitzt eine eigene *Autoresizingmask*. Sie besteht aus sechs booleschen Werten, die zu einer Bitmaske verknüpft sind. Die booleschen Werte stehen dabei für die Veränderlichkeit – entweder für einen Abstand zu den vier Seiten des umliegenden Views oder für die Breite beziehungsweise Höhe des Views.

Abbildung 4.7 Die Autoresizingmask und das Beispiel im Größeninspektor des Interface Builders

Sie können die Maske über den Größeninspektor im Interface Builder, der Ihnen auch ein animiertes Beispiel anzeigt (siehe Abbildung 4.7), oder über die Property `autoresizingMask` im Code anpassen. Während die Anpassung im Code einheitlich ist – Sie setzen jeweils das Bit für die Größen, die flexibel sein sollen –, ist die Einstellung im Interface Builder für die Ränder im Gegensatz zu Breite und Höhe vertauscht. Sie müssen dort den roten Strich für ein Randelement selektieren, wenn es unveränderlich sein soll, und Sie müssen es deselektieren, falls Sie es flexibel haben wollen. Bei der Breite und der Höhe ist es genau umgekehrt. Dort bedeutet ein selektierter Strich, dass die Größe flexibel ist, und ein deselektierter, dass die Größe fest ist. Sie können die Maske aus der Abbildung also folgendermaßen im Programmcode setzen:

```
theView.autoresizingMask = UIViewAutoresizingFlexibleWidth |
    UIViewAutoresizingFlexibleRightMargin |
    UIViewAutoresizingFlexibleBottomMargin;
```

Listing 4.14 Setzen der Autoresizingmask im Programmcode

> **Tipp**
> Nutzen Sie die Beispielansicht im Interface Builder, wenn Sie sich unsicher sind, wie Sie die Autoresizingmask für Ihre Anforderungen einstellen müssen. Die Animation verdeutlicht sehr schön, wie sich der View bei einer Größenänderung verhält.

Die Einstellungen in der Autoresizingmask eines Views werden immer dann wirksam, wenn die Größe des Superviews verändert wird. Wenn die Maske für eine Größe festlegt, dass sie unveränderlich ist, hat diese Größe nach der Änderung den gleichen Wert wie davor. Definiert die Maske den Wert hingegen als veränderlich, so wird die Größe dynamisch angepasst.

Die folgenden Beispiele sollen das Verhalten veranschaulichen:

- Wenn Sie einem View eine flexible Breite und Höhe geben, hat der View immer den gleichen Abstand zu den Rändern seines Superviews. Sie können mit dieser Maske beispielsweise Rahmen mit einer festen Breite realisieren. Wenn Sie eine neue XIB-Datei anlegen, bekommt der darin enthaltene View diese Maske, damit sich dessen Größe bei einer Rotation automatisch anpassen kann.
- Wenn Sie Textfelder, Labels und Buttons im Interface Builder anlegen, bekommen diese einen flexiblen rechten und unteren Rand. Bei einer Größenveränderung des Superviews ändern sie also ihre Position zum linken und oberen Rand nicht. Das ist sinnvoll, da es allgemein üblich ist, Formulare von oben links her aufzubauen.
- Formulare zeigen in der Regel die Buttons zum Absenden oder Ablehnen am unteren Rand an. Hier müssen Sie also den oberen Rand flexibel und den unteren unveränderlich setzen.
- Tabbars und Werkzeugleisten liegen am unteren Bildschirmrand und nehmen dessen komplette Breite ein. Sie müssen bei diesen Elementen also einen flexiblen oberen Rand und eine flexible Breite setzen, so wie es der Interface Builder bei diesen Elementen auch macht.

Tipp

Sie sollten Ihre Views möglichst so gestalten, dass sie flexibel auf Größenveränderungen reagieren. Zum einen kann der View in der App eine andere Größe als im Interface Builder haben, und zum anderen ist das die beste Voraussetzung, um dessen Rotationsfähigkeit sicherzustellen.

Sie sollten sich außerdem beim Anlegen eines Views nicht auf feste Displaygrößen verlassen. Momentan haben alle iPhone- und iPod-Touch-Displays eine Größe von 320 × 480 Punkten, was entweder der Pixelzahl oder auf Retinadisplays 640 × 960 Pixeln entspricht. Es gibt aber keine Garantie dafür, dass das immer so bleibt.

Die Autoresizingmask ist eine relativ einfache, aber effektive Methode, um Views größenunabhängig gestalten zu können. Sie kann aber natürlich nicht alle Möglichkeiten abdecken. Beispielsweise sollte beim analogen Wecker das Zifferblatt möglichst immer quadratisch sein. Das lässt sich durch die Autoresizingmask aber nicht ausdrücken, sondern nur über Programmcode.

Die Klasse `UIView` stellt jedoch Methoden bereit, mit denen Sie ein beliebiges Layout umsetzen können. Dabei bestimmt jeweils der Superview die Position und Größe seiner Subviews. Sie können das verändern, indem Sie die Methode `layoutSubviews` überschreiben und darin die Subviews über deren Property `frame` so positionieren, wie Sie es wünschen. Das iOS ruft diese Methode auf, sobald der View ein neues Layout benötigt. Sie sollten diese Methode niemals direkt aufrufen. Falls Sie das Layout eines Views neu berechnen möchten, sollten Sie stattdessen `setNeedsLayout` verwenden. Der nächste Abschnitt behandelt ein Beispiel für einen View mit eigenem Layout.

4.3.2 Lang lebe das Rotationsprinzip

Das Prinzip hinter der Rotation aus der Perspektive der App ist erstaunlich einfach, da es nur auf der Größenveränderung des dargestellten Views beruht. Die Verwaltung und die Darstellung der Rotation übernimmt das iOS für Sie. Sie brauchen also Ihren View nur größenunabhängig aufzubauen, um ihn rotationsfähig zu machen.

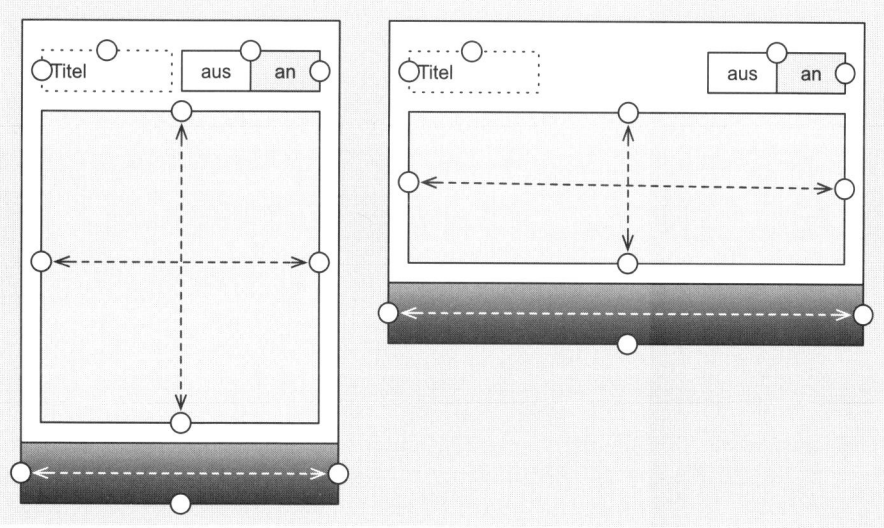

Abbildung 4.8 Layoutanpassung bei Rotation über die Autoresizingmask

Sie können dafür in vielen Fällen die Autoresizingmask verwenden, wenn die Größe

- sich durch die Rotation nicht verändern soll oder
- nur von der entsprechenden Größe des umgebenden Views in der gleichen Dimension abhängt.

Sie können also beispielsweise die Breite des Views über die Autoresizingmask dynamisch anpassen, wenn die neue Breite nach der Rotation nur von der neuen Breite des Superviews abhängt. In Abbildung 4.8 ist ein Beispiel für eine solche Rotationsanpassung mit festen und variablen Größenänderungen dargestellt. Dabei bedeuten die weißen Punkte, dass der entsprechende Randwert in der Maske fixiert ist; und die gestrichelten Pfeile bedeuten, dass der entsprechende Größenwert in der Maske flexibel ist.

> **Größenanpassungen im Interface Builder**
>
> Sie können Ihre Einstellungen der Autoresizingmask im Interface Builder überprüfen, indem Sie den Attributinspektor des obersten Views öffnen. Dort befindet sich das Dropdownmenü ORIENTATION, mit dem Sie die Ausrichtung des Views verändern können. Sie können dort auch in der Rubrik SIMULATED METRICS verschiedene System-UI-Elemente konfigurieren, um die verfügbare Fläche des Views anzupassen.
>
> Die Einstellungen, die Sie dort vornehmen, haben aber keinen Einfluss auf Ihr Programm. Aber auch, wenn Ihr View keine Rotation unterstützen soll, ist es immer eine gute Idee, dessen Flexibilität über dieses Dropdownmenü zu testen. Sie können damit recht einfach herausfinden, ob sich Ihr View richtig an neue Größen anpasst.

Dieses Beispiel finden Sie auch als Projekt *Rotation* auf der beiliegenden DVD. Wenn Sie die App im Simulator starten und diesen über die Menüpunkte HARDWARE • LINKS DREHEN ([CMD] + [Links]) beziehungsweise HARDWARE • RECHTS DREHEN ([CMD] + [Rechts]) drehen, rotiert der View mit. Das liegt daran, dass Sie Cocoa Touch noch nicht mitgeteilt haben, welche Ausrichtungen Ihr View unterstützt. Das können Sie über die Methode shouldAutorotateToInterfaceOrientation: des Viewcontrollers festlegen. Sie bekommt vom iOS die gewünschte Ausrichtung als Parameter übergeben und liefert YES zurück, wenn der View, den der Controller verwaltet, diese Ausrichtung unterstützt. Für die Ausrichtungen gibt es den Aufzählungstyp UIInterfaceOrientation, und Sie können den Parameter mit den entsprechenden Konstanten dieses Typs vergleichen. Wenn Sie beispielsweise nur Querformate unterstützen möchten, können Sie die Methode so implementieren:

```
- (BOOL)shouldAutorotateToInterfaceOrientation:
    (UIInterfaceOrientation)inOrientation {
    return
        inOrientation == UIInterfaceOrientationLandscapeLeft ||
        inOrientation == UIInterfaceOrientationLandscapeRight;
}
```

Listing 4.15 Unterstützung unterschiedlicher Geräteausrichtungen

Wenn Sie alle Ausrichtungen unterstützen möchten, können Sie natürlich einfach YES zurückgeben. Falls Sie sowohl Portrait- als auch Landscapeausrichtungen unterstützen möchten, stellt Cocoa Touch Ihnen die beiden Makros `UIInterfaceOrientationIsPortrait()` und `UIInterfaceOrientationIsLandscpe()` zur Verfügung. Mit Letzterem können Sie die `return`-Anweisung in Listing 4.15 auch einfacher und klarer formulieren:

```
return UIInterfaceOrientationIsLandscape(inOrientation);
```

In dem Beispielprogramm *Rotation* können Sie die Rotationsunterstützung über das *Segmented Control* oben rechts im View ein- und ausschalten.

Sie sollten in dieser Methode aber keine andere Funktionalität implementieren, und Sie sollten auch nicht annehmen, dass Cocoa Touch bei einer Rückgabe von YES auch diese Ausrichtung verwendet. Diese Methode ist nur für die Entscheidung da, welche Ausrichtungen Ihr Viewcontroller unterstützt. Wenn Ihr Viewcontroller den Beginn oder das Ende einer Rotation mitbekommen soll, sollten Sie dafür lieber die Methoden `willRotateToInterfaceOrientation:duration:` und `didRotateFromInterfaceOrientation:` überschreiben.

Die aktuelle Ausrichtung des Viewcontrollers können Sie über die Property `interfaceOrientation` auslesen. Dieser Wert entspricht dabei der *Anzeige-* und nicht der *Geräteausrichtung*. Das sind zwei unterschiedliche Werte, da ja die Anzeigeausrichtung nicht der Geräteausrichtung entsprechen muss. Wenn Ihr Viewcontroller beispielsweise nur das Hochformat unterstützt, bleibt die Anzeigeausrichtung immer gleich, egal wie Sie das Gerät drehen.

Die Geräteausrichtung können Sie über das Singleton `UIDevice` und die Property `orientation` ermitteln. Die Device-Klasse verwendet zwar andere Konstanten, die für das Querformat auch noch vertauschte Bezeichnungen – Links ist das neue Rechts – haben. Sie können aber die Rückgabewerte der beiden Propertys trotzdem miteinander vergleichen, da die `UIInterfaceOrientation`-Konstanten über die Device-Konstanten definiert sind.

> **Achtung**
>
> Wenn Sie die zulässige Ausrichtung des Viewcontrollers von der aktuellen Ausrichtung des Gerätes abhängig machen möchten, dürfen Sie in `shouldAutorotateToInterfaceOrientation:` nicht die Property `interfaceOrientation` des Viewcontrollers verwenden. Diese Property liefert Ihnen nicht die Ausrichtung des Gerätes, sondern die des Viewcontrollers. Ihre Verwendung kann an dieser Stelle zu einer Endlosrekursion führen. Wenn Sie die Geräteausrichtung ermitteln möchten, sollten Sie immer die Property `orientation` der Klasse `UIDevice` verwenden.

4.3.3 Anpassung des Layouts

Der View des Itemviewcontrollers des Fototagebuchs passt sich bei der Rotation des Gerätes an dessen Ausrichtung an. Er stellt im Hochformat das Foto über dem

Text dar. Das Querformat ordnet beide Elemente nebeneinander an. Dieses Verhalten können Sie nicht über die Autoresizingmask erreichen. Dazu verwendet das Programm eine eigene Unterklasse RotationView von UIView, die die Methode layoutSubviews überscheibt.

Dieser View passt bei einer Rotation nur die Koordinaten seines zweiten Subviews an. Dafür verwendet das Programm einen Hilfsview, den Abbildung 4.9 als graue Fläche darstellt. Der Textview passt sein Layout über die Autoresizingmask an und hat feste Abstände zu den Rändern seines Superviews und eine flexible Breite und Höhe.

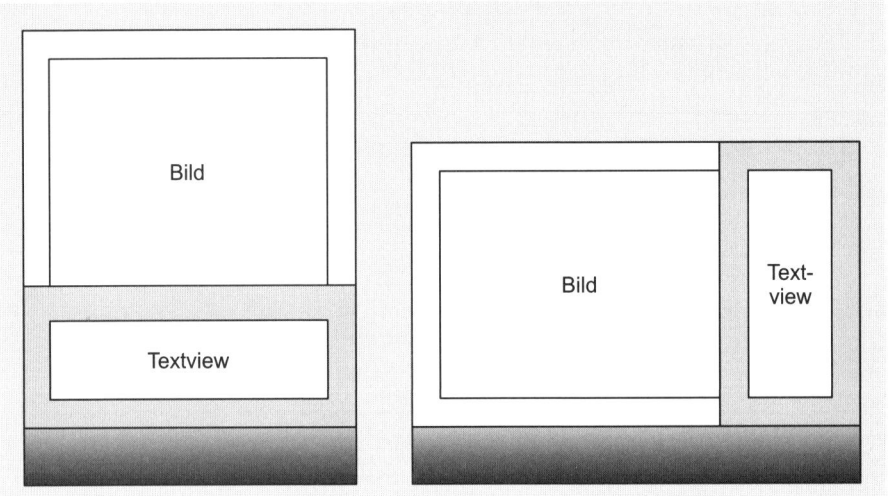

Abbildung 4.9 Automatische Layoutanpasung

Der Rotation-View muss zwei Fälle unterscheiden. In der vertikalen Ansicht ordnet er den Hilfsview unter dem Bild an, wobei dieser die volle Breite einnimmt. In der horizontalen Ansicht weist er dem Hilfsview hingegen die volle Höhe zu und ordnet ihn neben dem Bild an. Die Methode unterscheidet zwischen Hoch- und Querformat, indem sie die Breite ihres Views mit dessen Höhe vergleicht.

```
- (void)layoutSubviews {
    [super layoutSubviews];
    CGRect theFrame = self.frame;
    CGRect theFirstFrame =
        [[self.subviews objectAtIndex:0] frame];
    UIView *theSecondView = [self.subviews objectAtIndex:1];
    CGRect theSecondFrame = theSecondView.frame;

    if(CGRectGetWidth(theFrame) < CGRectGetHeight(theFrame)) {
```

```
            theSecondFrame.origin.x = 0.0;
            theSecondFrame.origin.y = CGRectGetMaxY(theFirstFrame);
            theSecondFrame.size.width = CGRectGetWidth(theFrame);
            theSecondFrame.size.height = CGRectGetHeight(theFrame) -
                CGRectGetMaxY(theFirstFrame);
        }
        else {
            theSecondFrame.origin.x = CGRectGetMaxX(theFirstFrame);
            theSecondFrame.origin.y = 0.0;
            theSecondFrame.size.width = CGRectGetWidth(theFrame) -
                CGRectGetMaxX(theFirstFrame);
            theSecondFrame.size.height = CGRectGetHeight(theFrame);
        }
        theSecondView.frame = theSecondFrame;
    }
```

Listing 4.16 Berechnung des Layouts für die Rotationsanpassung

Die komplette Methode für das Layout stellt Listing 4.16 dar. Sie können die Methode `layoutSubviews` der Klasse `UIView` immer überschreiben, wenn Sie das Layout Ihrer Views über Ihren Programmcode anpassen möchten. Sie sollten das aber nur machen, wenn das automatische Layout über die Autoresizingmask dafür nicht ausreicht.

Cocoa Touch ruft diese Methode auf, wenn eine Neuanordnung Ihrer Views notwendig ist. Wie bereits erwähnt wurde, sollten Sie diese Methode aber niemals direkt aufrufen, sondern durch einen Aufruf der Methode `setNeedsLayout` Ihren View für einen Aufruf markieren. Alternativ können Sie auch durch einen Aufruf von `layoutIfNeeded` ein sofortiges Anordnen Ihrer Views erzwingen.

> **Tipp**
>
> Sie können durch einen eigenen View, der die Methode `layoutSubviews` überschreibt, Ihre Views beliebig an die Geräteausrichtung anpassen. Dabei können Sie nicht nur die Anordnung der Subviews anpassen, sondern sie auch anzeigen oder verstecken lassen. Sie sollten allerdings keine Steuerungslogik (z. B. zum Laden von Daten) in diese Methode legen. Dafür ist die Controllerschicht zuständig.

4.4 Texte, Bilder und Töne verwalten

Im Gegensatz zu Computern oder den Smartphones anderer Hersteller besitzen die iOS-Geräte keine Hardware-Tastatur. Stattdessen zeigt das Gerät eine Tastatur auf dem Bildschirm an, und der Touchscreen empfängt die Tastendrücke. Bei diesem Vorgehen entsteht aber das Problem, dass die Tastatur das Eingabefeld verdeckt. Die Lösung dafür ist eine Verschiebung des Eingabefelds in einen Bereich, den die Tastatur nicht verdeckt.

4.4.1 Die Tastatur betritt die Bühne

Für Texteingaben bietet Cocoa Touch die Klassen `UITextField` und `UITextView` an. Während Textfelder für die Eingabe von kurzen, meist einzeiligen Texten gedacht sind, eigenen sich Textviews besonders für mehrzeilige und längere Texte. Das Verhalten beider Klassen ist allerdings sehr ähnlich. Allerdings ist `UITextView` im Gegensatz zu `UITextField` nicht von `UIControl` abgeleitet und versendet somit auch keine Ereignisse.

Die Tastatur verhält sich bei beiden Klassen aber gleich. Wenn Sie ein Textfeld oder einen Textview antippen, fährt die Tastatur vom unteren Bildschirmrand aus.

Das Fototagebuch verwendet für die Texteingabe einen Textview, da die Beschreibung eines Eintrags durchaus ein längerer Text sein kann. Allerdings liegt der Textview so, dass ihn die Tastatur im Hochformat ganz und im Querformat teilweise verdeckt. Der Viewcontroller sollte also dafür sorgen, dass sich der Textview beim Erscheinen der Tastatur an den freien Bereich des Bildschirms anpasst.

Dazu müssen Sie zunächst mitbekommen, wann Sie die Ausmaße des Views verändern müssen. Dafür haben Sie zwei Möglichkeiten. Sie können entweder die Methoden `textViewShouldBeginEditing:` beziehungsweise `textViewDidEndEditing:` des Textview-Delegates verwenden, oder Sie arbeiten mit Benachrichtigungen. Die Verwendung der Delegatemethoden ist naheliegend und findet sich in vielen Beispielprogrammen im Web. Aber leider beruht dieser Weg auf einem Denkfehler. Die beiden Methoden informieren Sie über den Beginn beziehungsweise das Ende des Editiervorgangs. Sie informieren Sie aber nicht über das Erscheinen oder Verschwinden der Tastatur. Das ist keine Spitzfindigkeit, denn auf einem iPad mit angeschlossener Hardware-Tastatur zeigt Cocoa Touch die Software-Tastatur nicht an.

> **Simulation der Hardware-Tastatur**
>
> Sie können das Verhalten Ihrer Apps mit einer angeschlossenen Hardwaretastatur im Simulator testen. Dazu müssen Sie den Menüpunkt HARDWARE • HARDWARE-TASTATUR SIMULIEREN einschalten. Der Simulator zeigt dann keine Tastatur an, wenn Sie auf ein Texteingabeelement klicken.

Cocoa Touch kann Sie aber auch über das Erscheinen und Verschwinden der Tastatur informieren. Das geschieht über mehrere Benachrichtigungen:

- `UIKeyboardWillShowNotification` sendet das iOS, bevor die Tastatur erscheint.
- `UIKeyboardDidShowNotification` wird nach dem Erscheinen der Tastatur gesendet.
- `UIKeyboardWillHideNotification` wird gesendet, bevor die Tastatur verschwindet.
- `UIKeyboardDidShowNotification` sendet das iOS nach dem Verschwinden der Tastatur.

Diese Benachrichtigungen verschickt iOS in bestimmten Fällen aber auch bei angeschlossener Hardware-Tastatur, und zwar dann, wenn das Eingabefeld einen *Input-Accessory-View* verwendet. Damit können Sie zusätzliche Eingabemöglichkeiten an der Tastatur bereitstellen. Da diese aber natürlich nicht an der Hardware-Tastatur vorhanden sind, zeigt Cocoa Touch diesen zusätzlichen View bei angeschlossener Hardware-Tastatur auf dem Display an.

Für die Behandlung der Tastaturanzeige registriert sich die Klasse `ItemViewController` für zwei Benachrichtigungen in der Methode `viewDidAppear`:

```
NSNotificationCenter *theCenter =
    [NSNotificationCenter defaultCenter];
[theCenter addObserver:self
    selector:@selector(keyboardWillAppear:)
    name:UIKeyboardWillShowNotification object:nil];
[theCenter addObserver:self
    selector:@selector(keyboardWillDisappear:)
    name:UIKeyboardWillHideNotification object:nil];
```

Listing 4.17 Registrierung für Tastaturbenachrichtigungen

Die Benachrichtigung liefert im Userinfo-Dictionary mehrere Informationen. Über den Schlüssel `UIKeyboardFrameEndUserInfoKey` können Sie den Rahmen der Tastatur relativ zu den Koordinaten des Fensters ermitteln. Da die Struktur `CGRect` aber keine Objective-C-Klasse ist, kann ein Dictionary diese Werte nicht direkt aufnehmen. Cocoa Touch verpackt sie deswegen in ein Objekt der Klasse `NSValue`.

Die Methode `keyboardWillAppear:` rechnet zunächst dieses Rechteck in das Koordinatensystem des Hauptviews um. Aus diesem Rechteck berechnet sie dann das freie Rechteck oberhalb der Tastatur. Das ist genau der Platz, den der Textview während des Editiervorgangs belegen soll. Sie müssen dieses Rechteck noch in das Koordinatensystem des Superviews des Textviews umrechnen, da ja dessen Frame relativ dazu ist.

```
- (void)keyboardWillAppear:(NSNotification *)inNotification {
    NSValue *theValue = [inNotification.userInfo⮠
        valueForKey:UIKeyboardFrameEndUserInfoKey];
    UIView *theView = self.view;
    CGRect theFrame = [theView.window convertRect:
        [theValue CGRectValue] toView:theView];

    theFrame = CGRectMake(0.0, 0.0,⮠
        CGRectGetWidth(self.view.frame),⮠
        CGRectGetMinY(theFrame));
    theFrame = [theView convertRect:theFrame⮠
        toView:textView.superview];
    [UIView beginAnimations:nil context:nil];
    self.textView.frame = theFrame;
    [UIView commitAnimations];
}
```

Listing 4.18 Koordinatenanpassung beim Erscheinen der Tastatur

> **Hinweis**
>
> Das Listing verwendet für die Berechnung die Y-Koordinate des Tastaturrechtecks und nicht dessen Höhe. Wenn eine Hardware-Tastatur angeschlossen ist, zeigt Cocoa Touch die Software-Tastatur nicht an. Das Rechteck hat aber trotzdem die volle Größe – also Input-Accessory-View und Software-Tastatur. Der View wird aber nur so weit hoch geschoben, dass nur der Input-Accessory-View zu sehen ist.

Diese Koordinatenberechnung gibt Listing 4.18 wieder. Darin weist die vorletzte Anweisung das berechnete Rechteck dem Textview als neuen Frame zu. Diese Zuweisung befindet sich in einem Animationsblock, den die Klassenmethoden `beginAnimations:context:` und `commitAnimations:` begrenzen.

Mit diesem Konstrukt können Sie sehr einfach implizite Animationen erzeugen. Sie brauchen dabei nur den neuen Wert einer animierbaren Property in einem Animationsblock zu setzen. Cocoa Touch führt dann die notwendigen Schritte für die Animation automatisch durch, indem es zwischen dem alten und dem neuen Wert der Property interpoliert. Das fünfte Kapitel geht aber noch genauer auf Animationen ein.

Die Tastatur verschwindet

Wenn iOS die Tastatur vom Bildschirm entfernt, soll der Textview wieder seine alte Position zugewiesen bekommen. Dieses Rechteck können Sie allerdings nicht über das Tastaturrechteck berechnen. In vielen Fällen müssen Sie sich die ursprünglichen Koordinaten merken. Im Beispielprogramm haben die Ränder des Textviews feste Abstände zu den Rändern seines Superviews. Die Methode `keyboardWillDisappear:` macht sich diesen Umstand zunutze und berechnet aus den Bounds des Superviews den Frame des Textviews:

```
- (void)keyboardWillDisappear:(NSNotification *)inNotification {
    [UIView beginAnimations:nil context:nil];
    textView.frame = CGRectInset(textView.superview.bounds,
                                 10.0, 10.0);
    [UIView commitAnimations];
}
```

Listing 4.19 Koordinatenanpassung beim Verschwinden der Tastatur

Dazu verwendet die Methode die Funktion `CGRectInset()`. Sie berechnet aus dem angegebenen Rechteck und einem horizontalen sowie vertikalen Abstand ein neues Rechteck. Es liegt innerhalb des ursprünglichen Rechtecks und hat zu diesem jeweils die gewünschten Abstände.

Sie können jetzt beim Ausblenden der Tastatur die ursprünglichen Koordinaten des Textviews wieder herstellen. Aber wie bringen Sie Cocoa Touch dazu, die Tastatur verschwinden zu lassen? Textfelder und Textviews besitzen dafür kein Standardeingabeelement. Viele Apps verwenden dafür die Returntaste mit der Beschriftung Done.

Das Beispielprogramm verwendet hierfür einen Input-Accessory-View, da sich hierdurch mehrere Möglichkeiten bieten. Diesen Hilfsview zeigt Cocoa Touch immer oberhalb der Tastatur an. Das Fototagebuch verwendet dafür eine Werkzeugleiste, aber Sie können auch beliebige andere Views verwenden. Ein eigener Abschnitt innerhalb von Abschnitt 4.6, »Containerviewcontroller«, geht noch genauer auf Werkzeugleisten ein.

Abbildung 4.10 Tastatur mit Input-Accessory-View

Einen Input-Accessory-View müssen Sie getrennt von der View-Hierarchie erstellen und der Property `inputAccessoryView` des Textfelds oder Textviews zuweisen. In der NIB-Datei des Itemviewcontrollers finden Sie zwei Views der Klasse `UIToolBar`, wovon der zweite der Input-Accessory-View des Textviews ist. Eine Möglichkeit ist, die Werkzeugleiste über eine Outlet-Property mit dem Viewcontroller zu verbinden und in der Methode `viewDidLoad` des Controllers den Input-Accessory-View des Textviews zu setzen.

Sie können sich durch einen kleinen Trick dieses zusätzliche Outlet aber sparen. Die Property `inputAccessoryView` ließe sich ja mit der Werkzeugleiste schon im Interface Builder verbinden, wenn sie eine Outlet-Property wäre. Dieser Mangel lässt sich aber relativ einfach durch eine Kategorie beheben. Das Beispielprojekt enthält dafür die Kategoriedeklaration `UITextView(Outlets)` in der Datei *UITextView+Outlets.h* (siehe Listing 4.20).

```
@interface UITextView(Outlets)
@property(readwrite, retain) IBOutlet UIView *inputAccessoryView;
@end
```

Listing 4.20 Nachträgliche Deklaration eines Outlets

Eine Implementierung dieser Kategorie ist nicht notwendig. Falls Sie die Kategorie aber erweitern möchten und eine Implementierung für andere Methoden brauchen, sollten Sie die Property dort über `@dynamic inputAccessoryView` definieren. Wenn Sie jetzt den Verbindungsinspektor des Textviews im Interface Builder öffnen, finden Sie dort auch ein Outlet für den Input-Accessory-View.

Die Werkzeugleiste enthält drei Elemente: Jeweils einen Button zum Sichern und Abbrechen sowie einen unsichtbaren Zwischenraum. Der Zwischenraum sorgt dafür, dass die Werkzeugleiste den Abbrechen-Button an den rechten Rand drückt. Die Buttons sind mit den Action-Methoden `saveText:` beziehungsweise `revertText:` verbunden. Beide Methoden lassen dabei die Tastatur über den Aufruf der Methode `endEditing:` verschwinden.

```
- (IBAction)saveText:(id)inSender {
   [self.view endEditing:YES];
   self.item.text = self.textView.text;
   [self saveItem];
}

- (IBAction)revertText:(id)inSender {
   [self.view endEditing:YES];
   self.textView.text = self.item.text;
}
```

Listing 4.21 Methoden zum Beenden der Texteingabe

4.4.2 Fotos aufnehmen

Neben einem Text kann ein Tagebucheintrag auch ein Bild enthalten. Der Eintrag enthält aber die Bilddaten nicht in einem Attribut. Er verweist über die Relationship `media` auf weitere Entitäten, die Bilder, Töne oder auch andere Medieninhalte aufnehmen können. Die Entitäten des Typs `Medium` enthalten nicht nur die Binärdaten des Mediums, sondern auch dessen Medientyp.

Die Vorgehensweise, die Mediendaten von den Daten des Eintrags zu trennen, hat einige Vorteile. Der wichtigste ist, dass die Mediendaten nicht automatisch mit den Eintragsdaten geladen werden müssen. Die Bild- und Tondaten belegen selbst in komprimierter Form schnell einige hundert Kilobyte, was bei einem größeren Tagebuch schnell zu Laufzeit- und Speicherproblemen führen kann. Außerdem ist diese Struktur flexibel. Sie können relativ einfach neue Medientypen (z. B. für Videos) hinzufügen, ohne das Datenmodell ändern zu müssen. Vielleicht wollen Sie die App auch so verändern, dass sie mehrere Bilder pro Tagebucheintrag speichern kann. Auch das lässt sich über diese Struktur relativ einfach verwirklichen.

In der hier vorgestellten Version gibt es aber zu jedem Medientyp nur jeweils ein Medienobjekt pro Eintrag. Deshalb besitzt die Klasse `DiaryEntry` zwei Methoden, die den Zugriff über den Medientyp erlauben. Die Methode `mediumForType:` liefert zu einem Medientyp das passende Objekt, während die Methode `removeMediumForType:` das zum Medientyp passende Objekt löscht. Außerdem gibt es noch eine Methode zum Hinzufügen und Entfernen eines Mediums. Diese vier Methoden sind dank Core Data mit wenigen Codezeilen wie folgt implementiert:

```
- (Medium *)mediumForType:(NSString *)inType {
    for(Medium *theMedium in self.media) {
        if([[theMedium type] isEqualToString:inType]) {
            return theMedium;
        }
    }
    return nil;
}
- (void)removeMediumForType:(NSString *)inType {
    Medium *theMedium = [self mediumForType:inType];

    [self removeMedium:theMedium];
}
- (void)addMedium:(Medium *)inMedium {
    if(inMedium != nil) {
        [self removeMediumForType:inMedium.type];
```

```
            [self addMediaObject:inMedium];
        }
    }
}
- (void)removeMedium:(Medium *)inMedium {
    if(inMedium != nil) {
        inMedium.diaryEntry = nil;
        [self.managedObjectContext deleteObject:inMedium];
    }
}
```

Listing 4.22 Verwaltung der Medien über den Tagebucheintrag

Damit haben Sie die Grundlage für die Verwaltung der Medien eines Tagebucheintrags. Diese Implementierung stellt sicher, dass es immer nur maximal ein Medium eines Typs zu einem Eintrag gibt. Wenn Sie beispielsweise ein zweites Foto zu einem Eintrag über die Methode addMedium: hinzufügen, löscht sie automatisch den vorhandenen Eintrag.

Zugriff auf die Kamera

Sie können über die Klasse UIImagePickerController relativ einfach Bilder oder Filme aufnehmen. Diese Klasse ist ein fertiger Viewcontroller, den Sie nur noch konfigurieren und anzeigen müssen. Außerdem müssen Sie natürlich nach der Auswahl oder Aufnahme das Bild zum Tagebucheintrag hinzufügen.

Der Imagepicker unterstützt drei Eingabequellen:

- UIImagePickerControllerSourceTypeCamera:
  die im Gerät eingebauten Kameras
- UIImagePickerControllerSourceTypeSavedPhotosAlbum:
  das Fotoalbum mit den Aufnahmen der Kamera – also eine virtuelle Filmpatrone der Kamera. Wenn das Gerät keine Kamera besitzt, zeigt der Controller alle Alben des Geräts an.
- UIImagePickerControllerSourceTypePhotoLibrary:
  alle auf dem Gerät vorhandenen Fotoalben inklusive der Filmpatrone, sofern das Gerät eine Kamera besitzt.

Wenn Sie den Imagepicker verwenden möchten, sollten Sie zuerst prüfen, ob das Gerät die gewünschte Eingabequelle besitzt. Falls Sie diesen Schritt unterlassen, kann der Zugriff auf eine nicht vorhandene Quelle zum Absturz Ihrer App führen. Die Klasse UIImagePickerController stellt für den Test die Klassenmethode isSourceTypeAvailable: bereit. Sie übergeben ihr als Parameter eine der drei oben aufgeführten Konstanten und erhalten YES als Ergebnis, wenn die entsprechende Quelle existiert. Für die Anzeige des Controllers setzen Sie die Eingabequelle und bringen ihn als modalen Viewcontroller zur Anzeige. Das Beispielprogramm erzeugt den Imagepicker in der Methode `viewDidLoad` und hält diesen über die Property `imagePicker`. Es setzt außerdem die Property `allowsEditing`, damit Sie die Größe und den Ausschnitt der Bilder im Picker bearbeiten können (siehe Listing 4.24).

Modale Viewcontroller und Popover

Auf einem iPhone oder einem iPod müssen Sie den Imagepicker als modalen View anzeigen, während Sie auf dem iPad ein Popover dafür verwenden müssen. Sie haben hierfür leider keine Wahl (und deshalb aber auch keine Qual).

> **Modale Dialoge**
>
> Ein modaler Dialog sperrt alle anderen Eingabemöglichkeiten einer Applikation. Sie müssen zuerst diesen Dialog bearbeiten, bevor Sie mit der Applikation weiterarbeiten können. Typische modale Dialoge unter OS X sind die Dateiauswahlboxen. Beispiele für nichtmodale Dialoge unter OS X sind die Dateiinformationsfenster des Finders.
>
> Auf dem iPhone sperrt ein modaler Dialog alle anderen Eingaben des Viewcontrollers, der ihn anzeigt, indem er ihn komplett verdeckt. Das geht auch auf dem iPad. Allerdings muss er dort nicht den ganzen Bildschirm bedecken.

```
- (void)showPickerWithSourceType:
     (UIImagePickerControllerSourceType)inType
     barButtonItem:(UIBarButtonItem *)inItem {
   if([UIImagePickerController isSourceTypeAvailable:inType]) {
      self.imagePicker.sourceType = inType;
      if(self.popoverController == nil) {
         [self presentModalViewController:self.imagePicker
                               animated:YES];
      }
      else if(!self.popoverController.popoverVisible) {
         [self.popoverController
            presentPopoverFromBarButtonItem:inItem
               permittedArrowDirections:
                  UIPopoverArrowDirectionAny
                     animated:YES];
      }
   }
}
```

Listing 4.23 Anzeige des Imagepickers

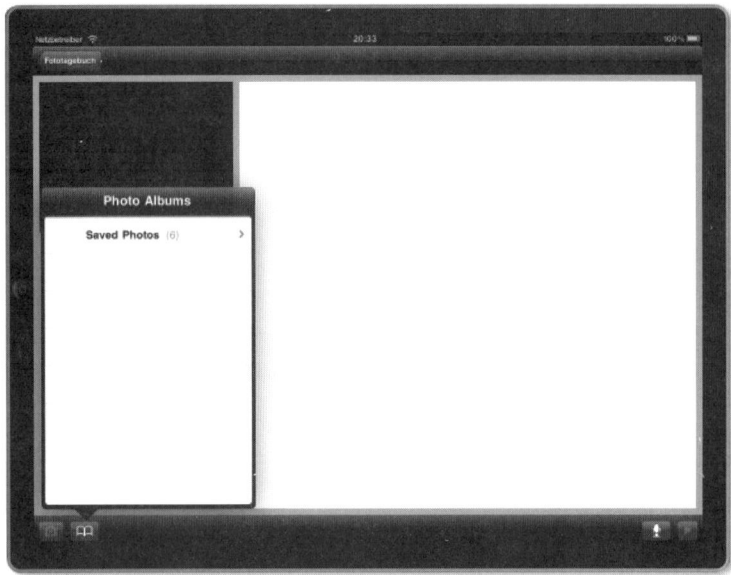

Abbildung 4.11 Ein Imagepicker in einem Popover

Für die modale Anzeige des Imagepickers verwendet Listing 4.23 die Methode `presentModalViewController:animated:` aus der Klasse `UIViewController`. Über diese Methode können Sie beliebige Viewcontroller darstellen. Wie Sie den Imagepicker anzeigen, ist aber abhängig von der Gerätefamilie, auf der Ihre App läuft. Für das iPad verwendet die Methode einen `UIPopoverViewController`. Das sind die iPad-typischen Fenster mit der Pfeilspitze (siehe Abbildung 4.11).

Über die Property `modalTransitionStyle` können Sie die Animation für das Erscheinen und Verschwinden des modalen Views festlegen. Die Animation für das Verschwinden ist dabei jeweils entgegengesetzt zu der Animation für das Erscheinen. Es gibt folgende Auswahlmöglichkeiten:

- `UIModalTransitionStyleCoverVertical` schiebt den Viewcontroller von unten nach oben in den Bildschirm. Das ist die Standardanimation.
- `UIModalTransitionStyleFlipHorizontal` dreht die Views an der zentralen, vertikalen Achse umeinander, wie Sie es vielleicht schon von den Dashboard-Widgets kennen.
- `UIModalTransitionStyleCrossDissolve` blendet den aktuellen View aus und gleichzeitig den modalen View durch einen Überblendeffekt ein.
- `UIModalTransitionStylePartialCurl` rollt den aktuellen View wie das oberste Blatt eines Kalenders nach oben.

Das Fototagebuch legt den Transitionstyp schon bei der Erzeugung des Imagepickers fest:

```
self.imagePicker = [[[UIImagePickerController alloc] init]
                    autorelease];
self.imagePicker.allowsEditing = YES;
self.imagePicker.modalTransitionStyle =
    UIModalTransitionStyleFlipHorizontal;
self.imagePicker.delegate = self;
```

Listing 4.24 Erzeugung des Imagepickers

Nach der Auswahl oder Aufnahme eines Bildes müssen Sie die Anzeige des Dialogs beenden. Dazu verwenden Sie die Methode `dismissModalViewControllerAnimated:`. Sie können diese Methode entweder beim Viewcontroller des modalen Views oder bei dem Viewcontroller aufrufen, der den modalen Dialog geöffnet hat.

Den Imagepicker können Sie auf dem iPad nicht über einen modalen Dialog anzeigen lassen. Sie müssen stattdessen ein Popover verwenden, die es aber nur auf dem iPad gibt. Ein Popover zeichnet einen schwarzen Rahmen mit einer Pfeilspitze um den View. Die Pfeilspitze zeigt in der Regel auf den View, über den Sie das Popover geöffnet haben. Wenn Sie den Bildschirm außerhalb des Popovers berühren, schließt iOS das Popover. Dieses Verhalten können Sie verhindern, indem Sie die Property `modalInPopover` auf `YES` setzen.

Das Fototagebuch erzeugt den Controller für das Popover nur, wenn Sie es auf einem iPad starten. Für diese Unterscheidung können Sie die Property `userInterfaceIdiom` des Singletons `UIDevice` auswerten. Die entsprechende Logik dazu finden Sie in `viewDidLoad`:

```
if([[UIDevice currentDevice] userInterfaceIdiom] ==
    UIUserInterfaceIdiomPad) {
    self.popoverController = [[[UIPopoverController alloc]
        initWithContentViewController:self.imagePicker]
            autorelease];
}
```

Listing 4.25 Erzeugung des Popovercontrollers

Für die Anzeige des Popovers gibt es zwei Möglichkeiten. Entweder geben Sie einen Button aus der Navigationsleiste oder der Tabbar an, auf den die Nase zeigen soll. Diese Variante verwendet Listing 4.23. Alternativ können Sie aber auch dafür einen View mit einem Rechteck angeben. Außerdem müssen Sie mögliche Richtungen angeben, in die die Spitze zeigen darf.

> **Tipp**
> Sie sollten für die Ausrichtung der Pfeilspitze immer sinnvolle Werte angeben. Andernfalls kann Cocoa Touch das Popover schon mal an ungewöhnlichen Stellen positionieren. Am einfachsten verwenden Sie die Konstante `UIPopoverArrowDirectionAny`. Dann wählt iOS automatisch eine geeignete Ausrichtung.

Im Gegensatz zum modalen View des Imagepickers auf dem iPhone oder iPod schließt das iPad das Popover automatisch, wenn Sie ein Bild auswählen oder den Dialog abbrechen. Falls Sie einen eigenen View in einem Popover darstellen, können Sie es über die Methode `dismissPopoverAnimated:` schließen.

Verarbeitung von Aufnahmen

Der Imagepicker bietet für die Verarbeitung der Aufnahmen das Delegateprotokoll `UIImagePickerDelegate` an. Über die Methode `imagePickerControllerDidCancel:` teilt der Controller Ihnen mit, dass der Anwender die Aufnahme beziehungsweise Bildauswahl abgebrochen hat. Nach einer Aufnahme oder Bildauswahl ruft der Imagepicker die Delegatemethode `imagePickerController:didFinishPickingMediaWithInfo:` auf. Dabei übergibt der Picker im zweiten Parameter ein Dictionary mit dem Bild und anderen Daten. Für die Einträge im Dictionary gibt es vordefinierte Konstanten:

- `UIImagePickerControllerMediaType` enthält den Medientyp der Aufnahme. Dieser Wert entspricht einer der Konstanten `kUTTypeImage` (Bild) oder `kUTTypeMovie` (Film).
- `UIImagePickerControllerOriginalImage` enthält das unbearbeitete Bild der Klasse `UIImage` der Aufnahme.
- `UIImagePickerControllerMediaMetadata` enthält ein weiteres Dictionary mit Metadaten des Bildes. Diesen Eintrag unterstützen aber nur die iOS-Versionen ab 4.1.
- `UIImagePickerControllerMediaURL` existiert auch erst seit iOS 4.1 und nur, wenn Sie ein Bild aus Ihren Fotoalben ausgewählt haben. Dieser Eintrag enthält eine URL auf den Eintrag des Fotoalbums, den Sie ausgewählt haben.

Wenn Sie das Bearbeiten der Bilder im Imagepicker erlaubt haben, erhalten Sie noch Einträge über die Ausschnittsauswahl:

- `UIImagePickerControllerEditedImage` enthält das bearbeitete Bild der Aufnahme – also den vom Anwender gewählten Ausschnitt.
- `UIImagePickerControllerCropRect` enthält ein `CGRect` in einem `NSValue`-Objekt mit dem Auswahlrechteck.

Das Fototagebuch liest in der Delegatemethode das bearbeitete Bild aus und wandelt es in JPEG-Daten um. Dazu verwendet es die Funktion `UIImageJPEGRepresentation`, die zwei Parameter hat. Der erste ist das `UIImage`-Objekt, aus dem die Funktion die JPEG-Daten erzeugen soll. Der zweite Parameter ist ein Fließkommawert zwischen 0 (niedrig) und 1 (hoch), der die Bildqualität nach der JPEG-Komprimierung beschreibt. Die Funktion liefert ein Objekt der Klasse `NSData` zurück, die eine Hülle für Bytearrays ist.

Sie können dieses `NSData`-Objekt der Property `data` einer Entität der Klasse `Medium` zuweisen. Im Beispielprogramm passiert das in der Methode `updateMediumData:withMediumType:`, die das Programm auch für die Speicherung der Audiodaten verwendet:

```
- (void)updateMediumData:(NSData *)inData
        withMediumType:(NSString *)inType {
    if(inData.length == 0) {
        [self.item removeMediumForType:inType];
    }
    else {
        Medium *theMedium = [NSEntityDescription
            insertNewObjectForEntityForName:@"Medium"
            inManagedObjectContext:self.managedObjectContext];
        theMedium.type = inType;
        theMedium.data = inData;
        [self.item addMedium:theMedium];
    }
    [self saveItem];
}
```

Listing 4.26 Speicherung von Mediendaten

Die Tabellenansicht des Fototagebuchs stellt die Aufnahmen in einem kleineren Format (60 × 60 Pixel) dar. Die App erzeugt die Bilddaten für dieses Icon, indem sie das Bild entsprechend verkleinert. Die Entität `DiaryEntry` besitzt eine Property `icon`, in der sie diese Bilddaten ablegt.

Die Skalierung des Bildes geschieht über zwei Methoden der Kategorie `UIImage(ImageTools)`. Die Methode `sizeToAspectFitInSize:` berechnet die Größe für das Bild, sodass das Bild komplett in die angegebene Größe passt. Die berechnete Bildgröße besitzt dabei das gleiche Seitenverhältnis wie das Bild.

```
- (CGSize)sizeToAspectFitInSize:(CGSize)inSize {
    CGSize theSize = self.size;
    CGFloat theWidthFactor = inSize.width / theSize.width;
    CGFloat theHeightFactor = inSize.height / theSize.height;
```

```
    CGFloat theFactor = fmin(theWidthFactor, theHeightFactor);
    return CGSizeMake(theSize.width * theFactor,
                      theSize.height * theFactor);
}
```

Listing 4.27 Größenberechnung mit festem Seitenverhältnis

Die Methode in Listing 4.27 berechnet jeweils den Skalierungsfaktor, um das Bild auf die Breite beziehungsweise die Höhe des Zielrechtecks zu bringen. Wenn Sie das Rechteck mit diesen beiden Faktoren skalieren, entstehen zwei neue Rechtecke, von denen eines genau die Breite und das andere genau die Höhe des Zielrechtecks hat. Von diesen beiden Rechtecken passt nun genau das mit dem kleineren Skalierungsfaktor in das Zielrechteck.

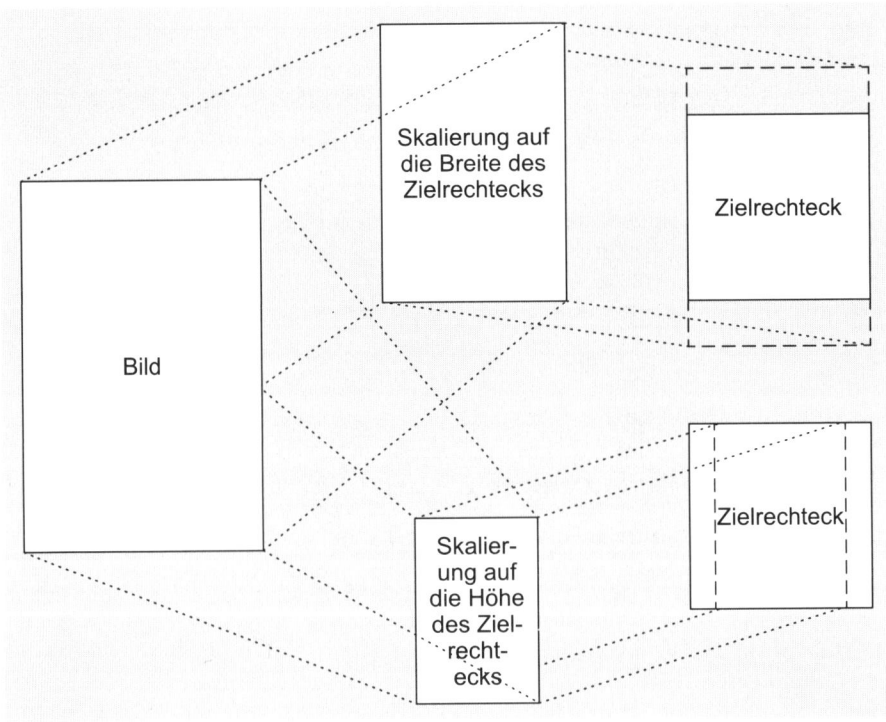

Abbildung 4.12 Größenberechnung mit festem Seitenverhältnis

Sie können ein Beispiel dafür in Abbildung 4.12 sehen. Das Seitenverhältnis der Breite des Zielrechtecks zu der Breite des Bildrechtecks ist dreiviertel und analog für die Höhen anderthalb. Wie Sie an der Abbildung sehen können, passt genau das Rechteck mit dem kleineren Skalierungsfaktor in das Zielrechteck.

Die Methode `scaledImageWithSize:` der Kategorie berechnet ein skaliertes Bild, das genau die angegebene Größe hat. Dafür verwendet sie Core-Graphics-Funktionen und einen Image-Kontext.

```
- (UIImage *)scaledImageWithSize:(CGSize)inSize {
    CGRect theFrame = CGRectMake(0.0, 0.0,↪
                                 inSize.width, inSize.height);
    UIImage *theImage;
    UIGraphicsBeginImageContext(inSize);
    [self drawInRect:theFrame];
    theImage = UIGraphicsGetImageFromCurrentImageContext();
    UIGraphicsEndImageContext();
    return theImage;
}
```

Listing 4.28 Skalierung eines Bildes

In Listing 4.28 sehen Sie die Implementierung dieser Methode. Sie erstellt über die Funktion `UIGraphicsBeginImageContext()` einen Image-Kontext in der gewünschten Größe. Einen Image-Kontext können Sie genau wie einen Grafikkontext verwenden, den Sie bereits im letzten Kapitel kennengelernt haben. Die Funktion liefert allerdings den `CGContextRef`-Verweis nicht direkt zurück. Sie müssen ihn über die Funktion `UIGraphicsGetCurrentContext()` ermitteln. Core Graphics verwaltet seine Kontexte in einem Stack, weswegen Sie den Image-Kontext über die Funktion `UIGraphicsEndImageContext()` am Ende der Methode wieder freigeben müssen. Das Bild zeichnen Sie über die Methode `drawInRect:` in den Grafikkontext. Die Funktion `UIGraphicsGetImageFromCurrentImageContext()` des UIKits wandelt schließlich diesen Grafikkontext wieder in ein Bild um.

4.4.3 Töne aufnehmen und abspielen

Im Gegensatz zu Bildern und Videos gibt es unter iOS keine grafische Standardkomponente für die Aufnahme von Tönen. Dieser Abschnitt beschreibt eine mögliche Umsetzung eines einfachen Controllers für diesen Zweck.

Subviewcontroller

Wenn Sie den View eines Viewcontrollers anzeigen möchten, dann geschieht das über die Controllerschicht. Sie haben dafür bereits drei Möglichkeiten kennengelernt. Den Viewcontroller des Startviews Ihrer App legen Sie über die Property `rootViewController` der Klasse `UIWindow` fest. Modale Dialoge können Sie auf dem iPhone über `presentModalViewController:animated:` anzeigen und auf dem iPad auh über Popovercontroller. Cocoa Touch bietet aber noch weitere Möglichkeiten, die Sie im Verlauf des Buches kennenlernen werden.

4 | Daten, Tabellen und Controller

> **Viewcontroller und die Verwaltung von Subviews**
>
> Die Views der Unterklassen von `UIViewController` sollten Sie immer über die Controllerschicht anzeigen lassen (z. B. als modalen Dialog). Bei iOS-Versionen vor 5 sollten Sie diese Views nicht selber direkt über `addSubview:` oder `insertSubview`-Methoden in die Viewhierarchie einfügen. Dieses Vorgehen ist unsauber, da dadurch die Methoden des Anzeigezyklus des Viewcontrollers nicht aufgerufen werden.
>
> Die einzige Ausnahme bildete vor iOS 4.0 der Root-Viewcontroller, dessen View direkt zum Fenster hinzugefügt wurde. Mit der Einführung der Property `rootViewController` der Klasse `UIWindow` ist aber auch das nicht mehr nötig.
>
> Mit iOS 5 können UIViewController-Objekte auch Subviews verwalten. Dazu müssen Sie dem Viewcontroller mitteilen, dass er einen Subview verwaltet. Abschnitt 4.6.4 geht genauer darauf ein.

Ein Viewcontroller verwaltet immer den kompletten View, der an ihm hängt. Es gibt aber häufig Fälle, in denen Sie eine feinere Unterteilung haben möchten. Ein typisches Beispiel sind Subviews, die Sie in unterschiedlichen Hauptviews verwenden möchten. Ein anderes Beispiel sind Controller, die ihren Hauptview in mehrere Einheiten unterteilen.

Für die Verwaltung solcher Subviews sollten Sie – zumindest bis iOS 5 – keine Unterklassen von `UIViewController` verwenden. Sie können dafür aber Unterklassen von `NSObject` erstellen. Das Beispielprogramm enthält zwei Controller für die Anzeige und Verwaltung von Subviews. Der eine ist für die Aufnahme und der andere für das Abspielen von Tönen zuständig. Die gemeinsamen Eigenschaften der Controller fasst deren Oberklasse `SubviewController` zusammen.

Die Klasse ahmt über die Propertys `view` und `nibName` sowie die Methode `loadView` den Lademechanismus der Klasse `UIViewController` nach. Das ist nicht unbedingt notwendig, aber auch nicht sehr aufwendig (siehe Listing 4.29). Sie können den View dieser Subviewcontroller aber auch über ein Outlet setzen.

```
- (NSString *)nibName {
    if(nibName == nil) {
        self.nibName = NSStringFromClass([self class]);
    }
    return nibName;
}
- (UIView *)view {
    if(view == nil) {
        [self loadView];
    }
    return view;
}
```

```
- (void)loadView {
    NSBundle *theBundle = [NSBundle mainBundle];
    [theBundle loadNibNamed:self.nibName owner:self options:nil];
}
```
Listing 4.29 View-Lademechanismus für Subviewcontroller

Der Controller implementiert die beiden Propertys als Lazy-Getter, wobei er für den Namen der NIB-Datei der Namen der Controller-Klasse zurückgibt, wenn Sie keinen Namen gesetzt haben. Die Methode `loadView` lädt die NIB-Datei über die Methode `loadNibNamed:owner:options:` der Klasse `NSBundle`. Dabei verwendet sie den Controller als Eigentümer. Da ein Outlet den View mit der Property `view` des *File's Owners* verbindet, setzt dieser Methodenaufruf implizit den View des Controllers.

Über die Methode `addViewToViewController:` können Sie den View des Subviewcontrollers zu dem View eines beliebigen Viewcontrollers hinzufügen. Der Controller steuert die Sichtbarkeit des Subviews über dessen Alpha-Wert, der eine Fließkommazahl ist. Dabei bedeutet der Wert 0, dass der View und alle seine Subviews transparent sind und keine Berührungen verarbeiten. Ein Alphawert von 1 stellt den View normal dar, und er verarbeitet auch die Berührungen. Sie können die Sichtbarkeit des Subviews über die Property `visible` und die Methode `setVisible:animated:` des Subviewcontrollers steuern.

Eigene Delegate-Protokolle erstellen

Außerdem besitzt der Subviewcontroller ein Delegateprotokoll mit zwei Methoden, die er vor dem Ein- beziehungsweise Ausblenden des Subviews aufruft. Das Protokoll deklariert beide Methoden als optional, sodass das Delegate sie nicht implementieren muss. Der Aufruf der Delegatemethoden erfolgt aus der Methode `setVisible:` heraus, die Listing 4.30 enthält.

```
- (void)setVisible:(BOOL)inVisible {
    UIView *theView = self.view;
    SEL theSelector;

    theView.frame = theView.superview.bounds;
    if(inVisible) {
        theView.alpha = 1.0;
        theSelector = @selector(subviewControllerWillAppear:);
        [theView.superview bringSubviewToFront:theView];
    }
    else {
        theView.alpha = 0.0;
        theSelector = @selector(subviewControllerWillDisappear:);
```

```
        }
        [self clear];
        if([self.delegate respondsToSelector:theSelector]) {
            [self.delegate performSelector:theSelector
                              withObject:self];
        }
    }
}
```

Listing 4.30 Aufruf der Delegatemethoden

Die Methode weist dabei der Variablen `theSelector` abhängig von der neuen Sichtbarkeit den entsprechenden Selektor der aufzurufenden Delegatemethode zu. Sie prüft dann über die Methode `respondsToSelector:`, ob das Delegate diese Methode auch implementiert. In diesem Fall ruft sie die Methode über `performSelector:withObject:` des Delegates auf.

Play it again, Sam: Töne abspielen

Im zweiten Kapitel haben Sie bereits eine Möglichkeit kennenlernt, Töne abzuspielen. Diese Wiedergabemöglichkeit ist aber für das Fototagebuch nicht sehr geeignet. Denn Sie benötigen eine URL, die auf die Sounddatei verweist. Die Töne des Fototagebuchs liegen aber in Attributen von Core-Data-Entitäten, für die es keine URLs gibt. Wenn Sie einen Ton über die Funktion `AudioServicesPlaySystemSound` abspielen, können Sie die Wiedergabe nicht steuern. Sie können die Wiedergabe weder pausieren lassen noch an eine bestimmte Stelle springen. Es ist nur die Wiedergabe des kompletten Tons vom Anfang bis zum Ende möglich.

Über die Klasse `AVAudioPlayer` des AVFoundation-Frameworks bietet das iOS eine weitere Möglichkeit, Töne wiederzugeben. Zwar ist der Audioplayer auch eine Controllerkomponente, aber er ist kein Viewcontroller. Das Fototagebuch enthält eine Subviewcontroller-Klasse `AudioPlayerController`, die einen Audioplayer kapselt.

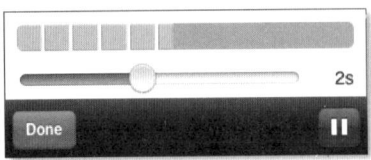

Abbildung 4.13 Der Audioplayer-Controller

Der View des Audioplayer-Controllers zeigt in der Mitte einen Slider an, der die aktuelle Abspielposition wiedergibt. Sie können über den Slider aber auch die Abspielposition wählen. Darüber zeigt er den aktuellen Lautstärkepegel grafisch an. Da die Initialisierung des Audioplayers einige Sekunden benötigen kann, besitzt der View für die Überbrückung der Wartezeit auch noch einen *Activity-indicator*. Die Initialisierung des Audioplayers erfolgt in der Methode `start-AudioPlayer`:

```
- (void)startAudioPlayer {
    NSError *theError = nil;
    AVAudioPlayer *thePlayer = [[AVAudioPlayer alloc]
        initWithData:self.audioMedium.data error:&theError];

    if(thePlayer == nil) {
        NSLog(@"playAudio: %@", theError);
        self.loading = NO;
    }
    else {
        self.audioPlayer = thePlayer;
        thePlayer.delegate = self;
        thePlayer.meteringEnabled = YES;
        self.time = slider.value;
        slider.maximumValue = thePlayer.duration;
        self.loading = NO;
        [self updateTime:nil];
        [self startTimer];
        [thePlayer play];
    }
    [thePlayer release];
}
```

Listing 4.31 *Erzeugung und Initialisierung eines Audioplayers*

Im Fehlerfall liefert die Initializer-Methode `initWithData:error:` im zweiten Parameter einen Verweis auf einen Fehler zurück, und die Variable `thePlayer` verweist dann auf `nil`. Da der Controller den Lautstärkepegel anzeigen soll, müssen Sie über die Property `meteringEnabled` die Messung dieser Werte einschalten.

Die Länge des Tons können Sie über die Property `duration` des Audioplayers ermitteln, um damit den maximalen Wert des Sliders zu setzen. Da der Controller sowohl den Slider als auch die Anzeige des Lautstärkepegels regelmäßig aktualisieren muss, startet er dafür einen Timer. Die Aktualisierung dieser Werte erfolgt in der Methode `updateTime:`.

```
- (void)updateTime:(NSTimer *)inTimer {
    NSTimeInterval theTime = self.audioPlayer.currentTime;

    [self.audioPlayer updateMeters];
    meterView.value =
```

```
        [self.audioPlayer averagePowerForChannel:0];
    slider.value = theTime;
    [self updateTimeLabel];
}
```

Listing 4.32 Aktualisierung der Lautstärkepegel- und Positionsanzeige

Der Audioplayer misst den Lautstärkepegel für jeden Kanal getrennt. Um die aktuellen Werte zu erhalten, müssen Sie zuerst die Methode `updateMeters` aufrufen, bevor Sie den Wert für die einzelnen Kanäle über `averagePowerForChannel:` abrufen. Der Rückgabewert dieser Methode liegt zwischen −160 und 0. Die Klasse `MeterView` rechnet diesen Wert in ihrer Methode `drawRect:` um und zeichnet abhängig von dem Wert ein Bild flexibler Breite.

```
- (void)drawRect:(CGRect)inRect {
    CGRect theBounds = self.bounds;
    CGFloat theValue = theBounds.size.width * self.value / WIDTH;
    UIImage *theImage = [UIImage imageNamed:@"meter.png"];
    theBounds.size.width += theValue;
    [theImage drawAsPatternInRect:theBounds];
}
```

Listing 4.33 Zeichnen des Lautstärkepegels

Die Methode zeichnet den Balken durch eine gekachelte Darstellung eines Bildes über die Methode `drawAsPatternInRect:`.

> **Tipp**
>
> Vielleicht sind Ihnen die abgerundeten Ecken der Lautstärkepegelanzeige aufgefallen. Diese Darstellung können Sie relativ elegant über den Layer des Views realisieren, der eine Property `cornerRadius` besitzt. Außerdem müssen Sie das Clipping einschalten. Die Klasse `MeterView` setzt diese Werte in der Methode `awakeFromNib`.
>
> ```
> - (void)awakeFromNib {
>     [super awakeFromNib];
>     self.layer.cornerRadius = 5;
>     self.layer.masksToBounds = YES;
> }
> ```
>
> Das nächste Kapitel geht genauer auf die Möglichkeiten der Layer ein.

Die Methode `updateTime:` aktualisiert außerdem den Wert des Sliders, um die aktuelle Abspielposition anzuzeigen. Sie liest dazu die Zeit über die Property `currentTime` aus und setzt diesen Wert in die Property `value` des Sliders.

Aktivitätsanzeige und länger laufende Operationen

Der Audioplayer benötigt für das Laden und Initialisieren der Audiodaten einige Sekunden Zeit. Der Nutzer sollte in dieser Zeit eine Rückmeldung von der App erhalten, dass sie beschäftigt ist. Dazu verwendet sie eine Aktivitätsanzeige; das ist ein View der Klasse `UIActivityIndicator`.

Abbildung 4.14 Audioplayer mit Aktivitätsanzeige

Sie können die Animation der Anzeige über die Methode `startAnimating` starten und über `stopAnimating` stoppen.

```
- (BOOL)loading {
    return activityIndicator.isAnimating;
}
- (void)setLoading:(BOOL)inLoading {
    if(inLoading) {
        [self.activityIndicator startAnimating];
        [toolbar setEnabled:NO];
    }
    else {
        [self.activityIndicator stopAnimating];
        [toolbar setEnabled:YES];
    }
}
```

Listing 4.34 Steuerung der Aktivitätsanzeige

Wenn Sie die Property `hidesWhenStopped` auf `YES` setzen, zeigt Cocoa Touch den Indikator nur während der Animation an. Einen Indikator ohne Animation versteckt Cocoa also automatisch. Die Animation beginnt aber nicht sofort durch den Aufruf der Methode `startAnimating`, sondern erst, nachdem die Programmausführung in die Runloop des Threads zurückgekehrt ist. Das können Sie dadurch erreichen, dass Ihr Programm alle Methoden verlässt, die Sie erstellt haben.

Das bedeutet für den Audioplayer, dass Sie Ihre Methoden verlassen müssen, bevor Sie den Audioplayer initialisieren. Das können Sie durch einen verzögerten Aufruf der Methode erreichen:

```
[self performSelector:@selector(startAudioPlayer)
           withObject:nil afterDelay:0.0];
```

Die Methode `perfomSelector:withObject:afterDelay:` stellt die Klasse `NSObject` bereit. Sie ruft die Methode mit dem angegebenen Selektor und dem Parameterobjekt im Empfänger nach der angegebenen Verzögerung auf. Diese Methode fügt den Methodenaufruf immer in die Runloop ein – auch bei einer Verzögerung von 0 Sekunden. Cocoa Touch bekommt so die Möglichkeit, die Animation der Aktivitätsanzeige zu aktivieren.

> **Animationen und Zeichnen**
>
> Cocoa Touch führt alle Zeichen- und Animationsoperationen über die Runloop aus. Diese Methoden markieren die Objekte für die entsprechende Operation. Wenn die Reihenfolge von diesen Operationen im Zusammenhang mit anderen Operationen wichtig ist, müssen Sie also zwischendurch die Runloop zum Zuge kommen lassen. Sie können dazu im einfachsten Fall die Methode `performSelector:withObject:afterDelay:` verwenden. Die Methode `performSelector:withObject:` eignet sich hierfür aber nicht. Wenn Sie allerdings längere Aufgaben ausführen wollen, sollten Sie diese lieber in eigene Threads auslagern.

Die Rückkehr in die Runloop hat aber noch einen weiteren Nebeneffekt. Da sie den Autoreleasepool verwaltet, veranlasst sie ihn, bei der Rückkehr an alle enthaltenen Objekte ein `release` zu schicken. Objekte, die nur der Autoreleasepool hält, erleben also den Aufruf der verzögerten Methode nicht. Um die Speicherverwaltung zu vereinfachen, sendet die Methode `performSelector:withObject:afterDelay:` aber an den Nachrichtenempfänger und das Parameterobjekt automatisch ein `retain`. Nach der Ausführung der verzögerten Methode bekommen diese beiden Objekte ein `release` geschickt. Für die Parameter können Sie also ruhig Objekte im Autoreleasepool verwenden.

Wenn die Operation mehr als 3 bis 5 Sekunden dauern kann, sollten Sie diese in einem eigenen Thread ausführen, um den Hauptthread nicht zu blockieren. Eine einfache Möglichkeit eine Methode in einem Hintergrundthread auszuführen, ist die Methode `performSelectorInBackground:withObject:` der Klasse `NSObject`. Auch diese Methode hält den Empfänger und das Parameterobjekt im Speicher. Die aufgerufene Methode muss immer einen eigenen Autoreleasepool für die Speicherverwaltung bereitstellen.

Wenn Sie aus dieser Methode Änderungen am View vornehmen möchten, müssen Sie diese Operationen allerdings immer im Hauptthread ausführen. Sie können dazu die Methode `performSelectorOnMainThread:withObject:waitUntilDone:` verwenden.

> **Tipp**
>
> Sie können über die `performSelector`-Varianten auch Methoden ohne Parameter aufrufen. Verwenden Sie dazu einfach den Selektor der Methode und den Parameterwert `nil`. Wenn Sie mehrere Parameterwerte übergeben möchten, können Sie dafür auch Dictionarys verwenden.

```
- (void)startVeryLongTask {
    NSDictionary *theParameters = [NSDictionary
        dictionaryWithObjectsAndKeys:[NSDate date], @"date",
            ..., nil];
    [self.activityIndicator startAnimating];
    [self performSelectorInBackground:@selector(veryLongTask:)
                          withObject:theParameters];
}
- (void)veryLongTask:(NSDictionary *)inParameters {
    NSAutoreleasePool *thePool =
        [[NSAutoreleasePool alloc] init];
    NSDate *theDate = [inParameters objectForKey:@"date"];
    ...
    [self.textLabel
        performSelectorOnMainThread:@selector(setText:)
        withObject:theText waitUntilDone:NO];
    ...
    [activityIndicator
        performSelectorOnMainThread:@selector(stopAnimating)
        withObject:nil waitUntilDone:NO];
    [thePool release];
}
```

Listing 4.35 Starten eines Hintergrundtasks

Listing 4.35 stellt die Ausführung einer Methode in einem eigenen Thread schematisch dar. Der Hintergrundtask führt die Methode `veryLongTask:` aus. Sie erzeugt in der ersten Zeile den notwendigen Autoreleasepool, den sie in ihrer letzten Zeile auch wieder frei gibt. In ARC-konformem Code verwenden Sie statt der ersten und letzten Zeile natürlich einen Autoreleasepool-Block:

```
- (void)veryLongTask:(NSDictionary *)inParameters {
    @autoreleasepool {
        ...
    }
}
```

Die Übergabe der Parameter erfolgt über ein Dictionary, das die Methode `startVeryLongTask` entsprechend verpackt. Die Methode `veryLongTask:` kann dann die Parameter aus diesem Dictionary wieder auslesen. Die Methode aktualisiert außerdem ein Label und stoppt die Aktivitätsanzeige, bevor sie endet. Diese beiden Aufrufe führt sie über den Hauptthread durch, weil sie ja die Anzeige aktualisieren.

Achtung, Aufnahme: Töne aufzeichnen

Auch für Tonaufnahmen gibt es eine fertige Controller-Komponente in Cocoa Touch. Das ist die Klasse AVAudioRecorder aus dem AVFoundation-Framework. Wie der Audioplayer ist auch der Audiorecorder aber kein Viewcontroller, und Sie müssen dafür selbst eine Bedienungsoberfläche erstellen. Das Fototagebuch besitzt dafür einen Subviewcontroller der Klasse AudioRecorderController für Audio-Aufnahmen, dessen View ähnlich dem View des Audioplayer-Controllers aussieht.

> **1, 2, 3 – hallo, hallo – 1, 2, 3...**
> Bevor Sie eine Audioaufnahme unter iOS starten, sollten Sie überprüfen, ob das Gerät dazu auch in der Lage ist. Dazu stellt das Singleton AVAudioSession die Methode inputIsAvailable bereit. Im Beispielprojekt sperrt der Itemviewcontroller den Button für den Aufruf des Recorders, wenn keine Audioaufnahme möglich ist. Das geschieht über die folgende Zuweisung in viewDidLoad:
> ```
> self.recordButton.enabled =
>     [[AVAudioSession sharedInstance] inputIsAvailable];
> ```

Da Sie bei einer Aufnahme nicht die Aufnahmeposition festlegen können, verwendet der Recorder einen Fortschrittsbalken anstatt eines Sliders. Damit die Audiodaten nicht zu groß werden können, begrenzt der Controller die maximale Aufnahmezeit auf 30 Sekunden, die die Konstante kMaximalRecordingTime festlegt. Sie brauchen also nur den Wert dieser Konstanten verändern, um eine andere maximale Aufnahmezeit festzulegen. Der Fortschrittsbalken zeigt Ihnen während der Aufnahme den Anteil der verbrauchten Aufnahmezeit an.

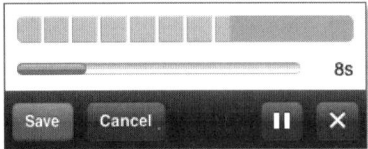

Abbildung 4.15 Der Audiorecorder-Controller

Der Controller erzeugt den Audiorecorder in der Methode startRecording. Sie müssen bei der Erzeugung eine URL auf eine Datei im Dateisystem angeben, in die der Recorder die aufgenommenen Daten schreibt.

```
- (void)startRecorder {
    NSError *theError = nil;
    AVAudioRecorder *theRecorder = [[AVAudioRecorder alloc]
        initWithURL:self.fileURL
        settings:self.audioRecorderSettings error:&theError];
    if(theRecorder == nil) {
        NSLog(@"startRecording: %@", theError);
        self.preparing = NO;
    }
    else {
        theRecorder.delegate = self;
        self.audioRecorder = theRecorder;
        if([self.audioRecorder
            recordForDuration:kMaximalRecordingTime]) {
            [self updateRecordButton];
            [self startTimer];
            self.preparing = NO;
        }
    }
    [theRecorder release];
}
```

Listing 4.36 Anlegen und Initialisieren des Audiorecorders

Da Ihre App unter iOS in einer Sandbox läuft, können Sie die Datei nicht einfach irgendwo in das Dateisystem des Geräts schreiben. Sie müssen erst ein Verzeichnis ermitteln, in das Sie die Datei schreiben können. Da Sie die Audiodatei nicht länger speichern müssen, können Sie Datei in das Verzeichnis für temporäre Dateien schreiben. Um das zu ermitteln, verwenden Sie die Funktion `NSTemporaryDirectory()` aus dem Foundation-Framework.

```
- (NSURL *)fileURL {
    NSString *theDirectory = NSTemporaryDirectory();
    return [NSURL fileURLWithPath:
        [NSString stringWithFormat:@"%@/recording.caf",
            theDirectory]];
}
```

Listing 4.37 URL-Bestimmung für die Audiodatei

Dateiablage unter iOS

Sie sollten keine Dateien in das Ressourcenverzeichnis Ihrer App schreiben. Das funktioniert zwar im Simulator, unter iOS ist dieser Ordner aber geschützt.

Sie müssen dem Audiorecorder bei der Initialisierung außerdem noch das Audioformat beschreiben, in dem Sie aufzeichnen möchten. Hier gibt es eine Fülle von möglichen Parametern, die sich wahrscheinlich nicht alle sinnvoll in einer Methodensignatur unterbringen lassen. Aus diesem Grund bekommt der Initialisierer diese Parameter in einem Dictionary, das die Methode `audioRecorder-Settings` erzeugt. Das Fototagebuch nimmt die Töne mit einem Kanal (Mono) in dem Format IMA 4:1 ADPCM von Apple mit der Sampling-Rate 16000 auf, was einen guten Kompromiss zwischen Qualität und Dateigröße darstellt.

```
- (NSDictionary *)audioRecorderSettings {
    return [NSDictionary dictionaryWithObjectsAndKeys:
        [NSNumber numberWithInt:kAudioFormatAppleIMA4],
            AVFormatIDKey,
        [NSNumber numberWithFloat:16000.0], AVSampleRateKey,
        [NSNumber numberWithInt:1], AVNumberOfChannelsKey,
        nil];
}
```

Listing 4.38 Erzeugung der Parameter für die Audioaufnahme

Der Recorder hält die Aufnahme entweder nach 30 Sekunden[1] automatisch an oder indem das Programm die Methode `pause` aufruft. Nach der Aufnahme müssen Sie die Daten aus der Datei in ein `NSData`-Objekt lesen, wozu Sie den Convenience-Konstruktor `dataWithContentsOfURL:` verwenden können. Dieses Datenobjekt können Sie dann der bereits besprochenen Methode `updateMediumData:withMediumType:` übergeben, um es an den Tagebucheintrag anzuhängen. Der Aufruf erfolgt in der Delegatemethode `audioRecorder:didRecordToData:` im Itemviewcontroller.

Die Aktualisierung der Fortschritts-, der Lautstärkepegel- und der Zeitanzeige erfolgt analog zum Audioplayer über einen Timer.

4.5 Tableviews und Core Data

Sie haben jetzt ein Grundgerüst für die Erstellung neuer und die Aktualisierung bestehender Tagebucheinträge. Sie brauchen im Tagebuch eine Möglichkeit, sich alle Einträge anzeigen zu lassen. Dazu ist ein *Tableview* am besten geeignet. Er zeigt alle Einträge des Fototagebuchs an.

---

1 Das ist der Wert der Konstanten `kMaximalRecordingTime` in Listing 4.36.

4.5.1 Tableviews

Tableviews eignen sich besonders für die Anzeige großer Mengen gleichartiger Daten. Dabei können Sie die Daten in Abschnitte unterteilen. Tableviews sind ein gutes Beispiel dafür, wie Sie das Aussehen und Verhalten eines Views verändern können, ohne von der Viewklasse ableiten zu müssen. Jeder Tableview besitzt zwei Delegates, und die Zuständigkeit zwischen dem View und den Delegates ist folgendermaßen aufgeteilt:

▶ Die Klasse `UITableView` übernimmt den Aufbau, die Darstellung und die Gestensteuerung der Tabelle. Die Tabelle besteht aus einer Spalte, die beliebig viele Zellen enthalten kann. Der Tableview kann die Zellen in Abschnitte zusammenfassen.

▶ Die Datenquelle implementiert das Protokoll `UITableViewDataSource` und liefert die Anzahl der Abschnitte sowie die Anzahl der Zeilen pro Abschnitt. Sie ist außerdem zuständig für die Erzeugung und Konfiguration der Views für die Zellen der Tabelle.

▶ Das Delegate implementiert das Protokoll `UITableViewDelegate` und stellt Methoden für die Ereignisverarbeitung des Tableviews bereit. Beispielsweise können sich Sie damit über die Auswahl von Zellen informieren lassen.

Leider ist die Unterscheidung zwischen der Datenquelle und dem Delegates nicht ganz so strikt. So besitzt zum Beispiel das Delegate Methoden, mit denen Sie die Höhe der Zellen oder das Aussehen der Abschnittsheader und -footer festlegen können. Sowohl die Datenquelle als auch das Delegate implementieren Sie in der Regel in dem Viewcontroller, der den Tableview verwaltet. Generell sind Viewcontroller ein guter Platz, um die Delegates der Views zu implementieren.

Wenn Sie eine Datenquelle für einen Tableview anlegen, müssen Sie in der Regel drei Methoden überschreiben. Mit der Methode `numberOfSectionsInTableView:` legen Sie fest, in wie viele Abschnitte Sie Ihre Zellen unterteilen wollen. Die Anzahl der Zellen innerhalb eines Abschnitts erfragt der Tableview über die Methode `tableView:numberOfRowsInSection:`.

Tableviews sind übrigens hinsichtlich des Speichers optimiert. Im besten Fall brauchen Sie nur ungefähr so viele Views für Zellen, wie auch tatsächlich auf einmal auf dem Bildschirm dargestellt werden können. Außerdem schmeißt der Tableview aus der Ansicht gescrollte Zellen nicht weg, sondern merkt sie sich für eine spätere Verwendung. Durch diesen nachhaltigen Umgang mit Zellen und deren Daten können Tableviews auch Datenmengen anzeigen, deren Speicherbedarf wesentlich größer als der verfügbare Hauptspeicher des Geräts ist. Das ist natürlich nur möglich, wenn der Tableview immer nur einzelne Zellen von der

Datenquelle anfordert. Dazu dient die Methode `tableView:cellForRowAtIndexPath:`.

Der zweite Parameter dieser Methode hat die Klasse `NSIndexPath` und enthält die Position einer Zelle oder eines Elements in der Tabelle. Auf diese Werte können Sie über die Propertys `section` und `row` zugreifen. Eine typische Implementierung der Delegatemethode sieht folgendermaßen aus:

```
- (UITableViewCell *)tableView:(UITableView *)inTableView
       cellForRowAtIndexPath:(NSIndexPath *)inIndexPath {
   NSString *theIdentifier = @"CellIdentifier";
   UITableViewCell *theCell = [inTableView
      dequeueReusableCellWithIdentifier:theIdentifier];
   if(theCell == nil) {
      theCell = [[[UITableViewCell alloc] initWithStyle:...
         reuseIdentifier:theIdentifer] autorelease];
      // Zelle initialisieren; z.B. Subviews hinzufügen
   }
   // Zelle konfigurieren: Anzeigewerte setzen
   return theCell;
}
```

Listing 4.39 Erzeugung einer Tabellenzelle

Wie bereits erwähnt, können Tabellen die erzeugten Zellen wiederverwenden. Dabei müssen die Zellen nicht alle gleich aussehen. Die verschiedenen Arten von Zellen unterscheidet der Tableview anhand frei wählbarer Kennungen (in Listing 4.39 ist das `CellIdentifier`). Dabei haben Zellen der gleichen Art aber immer die gleiche Kennung, und unterschiedliche Zellarten sollten natürlich unterschiedliche Kennungen verwenden.

Sie müssen zuerst die Tabelle fragen, ob sie noch eine freie Zelle der gewünschten Art hat. Falls sie keine mehr hat, liefert die Methode `dequeueReusableCellWithIdentifier:` den Wert `nil` zurück, und Sie müssen eine neue Zelle erzeugen. Die Zellen haben immer die Klasse `UITableViewCell` oder eine Unterklasse davon.

Auf der DVD finden Sie das Beispielprojekt *TableView*, das eine Tabelle mit unterschiedlichen Zellarten demonstriert. Die Zellarten unterscheiden sich allerdings nur durch unterschiedliche Textfarben. Die Zellen enthalten außerdem einen Zähler, der ihre Erzeugungsreihenfolge angibt. Durch Scrollen können Sie feststellen, dass gleiche Zähler in unterschiedlichen Zellen auftreten beziehungsweise die Zellen des gleichen Elements unterschiedliche Zähler haben können. Der Tableview verwendet die Zellen also mehrfach für unterschiedliche Elemente. Sie können an diesem Beispiel also sehen, wie der Tableview die Zellen wiederverwendet.

4.5.2 Tabellenzellen gestalten

Für viele Anwendungsfälle reichen die Darstellungsmöglichkeiten der Klasse `UITableViewCell` allerdings nicht aus. Sie können das Aussehen dieser Klasse über deren Property `contentView` anpassen. In diesen View können Sie nahezu beliebige eigene Views legen. Natürlich können Sie diese Views durch Programmanweisungen erzeugen. Es ist aber auch möglich, dafür den Interface Builder zu verwenden. In der Elementbibliothek finden Sie dafür einen View der Klasse `UITableViewCell`, den Sie als Basis für Ihre eigenen Zellen verwenden können. Sie sollten auch jeder Zelle, die Sie im Interface Builder erstellen, eine eindeutige Kennung über deren Attributinspektor geben. Die Zelle können Sie dann wie jeden anderen View auch konfigurieren und mit Subviews füllen. Der Interface Builder legt die Subviews allerdings immer im Contentview der Zelle ab.

> **Hinweis**
>
> Legen Sie Ihre Views ausschließlich in den Contentview und niemals als direkte Subviews der Zelle ab. Sie sollten Ihre Views auch niemals in die anderen Views der Zelle einfügen. Wenn Sie den Contentview der Zelle verwenden, sollten Sie nicht auf deren Standardviews (z. B. Titel, Icon) zugreifen. Dadurch kann es dann zu Darstellungsfehlern kommen, da die Standardviews Ihre Views überlagern.

Sie können natürlich die Views über Ihren Programmcode zusammenbauen, was aber recht mühsam werden kann. Eine andere Möglichkeit ist das Laden der Zelle aus einer NIB-Datei.

Es gibt zwei grundsätzliche Möglichkeiten, wie Ihre Datenquelle diese Zellen laden kann. Für die einfachere Möglichkeit legen Sie die Zelle in einer eigenen XIB-Datei ab. Die Datenquelle lädt diese Datei jedes Mal, wenn Sie eine neue Zelle erzeugen möchte. Sie können beliebige NIB-Dateien über die Kategorie `NSBundle(UINibLoadingAdditions)` und die darin enthaltene Methode `loadNibNamed:owner:options:` laden. Der Block der Bedingung in Listing 4.39 kann dann so aussehen:

```
NSBundle *theBundle = [NSBundle mainBundle];
NSArray *theViews = [theBundle loadNibNamed:@"Cell"
                     owner:self options:nil];
theCell = [theViews objectAtIndex:0];
```

Listing 4.40 Erzeugung einer Zelle über eine NIB-Datei

Die Methode `loadNibNamed:owner:options:` liefert alle Objekte, die die NIB-Datei definiert, als Array zurück. Der File's Owner und der First Responder gehören aber nicht dazu. Wenn Sie diesen Weg verwenden, sollte die Zelle immer als erstes Objekt in der NIB-Datei liegen.

Als Eigentümer können Sie den Viewcontroller verwenden. Das ist einfach `self`, wenn der Viewcontroller die Datenquelle des Tableviews implementiert. Dadurch können Sie die Controls der Zelle direkt mit den Actions des Viewcontrollers verbinden. Allerdings müssen Sie meistens in den Actions die Zelle oder deren Indexpath ermitteln, wobei Ihnen die Methode `indexPathForRowAtPoint:` des Tableviews hilft:

```
- (IBAction)action:(id)inSender forEvent:(UIEvent *)inEvent {
    UITableView *theTableView = ...;
    UITouch *theTouch = inEvent.allTouches.anyObject;
    CGPoint thePoint = [theTouch locationInView:theTableView];
    NSIndexPath *thePath = [theTableView
                            indexPathForRowAtPoint:thePoint];
    ...
}
```

Listing 4.41 Bestimmung des Indexpaths in einer Action-Methode

> **Hinweis**
> Sie sollten aber in der XIB-Datei keine Outlets setzen, da Sie ansonsten mit jedem Laden die Outlets des Viewcontrollers überschreiben. Sie können also über solche Outlets immer nur auf die Views der zuletzt geladenen Tabellenzelle zugreifen.

Der `PhotoDiaryViewController` lädt einen Prototyp für die Zellen zusammen mit seinem View. Er legt also die Zellen nicht in einer eigenen NIB-Datei ab. Stattdessen erzeugt er die neuen Zellen aus diesem Prototyp, indem er in der Methode `viewDidLoad` den Prototyp in ein `NSData`-Objekt serialisiert. Neue Zellen erzeugt er durch Deserialisierung dieses Datenobjekts, das er in der privaten Property `cellData` hält.

```
- (void)viewDidLoad {
    [super viewDidLoad];
    ...
    self.cellData = [NSKeyedArchiver
        archivedDataWithRootObject:self.cellPrototype];
    ...
}
```

```
- (DiaryEntryCell *)makeDiaryEntryCell {
   return [NSKeyedUnarchiver
       unarchiveObjectWithData:self.cellData];
}
```
Listing 4.42 Serialisierung und Deserialisierung von Tabellenzellen

Dieses Vorgehen hat gegenüber dem direkten Laden aus NIB-Dateien Vorteile. Sie benötigen keine eigene NIB-Datei für die Zelle und können diese über ein Outlet in der NIB-Datei des Viewcontrollers festlegen. Außerdem können Sie den Prototyp über Eigenschaften der Zelle befragen. Bei der Serialisierung gehen allerdings alle Action- und Outlet-Verbindungen verloren.

Da Sie für die Zellen keine Outlets verwenden können, müssen Sie auf die Subviews der Zelle über *Tags* zugreifen. Ein Tag ist eine ganze Zahl, auf die Sie über die Property tag bei jedem View zugreifen können. Tags dienen ausschließlich zur Markierung der Views, und Sie können diesen Wert beliebig festlegen.

Der Zugriff auf Subviews über der Tag erfolgt durch die Methode viewWithTag: der Klasse UIView. Sie durchsucht den View und alle seine Subviews nach dem angegebenen Tag und liefert den ersten View mit dem angegebenen Tag zurück. Das Fototagebuch besitzt für die Tabellenzellen eine eigene Klasse DiaryEntryCell, um den Zugriff auf deren Subviews zu vereinheitlichen.

```
- (void)applyDiaryEntry:(DiaryEntry *)inEntry
             toCell:(DiaryEntryCell *)inCell {
   UIImage *theImage = [UIImage imageWithData:inEntry.icon];
   [inCell setIcon:theImage];
   [inCell setText:inEntry.text];
   [inCell setDate:inEntry.creationTime];
}
```
Listing 4.43 Konfiguration einer Tabellenzelle

Der Controller konfiguriert die Zellen in einer eigenen Methode, weil er diese Funktionalität noch an einer anderen Stelle braucht. Die komplette Methode zur Erzeugung der Zellen enthält Listing 4.44. Die Methode entryForTableView:atIndexPath: liefert dabei das Modellobjekt des Tagebucheintrags zum Indexpfad.

```
- (NSString *)cellIdentifier {
   return self.cellPrototype.reuseIdentifier;
}
```

```objc
- (UITableViewCell *)tableView:(UITableView *)inTableView
        cellForRowAtIndexPath:(NSIndexPath *)inIndexPath {
    DiaryEntry *theEntry = [self entryForTableView:inTableView
        indexPath:inIndexPath];
    NSString *theIdentifier = self.cellIdentifier;
    DiaryEntryCell *theCell = (DiaryEntryCell *)[inTableView
        dequeueReusableCellWithIdentifier:theIdentifier];

    if(theCell == nil) {
        theCell = [self makeDiaryEntryCell];
        [theCell.imageControl addTarget:self
            action:@selector(playSound:)
            forControlEvents:UIControlEventTouchUpInside];
    }
    theCell.imageControl.tag = inIndexPath.row;
    [self applyDiaryEntry:theEntry toCell:theCell];
    return theCell;
}
```

Listing 4.44 Erzeugung der Zellen für die Tagebucheinträge

Die Klasse `PhotoDiaryViewController` verwendet den Zellprototyp nicht nur für die Erzeugung neuer Zellen, sondern auch als einheitlichen Ablageort der Zellenkennung. Dadurch können Sie diesen Wert über den Interface Builder festlegen.

Wenn Sie die Zellen selber gestalten, haben Ihre Zellen in der Regel auch nicht die Standardhöhe. Dann müssen Sie dem Tableview die richtige Höhe mitteilen, damit er die Größe des scrollbaren Bereiches richtig berechnen kann. Das Tableviewdelegate besitzt dafür die Methode `tableView:heightForRowAtIndexPath:`. Das Ergebnis dieser Methode können Sie ebenfalls über den Prototyp ermitteln, sodass Sie diesen Wert auch über den Interface Builder anpassen können.

```objc
- (CGFloat)tableView:(UITableView *)inTableView
    heightForRowAtIndexPath:(NSIndexPath *)inIndexPath {
    return CGRectGetHeight(self.cellPrototype.frame);
}
```

Listing 4.45 Berechnung der Zellhöhe aus dem Prototyp

Tableviews unter iOS 5

Mit iOS 5 hat Apple die Verwaltung von Tabellenzellen erheblich vereinfacht. Der Tableview kann die Prototypen für seine Zellen selbst verwalten. Wenn Sie den Viewcontroller über ein Storyboard verwalten, können Sie die Zellprototypen direkt in den Tableviewcontroller ziehen (siehe Abbildung 4.16).

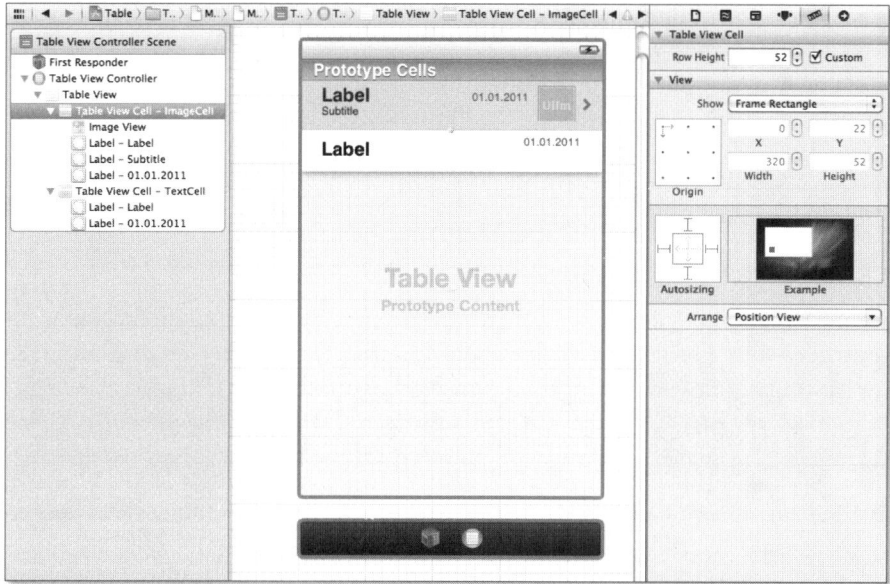

Abbildung 4.16 Tabellenzellen im Storyboard

Die Methode `dequeueReusableCellWithIdentifier:` verhält sich unter iOS 5 etwas anders als in den Vorgängerversionen des Betriebssystems. Falls der Tableview noch eine passende Zelle hat, liefert sie diese Zelle wie bisher zurück. Andernfalls erzeugt sie eine neue Zelle aus dem Prototyp mit der angegebenen Kennung. Sie sollten aus diesem Grund dem Prototyp im Interface Builder unbedingt über das Feld IDENTIFIER im Attributinspektor eine Kennung zuweisen. Durch diese Änderung können Sie in Listing 4.39 die If-Abfrage und den Initialisierungsblock weglassen.

Diese Möglichkeit ist auch ohne Storyboards nutzbar. Allerdings können Sie in XIB-Dateien die Zellen nicht einfach in den Tableview ziehen. Stattdessen müssen Sie für jeden Prototyp eine eigene XIB-Datei anlegen, die genau eine Tabellenzelle enthält. Diesen Prototyp können Sie dann über die Methode `registerNib:forCellReuseIdentifier:` dem Tableview hinzufügen. Das machen Sie am besten in der Methode `viewDidLoad` des Viewcontrollers, wie Listing 4.46 beispielhaft zeigt.

```
- (void)viewDidLoad {
    [super viewDidLoad];
    UINib *theNib = [UINib nibWithNibName:@"Cell" bundle:nil];

    [self.tableView registerNib:theNib
```

```
            forCellReuseIdentifier:@"cellIdentifier"];
}
```
Listing 4.46 Registrierung eines Zellprototyps

Der Tableview registriert dabei den Prototyp unter der Kennung die Sie bei der Registrierung als zweiten Parameter angeben.

4.5.3 Buttons in Tabellenzellen

Wenn Sie das Bild in der Zelle antippen, öffnet der Controller einen Audioplayer-Controller. Dazu liegt das Bild in einem Control. Da bei der Serialisierung alle Outlet- und Actionverbindungen verloren gehen, muss die Methode `tableView:cellForRowAtIndexPath:` diese Action erzeugen. Da Sie sie nur zu neuen Zellen hinzufügen dürfen, muss das innerhalb des If-Blocks in Listing 4.44 geschehen.

Alle Buttons in der Tabelle verwenden die gleiche Actionmethode des gleichen Controllerobjekts. Deshalb müssen Sie in der Actionmethode die Zelle herausbekommen, in der Sie den Button gedrückt haben. Dazu können Sie den Indexpfad wie in Listing 4.41 bestimmen.

Falls Sie keine Abschnitte in Ihrer Tabelle haben, gibt es noch eine einfachere Möglichkeit. Sie können Tags für die Bestimmung der Zeilennummer verwenden, indem Sie dem Tag des Buttons die Zeilennummer zuweisen. Den Wert müssen Sie für neue und wiederverwendete Zellen zuweisen, weswegen die Anweisung hinter dem If-Block steht. In der Action-Methode können Sie aus dem Tag die Zeilennummer wieder auslesen (siehe Listing 4.47).

```
- (IBAction)playSound:(id)inSender {
    NSIndexPath *theIndexPath =
        [NSIndexPath indexPathForRow:[inSender tag] inSection:0];
    UITableView *theTableView =
        self.searchDisplayController.active ?
            self.searchResultsTableView : self.tableView;
    DiaryEntry *theItem = [self entryForTableView:theTableView
        atIndexPath:theIndexPath];
    Medium *theMedium = [theItem mediumForType:kMediumTypeAudio];

    if(theMedium != nil) {
        self.audioPlayer.audioMedium = theMedium;
        [self.audioPlayer setVisible:YES animated:YES];
    }
}
```
Listing 4.47 Methode für zellenabhängige Actions

Die Methode bestimmt in der zweiten Zeile den Tableview für die Bestimmung des Eintrags in der folgenden Zeile, da der Controller zwei Tableviews benutzt. Während der eine alle Einträge anzeigt, dient der zweite zur Anzeige von Suchergebnissen. Beide Tableviews verwenden dabei die gleiche Datenquelle und das gleiche Delegate. Die angezeigten Einträge und die Indexpfade zu den Einträgen sind bei beiden Tableviews hingegen unterschiedlich, sodass in den Methoden eine Fallunterscheidung notwendig ist. Auf die Einbindung der Suche geht Abschnitt 4.5.9, »Tabelleneinträge suchen«, genauer ein.

4.5.4 Zellen löschen

Tableviews verfügen bereits über eine eingebaute Möglichkeit, Tabellenzellen zu löschen. Wenn Sie mit dem Finger von rechts nach links über eine Tabellenzelle wischen, erscheint ein roter Button, über den Sie die Zelle löschen können. Die Anzeige dieses Buttons durch Wischen schalten Sie im Tableview ein, indem Sie in seinem Delegate die Methode `tableView:commitEditingStyle:forRowAtIndexPath:` implementieren. Diese Methode verarbeitet außerdem das Drücken des Löschen-Buttons.

Wenn Sie den Löschen-Buttons in einer Zeile drücken, ruft der Tableview diese Methode auf. Sie müssen dann die entsprechenden Operationen zum Löschen der Zeile durchführen und die Anzeige in der Tabelle aktualisieren, was Sie im einfachsten Fall über einen Aufruf der Methode `reloadData` im Tableview erreichen. Durch diesen Aufruf baut der Tableview seine Zellen komplett neu auf.

Eine andere Möglichkeit besteht darin, dass der Tableview nur die Zeile entfernt, die Sie gelöscht haben. Dazu können Sie die Methode `deleteRowsAtIndexPaths:withRowAnimation:` verwenden. Der PhotoDiaryController löscht in der Delegatemethode nur den Eintrag über Core Data. Die Aktualisierung des Tableviews erfolgt über Benachrichtigungen.

4.5.5 Core Data II: Die Rückkehr der Objekte

Mit den in Abschnitt 4.2, »Core Data«, beschriebenen Methoden können Sie einen Objektgraphen erzeugen, verändern und sichern. Um die Daten im Tableview anzuzeigen, benötigen Sie noch eine Möglichkeit, um Teile des Objektgraphen aus der Datenhaltung in den Objektkontext zu laden. Mit der Methode `executeFetchRequest:error:` können Sie Entitäten des gleichen Typs in der Datenhaltung suchen und laden.

Suchfragen in Core Data beschreiben Sie über Objekte der Klasse `NSFetchRequest`. Eine Suchanfrage sucht immer die Objekte eines Entitätstyps. Dabei sucht Core Data auch nach Entitäten der Untertypen. Sie können dabei die Ergebnismenge natürlich durch eine Bedingung einschränken. Diese *Prädikate* können Sie über einen Objektbaum oder – was einfacher ist – über eine Zeichenkette formulieren. Sie erhalten das Ergebnis einer Suchanfrage in einem Array. Die Anordnung der Objekte im Array können Sie dabei in der Suchanfrage über eine Sortierreihenfolge bestimmen.

Sie erzeugen eine neue Suchanfrage, indem Sie das Objekt anlegen und es konfigurieren. Die Klasse `PhotoDiaryViewController` verwendet die folgende Suchanfrage, um die Tagebucheinträge im Tableview anzuzeigen:

```
- (NSFetchRequest *)fetchRequest {
   NSFetchRequest *theFetch = [[NSFetchRequest alloc] init];
   NSEntityDescription *theType =
       [NSEntityDescription entityForName:@"DiaryEntry"
           inManagedObjectContext:self.managedObjectContext];
   NSSortDescriptor *theDescriptor = [NSSortDescriptor
       sortDescriptorWithKey:@"creationTime" ascending:NO];
   theFetch.entity = theType;
   theFetch.sortDescriptors =
       [NSArray arrayWithObject:theDescriptor];
   return theFetch;
}
```

Listing 4.48 Erzeugung eines Fetchrequests

Für die Konfiguration der Suchanfrage benötigen Sie den Entitätstyp, den ein Objekt der Klasse `NSEntityDescription` beschreibt. Es ist im Datenmodell enthalten, und Sie können es am einfachsten über eine Klassenmethode der Klasse `NSEntityDescription` ermitteln.

Die Sortierreihenfolge beschreiben Sie durch ein Array mit Objekten der Klasse `NSSortDescriptor`. Diese enthalten jeweils den Namen des zu sortierenden Attributs und einen booleschen Wert für die Sortierrichtung. Dabei steht YES für auf- und NO für absteigend.

Über die Methode `setPredicate:` können Sie eine Suchbedingung in der Anfrage setzen und nur nach Einträgen suchen, die darauf passen. Der Tableview auf der Startseite des Fototagebuchs zeigt immer alle Einträge an, sodass die Anfrage keine Suchbedingung braucht. Die Suche eines Textes über das Suchfeld verwendet aber ein Prädikat.

4.5.6 Prädikate

Ein Prädikat beschreibt eine Bedingung, die Sie auf Objekte anwenden können. Die Auswertung liefert einen booleschen Wert, der angibt, ob die Bedingung für das Objekt wahr oder falsch ist. Am einfachsten formulieren Sie ein Prädikat über eine Zeichenkette. Dazu besitzt die Klasse NSPredicate den Convenience-Konstruktor predicateWithFormat:. Sie können beispielsweise alle Bilder mit dem Prädikat

```
[NSPrecicate predicateWithFormat:@"type = 'image'"]
```

aus den Medien herausfiltern. Zeichenketten müssen Sie wie im Beispiel durch einfache oder doppelte Anführungszeichen maskieren.

In den meisten Fällen sind Prädikate aber nicht statisch, sondern besitzen Parameter. Sie können in der Zeichenkette – ähnlich wie beim NSString-Konstruktor stringWithFormat: – Platzhalter verwenden:

- Der Platzhalter %@ steht für ein beliebiges Objekt. Sie können hierfür also Zahlen, Zeichenketten, Datumswerte usw. einsetzen. Sie dürfen aber keine primitiven Typen wie int, float oder double verwenden. Diese Werte müssen Sie erst in ein NSNumber-Objekt verpacken.
- Alternativ können Sie für die primitiven Datentypen die bekannten Platzhalter %d, %f, %u usw. verwenden.
- Wenn Sie Attributnamen oder -pfade als Parameter in dem Prädikat verwenden möchten, müssen Sie den Platzhalter %K verwenden.

Dazu ein paar Beispiele:

```
// Prädikat aus dem vorherigen Beispiel:
[NSPrecicate predicateWithFormat:@"type = %@", theType]
// Falsch, primitive Datentypen sind mit %@ nicht erlaubt:
[NSPrecicate predicateWithFormat:@"age = %@", 5]
// Richtig, Zahl als NSNumber...
NSNumber *theAge = [NSNumber numberWithInt:5];
[NSPrecicate predicateWithFormat:@"age = %@", theAge]
// ... oder mit %d
[NSPrecicate predicateWithFormat:@"age = %d", 5]
// Angabe des Attributnamens als Parameter
NSString *theAttributeName = @"type";
[NSPrecicate predicateWithFormat:@"%K = %@", theAttributeName,
 theType]
```

Listing 4.49 Beispiele für die Prädikaterzeugung

Innerhalb eines Prädikats können Sie die üblichen Vergleichsoperatoren (siehe Tabelle 4.1) verwenden.

Operator(en)	Vergleich	Operator(en)	Vergleich
=, ==	Gleich	!=, <>	Ungleich
<	Kleiner	<=	Kleiner gleich
>	Größer	>=	Größer gleich

Tabelle 4.1 Einfache Vergleichsoperatoren für Prädikate

Mit dem Operator BETWEEN können Sie prüfen, ob ein Wert in einem Bereich liegt. Wenn Sie den Bereich als Parameter angeben möchten, müssen Sie dafür ein Array verwenden:

```
[NSPrecicate predicateWithFormat:@"age BETWEEN {3, 5}"]
NSArray *theLimits = [NSArray arrayWithInt:[NSNumber
    numberWithInt:3], [NSNumber numberWithInt:5], nil];
[NSPrecicate predicateWithFormat:@"age BETWEEN %@",
    theLimits]
```

Listing 4.50 Prädikate mit Bereichen

Für Zeichenketten gibt es spezielle Operatoren:

Operator	Vergleich
BEGINSWITH	Die Zeichenkette beginnt mit dem Wert auf der rechten Seite.
ENDSWITH	Die Zeichenkette endet mit dem Wert auf der rechten Seite.
CONTAINS	Die Zeichenkette enthält den Wert auf der rechten Seite.
LIKE	Die Zeichenkette passt mit dem Wert auf der rechten Seite, der die Wildcards ? und * enthalten darf. Dabei steht ? für genau ein Zeichen und * für beliebig viele Zeichen.
MATCHES	Die Zeichenkette passt auf den regulären Ausdruck auf der rechten Seite.

Tabelle 4.2 Vergleichsoperatoren für Zeichenketten

Diese Operatoren unterscheiden zwischen Groß- und Kleinschreibung. Sie können an die Operatoren [c] oder [cd] anfügen, um Vergleiche unabhängig von der Schreibweise zu machen. Mit dem Suffix [c] gilt das aber nur für die 26 Buchstaben des Alphabets, während [cd] auch die diakritischen Zeichen (Umlaute, Buchstaben mit Akzent) einschließt. Beispielsweise prüft text CONTAINS 'all', ob das Attribut text die Zeichenkette »all« enthält. Dieses Prädikat ist für die Zeichenketten »Kalle« und »Weltall« wahr, aber für »Alle Vögel« falsch. Um die letzte Zeichenkette einzuschließen, müssen Sie das Prädikat so erzeugen: `text CONTAINS[cd] 'all'`.

> **Tipp**
>
> Verwenden Sie im Deutschen immer das Suffix `[cd]`, wenn Sie unabhängig von der Schreibweise vergleichen wollen.

Sie können Vergleiche durch die binären booleschen Operatoren `AND` und `OR` miteinander verknüpfen, durch den unären Operator `NOT` negieren und durch runde Klammern gruppieren.

`text CONTAINS[cd] 'all' AND NOT (age = 3 OR age = 7)`

Sie können mit den Prädikaten aber nicht nur die Attribute eines Objekts überprüfen, sondern auch die Attribute der über Relationships verbundenen Objekte miteinbeziehen. Bei To-One-Relationships schreiben Sie einfach den Relationshippfad in die Bedingung. Wenn Sie beispielsweise alle Medien suchen wollen, deren Tagebucheintrag vor einem bestimmten Datum angelegt wurde, dann können Sie das Prädikat so formulieren: `diaryEntry.creationTime < %@`.

Bei To-Many-Relationships müssen Sie bedenken, dass Sie damit auf mehrere Attribute verweisen. Sie müssen durch einen Operator angeben, wie die Bedingung auf die Attribute zutreffen soll.

Operator	Bedeutung
ANY, SOME	Mindestens ein Attribut muss die Bedingung erfüllen.
ALL	Alle Attribute müssen die Bedingung erfüllen.
NONE	Kein Attribut darf die Bedingung erfüllen.

Tabelle 4.3 Operatoren für To-Many-Relationships

Sie können über `ANY media.type = 'image'` alle Tagebucheinträge suchen, die mindestens ein Bildmedium haben. Über das Prädikat `ALL media.type = 'image'` finden Sie hingegen nur Einträge, bei denen alle Medien Bilder sind. Um nur Einträge ohne Bildmedien zu finden, müssen Sie das Prädikat `NONE media.type = 'image'` verwenden.

Wie Sie ein Prädikat in einer Core-Data-Suche verwenden, haben Sie bereits erfahren. Sie weisen es einfach über die Methode `setPredicate:` dem Fetchrequest zu. Sie können Prädikate aber auch über die Methode `filteredArrayUsingPredicate:` auf Arrays anwenden. Das Fototagebuch verwendet diese Methode, um die Suche über die Einträge durchzuführen.

4.5.7 Aktualisierung des Tableviews

Sie haben jetzt die wichtigsten Bausteine, um die Einträge des Fototagebuchs in einem Tableview anzeigen zu lassen. Sie können die Datenquelle über eine Suchanfrage und ein Array implementieren. Über den Objektkontext und die Suchanfrage laden Sie die Objekte in ein Array, das der Controller als Property hält. Die Methoden `tableView:numberOfRowsInSection:` und `entryForTableView:atIndexPath:` implementieren Sie dann auf Basis dieses Arrays. Der Tableview für die Anzeige der Suchergebnisse verwendet dieses Vorgehen – aber dazu später mehr.

Wenn Sie Einträge hinzufügen oder löschen, können Sie den Tableview einfach neu laden, um die Änderungen anzuzeigen. Das ist der einfachste Weg. Dieses Vorgehen gibt dem Nutzer aber leider keine optische Rückmeldung über seine letzte Aktion.

Alternativ können Sie die Aktualisierungen auch im Array und im Tableview ausführen. Dann müssen Sie beispielsweise nach dem Hinzufügen eines Eintrags über Core Data auch diesen Eintrag zu Ihrem Array und dem Tableview hinzufügen. Dabei müssen Sie den neuen Eintrag an der gleichen Position im Tableview und im Array einfügen, die der Eintrag auch im entsprechenden Suchergebnis hat.

Core Data stellt Ihnen die Klasse `NSFetchedResultsController` zur Verfügung, die Ihnen diese Verbindung zwischen Suchanfragen und Tableviews vereinfacht. Außerdem unterstützt sie auch die Unterteilung der Daten in Abschnitte anhand eines Attributs.

Sie erzeugen einen neuen Controller über die Initializer-Methode `initWithFetchRequest:managedObjectContext:sectionNameKeyPath:cacheName:`. Dabei müssen Sie eine Suchanfrage und einen Objektkontext angeben. Für die Parameter für den Keypath des Abschnittsnamens und für den Cachenamen dürfen Sie `nil` verwenden. Wenn Sie einen Key-Path angeben, unterteilt der Controller die Einträge in Abschnitte. Dabei ermittelt er für jeden Eintrag über den Keypath den Namen des Abschnitts, zu dem der Eintrag gehört.

Der Controller kann seine Ergebnisse in einem Cache speichern, wenn Sie einen Cachenamen angeben. Falls Sie mehrere Fetchedresultscontroller innerhalb einer App verwenden, müssen Sie für jeden Cache einen anderen Namen verwenden.

Die Klasse `PhotoDiaryViewController` verwendet einen Fetchedresultscontroller und hält ihn in der privaten Property `fetchedResultsController`. Der Viewcontroller initialisiert ihn in der Methode `viewDidLoad` und setzt sich selbst als dessen Delegate. Anschließend füllt sie den Controller über einen Aufruf der Methode `performFetch:`. Das ist die einzige Stelle in der Klasse, an der der Viewcontroller einen Fetch ausführt.

Nach dem Fetch können Sie auf alle gefundenen Objekte über die Property `fetchedObjects` zugreifen. Auf ein einzelnes Objekt im Ergebnis können Sie über die Methode `objectAtIndexPath:` zugreifen, wozu Sie die Indexpathobjekte Ihres Tableviews verwenden können. Die einzelnen Abschnitte liefert der Controller über die Property `sections`, wobei jedes Element in dem Array das Protokoll `NSFetchedResultsSectionInfo` implementiert.

Das Protokoll deklariert Propertys, mit denen Sie die Daten des Abschnitts erhalten. Die Property `objects` liefert die Einträge des Abschnitts, und `numberOfObjects` liefert deren Anzahl. Den Titel des Abschnitts können Sie über die Property `name` abfragen. Mit dem Fetchedresultscontroller können Sie die Datenquelle eines Tableviews recht einfach implementieren, wenn Sie den Controller in einer Property halten:

```
- (NSInteger)numberOfSectionsInTableView:
    (UITableView *)inTableView {
    return [[self.fetchedResultsController sections] count];
}
- (NSInteger)tableView:(UITableView *)inTableView
    numberOfRowsInSection:(NSInteger)inSection {
    id<NSFetchedResultsSectionInfo> theInfo =
        [[self.fetchedResultsController sections]
            objectAtIndex:inSection];
    return [theInfo numberOfObjects];
}
- (UITableViewCell *)tableView:(UITableView *)inTableView
    cellForRowAtIndexPath:(NSIndexPath *)inIndexPath {
    DiaryEntry *theEntry = [self.fetchedResultsController
        objectAtIndexPath:inIndexPath];
    ...
}
```

Listing 4.51 Datenquelle mit einem Fetchedresultscontroller

Diese Implementierung funktioniert sowohl für Tabellen mit als auch ohne Segmentierung. Falls Sie Ihre Daten in Abschnitte unterteilen möchten, sollten Sie noch die Methode `tableView:titleForHeaderInSection:` der Datenquelle implementieren, was Sie auch über den Controller machen können:

```
- (NSInteger)tableView:(UITableView *)inTableView
    titleForHeaderInSection:(NSInteger)inSection {
    id<NSFetchedResultsSectionInfo> theInfo =
        [[self.fetchedResultsController sections]
            objectAtIndex:inSection];
```

```
    return [theInfo name];
}
```
Listing 4.52 Implementierung des Abschnittstitels

Der Fetchedresultscontroller muss natürlich mitbekommen, wenn die App die Tagebucheinträge verändert. Das muss aber nicht unbedingt in dem Objektkontext des Fetchedresultscontrollers geschehen. Der Controller muss also immer seine Daten aktualisieren, wenn irgendein Objektkontext seine Objekte sichert.

Dazu verwendet die App die Did-Save-Benachrichtigungen der Objektkontexte. Der Photodiaryviewcontroller registriert nach dem Laden seines Views die Methode `managedObjectContextDidSave:` im Notificationcenter für diesen Benachrichtigungstyp. Über die Methode `mergeChangesFromContextDidSave-Notification:` können Sie die Änderungen, die ja das Userinfo-Dictionary der Benachrichtigung enthält, direkt in den Objektkontext des Fetchedresultscontrollers importieren. Das sollten Sie natürlich nur machen, wenn die Benachrichtigung nicht von diesem Controller stammt.

```
- (void)managedObjectContextDidSave:
    (NSNotification *)inNotification {
    if(inNotification.object != self.managedObjectContext) {
        [self.managedObjectContext
            mergeChangesFromContextDidSaveNotification:
                inNotification];
    }
}
```
Listing 4.53 Import der Änderungen aus einer Benachrichtigung

4.5.8 Das Delegate des Fetchedresultscontrollers

Der Fetchedresultscontroller wiederum muss die Änderungen an den Tableviewcontroller weitergeben. Der Viewcontroller ist deswegen das Delegate des Fetchedresultscontrollers und implementiert dessen Delegate-Protokoll `NSFetchedResultsControllerDelegate`. Die Delegatemethoden informieren direkt den Tableview über die Datenänderungen. Abbildung 4.17 stellt den Datenfluss schematisch dar.

Der gesamte Ablauf der Datenaktualisierung läuft wie folgt:

1. Ein beliebiger Objektkontext speichert seine Daten. Dabei ruft er über eine Did-Save-Benachrichtigung an das Notificationcenter[2] die Methode `managedObjectContextDidSave:` des Viewcontrollers auf.

---

[2] Das Notificationcenter ist in der Abbildung nicht dargestellt.

2. Die Methode aktualisiert den Objektkontext des Viewcontrollers, indem sie die Änderungen aus der Benachrichtigung in den Kontext einfließen lässt.
3. Dieser Objektkontext benachrichtigt den Fetchedresultscontroller. Das geschieht automatisch, und Sie brauchen dafür nichts zu programmieren.
4. Der Fetchedresultscontroller ruft seine Delegatemethoden auf. Dadurch leitet er die Änderungen wieder an den Viewcontroller weiter.
5. Die Delegatemethoden aktualisieren den Tableview.

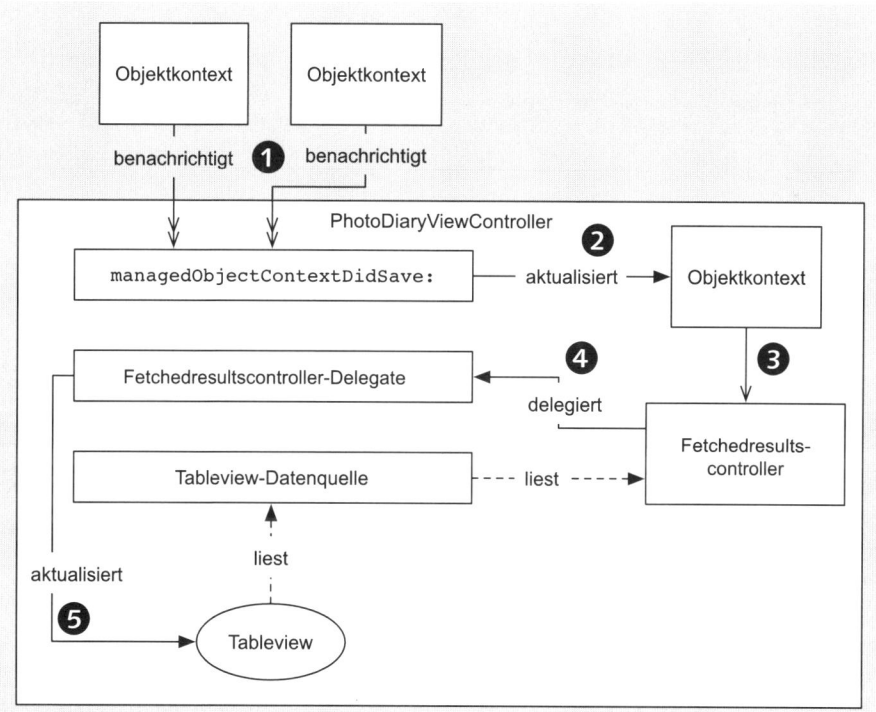

Abbildung 4.17 Datenaktualisierung im Fototagebuch

Der ganze Ablauf ist recht komplex und wirkt unnötig kompliziert. Er hat aber auch gravierende Vorteile. Die Objektkontexte, die den Aktualisierungsvorgang auslösen, sind vollkommen unabhängig von dem Viewcontroller. Sie können also zu der App beliebige weitere Objektkontexte hinzufügen, ohne die Logik des Photodiaryviewcontrollers ändern zu müssen. Jedes Mal, wenn einer dieser Objektkontexte seine Elemente speichert, aktualisiert er auch automatisch den Tableview.

Ein weiterer Vorteil entsteht durch die Nutzung des Fetchedresultscontrollers, der Ihnen eine relativ einfache Implementierung der Datenquelle erlaubt. Außerdem wertet er die Änderungen an den Core-Data-Objekten aus und berechnet die Indexpfade für die Aktualisierung des Tableviews.

Diese Aktualisierungen erfolgen über vier Delegatemethoden des Fetchedresultscontrollers. Der Controller klammert alle zusammenhängenden Änderungen zwischen Aufrufe der Delegatemethoden `controllerWillChangeContent:` und `controllerDidChangeContent:`. Über diese Methoden können Sie den Tableview über bevorstehende Änderungen und deren Abschluss informieren (siehe Listing 4.54). Durch diese Klammerung führt der Tableview die dazwischenliegenden Aktualisierungsoperationen simultan in einem Block aus.

```
- (void)controllerWillChangeContent:
    (NSFetchedResultsController *)inController {
    [self.tableView beginUpdates];
}
- (void)controllerDidChangeContent:
    (NSFetchedResultsController *)inController {
    [self.tableView endUpdates];
}
```

Listing 4.54 Beginn und Ende der Aktualisierung des Tableviews

Für die Veränderung jedes Objekts im Objektkontext ruft der Fetchedresultscontroller jeweils einmal die Delegatemethode `controller:didChangeObject: atIndexPath:forChangeType:newIndexPath:` auf. Dabei enthält der zweite Parameter das geänderte Objekt. Der dritte und der fünfte Parameter enthalten die Indexpfade mit der bisherigen beziehungsweise der neuen Position des Objekts in der Tabelle. Der Wert des vierten Parameters beschreibt die Änderungsart:

Änderungsart	Beschreibung
NSFetchedResultsChangeInsert	Das Objekt wurde an der Position des neuen Indexpfades eingefügt.
NSFetchedResultsChangeDelete	Das Objekt an der Position des bisherigen Indexpfades wurde gelöscht.
NSFetchedResultsChangeMove	Das Objekt wurde von der Position des bisherigen zu der Position des neuen Indexpfades verschoben.
NSFetchedResultsChangeUpdate	Die Attribute des Objekts an der Position des bisherigen Indexpfades wurden aktualisiert.

Tabelle 4.4 Aktualisierungsarten des Fetchedresultscontrollers

Diese Änderungen setzt der Photodiaryviewcontroller über eine Fallunterscheidung anhand des Typs in Aktualisierungsoperationen auf dem Tableview um.

```objc
- (void)controller:(NSFetchedResultsController *)inController
   didChangeObject:(id)inObject
       atIndexPath:(NSIndexPath *)inIndexPath
     forChangeType:(NSFetchedResultsChangeType)inType
      newIndexPath:(NSIndexPath *)inNewIndexPath {
   id theCell;
   switch(inType) {
      case NSFetchedResultsChangeInsert:
         [self.tableView insertRowsAtIndexPaths:
            [NSArray arrayWithObject:inNewIndexPath]
            withRowAnimation:UITableViewRowAnimationRight];
         break;
      case NSFetchedResultsChangeDelete:
         [self.tableView deleteRowsAtIndexPaths:
            [NSArray arrayWithObject:inIndexPath]
            withRowAnimation:UITableViewRowAnimationRight];
         break;
      case NSFetchedResultsChangeMove:
         [self.tableView deleteRowsAtIndexPaths:
            [NSArray arrayWithObject:inIndexPath]
            withRowAnimation:UITableViewRowAnimationFade];
         [self.tableView insertRowsAtIndexPaths:
            [NSArray arrayWithObject:inNewIndexPath]
            withRowAnimation:UITableViewRowAnimationFade];
         break;
      case NSFetchedResultsChangeUpdate:
         theCell = [self.tableView
            cellForRowAtIndexPath:inIndexPath];
         [self applyDiaryEntry:inObject toCell:theCell];
         break;
   }
}
```

Listing 4.55 Aktualisierung des Tableviews

Während Sie das Einfügen und Löschen durch die jeweils analogen Methoden `insertRowsAtIndexPaths:withRowAnimation:` beziehungsweise `deleteRowsAtIndexPaths:withRowAnimation:` umsetzen können, müssen Sie das Verschieben durch ein Löschen und ein Einfügen umsetzen. Das Fototagebuch benötigt diese Änderungsart zwar nicht, weil es die Einträge immer in der Erzeugungsreihenfolge anzeigt. Wenn Sie aber ein anderes Sortierkriterium verwenden oder die Erzeugungszeit editierbar machen, müssen Sie auch diesen Fall implementieren.

Für den Änderungstyp `NSFetchedResultsChangeUpdate` müssen Sie nicht den Tableview, sondern den Inhalt einer Zelle verändern. Sie können sich dazu die

Zelle über die Methode `cellForRowAtIndexPath:` des Tableviews holen. Da der Viewcontroller eine eigene Methode für die Aktualisierung der Zellen verwendet, können Sie diese Methode hier auch aufrufen.

Wenn Sie Ihren Tableview in Abschnitte unterteilt haben, sollten Sie auch die Methode `controller:didChangeSection:atIndex:forChangeType:` implementieren. Sie ist das Gegenstück zur besprochenen Delegatemethode für Objekte. Der Parameter für den Änderungstyp kann hier aber nur die Werte für Einfügen oder Löschen annehmen. Die Implementierung dieser beiden Fälle erfolgt analog über die Methoden `insertSections:withRowAnimation:` beziehungsweise `deleteSections:withRowAnimation:`.

> **Tipp**
> Die Implementierung des Fetchedresultscontroller-Delegates ist in den meisten Fällen sehr ähnlich. Sie können dafür in der Regel den Code des Photodiaryviewcontrollers als Ausgangsbasis verwenden.

4.5.9 Tabelleneinträge suchen

Der Tableview zeigt immer das komplette Tagebuch an. Wenn Sie Ihr Tagebuch ständig erweitern, haben Sie schnell sehr viele Einträge darin. Dann kann es für Sie schwierig werden, bestimmte Einträge wiederzufinden. Bei Tableviews mit vielen Einträgen sollten Sie dem Nutzer eine Möglichkeit geben, gezielt nach Einträgen zu suchen.

Dafür stellt Cocoa Touch sogar einen eigenen View samt Controller zur Verfügung. Sie können im Interface Builder einen View der Klasse `UISearchBar` direkt auf einen Tableview ziehen. Wenn Sie allerdings den View mit einem Searchbarcontroller verwenden möchten, können Sie auch direkt beide Komponenten in einem Schritt anlegen. Ziehen Sie dazu das Element SEARCH BAR WITH SEARCH DISPLAY CONTROLLER auf den Tableview (siehe Abbildung 4.18 rechts). Bei dieser Aktion fügt der Interface Builder den View in den Tableview ein und legt einen Controller der Klasse `UISearchDisplayController` an. Sie brauchen dann nur noch eine Outlet-Property anzulegen, über die der Photodiaryviewcontroller den Searchdisplaycontroller hält. Außerdem sollte der Viewcontroller als Delegate des Searchdisplaycontrollers dienen.

Abbildung 4.18 Symbole für eine Searchbar und eine Searchbar mit Controller

Dieser Controller besitzt einen eigenen Tableview für die Anzeige des Suchergebnisses, der die gleiche Datenquelle und das gleiche Delegate wie der Tableview des Viewcontrollers verwendet. Aus diesem Grund müssen Sie an einigen Stellen unterscheiden, für welchen Tableview die Methode der Datenquelle beziehungsweise des Delegates aufgerufen wurde. Der Viewcontroller macht das über einen Vergleich mit der Property tableView. Die Methode entryForTableView: atIndexPath: sieht beispielsweise folgendermaßen aus:

```
- (DiaryEntry *)entryForTableView:(UITableView *)inTableView
                      atIndexPath:(NSIndexPath *)inIndexPath {
    if(inTableView == self.tableView) {
        return [self.fetchedResultsController
            objectAtIndexPath:inIndexPath];
    }
    else {
        return [self.searchResult
            objectAtIndex:inIndexPath.row];
    }
}
```

Listing 4.56 Bestimmung des Tagebucheintrags zu einem Indexpfad

Das Suchergebnis speichert der Viewcontroller in der Property searchResult. Dieses Array setzt die Delegatemethode searchDisplayController:shouldReloadTableForSearchString:, die für die Berechnung des Suchergebnisses vorgesehen ist. Die Methode liefert einen booleschen Wert zurück, über den Sie das Neuladen des Tableviews steuern können.

```
- (BOOL)searchDisplayController:
    (UISearchDisplayController *)inController
    shouldReloadTableForSearchString:(NSString *)inValue {
    NSPredicate *thePredicate = [NSPredicate
        predicateWithFormat:@"text contains[cd] %@", inValue];
    NSArray *theObjects =
        self.fetchedResultsController.fetchedObjects;

    self.searchResult =
        [theObjects filteredArrayUsingPredicate:thePredicate];
    return YES;
}
```

Listing 4.57 Berechnung des Suchergebnisses

Für die Berechnung des Suchergebnisses verwendet die Methode ein Prädikat und die Methode filteredArrayUsingPredicate: der Klasse NSArray. Diese

4 | Daten, Tabellen und Controller

Methode liefert aus den Tagebucheinträgen alle Objekte, die auf das Prädikat passen. Für eine funktionierende Suche brauchen Sie in der Regel nur diese Methode zu implementieren.

Der Tableview des Searchdisplaycontrollers besitzt die gleichen Eigenschaften wie der des Viewcontrollers. Sie können über die Suche auch Einträge löschen. Sie müssen also beim Löschen den Eintrag auch aus dem Suchergebnis löschen.

```
- (UITableView *)searchResultsTableView {
    return self.searchDisplayController.searchResultsTableView;
}
- (void)tableView:(UITableView *)inTableView
    commitEditingStyle:(UITableViewCellEditingStyle)inStyle
    forRowAtIndexPath:(NSIndexPath *)inIndexPath {
    if(inStyle == UITableViewCellEditingStyleDelete) {
        DiaryEntry *theItem =
            [self entryForTableView:inTableView
                atIndexPath:inIndexPath];
        NSError *theError = nil;

        [self.managedObjectContext deleteObject:theItem];
        if([self.managedObjectContext save:&theError]) {
            if(inTableView == self.searchResultsTableView) {
                NSMutableArray *theResult =
                    [self.searchResult mutableCopy];

                [theResult removeObjectAtIndex:inIndexPath.row];
                self.searchResult = theResult;
                [inTableView deleteRowsAtIndexPaths:
                    [NSArray arrayWithObject:inIndexPath]
                    withRowAnimation:
                        UITableViewRowAnimationFade];
                [theResult release];
            }
        }
        else {
            NSLog(@"Unresolved error %@", theError);
        }
    }
}
```

Listing 4.58 Löschen eines Eintrags

Die Methode `tableView:commitEditingStyle:forRowAtIndexPath:` erzeugt dazu eine Kopie des Suchergebnisses über die Methode `mutableCopy`. Die damit erzeugte Kopie hat die Klasse `NSMutableArray`. Wie der Name schon andeutet, können Sie Arrays dieser Klasse auch nach der Konstruktion verändern. Die Delegatemethode entfernt das zu löschende Element aus dem Array und setzt dieses dann als neues Suchergebnis. Außerdem aktualisiert sie den Tableview für das Suchergebnis.

> **Hinweise zur Speicherverwaltung**
>
> Die Methode `mutableCopy` passt auf die erste Speicherverwaltungsregel. Die Variable `theResult` hält also das Array, und Sie müssen es freigeben, wenn Sie es nicht mehr brauchen.
>
> Die Property `searchResult` hat den Speicherverwaltungstyp `copy`. Die Zuweisung erzeugt also erst eine Kopie des Arrays `theResult`, weil das ja die Klasse `NSMutableArray` hat. Die Property zeigt also immer auf ein unveränderliches Array.

4.6 Containerviewcontroller

Das UIKit enthält mittlerweile mehrere Arten von *Containerviewcontrollern*, die zur Anzeige weiterer Viewcontroller dienen. Sie haben bereits den Popoverviewcontroller kennengelernt, der auch zu dieser Kategorie gehört. Das Fototagebuch verwendet in der iPhone-Variante aber noch zwei und auf dem iPad sogar drei andere Containerviewcontroller.

4.6.1 Der Navigationcontroller

Sie haben bereits die beiden wichtigsten Viewcontroller des Fototagebuchs kennengelernt. Es fehlt aber noch die Verbindung zwischen diesen beiden Controllern. Der Photodiaryviewcontroller muss ja den Itemviewcontroller anzeigen, wenn Sie einen neuen Eintrag anlegen oder einen bestehenden bearbeiten wollen.

Sie können natürlich den Itemviewcontroller als modalen Dialog anzeigen, was aber sehr untypisch für iOS-Apps wäre. Apps mit Tableview schieben in dieser Situation vielmehr den neuen View von rechts in den Bildschirm und stellen oberhalb des Views eine Navigationsleiste dar. Diese Darstellung erfolgt in den meisten Fällen über einen Viewcontroller der Klasse `UINavigationController` (siehe Abbildung 4.19).

Abbildung 4.19 Navigationcontroller und -bar im Interface Builder

Ein Navigationcontroller verwaltet eine Hierarchie von mehreren Viewcontrollern, die er über einen internen Stapel verwaltet. Dabei zeigt er aber immer nur den obersten Controller an. Die Hierarchie muss immer mindestens einen Viewcontroller enthalten. Über die Methode `pushViewController:animated:` können Sie einen anderen Viewcontroller über den obersten Controller legen. Der Navigationcontroller schiebt dabei den neuen View von rechts herein, wenn Sie für den Parameter `animated` den Wert `YES` übergeben.

Über die Methode `popViewControllerAnimated:` können Sie den obersten Viewcontroller wieder aus der Hierarchie entfernen. Bei eingeschalteter Animation schiebt der Navigationcontroller den obersten View nach rechts aus dem Bildschirm. Nach dem Entfernen zeigt der Navigationcontroller wieder den vorherigen View an.

Die Klasse `UIViewController` besitzt die Property `navigationController`. Diese Property verweist auf den Navigationcontroller, auf dem der Viewcontroller liegt. Sie hat den Wert `nil`, wenn sich der Viewcontroller nicht auf dem Stapel eines Navigationcontrollers befindet. Die iPhone-Variante des Fototagebuchs verwendet einen Navigationcontroller als *Rootviewcontroller*, in dem der Photodiaryviewcontroller als unterstes Element liegt. Nach dem Start zeigt das Fenster der App den Rootviewcontroller – also den Navigationcontroller mit dem Photodiaryviewcontroller als oberstem Element – an, und der Photodiaryviewcontroller zeigt den Itemviewcontroller über dem Navigationcontroller an. Abbildung 4.20 stellt diese Hierarchie schematisch dar.

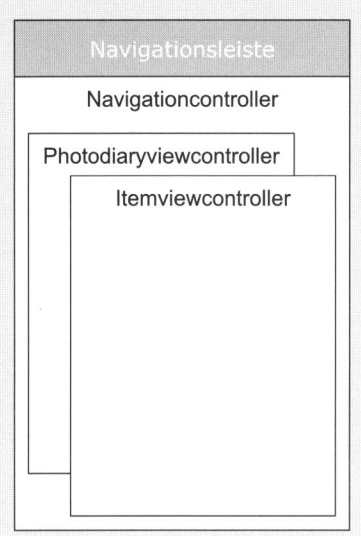

Abbildung 4.20 Hierarchie der Viewcontroller

Wenn Sie eine Zelle in dem Tableview berühren, ruft der Tableview die Delegatemethode `tableView:didSelectRowAtIndexPath:` auf, die den Itemviewcontroller auf den Navigationstack schiebt. Sie müssen aber vorher den Tagebucheintrag an den Itemviewcontroller übergeben, damit er die richtigen Werte anzeigt. Dazu können Sie dessen Property `diaryEntry` verwenden.

```
- (void)tableView:(UITableView *)inTableView
    didSelectRowAtIndexPath:(NSIndexPath *)inIndexPath {
    DiaryEntry *theItem = [self entryForTableView:inTableView
        atIndexPath:inIndexPath];

    self.itemViewController.item = theItem;
    [self.navigationController
        pushViewController:self.itemViewController animated:YES];
}
```

Listing 4.59 Anzeige eines Eintrags über den Navigationcontroller

> **Datenweitergabe zwischen Viewcontrollern**
> Verwenden Sie öffentliche Propertys, um Daten zwischen verschiedenen Controllern zu übertragen. In der Methode, die den neuen Viewcontroller aufruft, brauchen Sie dann nur die Werte für die Propertys zu setzen.

Die Navigationsleiste

Der Navigationcontroller verwaltet aber nicht nur die Viewcontroller, sondern auch die Navigationsleiste. Sie können diese im Interface Builder konfigurieren. Wenn Sie in der XIB-Datei einen Navigationcontroller anlegen, enthält er automatisch einen View der Klasse `UINavigationBar` (siehe Abbildung 4.19).

In der Navigationsleiste können Sie verschiedene Elemente anzeigen lassen. Diese Elemente legen Sie nicht direkt in die Navigationsleiste sondern in einen *Navigationitem*. Die Klasse `UIViewController` besitzt eine Property `navigationItem`, über die jeder Viewcontroller einen eigenen Navigationitem halten kann, den der Interface Builder in der Baumdarstellung innerhalb des Viewcontrollers darstellt.

Die Navigationsleiste zeigt die Elemente des Navigationitems des obersten Viewcontrollers an. Der Navigationcontroller tauscht also die Elemente in der Navigationsleiste automatisch aus, wenn Sie einen Viewcontroller auf den Stapel des Navigationcontrollers legen oder ihn davon entfernen.

Die Navigationsleiste hat dabei einen festen Aufbau. Es gibt vier Positionen, an denen Sie Elemente anzeigen lassen können. Dabei legt die Leiste das Layout fest.

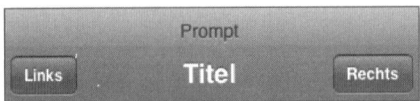

Abbildung 4.21 Die Elemente der Navigationsleiste

Alternativ kann sie auf der linken Seite auch einen Zurück-Button anzeigen, dessen Standardlayout von den anderen Buttons abweicht.

Abbildung 4.22 Zurück-Button im Fototagebuch

Element	Typ	Beschreibung
Linker und rechter Button	UIBarButtonItem	Das sind einfache Buttons, die die Leiste auf der linken und der rechten Seite anzeigt.
Titel	NSString, UIView	Der Titel ist in der Regel ein einfacher Text. Sie können dafür aber auch einen beliebigen View angeben.

Tabelle 4.5 Die Elemente der Navigationsleiste

Element	Typ	Beschreibung
Prompt	NSString	Das ist ein beliebiger Text, den die Leiste oberhalb der anderen Elemente anzeigt. Eine Navigationsleiste mit Prompt ist höher als ohne. Diese Größenanpassung geschieht automatisch.
Zurück-Button	UIBarButtonItem	Der Zurück-Button erscheint in der Navigationsleiste, wenn Sie auf den bereits vorhandenen Viewcontroller einen weiteren pushen. Sie verändern damit also die Navigationsleiste des darüber liegenden Views.

Tabelle 4.5 Die Elemente der Navigationsleiste (Forts.)

Die Buttons in der Navigationsleiste und der Werkzeugleisten haben die Klasse UIBarButtonItem, die aber keine Unterklasse von UIView ist. Sie können das Aussehen dieser Buttons auch nur sehr begrenzt verändern. Die Farbe des Buttons bestimmt Cocoa Touch automatisch über die Hintergrundfarbe der Navigationsleiste und den Typ des Buttons. Die Schriftfarbe ist immer Weiß.

Wenn Sie für den Button einen Standardtyp und für die Leiste eine der drei Standardfarben wählen, dann ist der Button entweder graublau (Leistenfarbe *Default*, siehe Abbildung 4.21) beziehungsweise schwarz (Leistenfarbe *Black Translucent* oder *Black Opaque*, wie in Abbildung 4.19). Eine Ausnahme bilden die blauen Standard-Buttons SAVE und DONE (siehe Abbildung 4.13 und Abbildung 4.15). Bei einer individuellen Hintergrundfarbe für die Navigationsleiste erhalten ebenfalls alle Buttons diese Farbe als Hintergrundfarbe. Lediglich die Farbe des SAVE- und des DONE-Buttons ist etwas dunkler. Aber Vorsicht mit zu hellen Farben, da die Buttons immer eine weiße Beschriftung haben.

> **Lokalisierung von Bar-Button-Items**
> Cocoa Touch lokalisiert automatisch die Texte in den Standardbuttons, wenn Sie für die entsprechende XIB-Datei eine lokalisierte Variante anlegen. Sie brauchen ansonsten nichts weiter zu unternehmen – die englische und die deutsche XIB-Datei können einen identischen Inhalt haben.

Alternativ zu den Standardtypen steht auch der Typ *Custom* zur Verfügung, bei dem Sie entweder einen beliebigen Text oder ein Bild anzeigen lassen können. Das Bild sollte ungefähr 20 mal 20 Pixel groß sein. Der Button verwendet aber nur die Alphamaske des Bildes als weißes Piktogramm. Für Custom-Buttons gibt es drei mögliche Darstellungsarten:

1. *Plain*: Der Button hat keinen Rahmen. Cocoa Touch zeichnet den Titel oder das Bild direkt auf die Leiste.
2. *Bordered*: Die Buttons erhalten einen Rahmen. Die meisten Beispiele in diesem Kapitel verwenden diese Darstellungsart.
3. *Done*: Die Buttons erhalten einen Rahmen und eine hervorgehobene Darstellung analog zum START- und DONE-Button.

> **Zustandsanzeige in Barbuttonitems**
>
> Sie legen den Typ eines Barbuttonitems bei der Konstruktion fest und können ihn später nicht mehr ändern.
>
> Die Werkzeugleiste des Audioplayers zeigt den Wiedergabezustand durch einen Wechsel des Buttonbildes an. Dazu verwendet der Player zwei Bilder, obwohl es dafür Standardtypen gibt. Diese können Sie aber nicht verwenden, da Sie den Buttontyp nachträglich nicht ändern können. Sie können höchstens den kompletten Button austauschen. Die Bilder des Buttons können Sie hingegen ändern.

Sie können auch in einem Barbuttonitem oder im Titel der Navigationsleiste nahezu beliebige Views anzeigen lassen. Dazu ziehen Sie im Interface Builder einfach den gewünschten View auf den gewünschten Platz im Navigationitem. Der Interface Builder weist dann diesen View der Property `customView` des Barbuttonitems zu.

Ein Barbuttonitem ist kein Control, und er verschickt auch nicht die üblichen Actionevents. Stattdessen gibt es im Verbindungsinspektor eine Actionverbindung namens *selector*, der Sie eine Actionmethode zuweisen können. Diese Actionmethode ruft der Button auf, wenn Sie ihn drücken. Das gilt aber nur, sofern Sie keinen View in den Button gelegt haben, der die Touchevents selber verarbeitet.

Der Zurück-Button

Der Zurück-Button nimmt gegenüber den anderen Elementen eines Navigation-Items eine Sonderrolle ein. Die Navigationsleiste zeigt niemals den Zurück-Button des aktuellen Controllers, sondern höchstens den des Vorgängers an. Das Fototagebuch legt beispielsweise den Itemviewcontroller auf den Photodiaryviewcontroller. Während die Navigationsleiste des Letzteren keinen Zurück-Button anzeigt, zeigt die Navigationsleiste des Itemviewcontrollers den Zurück-Button des Photodiaryviewcontrollers.

Der Navigationitem des Photodiaryviewcontrollers legt aber keinen Zurück-Button explizit fest. Cocoa Touch erzeugt ihn automatisch aus dem Titel des Navigationitems des Photodiaryviewcontrollers. Wenn Sie den Zurück-Button drücken, entfernt er den obersten Viewcontroller vom Stapel des Navigationcontrollers. Er ruft aber nicht die Actionmethode auf.

Sie können bis auf den Titel das Aussehen des Zurück-Buttons nicht beeinflussen. Cocoa Touch stellt ihn immer als Linkspfeil in der Farbe der Navigationsleiste dar. Allerdings zeigt die Navigationsleiste keinen Zurück-Button an, wenn Sie im Navigationitem einen linken Button festgelegt haben. Sie können also den linken Button im Navigationitem anstelle des Zurück-Buttons verwenden.

Die Navigationsleiste sucht den Button für die linke Seite in der folgenden Reihenfolge. Sie verwendet das erste Element, das verschieden von `nil` ist:

1. der linke Button im Navigationsitem des aktuellen Viewcontrollers
2. der Zurück-Button im Navigationitem des Viewcontrollers unterhalb des aktuellen. Sie können dessen Titel im Interface Builder über den Attributinspektor des Items festlegen, indem Sie in das Feld BACK BUTTON einen Text eingeben.
3. ein Zurück-Button, der aus dem Titel des Navigationitems des Viewcontrollers unter dem aktuellen Viewcontroller erzeugt wird.

Die letzte Regel trifft nicht zu, wenn das Navigationitem oder dessen Titel nicht gesetzt ist oder der aktuelle Viewcontroller der Rootviewcontroller des Navigationcontrollers ist.

Die Werkzeugleiste

Sie haben bereits die Werkzeugleiste für den Audioplayer und -recorder kennengelernt (siehe Abbildung 4.13 und Abbildung 4.15). Diese Komponenten verwenden die Werkzeugleiste wie einen ganz gewöhnlichen View. Der Navigationcontroller kann aber auch eine Werkzeugleiste verwalten, deren Inhalt von dem gerade angezeigten Viewcontroller abhängt.

Damit der Navigationcontroller eine Werkzeugleiste anzeigt, müssen Sie ihn entsprechend konfigurieren. Dazu können Sie im Interface Builder entweder einen View der Klasse `UIToolbar` auf den Navigationcontroller ziehen. Alternativ können Sie auch einfach im Attributinspektor den Schalter SHOWS TOOLBAR setzen.

Sie können jedem Viewcontroller über die Property `toolbarItems` ein Array mit den Elementen für die Werkzeugleiste zuweisen. Die Elemente in dem Array müssen die Klasse `UIBarButtonItem` haben. Der Navigationcontroller zeigt automatisch die Elemente desjenigen Viewcontrollers an, der zuoberst auf dem Navigationstack liegt. Die Werkzeugleiste ordnet die enthaltenen Elemente immer von links nach rechts an. Sie können das Layout aber über feste und flexible Abstände beeinflussen. Mit diesen Elementen können Sie den Abstand zwischen zwei Barbuttonitems vergrößern. Dabei können Sie mit einem flexiblen Abstand den kompletten verfügbaren Freiraum belegen und so beispielsweise die dahinter liegenden Elemente an den rechten Rand schieben. Sie können die Elemente zentrieren, indem Sie links und rechts davon einen flexiblen Abstand legen.

Die Elemente für die Property `toolbarItems` können Sie leider nicht direkt über den Interface Builder verwalten. Diesen Mangel können Sie aber relativ einfach umgehen, indem Sie Ihrem Viewcontroller ein Outlet auf eine Werkzeugleiste geben. Die Elemente in dieser Werkzeugleiste können Sie über den Interface Builder verwalten. Der Controller zeigt aber diese Leiste nirgendwo an, sondern weist deren Elemente in der Methode `viewDidLoad` der Property `toolbarItems` zu.

Navigations- und Werkzeugleisten gestalten

Bis auf die Farbe können Sie das Aussehen der Navigations- oder Werkzeugleiste nicht beeinflussen. Bei einer Änderung der Farbe verändern Sie aber leider auch immer die Farbe der Buttons. Mit den Standardleisten haben Sie also nur sehr eingeschränkte Gestaltungsmöglichkeiten.

Sie können aber Unterklassen von `UINavigationBar` und `UIToolbar` anlegen, um mehr Gestaltungsmöglichkeiten zu erhalten. Die Unterklassen können über eine Implementierung der Methode `drawRect:` eigene Hintergrundmuster und -farben zeichnen.

Das Beispielprojekt *Bars* auf der beiliegenden DVD zeigt einen Navigationcontroller mit eigener Navigations- und Werkzeugleiste. Die Navigationsleiste hat die Klasse `NavigationBar`, die ein Bild als Hintergrund anzeigt.

```
- (void)drawRect:(CGRect)inRect {
    UIImage *theImage = [UIImage imageNamed:@"background.png"];
    [theImage drawAsPatternInRect:self.bounds];
}
```

Listing 4.60 Anzeige eines Hintergrundbildes

Sie können aber einem Navigationcontroller nicht einfach eine neue Navigationsleiste zuweisen, weil die Property `navigationBar` nicht schreibbar ist. Wenn Sie den Navigationcontroller aber über eine NIB-Datei erzeugen, können Sie im Identitätsinspektor der Navigationsleiste Ihre Klasse zuordnen.

Cocoa Touch legt die Farbe der Buttons auch in einer eigenen Navigationsleiste über deren Farbe fest. Sie können also über eine eigene Klasse für die Navigationsleiste auch die Farbgebung der Buttons von der Farbe der Leiste trennen.

4.6.2 Splitviewcontroller

Das iPad bietet gegenüber dem iPhone eine circa fünfmal größere Anzeigefläche. Der vorgestellte Aufbau ist auf dem iPad aber nicht so sinnvoll, da er zum einen viel Platz verschenkt. Zum anderen kann das Auswechseln des kompletten Views auf der großen Fläche des iPads sehr unruhig wirken.

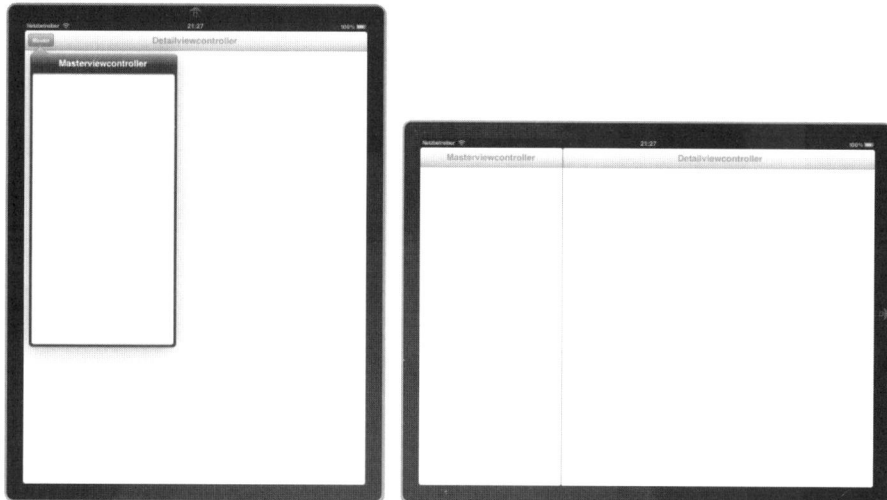

Abbildung 4.23 Splitviewcontroller in Portrait und Landscape

Das iPad bietet mit dem Splitviewcontroller die Möglichkeit, im Querformat zwei Viewcontroller nebeneinander anzuzeigen. Da der linke Viewcontroller in der Regel den Inhalt des rechten festlegt, nennt Apple den linken *Master-* und den rechten *Detailviewcontroller*. Im Hochformat zeigt der Splitviewcontroller den Detailviewcontroller auf der kompletten Bildschirmfläche und den Masterviewcontroller optional in einem Popover an (siehe Abbildung 4.23). Damit das funktioniert, müssen aber beide Controller sowohl das Quer- als auch das Hochformat unterstützen. Für die Anzeige und die Steuerung des Popovers sollte der Detailviewcontroller außerdem eine Werkzeugleiste für den Button bieten.

Die Klasse `UISplitViewController` besitzt eine minimalistische Schnittstelle, die nur zwei Propertys enthält. Über `viewControllers` können Sie die beiden enthaltenen Viewcontroller in einem Array abfragen beziehungsweise festlegen. Dabei ist der erste Controller im Array der Master- und der zweite der Detailviewcontroller. Über die zweite Property bestimmen Sie das Delegate des Splitviewcontrollers.

Das Splitviewcontroller-Delegate

Das Delegate bietet drei optionale Methoden an, die Sie über die Anzeige des Masterviewcontrollers infomieren. Der Splitviewcontroller ruft `splitViewController:popoverController:willPresentViewController:` auf, bevor er den Master im übergebenen Popovercontroller anzeigt. Wenn der Splitviewcontroller in das Querformat wechselt, ruft er `splitViewController:willShowViewController:invalidatingBarButtonItem:` auf und beim Wechsel in das Hochformat `splitViewController:willHideViewController:withBarButtonItem:forPopoverController:`.

Der Splitviewcontroller verwaltet aber nicht nur die beiden Viewcontroller für Sie, sondern auch den Popoverviewcontroller und das Barbuttonitem für dessen Anzeige. Über die beiden letztgenannten Delegatemethoden brauchen Sie nur die Anzeige des jeweils übergebenen Barbuttonitems verwalten, um den Popoverviewcontroller anzeigen zu können. Die einfachste Möglichkeit dafür ist eine Toolbar, in die Sie den Button einfügen beziehungsweise aus der Sie den Button entfernen.

```
- (void)splitViewController:
    (UISplitViewController*)inSplitViewController
    willHideViewController:(UIViewController *)inMaster
    withBarButtonItem:(UIBarButtonItem*)inButtonItem
    forPopoverController:(UIPopoverController*)inPopover {
  NSMutableArray *theItems =
      [self.toolbar.items mutableCopy];

  inBarButtonItem.title = ...;
  [theItems insertObject:inButtonItem atIndex:0];
  [self.toolbar setItems:theItems animated:YES];
  [theItems release];
  self.popoverController = inPopover;
}
```

Listing 4.61 Anzeige des Buttons für den Popovercontroller

Listing 4.61 enthält den Programmcode zur Anzeige des Barbuttonitems, über den Sie den Popovercontroller anzeigen lassen können. Sie müssen aber dafür nicht unbedingt diesen Button verwenden. Wenn Ihr Detailviewcontroller beispielsweise keine feststehende Werkzeugleiste besitzt, können Sie auch einen anderen Button verwenden. Das ist beispielsweise beim Fototagebuch der Fall, da es unter iOS 5 einen Pageviewcontroller für die Detailanzeige verwendet (siehe Abbildung 4.24).

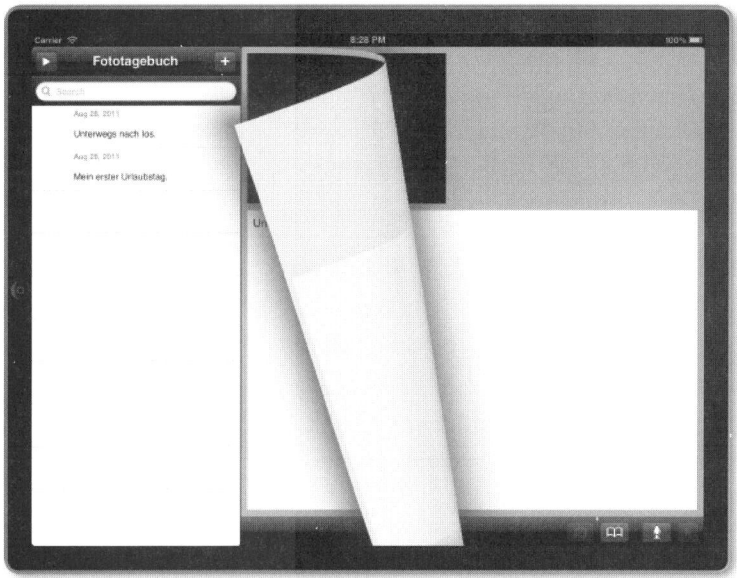

Abbildung 4.24 Pageviewcontroller in einem Splitviewcontroller

Wenn der Splitviewcontroller ins Querformat wechselt, müssen Sie den Button wieder aus der Werkzeugleiste entfernen. Dazu können Sie die zuletzt genannte Delegatemethode verwenden. Den dafür notwendigen Programmcode finden Sie in Listing 4.62.

```
- (void)splitViewController:
    (UISplitViewController*)inSplitViewController
    willShowViewController:(UIViewController *)inViewController
    invalidatingBarButtonItem:(UIBarButtonItem *)inButtonItem {
    NSMutableArray *theItems = [sef.toolbar.items mutableCopy];

    [theItems removeObjectAtIndex:0];
    [self.toolbar setItems:theItems animated:YES];
    [theItems release];
    self.popoverController = nil;
}
```

Listing 4.62 Den Button für den Popovercontroller aus der Werkzeugleiste entfernen

Die iPad-Version des Fototagebuchs verwendet einen Splitviewcontroller als Rootviewcontroller, der über die Datei *MainWindow-iPad.xib* angelegt wird. Der Master ist dabei der Photodiaryviewcontroller, und der Detailbereich zeigt Itemviewcontroller an. Wenn Sie keinen Eintrag ausgewählt haben, speichert der

Itemviewcontroller die Eingaben als neuen Eintrag ab, und bei einem ausgewählten Eintrag ändert er natürlich dessen Werte.

Diese beiden Implementierungen reichen für Detailviewcontroller mit feststehender Werkzeugleiste aus. Im Fototagebuch können Sie zwischen Itemviewcontrollern blättern, wodurch Sie auch die Werkzeugleiste auswechseln. Da der Popovercontroller den Button auch als Bezugspunkt braucht, muss das Fototagebuch ihn selber verwalten. Dort ist das Appdelegate auch das Delegate des Splitviewcontrollers. Es speichert sowohl den Popovercontroller als auch den Button in den Propertys `popoverController` beziehungsweise `barButtonItem`. Die Delegatemethoden machen nichts weiter, als diese Propertys zu setzen:

```
- (void)splitViewController:
   (UISplitViewController *)inSplitViewController
   willHideViewController:(UIViewController *)inViewController
   withBarButtonItem:(UIBarButtonItem *)inBarButtonItem
   forPopoverController:(UIPopoverController *)inPopover {
   self.popoverController = inPopover;
   self.overviewButton = inBarButtonItem;
}

- (void)splitViewController:
   (UISplitViewController *)inSplitViewController
   willShowViewController:(UIViewController *)inViewController
   invalidatingBarButtonItem:(UIBarButtonItem *)inButton {
   self.popoverController = nil;
   self.overviewButton = nil;
}
```

Listing 4.63 Delegatemethoden des Splitviewcontrollers im Fototagebuch

Die Aktualisierung der Werkzeugleiste übernimmt der Itemviewcontroller in seiner privaten Methode `updateOverviewButton`. Sie holt sich aus dem Appdelegate den Button. Falls er nicht gesetzt ist und die Werkzeugleiste noch den Button für das Popover enthält, entfernt die Methode den letztgenannten Button. Andernfalls prüft sie, ob das Appdelegate den Button enthält, es aber noch keinen Button in der Werkzeugleiste gibt. In diesem Fall legt die Methode einen neuen Button an.

```
- (void)updateOverviewButton {
   PhotoDiaryAppDelegate *theDelegate =
      (PhotoDiaryAppDelegate *)
         [[UIApplication sharedApplication] delegate];
   UIBarButtonItem *theButton = theDelegate.overviewButton;
   NSMutableArray *theItems = [self.toolbar.items mutableCopy];
```

```
    id theItem = [theItems objectAtIndex:0];

    if(theButton == nil && [theItem tag] == kOverviewButtonTag) {
        [theItems removeObjectAtIndex:0];
    }
    else if(theButton != nil &&
        [theItem tag] != kOverviewButtonTag) {
        theItem = [[UIBarButtonItem alloc] initWithTitle:
            NSLocalizedString(@"Overview", @"Overview button")
            style:UIBarButtonItemStyleDone target:self
            action:@selector(showOverview:)];
        [theItem setTag:kOverviewButtonTag];
        [theItems insertObject:theItem atIndex:0];
        [theItem release];
    }
    [self.toolbar setItems:theItems animated:YES];
}
```

Listing 4.64 Anlegen und Löschen des Buttons für das Popover

Die Methode prüft die Existenz des Buttons in der Werkzeugleiste anhand des Tags, dessen Wert die Konstante `kOverviewButtonTag` festlegt. Sie vermeidet dadurch, den falschen Button zu löschen oder mehr als einen Button für das Popover einzufügen.

Der Itemviewcontroller muss die Werkzeugleiste nach seinem Erscheinen und nach einer Drehung anpassen. Aus diesem Grund enthalten die Methoden `viewDidAppear:` und `didRotateFromInterfaceOrientation:` jeweils einen Aufruf der Methode `updateOverviewButton`.

4.6.3 Der Pageviewcontroller

Wenn Sie sich mehrere Einträge des Tagebuches ansehen möchten, kann es besonders auf dem iPhone sehr anstrengend sein, zwischen den Einträgen zu wechseln. Sie müssen von einem Eintrag immer zuerst zurück zur Übersicht, um den nächsten Eintrag betrachten zu können. Für den Nutzer ist es angenehmer, wenn er auch direkt von einem Eintrag zu dessen Vorgänger oder Nachfolger wechseln kann. Diesen Anwendungsfall setzen viele Apps über eine *Wischnavigation* um, bei der Sie auf dem Bildschirm nach rechts oder links streichen, um zum vorherigen oder nächsten Element zu gelangen.

Apple hat in iOS 5 mit der Klasse `UIPageViewController` einen weiteren Containerviewcontroller eingeführt, der das Blättern zwischen beliebig vielen Viewcontrollern erlaubt. Er animiert dabei den Wechsel durch eine Pagecurlanimation, die das Umschlagen einer Buchseite (horizontales Blättern) oder eines Kalenderblattes (vertikales Blättern) nachahmt. Sie können eine von drei möglichen *Blätterpositionen* wählen:

- `UIPageViewControllerSpineLocationMin` der linke oder obere Rand des Views
- `UIPageViewControllerSpineLocationMid` die horizontale oder vertikale Mittelachse des Views
- `UIPageViewControllerSpineLocationMax` der rechte oder untere Rand des Views

> **Ein- und doppelseitige Darstellung**
>
> Die doppelseitige Darstellung des Pageviewcontrollers eignet sich in der Regel nur in der Landscapeausrichtung beim horizontalen Blättern oder in der Portraitausrichtung beim vertikalen Blättern. Über die Delegatemethode `pageViewController:spineLocationForInterfaceOrientation:` können Sie die Bezugsposition für das Blättern bei einer Viewrotation ändern.

Wenn der Pageviewcontroller eine Mittelachse als Bezug verwendet, stellt er immer zwei Viewcontroller gleichzeitig dar, ansonsten nur einen. In diesem Fall können Sie eine doppelseitige Darstellung über die Property `doubleSided` wählen. Dann verwendet der Pageviewcontroller jeden zweiten Controller zur Darstellung der Rückseite seines Vorgängers. Das Fototagebuch verwendet aber nur eine einseitige Darstellung mit automatisch generierten Rückseiten. Das sind einfach stark aufgehellte Abbilder der Vorderseite.

Einen Pageviewcontroller erzeugen

Sie können einen Pageviewcontroller sowohl über Programmanweisungen als auch über NIBs beziehungsweise Storyboards anlegen. Falls Sie den letztgenannten Weg wählen, müssen Sie dem Controller aber nach der Erzeugung seine initialen Viewcontroller zuweisen. Das Beispielprojekt *Page*, das Sie auf der beiliegenden DVD finden, erzeugt den Controller über den Quellcode.

> **Das Beispielprojekt Page**
>
> Das Beispielprojekt *Page* setzt iOS 5 und Xcode 4.2 voraus, und es verwendet Automatic Reference Counting. Wundern Sie sich also nicht über fehlende Speicherverwaltungsaufrufe. Außerdem verwendet es ein Storyboard anstelle von XIB-Dateien.

Bei der Konstruktion eines Pageviewcontrollers legen Sie die Richtung und die Animation des Blätterns fest. Diese Werte können Sie später nicht mehr ändern.

Als Animationstyp steht zurzeit nur `UIPageViewControllerTransitionStyle-PageCurl` zur Verfügung. Da der Initializer hierfür aber einen Parameter vorsieht, plant Apple anscheinend zukünftig noch weitere Animationstypen zu unterstützen. Die Bezugsposition für das Blättern übergeben Sie in einem Dictionary unter dem Schlüssel `UIPageViewControllerOptionSpineLocationKey`.

```
UIPageViewControllerNavigationOrientation theOrientation =
    self.selectedNavigationOrientation;
UIPageViewControllerSpineLocation theLocation =
    [self spineLocationForInterfaceOrientation:
        self.interfaceOrientation
        navigationOrientation:theOrientation];
BOOL isDoubleSided =
    self.doubleSidedControl.selectedSegmentIndex;
NSDictionary *theOptions =
    [NSDictionary dictionaryWithObjectsAndKeys:
        [NSNumber numberWithInt:theLocation],
        UIPageViewControllerOptionSpineLocationKey, nil];
UIPageViewController *theController =
    [[UIPageViewController alloc] initWithTransitionStyle:
        UIPageViewControllerTransitionStylePageCurl
        navigationOrientation:theOrientation
        options:theOptions];
NSArray *theControllers =
    [self viewControllersForSpineLocation:theLocation];

theController.doubleSided = isDoubleSided ||
    theLocation == UIPageViewControllerSpineLocationMid;
theController.dataSource = self;
theController.delegate = self;
[theController setViewControllers:theControllers
    direction:self.selectedDirection animated:YES
    completion:NULL];
```

Listing 4.65 Erzeugen eines Pageviewcontrollers

Nach der Konstruktion können Sie wählen, ob der Controller eine ein- oder doppelseitige Darstellung verwenden soll. Allerdings dürfen Sie bei der mittleren Blätterposition nur die doppelseitige Darstellung angeben. Außerdem müssen Sie die Viewcontroller setzen, die der Pageviewcontroller nach seinem Erscheinen anzeigen soll. Auch hier ist die mittlere Blätterposition ein Sonderfall, da das Array hier zwei Viewcontroller enthalten muss. Für die anderen Positionen darf das Array hingegen immer nur ein Element enthalten. Diese Konfigurationsoptionen fasst Tabelle 4.6 noch einmal zusammen.

Blätterposition	Rückseitendarstellung	Anzahl Viewcontroller
Minimal	Ein- und doppelseitig	1
Mitte	Doppelseitig	2
Maximal	Ein- und doppelseitig	1

Tabelle 4.6 Konfigurationsoptionen des Pageviewcontrollers

Listing 4.65 verwendet zwei Hilfsmethoden, um die Parameter für die Konstruktion und Konfiguration zu ermitteln. Die Methode `spineLocationForInterfaceOrientation:navigationOrientation:` berechnet zu der Interfaceausrichtung und der Blätterrichtung die Blätterposition. Diese Methode liefert die mittlere Position bei den Werten Landscape und horizontal beziehungsweise Portrait und vertikal. Ansonsten gibt sie die Auswahl des entsprechenden Controls zurück. Die Methode `viewControllersForSpineLocation:` liefert ein Array mit so vielen Viewcontrollern zurück, wie in Tabelle 4.6 angegeben sind.

Dieses Array übergeben Sie über die Methode `setViewControllers:direction:animated:completion:` an den Pageviewcontroller. Dabei sind die weiteren Parameter nur für bereits angezeigte Controller relevant. Über den Parameter `animated` legen Sie fest, dass die neuen Seiten durch ein Umblättern erscheinen. Die Richtung des Blätterns können Sie über den Parameter `direction` festlegen. Der letzte Parameter kann eine Blockfunktion enthalten, die der Controller nach Beendigung der Animation aufruft. Blockfunktionen stellt Kapitel 5 vor.

Die Datenquelle und das Delegate

Für das Blättern müssen Sie dem Pageviewcontroller jeweils die benötigten Viewcontroller für die Seiten zur Verfügung stellen. Dazu müssen Sie eine Datenquelle mit dem Protokoll `UIPageViewControllerDataSource` bereitstellen. Es hat die zwei notwendigen Methoden `pageViewController:viewControllerBeforeViewController:` und `pageViewController:viewControllerAfterViewController:`, mit denen der Pageviewcontroller jeweils auf den Vorgänger beziehungsweise Nachfolger eines Viewcontrollers zugreifen kann. Das Beispielprogramm verwendet für die Seiten einfach Viewcontroller, die eine Seitenzahl anzeigen. Die Methoden der Datenquelle erzeugen jeweils einen neuen Viewcontroller, bei dem die Seitennummer um eins niedriger oder höher ist. Listing 4.66 enthält die Methode der Datenquelle zur Bestimmung des Vorgängers. Die Implementierung für den Nachfolger ist bis auf die vorletzte Zeile gleich.

```
- (UIViewController *)pageViewController:↵
        (UIPageViewController *)inPageViewController↵
    viewControllerBeforeViewController:
```

```
    (UIViewController *)inViewController {
  LabelViewController *theController =
      (LabelViewController *)inViewController;
  return [self labelViewControllerWithPageNumber:↩
      theController.pageNumber - 1];
}
```

Listing 4.66 Erzeugung des Vorgängers in der Datenquelle

> **Storyboards und die Erzeugung von Viewcontrollern**
>
> Da das Projekt ein Storyboard verwendet, müssen Sie neue Viewcontroller darüber erzeugen. Sie gelangen an das Storyboard über die Property `storyboard` des Viewcontrollers. Es hat die Methode `instantiateViewControllerWithIdentifier:`, mit der Sie einen neuen Viewcontroller anlegen können. Dessen Kennung legen Sie über das Feld IDENTITY im Attributinspektor des Controllers im Interface Builder fest.
>
> ```
> - (id)labelViewControllerWithPageNumber:(NSInteger)inPage {
>   LabelViewController *theController = [self.storyboard
>       instantiateViewControllerWithIdentifier:@"label"];
>   theController.pageNumber = inPage;
>   return theController;
> }
> ```

Der Pageviewcontroller verändert bei einer Viewrotation die Blätterposition. Dazu implementiert sein Delegate, das das Protokoll `UIPageViewControllerDelegate` implementiert, die Methode `pageViewController:spineLocationForInterfaceOrientation:`, die Listing 4.67 wiedergibt.

```
- (UIPageViewControllerSpineLocation)pageViewController:
        (UIPageViewController *)inPageViewController
    spineLocationForInterfaceOrientation:
        (UIInterfaceOrientation)inOrientation {
  UIPageViewControllerNavigationOrientation theOrientation =
      inPageViewController.navigationOrientation;
  UIPageViewControllerSpineLocation theLocation =
      [self spineLocationForInterfaceOrientation:inOrientation
          navigationOrientation:theOrientation];
  NSArray *theControllers =
      [self viewControllersForSpineLocation:theLocation];
  [inPageViewController setViewControllers:theControllers
      direction:self.selectedDirection
      animated:YES completion:NULL];
  return theLocation;
}
```

Listing 4.67 Berechnung der Blätterposition für die Viewrotation

Diese Methode liefert aber nicht nur die neue Blätterposition zurück. Sie muss zusätzlich dafür sorgen, dass der Pageviewcontroller die richtige Anzahl an Viewcontrollern enthält.

Der Pageviewcontroller im Fototagebuch

Für das Beispielprojekt *Page* brauchen Sie mindestens iOS 5. Mit einer niedrigeren iOS-Version können Sie das Projekt weder übersetzen noch auf einem Gerät ausführen. Das Fototagebuch soll sich aber auch mit iOS 4.0 übersetzen und ausführen lassen. Dazu brauchen Sie erst mal eine Antwort auf die Frage, wie die Applikation ohne Pageviewcontroller funktionieren soll. Das Fototagebuch geht den einfachsten Weg, indem es keine alternative Navigation anbietet.

Auf den Quellcode hat die Kompatibilität zu iOS 4 zwei Auswirkungen:

1. Wenn Sie das Programm mit einem alten SDK übersetzen, darf der Compiler auf keine Anweisungen mit dem Pageviewcontroller stoßen. Sie müssen diesen Code sozusagen verstecken.
2. Wenn Sie die App mit dem 5er-SDK übersetzen und auf einem Gerät mit iOS 4 ausführen, darf sie den Pageviewcontroller nicht verwenden.

Der erste Punkt lässt sich relativ einfach über den Präprozessor realisieren. Das iOS SDK definiert für jede unterstützte iOS-Version ein Makro `__IPHONE_X_Y`, wobei X und Y für die Haupt- und Unterversionsnummer stehen. Für iOS 4.3 heißt das Makro beispielsweise `__IPHONE_4_3`. Sie können durch die Existenz dieser Makros auf die iOS-Version schließen.

Das Fototagebuch verwendet für die Einbindung des Pageviewcontrollers die Kategorie `PhotoDiaryViewController(PageView)`, um den Code aus der Viewcontrollerklasse auszulagern. Diese Kategorie darf aber nur dann das Delegate und die Datenquelle des Pageviewcontrollers implementieren, wenn die entsprechenden Protokolle auch verfügbar sind. Der Header sieht deswegen folgendermaßen aus:

```
@interface PhotoDiaryViewController(PageView)
#ifdef __IPHONE_5_0
<UIPageViewControllerDataSource, UIPageViewControllerDelegate>
#endif
- (void)setupPageViewControllerWithViewController:
    (UIViewController *)inViewController;
- (ItemViewController *)itemViewControllerWithIndexPath:
    (NSIndexPath *)inIndexPath;
- (void)displayItemAtIndexPath:(NSIndexPath *)inIndexPath;
@end
```

Listing 4.68 Bedingte Kompilierung für Pageviewcontroller

Durch die Direktive in der zweiten Zeile blendet der Präprozessor die dritte Zeile nur bei der Verwendung eines iOS-SDK der Version 5.0 oder höher ein. Analog können Sie in der Implementierungsdatei über diese Präprozessoranweisungen Programmcode ausblenden.

> **Versionskompatibilität über bedingte Kompilierung**
>
> Die *bedingte Kompilierung* ist zwar relativ einfach anzuwenden, hat aber den Nachteil, dass eine mit dem iOS SDK 4.3 übersetzte App zwar auch unter iOS 5.0 läuft, diese aber trotzdem nicht den Pageviewcontroller verwendet. Der Präprozessor hat diesen Code ja schon ausgeblendet, bevor der Compiler ihn überhaupt zu sehen bekam. Bedingte Kompilierung ist also für rückwärtskompatible Programme, die auch Funktionalitäten der neueren iOS-Versionen verwenden, nicht geeignet.
>
> Setzen Sie also die versionsabhängige Compilierung nur in dem Quellcode ein, den Sie auch mit älteren SDK-Versionen übersetzen wollen.

Damit ein Programm sowohl unter alten iOS-Versionen läuft als auch die Möglichkeiten neuerer Versionen ausnutzen kann, müssen Sie die Prüfung zur Laufzeit durchführen. Sie können zwar die aktuelle Betriebssystemversion über die Property `systemVersion` der Klasse `UIDevice` abfragen. Dieser Ansatz ist aber unflexibel, weil Sie dabei von einer festen Verbindung zwischen Betriebssystemversion und der gesuchten Eigenschaft ausgehen. Es ist sinnvoller, die Laufzeitumgebung direkt nach der Existenz der gewünschten Eigenschaft zu befragen. Die Möglichkeiten dazu haben Sie teilweise bereits kennengelernt. Beispielsweise hat Apple mit iOS 5 die Property `scrollView` zu der Klasse `UIWebView` hinzugefügt. Wenn Sie diese Property verwenden möchten, können Sie einfach den Webview fragen, ob er diese Property beziehungsweise die Methode `scrollView` kennt. Dazu verwenden Sie die Methode `respondsToSelector:`, die Sie schon im ersten Kapitel kennengelernt haben:

```
if([theWebView respondsToSelector:@selector(scrollView)]) {
    UIScrollView *theScrollView = [theWebView scrollView];
    ...
}
else { // Plan B
    ...
}
```

Listing 4.69 Rückwärtskompatibler Methodenaufruf

Für den Pageviewcontroller reicht das allerdings nicht aus, da Sie ja eine Klasse verwenden möchten, die es in den älteren SDKs noch nicht gab. Über die Funktion `NSClassFromString()` können Sie auf ein Klassenobjekt über seinen Namen zugreifen. Sie liefert nil, wenn es die gesuchte Klasse nicht gibt. Der Photodiary-viewcontroller verwendet die Methode displayItemAtIndexPath:, um einen Tagebucheintrag anzuzeigen. Sie entscheidet mithilfe der Funktion, ob sie dafür einen Pageviewcontroller verwendet:

```
- (void)displayItemAtIndexPath:(NSIndexPath *)inIndexPath {
   if(NSClassFromString(@"UIPageViewController") == nil) {
      [self pushItemAtIndexPath:inIndexPath];
   }
   else {
      UIPageViewController *thePageController =
         self.pageViewController;
      UIViewController *theController =
         [self itemViewControllerWithIndexPath:inIndexPath];

      if(thePageController == nil) {
         thePageController =
            [self pageViewControllerWithViewController:
               theController];
         [self.navigationController pushViewController:
            thePageController animated:YES];
      }
      else {
         NSArray *theControllers =
            [NSArray arrayWithObject:theController];

         [thePageController setViewControllers:theControllers
            direction:
            UIPageViewControllerNavigationDirectionForward
            animated:NO completion:NULL];
      }
   }
}
```

Listing 4.70 Rückwärtskompatible Verwendung des Pageviewcontrollers

Auf dem iPad liefert die Methode pageViewController den Pageviewcontroller aus dem Splitviewcontroller. Auf dem iPhone liefert diese Methode immer nil, da Sie dort immer einen neuen Pageviewcontroller auf den Navigationstack legen müssen, was in dem If-Block geschieht.

4.6.4 Subview- und Containerviewcontroller

In den iOS-Versionen vor 5 sollten Viewcontroller nicht die Views anderer Viewcontroller über addSubview: oder die insertSubview-Methoden in ihre Views einbinden. Das ist zwar möglich, führt aber dazu, dass das Betriebssystem die Methoden für die Viewrotation und den Anzeigezyklus nicht aufruft. Mit iOS 5 hat Apple die Klasse `UIViewController` um mehrere Methoden erweitert, die Ihnen eine nahezu beliebige Verschachtelung der Views Ihrer Viewcontroller erlauben. Es gibt drei wesentliche Anwendungsfälle, in denen diese neuen Methoden zum Einsatz kommen:

1. *Containerviewcontroller* zeigen einen oder mehrere andere Viewcontroller an und organisieren den Wechsel zwischen diesen Controllern. Das iOS stellt beispielsweise mit dem Splitview-, Navigation- und Tabbarcontroller auch Containerviewcontroller bereit.

2. Ein *Subview* mit eigenem Controller belegt nur einen Teil der Bildschirmfläche. Ihn fügt entweder der Controller des Haupviews ein, wie das bei `presentModalViewController:animated:` auf dem iPad und der Darstellungsart `UIModalPresentationPageSheet` geschieht. Alternativ kann sich ein Subviewcontroller auch selbstständig in den Hauptview einklinken, wie das der Popoverviewcontroller macht.

3. Über die neuen Methoden können Sie auch die Animationen für den Viewwechsel beeinflussen.

Das Beispielprogramm *Container* auf der beiliegenden DVD gibt jeweils ein Beispiel für die ersten beiden Anwendungsfälle und gibt außerdem noch zwei Beispiele für eigene Übergänge.

Das Vorgehen für Containerviewcontroller und Subviews mit Controllern ist sehr ähnlich. Sie fügen den inneren Controller über die Methode `addChildViewController:` zum äußeren hinzu. Außerdem fügen Sie den View des inneren Controllers an einer beliebigen Stelle in den View des äußeren ein und nach Abschluss aller Operationen senden Sie an den inneren Controller noch die Nachricht `didMoveToParentViewController:` mit dem äußeren Viewcontroller als Argument. Das Beispielprojekt implementiert die Klasse `RaisingSegue`, die genau diese Schritte umsetzt. Sie enthält nur die Methode `perform`, die den neuen Subview von links unten aufzieht. Da das fünfte Kapitel genauer auf Animationen und Blockfunktionen eingeht, gibt Listing 4.71 nur eine verkürzte Version ohne Animation wieder. Den vollständigen Quellcode mit Animationen finden Sie auf der DVD.

```
- (void)perform {
    UIViewController *theFromViewController =
        self.sourceViewController;
    UIViewController *theToViewController =
        self.destinationViewController;
```

```
    CGRect theBounds = theFromViewController.view.bounds;
    UIView *theView = theToViewController.view;
    UIView *theBackgroundView =
        [[UIView alloc] initWithFrame:theBounds];

    [theFromViewController↪
        addChildViewController:theToViewController];
    theBackgroundView.backgroundColor =↪
        [UIColor colorWithWhite:0.0 alpha:0.5];
    theBackgroundView.autoresizingMask =↪
       UIViewAutoresizingFlexibleWidth |↪
       UIViewAutoresizingFlexibleHeight;
    [theBackgroundView addSubview:theView];
    [theFromViewController.view addSubview:theBackgroundView];
    theView.frame = CGRectInset(theBounds, 20.0, 20.0);
    [theToViewController↪
        didMoveToParentViewController:theFromViewController];
}
```

Listing 4.71 Einfügen eines Subviews mit eigenem Controller

Die Implementierung belegt für den Subview aber nicht die komplette Fläche, sondern nur ein kleineres Rechteck. Um die UI-Elemente außerhalb des Subviews zu sperren, legt der Übergang den Subview in einen Hintergrundview mit schwarztransparenter Hintergrundfarbe. Diese Farbgebung zeigt dem Nutzer die Sperrung an.

> **Automatische Weiterleitung der Ereignisse**
>
> Wenn Sie einen Controller auf die beschriebene Art zu einem anderen Viewcontroller hinzufügen, erhält er automatisch alle Nachrichten über Viewrotationen. Sie können also beispielsweise die Methode `didRotateFromInterfaceOrientation:` wie gewohnt verwenden. Außerdem leitet der Parentviewcontroller die Nachrichten des Anzeigezyklus – wie beispielsweise `viewWillAppear:` – an die Subviewcontroller weiter. Im Beispielprogramm enthalten diese Methoden Log-Anweisungen, sodass Sie das leicht überprüfen können.
>
> Allerdings ruft Cocoa Touch diese Methoden nicht unbedingt so auf, wie Sie es brauchen. Es kann ja schließlich nicht wissen, ob ein neuer Subview einen bestehenden verdrängt oder ob beide Subviews gleichzeitig sichtbar sind. Aus diesem Grund können Sie diese Nachrichten auch selbst an die Subviewcontroller verschicken. Dazu können Sie das Standardverhalten durch Überschreiben der Methode `automaticallyForwardAppearanceAndRotationMethodsToChildViewControllers` im äußeren Viewcontroller abschalten, indem Ihre Implementierung einfach `NO` zurückgibt.

Übergänge eignen sich für die Anzeige von Subviews unter iOS 5. Sie können sie zwar nur in Storyboards über den Interface Builder erzeugen. Aber bei der Verwendung von XIB-Dateien können Sie die Übergänge auch durch Programmanweisungen erzeugen. Das Beispielprogramm geht in der Methode `close` der Klasse `SupernumeraryViewController` so vor, um den Subview verschwinden zu lassen:

```objc
- (IBAction)close {
    id theSegue = [[ShrinkingSegue alloc] initWithIdentifier:nil
        source:self destination:self.parentViewController];

    [theSegue perform];
}
```

Listing 4.72 Erzeugung eines Übergangs

Die Klasse `ShrinkingSegue` ist das Gegenstück zu `RaisingSegue`, da sie den Subview auf die entgegengesetzte Weise wieder verschwinden lässt (siehe Listing 4.73). Während Sie nach dem Erscheinen des Subviews die Methode `didMoveToParentViewController:` des Controllers aufrufen müssen, müssen Sie vor dem Verschwinden die Methode `willMoveToParentViewController:` aufrufen. Diese beiden Methoden können Sie verwenden, damit Ihre Subviewcontroller auf das Einfügen und das Entfernen reagieren können. Das Einfügen und Entfernen können Sie anhand des Parameters unterscheiden. Beim Entfernen ist er `nil`.

```objc
- (void)perform {
    UIViewController *theFromViewController =
        self.sourceViewController;
    UIViewController *theToViewController =
        self.destinationViewController;
    CGRect theBounds = theToViewController.view.bounds;
    UIView *theView = theFromViewController.view;
    UIView *theBackgroundView = theView.superview;

    [theFromViewController willMoveToParentViewController:nil];
    [theBackgroundView removeFromSuperview];
    [theView removeFromSuperview];
    [theFromViewController removeFromParentViewController];
}
```

Listing 4.73 Entfernen des Subviews

Die Klasse `ContainerViewController` des Beispielprojekts zeigt vier Subviews an und verwaltet mehrere Viewcontroller für Subviews. Dabei fügt sie die Subviewcontroller analog zu `perform` der Klasse `RaisingSegue` hinzu. Die vier Subviews haben alle die gleiche Größe und sind in jeweils zwei Reihen und Spalten angeordnet. Die Größe und Position könnte der Containerviewcontroller natürlich schon beim Einfügen der Subviews festlegen. Allerdings wäre dieses Vorgehen relativ unflexibel bei Größenveränderungen oder Rotationen des Containerviews. Sinnvoller ist ein dynamisches Layout, wie Sie es bereits mit der Methode layoutSubviews kennengelernt haben.

Aber anstatt eine eigene Viewunterklasse für den Containerviewcontroller zu erstellen, können Sie auch die Methode viewDidLayoutSubviews im Controller überschreiben. Cocoa Touch ruft diese Methode nach Aufruf der Methode layoutSubviews des Views des Controllers auf. Die Klasse ContainerViewController des Beispielprojekts nutzt diese Methode, um die Views entsprechend anzuordnen.

```
- (void)viewDidLayoutSubviews {
    [super viewDidLayoutSubviews];
    CGRect theBounds = self.containerView.bounds;
    CGRect theFrame = CGRectMake(0.0, 0.0,
        CGRectGetWidth(theBounds) / 2.0,
        CGRectGetHeight(theBounds) / 2.0);
    NSUInteger theIndex = 0;

    for(UIViewController *theController in
        self.viewControllers) {
        UIView *theView = theController.view;
        NSUInteger theColumn = theIndex % 2;
        NSUInteger theRow = theIndex / 2;

        theFrame.origin.x = theColumn * theFrame.size.width;
        theFrame.origin.y = theRow * theFrame.size.height;
        theView.frame = theFrame;
        theIndex++;
    }
}
```

Listing 4.74 Layout der Subviews über den Containerviewcontroller

> **Verwaltung der Subviewcontroller**
>
> Sie können alle Subviewcontroller des Containerviewcontrollers über dessen Property childViewControllers erhalten. Allerdings können Sie diese Property nicht in Listing 4.74 verwenden, da ja der Containerviewcontroller noch weitere Subviewcontroller enthalten kann. Aus diesem Grund besitzt die Klasse ContainerViewController die Property viewControllers, die nur die Subviewcontroller enthält, die der Containerviewcontroller selbst verwaltet.

»Ach, er will doch nur spielen.«
– Unbekannter Hundebesitzer

5 Animationen und Layer

Animationen sind ein wichtiger, aber leider häufig auch unterschätzter Bestandteil einer grafischen Benutzerschnittstelle. Durch Animationen können Sie die Aktionen der Applikation hervorheben und so dem Nutzer eine zusätzliche Rückmeldung geben.

Eine gute Animation hebt die Veränderungen auf dem Bildschirm hervor und verlängert den Wahrnehmungszeitraum für den Nutzer. Wenn Sie beispielsweise in der Tabellenansicht des Fototagebuchs einen Eintrag auswählen, dann schiebt der Navigation-Controller die Detailansicht auf den Bildschirm. Diese Animation hebt einerseits den View-Wechsel hervor. Sie erklärt andererseits auch den Zurück-Button in der Detailansicht: Sie sind durch eine Bewegung nach rechts in diese Ansicht gelangt. Also gelangen Sie mit dem Pfeil nach links wieder zurück.

Sie können aber Animationen nicht nur für den Wechsel kompletter Screens verwenden, sondern sie auch auf einzelne Views und deren Darstellungsschicht, den Layern, anwenden. In diesem Kapitel lernen Sie Layer und die verschiedenen Animationsmöglichkeiten von Cocoa Touch kennen.

Das Beispielprogramm *Games* dieses Kapitels enthält zwei einfache Spiele, an denen sich die Funktionsweise von Animationen besonders gut verdeutlichen lässt. Die Spiele kennen Sie wahrscheinlich. Das erste ist ein Schiebepuzzle, bei dem Sie Bildteile auf einer quadratischen Fläche so lange verschieben müssen, bis die Teile zu einem Gesamtbild verschmelzen. Bei dem zweiten Spiel handelt es sich um das bekannte Memory-Spiel.

Die Modelle der Spiele geben weitere Beispiele für die Implementierung eines Modells im Model-View-Controller-Muster. Das Modell des Fototagebuchs ist eher passiv. Seine Hauptaufgabe ist die Speicherung der Daten. Im Gegensatz dazu speichern die Modelle der Spiele nicht nur die Daten, sondern sie müssen den Controller bei Datenänderungen auch informieren.

5 | Animationen und Layer

5.1 Modell und Controller

Dieser Abschnitt soll die Modellschicht im Model-View-Controller-Muster von einer anderen Seite darstellen. Modelle, die auf Core-Data basieren, bilden in erster Linie größere Datenmengen gleichartiger Objekte ab. Die *Konsistenz* der Daten, also deren Gültigkeit, lässt sich durch relativ wenige und einfache Regeln beschreiben. Beispielsweise muss im Fototagebuch jedes Medium einen Tagebucheintrag haben.

5.1.1 iOS Next Topmodel

Die Modelle zu den Spielen in diesem Kapitel bestehen aus relativ wenigen Daten. Das Modell des Schiebepuzzles besteht beispielsweise nur aus einem Objekt. Andererseits muss es auch die Konsistenz der Spieledaten sicherstellen, und das ist komplizierter als bei vielen Core-Data-Datenmodellen. Das Modell des Schiebepuzzles stellt die Gültigkeit sicher, indem es nur erlaubte Operationen auf den Daten zulässt.

Die Klasse `Puzzle` im Projekt Games stellt das Modell des Schiebepuzzles dar. Sie verwendet dazu ein C-Array von `NSUInteger`-Werten. Dabei stellt jeder Wert ein Puzzleteil dar, während die Position eines Wertes im Array dessen Position im Spielfeld angibt.

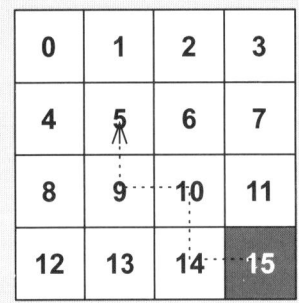

Abbildung 5.1 Modell des Schiebepuzzles

Das linke Bild in Abbildung 5.1 stellt das gelöste Puzzle – die *Ausgangsstellung* – dar. Jeder Wert befindet sich dabei an der Position mit dem gleichen Index – also Wert 0 an Position 0 und so weiter. Der Wert 15 repräsentiert das leere Feld. Wenn Sie die Steine entlang des Pfeiles jeweils auf das leere Feld schieben, erhalten Sie die Puzzledarstellung des rechten Bildes. Die Werte haben also im Array des Modellobjekts die folgende Anordnung: [0, 1, 2, 3, 4, 15, 6, 7, 8, 5, 9, 11, 12, 13, 10, 14].

> **Konsistenz des Schiebepuzzles**
>
> Das Modell eines Schiebepuzzles ist *konsistent*, wenn sich die Anordnung der Werte in dessen Array durch beliebige Schiebeoperationen aus der Ausgangsstellung erzeugen lässt. Die Puzzledarstellung [0, 1, 2, 3, 4, 15, 6, 7, 8, 5, 9, 11, 12, 13, 10, 14] (rechtes Bild in Abbildung 5.1) ist also konsistent, da sie sich aus der Ausgangsdarstellung erzeugen lässt.
>
> Ein mögliches Beispiel für ein inkonsistentes Puzzle hat das Array [1, 0, 2, 3, 4, 5, 6, 7, 8, 9, 10, 11, 12, 13, 14, 15]. Das ist ein Puzzle in der Ausgangsstellung, bei dem die ersten beiden Teile vertauscht sind. Sie können die Teile eines konsistenten Puzzles beliebig oft verschieben, aber Sie können nie diese Anordnung der Teile erreichen.

Um die Konsistenz des Puzzlemodells sicherzustellen, liegen ihm folgende Regeln zugrunde:

1. Ein neues Puzzle hat immer die Ausgangsstellung.
2. Alle Methoden, die die Anordnung der Teile verändern, basieren auf erlaubten Spielzügen.
3. Alle anderen Methoden lesen die Daten nur aus oder basieren auf Methoden der zweiten Regel.

Das Puzzle besitzt eine private Property `items`, die das Array mit den Werten enthält. Die Länge des Arrays speichert das Modell in der Property `size`. Die erste Regel lässt sich sehr einfach herstellen. Wenn die Klasse das Array anlegt, setzt sie alle Einträge entsprechend:

```
NSUInteger theSize = self.size;
for(NSUInteger i = 0; i < theSize; ++i) {
    self.items[i] = i;
}
self.freeIndex = theSize - 1;
```
Listing 5.1 Initialisierung des Arrays des Modells

Im Beispielprogramm finden Sie diese Schleife in der internen Methode `clear` des Puzzlemodells. Das Puzzle merkt sich in der Property `freeIndex` den Index des freien Feldes im Array.

Die Puzzle-Klasse besitzt zwei Methoden, mit denen Sie die Anordnung der Puzzleteile verändern können. Die beiden Methoden bilden die Steuerungsmöglichkeiten des Spiels ab. Sie können das iPhone in vier Richtungen kippen, um die Teile zu bewegen. Diese Steuerungsmöglichkeit implementiert die Methode `tiltToDirection:`. Sie können außerdem einen Stein berühren und ihn auf das freie Feld ziehen, was die Methode `moveItemAtIndex:toDirection:` abbildet.

Für die Richtungen verwendet das Modell einen eigenen Aufzählungstyp `Puzzle-Direction`. Abbildung 5.2 stellt die möglichen Spielzüge des Feldes mit dem Index 6 dar. Das freie Feld befindet sich dabei jeweils in dem Feld, auf das der Pfeil zeigt. Wenn Sie beispielsweise das Puzzle nach oben kippen, dann muss das freie Feld den Index 2 haben. Oder andersherum: Wenn Sie das Puzzle nach oben kippen und der Index des freien Feldes ist 2, dann muss die Methode `tiltToDirection:` Feld 2 und Feld 6 vertauschen. Daraus können Sie die Regeln für das Kippen herleiten:

Kipprichtung	Index des Feldes für den Tausch
Links	freeIndex + 1
Rechts	freeIndex − 1
Oben	freeIndex + 4
Unten	freeIndex − 4

Tabelle 5.1 Regeln für das Kippen des Puzzles

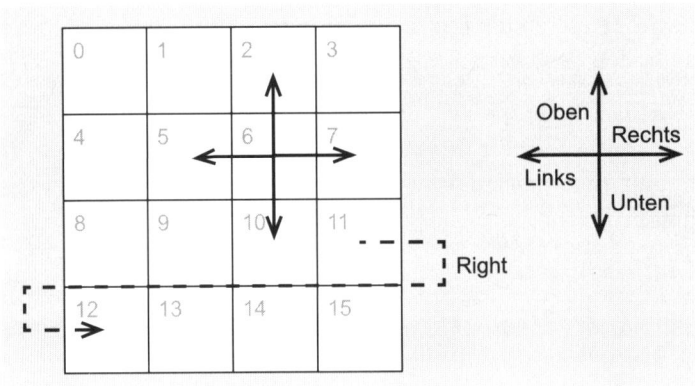

Abbildung 5.2 Spielzüge im Puzzle

Es gibt aber auch ungültige Züge. Angenommen, das freie Feld befindet sich an Position 12 und Sie kippen das Puzzle nach rechts. Nach den Regeln aus Tabelle 5.1 müssten Sie dann die Felder 11 und 12 miteinander vertauschen (gestrichelter Pfeil in Abbildung 5.2). Das ist aber natürlich kein gültiger Zug, weil der Stein dabei die Zeile und Spalte auf einmal wechselt. Bei einem gültigen Zug müssen also die Indizes des freien Feldes und des Tauschfeldes entweder in der gleichen Zeile oder in der gleichen Spalte liegen.

Den Zeilen- oder Spaltenindex zu einem Feldindex können Sie über eine *Division mit Rest* mit 4 als Teiler ermitteln. Dazu ein paar Beispiele: Wenn Sie 13 durch 4 mit Rest teilen, erhalten Sie 13 = 3 * 4 + 1 also 3 mit Rest 1 als Ergebnis, und 5 =

1 * 4 + 1 ist 1 mit Rest 1. Da der Divisionsrest bei beiden Rechnungen gleich ist, liegen beide Werte in der gleichen Spalte. Hingegen ist 15 = 3 * 4 + 3 also 3 Rest 3. Die Divisionsreste von 13 und 15 sind zwar unterschiedlich, aber bei beiden Werten ist der Quotient 3. Also liegen diese Zahlen in der gleichen Zeile. Wenn Sie das nicht glauben, dann schauen Sie doch in Abbildung 5.2.

Außerdem kann es bei der Anwendung der Regeln aus Tabelle 5.1 passieren, dass der berechnete Index nicht zwischen 0 und 15 liegt. Da das Modell für Indexwerte vorzeichenlose Zahlen vom Typ `NSUInteger` verwendet, können bei einer Subtraktion aber keine negativen Zahlen entstehen. Stattdessen findet ein Überlauf statt – mit einer sehr großen Zahl als Ergebnis. Wenn die Applikation beispielsweise 4 von 3 abzieht, ist das Ergebnis 4294967295. Die Gültigkeit eines Kippzuges des Puzzles können Sie also durch folgende Bedingung überprüfen:

```
theIndex < self.size && (
  (self.freeIndex / self.length) == (theIndex / self.length) ||
  (self.freeIndex % self.length) == (theIndex % self.length))
```
Listing 5.2 Gültigkeitsprüfung eines Zuges

Dabei enthält `theIndex` die Position des Feldes für die Vertauschung mit dem leeren Feld. Der Ausdruck `self.length` liefert die Breite beziehungsweise Höhe des Puzzles – also 4. Wenn die Bedingung aus Listing 5.2 wahr ist, vertauscht die Methode `tiltToDirection:` die Werte in den Feldern mit den Indizes `freeIndex` und `theIndex`.

Die Logik der Methode `moveItemAtIndex:toDirection:` ist verglichen mit `tiltToDirection:` wesentlich einfacher. Der Indexparameter gibt das Feld für die Vertauschung mit dem leeren Feld an. Sie brauchen also nur zu prüfen, ob das leere Feld in der angegebenen Richtung vom angegebenen Feld liegt. Dazu berechnet die Methode den Index des Feldes in der angegebenen Richtung analog zur Methode `tiltToDirection:`. Wenn dieser Wert mit dem angegebenen Index übereinstimmt, vertauscht die Methode die beiden Felder.

Das Modell speichert neben den Positionen der Puzzleteile auch die Anzahl der durchgeführten Züge. Dazu stellt die Klasse die nur-lesbare Property `moveCount` zur Verfügung. Mit der Methode `shuffle` können Sie das Puzzle durchschütteln. Sie ermittelt mehrmals eine Pseudozufallszahl und schiebt das freie Feld durch mehrfache Aufrufe der Methode `tiltToDirection:` auf das Feld mit diesem Index.

5.1.2 View an Controller

Das Puzzlespiel bietet zwei Möglichkeiten, die Steine zu verschieben. Zum einen können Sie die Steine per Finger verschieben. Das realisiert die App über vier

5 | Animationen und Layer

Gesturerecognizer, die die Methode `viewDidLoad` mit der Hilfsmethode `addSwipeGestureRecognizerWithDirection:action:` erzeugt:

```
- (void)addSwipeGestureRecognizerWithDirection:
    (UISwipeGestureRecognizerDirection)inDirection
                                action:(SEL)inAction {
  UISwipeGestureRecognizer *theRecognizer =
      [[UISwipeGestureRecognizer alloc] initWithTarget:self
          action:inAction];

  theRecognizer.direction = inDirection;
  [self.puzzleView addGestureRecognizer:theRecognizer];
  [theRecognizer release];
}

- (void)viewDidLoad {
  [super viewDidLoad];
...
  [self addSwipeGestureRecognizerWithDirection:
      UISwipeGestureRecognizerDirectionLeft
      action:@selector(handleLeftSwipe:)];
  [self addSwipeGestureRecognizerWithDirection:
      UISwipeGestureRecognizerDirectionRight
      action:@selector(handleRightSwipe:)];
  [self addSwipeGestureRecognizerWithDirection:
      UISwipeGestureRecognizerDirectionUp
      action:@selector(handleUpSwipe:)];
  [self addSwipeGestureRecognizerWithDirection:
      UISwipeGestureRecognizerDirectionDown
      action:@selector(handleDownSwipe:)];
  [self clear];
}
```

Listing 5.3 Erzeugung und Initialisierung der Swipe-Gesturerecognizer

In Xcode 4.2 können Sie die Gesturerecognizer natürlich auch über den Interface Builder anlegen und zu dem Puzzleview hinzufügen. Die Auswertung der Swipe-Gesten erfolgt über jeweils eine Methode pro Richtung und eine Hilfsmethode:

```
- (void)handleGestureRecognizer:
    (UIGestureRecognizer *)inRecognizer
             withDirection:(PuzzleDirection)inDirection {
  UIView *thePuzzleView = self.puzzleView;
  Puzzle *thePuzzle = self.puzzle;
  CGPoint thePoint =
      [inRecognizer locationInView:thePuzzleView];
```

```
    NSUInteger theLength = thePuzzle.length;
    CGSize theViewSize = thePuzzleView.frame.size;
    NSUInteger theRow =
        thePoint.y * theLength / theViewSize.height;
    NSUInteger theColumn =
        thePoint.x * theLength / theViewSize.width;
    NSUInteger theIndex = theRow * theLength + theColumn;

    [thePuzzle moveItemAtIndex:theIndex toDirection:inDirection];
}

- (void)handleLeftSwipe:(UISwipeGestureRecognizer *)inRecognizer {
    [self handleGestureRecognizer:inRecognizer
                withDirection:PuzzleDirectionLeft];
}

- (void)handleRightSwipe:(UISwipeGestureRecognizer *)inRecognizer {
    [self handleGestureRecognizer:inRecognizer
                withDirection:PuzzleDirectionRight];
}

- (void)handleUpSwipe:(UISwipeGestureRecognizer *)inRecognizer {
    [self handleGestureRecognizer:inRecognizer
                withDirection:PuzzleDirectionUp];
}

- (void)handleDownSwipe:(UISwipeGestureRecognizer *)inRecognizer {
    [self handleGestureRecognizer:inRecognizer
                withDirection:PuzzleDirectionDown];
}
```

Listing 5.4 Auswertung der Swipe-Gesten

Die Methode `handleGestureRecognizer:withDirection:` bestimmt zunächst aus der Position den Index des Feldes. Mit der übergebenen Richtung ruft sie dann die Methode `moveItemAtIndex:toDirection:` auf.

Sie können aber auch die Puzzlesteine über Kippbewegungen des Gerätes verschieben. Dafür verwendet die App den Beschleunigungssensor des Gerätes, auf den Sie über das Singleton `UIAccelerometer` zugreifen können. Dazu müssen Sie in dem Singleton ein Delegate übergeben. Das geschieht in der Methode `viewDidAppear:`, und die Methode `viewWillDisappear:` setzt es wieder auf `nil`. Das hat zwei Gründe. Zum einen können mit diesem Vorgehen auch andere View-Controller den Bewegungssensor nutzen, denn es kann sich ja immer nur der gerade angezeigte Controller als Delegate setzen. Zum anderen darf der ausgeblendete View-Controller auch keine Werte empfangen. Ansonsten würde ja der Controller fröhlich weiter Änderungen an das Modell senden, wenn Sie das iPhone bewegen.

```
- (void)viewDidAppear:(BOOL)inAnimated {
    [super viewDidAppear:inAnimated];
    UIAccelerometer *theAccelerometer =
        [UIAccelerometer sharedAccelerometer];
    theAccelerometer.delegate = self;
    theAccelerometer.updateInterval = 0.05;
}
- (void)viewWillDisappear:(BOOL)inAnimated {
    UIAccelerometer *theAccelerometer =
        [UIAccelerometer sharedAccelerometer];
    theAccelerometer.delegate = nil;
    [super viewWillDisappear:inAnimated];
}
```

Listing 5.5 An- und Abmeldung des Delegates beim Accelerometer

Der Beschleunigungssensor liefert die Werte in einem Objekt der Klasse UIAcceleration an die Delegatemethode. Dieses Objekt enthält die g-Werte entlang der drei Hauptachsen x, y und z (siehe Abbildung 5.3). Die Werte für diese Achsen geben dabei deren Ausrichtung zur Erdmitte an. Wenn das iPhone mit dem Display nach oben horizontal auf dem Tisch liegt, liefert der Sensor im Idealfall die Werte x = 0, y = 0 und z = –1. Halten Sie hingegen das Telefon genau senkrecht, um ein Foto zu schießen, dann erhalten Sie die Werte x = 0, y = –1, z = 0. Es hat also immer diejenige Achse einen Wert von +/–1, die nach unten zeigt, wobei das Vorzeichen dem Vorzeichen an der Achsenbeschriftung entspricht.

> **Do it yourself**
>
> Apple stellt das Beispielprogramm *AccelerometerGraph* mit der Dokumentation zur Verfügung. Damit können Sie sich die Werte des Beschleunigungssensors auf Ihrem iPhone anzeigen lassen. Dieses Programm ist sehr praktisch, wenn Sie eigene Programme mit Beschleunigungssensorunterstützung entwickeln wollen.
>
> Um es in Xcode zu öffnen, rufen Sie die Hilfe über den Menüpunkt HELP • DOCUMENTATION AND API REFERENCE oder [ALT] + [CMD] + [?] (beziehungsweise [SHIFT] + [ALT] + [CMD] + [B] auf einer deutschen Tastatur) auf und geben in das Suchfeld »AccelerometerGraph« ein. Das Projekt finden Sie dann unter der Rubrik SAMPLE CODE in der Ergebnisliste. Alternativ können Sie das Projekt auch über die URL *http://developer.apple.com/library/ios/samplecode/AccelerometerGraph/* öffnen. Diese App ist allerdings nur auf einem iOS-Gerät sinnvoll, da der Simulator keinen Beschleunigungssensor besitzt und diesen auch nicht nachahmen kann.

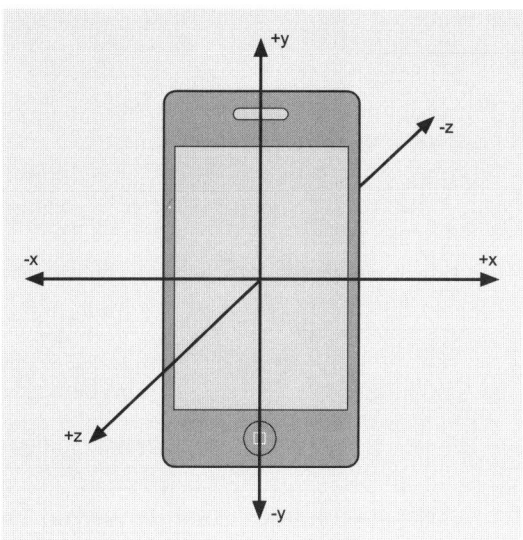

Abbildung 5.3 Die Achsen eines Acceleration-Objekts

Um die Messwerte des Beschleunigungssensors empfangen und auswerten zu können, muss das Delegate die Methode `accelerometer:didAccelerate:` implementieren.

Das Puzzle soll die Kippbewegungen folgendermaßen auswerten. Wenn Sie das Gerät aus der horizontalen Lage in eine Richtung kippen, soll die App den passenden Stein auf das freie Feld schieben. Danach müssen Sie das Gerät erst wieder in die Ausgangslage bringen, um den nächsten Stein verschieben zu können. Um das zu verwirklichen, merkt sich der Controller die letzte Kipprichtung in der privaten Property `lastDirection`. Neben den vier Richtungen für oben, unten, links und rechts gibt es noch einen Wert für *keine Richtung*. Nur wenn die letzte Kipprichtung diesen Wert hat, führt der Controller einen Spielzug aus.

```
- (void)accelerometer:(UIAccelerometer *)inAccelerometer
      didAccelerate:(UIAcceleration *)inAcceleration {
   float theX = inAcceleration.x;
   float theY = inAcceleration.y;

   if(self.lastDirection == PuzzleNoDirection) {
       Puzzle *thePuzzle = self.puzzle;

       if(fabs(theX) > kHorizontalMaximalThreshold) {
           self.lastDirection = theX < 0 ?
               PuzzleDirectionLeft : PuzzleDirectionRight;
       }
```

5 | Animationen und Layer

```
        else if(fabs(theY) > kVerticalMaximalThreshold) {
            self.lastDirection = theY < 0 ?
                PuzzleDirectionDown : PuzzleDirectionUp;
        }
        [thePuzzle tiltToDirection:self.lastDirection];
    }
    else if(fabs(theX) < kHorizontalMinimalThreshold &&
        fabs(theY) < kVerticalMinimalThreshold) {
        self.lastDirection = PuzzleNoDirection;
    }
}
```

Listing 5.6 Auswertung der Beschleunigungssensorwerte

Für die Auswertung sind nur die x- und y-Werte interessant. Sie lassen sich direkt in Links/rechts- beziehungsweise Unten/oben-Bewegungen übersetzen. Diese Auswertung veranschaulicht Abbildung 5.4. Wenn der x- und der y-Wert im grauen Quadrat liegen und somit das Gerät nicht weit genug gekippt wurde, dann setzt die Methode den Propertywert `lastDirection` auf `PuzzleNoDirection`. Die Methode setzt den Propertywert jeweils auf die Konstante, in deren Bereich sich der x- und der y-Wert befindet. Außerdem sendet sie diese Richtung natürlich auch als Kippbewegung an das Puzzle. Nur bei dem Bereich um das graue Quadrat verändert die Methode den Propertywert nicht.

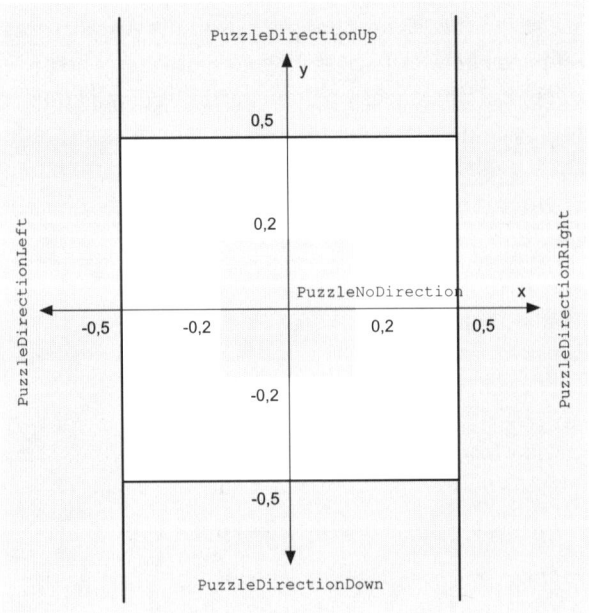

Abbildung 5.4 Auswertungsbereiche für Beschleunigungswerte

5.1.3 Modell an Controller

Der Controller übersetzt also alle Eingaben der Gesturerecognizer und des Beschleunigungssensors in Methodenaufrufe des Modells. Er muss aber nicht nur das Modell, sondern auch den View aktualisieren. Es wäre naheliegend, wenn Sie dazu in den Controller entsprechende Methodenaufrufe für den View einfügten. Dieses Vorgehen würde aber zu Methoden mit einem sehr ähnlichen Aufbau führen. Der erste Schritt aktualisiert das Modell und der zweite den View, was aber einige Nachteile hat:

1. Durch den ähnlichen Aufbau entsteht die Gefahr von Code-Doppelungen.
2. Sie können komplexere Veränderungen des Modells unter Umständen nur sehr schlecht über dieses Vorgehen abbilden. Die Methode shuffle führt beispielsweise sehr viele Vertauschungsoperationen durch.
3. Wenn nicht nur ein, sondern mehrere Controller das Modell verändern können, können Modellinhalt und Viewdarstellung voneinander differieren.

Diese Probleme lassen sich vermeiden, wenn das Modell den View automatisch über die Veränderungen benachrichtigt. Das Modell darf aber auf keinen Fall eine Abhängigkeit zum Controller oder View haben, weswegen Sie vom Modell nicht einfach auf diese Schichten zugreifen können. Außerdem sollte ja das Modell beliebig viele Controller und Views über Zustandsänderungen informieren können.

Stattdessen kann auch das Modell bei jeder Veränderung entsprechende Benachrichtigungen versenden, die in Kapitel 4 vorgestellt wurden. Die vom Modellzustand abhängigen Controller lauschen auf diese Benachrichtigungen und aktualisieren sich und den View entsprechend.

Das Modell des Schiebepuzzles versendet zwei Benachrichtigungen mit jeweils gleich aufgebautem Info-Dictionary. Die Methode tiltToDirection: versendet die Benachrichtigung kPuzzleDidTiltNotification, während moveItemAtIndex:toDirection: die Benachrichtigung kPuzzleDidModeNotification versendet. Das Directory userInfo in der Benachrichtigung enthält dabei die folgenden Schlüssel:

Schlüssel	Wert
kPuzzleDirectionKey	Die Bewegungsrichtung des Puzzleteils
kPuzzleFromIndexKey	Der ursprüngliche Index des Puzzleteils
kPuzzleToIndexKey	Der neue Index des Puzzleteils

Tabelle 5.2 Schlüssel des User-Info-Dictionarys

Die Werte in der Tabelle haben alle den Typ NSUInteger. Sie müssen diese Werte in NSNumber-Objekten kapseln, um sie in einem NSDictionary verwenden zu können.

Abbildung 5.5 stellt das Vorgehen zur Aktualisierung des Views grafisch dar. Wenn der Nutzer eine Eingabe macht, läuft die Verarbeitung vom View über den Controller ins Modell. Das Modell schickt dann eine Benachrichtigung, die genau den umgekehrten Weg nimmt. Dieses Vorgehen erinnert ein bisschen an das Spielen über Bande beim Billard und wirkt umständlich. Der Vorteil dabei ist, dass der View keine Änderung des Modells verpassen kann. Wenn beispielsweise ein anderer Controller – symbolisiert durch das Fragezeichen – das Modell verändert, benachrichtigt es immer den View. Der View passt sich also immer dem Modell an.

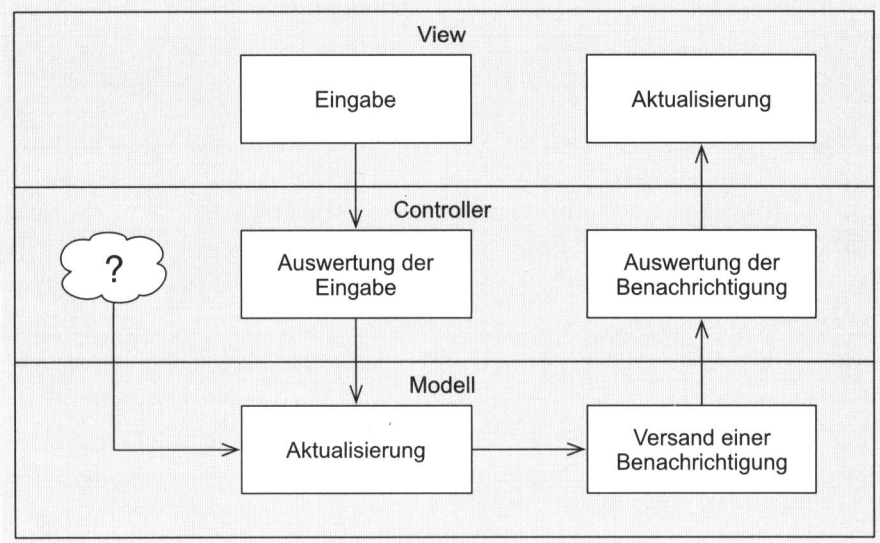

Abbildung 5.5 Aktualisierung des Views über Modellaktualisierungen

Das Modell speichert außerdem die Anzahl der Züge. Auch hier soll die Anzeige des Spielstands automatisch bei einer Änderung erfolgen. Das Modell könnte hierzu auch Benachrichtigungen verwenden. Da es hierbei aber um die Beobachtung eines einzelnen Wertes geht, ist hierfür *Key-Value-Observing* (KVO) besser geeignet.

Key-Value-Observing hat gegenüber Benachrichtigungen den Vorteil, dass Sie dafür nichts am Modell ändern müssen. Die Möglichkeit, Werte eines Objekts zu beobachten, ist bei den beobachteten Objekten in Cocoa sozusagen schon eingebaut. Sie brauchen nur noch den Beobachter einzurichten. Das machen Sie über die Methode addObserver:forKeyPath:options:context:.

Der `PuzzleViewController` registriert sich beim Puzzlemodell als Beobachter für die Property `moveCount` über den folgenden Aufruf:

```
[self.puzzle addObserver:self
             forKeyPath:@"moveCount"
               options:0
               context:nil];
```

Listing 5.7 Registrierung als Beobachter

Bei jeder Änderung der Property `moveCount` ruft dann Cocoa automatisch die Methode `observeValueForKeyPath:ofObject:change:context:` des Beobachters auf. Dabei enthalten die ersten beiden Parameter den Namen der beobachteten Eigenschaft (hier `moveCount`) beziehungsweise das beobachtete Objekt (also das Puzzle). Der Parameter `change` enthält ein Dictionary mit verschiedenen Werten der Property. Sie können darüber beispielsweise den Wert vor der Änderung ermitteln. Dazu müssen Sie allerdings bei der Registrierung im Parameter `options` allerdings den Wert `NSKeyValueObservingOptionOld` angeben. Das Dictionary enthält diesen Wert dann unter dem Schlüssel `NSKeyValueChangeOldKey`.

5.1.4 Undo und Redo

Beim Lösen eines Puzzles machen Sie sicherlich den ein oder anderen Zug, den Sie am liebsten sofort wieder zurücknehmen möchten. Sie können natürlich das zuletzt bewegte Teil wieder zurückschieben. Allerdings erhöht das Modell für diese Rücknahme auch den Zugzähler. Das Puzzle soll aber in dieser Situation auch ein Auge zudrücken können und dem Nutzer die Rücknahme seines letzten Zuges erlauben. Das Puzzle ist in dieser Hinsicht sogar sehr großzügig. Sie können beliebig viele Züge zurücknehmen.

Das Foundation-Framework stellt für diesen Zweck die Klasse `NSUndoManager` bereit, mit der Sie eine Undo- und Redo-Verwaltung implementieren können. Sie müssen dazu bei jedem Spielzug einen Methodenaufruf registrieren, der diesen Spielzug zurücknimmt.

> **Methodenaufrufe speichern**
>
> Der Undo-Manager merkt sich Methodenaufrufe für die Undo-Operationen, wobei er sie natürlich nicht ausführt. Für das Merken verwendet er Objekte der Klasse `NSInvocation`, die einen Empfänger, einen Selektor und die Parameter eines Methodenaufrufs speichern kann. Die Methode `invoke` führt einen in einem Invocation-Objekt enthaltenen Methodenaufruf aus.

Für die Registrierung von Undo-Operationen stellt der Undo-Manager zwei Methoden zur Verfügung. Wenn Sie eine Methode mit nur einem Parameter registrieren möchten, können Sie dazu die Methode `registerUndoWithTarget:selector:object:` verwenden. Sie erhält den Empfänger, den Selektor und das Parameterobjekt als Parameter. Die registrierten Methodenaufrufe verwaltet der Undo-Manager intern über einen Stapel (*Last-In-First-Out* oder kurz *LIFO*) oder auch *Undo-Stack*. Beispielsweise können Sie damit folgendermaßen die Undo-Operation für einen Setteraufruf registrieren:

```
- (void)setTitle:(NSString *)inTitle {
    if(title != inTitle) {
        [self.undoManager registerUndoWithTarget:self
            selector:@selector(setTitle:) object:title];
        [title release];
        title = [inTitle retain];
    }
}
```

Listing 5.8 Setter mit Undo-Manager

Der Setter registriert im Undo-Manager einen Setter-Aufruf mit dem alten Property-Wert. Sie können den Manager durch einen Aufruf der Methode `undo` dazu veranlassen, die zuletzt registrierte Undo-Operation auszuführen. Wenn das der Setter aus Listing 5.8 war, dann ruft der Undo-Manager erneut diesen Setter auf. Hierbei übergibt er aber den alten Wert, sodass das Objekt wieder den Titel vor dem ersten Setter-Aufruf hat.

Zu dem Zeitpunkt, an dem der Setter die Undo-Operation aufruft, registriert er einen neuen Methodenaufruf. Dadurch kommt der Undo-Stack durcheinander! Aus dieser Not hat Apple eine Tugend gemacht. Während der Ausführung von Undo-Operationen zeichnet der Undo-Manager alle Methodenregistrierungen als Redo-Operationen auf. Eine Redo-Operation macht eine Undo-Anweisung rückgängig, und Sie können sie durch die Methode `redo` im Undo-Manager ausführen. Der Undo-Manager verwaltet die Redo-Operationen über einen eigenen Stapel – dem *Redo-Stack*.

In Abbildung 5.6 ist die Interaktion des Setters aus Listing 5.8 mit dem Undo-Manager abgebildet. Der dargestellte Ablauf entspricht dabei den folgenden Programmanweisungen:

```
[theObject setTitle:@"Neu"];
[theObject.undoManager undo];
[theObject.undoManager redo];
```

Listing 5.9 Programmablauf zu Abbildung 5.6

Die gestrichelten Pfeile in der Abbildung stellen die Registrierung der Undo- und Redo-Operationen dar. Die durchgezogenen Pfeile sind mit der aufgerufenen Methode des Undo-Managers beschriftet und zeigen die Herkunft des ausgeführten Methodenaufrufs an.

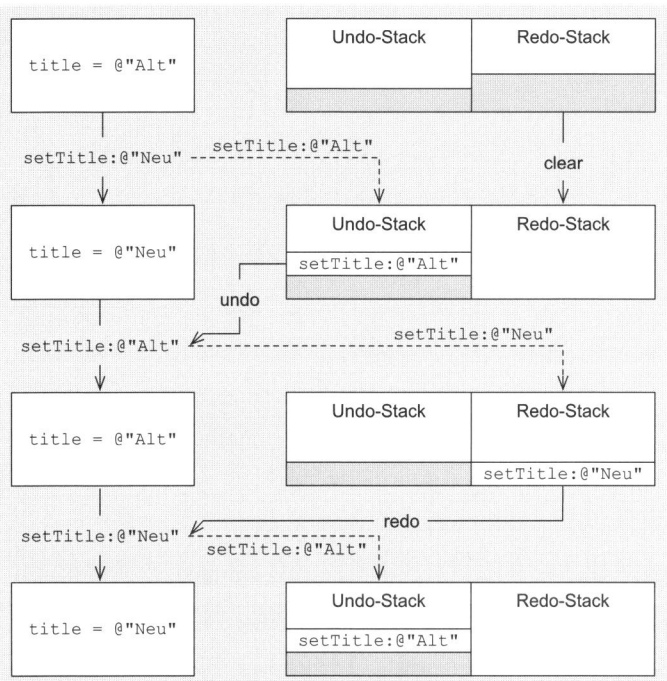

Abbildung 5.6 Interaktion des Setters mit dem Undo-Manager

Um nun den Undo-Manager in das Puzzlemodell zu integrieren, muss jede Kippoperation die Kippoperation in die entsprechende Gegenrichtung beim Undo-Manager registrieren. Allerdings erhöht die Methode `tiltToDirection:` den Zugzähler immer um eins. Sie brauchen also eine Methode, die wie `tiltToDirection:` die Puzzleteile verschiebt, aber den Zugzähler um eins verringert. Aber anstatt die Methode zu kopieren und abzuändern, verwendet das Puzzle die interne Hilfsmethode `tiltToDirection:withCountOffset:`. Den Wert des zweiten Parameters addiert die Methode zu dem Zugzähler. Sie können also hier den Wert 1 bei normalen Spielzügen und –1 bei Undo-Operationen angeben.

Diese Methode können Sie aber nicht über die Methode `registerUndoWithTarget:selector:object:` beim Undo-Manager registrieren. Sie hat erstens zwei Parameter, und das sind zweitens auch noch einfache Datentypen. Es gibt aber noch eine weitere Möglichkeit, um Undo-Methoden zu registrieren. Wenn Sie jetzt denken, dass Sie das Invocation-Objekt selber bauen müssen, dann sind Sie aber auf dem Holzweg. Der Undo-Manager stellt die Methode `prepareWith-InvocationTarget:` zur Verfügung. Sie müssen diese Methode mit dem Methodenempfänger aufrufen und an das Ergebnis den Methodenaufruf für die Undo-Operation senden. Sie können damit die Registrierung aus Listing 5.8 so schreiben:

```
[[self.undoManager prepareWithInvocationTarget:self]⮐
    setTitle:title];
```

Listing 5.10 Alternative Registrierungsmöglichkeit einer Undo-Operation

Auch dieser Code führt nicht die Methode `setTitle:` aus. Was auf den ersten Blick wie Zauberei aussieht, ist bei genauerem Hinsehen aber nur ein geschickter Trick – wie das bei Magiern ja auch meistens der Fall ist.

Des Rätsels Lösung liegt in der Antwort auf die Frage, was passiert, wenn ein Objekt eine ihm unbekannte Methode empfängt. Das Laufzeitsystem ruft in diesem Fall die Methode `forwardInvocation:` des Objekts auf. Sie bekommt ein Invocationobjekt für den fehlerhaften Methodenaufruf als Parameter übergeben.

Der Undo-Manager nutzt diesen Umstand aus. In der Methode `prepareWith-InvocationTarget:` merkt er sich einfach das Target-Objekt und gibt sich selbst zurück. Außerdem überschreibt er `forwardInvocation:`. Darin ersetzt er im Invocation-Object das Invocation-Target und legt das Objekt auf den Undo- beziehungsweise Redo-Stack. Das Ganze klingt sehr kompliziert, ist aber recht einfach:

```
- (id)prepareWithInvocationTarget:(id)inTarget {
    self.preparedTarget = inTarget;
    return self;
}
- (void)forwardInvocation:(NSInvocation *)inoutInvocation {
    [inoutInvocation setTarget:self.preparedTarget];
    self.preparedTarget = nil;
    // inoutInvoction auf Undo- oder Redo-Stack
}
```

Listing 5.11 Invocation-Erzeugung über Proxy-Aufruf

> **Proxys**
>
> Dieses Vorgehen basiert auf dem *Proxymuster*. Ein *Proxy* ist ein Objekt, das ein anderes Objekt kapselt und dessen Methodenaufrufe entgegennimmt. Der Proxy ist dabei für den Methodenaufrufer vollkommen transparent. Durch das Proxyobjekt besteht die Möglichkeit, die Methodenaufrufe zu modifizieren. Im Fall des Undo-Managers ist das die Speicherung der Methodenaufrufe.

Vielleicht kennen Sie ja den Begriff *Proxy* von den Netzwerkeinstellungen in Mac OS X oder von Ihrem Internetbrowser. Dort können Sie Ihre Webseitenaufrufe durch einen Proxyserver leiten. Der Proxyserver speichert die aufgerufenen Seiten, um den Traffic zu mindern und die Seitenaufrufe zu beschleunigen.[1] Das ist das gleiche Prinzip wie bei dem Entwurfsmuster.

Mit der Methode `tiltToDirection:withCountOffset:` können Sie jetzt die vollständige Undo- und Redo-Funktionalität des Puzzles implementieren. Dabei erfolgt die Registrierung der Undo-Operation folgendermaßen:

```
Puzzle *thePuzzle = [self.undoManager
                    prepareWithInvocationTarget:self];
...
[thePuzzle tiltToDirection:theReverseDirection
        withCountOffset:-inOffset];
```

Listing 5.12 Registrierung der Undo-Operation im Puzzle

Durch das Negieren des Offsets verhält sich die Methode nicht nur bei Undo-, sondern auch bei Redo-Aufrufen richtig. Denn Letzteres muss ja den Zugzähler wieder erhöhen.

5.1.5 Unittests

Sie haben jetzt für das Puzzle ein Modell, das auf theoretischen Überlegungen zu dem Spiel beruht. Aber macht es denn auch das, was es soll? Normalerweise testen Sie während der Programmerstellung komplette Funktionen Ihrer App. Sie kippen beispielsweise das iPhone und überprüfen, ob die Puzzle-App auch das richtige Teil verschiebt. Diese Funktionstests sind sehr wichtig, und Sie kommen nicht um sie herum.

Funktionstests

Sie sollten Ihre App vor der Veröffentlichung von mehreren anderen Nutzern testen lassen. Tester finden häufig die erstaunlichsten Fehler in den Apps. Optimalerweise lassen Sie Ihre App nicht nur von verschiedenen Personen, sondern auch auf verschiedenen Geräten überprüfen.

Es ist bei komplexen Programmen inzwischen üblich, automatisierte Testverfahren zu erstellen und regelmäßige Testläufe durchzuführen. Mit Xcode 4 hat Apple die Erstellung und Ausführung von *Modul-* oder auch *Unittests* erheblich verein-

---

[1] Meistens machen die Web-Proxys im Gegensatz zum Entwurfsmuster aber einfach auch nur viel Ärger.

facht. Wenn Sie ein neues Projekt anlegen, brauchen Sie nur die Checkbox INCLUDE UNIT TESTS anzuklicken. Xcode legt dann ein weiteres *Target* für die Tests in dem neuen Projekt an. Dieses Target enthält eine Klasse, in die Sie Ihre Testmethoden schreiben können.

Sie können das Target für die Tests aber auch noch später erstellen oder in Ihrem Programm auch mehrere Testtargets anlegen. Wählen Sie dazu den Menüpunkt FILE • NEW TARGET... aus. Es erscheint der in Abbildung 5.7 dargestellte Dialog. Selektieren Sie dort in der linken Spalte unter IOS den Punkt OTHER und dann in der Übersicht das Template COCOA TOUCH UNIT TESTING BUNDLE.

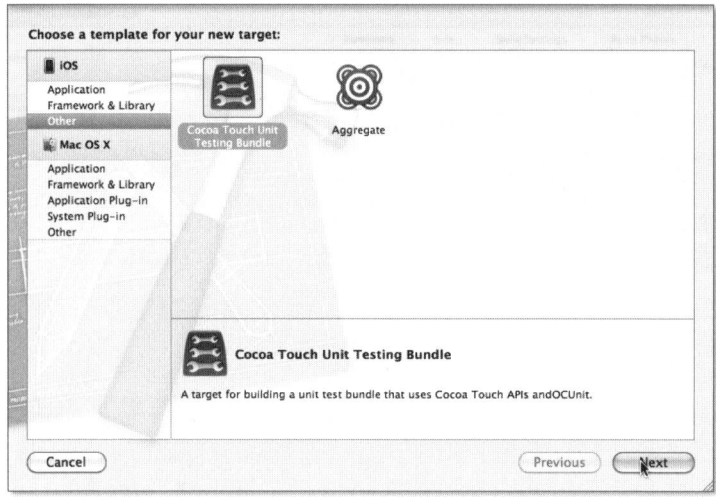

Abbildung 5.7 Anlegen eines neuen Targets

Wenn Sie auf den Button NEXT des Dialogs klicken, erscheint der in Abbildung 5.8 dargestellte Dialog. Dort können Sie den Namen und weitere Optionen des neuen Targets festlegen. Nachdem Sie auf den Buttons FINISH geklickt haben, enthält das Projekt eine neue Gruppe mit dem Namen des Targets. In der Gruppe finden Sie eine Klasse, die ebenfalls den Namen des Targets hat und die Oberklasse `SenTestCase` besitzt.

Die Klasse enthält bereits die drei Methoden:

1. Das Testframework ruft Methode `setUp` jeweils vor der Ausführung jeder Testmethode auf. Sie sollten innerhalb von `setUp` durch `[super setUp];` immer als Erstes die Methode in der Oberklasse aufrufen. Danach können Sie Ihre Testklasse für den Test initialisieren.

2. Die Methode `tearDown` ruft das Testframework nach der Ausführung einer Testmethode auf. Sie sollte immer als letzte Anweisung `[super tearDown];`

enthalten. In dieser Methode können Sie die Ressourcen Ihrer Testklasse wieder freigeben.

3. Alle Testmethoden beginnen mit dem Präfix test und haben keine Parameter. Die Methode testExample ist ein Beispiel für eine Testmethode.

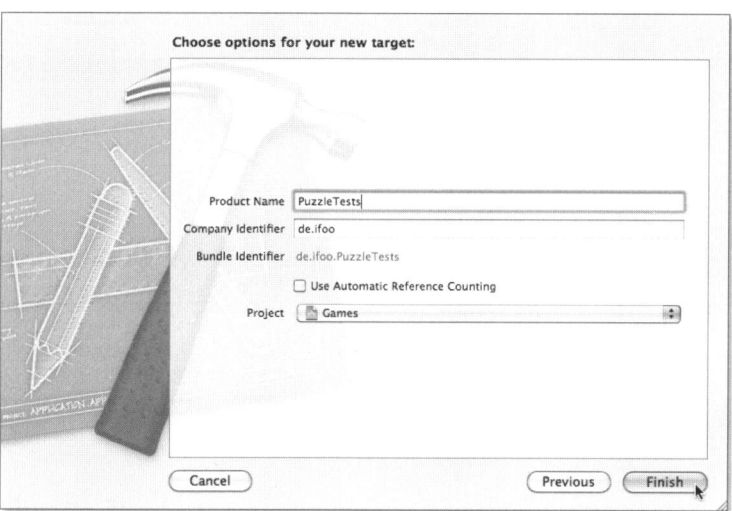

Abbildung 5.8 Eingabe der Target-Optionen

Sie können in eine Testmethode beliebigen, lauffähigen Code hineinschreiben. Sie müssen aber alle Klassen Ihres Programms, die Sie testen wollen, zu diesem neuen Target hinzufügen. Dazu brauchen Sie im Dateiinspektor unter der Rubrik TARGET MEMBERSHIP einfach nur das entsprechende Target anzuklicken (siehe Abbildung 5.9). Das Gleiche gilt natürlich auch für die verwendeten Frameworks.

Zusätzlich stellt das *SenTestKit*-Framework, auf dem die Testumgebung basiert, noch Makros bereit, um die Anweisungen zu testen. Sie können mit dem Makro STAssertTrue(*Bedingung*, *Fehlermeldung*, ...) prüfen, ob die angegebene Bedingung wahr ist. Falls sie falsch ist, gibt das Makro die Fehlermeldung aus. In der Meldung können Sie die üblichen Platzhalter verwenden, die Sie auch von stringWithFormat: kennen. Falls Sie stattdessen erwarten, dass die Bedingung falsch ist, können Sie STAssertFalse(*Bedingung*, *Fehlermeldung*, ...) verwenden.

Das Testprojekt nutzt die Unittests, um die Modellklassen zu prüfen. Als Grundlage der Tests dient das logische Modell der Puzzleklasse. Der erste Test überprüft die Konstruktion eines neuen Puzzlemodells. Wenn Sie ein neues Modell erzeugen, soll es die Ausgangsstellung haben. Damit die Testklasse das Modell nach den Tests immer freigeben kann, besitzt sie eine Property puzzle, die das Modell der Tests enthält.

5 | Animationen und Layer

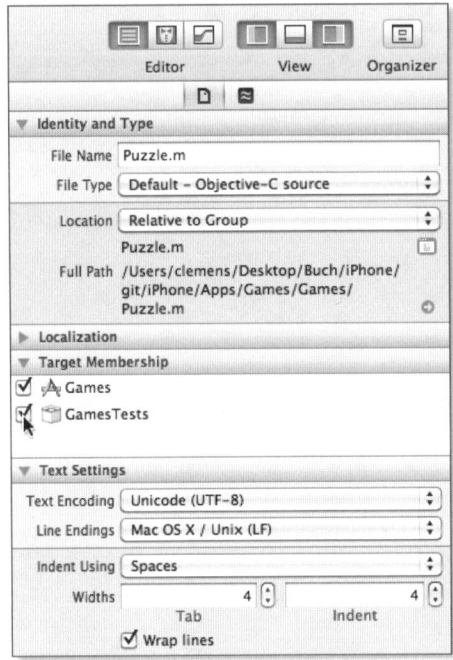

Abbildung 5.9 Datei zum Target mit den Unittests hinzufügen

Die Testmethode in Listing 5.13 überprüft zunächst, ob das Puzzle die richtige Länge und die richtige Größe besitzt. Das Puzzle befindet sich in der Ausgangsstellung, wenn sich jedes Puzzleteil an der Position befindet, die seinem Wert entspricht.

```
- (void)testCreation {
    self.puzzle = [Puzzle puzzleWithLength:4];
    STAssertTrue(self.puzzle.length == 4,
             @"invalid length = %d", self.puzzle.length);
    STAssertTrue(self.puzzle.size == 16,
             @"invalid size = %d", self.puzzle.size);
    for(NSUInteger i = 0; i < self.puzzle.size; ++i) {
        NSUInteger theValue = [self.puzzle valueAtIndex:i];

        STAssertTrue(theValue == i,
            @"invalid value %d at index %d", theValue, i);
    }
}
```

Listing 5.13 Unittest für die Ausgangsstellung des Puzzles

Xcode zeigt die nicht erfüllten Testbedingungen nach der Ausführung der Testmethode als rote Fehlermeldungen im Quelltext an. Die Testmethode `testCreation` ist sehr sinnvoll. Sie können jetzt immer davon ausgehen, dass ein neues Puzzle sich in der Ausgangsposition befindet. Das ist eine gute Basis für weitere Testmethoden.

> **Das geht Sie nichts an**
>
> Ihre Testmethoden sollten die Testobjekte immer wie eine *Blackbox* behandeln. Sie dürfen also nicht auf die Interna der zu testenden Klassen zugreifen, sondern nur auf die öffentlichen Methoden und Propertys der Klassen. Dadurch können Sie die Implementierung der Klassen jederzeit (ver-)ändern, ohne den Testcode anpassen zu müssen.

Abbildung 5.1 enthält ein Beispiel für die Veränderung des Puzzlemodells durch eine Zugfolge aus der Ausgangsstellung. Ein Puzzle in Ausgangsstellung, das Sie nach rechts, unten, rechts und wieder nach unten kippen, hat ein Array mit der Anordnung: [0, 1, 2, 3, 4, 15, 6, 7, 8, 5, 9, 11, 12, 13, 10, 14]. Das lässt sich wunderbar in einer Testmethode umsetzen.

```
- (void)testComplexMove {
    static NSUInteger theValues[] = {
        0, 1, 2, 3, 4, 15, 6, 7, 8, 5, 9, 11, 12, 13, 10, 14 };

    self.puzzle = [Puzzle puzzleWithLength:4];
    STAssertTrue([self.puzzle
        tiltToDirection:PuzzleDirectionRight],
        @"Can't tilt right.");
    STAssertTrue([self.puzzle
        tiltToDirection:PuzzleDirectionDown],
        @"Can't tilt down.");
    STAssertTrue([self.puzzle
        tiltToDirection:PuzzleDirectionRight],
        @"Can't tilt right.");
    STAssertTrue([self.puzzle
        tiltToDirection:PuzzleDirectionDown],
        @"Can't tilt down.");
    STAssertTrue(self.puzzle.freeIndex == 5,
        @"invalid free index: %u", self.puzzle.freeIndex);
    for(NSUInteger i = 0; i < self.puzzle.size; ++i) {
        NSUInteger theValue = [self.puzzle valueAtIndex:i];

        STAssertTrue(theValue == theValues[i],
            @"invalid value %d (%d) at index %d",
```

```
            theValue, theValues[i], i);
    }
}
```
Listing 5.14 Testmethode zu Abbildung 5.1

Die Testmethode in Listing 5.14 führt zunächst die vier Kippzüge aus. Dabei prüft sie auch, ob das Modell auch jeden Zug erfolgreich ausgeführt hat. Danach vergleicht die Methode die Anordnung der Teile im Modell (Ist-Wert) mit den Soll-Werten des Arrays `theValues`.

> **Aus Fehlern lernen**
>
> Ihr Programm hat einen Fehler? Wenn Sie die Fehlersituation in einem Testfall nachbilden, haben Sie eine gute Möglichkeit, den Fehler einfacher und schneller zu analysieren. Sie können ihn mit der Testmethode sozusagen unter Laborbedingungen untersuchen. Die Testbedingungen müssen natürlich das richtige Verhalten des Programms prüfen. Außerdem können Sie mithilfe der Testmethode prüfen, ob Sie den Fehler aus Ihrem Code eliminiert haben. Denn Ihre Testmethode zeigt so lange Fehler an, bis Ihr Code richtig funktioniert.

Die beschriebenen Tests gehen davon aus, dass der Nutzer nur gültige Züge macht. Das sieht in der Praxis aber meistens anders aus. Auch diesen Fall sollten Sie in den Testfällen berücksichtigen. Beispielsweise darf das Kippen eines Puzzles in der Ausgangsstellung nach links das Puzzle nicht verändern. In diesem Fall muss die Methode `tiltToDirection:` den Wert `NO` liefern.

```
- (void)testInvalidMoves {
    self.puzzle = [Puzzle puzzleWithLength:4];
    STAssertFalse([self.puzzle
        tiltToDirection:PuzzleDirectionLeft], @"tilt left.");
    STAssertNil(self.notification, @"notification sent");
    STAssertTrue(self.puzzle.solved, @"puzzle not solved");
    STAssertFalse([self.puzzle
        tiltToDirection:PuzzleDirectionUp], @"tilt up.");
    STAssertNil(self.notification, @"notification sent");
    STAssertTrue(self.puzzle.solved, @"puzzle not solved");
}
```
Listing 5.15 Testen unerlaubter Züge

Für nicht ausgeführte Züge darf das Modell natürlich auch keine Benachrichtigungen versenden. Um die Benachrichtigungen überprüfen zu können, registriert sich die Testklasse beim Notification-Center und speichert die gesendeten Benachrichtigungen in der Property `notification`. Mit dem Makro STAssert-

Nil(*Ausdruck*, *Fehlermeldung*, ...) können Sie überprüfen, ob ein Ausdruck nil ist.

Natürlich sollten die Tests auch den erfolgreichen Versand überprüfen. Da die Überprüfung einer Benachrichtigung mehrere Tests an verschiedenen Stellen umfasst, enthält die Testklasse dafür die Methode checkNotificationWith-Name:fromIndex:toIndex:. Sie können damit die Testmethode testComplex-Move entsprechend erweitern:

```
STAssertTrue([self.puzzle tiltToDirection:PuzzleDirectionRight],
             @"Can't tilt right.");
[self checkNotificationWithName:kPuzzleDidTiltNotification
                      fromIndex:14 toIndex:15];
STAssertTrue([self.puzzle tiltToDirection:PuzzleDirectionDown],
             @"Can't tilt down.");
[self checkNotificationWithName:kPuzzleDidTiltNotification
                      fromIndex:10 toIndex:14];
STAssertTrue([self.puzzle tiltToDirection:PuzzleDirectionRight],
             @"Can't tilt right.");
[self checkNotificationWithName:kPuzzleDidTiltNotification
                      fromIndex:9 toIndex:10];
STAssertTrue([self.puzzle tiltToDirection:PuzzleDirectionDown],
             @"Can't tilt down.");
[self checkNotificationWithName:kPuzzleDidTiltNotification
                      fromIndex:5 toIndex:9];
```

Listing 5.16 Überprüfung der Benachrichtigungen

Sie sehen schon: Das Testen eines Programms – und sei es nur eine Modellklasse – ist wie ein Fass ohne Boden.

5.2 Als die Views das Laufen lernten

Für jedes Puzzleteil verwendet die App einen eigenen Imageview, wobei sie ein großes Bild in die passenden Bilder für die Teile zerschneidet. Dazu enthält das Programm die Kategorie UIImage(Subimage) mit zwei Methoden. Über subimageWithRect: können Sie aus einem Bild einen rechteckigen Bereich in ein neues Bild kopieren:

```
- (UIImage *)subimageWithRect:(CGRect)inRect {
   CGImageRef theImage =
       CGImageCreateWithImageInRect(self.CGImage, inRect);
   UIImage *theResult = [UIImage imageWithCGImage:theImage];
```

```
    CGImageRelease(theImage);
    return theResult;
}
```

Listing 5.17 Kopieren eines rechteckigen Bereiches in ein neues Bild

Die zweite Methode, `splitIntoSubimagesWithRows:columns:`, zerlegt ein Bild in gleichgroße, rechteckige Bilder und liefert das Ergebnis in einem Array zurück. Das Bild enthält seine Größe als geräteunabhängige Werte. Im Puzzle liefert `size` also immer 300 × 300 Pixel für das Puzzlebild – egal ob es für die Standard- oder die Retina-Auflösung ist. Sie müssen also diese logische Bildgröße erst in die physikalische umrechnen, indem Sie die Breite und die Höhe mit dem Skalierungsfaktor multiplizieren. Den Faktor erhalten Sie über die Property `scale`.

```
- (NSArray *)splitIntoSubimagesWithRows:(NSUInteger)inRows
                                columns:(NSUInteger)inColumns {
    CGSize theSize = self.size;
    CGRect theRect = CGRectMake(0.0, 0.0,
        self.size * theSize.width / inColumns,
        self.size * theSize.height / inRows);
    NSMutableArray *theResult = [NSMutableArray
        arrayWithCapacity:inRows * inColumns];

    theSize = theRect.size;
    for(NSUInteger theRow = 0; theRow < inRows; ++theRow) {
        for(NSUInteger theColumn = 0; theColumn < inColumns;
            ++theColumn) {
            theRect.origin.x = theSize.width * theColumn;
            theRect.origin.y = theSize.height * theRow;
            [theResult addObject:
                [self subimageWithRect:theRect]];
        }
    }
    return [[theResult copy] autorelease];
}
```

Listing 5.18 Aufteilen eines Bildes für das Puzzle

Bei der Aktualisierung des Puzzles brauchen Sie jeweils nur den Stein an seine neuen Positionen zu setzen. Das können Sie erreichen, indem Sie der Property `frame` des Views für das Puzzleteil einen entsprechenden Wert zuweisen. Um zu einem Puzzleteil den entsprechenden Subview zu finden, vertauscht die Methode die Views in der Reihenfolge. Dadurch entspricht die Position des Views im Subviewarray der Position des Puzzleteils im Array des Modells.

```
- (void)puzzleDidTilt:(NSNotification *)inNotification {
    NSDictionary *theInfo = inNotification.userInfo;
    NSUInteger theFromIndex =
        [[theInfo objectForKey:kPuzzleFromIndexKey] intValue];
    NSUInteger theToIndex =
        [[theInfo objectForKey:kPuzzleToIndexKey] intValue];
    UIView *thePuzzleView = self.puzzleView;
    UIView *theFromView =
        [thePuzzleView.subviews objectAtIndex:theFromIndex];
    UIView *theToView =
        [thePuzzleView.subviews objectAtIndex:theToIndex];

    [thePuzzleView exchangeSubviewAtIndex:theFromIndex
                      withSubviewAtIndex:theToIndex];
    theFromView.frame = [self frameForItemAtIndex:theToIndex];
    theToView.frame = [self frameForItemAtIndex:theFromIndex];
}
```

Listing 5.19 Aktualisierung der Puzzleteile

Die Klasse `UIView` stellt eine Reihe von Methoden zur Verfügung, mit denen Sie Views animieren können. Die Animationen beschreiben Sie dabei über Property-Veränderungen der beteiligten Views. Sie geben dazu einfach an, welchen Wert die Property am Ende des Animationsablaufs haben soll, und den Rest erledigt Cocoa für Sie. Diese Animationsbeschreibung erfolgt innerhalb eines *Blocks* oder auch einer *Blockfunktion*. Das ist eine Erweiterung der Programmiersprache C von Apple, die Xcode seit der Betriebssystemversion 10.6 (*Snow Leopard*) unterstützt. Das zugrunde liegende Konzept für Blöcke sind *Closures* aus den *funktionalen Programmiersprachen* wie beispielsweise *LISP*, *Scheme* oder *Haskell*. Vielleicht kennen Sie das Konzept aber auch schon aus anderen Programmiersprachen wie *JavaScript*, *Ruby* oder *Python*.

5.2.1   Blockfunktionen in C

Ein Block ist eine Programmfunktion, die sich bei ihrer Erstellung Daten bis zu ihrer Ausführung merken kann. Sie können also einer Closure bei der Erzeugung schon Daten mitgeben, die sie bei ihrer späteren Ausführung verwendet.

> **Blockfunktionen**
>
> Dieser Abschnitt beschreibt Blöcke nur so weit, wie Sie sie für die Verwendung in Animationen brauchen. Falls Sie tiefer gehende Informationen dazu brauchen, sollten Sie in das Dokument *Blocks Programming Topics* schauen. Sie finden es in der API-Dokumentation oder unter folgender URL:
> http://developer.apple.com/library/ios/#documentation/Cocoa/Conceptual/Blocks/Articles/00_Introduction.html

Dazu ein Beispiel: Ein Fischhändler verkauft tagein, tagaus auf dem Markt Makrelen. Die Kunden kommen zu ihm, um eine bestimmte Menge an Fisch zu kaufen. Dafür geben sie ihm einen entsprechenden Geldbetrag. Der Fischhändler braucht also eine Funktion, die einer Menge Fisch einen Geldbetrag zuordnet. Seine Makrelen bekommt der Fischhändler auf dem Großmarkt, wo die Kilopreise für Makrelen aber jeden Tag anders sind.

Der Fischhändler muss sich also jeden Morgen auf dem Markt neu überlegen, wie viel er für das Kilogramm Makrele von seinen Kunden haben will. Sie kennen ja das alte Marktwirtschaftsspielchen: Verlangt er zu viel, kauft keiner den Fisch. Ist der Fisch zu billig, dann geht er pleite. Da der gute Mann aber nicht jeden Tag ausführliche Marktforschungsanalysen betreiben möchte, hat die einfache Faustregel aufgestellt, den Fisch für den doppelten Einkaufspreis zu verkaufen. In die Verkaufsfunktion kommen also mit dem Einkaufspreis und dem Faktor noch zwei zusätzliche Werte ins Spiel.

Ohne Closures müssten Sie diese beiden Werte entweder als zusätzliche Funktionsparameter oder als globale Variablen umsetzen. Zusätzliche Funktionsparameter haben den Nachteil, dass Sie sie immer beim Funktionsaufruf verfügbar haben müssen. Globale Variablen schränken Ihre Funktion auf eine Variante ein. Wenn Sie beispielsweise mit einem Programm den Makrelenmarkt simulieren wollen, haben alle Fischverkäufer den gleichen Großmarktpreis bezahlt und berechnen den Verkaufspreis mit dem gleichen Faktor.

Mit Closures können Sie hingegen für jeden Fischverkäufer eine eigene Verkaufsfunktion erstellen. Das könnte dann so aussehen:

```
typedef double Money;
typedef double Weight;
Money thePurchasePrice = 4.20; // Einkaufspreis
double thePurchaseFactor = 2.0; // Aufschlagsfaktor
Money (^thePurchaseFunction)(Weight) = ^(Weight inWeight) {
    return inWeight * thePurchasePrice * thePurchaseFactor;
};
Money thePrice = thePurchaseFunction(2.5); // = 21 Euro
```

Listing 5.20 Erzeugung einer Blockfunktion

Listing 5.20 erzeugt eine Blockfunktion, speichert sie in der Variablen `thePurchaseFunction` und ruft sie einmal mit dem Wert 2,5 auf. Für die Berechnung verwendet sie die Variablen `thePurchasePrice` und `thePurchaseFactor`, die außerhalb des Blocks definiert wurden. Dabei speichert das Laufzeitsystem diese Werte aber als Kontext der Blockfunktion ab. Wenn Sie die Werte der Variablen ändern, verändern Sie diese Werte in der Blockfunktion nicht. Wenn Sie also die Zeilen aus Listing 5.21 an Listing 5.20 anhängen, erhalten Sie den gleichen Verkaufspreis wie oben und nicht 18,90 Euro. Die Blockfunktion merkt sich also die Variablenwerte bis zu ihrer Ausführung.

```
thePurchaseFactor = 1.8;
thePrice = thePurchaseFunction(2.5); // = 21 Euro
```

Listing 5.21 Eine Änderung der Variablen ändert nicht die Blockfunktion.

Das ist bei Animationen wichtig, da Sie über einen Block beschreiben, wie der View nach der Animation aussehen soll. Wann Cocoa Touch diesen Block ausführt, kann Ihnen dabei egal sein. Er hat genau die Werte, die Sie bei seiner Erzeugung festgelegt haben.

Rückgabetyp von Blockfunktionen

Blockfunktionen sind sehr streng bezüglich ihres Rückgabetyps. Im Gegensatz zu vielen C-Anweisungen konvertieren sie den Wert nicht automatisch in den richtigen Typ. Das liegt daran, dass die Definition die Deklaration nicht kennt. Die Definition muss also den Rückgabetyp aus der Return-Anweisung extrahieren:

```
^(void) { return 1; } // Rückgabetyp int
^(void) { return 1.0; } // Rückgabetyp double
^(void) { return 1.0f; } // Rückgabetyp float
```

Sie müssen also sicherstellen, dass die Rückgabetypen der Blockdeklaration und -definition übereinstimmen.

Das gilt übrigens auch, wenn der Block ein Objekt zurückgeben soll. Auch hier wandelt der Compiler nicht automatisch in die Oberklasse um:

```
id ^(theBlock)(void) = ^(void) { return @"Hello"; }; // Fehler
NSObject *^(theBlock)(void) { return @"Hello"; }; // Fehler
```

Sie müssen hier explizit in den richtigen Rückgabetyp umwandeln:

```
id ^(theBlock)(void) = ^(void) { return (id)@"Hello"; }; // OK
```

Wenn Sie Blockfunktionen in Ihren Programmen verwenden möchten, sollten Sie wie in Listing 5.23 dafür über `typedef` eigene Typen definieren. Das vereinfacht Ihnen die Deklaration von Variablen.

Sie können diese Funktion nicht nur aufrufen, sondern auch wie ein Objekt behandeln. Beispielsweise können Sie die Funktion als Parameterwert an eine andere Funktion oder eine Methode übergeben. Dabei ist es wichtig, dass Sie die Blockfunktion nur innerhalb des Bereiches verwenden dürfen, in dem Sie sie deklariert haben. Folgendes dürfen Sie beispielsweise nicht machen:

```
if(YES) { /* Anfang */
    thePurchaseFunction = ^(Weight inWeight) {
        return inWeight * thePurchasePrice * 2.1;
    };
```

```
/* Ende */ }
thePrice = thePurchaseFuntion(3.1); // Fehler
```
Listing 5.22 Bereichsverletzungen mit Blöcken

Die letzte Anweisung in Listing 5.22 ist eine Bereichsverletzung, weil sie die Blockfunktion außerhalb des deklarierenden Bereichs verwendet (der durch /* Anfang */ und /* Ende */ gekennzeichnet ist). Sie dürfen eine Blockfunktion auch nicht einfach als Funktions- oder Methodenergebnis zurückgeben, da Sie auch hier den deklarierenden Block verlassen. Bei Bereichsverletzungen von Blöcken gibt Ihnen der Compiler in vielen Fällen keine Fehlermeldungen aus. Es kann sogar vorkommen, dass das Programm trotz einer Bereichsverletzung funktioniert.

Sie können Bereichsverletzungen vermeiden, indem Sie den Block kopieren. Hier treten die Objekteigenschaften von Blöcken zutage. Sie können nämlich auch an Blöcke die Methoden retain, release, autorelease und copy senden. Wenn Sie also einen Block aus einer Methode zurückgeben möchten, schicken Sie ihm ein copy und gegebenenfalls noch ein autorelease (erinnern Sie sich noch an die erste Speicherverwaltungsregel?):

```
typedef double (^FunctionType)(double inValue);
- (FunctionType)createFunction {
    return [[^(double inValue) {...} copy] autorelease];
}
- (double)evaluateFunctionWithValue:(double)inValue {
    FunctionType theFunction = [self createFunction];
    return theFunction(inValue);
}
```
Listing 5.23 Das Kopieren von Blöcken

> **Blockfunktionen und ARC**
>
> Automatisches Referenzenzählen (ARC) vereinfacht die Handhabung von Blockfunktionen als Rückgabewerte. Sie können hier beispielsweise einfach
>
> `return ^(void){ ... };`
>
> schreiben. Der ARC-Compiler fügt automatisch die notwendigen Aufrufe von copy und autorelease ein:
>
> `return [[^(void){ ... } `**`copy] autorelease]`**`;`

Wenn Sie Blockfunktionen in Objekten speichern möchten, ist es am einfachsten, dafür Propertys vom Typ copy zu verwenden. Sie können dann die Propertywerte wie bei anderen Propertys auch zuweisen. Durch den Speicherverwaltungstyp kopiert die Laufzeitumgebung automatisch die Blockfunktion bei der Zuweisung:

```
// Typdeklaration
typedef double (^FunctionType)(double inValue);
// Propertydeklaration
@property(nonatomic, copy) FunctionType function;
// Zuweisung
self.function = ^(double inValue) { ... };
// Ausführung
self.function(2.5);
```

Listing 5.24 Blockfunktion als Propertywert

5.2.2 Animationen mit Blöcken

Mit diesen Grundlagen für Blöcke können Sie jetzt anfangen, Ihre Views in Bewegung zu setzen. Dazu bietet Ihnen die Klasse UIView eine Reihe von Klassenmethoden. Die Methoden sind nicht auf Objektebene, da Sie innerhalb einer Animation mehrere Views gleichzeitig verändern können. Im einfachsten Fall wollen Sie nur eine oder mehrere Eigenschaften Ihrer Views verändern und das über eine Animation visualisieren. Beispielsweise können Sie folgendermaßen einen View animiert vergrößern:

```
CGRect theFrame = theView.frame;
theFrame.size.width *= 2;
theFrame.size.height *= 2;
[UIView animateWithDuration:0.75 animations:^{
    theView.frame = theFrame;
}];
```

Listing 5.25 Animierte Vergrößerung eines Views

Parameterlose Blockfunktionen

Wenn eine Blockfunktion keinen Parameter erwartet, können Sie die Angabe der Parameterliste auch weglassen. In Listing 5.25 können Sie deshalb die Definition des Animationsblocks von ^(void){ ... } auf ^{ ... } verkürzen.

Sie können also eine Animation durch einen Methodenaufruf und eine Zeile im Animationsblock starten. Cocoa erzeugt automatisch zu den Änderungen, die Sie im Animationsblock an den Views vornehmen, die notwendigen Animationen. In vielen Fällen möchten Sie am Ende der Animation weiteren Code ausführen. Dafür gibt es eine Variante mit zwei Blockfunktionen:

```
[UIView animateWithDuration:0.75 animations:^{
    theView.frame = theFrame;
}
completion:^(BOOL inFinished) {
    theView.alpha = 0.5;
}];
```
Listing 5.26 Animation mit Block für das Animationsende

Die Animation ruft nach ihrer Beendigung den zweiten Block auf. Dabei gibt der boolesche Parameter an, ob Cocoa Touch die Animation regulär beendet oder vor Beendigung abgebrochen hat. In der Regel hat dieser Parameter also den Wert YES.

> **Abbrechen von Animationen**
>
> Für den Abbruch von View-Animationen gibt es keine dokumentierte Methode im UIKit. Da diese Animationen aber auf Core Animation basieren, können Sie auf die Animationen eines Views über seinen *Layer* zugreifen. Über die folgende Anweisung können Sie alle Animationen stoppen:
>
> `[theView.layer removeAllAnimations];`
>
> Wenn Sie die Animationen so stoppen, springt der View augenblicklich in den Endzustand. Alle animierten Propertys des Views haben also die Werte, die Sie ihnen im Animationsblock zugewiesen haben.

Sie können folgende Propertys eines Views animieren:

- Mit den Propertys `frame` und `bounds` können Sie die Position und die Größe des Views verändern.
- Über die Property `center` verschieben Sie den Mittelpunkt eines Views. Das hat nicht nur Auswirkungen auf dessen Lage, sondern auch auf die Transformation des Views.
- Sie können einem View eine affine Transformation, das ist eine 3 × 3-Matrix einer bestimmten Struktur, über die Property `transform` zuweisen. Mit Transformationen können Sie den View drehen, vergrößern und verschieben.
- Ein- und Ausblendeffekte können Sie durch eine Änderung des Wertes der Property `alpha` erreichen.
- Sogar die Hintergrundfarbe des Views können Sie über die Property `backgroundColor` animieren.
- Über die Property `contentStretch` bestimmen Sie den dehnbaren Bereich des Views.

> **Dehnungsübungen**
>
> Der dehnbare Bereich eines Views ist ein Rechteck, dessen Breite und Höhe der View anpassen darf (siehe Abbildung 5.10). Allerdings kann der View auch Bereiche an den Rändern anpassen (das ist durch Pfeile in der Abbildung gekennzeichnet). Für die Koordinaten geben Sie relative Werte zwischen 0 und 1 an. Dadurch sind die Größenangaben unabhängig von der Größe des Views. Das Rechteck für Abbildung 5.10 hat beispielsweise folgende Werte:
> ```
> theView.contentStretch = CGRectMake(0.125, 0.25, 0.625, 0.5);
> ```

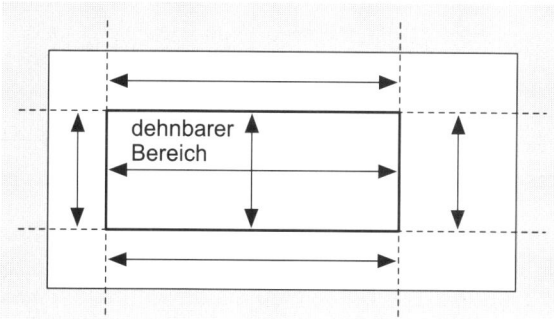

Abbildung 5.10   Dehnbare Bereiche (Pfeile) eines Views

Während der Animationsausführung ist die Verarbeitung von Touch-Events unterbrochen, sodass Sie also keine Eingaben empfangen können. In vielen Fällen ist das auch nicht notwendig. Es gibt aber noch eine dritte Animationsmethode, mit der Sie unter anderem dieses Verhalten beeinflussen können. Dazu besitzt diese Methode den Parameter `options`. Außerdem können Sie über den Parameter `delay` die Ausführung der Animation verzögern.

Der Wert des Optionsparameters ist eine *Bitmenge*, die Sie aus mehreren Konstanten, die einen booleschen Wert darstellen, zusammensetzen können. Wenn Sie mehrere Eigenschaften über die Optionen setzen wollen, müssen Sie die entsprechenden Konstanten über das *bitweise Oder* (Operator |) verknüpfen.

Sie können die Touchverarbeitung während der Animation über die Konstante `UIViewAnimationOptionAllowUserInteraction` einschalten. Über Viewanimationen können Sie Ihre Views aber auch kontinuierlich animieren. Dazu brauchen Sie nur den Schalter `UIViewAnimationOptionRepeat` zu setzen, dann setzt die Animation am Ende der Bewegung den View wieder auf den Ursprungszustand zurück und beginnt von vorne. Der Parameter `duration` gibt bei wiederholten Animationen die Länge einer Wiederholung an, und die gesamte Animation läuft dauerhaft. Diese dauerhaften Animationen sollen häufig auch den Rückweg, also den Übergang vom End- zum Anfangszustand, animieren. Mit dem Schalter `UIViewAnimationOptionAutoreverse` können Sie dieses Verhalten einschalten.

Über den Optionsparameter können Sie auch den Geschwindigkeitsverlauf in der Animation steuern.

UIViewAnimationOptionCurve...	Die Animation ...
...EaseInOut	beschleunigt am Anfang und bremst am Ende ab.
...EaseIn	beschleunigt am Anfang und läuft dann bis zum Ende mit einer konstanten Geschwindigkeit.
...EaseOut	startet mit einer konstanten Geschwindigkeit und verlangsamt sich am Ende.
...Linear	hat über den gesamten Verlauf die gleiche Geschwindigkeit.

Tabelle 5.3 Geschwindigkeitsverläufe in der Animation

Das Beispielprogramm *Animation* auf der beiliegenden DVD vermittelt einen Eindruck von den verschiedenen Animationsverläufen. Sie können dort über ein *Segmented Control* die Animationskurve wählen und eine Animation starten.

Animationen ohne Blockfunktionen

Blockfunktionen hat Apple erst mit iOS 4.0 eingeführt. Trotzdem können Sie auch in älteren iOS-Versionen Animationen einbinden (Sie sollten aber möglichst die Blockfunktionen bevorzugen).

Zum Einbinden in älteren iOS-Versionen müssen Sie Ihre Animationen in Aufrufe der Klassenmethoden `beginAnimations:context:` und `commitAnimations` einschließen. Mit weiteren Klassenmethoden können Sie zwischen diesen Methodenaufrufen die Animationsoptionen setzen. Die Animation aus Listing 5.25 sieht ohne Blockfunktionen beispielsweise so aus:

```
CGRect theFrame = theView.frame;
theFrame.size.width *= 2;
theFrame.size.height *= 2;
[UIView beginAnimations:@"resize" context:NULL];
[UIView setAnimationDuration:0.75];
theView.frame = theFrame;
[UIView commitAnimations];
```

Der erste Parameter der Methode `beginAnimations:context:` gibt den Namen der Animation an. Sie können hier auch `nil` verwenden. Unter diesem Namen speichert Cocoa Touch die Animation im Layer. Darauf geht der nächste Abschnitt noch genauer ein. Im Context-Parameter können Sie der Animation beliebige Daten mitgeben, die sie an Ihre Delegatemethoden weitergibt.

5.2.3 Transitionen

Mit den vorgestellten Animationen können Sie das Aussehen eines oder mehrerer Views gleichzeitig ändern. Für das Memory-Spiel des Beispielprogramms dieses Kapitels sollte die Animation das Umdrehen der Karten simulieren. Das können Sie mit View-Transitionen erreichen.

Transitionen sind Animationen zum gleichzeitigen Ein- und Ausblenden von Views. Die Animation verbindet dabei das Erscheinen und das Verschwinden der Views zu einem Effekt. Es gibt folgende Transitionen:

UIViewAnimationOptionTransition...	Die Animation ...
...None	Kein Animationseffekt. Das ist der Standardwert.
...FlipFromLeft	dreht die Views um deren vertikale Achse um 180° – die linke Seite nach vorne und die rechte nach hinten.
...FlipFromRight	dreht die Views um deren vertikale Achse um 180° – die rechte Seite nach vorne und die linke nach hinten.
...CurlUp	blättert den auszublendenden View wie ein Kalenderblatt nach oben weg.
...CurlDown	blättert den einzublendenden View von oben ein.

Tabelle 5.4 Transitionstypen

Sie können eine Transition über die Klassenmethode `transitionWithView:duration:options:animations:completion:` von `UIView` starten. Dabei geben Sie im ersten Parameter den View an, dessen Subviews Sie in die Transition einbeziehen möchten. Die Transition animiert alle Views, die Sie anzeigen, verstecken, zum View hinzufügen oder aus ihm entfernen. Die anderen Parameter verhalten sich genau wie bei den bereits vorgestellten Animationsmethoden. Die Flipanimationen eignen sich herrragend, um das Umdrehen der Karten im Memoryspiel der Beispielapplikation zu animieren.

Eine Karte im Memory besteht aus drei Views. Der äußere View der Klasse `CardView` dient als Container, der jeweils einen View für die Vorder- und Rückseite der Karte enthält. Die Vorderseite zeigt ein farbiges Vieleck, während die Rückseite ein einheitliches Muster anzeigt. Der Containerview steuert die Transitionen der Karte über die Methode `showFrontSide:withAnimationCompletion:`.

```objc
- (FrontView *)frontView {
    return self.subviews.lastObject;
}
- (BOOL)showsFrontSide {
    return !self.frontView.hidden;
}
- (void)setShowsFrontSide:(BOOL)inShowingFront {
    [[self.subviews objectAtIndex:0] setHidden:inShowingFront];
    self.frontView.hidden = !inShowingFront;
}
- (void)showFrontSide:(BOOL)inShow withAnimationCompletion:
  (void (^)(BOOL inFinished))inCompletion {
    UIViewAnimationOptions theTransition = inShow ?
        UIViewAnimationOptionTransitionFlipFromLeft :
        UIViewAnimationOptionTransitionFlipFromRight;
    [UIView transitionWithView:self
                      duration:0.75
                       options:theTransition |
                               UIViewAnimationOptionAllowUserInteraction
                    animations:^{
                        self.showsFrontSide = inShow;
                    }
                    completion:inCompletion];
}
```

Listing 5.27 Transition der Memorykarten

Der Animationsblock verändert die Property `hidden` der beiden Seiten der Karte, sodass sie jeweils nur einen View zeigt. Die Transition erzeugt daraus eine Animation, die wie ein Umdrehen der Karten aussieht. Für das Anzeigen und Verstecken der Vorderseite verwendet die Methode dabei die entgegengesetzten Transitionen.

Wenn Sie in einer Transition auch noch Views animieren wollen, können Sie dazu die Option `UIViewAnimationOptionAllowAnimatedContent` setzen. Dann setzt Cocoa Touch alle Änderungen an Views im Animationsblock der Transition auch in Animationen um.

5.2.4 Zur Animation? Bitte jeder nur einen Block!

Wenn Sie mehrere Animationen hintereinander ausführen wollen, reicht dafür das Hintereinanderschreiben mehrerer Animationsanweisungen nicht aus. Die Animationen laufen dann trotzdem gleichzeitig ab. Das liegt einerseits daran, dass Cocoa Touch die Animationen auch aus der Runloop heraus startet. Andererseits warten die Animationsmethoden auch nicht auf den Ablauf der Animationen. Dafür gibt es ja schließlich den *Completionblock*. In diesem Block können Sie die anschließende Animation starten, sodass Sie eine sequenzielle Ausführung der Animationen erhalten.

Das Memory-Spiel des Beispielprojekts besitzt einen Hilfeknopf, mit dem Sie die verdeckten Karten der Reihe nach kurz aufdecken können. Dazu besitzt die Klasse MemoryViewController die rekursive Methode showCardView:atIndex:, die die Karten nacheinander kurz aufdeckt.

```
- (void)showCardView:(BOOL)inShow atIndex:(NSUInteger)inIndex {
    NSArray *theViews = self.memoryView.subviews;
    UIViewAnimationOptions theOptions = inShow ?
        UIViewAnimationOptionTransitionCurlUp :
        UIViewAnimationOptionTransitionCurlDown;

    if(inIndex < theViews.count) {
        Card *theCard =
            [self.memory.cards objectAtIndex:inIndex];
        CardView *theView = [theViews objectAtIndex:inIndex];

        [UIView transitionWithView:theView duration:0.25
            options:theOptions
            animations:^{
                theView.showsFrontSide =
                    inShow || theCard.showsFrontSide;
            }
            completion:^(BOOL inFinished) {
                [self showCardView:inShow atIndex:inIndex + 1];
                if(inIndex == 0 && inShow) {
                    [self showCardView:NO atIndex:0];
                }
            }];
    }
}
```

Listing 5.28 Animierte Hilfe des Memoryspiels

Der erste Parameter gibt an, ob die Methode die Karte an der Indexposition zeigen oder verdecken soll. Das Auf- und Zudecken der Karte geschieht dabei auch über die Property showsFrontSide und eine Curl-Up- beziehungsweise Curl-Down-Transition. Der Completion-Block der Transition startet dabei jeweils die Transition der nächsten Karte, sodass dadurch eine Kette von Animationen entsteht. Der Completion-Block für die erste Karte startet außerdem noch eine zweite Animationskette zum Verdecken der Karten.

5.3 Core Animation

Auf den ersten Blick wirken die View-Animationen ein bisschen wie Magie. Durch einen zusätzlichen Methodenaufruf verwandeln Sie eine statische Veränderung des Views in einen eleganten Übergang, wobei Sie auch noch eine große Palette möglicher Animationen haben. Da fragt sich doch der neugierige Programmierer, wie das funktioniert. Die Antwort darauf ist relativ einfach. Dazu müssen Sie aber eine Ebene tiefer gehen.

Core Animation ist eine Sammlung von Klassen zur Darstellung, Projektion und Animation von Grafiken. Der Name Core Animation ist vielleicht etwas verwirrend, da Sie Core Animation auch ohne Animationen sinnvoll verwenden können.

> **Core Animation verwenden**
>
> Wenn Sie die Klassen aus *Core Animation* in Ihren Apps verwenden möchten, müssen Sie das *QuartzCore*-Framework einbinden. Außerdem müssen Sie den entsprechenden Header über
>
> `#import <QuartzCore/QuartzCore.h>`
>
> in Ihre Quelldateien importieren, damit der Compiler Ihren Programmcode übersetzen kann.

5.3.1 Layer

Die Views des UIKits verwenden Core-Animation-Layer für ihre Darstellung. Ein Layer ist eine Zeichenebene, die Inhalte für die Anzeige bereitstellt. Die Basisklasse für alle Layer ist `CALayer`. Dabei ist jedem View ein Layer zugeordnet, den Sie über die Property `layer` erhalten. Nach der Erzeugung eines Views ist dessen Layer fest, und Sie können dem View keinen neuen Layer zuweisen. Die Klasse `UIView` hat aber die Klassenmethode `layerClass`, über die der View die Klasse seines Layers bestimmt. Sie können in Ihren Unterklassen also diese Methode implementieren, um so die Layerklasse des Views festlegen zu können.

```
+ (Class)layerClass {
    return [PieLayer class];
}
```

Listing 5.29 Festlegen der Layerklasse eines Views

Layer können, analog zu Views, Sublayer haben. Wenn ein View Subviews hat, dann sind deren Layer die Sublayer des Layers des Views. Eine grafische Veranschaulichung des letzten Satzes finden Sie in Abbildung 5.11.

Jedem View ist zwar ein Layer zugeordnet, aber nicht jeder Layer muss zu einem View gehören. Sie können also in einen Layer beliebig viele Sublayer einfügen. Die Verwaltung der Sublayer erfolgt dabei analog zu Views. Sie erhalten alle Sublayer eines Layers über die Property sublayers. Durch die Methode add-Sublayer: können Sie neue Sublayer zu einem Layer hinzufügen, und über die Property superlayer haben Sie Zugriff auf den darüber liegenden Layer.

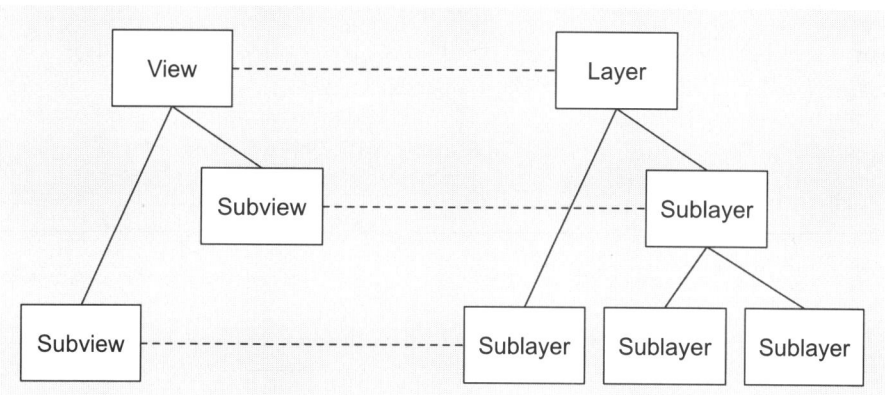

Abbildung 5.11 View- und Layer-Hierarchie

Layer haben noch eine Reihe weiterer Eigenschaften. Sie finden im Layer viele Propertys, die Sie schon von der Klasse UIView kennen. Teilweise haben sie aber einen anderen Namen. Beispielsweise heißt clipsToBounds im Layer masksToBounds. Das Gegenstück zu der Viewproperty alpha ist opacity. Wenn sie den Wert 0 hat, ist der Layer transparent. Bei einem Wert von 1 ist er deckend.

Sehr praktisch ist beispielsweise die Property cornerRadius der Klasse CALayer. Damit können Sie die Ecken eines Layers abrunden. Dafür müssen Sie diese Property auf einen Wert größer als 0 setzen. Außerdem können Sie noch einen Schatten, eine Rahmenfarbe und eine Rahmenbreite festlegen:

```
theLayer.cornerRadius = 10.0;
theLayer.borderColor = [UIColor blueColor].CGColor;
theLayer.borderWidth = 2.0;
theLayer.shadowColor = [UIColor blackColor].CGColor;
theLayer.shadowOffset = CGSizeMake(5.0, 5.0);
theLayer.shadowOpacity = 0.5;
```

Listing 5.30 Erzeugung eines Layerrahmens

Wenn Sie die Propertys wie in Listing 5.30 setzen, erhalten Sie einen Rahmen um den Layer, wie er in Abbildung 5.12 dargestellt ist. Sie können diese Propertys natürlich auch bei dem Layer eines Views setzen, um die Ecken eines rechteckigen Views abzurunden. Das ist eine einfache Möglichkeit, um die Gestaltung der Oberflächen Ihrer Apps aufzulockern.

Ein Layer kann auch ein Delegate haben. Bei den Standardlayern der Views ist das Delegate immer der View. Sie dürfen diesen Layern kein anderes Delegate zuweisen. Bei allen anderen Layern können Sie hingegen das Delegateobjekt frei wählen und über die Property `delegate` setzen.

> **Diplomatischer Skandal: Layer-Delegation hält sich an kein Protokoll**
> Es gibt kein Protokoll für das Layer-Delegate. Die Delegatemethoden finden Sie alle in der Klasse `CALayer`. In deren Dokumentation sind alle Delegatemethoden durch den Zusatz *delegate method* gekennzeichnet.

Es gibt drei mögliche Wege, wie Sie den Inhalt eines Layers bereitstellen können. Über die Property `contents` können Sie dem Layer ein Core-Graphics-Bild (`CGImageRef`) zuweisen. Eine solche Referenz erhalten Sie beispielsweise über die Property `CGImage` eines Bildes des UIKits.

```
UIImage *theImage = [UIImage imageNamed:@"background.png"];
theLayer.contents = theImage.CGImage;
```

Listing 5.31 Setzen der »contents«-Property eines Layers

Der Layer-Inhalt lässt sich aber auch durch Zeichenoperationen erzeugen. Sie können dafür entweder eine Delegatemethode verwenden oder eine Unterklasse erstellen. Für die Delegation implementieren Sie die Methode `drawLayer:inContext:`, wobei Sie den Kontextparameter für Ihre Zeichenoperationen verwenden:

```
- (void)drawLayer:(CALayer *)inLayer
        inContext:(CGContextRef)inContext {
   CGContextSaveGState(inContext);
   // beliebige Zeichenoperationen
   CGContextRestoreGState(inContext);
}
```

Listing 5.32 Layer-Inhalt über Delegatemethode zeichnen

Cocoa Touch ruft die Methode `drawRect:` über `drawLayer:inContext:` auf. Sie haben also bereits – ohne es zu ahnen – Layer-Inhalte über Delegation erzeugt.

> **UIView und drawLayer:inContext:**
> Wenn Sie den View-Inhalt über die Delegatemethode anstatt mit `drawRect:` zeichnen möchten, dann müssen Sie trotzdem die Methode `drawRect:` überschreiben. Ansonsten ruft der Layer die Delegatemethode nicht auf. Es reicht aber aus, wenn Sie die Methode leer lassen.

Der dritte Weg zur Bereitstellung des Layer-Inhalts ist das Überschreiben der Methode `drawInContext:` in einer Unterklasse von `CALayer`. Auch hier bekommen Sie den Kontext zum Zeichnen als Parameter übergeben.

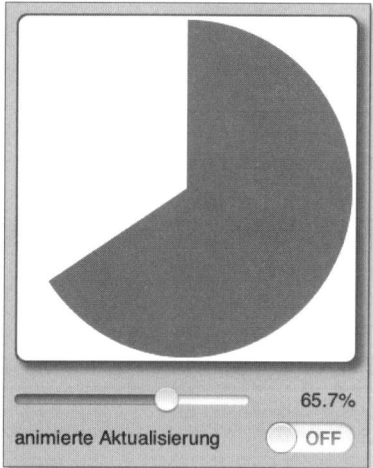

Abbildung 5.12 Das »Pie«-Beispielprogramm

Das Beispielprojekt *Pie* auf der beiliegenden DVD stellt ein Kreissegment dar, dessen Ausschnitt Sie über einen Schieberegler verändern können (siehe Abbildung 5.12). Die Darstellung des Segments basiert auf einem Layer mit folgender Implementierung der Methode `drawInContext`:

```
- (void)drawInContext:(CGContextRef)inContext {
    CGRect theBounds = self.bounds;
    CGSize theSize = theBounds.size;
    CGFloat thePart = self.part;
    CGPoint theCenter = CGPointMake(CGRectGetMidX(theBounds),
                                    CGRectGetMidY(theBounds));
    CGFloat theRadius = fminf(theSize.width, theSize.height) /
                        2.0 - 5.0;
    CGFloat theAngle = 2 * (thePart - 0.25) * M_PI;

    CGContextSaveGState(inContext);
```

```
    CGContextSetFillColorWithColor(inContext,
                                   [UIColor redColor].CGColor);
    CGContextMoveToPoint(inContext, theCenter.x, theCenter.y);
    CGContextAddArc(inContext, theCenter.x, theCenter.y,
                    theRadius, -M_PI / 2.0, theAngle, NO);
    CGContextAddLineToPoint(inContext, theCenter.x, theCenter.y);
    CGContextFillPath(inContext);
    CGContextRestoreGState(inContext);
}
```

Listing 5.33 Zeichnen des Kreissegments im Layer

Die Property `part` enthält die Größe des Kreissegments als Wert zwischen 0 und 1. Ein Layer kann über die Methoden `valueForKey:` und `setValue:forKey:` beliebige Werte speichern. Die Klasse `PieLayer` speichert den Wert für die Property `part` auch über diese Methoden. Die Deklaration dieser Property in der Klasse `PieLayer` erfolgt zwar über ein gewohntes

```
@property (nonatomic) CGFloat part;
```

für die Implementierung reicht aber die Anweisung `@dynamic part;` aus. Dadurch ruft die Laufzeitumgebung immer, wenn Sie lesend oder schreibend auf `part` zugreifen, die Methoden `valueForKey:` beziehungsweise `setValue:forKey:` mit `@"part"` als Schlüssel auf, wobei sie den Fließkommawert auch immer schön aus einem `NSNumber`-Objekt auspackt beziehungsweise ihn in ein solches Objekt verpackt.

> **Layer-Eigenschaften über Propertys**
>
> Legen Sie die Propertys eines Layers möglichst immer dynamisch an. Sie können zwar auch synthetisierte Propertys verwenden oder eigene Implementierungen dafür schreiben. Allerdings dürfen Sie in der Implementierung nicht die Key-Value-Coding-Methoden mit dem Propertyname als Schlüssel verwenden. Die Implementierung
> ```
> - (CGFloat)part {
>     return [[self valueForKey:@"part"] floatValue];
> }
> ```
> führt zu einer Endlosrekursion, da der Aufruf von `valueForKey:` wieder die Methode `part` aufruft. Sie bekommen aber weiteren Ärger, wenn Sie diese Propertys animieren wollen. Also nutzen Sie lieber das Key-Value-Coding. Das ist ein Angebot, das Sie einfach nicht ablehnen können.

Natürlich sollte der Layer seine Propertys auch mit Werten vorbelegen. Dafür sollten Sie die Klassenmethode `defaultValueForKey:` überschreiben. Sie liefert für die Schlüssel des Layers entweder den Standardwert zurück oder reicht den

Aufruf an die Methode der Oberklasse weiter. Da diese Methode den Rückgabetyp id hat, muss sie den Standardwert für die Property part als Objekt liefern.

```
static NSString * const kPartKey = @"part";

+ (id)defaultValueForKey:(NSString *)inKey {
    return [kPartKey isEqualToString:inKey] ?
        [NSNumber numberWithFloat:0.0] :↵
        [super defaultValueForKey:inKey];
}
```

Listing 5.34 Standardwert für die Property »part«

Wenn Sie jetzt die Klasse PieLayer verwenden, sehen Sie noch nichts – zumindest kein Tortenstück. Das könnte daran liegen, dass die Größe des Segments den Wert Null hat. Aber selbst mit einem anderen Standardwert für part gibt's immer noch keinen Kuchen und die Fläche bleibt immer noch weiß.

Das liegt daran, dass niemand dem Layer gesagt hat, dass er etwas zeichnen soll. Sie können das erreichen, indem sie ihm die Nachricht setNeedsDisplay schicken. Das müssen Sie immer machen, wenn Sie den Wert für part verändern. Das ist aber sehr unpraktisch, da Sie dafür entweder die Methode setPart: implementieren oder KVO verwenden müssten.

Um dieses Problem zu umgehen, bietet die Layerklasse über die Klassenmethode needsDisplayForKey: eine einfachere Möglichkeit an. Core Animation zeichnet den Layer bei einer Änderung eines Propertywertes automatisch neu, wenn die Methode für den Propertynamen YES liefert. Sie können dazu diese Methode in Ihren Klassen einfach überschreiben.

```
+ (BOOL)needsDisplayForKey:(NSString *)inKey {
    return [kPartKey isEqualToString:inKey] ||↵
        [super needsDisplayForKey:inKey];
}
```

Listing 5.35 Layer bei Änderung des Propertywertes neu zeichnen

> **Layer-Propertys gesucht**
>
> Core Animation ruft die Methode needsDisplayForKey: einmal für jede Property der Layerklasse auf. Sie sollten auch deshalb die Layereigenschaften als dynamische Property deklarieren. Für Eigenschaften, die Sie als Getter und Setter deklariert haben, ruft Core Animation needsDisplayForKey: nicht auf. Das klingt ja schon wieder nach einem Angebot, das Sie nicht ausschlagen können.

5.3.2 Vordefinierte Layerklassen

Core Animation stellt fertige Unterklassen von `CALayer` für verschiedene Anwendungsfälle bereit. Den Programmcode zu den vier hier vorgestellten Layern finden Sie im Beispielprojekt *Layer* auf der beiliegenden DVD. Die Darstellung der Ausgabe der beschriebenen Layer ist in Abbildung 5.13 zu sehen.

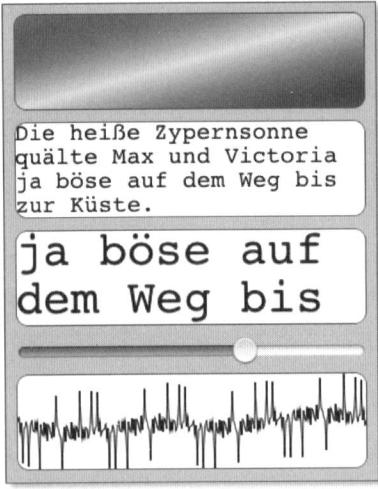

Abbildung 5.13 Ausgabe der Layer-App

Mit einem Layer der Klasse `CAGradientLayer` können Sie Farbverläufe darstellen, die auf zwei oder mehr Farben basieren. Die Farben übergeben Sie an den Layer als `CGColorRef`-Werte in einem `NSArray`. Der Farbverlauf verläuft entlang einer Linie, die Sie über die Propertys `startPoint` und `endPoint` festlegen.

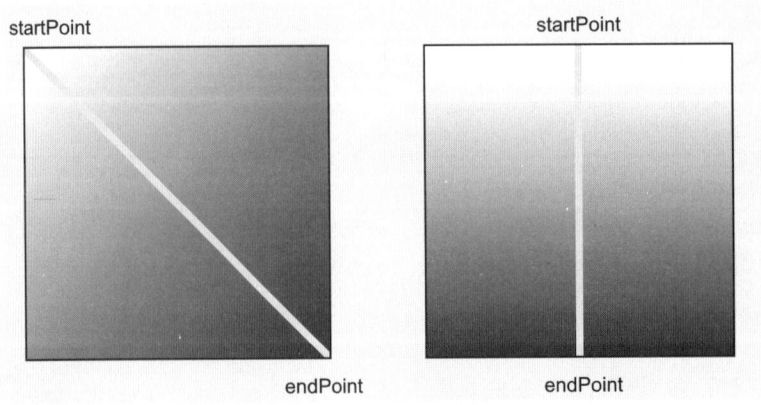

Abbildung 5.14 Gradientenverlauf zwischen Start- und Endpunkt

> **Relative Positionsangaben bei Layern**
>
> Positionen oder Rechtecke innerhalb eines Layers müssen Sie in der Regel durch Werte zwischen 0 und 1 beschreiben und nicht durch absolute Koordinaten. Den Ankerpunkt eines Layers können Sie beispielsweise über die Property `anchorPoint` festlegen. Standardmäßig ist das der Mittelpunkt des Layers, und diese Property hat also den Wert (0,5, 0,5).

Abbildung 5.14 enthält zwei Gradientenverläufe mit unterschiedlichen Start- und Endpunkten. Die Lage der Punkte verdeutlicht dabei jeweils eine Verbindungslinie auf dem Gradienten. Der linke Verlauf startet in der Ecke links oben und endet unten rechts. Der Startpunkt hat also den Wert (0, 0) und der Endpunkt (1, 1). Der rechte Gradient verläuft von oben nach unten, was sich über den Startpunkt (0,5, 0) und den Endpunkt (0,5, 1) realisieren lässt.

Über Layer der Klasse `CATextLayer` können Sie Texte darstellen. Die Implementierung des Layers beruht auf Core Text. Das ist ein Low-Level-Framework für die Ausgabe von Texten. Sie können im Gegensatz zu einem Label über diesen Layer auch Texte mit Hervorhebungen (z. B. fett oder kursiv) und unterschiedlichen Schriftarten ausgeben.

Die Klasse `CAScrollLayer` erlaubt die Anzeige von Inhalten, die größer sind als der verfügbare Bereich für die Darstellung. Sie zeigen also wie ein `UIScrollView` immer nur einen Ausschnitt des Inhalts an. Im Gegensatz zum View verarbeitet der Layer aber keine Gesten, und er zeigt auch keine Scrollbalken an.

Sie können den angezeigten Ausschnitt des Scrolllayers über die Methoden `scrollToPoint:` und `scrollToRect:` festlegen. Über `scrollToPoint:` legen Sie die linke obere Ecke des Ausschnitts für die Anzeige fest. Dabei geben Sie den Punkt in absoluten Koordinaten zum Layerinhalt an. Bei `scrollToRect:` übergeben Sie ein Rechteck aus dem Koordinatensystem des Inhalts. Der Scrolllayer stellt dann einen Ausschnitt des Inhalts dar, der dieses Rechteck enthält.

Ein Layer der Klasse `CAShapeLayer` stellt einen Core-Graphics-Pfad dar. Dabei können Sie diesen Pfad über die Property `path` setzen. Auch für die anderen üblichen Verdächtigen gibt es entsprechende Propertys. Sie können beispielsweise die Füllfarbe über `fillColor` und die Linienfarbe über `strokeColor` setzen.

5.3.3 Unser Button soll schöner werden

Die Klasse `GradientButton` der Games-App verwendet einen Gradienten-Layer, um optisch ansprechende Buttons darzustellen. Dazu fügt sie in der Methode `awakeFromNib` einen weiteren Sublayer hinzu:

5 | Animationen und Layer

```
- (void)awakeFromNib {
    [super awakeFromNib];
    CALayer *theLayer = self.layer;
    CAGradientLayer *theBackground = [CAGradientLayer layer];

    theLayer.cornerRadius = 10.0;
    theLayer.masksToBounds = YES;
    theBackground.frame = theLayer.bounds;
    theBackground.startPoint = CGPointMake(0.5, 0.2);
    theBackground.endPoint = CGPointMake(0.5, 0.4);
    theBackground.colors = self.normalColors;
    theBackground.zPosition = -1;
    [theLayer addSublayer:theBackground];
    self.backgroundLayer = theBackground;
}
```

Listing 5.36 Hinzufügen eines Layers für den Hintergrund

Der Layer für den Hintergrund erhält die z-Position (siehe Abschnitt 5.3.7, »Die 3. Dimension«) -1, damit er hinter den anderen Elementen des Buttons liegt. Da der Button einen transparenten Hintergrund hat, verdeckt der Button aber nicht den Hintergrundlayer. Wenn Sie den Button drücken, verändert sich die Farbe des Verlaufs wie beim Redo-Button in Abbildung 5.15. Dazu besitzt die Klasse zwei Getter, die jeweils ein Array mit Farben liefern. Die Arrays müssen allerdings die Farbwerte als `CGColorRef`-Werte enthalten:

```
- (NSArray *)normalColors {
    return [NSArray arrayWithObjects:
            (id)[UIColor colorWithRed:0.0 green:0.0 blue:0.9
                               alpha:1.0].CGColor,↵
            [UIColor colorWithRed:0.0 green:0.0 blue:0.6↵
                               alpha:1.0].CGColor, nil];
}

- (NSArray *)highligthedColors {
    return [NSArray arrayWithObjects:
            (id)[UIColor colorWithRed:0.9 green:0.0 blue:0.0↵
                               alpha:1.0].CGColor,
            [UIColor colorWithRed:0.6 green:0.0 blue:0.0↵
                               alpha:1.0].CGColor, nil];
}
```

Listing 5.37 Definition der Verlaufsfarben für den Hintergrund

Abbildung 5.15 Änderung der Hintergrundfarbe eines gedrückten Buttons

Damit der Button die Farbe beim Drücken verändert, überschreiben Sie die Methode `setHighlighted:`, die Cocoa Touch bei dieser Zustandsänderung aufruft.

```
- (void)setHighlighted:(BOOL)inHighlighted {
    super.highlighted = inHighlighted;
    if(inHighlighted) {
        self.backgroundLayer.colors = self.highligthedColors;
    }
    else {
        self.backgroundLayer.colors = self.normalColors;
    }
}
```

Listing 5.38 Änderung des Farbverlaufs beim Drücken des Buttons

5.3.4 Spieglein, Spieglein an der Wand

Sie können auch auf den Layer-Inhalt zugreifen, beispielsweise um eine Spiegelung zu erzeugen. Die beiden Spiele verwenden einen View der Klasse `NumberView`, um ihre Spielstände anzuzeigen. In diesem View liegen jeweils drei Views der Klasse `DigitView`, die jeweils die einzelnen Ziffern darstellen. Der Numberview erzeugt auch eine gespiegelte, abgeschwächte Kopie der Ziffern, sodass der Eindruck einer glänzenden Oberfläche entsteht.

Abbildung 5.16 Beispiel für eine Spiegelung

Für einen Spiegelungseffekt müssen Sie eine vertikal gespiegelte und gestauchte Kopie des Originalbildes erstellen. Außerdem muss sich das gespiegelte Bild mit zunehmender Entfernung vom Originalbild abschwächen. Ein Beispiel für eine Spiegelung stellt Abbildung 5.16 dar, wo Sie diese drei Effekte – spiegelverkehrte Darstellung, Stauchung und Abschwächung – sehen können.

> **Tipp**
>
> Die Klasse NumberView spiegelt nach diesem Prinzip alle enthaltenen Views. Sie können die nachfolgend beschriebenen Methoden aus der Kategorie UIView(MirrorImage) auch in eigene View-Klassen integrieren, um Spiegelungen für beliebige Views zu erhalten.

Die erste und vielleicht auch schwierigste Aufgabe, um die Spiegelung zu erzeugen, ist die Bestimmung des Layerinhalts. Sie müssen dazu den Inhalt in ein Bild zeichnen. Die Klasse CALayer stellt für das Zeichnen der Layerhierarchie die Methode renderInContext: zur Verfügung. Die Erzeugung des Abbildes eines Views geschieht im Beispiel über die nützliche Methode mirroredImageWithScale: in der Kategorie UIView(MirrorImage):

```
- (UIImage *)mirroredImageWithScale:(CGFloat)inScale {
    CALayer *theLayer = self.layer;
    CALayer *thePresentationLayer =
        [theLayer presentationLayer];
    CGRect theFrame = self.frame;
    CGSize theSize = theFrame.size;
    CGContextRef theContext;
    UIImage *theImage;

    if(thePresentationLayer) {
        theLayer = thePresentationLayer;
    }
    UIGraphicsBeginImageContext(theSize);
    theContext = UIGraphicsGetCurrentContext();
    CGContextScaleCTM(theContext, 1.0, -inScale);
    CGContextTranslateCTM(theContext, 0.0, -theSize.height);
    [theLayer setAllNeedsDisplay];
    [theLayer renderInContext:theContext];
    theImage = UIGraphicsGetImageFromCurrentImageContext();
    UIGraphicsEndImageContext();
    return theImage;
}
```

Listing 5.39 Erzeugung eines gespiegelten Abbildes eines Views

> **Das doppelte Layerchen**
>
> Core Animation verwendet für die Darstellung eines Layers zwei weitere Layer. Der *Präsentationslayer* enthält den aktuellen Zustand des Layers. In der Regel ist er einfach eine Kopie des Layers des Views. Während einer Animation unterscheiden sich aber die Werte der animierten Propertys des Präsentationslayers von dem Original,

da der Präsentationslayer den aktuellen Animationszustand darstellt. Da die Spiegelung auch mit Animationen funktionieren soll, verwendet Listing 5.39 den Präsentationslayer des Layers, sofern er einen besitzt.

Die Erzeugung des Bildes in Listing 5.39 geschieht über einen Image-Context aus *Core Graphics*, der einen negativen, vertikalen Skalierungsfaktor erhält. Das negative Vorzeichen und der Wert 0,6 bewirken die Spiegelung und die Stauchung des Inhalts. Vor der Befüllung des Kontexts über den Aufruf der Methode `renderInContext:` müssen Sie die komplette Layerhierarchie für das Neuzeichnen markieren. Dazu senden Sie dem Layer und allen Sublayern die Nachricht `setNeedsDisplay`. Eine Ausnahme sind die Layer, die ihren Inhalt über die Property `contents` bereitstellen. Diese Aufrufe erfolgen über die rekursive Methode `setAllNeedsDisplay` der Kategorie `CALayer(MirrorImage)`.

```
- (void)setAllNeedsDisplay {
   if(self.contents == nil) {
      [self setNeedsDisplay];
   }
   for(id theLayer in self.sublayers) {
      [theLayer setAllNeedsDisplay];
   }
}
```

Listing 5.40 Rekursives Markieren zum Neuzeichnen

Die Intensität der Farben des Spiegelbildes lässt mit zunehmender Entfernung vom Originalbild nach. Diesen Effekt können Sie in Core Graphics durch die Funktion `CGContextClipToMask` mit einem Verlauf als Maske erreichen. Die Maske für die Spiegelung ist ein Graustufenverlauf von 80 % bis 0 %. Der Kontext verwendet jeweils den Grauwert der Maske als Alphawert für den Pixel, sodass dunklere Grauwerte zu durchsichtigen Pixeln führen.

```
- (void)drawMirrorWithScale:(CGFloat)inScale {
   CGRect theFrame = self.frame;
   CGSize theSize = theFrame.size;
   CGPoint thePoint = CGPointMake(
      CGRectGetMinX(theFrame), CGRectGetMaxY(theFrame));
   CGFloat theHeight = theSize.height * inScale;
   CGImageRef theGradient = [self createGradientImageWithSize:
      CGSizeMake(1.0, theHeight) gray:0.8];
   CGContextRef theContext = UIGraphicsGetCurrentContext();
   UIImage *theImage = [self mirroredImageWithScale:inScale];
   CGRect theRect;
   theRect.origin = thePoint;
```

```
        theRect.size = theSize;
        CGContextSaveGState(theContext);
        CGContextClipToMask(theContext, theRect, theGradient);
        [theImage drawAtPoint:thePoint];
        CGImageRelease(theGradient);
        CGContextRestoreGState(theContext);
}
```

Listing 5.41 Zeichnen der Spiegelung mit einer Graustufenmaske

Die Methode `drawMirrorWithScale:` positioniert die Maske und das Spiegelbild an der linken unteren Ecke des Views. Dabei erzeugt die Methode `createGradientImageWithSize:gray:` einen Graustufenverlauf vom angegebenen Wert bis 0 %. Die Klasse `NumberView` ruft `drawMirrorWithScale:` über `drawRect:` auf (siehe Listing 5.42).

```
- (void)drawRect:(CGRect)inRect {
    for(UIView *theView in self.subviews) {
        [theView drawMirrorWithScale:SCALE];
    }
}
```

Listing 5.42 Spiegelung der Subviews

5.3.5 Der bewegte Layer

Sie können Layer auch mit Animationen versehen und sie so in Bewegung versetzen. Dadurch ergeben sich weitere Möglichkeiten für eine ansprechendere Oberflächengestaltung. Die Basisklasse für alle Animationen ist die Klasse `CAAnimation`. Die Layer verfügen über ein Animationsverzeichnis, und Sie können über die Methode `addAnimation:forKey:` dort Animationen einfügen. Durch das Einfügen animieren Sie den Layer, und Sie können eine Animation durch Entfernen aus diesem Verzeichnis auch wieder stoppen. Die bereits erwähnte Methode `removeAll-Animations` stoppt alle Animationen eines Layers auf einmal.

Die Property `duration` legt die Dauer der Animation fest. Für eine kontinuierliche Animation setzen Sie entweder die Property `repeatCount` oder `repeatDuration` auf einen Wert größer null. Während Sie über den ersten Wert die Anzahl der Wiederholungen vorgeben können, können Sie über den zweiten die Dauer der Animation festlegen. Wenn Sie die Property `autoreverses` auf YES setzen, ändert die Animation jeweils am Ende ihre Richtung.

> **Gibt es ein Leben nach der Animation?**
>
> Normalerweise entfernt der Layer eine abgelaufene Animation. Wenn Sie die Property `removedOnCompletion` des Animationsobjekts allerdings auf `NO` setzen, geschieht das nicht. Dadurch behält der Layer den Zustand bei, den er am Animationsende hatte. Andernfalls springt der Layer auf den Zustand, der den Werten seiner Propertys entspricht.
>
> Dazu ein Beispiel: Ein Layer hat die Position (50, 50), und Sie starten eine Animation, die den Layer von Punkt (10, 10) zum Punkt (100, 10) verschiebt. Wenn die Animation endet und der Layer sie entfernt, springt der Layer an die Position (50, 50). Bleibt sie hingegen im Animationsverzeichnis des Layers, dann verharrt der Layer am Punkt (100, 10). Falls Sie aber später die Animation manuell entfernen, springt der Layer dann an den Punkt (50, 50).

Core Animation stellt Ihnen drei grundlegende Animationstypen zur Verfügung:

- Property-Animationen
- Transitionen
- Animationsgruppen

Wir stellen Ihnen diese Typen im Folgenden genauer vor.

Property-Animationen

Dieser Animationstyp verändert den Wert einer Layer-Property während der Ausführung. Er basiert auf der Klasse `CAPropertyAnimation`, deren Objekten Sie den Keypath auf die zu animierende Property angeben müssen. Um diesen Animationstyp anzuwenden, verwenden Sie die Unterklassen `CABasicAnimation` und `CAKeyframeAnimation`. Alternativ kann die Animation aber auch den Schlüssel aus dem Animationsverzeichnis verwenden. Dadurch können Sie mit einem Animationsobjekt mehrere unterschiedliche Propertywerte animieren. Abhängig von der Property können dabei die Interpolationswerte Objekte der Klassen `NSNumber` (für Fließkommawerte) oder `NSValue` (für die Strukturen `CGPoint`, `CGSize`, `CGRect` und `CATransform3D`) sein.

Eine Animation der Klasse `CABasicAnimation` interpoliert zwischen zwei Propertywerten. Sie können dabei über die Propertys `fromValue` und `toValue` den Start- beziehungsweise den Endwert der Animation festlegen oder über die Property `byValue` den Abstand vom Start- oder Endwert angeben. Dabei sind unterschiedliche Kombinationen beim Setzen dieser Propertys möglich. Vier mögliche Kombinationen sind in Tabelle 5.5 dargestellt. Dabei bedeutet ein x in den drei linken Spalten, dass Sie die entsprechende Property im Animationsobjekt auf einen Wert ungleich von `nil` gesetzt haben.

5 | Animationen und Layer

fromValue	byValue	toValue	Animation (von–nach)	
x	nil	x	fromValue	toValue
x	x	nil	fromValue	fromValue + byValue
nil	x	x	toValue – byValue	toValue
x	nil	nil	fromValue	Aktueller Propertywert

Tabelle 5.5 Animationsbereich in Abhängigkeit von den gesetzten Propertys

Das folgende Beispiel verschiebt einen Layer zwischen zwei Punkten. Als Propertynamen verwendet die Animation den Schlüssel, unter dem sie im Animationsverzeichnis des Layers liegt – also *position*.

```
CABasicAnimation *theAnimation = [CABasicAnimation animation];
theAnimation.fromValue =
    [NSValue valueWithCGPoint:CGPointMake(10.0, 10.0)];
theAnimation.toValue =
    [NSValue valueWithCGPoint:CGPointMake(100.0, 10.0)];
[theLayer addAnimation:theAnimation forKey:@"position"];
```

Listing 5.43 Verschieben eines Layers über eine Animation

Über die Klasse `CAKeyframeAnimation` können Sie Propertyanimationen mit komplexeren Verläufen erzeugen. Über die Property `values` übergeben Sie dabei ein Array mit den Werten für die Zwischenzustände der Animation. Falls Sie mit der Animation Werte vom Typ `CGPoint` animieren wollen, können Sie auch die Property `path` verwenden. Sie erwartet einen Core-Graphics-Pfad. Damit ist es beispielsweise einfach, einen Layer entlang einer Kreislinie zu bewegen:

```
CAKeyframeAnimation *theAnimation =
    [CAKeyframeAnimation animation];
CGMutablePathRef thePath = CGPathCreateMutable();
CGPathAddEllipseInRect(thePath, NULL,
                CGRectMake(140.0, 150.0, 20.0, 20.0));
theAnimation.path = thePath;
theAnimation.repeatCount = 3;
theAnimation.autoreverses = YES;
theAnimation.duration = 0.5;
[theLayer addAnimation:theAnimation forKey:@"position"];
CGPathRelease(thePath);
```

Listing 5.44 Layer-Bewegung entlang eines Pfades

Sie finden dieses und noch andere Animationsbeispiele in der Klasse `PieView-Controller` im Projekt *Pie* auf der beiliegenden DVD.

Transitionen

Der zweite Animationstyp sind Transitionen, die Core Animation über die Klasse `CATransition` abbildet. Diese Klasse unterstützt insgesamt vier unterschiedliche Transitionstypen, die Tabelle 5.6 auflistet. Außer in der Fade-Animation können Sie eine Richtung in der Property `subtype` angeben. Diese drei Typen blenden den bestehenden View zusätzlich zur Bewegung noch aus.

Name	Beschreibung
`kCATransitionFade`	Blendet den bestehenden Layer aus und den neuen Layer ein.
`kCATransitionMoveIn`	Schiebt den neuen Layer über den bestehenden.
`kCATransitionPush`	Schiebt den neuen Layer herein und den bestehenden gleichzeitig hinaus.
`kCATransitionReveal`	Schiebt den bestehenden Layer hinaus und gibt dadurch den neuen View frei.

Tabelle 5.6 Die Transitionstypen von Core Animation

Sie wenden eine Transition an, indem Sie sie in das Animationsverzeichnis desjenigen Layers einfügen, der die Transitionslayer enthält. Außerdem müssen Sie den bestehenden Layer unsichtbar machen, indem Sie ihn verstecken oder aus der Layer-Hierarchie entfernen. Analog müssen Sie den neuen Layer anzeigen oder in die Hierarchie einfügen. Listing 5.45 gibt ein einfaches Beispiel für diesen Animationstyp.

```
CATransition *theTransition = [CATransition animation];
theTransition.type = kCATransitionPush;
theTransition.subtype = kCATransitionFromTop;
[[theLayer.sublayers objectAtIndex:0] setHidden:YES];
[[theLayer.sublayers objectAtIndex:1] setHidden:NO];
[theLayer addAnimation: theTransition forKey:@"transition"];
```

Listing 5.45 Ausführen einer Transition

Animationsgruppen

Die Klasse `CAAnimationGroup` fasst mehrere Layeranimationen zu einer Gruppe zusammen, die Sie in einem Array an die Property `animations` übergeben. Die Gruppe gibt die maximale Dauer der Animationen vor und beendet die Ausführung längerer Animationen gegebenenfalls vorzeitig. Eine Animationsgruppe ist also die Queen unter den Animationen. Wenn sie aufhört zu essen, dann müssen auch alle anderen den Dessertlöffel weglegen. Hat also beispielsweise die Gruppe eine Dauer von einer Sekunde und enthält sie eine 4 Sekunden dauernde Animation, dann wird diese Animation nur zu einem Viertel ausgeführt. In Listing 5.46 führt diese Konfiguration beispielsweise dazu, dass die Animation des Eckradius nur von 0 bis 40 anstatt bis 160 läuft.

```
CABasicAnimation *theAnimation =
    [CABasicAnimation animationWithKeyPath:@"cornerRadius"];
CAAnimationGroup *theGroup = [CAAnimationGroup animation];
theAnimation.toValue = [NSNumber numberWithFloat:160.0];
theAnimation.duration = 4.0;
theGroup.duration = 1.0;
theGroup.animations = [NSArray arrayWithObject:theAnimation];
theGroup.repeatCount = 3.0;
[theLayer addAnimation:theGroup forKey:@"group"];
```

Listing 5.46 Erzeugung einer Animationsgruppe

5.3.6 Der View, der Layer, seine Animation und ihr Liebhaber

Mit einer Property-Animation können Sie aber nicht nur die Standardpropertys der Layer, sondern auch eigene Propertys animieren. Dazu sollten Sie diese Propertys analog zu der Property `part` in der Klasse `PieLayer` anlegen. Sie können also beispielsweise eine Animation der Klasse `CABasicAnimation` mit dem Schlüssel `part` in das Animationsverzeichnis eines Pie-Layers einfügen. Core Animation erzeugt dann während der Animation die entsprechenden Zwischenwerte für diese Property, sodass ein flüssiger Bewegungsablauf entsteht.

> **Bist Du flüssig?**
>
> Die Animationen in Core Animation sind zeit- und nicht framebasiert. Das heißt, dass die von Ihnen vorgegebene Zeit für die Animation wichtiger ist als die Anzahl der Einzelbilder (*Frames*). Core Animation berechnet, sofern das möglich ist, für die Animation so viele Einzelbilder, dass die Animation die vorgegebene Zeit nicht überschreitet und dabei trotzdem möglichst flüssig abläuft.
>
> Dahinter steckt sicherlich jede Menge Hirnschmalz. Wenn Sie für Ihre Views und Layer Animationen brauchen, sollten Sie dafür Core Animation verwenden.

Mit den Methoden aus Abschnitt 5.2.2, »Animationen mit Blöcken«, ist es wesentlich einfacher, eine Animation zu erzeugen. Natürlich verwendet Cocoa Touch auch dafür Layeranimationen, die der Layer bei Änderungen der entsprechenden Property automatisch erzeugt. Dafür wäre es naheliegend, die Erzeugung der Animation in den Setter der Property des Views oder des Layers zu verschieben. Damit würden Sie aber die Animationserzeugung fest mit dem View oder dem Layer verdrahten.

Core Animation stellt stattdessen für die Animationserzeugung einen eleganteren Weg zur Verfügung. Ein Layer kann bei der Änderung einer Property oder der Veränderung der Layerhierarchie eine Aktion auslösen. Eine Aktion ist dabei ein Objekt, dessen Klasse das Protokoll CAAction implementiert. Die Propertyänderung besteht dabei aus drei Schritten. Zuerst versucht Core Animation über unterschiedliche Möglichkeiten eine Aktion zu erzeugen. Dann übernimmt der Layer den neuen Propertywert, und wenn die Erzeugung erfolgreich war, führt der Layer die Aktion aus (siehe Abbildung 5.17).

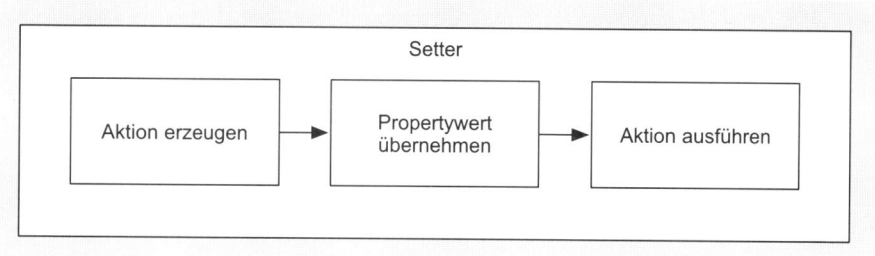

Abbildung 5.17 Animationserzeugung und -ausführung im Setter

Die Layer-Methode actionForKey: erzeugt die Aktionen des Layers. Wenn Sie die Standardaktionen eines Layers verändern oder neue Aktionen hinzufügen wollen, haben Sie mehrere Möglichkeiten:

1. Sie können die Methode actionForLayer:forKey: im Delegate des Layers implementieren.
2. Über die Property actions können Sie im Layer ein Verzeichnis für Aktionen setzen.
3. Der Layer durchsucht sein Style-Verzeichnis rekursiv nach Aktionen.
4. Sie können die Klassenmethode defaultActionForKey: implementieren.

Die Methode actionForKey: sucht in der angegebenen Reihenfolge nach den Aktionen. Wenn ein Suchweg dabei nil liefert, sucht der Layer weiter. Ein Aktionsobjekt oder der Rückgabewert [NSNull null] brechen die Suche sofort ab. Dabei bedeutet der Nullwert, dass der Layer keine Aktion zum angegebenen Schlüssel hat.

Das Protokoll CAAction besitzt nur eine Methode runActionForKey:object: arguments:, die der Layer aufruft, nachdem er den Propertywert oder die Layerhierarchie verändert hat. Dabei ist der Parameter object der Layer, der die

Aktion ausgelöst hat. Der Parameter `arguments` ist in der Regel `nil`. Die Klasse `CAAnimation` implementiert das `CAAction`-Protokoll. Die Implementierung der Action-Methode fügt dabei das Animationsobjekt in das Animationsverzeichnis des Layers ein. Die genaue Implementierung lagert natürlich in einem geheimen Safe in Cupertino, aber sie könnte ungefähr so aussehen:

```
- (void)runActionForKey:(NSString *)inKey object:(id)inLayer
    arguments:(NSDictionary *)inArguments {
    [inLayer addAnimation:self forKey:inKey];
}
```

Listing 5.47 Action-Methode einer Animation

Wenn Sie also eigene Layerpropertys automatisch animieren möchten, brauchen Sie nur über einen der oben beschriebenen Suchwege ein Animationsobjekt zu erzeugen. Alternativ können Sie in Ihrer Layerklasse aber auch die Methode `actionForKey:` überschreiben.

```
- (id<CAAction>)actionForLayer:(CALayer *)inLayer
    forKey:(NSString *)inKey {
    if([@"part" isEqualToString:inKey]) {
        CABasicAnimation *theAnimation =
            [CABasicAnimation animationWithKeyPath:inKey];
        theAnimation.fromValue = [inLayer valueForKey:@"part"];
        return theAnimation;
    }
    else {
        return [super actionForLayer:inLayer forKey:inKey];
    }
}
```

Listing 5.48 Animationserzeugung für eine Layerproperty

Mit der Implementierung aus Listing 5.48 führt jede Änderung der Property `part` der Klasse `PieView` in einem Animationsblock zu einer animierten Veränderung der Grafik. Da der Layer die Aktion vor der Übernahme des Propertywertes anlegt, liefert der Aufruf von `valueForKey:` noch den alten Wert. Weil der Layer aber den Wert vor der Ausführung der Aktion übernimmt, reicht es nach Tabelle 5.5 aus, die Property `fromValue` zu setzen.

Das klingt ja schon mal ganz gut, hat aber noch einen kleinen Schönheitsfehler. Wenn Sie die Dauer des Animationsblocks verändern, ist das der Animation für die Property `part` völlig schnuppe. Leider hat Apple den Zugriff auf diesen und die anderen Animationsparameter sehr gut versteckt, sodass Sie diese Werte nicht einfach auslesen können.

Die Lösung dieses Problems ist aber einfach: *Klauen wir gleich die ganze Animation*. Die Methode erzeugt also das Animationsobjekt nicht selbst, sondern lässt es sich für eine Standardproperty erzeugen und passt diese an.

```
CABasicAnimation *theAnimation =
    (id)[super actionForKey:@"opacity"];
theAnimation.keyPath = inKey;
theAnimation.fromValue = self.part;
theAnimation.toValue = nil;
theAnimation.byValue = nil;
```

Listing 5.49 Erzeugung der Animation über eine Standardproperty

Listing 5.49 gibt den entsprechenden Codeschnipsel wieder, der die Animation über die Animation für die Property `opacity` erzeugt. Sie müssen in dieser Animation natürlich die Werte der Propertys `keyPath` und `fromValue` anpassen. Da Vorsicht bekanntlich die Mutter der Porzellankiste ist, sollten Sie die Propertywerte für `toValue` und `byValue` löschen. Sie können damit jetzt auch die Property `part` der Klasse `PieView` in einem Animationsblock setzen, um die Änderung zu animieren:

```
[UIView animateWithDuration:0.75 animations:^{
    self.pieView.part = 0.6;
}];
```

Listing 5.50 Animation einer selbst definierten Property

> **Verwendung der Delegatemethode**
>
> Sie können dieses Vorgehen natürlich auch über die Delegatemethode `actionForLayer:forKey:` realisieren. Allerdings sollten Sie hier nicht die Delegatemethode der Superklasse, sondern die Methode `actionForKey:` des Layers aufrufen, um die Standardanimation zu erzeugen. Das hat zwei Gründe. Einerseits starten Sie hier eine neue Anfrage für eine andere Property, und dafür sollten Sie nicht die Delegatemethode, sondern die Methode des Layers verwenden. Für die Property `opacity` des Programmbeispiels soll der Layer ja alle Möglichkeiten der Animationserzeugung durchprobieren. Außerdem liefert Ihnen die Delegatemethode ein Objekt der Klasse `NSNull`, wenn Sie die Property nicht in einem Animationsblock verändern.
>
> ```
> - (id<CAAction>)actionForLayer:(CALayer *)inLayer
>                         forKey:(NSString *)inKey {
>     if([kPartKey isEqualToString:inKey]) {
>         CABasicAnimation *theAnimation =
>             (id)[inLayer actionForKey:@"opacity"];
>         theAnimation.keyPath = inKey;
>             theAnimation.fromValue =
>                 [inLayer valueForKey:kPartKey];
> ```

```
                theAnimation.toValue = nil;
        theAnimation.byValue = nil;
        return theAnimation;
    }
    else {
        return [super actionForLayer:inLayer forKey:inKey];
    }
}
```

Die Erzeugung der Aktion für die Standardpropertys erfolgt aber über den Superaufruf, da hier der Aufruf zu einer Endlosrekursion führen würde.

5.3.7 Die 3. Dimension

Im Gegensatz zu einem View befinden sich Layer in einem dreidimensionalen Raum. Über die Property zPosition legen Sie die Tiefenposition eines Layers fest, deren Standardwert null ist. Core Animation beschreibt also die Position eines Layers in einem dreidimensionalen Koordinatensystem, wie es Abbildung 5.18 darstellt.

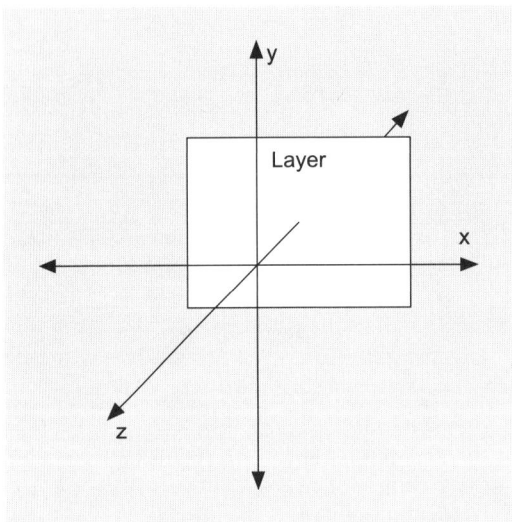

Abbildung 5.18 Dreidimensionales Koordinatensystem der Layer

Sie können zwar die Layer darin räumlich transformieren (drehen, strecken oder verschieben). Aber die Layer selber bleiben natürlich flach. Beispielsweise verschwindet ein um 90° um die y-Achse gedrehter Layer. Die Transformation eines Layers beschreibt die C-Struktur CATransform3D, die eine 4×4-Matrix darstellt und auf die Sie über die Property transform zugreifen können.

> **Layer mit Tiefgang**
>
> Wenn Sie einen Layer drehen, sieht das aber nach wie vor flach aus. Eine Drehung um die x- oder y-Achse sieht eher wie eine Stauchung in y- beziehungsweise x-Richtung aus. Die Layer liegen zwar in einem dreidimensionalen Raum. Der hat aber noch keine Perspektive.
>
> Eine perspektivische Darstellung können Sie erreichen, wenn Sie einen kleinen Anteil der z-Position zu jeweils der x- und der y-Position hinzuaddieren. Das verkleinert weiter hinten liegende Layer und vergrößert weiter vorne liegende. Bei Layern mit Tiefe erzeugt das eine perspektivische Darstellung.
>
> Sie können bei einem Layer über die Property `sublayerTransform` eine Transformation für die Sublayer des Layers festlegen. Da Core Animation diese Transformation zusätzlich zu der Transformation des Sublayers anwendet, können Sie damit die Perspektivenberechnung durchführen.
> ```
> CATransform3D theTransform = CATransform3DIdentity;
> theTransform.m34 = 0.0005;
> theParentLayer.sublayerTransform = theTransform;
> ```
> Mit dieser Transformation stellt `theParentLayer` alle um die x- oder y-Achse gedrehten Sublayer perspektivisch dar.

Die 3D-Transformationen können Sie über Core-Animation-Funktionen erzeugen. Das geht ähnlich wie bei den 2D-Transformationen aus Core Graphics. Die Layer-Property `transform` lässt sich auch über Property-Animationen verändern. Dazu erzeugen Sie über den Convenience-Konstruktor `valueWithCATransform3D:` die gewünschten Werte.

```
CATransform3D theTransformation = CATransform3DMakeRotation(
    M_PI / 3.0, 1.0, 1.0, 0.0);
CABasicAnimation *theAnimation = [CABasicAnimation animation];
theTransform = CATransform3DScale(theTransform, 0.5, 0.5, 0.5);
theAnimation.fromValue =
    [NSValue valueWithCATransform3D:CATransform3DIdentity];
theAnimation.toValue =
    [NSValue valueWithCATransform3D:theTransform];
[theLayer addAnimation:theAnimation forKey:@"transform"];
```

Listing 5.51 Dreidimensionale Layer-Animation

Die Anweisungen in Listing 5.51 erzeugen eine Animation mit einer 60°-Drehung (/ 3) und Stauchung auf die halbe Größe. Bei der Erzeugung einer Drehung im dreidimensionalen Raum müssen Sie die Rotationsachse beschreiben. Dies geschieht über drei Werte, die einen Punkt im Raum darstellen. Die Rotationsachse ist die (gedachte) Verbindungslinie des Nullpunkts mit diesem Punkt – das nennt man auch einen *Vektor*.

5 | Animationen und Layer

> **Drehungen über die Hauptachsen**
>
> Vorsicht, der Inhalt dieses Kastens kann Spuren von Mathematik enthalten. Das Lesen kann zu abstraktem Denken führen. Sie können Rotationen um einen beliebigen Vektor auch durch ein bis drei Rotationen an den Hauptachsen x, y und z beschreiben, indem Sie den Rotationsvektor auch durch Drehungen darstellen. Die Linie des Vektors (1, 1, 0) hat beispielsweise den Winkel 45° zur x-Achse, und somit können Sie diesen Vektor als 45°-Drehung um die z-Achse ausdrücken. Die Rotation aus Listing 5.51 können Sie also auch wie folgt beschreiben:
>
> ```
> CATransform3D theTransformation = CATransform3DMakeRotation(
>     M_PI / 3.0, 1.0, 0.0, 0.0);
> theTransform = CATransform3DRotate(theTransform,
>     M_PI / 4.0, 0.0, 0.0, 1.0);
> ```

In vielen Fällen reichen aber Rotationen, Skalierungen und Translationen an den drei Hauptachsen aus, die Sie über spezielle Animationspfade auch einfacher beschreiben können. Die Pfade haben einen ähnlichen Aufbau. Sie beginnen mit dem Wort `transform`, darauf folgen die Operation und der Name der Achse. Als Operationen stehen `rotate`, `scale` und `translate` zur Verfügung. Eine einfache Rotation können Sie beispielsweise so beschreiben:

```
CABasicAnimation *theAnimation = [CABasicAnimation animation];
theAnimation.fromValue = [NSNumber numberWithFloat:0.0];
theAnimation.toValue = [NSNumber numberWithFloat:M_PI / 2.0];
[theLayer addAnimation:theAnimation
            forKey:@"transform.rotate.x"];
```

Listing 5.52 Dreidimensionale Animation über einen Animationspfad

Sie können den Namen der Achse auch weglassen, um die Werte für mehrere Achsen gleichzeitig zu setzen. Die Werte in den Property-Animationen müssen Sie dann als `NSArray` mit jeweils drei `NSValue`-Objekten übergeben:

```
CABasicAnimation *theAnimation = [CABasicAnimation animation];
theAnimation.fromValue = [NSArray arrayWithObjects:
                    [NSNumber numberWithFloat:0.0],
                    [NSNumber numberWithFloat:0.0],
                    [NSNumber numberWithFloat:0.0], nil];
theAnimation.toValue = [NSArray arrayWithObjects:
                    [NSNumber numberWithFloat:0.5],
                    [NSNumber numberWithFloat:0.5],
                    [NSNumber numberWithFloat:0.5], nil];
[theLayer addAnimation:theAnimation forKey:@"transform.scale"];
```

Listing 5.53 Animierte Skalierung entlang mehrerer Achsen

5.4 Der Tabbar-Controller

Das Beispielprojekt enthält ein Puzzle- und Memory-Spiel, die jeweils einen eigenen View-Controller haben. Im Gegensatz zum Fototagebuch haben beide Spiele die gleiche Priorität. Ein Navigation-Controller oder modale Dialoge machen für den Spielwechsel also wenig Sinn. Eine *Tabbarnavigation*, auch *Reiternavigation* genannt, ist hierfür besser geeignet. Sie verwaltet beliebig viele View-Controller, von denen sie aber immer nur einen anzeigen kann. Über die Tabbar können Sie den View-Controller für die Anzeige auswählen. Dabei stellt die Tabbar für jeden View-Controller ein beschriftetes Icon dar.

Abbildung 5.19 Eine Tabbar mit vier Einträgen

5.4.1 Aufbau einer Reiternavigation

Sie können eine Tabbarnavigation über die Klasse `UITabBarController` erzeugen. Das geht am einfachsten über den Interface Builder, in dem Sie das entsprechende Symbol aus der Palette in die Baumdarstellung einer XIB-Datei ziehen. Sie können dann weitere View-Controller auf diesen Tabbar-Controller ziehen. Wenn Sie den Baum des Controllers aufklappen, können Sie die enthaltenen View-Controller sehen (siehe Abbildung 5.20). Außerdem ermöglicht Ihnen diese Ansicht, die View-Controller umzuordnen und zu konfigurieren.

> **Wer mit wem?**
> Sie dürfen in einen Tabbar-Controller fast alle anderen View-Controller einfügen und einen Tabbar-Controller auch als modalen Dialog anzeigen. Andererseits unterstützt iOS aber keine Tabbar-Controller in Navigation-Controllern.

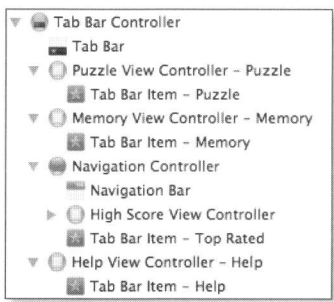

Abbildung 5.20 Baumdarstellung eines Tabbar-Controllers

Beim Einfügen eines View-Controllers in einen Tabbar-Controller legt der Interface Builder automatisch ein Objekt der Klasse UITabBarItem unterhalb des View-Controllers an, auf das Sie über die Property tabBarItem vom View-Controller aus zugreifen können. Über dieses Element legen Sie das Icon und die Beschriftung des View-Controllers in der Tabbar fest. Dabei verwendet auch dieses Icon nur den Alphawert des Bildes für die Anzeige. Außerdem können Sie über dieses Element die Beschriftung der Plakette (*Badge*) bestimmen. Die Plakette ist der rote Kreis mit der 3 in Abbildung 5.19.

Die Games-App verwendet eine Plakette, um die Anzahl der neuen Highscores anzuzeigen. Sie können die angezeigte Zeichenkette der Plakette über die Property badgeValue des Tabbar-Elements setzen. Wenn Sie keine Plakette anzeigen möchten, müssen Sie die Property auf nil setzen. Wenn Sie stattdessen eine leere Zeichenkette verwenden, zeigt der Tabbareintrag eine leere Plakette an.

Bei jeder Speicherung eines neuen Highscore-Wertes erhöht die Methode saveScore: den Wert in der Plakette.

```
UITabBarItem *theItem = self.highscoreItem;
NSString *theValue = [NSString stringWithFormat:@"%d",
                      [theItem.badgeValue intValue] + 1];
theItem.badgeValue = theValue;
```

Listing 5.54 Aktualisierung der Plakette

5.4.2 Für ein paar Controller mehr

Ein Tabbar-Controller kann beliebig viele View-Controller enthalten, aber die Tabbar kann nur maximal fünf Einträge nebeneinander anzeigen. Bei sechs und mehr Controllern verwendet der Tabbar-Controller einen zusätzlichen Navigation-Controller mit eingebettetem Tableview-Controller. Darüber können Sie auf die restlichen View-Controller zugreifen. Die Tabbar verwendet in diesem Fall den Platz für den fünften Tabbar-Eintrag für die Anzeige des *Mehr-Eintrags*, der zu diesem Tableview-Controller führt. Diese Struktur stellt Abbildung 5.21 dar.

Der Tableview des Mehr-Eintrags listet alle View-Controller auf, die keinen Platz in der Tabbar gefunden haben. Wenn Sie einen View-Controller aus der Tabelle auswählen, zeigt ihn der Tabbar-Controller über den Navigation-Controller an.

Die Auslagerung der Einträge aus der Tabbar in den Tableview geschieht dabei vollkommen automatisch.[2] Sie haben dafür also keinen zusätzlichen Aufwand. Andererseits können Sie die Anzeige des Mehr-Eintrags nicht unterdrücken oder bei weniger als sechs Viewcontrollern erzwingen.

---

[2] Das gilt aber nur für die App. Der Interface Builder quetscht alle Tabbar-Einträge nebeneinander.

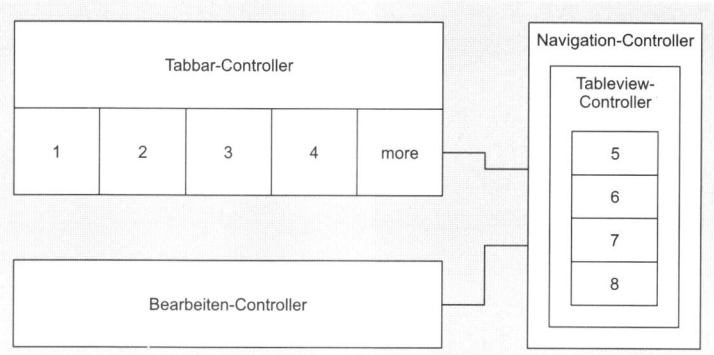

Abbildung 5.21   Struktur des Tabbar-Controllers

> **Anpassungsfähige View-Controller**
>
> Die ersten vier Views des Tabbar-Controllers bekommen eine größere Anzeigehöhe als die Views aus dem Tableview für die Mehr-Einträge. Da diese Einträge ein Navigation-Controller anzeigt, haben sie wegen der Navigationsleiste eine geringere Höhe. Sie sollten bei der Erstellung darauf achten, da der Tabbar-Controller eine Neuanordnung seiner Elemente erlaubt. Die Views der eingebetteten View-Controller sollten sich also an die unterschiedlichen Höhen anpassen können, was Sie in der Regel durch die Anpassung der Autoresizing-Masken Ihrer Views erreichen.
>
> Der Tabbar-Controller achtet aber auf Navigation-Controller bei den Mehr-Einträgen. Wenn Sie einen Navigation-Controller aus dem Tableview aufrufen, schiebt der Tabbar-Controller dessen Wurzel-Controller auf seinen Navigation-Controller. Dadurch kann es nicht passieren, dass Sie einen Navigation-Controller auf einen anderen schieben.

Über den Button BEARBEITEN in der Navigationsleiste gelangen Sie zu einer Ansicht, mit der Sie die Einträge in der Tabbar anpassen können. Diese Ansicht zeigt alle Tabbar-Einträge. Sie können jeden Eintrag auf die Tabbar ziehen und dadurch deren Einträge neu festlegen (siehe Abbildung 5.22).

Abbildung 5.22   Bearbeiten der Tabbar

Der Tabbar-Controller speichert diese neue Anordnung aber nicht permanent ab. Das Programm *More* auf der beiliegenden DVD demonstriert ein Vorgehen, um die Anordnung der Tabbar-Einträge in den Nutzereinstellungen zu speichern. Dazu weist es jedem Viewcontroller eine fortlaufende Nummer zu. Wenn Sie die Viewcontroller umordnen, verändern Sie die Reihenfolge dieser Nummern. Das Programm speichert diese Reihenfolge ab und kann beim Neustart daraus die Anordnung der Viewcontroller wieder herstellen.

Zur Ablage der Indexwerte in den Viewcontrollern verwendet die App die Property `tag` der Tabbar-Einträge. Nach dem Laden des Tabbar-Controllers aus der NIB-Datei weist sie zunächst den Tabbar-Einträgen die Indexwerte zu. Dazu verwendet die Methode `application:didFinishLaunchingWithOptions:` eine Blockfunktion zusammen mit einer entsprechenden Methode von `NSArray`.

```
NSArray *theControllers = self.tabBarController.viewControllers;
[theControllers enumerateObjectsUsingBlock:
    ^(id inController, NSUInteger inIndex, BOOL *outStop) {
        [[inController tabBarItem] setTag:inIndex];
    }];
```
Listing 5.55 Nummerierung der Tabbar-Einträge

Nach jeder Änderung der Tabbar-Einträge soll die App die neue Reihenfolge abspeichern. Das erfolgt über die User-Defaults und die Delegatemethode `tabBarController:willEndCustomizingViewControllers:changed:` des Tabbar-Controllers.

> **Programmeinstellungen sichern**
>
> In den User-Defaults können Sie Ihre Daten wie in einem Dictionary ablegen. Sie speichern sie im Gegensatz zum Dictionary aber permanent ab, sodass sie nach einem Neustart der App wieder zur Verfügung stehen.

Listing 5.56 enthält die Implementierung. Da Sie nur bei einer Änderung der Reihenfolge die Werte speichern müssen, überprüft die Methode den Wert des Parameters `change`. Über die Key-Value-Coding-Methode `valueForKeyPath:` erzeugt die Methode das Array mit den Viewcontroller-Positionswerten.

```
- (void)tabBarController:(UITabBarController *)inController↵
    willEndCustomizingViewControllers:(NSArray *)inControllers↵
    changed:(BOOL)inChanged {
    if(inChanged) {
        NSArray *theIndexes =
            [inControllers valueForKeyPath:@"tabBarItem.tag"];
        NSUserDefaults *theDefaults =
```

```
            [NSUserDefaults standardUserDefaults];
        [theDefaults setObject:theIndexes forKey:@"tabBarItems"];
        [theDefaults synchronize];
    }
}
```
Listing 5.56 Abspeichern der Reihenfolge in den User-Defaults

Jetzt fehlt nur der Code zur Wiederherstellung der Reihenfolge in der Tabbar. Das übernimmt die Methode `restoreTabBar`, die Sie in Listing 5.57 sehen. Sie liest zuerst die Indexwerte aus den User-Defaults. Die Schleife durchquert die Viewcontroller in der Reihenfolge der Indexwerte aus dem Tabbar-Controller und fügt sie in ein veränderliches Array ein. Schließlich weist sie dieses Array dem Tabbar-Controller zu.

```
- (void)restoreTabBar {
    NSUserDefaults *theDefaults =
        [NSUserDefaults standardUserDefaults];
    NSArray *theIndexes =
        [theDefaults arrayForKey:@"tabBarItems"];
    NSArray *theViewControllers =
        self.tabBarController.viewControllers;
    if(theIndexes.count == theViewControllers.count) {
        NSMutableArray *theControllers =
            [NSMutableArray arrayWithCapacity:theIndexes.count];
        for(NSNumber *theIndex in theIndexes) {
            NSUInteger theValue = theIndex.unsignedIntValue;
            [theControllers addObject:
                [theViewControllers objectAtIndex:theValue]];
        }
        self.tabBarController.viewControllers = theControllers;
    }
}
```
Listing 5.57 Wiederherstellung der Reihenfolge in der Tabbar

Die If-Abfrage in Listing 5.57 wirkt auf den ersten Blick überflüssig. Sie vermeidet aber zwei Probleme. Beim ersten Start existieren noch keine Indexwerte in den User-Defaults. Ohne diese Abfrage erhielte der Tabbar-Controller ein leeres Array, da der Schleifenblock nicht ausgeführt wurde. Dadurch würde auch die Tabbar leer bleiben.

Ein ähnlicher Effekt kann bei einer Aktualisierung Ihrer App auftreten, bei der Sie die Tabbar erweitern oder verkürzen. Bei einer Erweiterung würden Viewcontroller herausfallen, und eine Verkürzung hätte einen Fehler mit Programmabsturz zur Folge.

5.5 Was Sie schon immer über Instruments wissen wollten, aber nie zu fragen wagten

Und nun zu etwas ganz anderem: Wie gut kennen Sie eigentlich noch die Speicherverwaltungsregeln? In welchen Fällen hält noch mal eine Variable das Objekt, auf das sie verweist? Wenn Sie sich jetzt unsicher sind, dürfen Sie natürlich gerne noch mal zurückblättern. Aber auch dann, wenn Sie die Regeln und ihre Anwendung beherrschen, unterläuft Ihnen wahrscheinlich von Zeit zu Zeit der eine oder andere Speicherverwaltungsfehler. Wenn Sie Glück haben, sendet Ihnen Ihr Programm zarte Hinweise. Im schlechtesten Fall macht es das aber nur bei den Nutzern Ihrer App. Nach Murphys Gesetz – »Was schiefgehen kann, geht schief« – ist Letzteres der Regelfall.

Sie können und sollten den Analyzer über Ihren Programmcode laufen lassen und versuchen, möglichst alle Warnungen zu beseitigen. Aber leider findet auch der Analyzer nicht alle Fehler. Auch mit dem Debugger finden Sie nicht alle Schwachstellen, da dieser Pedant einen viel zu kleinteiligen Blick auf Ihre App wirft. Doch es gibt ein Gegenmittel: *Instruments* und Arbeit. Da Sie von Arbeit sicherlich schon mal gehört haben, dreht sich dieser Abschnitt hauptsächlich um Instruments.

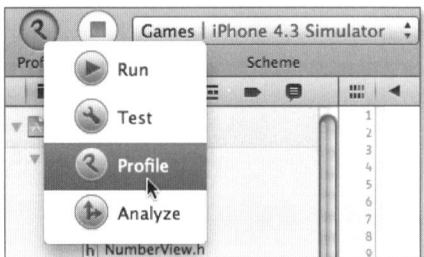

Abbildung 5.23 Starten von Instruments

Instruments ist ein Programm aus den Entwicklungswerkzeugen von Apple, das Sie bereits zusammen mit dem SDK installiert haben. Es erlaubt die Aufzeichnung und anschließende Analyse unterschiedlicher Messwerte Ihrer Programme, um deren Schwachstellen zu finden. Es kann Ihnen aber nur Hinweise geben, wo Sie nach den Schwachstellen suchen müssen. Es macht Ihnen leider keine Vorschläge zu deren Behebung.

Instruments funktioniert dabei nach einem Baukastensystem, bei dem jeder Baustein ein Messinstrument ist. Sie können für Ihre Instruments-Sitzungen diese Bausteine beliebig kombinieren. Zurzeit bietet Instruments ungefähr fünfzig solcher Messinstrumente an, von denen allerdings einige Mac OS X vorbehalten sind.

Sie starten Instruments, indem Sie den Button Run oben links in Xcode gedrückt halten und im Dropdown-Menü den Punkt Profile auswählen (siehe Abbildung 5.23).

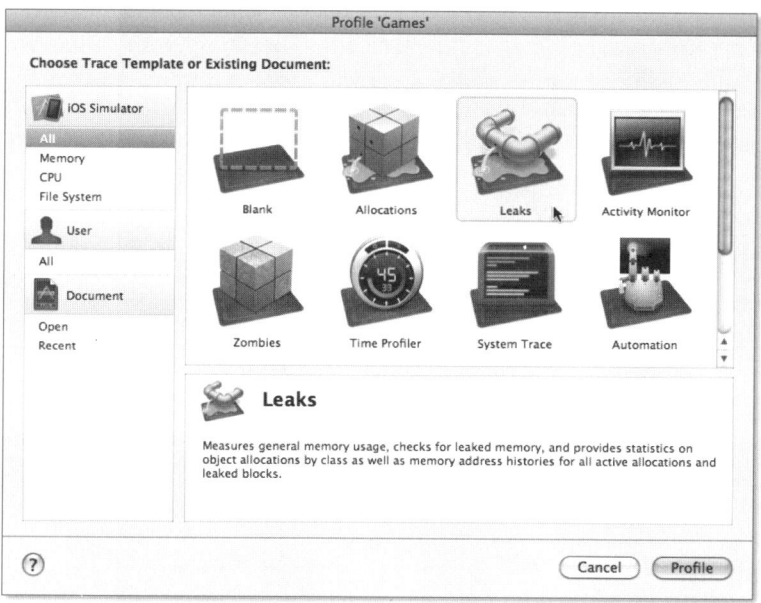

Abbildung 5.24 Auswahldialog in Instruments

Nach dem Start öffnet Instruments den in Abbildung 5.24 dargestellten Auswahldialog, mit dem Sie ein bestehendes Instruments-Dokument oder eine Dokumentvorlage auswählen können. In der Regel benutzen Sie die zweite Option. Hier bietet Ihnen Instruments bereits eine Palette mit vorkonfigurierten Messszenarien an. Alternativ können Sie auch eine leere Vorlage auswählen, die Sie individuell nach Ihren Bedürfnissen konfigurieren können. Für den Anfang sollten Sie aber ein vorkonfiguriertes Szenario verwenden. Falls Instruments Ihr Programm sofort startet, ohne vorher den Auswahldialog anzuzeigen, haben Sie wahrscheinlich das Programm noch in Instruments geöffnet. Schließen Sie also am besten immer alle Fenster von Instruments, bevor Sie eine neue Analyse starten.

Operation am lebenden Programm

Auf der beiliegenden DVD finden Sie das Projekt *Instruments*, das verschiedene Analysesituationen bereitstellt. Es enthält absichtlich Schwachstellen für die nachfolgend beschriebenen Messszenarien. Die Schwachstellen im Beispielprojekt sind relativ offensichtlich. Wahrscheinlich verstecken sie sich in Ihren Programmen wesentlich besser. Hier kommt das zweite Gegenmittel ins Spiel: Arbeit.

5 | Animationen und Layer

5.5.1 Spiel mir das Lied vom Leak

Eine der wichtigsten Aufgaben von Instruments ist das Auffinden von Speicherlecks. Sie führen im schlimmsten Fall nicht direkt zu einem Fehlverhalten Ihres Programms. Stattdessen erhält es vom Betriebssystem Speicherwarnungen, deren Verarbeitung die App verlangsamen. Schließlich stürzt das Programm dann doch ab, wobei sich die Absturzsituation nur sehr schwer reproduzieren lässt.

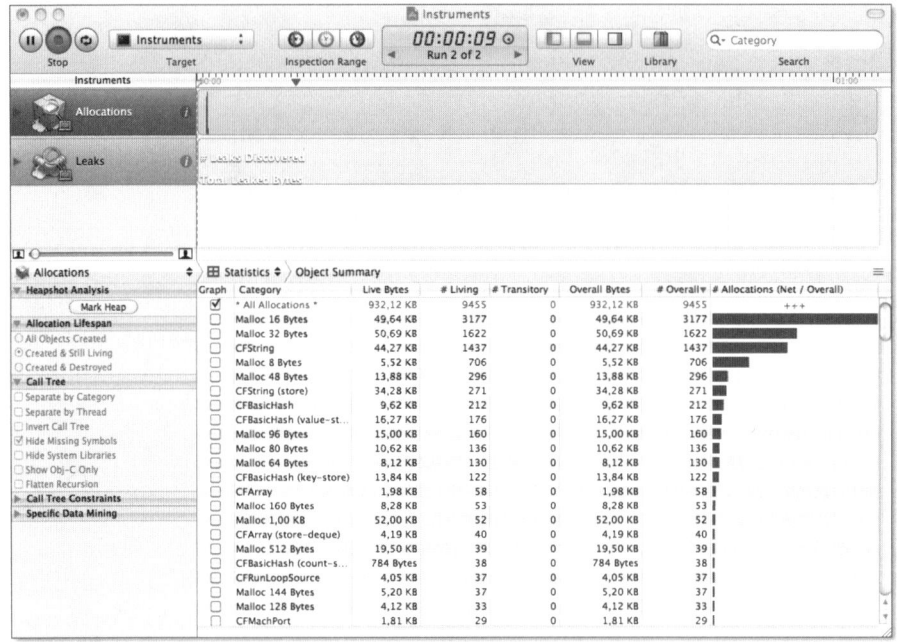

Abbildung 5.25 Speicheranalyse mit Instruments

Öffnen Sie das Instruments-Projekt in Xcode, und starten Sie Instruments wie oben beschrieben. Im Auswahldialog wählen Sie die Schablone Leaks aus, mit der Sie Speicherlecks finden können. Instruments startet Ihre App, abhängig von Ihrer Auswahl in Xcode, im Simulator oder auf einem iOS-Gerät. Außerdem öffnet es das in Abbildung 5.25 dargestellte Fenster. Die Schablone erzeugt zwei Messinstrumente, die Sie in der linken Spalte oben finden. Mit Allocations messen Sie den Speicherverbrauch Ihrer App, während Leaks die Speicherlecks aufzeichnet.

Lecks und Automatic Reference Counting (ARC)

Durch die Einführung von ARC sollte die Suche nach Speicherlecks in den meisten Fällen obsolet sein. Aber auch Code, der sich formal korrekt an die Speicherverwaltungsregeln hält, kann Speicherlecks enthalten. Wenn Ihr Programm die nicht mehr benötigten Objekte sammelt, anstatt sie freizugeben, kann es auch hier passieren, dass der Hauptspeicher volläuft. Ein Beispiel dafür ist ein Newsreader, der regelmäßig die neuen Artikel vom Server abruft. Wenn er aber auch noch alle alten Artikel im Hauptspeicher behält, kann ein Speicherüberlauf auftreten.

Hier ist ALLOCATIONS hilfreich, da es Ihnen anzeigt, welche Objekte den meisten Speicherplatz belegen.

Nach dem Start erscheinen neben ALLOCATIONS ein paar blaue senkrechte Striche, während der Bereich neben LEAKS leer bleibt. Da das Programm bislang auch noch kein Speicherleck erzeugt hat, ist das auch richtig so. Wenn Sie den Knopf MAKE LEAK in der iPhone-App *Instruments* drücken, erscheinen im LEAKS-Bereich ein roter und mehrere blaue Balken (siehe Abbildung 5.26). Die roten Balken kennzeichnen das Auftreten von Speicherlecks, während die blauen Balken das Verhältnis der Leckgrößen im Verlauf der Zeit darstellen. Dabei ist nicht die absolute Höhe der Balken interessant, sondern die Höhe und Verteilung der Stufen. Je höher dabei eine Stufe ist, umso größer ist das dazugehörende Leck. Je dichter die Stufen beieinander stehen, umso mehr Speicherlecks weist ein Programmbereich auf. Sie können durch das erneute Drücken des Buttons weitere Speicherlecks erzeugen und so die Stufenbildung beobachten.

Abbildung 5.26 Grafische Anzeige eines Speicherlecks in Instruments

Oben rechts im Fenster befindet sich der Button STOP. Damit können Sie die Ausführung der App beenden, wenn Sie genug Leaks gesammelt haben. Durch Auswählen des LEAKS-Instruments wie in Abbildung 5.26 zeigt Instruments im unteren Fensterbereich Details dazu an. In der linken Spalte können Sie die Einstellungen des Instruments anpassen, während der Bereich auf der rechten Seite die gefundenen Speicherlecks auflistet (siehe Abbildung 5.27).

> **Einstellungssache**
>
> *Leaks* sammelt die Speicherlecks in regelmäßigen Intervallen. Die Intervalllänge ist standardmäßig auf 10 Sekunden eingestellt. Über das Eingabefeld SNAPSHOT INTERVAL können Sie diesen Wert anpassen. Durch Drücken des Buttons SNAPSHOT NOW sammelt *Leaks* augenblicklich alle Speicherlecks. Wenn der Inhalt der Speicherlecks Sie interessiert, sollten Sie das Häkchen für GATHER LEAKED MEMORY CONTENTS setzen. Mit den Einstellungen unter der Überschrift CALL TREE können Sie die Ausgabe des Aufrufstapels beeinflussen.

5 | Animationen und Layer

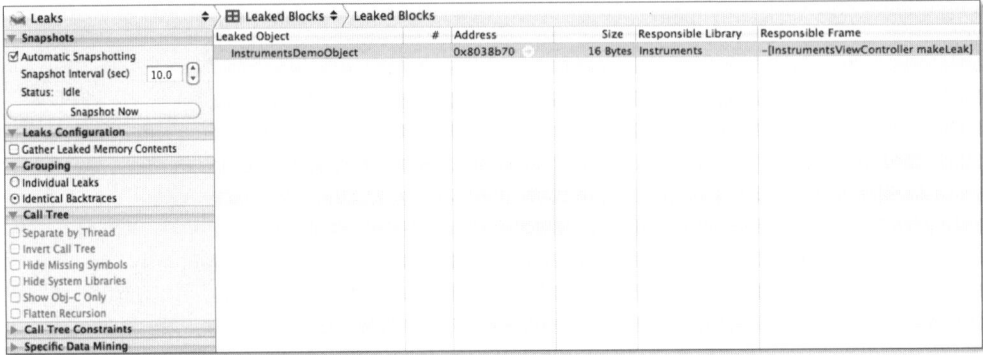

Abbildung 5.27 Details des Leaks-Instruments

Wenn Sie den Pfeil eines Speicherlecks in der Spalte ADDRESS anklicken, gelangen Sie zu den Details des Lecks. Hier können Sie unter anderem den Referenzenzähler und die Erzeugungszeit relativ zum Programmstart sehen. Durch einen Doppelklick auf die Zeile öffnet Instruments eine Quellcodeanzeige mit der Zeile, die das leckende Objekt erzeugt hat. Außerdem können Sie sich über [CMD] + [E] beziehungsweise den Menüpunkt VIEW • EXTENDED DETAIL den Aufrufstapel anzeigen lassen. Sie bekommen darüber in vielen Fällen einen recht guten Hinweis, wo Sie mit der Fehlersuche für die Speicherverwaltung beginnen sollten. Für die Speicherlecks, die der Button MAKE LEAK erzeugt, zeigt Instruments die folgende Zeile an:

```
id theLeak = [[InstrumentsDemoObject alloc] init];
```

Nach den Speicherverwaltungsregeln muss die Methode `makeLeak` diesem Objekt entweder ein `release` oder ein `autorelease` senden. Dieser Speicherverwaltungsfehler ist also ziemlich offensichtlich. Leider ist das in der Praxis in vielen Fällen nicht so einfach.

Über den Button MAKE ATTRIBUTE LEAK können Sie komplexere Lecks erzeugen. Damit Instruments ein Speicherleck erkennt, müssen Sie diesen Button mindestens zweimal anklicken.

#	Category	Event Type	Timestamp	RefCt	Address	Size	Responsible Lib...	Responsible Caller
0	Instrume...	Malloc	00:07.409.779	1	0x4b0caa0	16	Instruments	+[InstrumentsDemoObject object]
1	Instrume...	Autorelease	00:07.409.797		0x4b0caa0	0	Instruments	+[InstrumentsDemoObject object]
2	Instrume...	Retain	00:07.409.805	2	0x4b0caa0	0	Instruments	-[InstrumentsViewController makeAttributeLeak]
3	Instrume...	Release	00:07.410.156	1	0x4b0caa0	0	Foundation	-[NSAutoreleasePool release]

Abbildung 5.28 Detailanzeige für ein komplexeres Leck

Wenn Sie sich die Details dieses Lecks ansehen, zeigt Ihnen Instruments vier Zeilen statt einer an (siehe Abbildung 5.28). Dabei enthält jede Zeile eine Speicherverwaltungsoperation, die das Programm auf dem Objekt ausgeführt hat. Die jeweilige Operation können Sie der Spalte EVENT TYPE entnehmen. Da das alle Speicherverwaltungsoperationen auf dem Objekt sind, wurden bei mindestens einer davon die Speicherverwaltungsregeln missachtet. Durch einen Rechtsklick auf die Titelleiste können Sie einzelne Spalten ausblenden und so die Darstellung an Ihre Bedürfnisse anpassen.

In der Spalte RESPONSIBLE CALLER sehen Sie die Methode, die die Operation aufruft. In der vierten Zeile steht dort [NSAutoreleasePool release].

Instruments und die Systembibliotheken
Zu dieser Zeile kann Ihnen Instruments keinen Quellcode anzeigen, da es keinen Zugang dazu hat. Für die Überprüfung Ihrer Speicherverwaltung ist das auch nicht notwendig. Außerdem sollten Sie die Möglichkeit, dass Cocoa Touch ein Speicherleck erzeugt, erst nach Ausschluss aller anderen Möglichkeiten in Betracht ziehen.[3]

Die ersten beiden angezeigten Zeilen verweisen auf den Convenience-Konstruktor `object` der Klasse `InstrumentsDemoObject`. Diese Methode enthält nur eine Alloc-Init-Autorelease-Aufrufkette und hält sich offensichtlich an die Speicherverwaltungsregeln. Bleibt also nur noch die Methode `makeAttributeLeak` in der Klasse `InstrumentsViewController` als mögliche Ursache übrig (siehe Listing 5.58). Auch diese Methode scheint sich an die Speicherverwaltungsregeln zu halten, und beim ersten Aufruf erzeugt diese Methode ja auch noch kein Leck.

```
- (IBAction)makeAttributeLeak {
    attributeLeak = [[InstrumentsDemoObject object] retain];
}
```
Listing 5.58 Speicherleck bei Attributzuweisung

Wenn Sie die Methode aber wiederholt ausführen, gibt sie das Objekt, auf das `attributeLeak` verweist, nicht frei. Nach den Speicherverwaltungsregeln muss sie das aber machen, da die Variable das Objekt hält. Um diesen Speicherverwaltungsfehler zu beheben, können Sie die Anweisung [attributeLeak release]; vor die Zuweisung einfügen. Da `attributeLeak` eine Property ist, sollten Sie lieber an dieser Stelle den Setter verwenden.

```
- (IBAction)makeAttributeLeak {
    self.attributeLeak = [InstrumentsDemoObject object];
}
```
Listing 5.59 Methode ohne Speicherleck

---

3 Es gibt aber durchaus einige bekannte Speicherlecks in Cocoa Touch. Aber die Wahrscheinlichkeit, dass Ihr Code den Fehler verursacht, ist wesentlich höher.

> **Speicherverwaltung**
> Der Speicherverwaltungsfehler in der Methode `makeAttributeLeak` ist für Anfänger schwer zu erkennen, und auch der Analyzer in Xcode 4 findet ihn nicht. Sie können solche Fehler aber durch die konsequente Verwendung von Propertys und Accessoren vermeiden.

5.5.2 Ich folgte einem Zombie

Was passiert eigentlich, wenn Sie ein Objekt hinter einem Dangling Pointer weiterverwenden? Die Antwort ist nichts für schwache Nerven, lieber Leser: Es entsteht ein *Zombie*, der in Ihrem Speicher Angst und Schrecken verbreitet. Das Schlimme an Zombies ist, dass das von ihnen angerichtete Unheil erst lange nach seiner Entstehung auftreten kann.

In Ihrer App entsteht ein Zombie, wenn Sie einen Verweis auf ein Objekt verwenden, nachdem Sie es freigegeben haben. Die Freigabe muss dabei aber nicht unbedingt über die gleiche Variable wie der Zombiezugriff erfolgen. Das erschwert natürlich die Suche nach diesen Bestien.

Die Beispiel-App *Instruments* erlaubt Ihnen auch die Erzeugung von Zombies. Sie brauchen dabei aber keine Angst zu haben. Sie machen das ja unter Laborbedingungen, und da kann Ihnen nichts passieren – na ja, fast. Starten Sie die App über den Profile-Button aus Xcode in *Instruments*, und wählen Sie die Schablone Zombies im Auswahldialog aus.

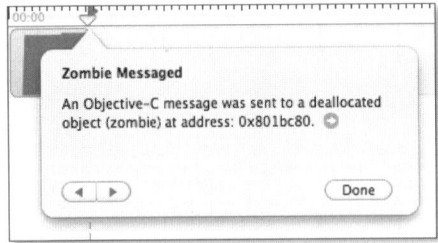

Abbildung 5.29 Instruments hat einen Zombie entdeckt.

Nach dem Start zeigt Ihnen Instruments den Speicherverbrauch der App an. Wenn Sie zweimal auf den Button Make Zombie klicken, hält die Ausführung an. Instruments zeigt einen Dialog wie in Abbildung 5.29. Durch Anklicken des Pfeils neben der Speicheradresse gelangen Sie zu einer Auflistung der Speicherverwaltungsoperationen, die das Programm auf dem Objekt ausgeführt hat.

#	Event Type	RefCt	Timestamp	Size	Responsible Library	Responsible Caller
0	Malloc	1	00:16.281.733	16	Instruments	+[InstrumentsDemoObject object]
1	Autorelease		00:16.281.743	0	Instruments	+[InstrumentsDemoObject object]
2	Retain	2	00:16.285.434	0	Instruments	-[InstrumentsViewController makeZombie]
3	Release	1	00:16.285.436	0	Instruments	-[InstrumentsViewController makeZombie]
4	Release	0	00:16.285.746	0	Foundation	-[NSAutoreleasePool release]
5	Zombie	-1	00:17.683.059	0	Foundation	NSLogv

Abbildung 5.30   Speicherverwaltungsoperationen eines Zombies

Die letzte Zeile enthält die Methode oder Funktion, die auf den Zombie zugegriffen hat. Es ist die Systemfunktion NSLogv, auf deren Quellcode Sie keinen Zugriff haben. Sie können sich über den Aufruf von VIEW • EXTENDED DETAIL beziehungsweise ⌘ + E den Aufrufstapel zu dieser Anweisung auf der rechten Seite des Fensters anzeigen lassen. Der Stapel stellt alle Systemsymbole in grauer Schrift mit einem farbigen Icon dar. Dagegen stellt er die Symbole aus Ihrem Programmcode in schwarzer Schrift mit einem schwarzen Icon dar. Abbildung 5.31 zeigt einen Ausschnitt eines Aufrufstapels. Sie können durch einen Doppelklick auf diese Symbole in die entsprechende Stelle des Quelltextes springen.

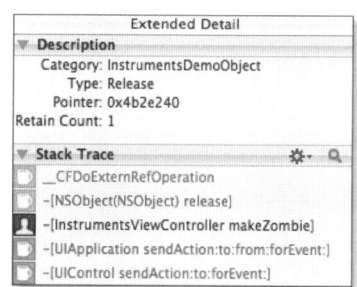

Abbildung 5.31   Detailansicht und Ausschnitt des Aufrufstapels

Der Zombie entsteht durch das Release in der fünften Zeile, wie Sie an dem Referenzenzähler sehen können. Da dieses Release der Autoreleasepool sendet, kann diese Zeile nicht direkt für den Fehler verantwortlich sein. Der Verursacher ist entweder das Release der zweiten oder das Autorelease der vierten Zeile. Da sich der Convenience-Konstruktor object an die Speicherverwaltungsregeln hält, bleibt überraschenderweise nur die Methode makeZombie als Kandidat übrig.

```
- (IBAction)makeZombie {
    id theZombie = [InstrumentsDemoObject object];
    NSLog(@"zombies=%@", self.zombies);
    [self.zombies addObject:theZombie];
    [theZombie release];
}
```

Listing 5.60   Zombie-Erzeugung

Da die Methode `object` nicht auf die erste Speicherverwaltungsregel passt, hält die Variable `theZombie` nicht das Objekt. Also darf sie das Objekt auch nicht freigeben.

> **Zombies und Automatic Reference Counting (ARC)**
>
> Von einem ARC-Compiler übersetzter Code sollte in der Regel keine Zombies mehr erzeugen. Sie können zwar auch damit Zombies durch die Verwendung von `void`-Zeigern oder des Modifizierers `__unsafe_unretained` erzwingen. Diese Fälle sollten in der Praxis aber extrem selten auftreten.

5.5.3 Time Bandits

Instruments hilft Ihnen aber nicht nur beim Finden Ihrer Speicherverwaltungsfehler, sondern es kann auch andere Schwachstellen des Programms aufdecken. Zu den gesuchtesten Schwachstellen in Programmen gehören die Methoden und Funktionen, die Ihr Programm langsam und schwerfällig machen.

Je öfter Sie im *Instruments*-Beispielprogramm auf den Button COMPUTE SUM drücken, umso länger braucht die App für die Berechnung der angezeigten Werte. Um dem Zeitfresser auf die Spur zu kommen, starten Sie das Programm in Instruments aus Xcode heraus. Im Auswahldialog wählen Sie die Schablone TIME PROFILER aus.

Nach dem Start der App bleibt der untere Bereich zunächst leer. Wenn Sie einige Male den Button COMPUTE SUM drücken, füllt Instruments die Anzeige mit Funktions- und Methodennamen. Stellen Sie die Sortierung nach der ersten Spalte, RUNNING (SELF), absteigend ein. Sie zeigt Ihnen den absoluten und den relativen Zeitverbrauch für die Ausführung des jeweiligen Symbols. Nach mehrfachem Drücken des Buttons erscheint das Symbol `objc_msgSend` als oberstes Element in der Anzeige.

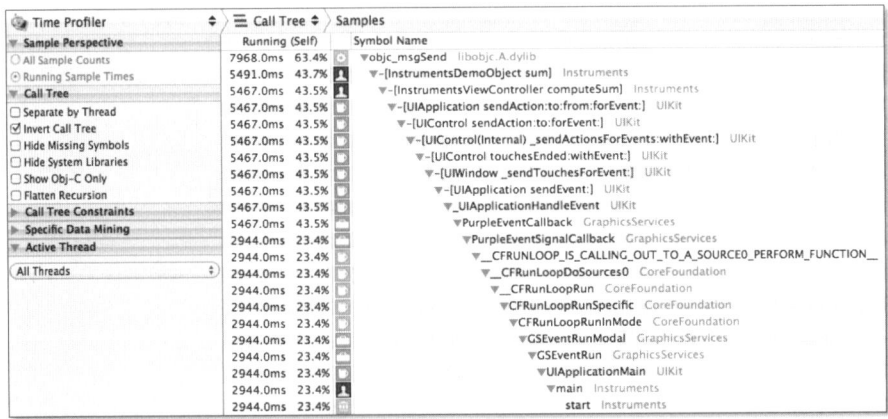

Abbildung 5.32 Aufgeklappter Aufrufstapel

Hinter jedem Symbol verbirgt sich ein Aufrufstapel, den Sie sich durch Anklicken des Dreiecks links neben dem Symbol ansehen können. Wenn Sie dabei die ALT-Taste gedrückt halten, klappen Sie den kompletten Baum auf einmal auf. Die Anzeige sollte dann wie in Abbildung 5.32 aussehen.

Das zweite Symbol in dem Stapel ist die Methode sum in der Klasse Instruments-DemoObject. Anscheinend hat diese Methode einen gesegneten Hunger auf Ihre wertvolle Zeit. Durch einen Doppelklick gelangen Sie zu einer Ansicht des entsprechenden Quellcodes. Dort sehen Sie aber nicht nur den Quelltext, sondern auch Prozentzahlen an einigen Zeilen. Die Ansicht gibt jeweils die relative Zeit für die Ausführung der Zeile an. Anscheinend verbraucht die Methode sum ihre Rechenzeit fast komplett im Schleifenrumpf für den Aufruf der Methode successorWithIndex: (siehe Abbildung 5.33).

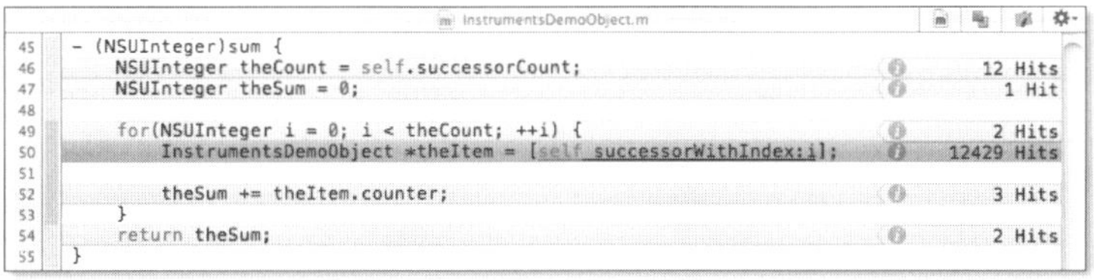

Abbildung 5.33   Anzeige des Zeitverbrauchs im Quelltext

Wenn Sie auf der linken Seite unter der Rubrik CALL TREE die Optionen SHOW OBJ-C ONLY und HIDE SYSTEM LIBRARIES einschalten, schrumpft die Anzeige auf der rechten Seite zusammen. Sie sehen dann nur noch die von Ihnen erstellten Methoden. Dort finden Sie auch die Methode successorWithIndex: (siehe Abbildung 5.34). Durch einen Doppelklick auf die Zeile gelangen Sie auch hier zur Quellcodeansicht. Diese Methode verbraucht fast ihre komplette Rechenzeit für den Aufruf der Property successor.

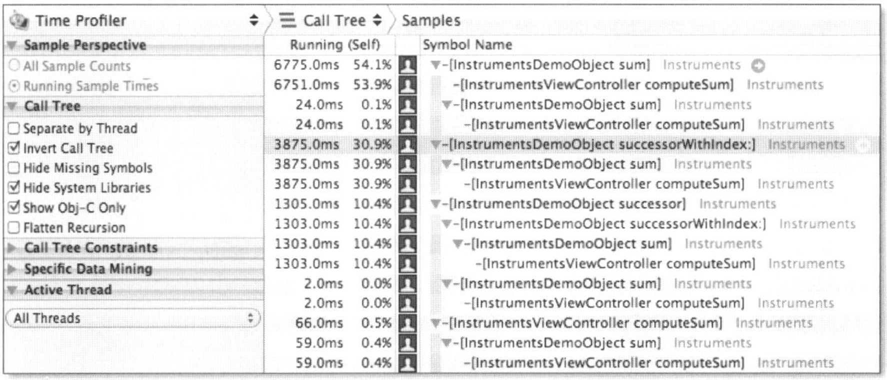

Abbildung 5.34   Gefilterter Aufrufstapel

Da es sich um eine synthetisierte Property handelt, sieht das zunächst nach einer Sackgasse aus. Ein einzelner lesender Property-Aufruf verbraucht aber natürlich nicht so viel Zeit. Aber er befindet sich in einer Schleife, und die Methode `successorWithIndex:` befindet sich ebenfalls in einer Schleife. Die Anzahl der Schritte der inneren Schleife hängt von dem Parameter `inIndex` ab. Dessen Wert ist der Schleifenindex der äußeren Schleife. Wenn die äußere Schleife bis 8 läuft, dann ruft die App `successorWithIndex:` insgesamt 8-mal auf und liest die Property 0 + 1 + 2 + 3 + 4 + 5 + 6 + 7 = 28-mal aus. Bei einer Länge von 1000 kommen schon 500.500 Zugriffe zustande, und bei 8000 sind es schon über 32 Millionen. Das verbraucht natürlich auch einiges an Rechenzeit.

Zur Behebung dieses Performanceleaks ist also eine Neuimplementierung von `sum` notwendig. Anstatt auf die verkettete Liste über einen Index zuzugreifen, sollte sich die Schleife lieber über einen Zeiger durch die Liste hangeln:

```
- (NSUInteger)sum {
    NSUInteger theSum = 0;
    InstrumentsDemoObject *theItem = self;
    while(theItem) {
        theSum += theItem.counter;
        theItem = theItem.successor;
    }
    return theItem;
}
```

Listing 5.61 Effizientere Implementierung der Summenberechnung

Dieses Verfahren besucht jedes Listenelement nur einmal. Bei einer Listenlänge von 8000 Einträgen liest diese Implementierung den Nachfolger auch nur 8000-mal aus.

> **Das leidige Thema Arbeit**
>
> *Instruments* kann Ihnen nur Hinweise auf die Schwachstellen in Ihren Programmen liefern. Die Behebung überlässt es großzügigerweise Ihnen ganz allein. Für die Suche nach Speicherverwaltungsfehlern kommen Sie also trotz Instruments nicht um die Kenntnis der Regeln herum.
>
> Die Zeiträuber in Ihrer App zu suchen und zu beseitigen, ist da schon komplizierter. Zwar liefert Ihnen hier der Time Profiler gute Hinweise, aber das Beseitigen ist unter Umständen sehr schwierig oder gar unmöglich. Es muss ja schließlich nicht immer ein effizienteres Verfahren für die entsprechende Aufgabe geben.

> »If you spend more on coffee than on IT security, you will be hacked.
> What's more, you deserve to be hacked.«
> – Richard Clarke, White House Cybersecurity Advisor, ret.

6   Programmieren, aber sicher

Das Thema IT-Sicherheit, das mittlerweile zum Tagesgespräch in den Medien gehört, ist auch und insbesondere für Programmierer von Apps für das iPhone von besonderer Bedeutung. Zu Zeiten, in denen Computer nicht mit dem Internet verbunden waren, mussten sich Programmierer in der Regel gar nicht mit der Sicherheit der von ihnen programmierten Programme befassen. Angriffe auf IT-Systeme sind zwar schon lange bekannt, ein Angreifer, der mangels Netzwerkverbindung aber keine Verbindung zu einem System aufbauen kann, wird schwerlich potenzielle Sicherheitslücken finden respektive ausnutzen können.

Dies hat sich seit der immer weiter fortschreitenden Vernetzung von Systemen und der zunehmenden Digitalisierung unseres Lebens stark gewandelt. Es gibt kaum mehr ein System, das nicht mit dem Internet verbunden ist – auch im privaten Bereich. Das gilt insbesondere für Smartphones, also auch für das iPhone (und in gleichem Maße natürlich für das iPad und den iPod touch). Das iPhone gewinnt seine Funktionalität gerade durch die Verbindung zum Internet, deren ständige Verfügbarkeit durch Mobilfunk-Flatrates und omnipräsente WLAN-Hotspots ermöglicht wird.

Dadurch liegen für das iPhone zwei grundsätzliche Bedrohungsszenarien vor: Der Angriff aus dem Netz auf das Gerät und das (unbefugte) Abgreifen von Daten vom Gerät. Hinzu kommt neben dem Aspekt der Bedrohung über das Netzwerk die Tatsache, dass ein iPhone ein großer Datenspeicher ist, der in der Regel mindestens personenbezogene Daten beinhaltet, wenn nicht sogar sensible Firmen- oder Zugangsdaten. Der effiziente Schutz dieser Daten ist neben der rechtlichen Verpflichtung eine Grundanforderung an eine App. Regelmäßig kann man in einschlägigen Fachmagazinen Testberichte über Apps lesen, die mitunter fahrlässig mit den Daten ihrer Nutzer umgehen. Das bekannte c't-Magazin aus dem Heise-Verlag hat 2011 in einem Test von Banking-Apps für das iPhone zu einer der getesteten Apps die folgende Aussage getroffen:

> *»Der Entwickler gestand freimütig ein, dass er lediglich Anwendungsprogrammierer, aber kein Sicherheitsexperte sei und iControl nur in seiner Freizeit am Wochenende weiterentwickle. Leider merkt man das auch am Resultat. Wer diesem Programm vertrauliche Daten anvertraut, handelt fast schon fahrlässig[1].«*

Apple gibt dem Programmierer mit verschiedenen Dokumenten eine gute Hilfestellung für die Entwicklung sicherer Apps. Der *Secure Coding Guide* ist ein guter Einstieg in die sichere Programmierung.

Sichere Software lässt sich nicht durch das ungerichtete Implementieren generischer Sicherheitsmaßnahmen wie z. B. Verschlüsselung oder Rollenkonzepte herbeiführen. Vielmehr muss Sicherheit integraler Bestandteil des Entwicklungsprozesses sein und diesen durch alle relevanten Phasen begleiten. Die Anforderungsphase definiert den Schutzbedarf einer Software, in der Designphase ist die Erstellung eines sicheren Designs das Fundament der in der Implementierungsphase stattfindenden sicheren Umsetzung. Die dann im Betrieb notwendige Sicherheit ergibt sich durch die sichere Konfiguration sowie eine angemessene Wartung und die angemessene Reaktion auf bekannt werdende Sicherheitslücken. Abschnitt 6.4 gibt einen Einblick in die elementaren Bestandteile eines sicheren Software-Entwicklungszyklus.

6.1 Sicherheitsmechanismen von iOS

iOS ist ein komplexes Betriebssystem. Mit der Komplexität eines Systems steigen die darin enthaltenen Fehler und damit auch die Sicherheitslücken, denn eine Sicherheitslücke ist nichts anderes als ein Fehler, den ein Angreifer ausnutzen kann, um unbefugte Aktionen auszuführen. iOS weist immer wieder, wie die Changelogs für neue iOS-Versionen regelmäßig zeigen, eine Vielzahl von schwerwiegenden Sicherheitslücken auf. Allein das Update auf iOS 4.3 hat 59 Sicherheitslücken geschlossen.[2] Der größte Teil davon waren kritische Sicherheitslücken, die einem Angreifer das Ausführen von Code auf dem iPhone erlaubt hätten.

Es ist nicht die Absicht der Autoren, die Sicherheit von iOS zu bewerten, allerdings muss sich der Programmierer von Apps Gedanken über die Sicherheit der von seinen Apps verarbeiteten Daten vor dem Hintergrund eines Betriebssystems machen, das regelmäßig durch schwerwiegende Sicherheitslücken auffällt. Dies gilt natürlich nicht ausschließlich für iOS, denn jedes System dieser Größe

---

1 http://www.heise.de/security/artikel/iPhone-Banking-Apps-im-Sicherheitscheck-1158091.html?artikelseite=2
2 *http://support.apple.com/kb/HT4564*

und Komplexität weist Sicherheitslücken auf. Es ist auch bis heute keine Lösung bekannt, um Software sicher zu programmieren. Es gibt lediglich einige Bemühungen, von denen diejenige, den Entwicklungsprozess mit Sicherheitselementen anzureichern, bisher die vielversprechendste ist.

Verschiedenen Studien[3] zufolge enthält Software auf 100 Zeilen Code einen Fehler, es sind also 1 % der Codezeilen fehlerhaft. Der Umfang von iOS ist zwar unbekannt, aber wenn man zum Vergleich den Linux-Kernel heranzieht, der 2003 bereits aus knapp 6.000.000 Zeilen Code bestand, werden die Dimensionen deutlich, in denen sich ein komplexes Betriebssystem wie iOS bewegt. 6.000.000 Zeilen Code enthalten statistisch 60.000 Fehler, von denen ein Teil naturgemäß Sicherheitslücken öffnet.

Die in iOS enthaltenen Sicherheitslücken führen zu einem bekannten Problem: findige Hacker schaffen es immer wieder, durch Sicherheitslücken das Betriebssystem seiner wichtigsten Sicherheitsfunktionen zu berauben (*Jailbreak*). Dies sollte ein App-Entwickler wissen und – je nach Schutzbedarf seiner App – entsprechende Maßnahmen treffen. Wie man einen Jailbreak erkennt und welche Maßnahmen möglich sind, zeigt Abschnitt 6.5.3.

iOS bringt verschiedene Mechanismen mit, um die Sicherheit des Systems zu gewährleisten. Jede App läuft in einem eigenen virtuellen Raum. Dies bezieht sich sowohl auf das Dateisystem als auch auf den Speicher. Dieses als *Sandboxing* bezeichnete Prinzip verhindert, dass Apps auf Daten und Dateien anderer Apps zugreifen können. Eine App kann sich in ihrer eigenen Sandbox nach Belieben austoben, ohne damit Einfluss auf andere Apps oder das Betriebssystem zu nehmen.

Beim Löschen einer App löscht iOS auch die dazugehörige Sandbox im Dateisystem, sodass es durch die Installation von Apps auch nicht zu dem von einigen Desktop-Betriebssystemen bekannten Phänomen kommt, dass Programme Dateien und Daten an globalen Orten und Systemverzeichnissen ablegen, wodurch das Gesamtsystem im Laufe der Zeit immer unübersichtlicher wird.

Wie in Kapitel 1 beschrieben wurde, ist zum Ausführen einer App auf einem i-Gerät ein Entwickler-Zertifikat notwendig. iOS führt ausschließlich Code aus, der mit einem gültigen Zertifikat versehen ist. Dieser Zwang zur Code-Signierung ist ein weiteres Sicherheitsmerkmal von iOS. Damit verhindert Apple, dass Code aus nicht vertrauenswürdiger Quelle auf ein Gerät kommt und dort Schaden anrichtet. Ein Zertifikat ist immer an einen Entwickler-Account im *iPhone Developer Program* gekoppelt, der wiederum an eine Kreditkarte gekoppelt ist (das Zertifikat ist ja nur im kostenpflichtigen Account enthalten).

---

3 »Fehler in Software«, Dr.-Ing. Matthias Werner, TU Chemnitz 2007

Natürlich besteht die abstrakte Gefahr, dass ein Angreifer einen Entwickler-Account kapert und über diesen Schadsoftware in den App Store einstellt, aber die Wahrscheinlichkeit ist aufgrund der Komplexität des gesamten Prozesses doch eher gering. Der App Store selber stellt keinen nennenswerten Sicherheitsmechanismus im iOS-Biotop dar. Einer Studie[4] der TU Wien aus dem Jahr 2010 zufolge haben 55 % von 1407 untersuchten Apps ungefragt Nutzerdaten wie das Adressbuch, die UDID oder Standortdaten vom Gerät ausgelesen und an fremde Server übermittelt – 825 Apps kamen dabei aus dem offiziellen Apple App Store. Apples Reaktion bestand aus einem Verweis auf die Entwickler der Apps. Der Review-Prozess für den App Store stellt daher kein *Security Gate* im Sinne sicherer Software-Entwicklung dar.

Neben den globalen Mechanismen Sandboxing und Signierung beinhaltet iOS unter der Haube noch weitere Sicherungsmechanismen. So laufen Apps alle unter dem Benutzerkonto *mobile*. Schreibzugriff auf Systemverzeichnisse hat ausschließlich der Benutzer *root*. iOS verwendet also die Unix-eigene Separierung von Benutzerrechten, verzichtet aber darauf, jeder App einen eigenen Benutzerkontext zu geben, wie es z. B. Android macht. Das führt dazu, dass beim Ausfall der zentralen Sandbox-Sicherheit jede App auf die Daten der anderen Apps zugreifen kann – was nicht mehr *state of the art* ist.

Überdies ist befremdlicherweise das Passwort für den Benutzer *root* unter iOS auf den Wert *alpine* gesetzt. Dieses Passwort ist aufgrund seiner Verbreitung im Internet weder geheim, noch genügt es den Ansprüchen an ein sicheres Passwort (zu kurz, zu einfach). Die Trennung von App-Benutzer und Administration bietet nichtsdestotrotz auf einem Gerät ohne Jailbreak einen robusten Grundschutz.

Um die aus `setuid`-Programmen resultierenden, hinlänglich bekannten Sicherheitslücken zu vermeiden, gibt es in iOS keine Dateien mit gesetztem `setuid`-Bit. Darüber hinaus sind die Syscalls `sys_setreuid` und `sys_setreguid` aus dem iOS-Kernel entfernt.

Stack und Heap sind unter iOS mit dem NX-Flag geschützt (*non executable*). Darüber hinaus hat Apple mit iOS 4.3 die *Address Space Layout Randomization* (ASLR) eingeführt, die den Speicher zufällig anordnet und auf diese Weise Angriffe über die typische C-Schwachstelle des Buffer Overflows verhindern soll. Auch hier gilt: Das Umgehen dieser Mechanismen ist möglich, ASLR lässt sich über die in Mode gekommene Technik des *Sprayings* umgehen, allerdings legt beides die Latte für einen erfolgreichen Angriff merklich höher.

Abgesehen von den vorstehenden Sicherheitsmechanismen, von denen hauptsächlich Code-Signierung und Sandboxing für den App-Programmierer von nähe-

---

[4] »PiOS: Detecting Privacy Leaks in iOS Applications«, 2010, Egele et al.

rem Interesse sind, verfügt iOS über ein von Mac OS X geerbtes zentrales Sicherheitselement, die Keychain. Die Keychain ist eine verschlüsselte Datenbank, in der iOS Zugangsdaten und Zertifikate ablegt und auf die eine App über entsprechende API-Aufrufe ebenfalls zugreifen kann, um sensible Daten sicher abzulegen.

> **Keychain vs. Schlüsselbund**
>
> Im deutschen Sprachgebrauch (auf deutschen Mac-Rechnern) heißt die Keychain *Schlüsselbund*. Unter iOS arbeitet die Keychain im Hintergrund und ist lediglich für App-Programmierer relevant. Da diese ohnehin mit der englischsprachigen API und deren ebenfalls englischsprachigen Dokumentation arbeiten, verzichten wir auf der Verwendung des deutschen Begriffs *Schlüsselbund* und nennen das Kind bei seinem englischen Namen: *Keychain*.

Den Umgang mit der Keychain zeigt Abschnitt 6.5. Dieser Abschnitt zeigt ebenfalls, wie sich von einer App erzeugte Dateien über den Benutzercode gegen unbefugten Zugriff schützen lassen.

6.2 Bedrohungen, Angriffe, Sicherheitslücken und Maßnahmen

Vor der theoretischen und praktischen Betrachtung von IT-Sicherheit für App-Programmierer ist die Klärung der Begriffe *Bedrohung*, *Maßnahme*, *Angriff* und *Sicherheitslücke* angebracht. Gegen jede App, jedes IT-System oder jede Infrastruktur wirken *Bedrohungen*. Eine Bedrohung gegen eine Online-Banking-App beispielsweise wäre der unbefugte Zugriff auf die in der App hinterlegten Zugangsdaten zum Konto.

Sie als Programmierer können diese Bedrohung nicht beseitigen; eine Bedrohung ist immer vorhanden. Sie können aber *Maßnahmen* treffen, um die Bedrohung zu minimieren. In diesem Fall wäre eine denkbare *Maßnahme* die Verwendung einer angemessen sicheren Verschlüsselung, um die Zugangsdaten zu schützen.

Ein Angreifer, der in den Besitz der Zugangsdaten kommen möchte, kann auf verschiedene Arten versuchen, die Zugangsdaten zu erlangen. Diese Arten nennt man *Angriffe*. Wirksame Maßnahmen hindern einen Angreifer daran, erfolgreiche Angriffe durchzuführen.

Weist ein Programm eine *Sicherheitslücke* auf, so kann ein Angreifer mithilfe eines Angriffs eine Bedrohung realisieren. Eine mögliche Sicherheitslücke wäre im vorliegenden Beispiel die falsche Verwendung von Kryptografie, sodass der Angreifer die verschlüsselten Zugangsdaten entschlüsseln kann.

6 | Programmieren, aber sicher

Als Programmierer muss man sich über die Bedrohungen im Klaren sein, die auf die eigene App wirken. Denn eine naheliegende Weisheit ist: Es sind nur Maßnahmen gegen existente Bedrohungen notwendig. Eine App, die keine Daten speichert, muss auch keine Maßnahmen gegen potenziellen Datendiebstahl treffen. Nun ist dieses Beispiel etwas übertrieben und geht an der eigentlichen Problemstellung jedes Programmierers vorbei: Welche Bedrohungen wirken denn überhaupt auf meine App? Als Programmierer muss oder sollte man kein Fachmann für IT-Sicherheit sein. Man hat genug damit zu tun, die Programmiersprache, die API und die Plattform zu kennen, für die man programmiert.

Bedrohung, Angriff und Maßnahme lassen sich übersichtlich in sogenannten Bedrohungsbäumen darstellen. Für das vorstehende Beispiel, den unbefugten Zugriff auf Zugangsdaten, sieht ein möglicher Bedrohungsbaum wie in Abbildung 6.1 gezeigt aus.

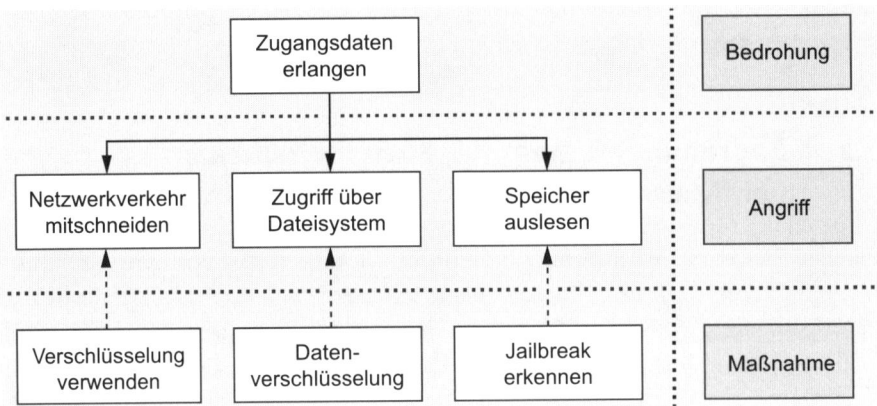

Abbildung 6.1 Bedrohungsbaum

Es gehört einiges an Fleißarbeit und Erfahrung mit Sicherheitslücken und Angriffen dazu, um alle erdenklichen Bedrohungen für eine App zu identifizieren und diese Bedrohungen samt möglicher Angriffe und Maßnahmen in Bedrohungsbäumen darzustellen. Allerdings ist die Kenntnis über mögliche Bedrohungen die Grundlage angemessener und effizienter Maßnahmen. Ganz getreu dem schlauen Spruch, den der bekannte chinesische Stratege und Heerführer Sun Tzu schon vor 2500 Jahren postuliert hat:

> »Wenn du den Feind und dich selbst kennst, brauchst du den Ausgang von hundert Schlachten nicht zu fürchten. Wenn du weder den Feind noch dich selbst kennst, wirst du in jeder Schlacht unterliegen.« (Sun Tzu, »Die Kunst des Krieges«)

6.2.1 Arten von Sicherheitslücken

Eine Sicherheitslücke ist ein Fehler, den ein Angreifer ausnutzen kann, um schädliche Aktionen ausführen zu können. Fehler können sich über verschiedene Wege in eine App einschleichen. Man unterscheidet zwischen Design- und Implementierungsfehlern. Designfehler sind Fehler, die ihren Ursprung in der Architektur oder Anwendungslogik haben. Ein klassischer Designfehler sind z. B. der Verzicht auf Verschlüsselung für die Übertragung sensibler Daten oder die clientseitige Validierung von Sicherheitsparametern. Designfehler sind schwer zu finden und schwer zu beheben, insbesondere sobald eine App einmal implementiert ist.

Neben Designfehlern gibt es das große Feld der Implementierungsfehler. Darunter fallen alle Fehler, die in der Implementierungsphase einer App auftreten. Sie reichen von der Verwendung unsicherer Funktionen über das Auftreten sprachspezifischer Sicherheitslücken (z. B. Formatstring- und Speicher-Fehler in C-Funktionen) sowie die falschen Verwendung von Sicherheitsfunktionen bis hin zu arithmetischen Fehlern und Überläufen. Implementierungsfehler lassen sich einfacher finden als Designfehler, einige sogar durch die automatisierte Analyse des Quellcodes.

> **Das Kreuz mit dem C**
>
> Eine grundsätzliche Gefahr bei der Arbeit mit Objective-C ist die düstere Vergangenheit dieser Sprache. Der Vater von Objective-C, die Sprache C, weist einige konzeptionelle Sicherheitslücken auf, die durch die Verwendung von C in ein iOS-Projekt einschleppen kann. Die bekannteste dieser Sicherheitslücken ist der *Buffer Overflow*. Da dieser oft und ausführlich genug beschrieben wurde, hier nur eine kurze Erwähnung, um das Bewusstsein für die Gefahren von C zu schärfen.
>
> C prüft keine Grenzen. Das bedeutet, dass der Programmierer bei der Angabe von Grenzen in Funktionen durch Unachtsamkeit Grenzen und damit Speicher überschreiben kann. Ein Beispiel dafür ist die Funktion `strcpy` zum Kopieren von Zeichenketten auf die Standard-C-Library. `strcpy` übernimmt zwei Parameter, `char *s1` und `const char *s2`, und kopiert `s2` inklusive abschließender Null (\0) nach `s1`.
>
> ```
> #include <stdio.h>
> void cpStr(char* in)
> {
>      char tmp[8];
>      strcpy(tmp, in);
>      printf("%s\n", tmp);
> }
> int main(int argc, char* argv[])
> {
> cpStr(argv[1]);
>      return 0;
> }
> ```

> Das Programm nimmt den ersten Kommandozeilenparameter und kopiert ihn in der Funktion cpStr in einen statischen Buffer von acht Zeichen Größe. Das geht so lange gut, bis der Parameter länger als sieben Zeichen ist (zuzüglich abschließender Null) und somit die Größe des Zielbuffers tmp überschreitet. Dann überschreibt C nämlich gnadenlos Stack-Speicher, und ein Buffer Overflow findet statt. Schleust dann ein Angreifer statt harmloser Zeichenkombinationen Shellcode als Kommandozeilenparameter ein, kann er über diese Sicherheitslücke diesen Code auf dem System ausführen – ein sicherheitstechnischer SuperGAU.
>
> Das Beispiel zeigt, dass auch die vermeintlich korrekte Verwendung von C-Funktionen zu schweren Sicherheitslücken führen kann. Verwenden Sie daher, wenn Sie sich über die potenziellen Folgen nicht vollkommen im Klaren sind, möglichst immer die höchste Abstraktionsebene – im Regelfall also Cocoa.

Das Vermeiden von Implementierungsfehlern setzt Wissen und Erfahrung beim Programmierer voraus. Der Vermeidung von Designfehlern muss man sich aktiv nähern, indem man die Architektur einer App prüft, bevor sie in die Implementierungsphase geht. Eine bewährte Methodik dafür ist das Threat Modeling, das der folgende Abschnitt ausführlich beschreibt.

6.3 Threat Modeling

Sie wissen jetzt, wie man Bedrohungen in Bedrohungsbäumen darstellt. Nehmen Sie sich das Konzept Ihrer nächsten App, und erstellen Sie alle Bedrohungsbäume, die Ihnen einfallen. Wenn Sie jetzt zu den 99 % aller Leute gehören, denen mit Mühe ein oder zwei Bedrohungen einfallen, dann sind Sie in guter Gesellschaft. Ohne weiteres Hilfsmittel aus dem Blauen heraus Bedrohungen identifizieren zu wollen ist ähnlich schwierig, wie auf Befehl hin lustig zu sein (so wie es in der einen oder anderen rheinischen Stadt in bestimmten Jahreszeiten krampfhaft versucht wird). Leider bleibt es auch dabei allzu häufig nur bei einem Versuch.

Um dem Problem der Einfallslosigkeit zu begegnen, kann man entweder für horrende Tagessätze einen Security-Experten einkaufen oder sich einer Methodik bedienen, die strukturiert durch den Prozess der Bedrohungsanalyse führt. Diese Methode nennt sich Threat Modeling – das Modellieren von Bedrohungen. Bekannt gemacht hat diese Methode die Firma Microsoft, indem sie Threat Modeling als integralen Bestandteil des *Secure Development Lifecycle* implementiert hat.

Ursprünglich kommt Threat Modeling aus dem militärischen Bereich. Ende der 90er-Jahre wurde es von der US-Army und der britischen Armee entwickelt. Mittlerweile ist es als Methodik zur Risikoanalyse in der Norm AS/NZS 4360 implementiert, seit 2005 Bestandteil des CVSSE (US Homeland Security), und obendrein ist es Bestandteil von OCTAVE, dem *Operationally Critical Threat, Asset, and Vulnerability Evaluation*, einem Ansatz zum Management von Informationssicherheitsrisiken des *Software Engineering Institute* der *Carnegie Mellon University*.

Der von Microsoft verwendete Ansatz beim Threat Modeling basiert auf der Idee, eine Applikation (ein System, eine Infrastruktur etc.) anhand eines Datenflussdiagramms (DFD) zu modellieren. Der Gedanke dahinter ist, dass Angriffe nur dort möglich sind, wo Daten in ein System gelangen bzw. ein System verlassen. Modelliert man den Fluss der Daten durch eine Anwendung, muss man nur noch an allen relevanten Stellen überlegen, welche Bedrohung dort wirken kann.

Die Erstellung des Threat Models erfolgt erstmalig in der Design-Phase der Entwicklung, also noch bevor überhaupt eine einzige Zeile Code programmiert worden ist. Der Gedanke dahinter ist, dass es wesentlich günstiger ist, Sicherheitslücken so früh wie möglich im Entwicklungsprozess zu identifizieren, denn je später eine Sicherheitslücke gefunden und behoben wird, desto teurer ist die Behebung derselben. Insbesondere ist das Threat Modeling auch dazu geeignet, Designfehler zu finden, eine Fehlerklasse, die sich mit automatischen Tools zur Code-Analyse nicht identifizieren lassen. Und eine auf einem Designfehler beruhende Sicherheitslücke zu schließen, kann extrem teuer oder gar unmöglich sein.

Die Geschichte vom Backup-Monster

Einer der beiden Autoren, hauptberuflich als Consultant im Bereich IT-Sicherheit tätig, bekam vor einigen Jahren den Auftrag eines Kunden, nennen wir ihn der Einfachheit halber »Backup-Monster«, seine bereits im Betrieb befindliche Software für Online-Backups auf Sicherheitslücken hin zu untersuchen.

In einer Zeit, als jeder beim Begriff Cloud noch in den Himmel geguckt hat, wollte Backup-Monster seinen Kunden damit die Möglichkeit geben, automatisiert Backups von ihren Rechnern auf einen Server von Backup-Monster im Internet zu spielen. Natürlich wurde mit AES256-Verschlüsselung geworben und damit, dass die Daten der Kunden absolut sicher und selbst von Backup-Monster nicht entschlüsselbar abgelegt sind.

Zum Zeitpunkt der Untersuchung hatte Backup-Monster einige hundert bis tausend Kunden, die den Service fleißig nutzten und bereits mehrere Terabyte auf dem Server gesichert hatten. Beim Audit der Software kam dann heraus, dass Architekten und Programmierer gegen alle kryptografischen Regeln verstoßen hatten und die Software schlichtweg offen wie ein Scheunentor war. Die Verstöße waren allesamt im Design angesiedelt (falscher Algorithmus, falsche Verschlüsselungsart, falsche Authentisierung).

Das Ergebnis war, dass Backup-Monster seine Software von Grund auf neu planen und schreiben musste. Denn bei einer Backup-Software hat die Verschlüsselung unmittelbaren Einfluss auf die Art und Geschwindigkeit der Datensicherung und lässt sich nicht durch den Austausch eines einzelnen Moduls ändern.

Da die Änderungen nicht nur Interna der Software betrafen, sondern auch die Kommunikation mit dem Server und insbesondere die Ablage der Backup-Daten auf dem Server, sind mit dem Update auf einen Schlag alle auf dem Server liegenden Backups unbrauchbar geworden. Backup-Monster hatte neben der Erstellung einer neuen Software also auch noch die unangenehme Aufgabe, allen Kunden mitzuteilen, dass ihre Backups sich in kleine Logikwölkchen aufgelöst hatten.

Neben diesem Image-Schaden, der Backup-Monster viele Kunden gekostet hat, haben sich die Kosten für die Erstellung der Software nahezu verdoppelt, da das komplette Design neu erstellt und anschließend implementiert werden musste.

Neben der vorstehenden Anekdote veranschaulicht der NIST-Report »*The Economic Impacts of Inadequate Infrastructure for Software Testing*« aus dem Jahr 2002 sehr deutlich den Zusammenhang zwischen dem Zeitpunkt des Findens eines Fehlers und den Kosten zu seiner Behebung, wie Abbildung 6.2 zeigt (das NIST ist das US-amerikanische Institut für Standardisierung, das *National Institute of Standards and Technology*).

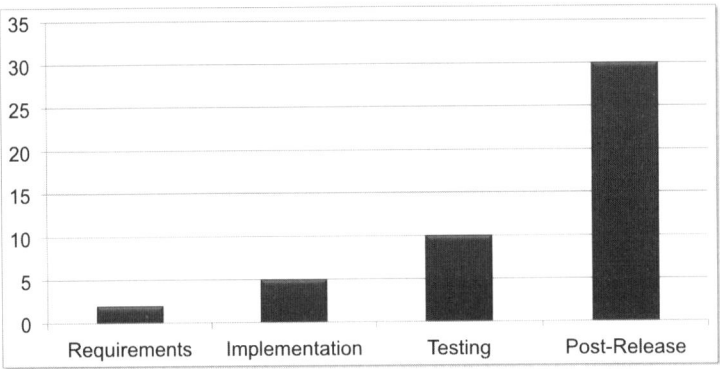

Abbildung 6.2 Kosten für die Fehlerbehebung in relativen Werten im Vergleich untereinander

Bei jeder Änderung an der Software, die Auswirkungen auf den Datenfluss hat, muss eine Prüfung des Threat Models stattfinden.

6.3.1 Erstellen eines Datenflussdiagramms

Abbildung 6.3 zeigt ein einfaches Datenflussdiagramm für eine Banking-App, eine App also, die für den Zugriff auf Kontodaten bei einer Bank gedacht ist. Dieses Diagramm zeigt die App und ihre Kommunikationsbeziehungen. Es enthält noch keine näheren Informationen darüber, wie die App intern strukturiert ist. Ein Datenflussdiagramm dieser Detailtiefe bezeichnet man als Kontextdiagramm, und dies ist die Grundlage eines Threat Models.

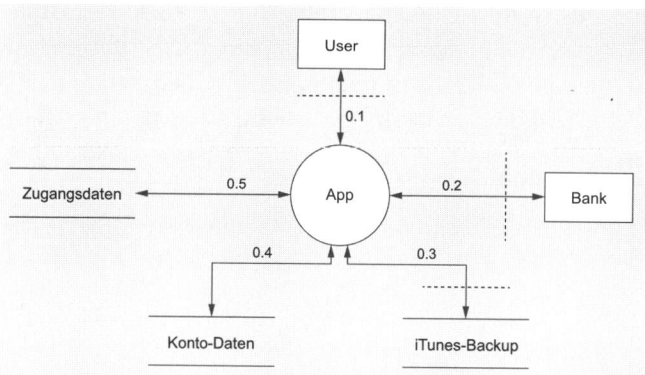

Abbildung 6.3 Kontextdiagramm einer Banking-App

Die nächste Ebene des Datenflussdiagramms, die Ebene 1, zeigt die einzelnen Module der App (siehe Abbildung 6.4). Je nach Komplexität von Architektur oder App lässt sich das Datenflussdiagramm in weiteren Ebenen immer mehr verfeinern. Für die meisten Fälle genügen die Ebenen 0 und 1 aber vollkommen, denn wie Sie gleich sehen werden, lassen sich aus Abbildung 6.3 und Abbildung 6.4 schon alle relevanten Bedrohungen ermitteln, die gegen eine Banking-App wirken können.

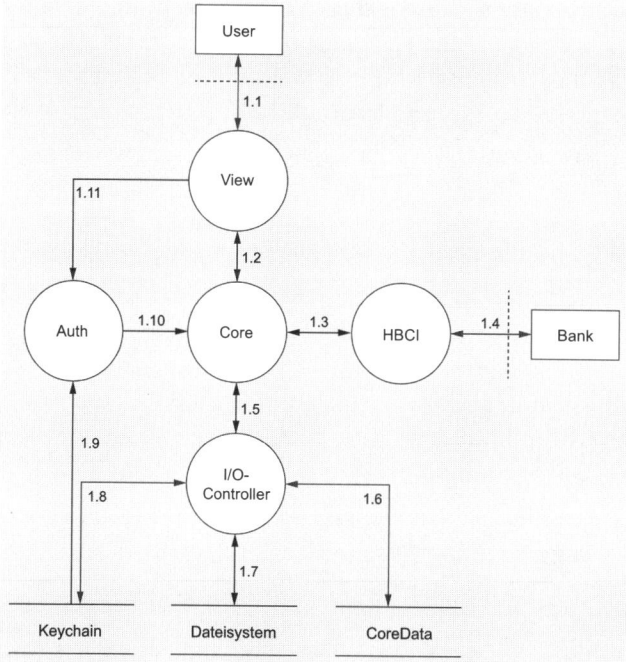

Abbildung 6.4 Ebene 1 der Banking-Applikation im Datenflussdiagramm

Bevor es an die Analyse des Datenflussdiagramms geht, ist noch ein kurzer Abstecher in die Formalitäten-Ecke notwendig, denn Sie werden wissen wollen, aus welchen Elementen ein Datenflussdiagramm überhaupt bestehen kann respektive was die vorstehenden Abbildungen überhaupt bedeuten.

Ein Datenflussdiagramm kann aus den folgenden Elementen bestehen:

- Entität
- Prozess
- Prozessgruppe
- Datenspeicher
- Datenfluss
- Trust boundary

Im Folgenden sehen wir uns diese Elemente genauer an, bevor wir unsere Beispiel-App analysieren.

Entität

Eine Entität repräsentiert einen Akteur. Ein Akteur ist dadurch gekennzeichnet, dass er Aktionen ausführt, ohne dabei Daten zu verarbeiten. Ein Akteur erzeugt oder konsumiert Daten, verarbeitet sie aber nicht, zumindest nicht in einem für die sicherheitstechnische Analyse zu beachtenden Rahmen – ganz im Unterschied zu einem Prozess. In der Fachsprache bezeichnet man daher eine Entität im DFD als *Quelle* (erzeugt Daten) oder *Senke* (konsumiert Daten).

Abbildung 6.5 Entität im DFD

Beispiele für Entitäten sind:

- Benutzer
- Server
- Client
- Internet
- Applikation
- *www.galileopress.de*
- Clemens Wagner

Prozess

Im Gegensatz zu einer Entität ist ein Prozess dadurch gekennzeichnet, dass er Daten verarbeitet. Das bedeutet, dass ein Prozess mindestens einen Dateneingang (*entry point*) und mindestens einen Datenausgang (*exit point*) besitzen muss. Ein Prozess kann niemals Quelle oder Senke in einem DFD sein. Die von einem Prozess zu verarbeitenden Daten müssen von außen zugeführt, und die verarbeiteten Daten müssen nach außen abgegeben werden.

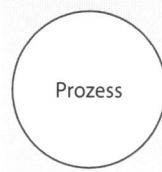

Abbildung 6.6 Prozess im DFD

Beispiele für einen Prozess sind:

- App
- XML-Parser
- Authentisierungsmodul einer App
- Webserver
- I/O-Controller

Prozessgruppe

Eine Prozessgruppe ist nichts anderes als das, was der Name suggeriert: eine Gruppe von Prozessen, die der Übersichtlichkeit halber im DFD zu einer Gruppe zusammengefasst sind. Im Regelfall löst sich diese Gruppe in weiteren Ebenen des DFD auf. Eine komplexe App würde man beispielsweise in der Ebene 0 als Prozessgruppe zeichnen und in den folgenden Ebenen dann in Module aufteilen.

Für die Prozessgruppe gelten folglich dieselben Regeln wie für einen Prozess: Sie muss mindestens einen Dateneingang und mindestens einen Datenausgang haben.

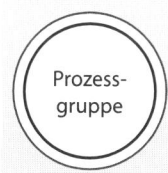

Abbildung 6.7 Prozessgruppe im DFD

Datenspeicher

Um mit Gertrude Stein zu sprechen: Ein Datenspeicher ist ein Datenspeicher ist ein Datenspeicher. Der Wortsinn steht für die Bedeutung im DFD. Jeder Ort, an dem Daten gespeichert werden, ist im DFD ein Datenspeicher. Im Gegensatz zu einem Prozess, der möglicherweise auch Daten speichert, und sei es nur temporär, verarbeitet der Datenspeicher keine Daten, ist also ein rein passives Element und somit zwingend Quelle und/oder Senke von Informationen.

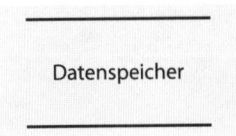

Abbildung 6.8 Datenspeicher im DFD

Beispiele für einen Datenspeicher sind:

- Datenbank
- Datei
- iCloud
- Heap/Stack
- Keychain
- Hardcopy (Ausdruck)

Datenfluss

Der Datenfluss symbolisiert den eigentlich Sinn des DFD, nämlich den Weg der Daten durch das modellierte System. Dabei stellt der Pfeil die Richtung des Datenverlaufes von einer Quelle zu einer Senke dar. Ein bidirektionaler Datenfluss kann entweder durch zwei gegenläufige Pfeile oder einen Doppelpfeil dargestellt werden.

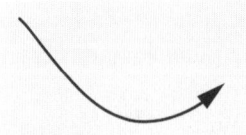

Abbildung 6.9 Datenfluss im DFD

Beispiele für einen Datenfluss sind:

- Netzwerkverkehr
- Benutzereingabe über GUI

- IPC
- Shared Memory
- RPC-Aufruf

Trust boundary

Die Vertrauensgrenze oder *Trust boundary* ist eine Erweiterung des ursprünglichen DFD für den Anwendungsfall Threat Modeling. Eine Vertrauensgrenze trennt Bereiche unterschiedlicher Sicherheitsniveaus. Diese sind beim Threat Modeling von besonderem Interesse, da sich dort in der Regel die meisten Angriffsvektoren ergeben.

Abbildung 6.10 Vertrauensgrenze (Trust boundary) im DFD

Beispiele für Vertrauensgrenzen sind:

- Firewall
- Prozesse mit unterschiedlichen Rechten
- Kommunikation über Netzwerke
- unterschiedliche Systeme (z. B. iPhone und iTunes-Rechner)

Analyse der Beispiel-App

Mit den Informationen aus den vorstehenden Absätzen können Sie nun die in Abbildung 6.3 und Abbildung 6.4 modellierte App analysieren. Das Kontextdiagramm zeigt, dass es zwei Entitäten gibt, die die App mit Daten beliefern. Der Benutzer gibt Daten über die GUI ein, und die Bank liefert Daten über das Netzwerk. Die App speichert die Zugangsdaten für das Onlinebanking sowie die Bewegungs- und Transaktionsdaten in jeweils einem Datenspeicher. Zusätzlich gibt es zu beachten, dass Daten der App beim automatischen Backup über iTunes auf den Rechner des Benutzers gelangen können.

Ebene 1 teilt die App in ihre Hauptmodule auf, sodass der Datenfluss innerhalb der App sichtbar wird. Die Schnittstelle zum iTunes-Backup ist in dieser Ebene entfallen, da sie zur Darstellung im Kontextdiagramm keiner weiteren Detaillierung mehr bedarf.

Mit diesen beiden Diagrammen können Sie nun beginnen, spezifische Bedrohungen für die App zu ermitteln. Dazu ist es sinnvoll, eine Tabelle mit allen Elementen der DFDs zu erstellen und diese Tabelle Zeile für Zeile zu durchlaufen und für jedes Element zu überlegen, welche Bedrohung wirken kann. Entitäten, Prozesse und Datenspeicher lassen sich aufgrund der geringen Anzahl leicht in einer Tabelle wiederfinden. Um die vielen Datenflüsse sinnvoll in eine Tabelle überführen zu können, sollten Sie diese – wie in den beiden Abbildungen – mit Nummern versehen. Es hat sich in der Praxis als hilfreich herauskristallisiert, die Nummern aus der jeweiligen Ebene des DFD, gefolgt von einem Punkt und einer fortlaufenden Nummer zusammenzusetzen. Damit ist sofort klar, in welcher Ebene sich der Datenfluss befindet, was bei komplexen Diagrammen mit vielen Ebenen extrem hilfreich ist.

6.3.2 STRIDE

Nachdem Sie das Datenflussdiagramm für Ihre App erstellt und alle Elemente in eine Tabelle überführt haben, kommt STRIDE ins Spiel. STRIDE hat seinen Ursprung ebenfalls bei Microsoft und ist ein Akronym, das sich aus den Anfangsbuchstaben der sechs Kategorien zusammensetzt, in die sich alle Bedrohungen einordnen lassen, die auf ein IT-System wirken können. STRIDE ist also genau die Hilfe, die Sie benötigen, um Bedrohungen identifizieren zu können. Für jedes Element im DFD, also für jede Zeile der Tabelle, müssen Sie jetzt »nur« noch überlegen, welche Art von Bedrohungen aus den sechs STRIDE-Kategorien wirken kann. Sie erhalten mit STRIDE also eine generische Bedrohungsvorlage und können daraus eine konkrete Bedrohung ableiten – oder eben auch nicht, wenn keine Bedrohung vorhanden ist.

STRIDE steht für die folgenden sechs Kategorien:

- **S**poofing: Vortäuschen einer falschen Identität
- **T**ampering: Verändern von Daten
- **R**epudiation: Abstreiten von Aktionen
- **I**nformation disclosure: Preisgabe von Informationen
- **D**enial of service: Störung eines Dienstes
- **E**levation of privileges: unbefugtes Erlangen von Rechten

Die folgende Tabelle führt für jede der sechs STRIDE-Bedrohungen eine generische Gegenmaßnahme und konkrete Maßnahmen auf:

STRIDE	Maßnahme	Beispiel
Spoofing	Authentisierung	Public-Key-Kryptografie
Tampering	Integrität	Hash-Prüfung
Repudiation	Non repudiation	Logging

STRIDE	Maßnahme	Beispiel
Information disclosure	Vertraulichkeit	Verschlüsselung
Denial of service	Verfügbarkeit	Performance-Optimierung
Elevation of privileges	Autorisierung	Benutzerverwaltung

Generische Gegenmaßnahme und konkrete Maßnahmen gegen sechs STRIDE-BedrohungenAufgrund ihrer Natur unterliegen nicht alle Elemente des DFD allen STRIDE-Bedrohungskategorien. Da eine Entität z. B. keine Daten verarbeitet, kann kein *Tampering* stattfinden. Ebenso ist *Information disclosure* bei einer Entität keine Bedrohung. Ein Benutzer kann zwar seine Zugangsdaten für das Online-Banking bei Facebook veröffentlichen, dies ist aber keine Bedrohung, die für den Programmierer der Banking-App relevant ist – die Bedrohung ist *out-of-scope* oder, um Douglas Adams zu bemühen: ein PAL (*Problem anderer Leute*).

Folgende Kombinationen von DFD-Element und STRIDE-Kategorie sind möglich:

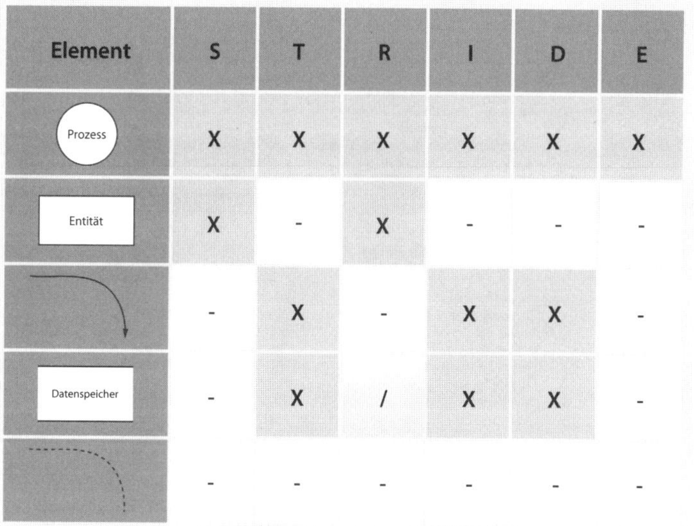

Element	S	T	R	I	D	E
Prozess	X	X	X	X	X	X
Entität	X	-	X	-	-	-
(Datenfluss)	-	X	-	X	X	-
Datenspeicher	-	X	/	X	X	-
(Vertrauensgrenze)	-	-	-	-	-	-

Abbildung 6.11   Zuordung von DFD-Elementen zu STRIDE-Kategorien

Nun haben Sie alle Informationen beisammen, um sich methodisch der Bedrohungsanalyse Ihrer App anzunehmen. Erstellen Sie eine Tabelle aller Elemente, und überlegen Sie für jedes Element, welche in die Kategorisierung des STRIDE-Katalogs passende Bedrohung für das betreffende Element vorhanden sein könnte. Da die Tabelle Ihre Software auf dem gesamten Lebensweg begleiten wird, empfiehlt sich für die Erstellung ein dynamisches, bei der Arbeit mit Tabellen halbwegs sinnvolles Medium wie *Numbers*, *OpenOffice* oder *Excel*. Das Erweitern und Bearbeiten einer Tabelle ist damit schlichtweg einfacher, und da Sie das Threat Modeling nicht zum Selbstzweck durchführen, sondern möglichst effizient arbeiten möchten, sollte das Handwerkszeug Ihnen möglichst viel Arbeit abnehmen.

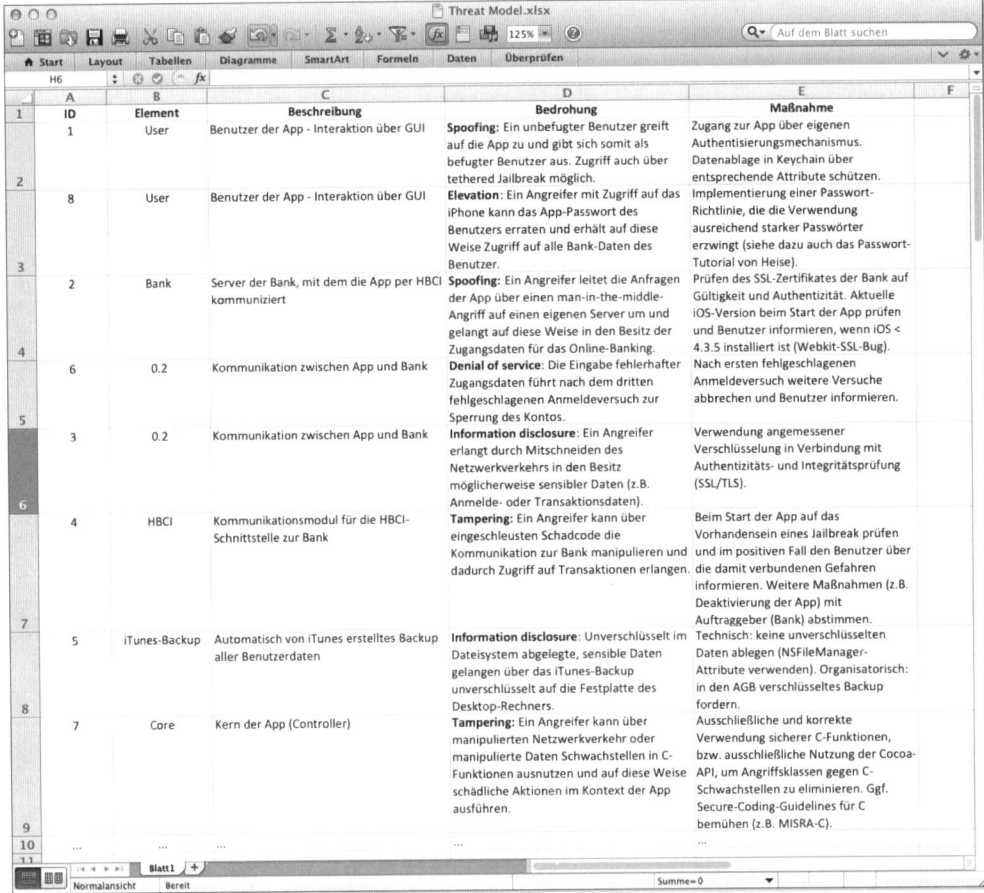

Abbildung 6.12 Threat Model der Beispiel-App

> **Wichtige Grundregeln beim Threat Modeling**
>
> Der große Nutzen des Threat Modeling liegt in der Methodik. Diese Methodik leitet auch einen unerfahrenen Anwender durch die schwierige Aufgabe, spezifische Bedrohungen für seine App zu ermitteln. Das Threat Modeling ist diese Methodik, und daher ist es für den Erfolg unerlässlich, diese Methodik strikt anzuwenden. Das Zeichnen eines DFD und das anschließende Anfertigen einer Tabelle aller Elemente und ihrer Bedrohungen führt für sich genommen zu keinen bahnbrechenden Erkenntnissen; beide Tätigkeiten sind aber darauf ausgerichtet, den Anwender zu führen.

Durch das methodische Vorgehen wird der Blick des Anwenders auf die wesentlichen Punkte fokussiert, er wird gezwungen, sich intensiv Gedanken über seine App zu machen, und er erhält mit der STRIDE-Kategorisierung eine gute Hilfestellung, um selbstständig Bedrohungen identifizieren zu können.

Es gibt zwei typische Fehler beim Threat Modeling. Der erste Fehler ist, die Methodik nicht durchgehend anzuwenden. Machen Sie sich immer die Mühe, ein ausreichend detailliertes DFD zu erstellen. Das zwingt Sie dazu, sich intensiv mit der Architektur Ihrer App auseinanderzusetzen. Erstellen Sie im Anschluss die Tabelle der Elemente und der Bedrohungen. Dieser Schritt ist nicht nur dazu gedacht, alle Elemente auf Bedrohungen aus dem STRIDE-Katalog abzuklopfen, die Tabelle ist überdies auch das zentrale Dokument des gesamten Vorgangs. Liegt eine vernünftige Dokumentation vor, können Sie immer darauf zurückgreifen, was insbesondere bei der Weiterentwicklung Ihrer App wichtig ist. Sie möchten nicht für jedes neue Feature ein neues Threat Model erstellen, sondern das vorhandene erweitern können.

Der zweite Fehler beim Threat Modeling ist es, über die Einordnung einer Bedrohung in eine der sechs STRIDE-Kategorien zu diskutieren. Ist, um bei der Beispiel-App zu bleiben, der Zugriff per Jailbreak (ID 1) nun ein *Spoofing* oder nicht eher ein *Elevation of privileges*? Die Antwort ist: Das ist total egal! Es geht nicht darum, mögliche Bedrohungen möglichst passgenau in die sechs STRIDE-Kategorien einzuordnen, sondern darum, die sechs STRIDE-Kategorien zu verwenden, um Bedrohungen zu identifizieren! Allzu häufig verlieren sich Threat-Modeling-Workshops in dieser Diskussion, und das Ergebnis ist ein unvollständiges Threat Model, eine Software mit unentdeckten Sicherheitslücken und ein Team von Teilnehmern, das mit dem trügerischen Gefühl nach Hause geht, »richtig was geschafft« zu haben.

Denken Sie also immer daran: Niemand gibt Ihnen eine gute Note für eine schöne Zeichnung, eine formvollendete Tabelle und korrekt klassifizierte Bedrohungen. Heise wird Ihnen aber sicher einen prominenten Platz im Newsticker geben, wenn Ihre App durch eklatante Sicherheitslücken aufgefallen ist.

Um Ihnen den Einstieg und die Arbeit mit den STRIDE-Kategorien zu erleichtern, finden Sie nachfolgend zu jeder STRIDE-Kategorie einige beispielhafte Bedrohungen samt geeigneter Gegenmaßnahmen.

Spoofing

Spoofing subsummiert alle Bedrohungen, bei denen ein Angreifer eine Identität fälscht, austauscht oder austauscht. Der Begriff der Identität ist dabei nicht auf die Identität einer Person beschränkt, sondern umfasst alle Objekte, die über eine Identität verfügen. Das können die verschiedensten Arten von Objekten sein:

▸ Benutzer
▸ Server
▸ App

- RSS-Feed
- Bibliothek
- Framework
- IP-Adresse
- *www.ifoo.de*

Bedrohung	Maßnahme
Ein Angreifer fälscht die MAC-Adresse oder die IP-Adresse seines Rechners und umgeht auf diese Weise eine darauf basierende Authentisierung.	Authentisierung in der Anwendungsschicht durchführen oder zusätzliche netzwerkseitige Sicherungsmaßnahmen verwenden, z. B. SSL-Zertifikate für Server und/oder Client.
Ein Angreifer tauscht eine von der App verwendete Bibliothek durch eine mit Schadcode präparierte Bibliothek aus.	Integritäts- oder Versionsprüfung der verwendeten Bibliotheken. Sicherstellen, dass Bibliotheken ausschließlich von vertrauenswürdigen Verzeichnissen aus geladen werden.
Durch die Manipulation des Routings oder der Namensauflösung kann ein Angreifer die Zugriffe der App auf einen Webserver auf einen von ihm kontrollierten Webserver umleiten und auf diese Weise Zugriff auf sensible Daten erlangen.	Verwenden von SSL zur Identifizierung des Webservers (z. B. Prüfen des Zertifikates über den Vergleich des Fingerprints)

Tabelle 6.1 Spoofing

Tampering

Alle Angriffe, die mit der Veränderung von Daten zu tun haben, fallen in die Kategorie *Tampering*. Das geht vom schreibenden Zugriff in eine Datenbank über eine SQL-Injection, über Manipulationen im Dateisystem bis zur Veränderung der Netzwerk-Kommunikation.

Bedrohung	Maßnahme
Ein Angreifer kann über einen Man-in-the-middle-Angriff unverschlüsselte Netzwerkkommunikation abfangen (z. B. in einem öffentlichen Hotspot), den Datenstrom verändern und so z. B. in Transaktionen eingreifen.	Übertragung sensibler Daten ausschließlich über verschlüsselte Protokolle

Tabelle 6.2 Tampering

Bedrohung	Maßnahme
Ein Angreifer deaktiviert durch einen über das Netzwerk applizierten Jailbreak die Sicherheitsmechanismen des iPhone seines Opfers und damit auch der App.	Prüfen auf das Vorhandensein eines Jailbreaks beim Start der App.
Ein Angreifer kann über eine SQL-Injection in der App schreibend auf die Datenbank des mit der App kommunizierenden Serversystems zugreifen.	Filtern aller Benutzereingaben auf potenziell schädliche Sonderzeichen.

Tabelle 6.2 Tampering (Forts.)

Repudiation

Repudiation fast sowohl das Verschleiern von Aktionen und Angriffen durch fehlendes Logging als auch Angriffe gegen und über Logging-Mechanismen zusammen.

Bedrohung	Maßnahme
Ein Angreifer kann Aktionen gegen eine App oder ein aus einer App und einem Server bestehendes Kommunikationssystem durchführen, ohne dass diese Aktionen durch einen Logging-Mechanismus registriert werden.	Schreiben aussagekräftiger Log-Dateien und Speicherung der Daten an sicherer (dritter) Stelle.
Ein Angreifer kann sensible Daten aus Log-Dateien auslesen.	Log-Dateien sollten gegen unbefugten Zugriff geschützt sein und keine sensiblen Daten wie z. B. Passwörter oder Transaktionsinterna (Kontostand etc.). enthalten.
Ein Angreifer kann den Logging-Mechanismus so beeinflussen, dass die Log-Dateien durch Rotation gelöscht werden, und dadurch seinen Angriff verschleiern.	Rotierte Log-Dateien nicht löschen. Logging in angemessener Detailtiefe, um das Anfallen zu großer Datenmengen in den Logfiles zu verhindern.

Tabelle 6.3 Repudiation

Information disclosure

Die Preisgabe von Informationen jeglicher Art fällt in die Kategorie *Information disclosure*. Informationen können dabei an den verschiedensten Stellen anfallen und von beliebiger Natur sein. Beispiele für Information leakage sind die folgenden:

▶ Fehlermeldungen
▶ Sensible Informationen im Syslog (»Konsole«)
▶ Verwendung von Klartextprotokollen für vertrauliche Daten

- Secret Key für symmetrische Verschlüsselung als String im Binary
- Debug-Symbole
- Netzwerkbanner von Serverdiensten

Bedrohung	Maßnahme
Eine App gibt bei (gezielter) Fehlbenutzung Fehlermeldungen mit Debug-Informationen aus.	Fehlermeldungen sollten grundsätzlich neutral gehalten sein. Debug-Informationen und Stack-Traces sollten ausschließlich in separate Debug-Logdateien oder an den Syslog-Server geschrieben werden.
Der geheime Schlüssel für die Verwendung eines symmetrischen Kryptoalgorithmus ist als String im App-Binary gespeichert. Ein Angreifer kann den String ohne großen Aufwand auslesen und erhält auf diese Weise Zugriff auf die Verschlüsselung.	Sichere Ablage geheim zu haltender Informationen, z. B. in der Keychain. Keine Verwendung eines einzigen statischen Schlüssels für alle Instanzen einer App.
Übertragung von Zugangsdaten über ein Klartextprotokoll (anfällig für Man-in-the-middle-Angriffe).	Übertragung sensibler Daten ausschließlich über verschlüsselte Protokolle.

Tabelle 6.4 Information disclosure

Denial of service

Der Begriff *Denial of service* ist aus Funk und Fernsehen im Zusammenhang mit DoS- oder DDoS-Angriffen (*Distributed Denial of Service*) auf Webseiten bekannt. Unter Denial of service versteht man aber nicht nur netzwerkbasierte Angriffe, die darauf ausgelegt sind, einen Webserver in die Knie zu zwingen, sondern alle Arten von Angriffen, die dazu führen, dass ein System nicht mehr so funktioniert wie vorgesehen.

Bedrohung	Maßnahme
Ein Angreifer kann über die Importfunktion einer App eine Datei mit manipuliertem Format einschleusen und dadurch den Import-Parser der App lahmlegen.	Robuste Programmierung von Importfiltern und Parsern, um Angriffe über manipulierte Formate zu verhindern.
Wiederholte fehlerhafte Anmeldung an der App führt kommentarlos zum Löschen aller lokalen Daten.	Verwenden von Hinweisen, um den Benutzer auf die Gefahr aufmerksam zu machen, ggf. Implementierung einer Funktion zur Passwort-Merkhilfe.

Tabelle 6.5 Denial of service

Bedrohung	Maßnahme
Eine schmalbandige Netzwerkverbindung führt dazu, dass Kernfunktionalitäten einer App nicht mehr funktionieren. Ein Angreifer im lokalen Netzwerk kann dies beim Start der App für DoS-Angriffe ausnutzen, indem er das Netzwerk mit Paketen flutet.	Effiziente Netzwerkprogrammierung und angemessenes Error-Handling verwenden.

Tabelle 6.5 Denial of service (Forts.)

Elevation of privileges

Die letzte STRIDE-Kategorie umfasst alle Angriffe, bei denen ein Angreifer Aktionen in einem anderem als dem eigenen Rechte-Kontext ausführt. Im Webbereich ist das Cross-Site-Scripting eine bekannte Schwachstelle, bei der ein Angreifer eigenen Code im Sicherheitskontext eines anderen Webservers ausführen kann.

Bedrohung	Maßnahme
Ein unbefugter Benutzer greift auf die in den Hintergrund geschickte App zu und gelangt so in den Besitz sensibler Daten.	Sperren der App beim Wechsel in den Hintergrund. Reaktivierung nur über Eingabe der gültigen Zugangsdaten.
Ein Benutzer einer App oder ein Angreifer im Netz kann von einer App an einen Server übermittelte Daten so mit Schadcode manipulieren, dass der Server diesen Schadcode an andere Benutzer ausliefert.	Strikte Filterung von Benutzereingaben auf potenziell schädliche Sonderzeichen und Sicherstellen der Integrität der Netzwerk-Übertragung. Auf dem Server zusätzlich strikte Filterung aller Ausgaben auf potenziell schädliche Sonderzeichen.
Datenimport von einer nicht geprüften URL erlaubt einem Angreifer das Einschleusen von fehlerhaften Daten oder Schadcode.	Semantische Prüfung von importiertem Content, Filterung auf potenziell schädliche Sonderzeichen, Verwenden von SSL, um Kommunikationspartner im Netz eindeutig identifizieren zu können.

Tabelle 6.6 Elevation of privileges

6.3.3 Generische Design-Grundsätze

Beim sicheren Design von Software gibt es einige grundsätzliche Prinzipen, die man als Entwickler verinnerlichen sollte. Da es nur eine Hand voll sind, sollte das Merken nicht allzu schwerfallen, die konsequente Beachtung beim Design kann aber helfen, grobe Schnitzer zu vermeiden. Überdies taugt die Liste der Prinzipien in Kundengesprächen gut zum Bullshit-Bingo. ;-)

- *Keep it simple, stupid*: Von der Implementierung einer Klasse bis zum Design der Architektur sollte alles so einfach wie möglich gehalten sein. Komplexität führt zu Unübersichtlichkeit und Fehlern. Anstatt eine Methode in zwölf Ebenen zu schachteln, sollten Sie lieber eine Pause machen und nachdenken, wo in der Planung etwas falsch gelaufen sein könnte.
- *Need to know*: Beim Umgang mit Informationen sollten Sie sich immer die Frage stellen: »Wer muss was wissen?« Niemand muss mehr wissen als nötig. »Niemand« kann eine Person sein, eine App, eine Klasse, ein Server etc.
- *Attack surface reduction*: Die Anzahl der Eintrittspunkte für Daten (*Entry points*) sollte immer so gering wie möglich sein. Bevor man auf dem iPhone einen Serverdienst startet, sollte man lieber nachdenken, ob es nicht auch umgekehrt geht (als Client).
- *Datensparsamkeit*: Nur die Daten einfordern, verarbeiten und speichern, die für den Betrieb zwingend notwendig sind. Große Datenbanken üben eine magische Anziehungskraft auf Angreifer aus.
- *Secure by default:* Sie sollten sicherheitsrelevante Optionen standardmäßig aktivieren und den Benutzer oder Administrator diese manuell deaktivieren lassen, wenn es denn unbedingt notwendig ist.
- *Least privilege*: Verwenden Sie grundsätzlich die geringsten Rechte zur Ausführung von Operationen.
- *Defense in depth*: Verlassen Sie sich niemals auf singuläre Sicherheitsmechanismen, sondern implementieren Sie verschiedene Stufen der Sicherheit.

6.3.4 Threat Modeling aus der Tube – das Microsoft SDL Threat Modeling Tool

Wie in der Einführung zum Threat Modeling bereits erwähnt wurde, ist diese Methodik im Bereich der Software-Entwicklung ursprünglich von Microsoft eingeführt und verfeinert worden. Nach den großen Wurm-Plagen und den nicht abreißenden Meldungen über Sicherheitslücken in Microsoft-Produkten hat Microsoft im Jahr 2003 auf die Bremse getreten und mit dem *Security Push* den Grundstein für den in den folgenden Jahren immer weiter intensivierten und verfeinerten *Secure Development Lifecycle* (SDL) gelegt.

Neben dem Ziel, eigene Produkte sicherer zu machen, lässt Microsoft auch Dritte an seinen Erkenntnissen rund um den SDL teilhaben und hat dazu das *Microsoft SDL Pro Network* ins Leben gerufen. Auf der dazugehörenden Website, *http://www.microsoft.com/security/sdl/*, gibt es das *Microsoft SDL Threat Modeling Tool* kostenlos zum Download. Dieses Tool bietet eine Oberfläche zum Erstellen eines Datenflussdiagramms und erstellt aus diesem DFD selbstständig die Tabelle der für die Elemente des DFD potenziell wirkenden Bedrohungen – einfacher geht es wirklich nicht.

Nun wäre Microsoft nicht Microsoft, wenn es an der Sache nicht einen klitzekleinen Haken gäbe. Dieser äußert sich dergestalt, das zwar das Tool kostenlos ist, man zum Benutzen aber eine installierte Version von Visio auf dem Rechner haben muss, da die DFD-Erstellung im Tool über die Visio-Engine erfolgt. *Honi soit qui mal y pense*. Der Umstand, dass das Tool nur für Windows erhältlich ist, ergibt sich direkt aus dem Visio-Zwang und muss hier nicht extra erwähnt werden.

Nichtsdestotrotz ist es zurzeit das einzige Tool, das Threat Modeling am DFD ermöglicht und diese Aufgabe auch hinreichend gut erledigt. Daher lohnt sich, sofern Windows und Visio vorhanden sind, auf jeden Fall ein Blick auf das Tool.

Das Tool ist von Entwicklern für Entwickler konzipiert worden und nicht von Security-Experten für Security-Experten. Das schlägt sich in der angenehm intuitiven, zielgerichteten und einfachen Bedienung nieder. Nach dem Start erstellt das Tool ein rudimentäres DFD, um die grundlegende Funktionsweise zu demonstrieren.

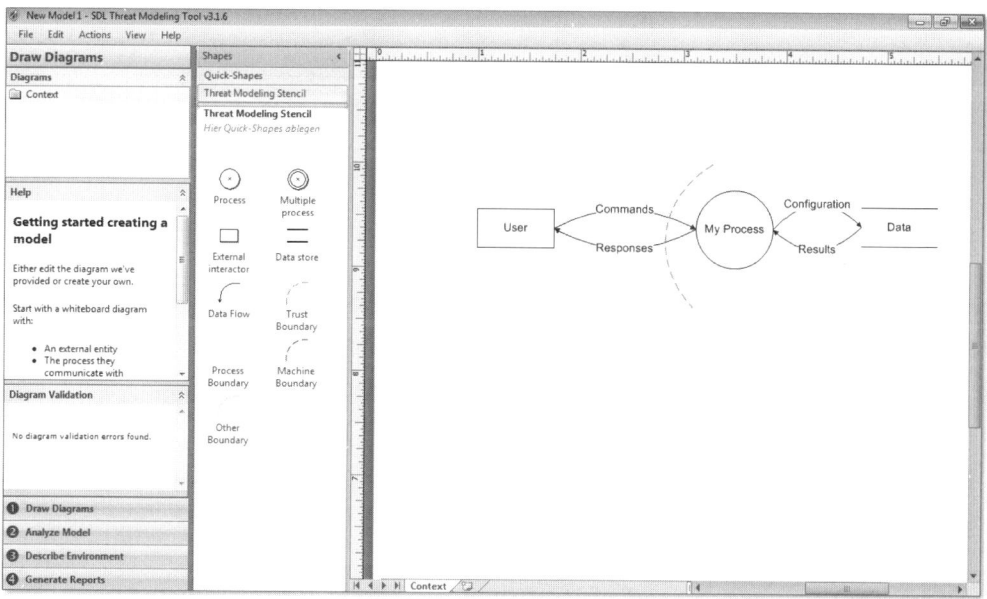

Abbildung 6.13 Das Microsoft SDL Threat Modeling Tool

Das DFD befindet sich, nicht zu übersehen, im rechten Teil der GUI. Links daneben, im Bereich SHAPES finden Sie alle Elemente, die Sie für die Erstellung eines

DFD benötigen. Ziehen Sie die benötigten Elemente einfach in den Zeichenbereich rechts, und erstellen Sie die notwendigen Verknüpfungen.

Das Tool analysiert das DFD in Echtzeit und gibt Verstöße gegen die Semantik links im Bereich DIAGRAM VALIDATION aus. Das merken Sie spätestens dann, wenn Sie ein oder mehrere Elemente im DFD nicht korrekt verknüpft haben. Ein Prozess ohne Verbindungen z. B. führt zu der in Abbildung 6.14 gezeigten Fehlermeldung.

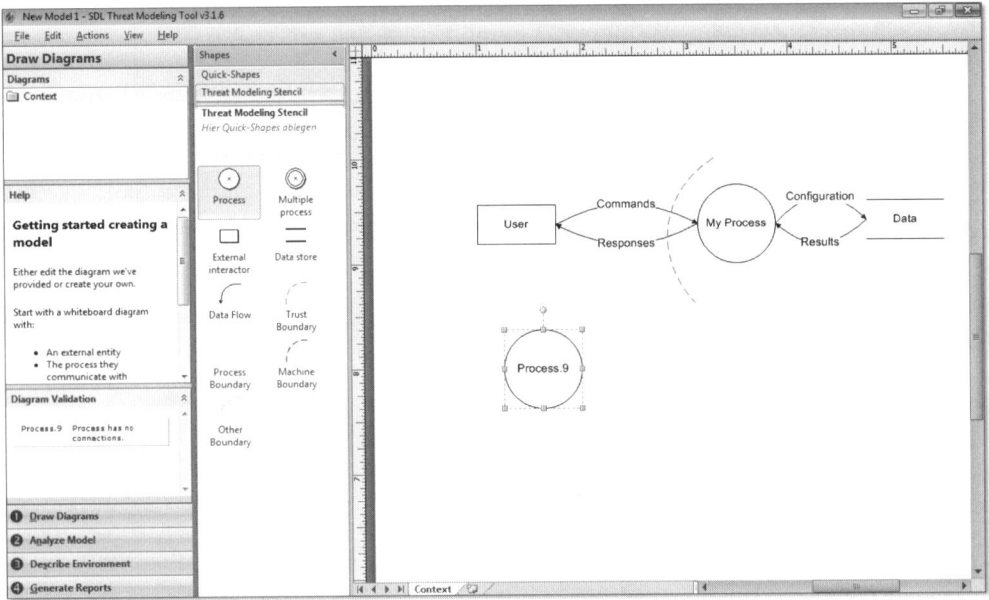

Abbildung 6.14 Das Tool meldet einen Validierungsfehler.

Der Bereich HELP im linken Teil der GUI gibt eine Minimal-Anleitung für die Erstellung eines DFD und verweist auf die dem Tool beiliegende Hilfe-Datei, die im Übrigen sehr gut ist.

Links oben befindet sich im Bereich DIAGRAMS die Übersicht über die Ebenen des DFD. Fügen Sie mit der rechten Maustaste einfach weitere Ebenen hinzu, wenn Sie Ihr Diagramm weiter aufteilen möchten. Das DFD unserer Beispiel-App lässt sich somit ohne großen Aufwand über alle Ebenen in dem Tool darstellen (siehe Abbildung 6.15).

Der wahre Nutzen des Tools ergibt sich erst aus der Transformation der DFD-Elemente in die Liste der STRIDE-Kategorien. Dies erfolgt über den Button ANALYZE MODEL rechts unten im Fenster. Das Tool erstellt eine Liste der DFD-Elemente und fügt jedem Element die STRIDE-Bedrohungen hinzu, die für dieses Element wirken können (siehe Zuordnungen in Abbildung 6.11).

Threat Modeling | **6.3**

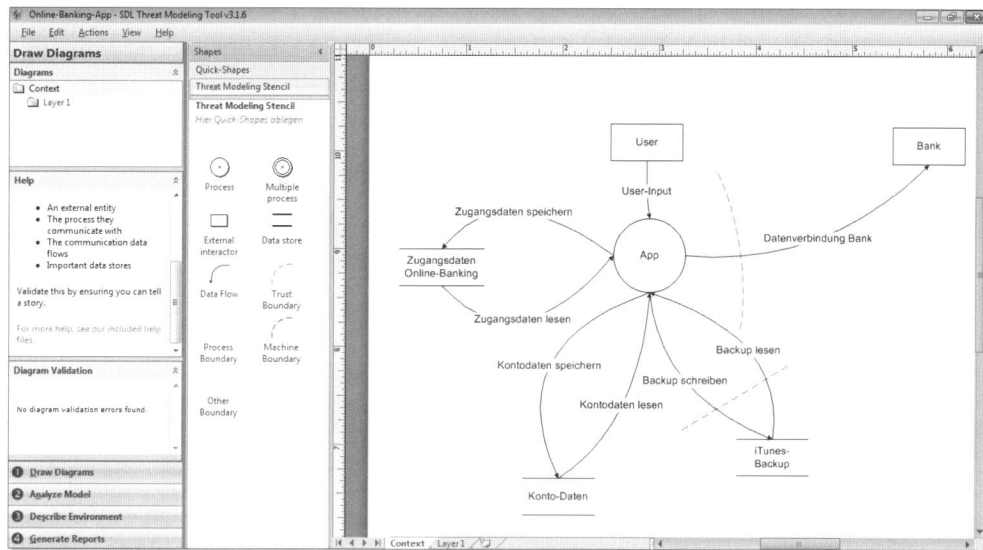

Abbildung 6.15 DFD der Beispiel-App im Threat Modeling Tool

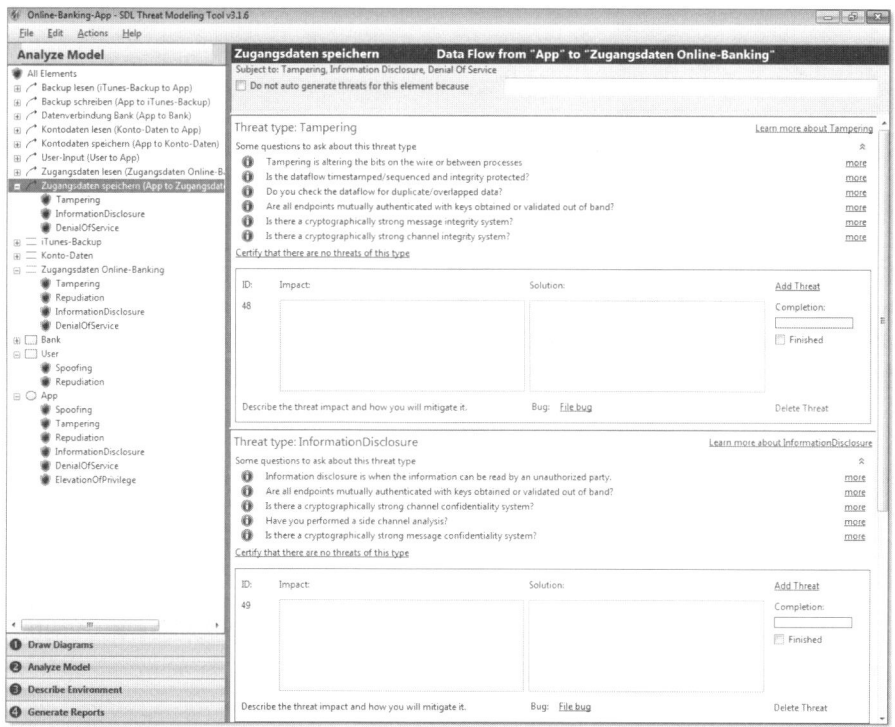

Abbildung 6.16 Die Liste der DFD-Elemente und ihrer STRIDE-Bedrohungen

Durch Auswahl eines Elements öffnet sich rechts im Fenster die Liste der STRIDE-Bedrohungen. Neben einigen Informationen und Beispielen zu den einzelnen Bedrohungen gibt es dort für jede Bedrohung ein Textfeld mit dem Titel IMPACT und eins mit dem Titel SOLUTION (siehe Abbildung 6.17). Im Feld IMPACT formulieren Sie die von Ihnen identifizierte Bedrohung und im Feld SOLUTION die entsprechende Maßnahme.

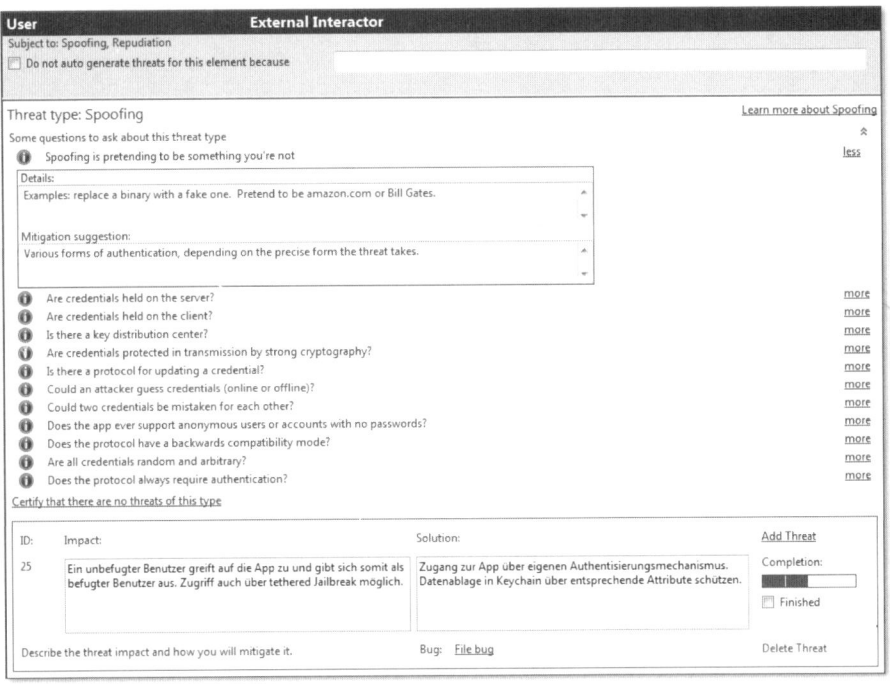

Abbildung 6.17   Spoofing für das Element »User«

Möchten Sie keine Bedrohung formulieren, beispielsweise weil Ihnen keine einfällt oder weil Sie eine mögliche Bedrohung als akzeptabel erachten, klicken Sie auf den Link CERTIFY THAT THERE ARE NO THREAT OF THIS TYPE und geben die Begründung für diese Entscheidung an (siehe Abbildung 6.18).

Über den Button DESCRIBE ENVIRONMENT unten links im Fenster können Sie Metadaten zum Threat Model angeben, die das Tool in den Bericht übernimmt. Dies ist zu Dokumentationszwecken durchaus sinnvoll. Um einen Bericht zu erstellen, wählen Sie ebenfalls unten links GENERATE REPORTS aus und lassen sich das THREAT MODEL anzeigen. Dieser Bericht enthält die von Ihnen angegebenen Metadaten, das oder die DFDs, eine nummerierte Aufzählung aller Elemente der DFDs sowie die komplette Liste aller von Ihnen formulierten Bedrohungen, Maßnahmen und

Begründungen für akzeptierte Bedrohungen. Für Einsteiger in die Thematik, die Zugriff auf Windows und Visio haben, ist das Tool also eine sinnvolle Hilfe.

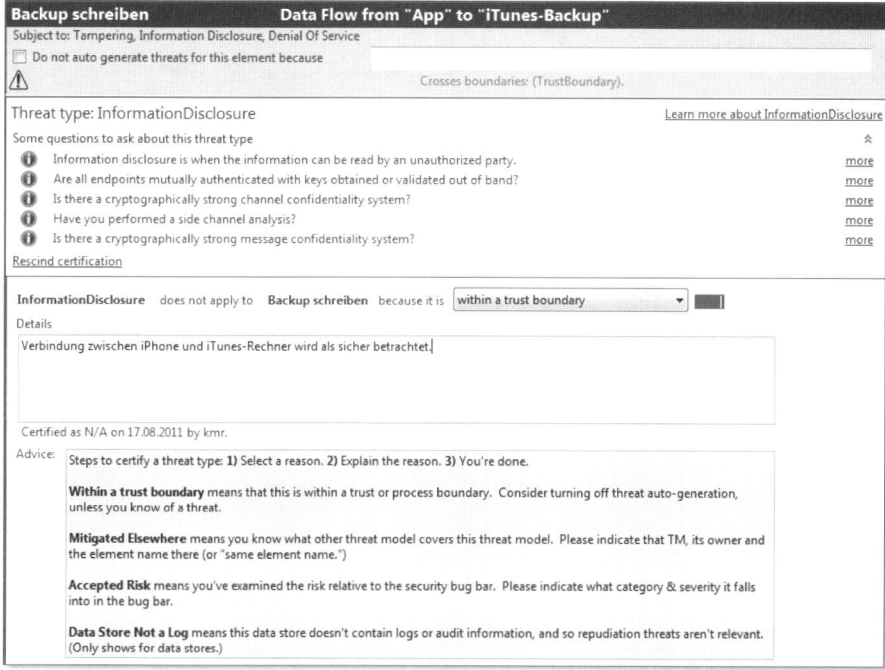

Abbildung 6.18 Ein akzeptiertes Risiko

Verwirrende Tool-Vielfalt

Sie finden bei Microsoft zwei Tools zu dem Thema *Threat Modeling*. Eines ist das erwähnte *Microsoft SDL Threat Modeling Tool*, das andere heißt *Microsoft Threat Analysis & Modeling*. Das erste Tool haben Sie in diesem Abschnitt kennengelernt. Das zweite ist ein Tool, das Threat Modeling aus einer anderen Perspektive als dem DFD betrachtet. In diesem Tool, das übrigens auch kostenlos ist und ohne weitere Zusatzsoftware funktioniert (unter Windows), erfolgt das Identifizieren von Bedrohungen über Anwendungsfälle.

Der Benutzer muss eine Liste aller Anwendungsfälle seiner App erstellen, und das Tool versucht zu diesen Anwendungsfällen aus einer Bedrohungsdatenbank selbstständig Bedrohungen zu identifizieren. Der Ansatz ist interessant, die Umsetzung ist aber wenig gelungen, und überdies wird das Tool von Microsoft nicht weiter gepflegt. Es lohnt sich also nicht, sich näher damit zu beschäftigen.

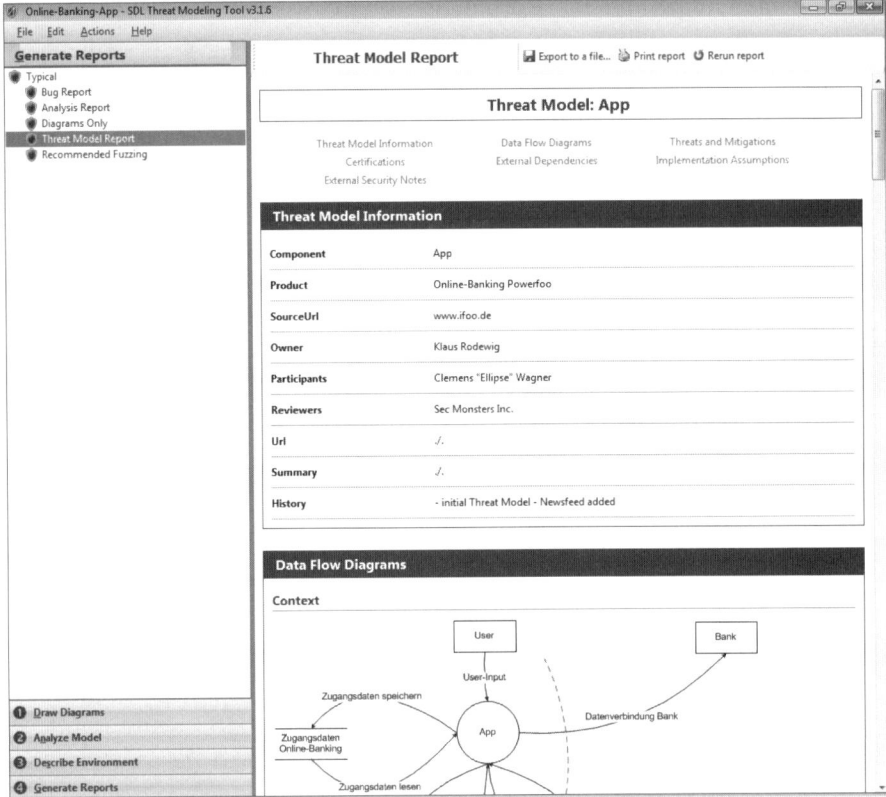

Abbildung 6.19 Der Threat-Model-Report

6.4 Sicherer Entwicklungszyklus

Nicht erst seit der Verbreitung der App-Entwicklung wirken die Begriffe *Software-Entwicklungsprozess* und *Vorgehensmodell* leicht angestaubt. Monumentale Vorgehensmodelle wie das V-Modell, das Spiralmodell oder RUP wirken schon durch ihre Namen wie Steine am Bein von Architekten und Programmierern, die nur dazu geeignet sind, jegliche Kreativität im Keim zu ersticken und alles unter einer dicken Schicht von Formalismen und Richtlinien zu begraben. Das Schlagwort im Bereich der Software-Entwicklung ist daher *agil*.

Agile Methoden, allen voran *Scrum*, das mittlerweile aus kaum einem Entwicklungsteam mehr wegzudenken ist, oder *Extreme Programming* scheinen wie geschaffen für Anforderungen, wie sie bei der App-Entwicklung auftauchen: Einzelprogrammierer oder kleine Teams, schnelle Umsetzung, lösungsorientierter Ansatz. Allen Vorgehensweisen ist gemeinsam, dass sie zwar (mehr oder weniger) sinnvolle Rahmen für die Software-Entwicklung vorgeben, den Entwickler am Ende aber mit seinem Know-how alleine lassen. Dies gilt auch und insbesondere für das Thema Sicherheit.

> **Sind Prozesse nicht nur etwas für Juristen?**
> Techniker, und zu solchen zählen Programmierer auch, verziehen bei der Erwähnung des Begriffs *Prozess* allzu gerne das Gesicht. Dabei ist insbesondere Sicherheit nur durch die richtige Mischung aus technischen Maßnahmen und funktionierenden, unterstützenden Prozessen möglich. Die alte Faustregel von Security-Auditoren lautet nicht umsonst: »Mache einen Pentest[5], und Du weißt, wie ein System heute aussieht. Untersuche die Prozesse, und Du weißt, wie das System morgen aussieht.«

Es existieren mittlerweile verschiedene Ansätze, um den Software-Entwicklungsprozess so zu erweitern, dass er das Produzieren sicherer Software unterstützt oder ermöglicht. Der bekannteste Ansatz ist wohl der SDL (vormals SSDL), der *Secure Development Lifecycle* der Firma Microsoft. Ein weiterer bekannter Ansatz ist der vom *International Secure Software Engineering Council* (ISSECO) konzipierte Standard. Für Letzteren existiert sogar eine Personenzertifizierung, mit der sich Interessierte zum *Certified Professional for Secure Software Engineering* (CPSSE) ausbilden und zertifizieren lassen können.

Allen existierenden Modellen ist gemeinsam, dass sie recht starr sind und ihre Einführung zu merklichen Änderungen im gesamten Entwicklungszyklus führt. Das ist aber wenig wünschenswert, denn Änderungen führen in der Hauptsache zur Störung der Produktivität. Daher ist eine weniger invasive Methode hilfreich und hat sich in der Praxis bereits mehrfach in Entwicklungsteams verschiedener Größe – von ganz klein bis ganz groß – bewährt. Ihren Ursprung hat diese Methodik in der Tätigkeit eines der beiden Autoren als Consultant für IT-Security. Nach Jahren der fast ausschließlich analytischen IT-Sicherheit, d. h. der Überprüfung bereits implementierter Systeme, hat sich das Bewusstsein im Markt gewandelt, und die proaktive Sicherheit, also das Erstellen sicherer Software, rückt immer weiter in den Vordergrund. Ein Grund dafür mag sein, dass sich der in Abbildung 6.2 dargestellte Sachverhalt langsam bis in die Entscheider-Ebene herumgesprochen hat.

Aus den Erfahrungen in einer Vielzahl von Beratungsprojekten ein Anforderungskatalog entstanden, der die wichtigsten Rahmenparameter definiert, die in einem Entwicklungszyklus vorhanden sein müssen, damit er sichere Software produziert. Dieser Anforderungskatalog ist durch die in den folgenden Abschnitten beschriebenen in elf *Objectives* gegliedert, die durch dazugehörige *Controls* näher definiert werden.

---

5 *https://www.bsi.bund.de/ContentBSI/grundschutz/kataloge/m/m05/m05150.html*

Bei der Anwendung des Anforderungskatalogs auf den eigenen Entwicklungsprozess ist stets das Stichwort der Angemessenheit zu beachten. In keinem Fall ist die wortgetreue Adaption zielführend, denn die zu treffenden Maßnahmen müssen in einem sinnvollen Verhältnis zu den gegebenen Umständen und der Wirtschaftlichkeit stehen. Wo für große Entwicklungsteams beispielsweise die Sicherung des Quelltextes über ein zentrales Repository und entsprechend mächtige Backup-Mechanismen notwendig sind, reicht für einen einzelnen Entwickler von Apps ein lokales Git-Repository und die Sicherung per Time Machine auf eine externe Platte vollkommen aus.

Lassen Sie sich daher nicht von manchem nach Beamtendeutsch und Befehlston klingenden Wortlaut im Anforderungskatalog abschrecken – der Katalog soll eine Leitlinie sein, um alle relevanten Themen zu adressieren, und die dort aufgeführten Vorgaben sollen nicht wörtlich, sondern dem Geiste nach verstanden werden. Der Katalog gibt keine Vorgabe bezüglich der konkreten Umsetzung von Maßnahmen, und das ist – um es mit den Worten des regierenden Bürgermeisters von Berlin zu sagen – gut so.

Wundern Sie sich nicht, wenn Ihnen bei einigen Controls der direkte Bezug zur App-Entwicklung fehlt, z. B. bei den Controls zum Deployment. Für eine singuläre App mögen diese Controls nicht von Belang sein, aber viele Apps sind Bestandteil von Client-Server-Strukturen, und in solchen Umgebungen spielt das Deployment von Software und das Härten der Zielplattform (der Server) eine wichtige Rolle.

6.4.1 Awareness

Objective: Das Management muss sich zur Umsetzung der Maßnahmen bekennen, die für einen sicheren Entwicklungsprozess notwendig sind, und diesen durch die Zuweisung von Verantwortung und die Bereitstellung von Ressourcen aktiv unterstützen.

Control 1.1: Security Policy
Es sollte eine vom Management bestätigte Leitlinie über die Sicherheit im Entwicklungsprozess existieren, die allen am Prozess Beteiligten in ihrer jeweils aktuellen Fassung bekannt ist. Die Leitlinie muss für jeden Adressaten zugänglich sein. Die Leitlinie sollte eine Aussage über die Motivation für den sicheren Entwicklungsprozess beinhalten.

Control 1.2: Review der Security Policy
Die Security Policy für den SDL sollte regelmäßigen Prüfungen unterliegen und immer auf aktuellem Stand gehalten werden.

Control 1.3: Verantwortlichkeiten
Alle Aktivitäten, die Sicherheit im Entwicklungsprozess betreffen, sollten von einer klar definierten und zentralen Rolle koordiniert und überwacht werden. Diese Rolle sollte überdies Fragen zur Security beantworten oder an geignete Stellen delegieren können.

Control 1.4: Einbettung in ein ISMS
Ist in der Organisation ein ISMS (Informationssicherheitsmanagementsystem) nach ISO 27001 vorhanden, sollten die Sicherheitsmaßnahmen im Entwicklungsprozess in dieses ISMS eingegliedert werden. Sich möglicherweise überschneidende Controls sind nach dem Aspekt der größtmöglichen Sicherheit gegeneinander abzuwägen.

Control 1.5: PDCA
Die sicherheitsbezogenen Maßnahmen des Software-Entwicklungsprozesses sollten nach dem PDCA-Modell[6] kontinuierlich überprüft und verbessert werden.

Control 1.6: Management-Awareness
Das Management sollte durch die Bestätigung von Verantwortung für die Sicherheit im Entwicklungsprozess sichtbare und aktive Unterstützung geben.

Control 1.7: Ausgelagerte Software-Entwicklung
Ausgelagerte Software-Entwicklung muss denselben in dem Anforderungskatalog definierten Regularien unterliegen wie die interne Entwicklung. Schriftliche Vereinbarungen sollten Sicherheitsanforderungen an Externe definieren.

Control 1.8: Prozessmodelle
Kommen für die Software-Entwicklung verschiedene Prozessmodelle zum Einsatz, sollte für jedes Modell eine eigene Anpassung der Sicherheitsmaßnahmen dokumentiert sein.

Control 1.9: Dokumentation
Alle Sicherheitsmaßnahmen im Software-Entwicklungsprozess sollten zentral dokumentiert sein, und die Dokumentation sollte regelmäßig geprüft und aktualisiert werden. Jede Dokumentation muss allen am Entwicklungsprozess Beteiligten bekannt und leicht zugänglich sein. Aus der Dokumentation muss eindeutig hervorgehen, welche Sicherheitsmaßnahmen zu welchem Zeitpunkt im Prozess ausgeführt werden müssen.

---

6 *https://secure.wikimedia.org/wikipedia/en/wiki/PDCA*

6.4.2 Umgebung

Objective: Die für die Software-Entwicklung verwendete IT-Infrastruktur muss geeignet sein, um Vertraulichkeit, Integrität, Verfügbarkeit und Authentizität des Quellcodes und der Dokumentation sicherstellen zu können.

Control 2.1: Sicherheit der Ausstattung
Alle für den Entwicklungsprozess verwendeten IT-Systeme sollten sicher, gehärtet, gepatcht und vom Produktionsnetz und der Internetkommunikation getrennt sein.

Control 2.2: Sicherheit des Quelltextes
Der Quelltext sollte gesichert und gegen Manipulation geschützt sein.

Control 2.3: Bugtracking
Es sollte ein Bugtracking-System in Gebrauch sein, das projektbezogen die explizite Markierung und Nachverfolgung von sicherheitsrelevanten Fehlern ermöglicht.

Control 2.4: Physische Sicherheit
Alle Räumlichkeiten, die zur Software-Entwicklung genutzt werden, sollten gegen Zugang durch Unbefugte geschützt sein.

Control 2.5: Clean Desk Policy
Quelltext, Dokumentationen, Architekturpläne, Konzepte und andere Informationen aus dem Entwicklungsprozess sollten grundsätzlich nur zum Gebrauch verwendet und nach Dienstschluss in ein geschlossenes Gewahr verbracht werden.

Control 2.6: Verschlüsselte Kommunikation
Die Übermittlung sensibler Informationen (Quelltext, Zugangsdaten etc.) sollte grundsätzlich verschlüsselt erfolgen.

Control 2.7: Schutz mobiler Geräte
Für die Entwicklung relevante mobile Geräte sollten gegen unbefugten Zugriff gesichert und mit Verschlüsselungssoftware gegen den Zugriff auf die Datenträger geschützt werden.

Control 2.8: Entsorgung von Altgeräten
Bei der Entsorgung von Altgeräten, die Bestandteil des Software-Entwicklungsprozesses waren, sollten alle Datenträger entweder physisch zerstört oder durch mehrfaches Überschreiben gelöscht werden.

Control 2.9: Aufteilung von Systemen
Entwicklungs-, Test- und Produktionssystem sollten getrennt sein, um das Risiko unbefugten Zugriffs zu minimieren.

Control 2.10: Erzeugen von Testdaten
Testdaten mit sensiblen oder personenbezogenen Informationen dürfen nicht aus Produktionsdaten erzeugt werden bzw. müssen vor ihrer Verwendung ausreichend anonymisiert werden.

Control 2.11: Zugriff auf Quelltext
Der Zugriff auf Quelltext sollte so reglementiert sein, dass jeder Entwickler nur das für ihn relevante Modul einsehen und verändern kann (*Need to know*). Der Zugriff auf den Quelltext sollte protokolliert werden.

Control 2.12: Versionsverwaltung
Ein System zur Versionsverwaltung (SCM) sollte verwendet werden.

Control 2.13: Backup
Alle für den Entwicklungsprozess relevanten Daten, insbesondere der Quelltext, sollten regelmäßig auf externe Medien gesichert werden. Diese Medien müssen gegen unbefugten Zugriff geschützt und störfallsicher dezentral aufbewahrt werden. Es muss eine regelmäßige Überprüfung der Backup-Daten stattfinden, um deren Brauchbarkeit für die Wiederherstellung sicherzustellen.

6.4.3 Training

Objective: Alle am Entwicklungsprozess beteiligten Architekten und Entwickler müssen regelmäßig zu grundlegenden Themen der sicheren Software-Entwicklung geschult werden, um sicherheitsbezogenes Wissen auf einem aktuellen Stand zu halten und Awareness für die Sicherheit im Entwicklungsprozess aufrechtzuerhalten.

Control 3.1: Trainingsplan
Es muss ein Trainingsplan existieren, mit dem sicherheitsrelevante Trainings für alle am Entwicklungsprozess Beteiligten verwaltet werden. Der Trainingsplan sollte mindestens einmal pro Jahr auf einen aktuellen Stand gebracht werden und vorsehen, dass jede relevante Person ein Security-Training pro Jahr besucht.

Control 3.2: Durchführung von Security-Trainings
Alle am Entwicklungsprozess beteiligten Personen sollten dem Trainingsplan entsprechend Schulungen für die Thema *Requirements Engineering*, *Secure Design* und *Secure Coding* wahrnehmen.

Control 3.3: Threat Modeling
Alle am Entwicklungsprozess beteiligten Personen sollten dem Trainingsplan entsprechend Schulungen zum Thema *Threat Modeling* wahrnehmen und mit der Anwendung des STRIDE-Modells vertraut sein.

Control 3.4: Umgang mit Tools
Alle Mitarbeiter, die mit für die Sicherheit im Entwicklungsprozess relevanten Tools arbeiten (Threat Modeling Tool, Code-Analyse, Fuzzing etc.), müssen im Umgang mit diesen Tools angemessen geschult sein.

Control 3.5: Umgang mit Sprachen, Tools und Plattformen
Alle Entwickler sollten in der Verwendung ihrer Programmiersprachen, Tools und Plattformen geschult sein.

6.4.4 Dokumentation

Objective: Aussagekräftige Dokumentation ermöglicht das Nachvollziehen sicherheitsrelevanter Tätigkeiten im Entwicklungsprozess. Das kontinuierliche Dokumentieren sicherheitsbezogener Erkenntnisse ermöglicht die fortlaufende Verbesserung von Sicherheitsmaßnahmen.

Control 4.1: Dokumentation und Pflege von Fremdcode
Alle im Projekt verwendeten Frameworks, Programme und Bibliotheken externer Anbieter müssen dokumentiert und Bestandteil des Patchmanagement-Prozesses sein.

Control 4.2: Security-Datenbank
Es sollte eine Datenbank mit Standard-Techniken für sicheres Design und Maßnahmenlisten gegen die häufigsten Bedrohungen geben.

Control 4.3: Erstellen von Sicherheitskonzepten
Für jedes Produkt sollte ein Sicherheitskonzept erstellt werden, das alle sicherheitsrelevanten Informationen enthält.

Control 4.4: Betriebsdokumentation
Für jedes Produkt sollte eine Betriebsdokumentation erstellt werden, in der alle für den Betrieb relevanten Angaben zur Sicherheit enthalten sind.

6.4.5 Requirements

Objective: Das Adressieren von Sicherheit und Datenschutz in der Anforderungsphase ist die Grundlage sicherer Software und orientiert sich an Compliance-Anforderungen und den aus den funktionalen Anforderungen abgeleiteten Sicherheitsanforderungen.

Control 5.1: Security Advisor
Für jedes Software-Projekt sollte ein Sicherheitsbeauftragter (*Security Advisor*) benannt werden, der die Verantwortung für die Sicherheit des Produktes trägt und Ansprechpartner für Sicherheitsfragen in der Entwicklung ist.

Control 5.2: Sicherheitsüberprüfung
Für jedes Software-Projekt sollte eine Risiko-Abwägung darüber getroffen werden, ob und in welchem Umfang es den sicheren Software-Entwicklungsprozess durchlaufen muss. Die Entscheidung ist durch den Sicherheitsverantwortlichen im Unternehmen zu bestätigen, und die Entscheidung ist schriftlich zu begründen und dokumentieren.

Control 5.3: Verwendung von Fremdcode
Bei der Verwendung fremden Codes (Frameworks, Bibliotheken etc.) sollte geprüft werden, ob die Sicherheit dieses Fremdcodes unterstellt werden kann. Die Entscheidung ist durch den Security Advisor zu bestätigen und schriftlich zu dokumentieren.

Control 5.4: Vorabkontrolle
Im Geltungsbereich des Bundesdatenschutzgesetzes (BDSG) ist für Software, die dem BDSG unterliegt, in der Anforderungsphase eine Vorabkontrolle gemäß §4d, Absatz 5 BDSG durchzuführen.

Control 5.5: Angemessenheit
Die Angemessenheit von Sicherheitsmaßnahmen innerhalb eines Software-Projektes sollte durch eine Risiko-Analyse ermittelt werden.

Control 5.6: Security-Expertise
Das Requirements Engineering sollte von mit gängigen Angriffsmustern und Sicherheitsarchitekturen und -mechanismen vertrauten Personen begleitet werden.

Control 5.7: Compliance-Prüfung
Für jedes Projekt sollte eine Compliance-Prüfung durchgeführt werden, um festzustellen, welchen regulatorischen Vorgaben die Software unterliegt. Die Sicherheitsanforderungen sind entsprechend den Vorgaben der entsprechenden Regularien zu formulieren.

Control 5.8: Ermitteln von Sicherheitsanforderungen
Für jedes Projekt sollten die relevanten Sicherheitsanforderungen bezüglich Vertraulichkeit, Integrität und Verfügbarkeit der zu verarbeitenden Daten identifiziert werden. Entsprechende Maßnahmen zur Befriedigung dieser Anforderungen müssen dokumentiert und berücksichtigt werden.

Control 5.9: Richtlinien für Sicherheitsanforderungen
Es sollten Richtlinien für das Ermitteln von Sicherheitsanforderungen vorhanden und allen Beteiligten bekannt sein. Die Richtlinien sollten regelmäßig überprüft und aktualisiert werden.

6.4.6 Design

Objective: Sicheres Design ist die Grundlage sicherer Software. Das Adressieren von Sicherheit bei der Planung der Architektur und das methodische Identifizieren spezifischer Bedrohungen ermöglicht die proaktive Implementierung von Sicherheit und vermeidet die aufwendige Beseitigung von Sicherheitslücken im Nachhinein.

Control 6.1: Anwenden von Sicherheitsprinzipien
Es sollten grundsätzlich gängige Anforderungsprinzipien (wie *Attack Surface Reduction*, *Defense in Depth*, *Least Privilege* etc.) genutzt werden. Die zu berücksichtigenden Prinzipien sind schriftlich dokumentiert und allen am Design Beteiligten bekannt.

Control 6.2: Anwendung von Trust-Modellen
Der Zugriff auf Daten sollte grundsätzlich über Trust-Modelle abgebildet werden.

Control 6.3: Threat Modeling
Die spezifischen Bedrohungen für ein System sollten über ein Threat Model ermittelt und klassifiziert werden. Das Threat Model muss bei jeder Änderung der Software auf Vollständigkeit überprüft und ggf. erweitert werden. Dies gilt insbesondere bei agiler Entwicklung.

Control 6.4: Bewertung von Bedrohungen
Den im Threat Model ermittelten Bedrohungen sollte durch angemessene Maßnahmen begegnet werden. Alternativ ist das Akzeptieren von Bedrohungen möglich. Diese Entscheidung ist vom Security Advisor mit dem Management zu treffen und dokumentieren.

Control 6.5: Katalogisieren von Maßnahmen
Umzusetzende Gegenmaßnahmen zu den im Threat Model identifizierten Bedrohungen sollten in den Projektplan aufgenommen und entsprechend dokumentiert bzw. katalogisiert werden.

Control 6.6: Begleitung durch Security-Expertise
Das Threat Modeling sollte durch einen geschulten Sicherheitsfachmann geleitet oder begleitet werden, um sicherzustellen, dass aktuelles Know-how bezüglich möglicher Bedrohungen in das Threat Model einfließt.

Control 6.7: Bedrohungsdatenbank
Die im Threat Model ermittelten Bedrohungen sollten in generischer Form in einer speziellen Datenbank katalogisiert werden, um den Aufbau einer Bedrohungsdatenbank zu ermöglichen.

Control 6.8: Teilnahme am Threat Model
Am Threat Model sollten neben Architekten und Entwicklern auch Projektleiter teilnehmen, um sicherheitsrelevante Informationen in die Entscheider-Ebene zu transportieren.

Control 6.9: Tools
Das Threat Modeling sollte mit geeigneten Tools durchgeführt werden, um eine systematische Bearbeitung aller Bedrohungen sicherzustellen.

Control 6.10: Bedrohungsmodell
Die im Threat Model ermittelten Bedrohungen sollten anhand eines feststehenden Modells kategorisiert werden (z. B. STRIDE).

6.4.7 Implementierung

Objective: Die Anwendung der Prinzipien sicherer Implementierung vermeidet Sicherheitslücken durch die Verwendung unsicherer Funktionen und Bibliotheken.

Control 7.1: Vorgaben zum Umgang mit Daten
Es sollte Richtlinien zur Pseudonymisierung, Verschlüsselung und Übermittlung und Speicherung sensibler Daten geben. Diese Richtlinien müssen regelmäßig überprüft und auf einen aktuellen Stand gebracht werden.

Control 7.2: Verwendung von Kryptografie
Die Art und Verwendung von kryptografischen Funktionen sollte dokumentiert sein. Die Art sollte in Form einer Whitelist definiert werden. Nicht auf dieser Whitelist befindliche Algorithmen dürfen nicht verwendet werden.

Control 7.3: Verwendung von Bibliotheken
Bei der Verwendung von Bibliotheken externer Anbieter muss die Sicherheit dieser Bibliotheken gewährleistet sein.

Control 7.4: Verbotene Funktionen
Es sollte eine Blacklist definiert werden, auf der verbotene Funktionen aufgelistet sind.

Control 7.5: Implementierungsrichtlinien
Für jede verwendete Programmiersprache sollten Implementierungsrichtlinien vorhanden sein. Diese Richtlinien müssen regelmäßig geprüft und auf einen aktuellen Stand gebracht werden.

Control 7.6: Vorgaben zur Fehlerbehandlung
Für die Fehlerbehandlungen in Programmen sollte eine verbindliche Richtlinie bestehen, um sicherzustellen, dass sicherheitskritische Fehler ausreichend abgefangen werden.

Control 7.7: Ein- und Ausgabe-Validierung
In allen Programmteilen muss zwingend Ein- und Ausgabe-Validierung stattfinden. Hierzu sollten ausschließlich Bibliotheken oder Funktionen zum Einsatz kommen, die eine ausreichende Ein- und Ausgabe-Validierung sicherstellen.

Control 7.8: Tool-Unterstützung
Es sollten Tools in den Build-Prozess eingebunden sein, die die Einhaltung der Implementierungsvorgaben prüfen und Aktionen bei Nichteinhaltung initiieren können.

Control 7.9: Auswahl von Sprachen und Technologien
Programmiersprachen und Technologien sollten stets im Rahmen einer Risikobewertung ausgewählt werden.

Control 7.10: Dokumentation aller Tools
Sämtliche im Implementierungsprozess zum Einsatz kommende Tools (Compiler, Build-Tools, Code-Checker etc.) müssen dokumentiert sein. Die Dokumentation muss stets auf einem aktuellen Stand sein, d. h., ins Patchmanagement eingebunden sein.

Control 7.11: Richtlinien für Code-Kommentierung
Kommentare im Quelltext sollten in Art und Anzahl so beschaffen sein, dass sie manuelles Code-Audit unterstützen können.

Control 7.12: Versionsstände von Tools
Für die Entwicklung verwendete Tools müssen stets für alle Entwickler eines Projekts auf demselben Versionsstand sein.

6.4.8 Security-Testing

Objective: Das Testen der fertigen Software durch verschiedene Methoden stellt eine zweite Sicherheitsstufe neben den vorgelagerten proaktiven Phasen *Design* und *Implementierung* dar. In Abhängigkeit von den jeweilgen Rahmenbedingungen sind verschiedene Formen der Testdurchführung angebracht.

Control 8.1: Code-Analyse
Entsprechend einer Policy klassifizierter Code sollte vor dem Release einer statischen Code-Analyse unterzogen werden.

Control 8.2: Binäranalyse
Es sollten Binäranalysen komplilierten Codes durchgeführt werden, um z. B. toten Code zu identifizieren oder um den Ablauf von Programmen zu verifizieren.

Control 8.3: Fuzzing
Exponierte Teile einer Applikation sollten mit Fuzzing-Werkzeugen auf Robustheit geprüft werden.

Control 8.4: Pentesting
Es sollten regelmäßig Penetrationstests entlang des Bedrohungskataloges aus dem Threat Modeling durchgeführt werden, um die Wirksamkeit implementierter Maßnahmen zu überprüfen.

Control 8.5: Ermitteln von Kennzahlen
Ergebnisse aus dem Security Testing sollten zur Auswertung von Sicherheitsmetriken verwendet werden.

Control 8.6: Richtlinien zum Security-Testing
Es sollte Richtlinien darüber geben, welche Teile einer Applikation mit welchen Methoden und in welchen Intervallen getestet werden.

Control 8.7: Externe Überprüfung
Pentests, Code-Audits, Binäranalysen und Fuzzing sollten periodisch durch externe Dienstleister durchgeführt werden, um eigene Erkenntnisse durch externe Expertise anzureichern.

Control 8.8: Automatisierte Schwachstellenanalyse
Sofern es möglich ist, sollten Applikationen parallel zu Penetration-Tests mit automatischen Schwachstellenscannern untersucht werden.

Control 8.9: Test-Methodik
Es sollte eine einheitliche Test-Methodik existieren, um die Nachvollziehbarkeit und Vergleichbarkeit von Test-Ergebnissen zu ermöglichen.

Control 8.10: Dokumentation von Test-Ergebnissen
Es sollten einheitliche Vorlagen für die Dokumentation von Test-Ergebnissen vorhanden sein. Die Test-Ergebnisse sollten zentral gesammelt und vor unbefugtem Zugriff geschützt aufbewahrt werden.

6.4.9 Deployment

Objective: Sichere Software erfordert eine sichere Betriebsumgebung. Diese und der Weg der Software vom Entwicklungssystem auf die Betriebsplattform müssen durch geeignete Maßnahmen gesichert werden.

Control 9.1: Entfernen von Fehlerausgaben
Vor der Auslieferung sollten Fehlerausgaben so eingeschränkt werden, dass sie nur in Logfiles oder Datenbanken sichtbar sind, aber nicht vom Benutzer gesehen werden.

Control 9.2: Entfernen von Debug-Informationen
Bei nativer Software sollte der finale Build als Release erfolgen, und Debug-Informationen sollten entfernt werden.

Control 9.3: Installationshandbuch
Für die Installation von Software sollte ein Installationshandbuch vorhanden sein, das alle sicherheitsrelevanten Installationsparameter adressiert.

Control 9.4: Installationsprozess
Die Installation von Software auf einem Zielsystem sollte in den Schritten Release, Install, Activate, Adapt, Update erfolgen. Für jeden dieser Prozess-Schritte sollte eine angemessene Dokumentation vorhanden sein.

Control 9.5: Integrität von Software
Es sollte ein kryptografisches Verfahren eingesetzt werden, um die Integrität von Software auf dem Weg zur Zielplattform sicherzustellen.

Control 9.6: Schlüsselmanagement
Für betriebsrelevantes kryptografisches Schlüsselmaterial sollten angemessene Aufbewahrungsmöglichkeiten und organisatorische Prozesse vorhanden sein.

Control 9.7: Sichere Betriebsumgebung
Die Betriebsumgebung sollte Herstellervorgaben oder Best-Practice-Ansätzen gemäß für den Produktivbetrieb eingerichtet und gehärtet sein.

Control 9.8: Go-Live-Test
Vor der Freischaltung von Applikationen sollten diese einem Go-Live-Penetrationstest unterzogen werden. Dieser Test sollte für alle neuen Releases ebenso durchgeführt werden.

6.4.10 Security Response

Objective: Nach dem Ausrollen von Software ist der Umgang mit Sicherheitslücken elementarer Bestandteil des sicheren Entwicklungsprozesses. Bewertung, Beseitigung und Kommunikation von Sicherheitslücken müssen im Vorfeld definiert sein, um im Schadensfall unverzüglich und angemessen reagieren zu können.

Control 10.1: Response-Policy
Es sollte eine Response-Policy existieren, die den Umgang mit nach dem Release bekannt gewordenen Sicherheitslücken und die Kommunikation mit Kunden regelt.

Control 10.2: Umgang mit Sicherheitslücken
Bekannt gewordene Sicherheitslücken sollten je nach Schwere entweder umgehend über ein Emergency-Update oder in den regulären Wartungsprozess eingebunden werden. Maßgeblich für beide Varianten ist die Aufnahme als Security-Bug in ein Bugtracking-System.

Control 10.3: Ursachen von Sicherheitslücken
Bei jeder bekannt gewordenen Sicherheitslücke sollte ermittelt werden, welche Stelle des Entwicklungsprozesses dafür verantwortlich ist. Das Ergebnis der Untersuchung muss in den PDCA-Zyklus einfließen. Der Security-Advisor ist in diesen Prozess einzubeziehen.

Control 10.4: Erkennen von Sicherheitslücken
Rollen, die für das Annehmen von Bug-Reports zuständig sind, müssen ausreichend geschult sein, um Sicherheitslücken in Fehlermeldungen erkennen und entsprechend klassifizieren zu können.

6.4.11 Sicherheitsmetriken

Objective: Die Definition von Metriken zum Messen der Effizienz von Sicherheitsmaßnahmen ermöglicht die Überprüfung der Prozessreife und eine Bewertung der Maßnahmen durch das Management.

Control 11.1: Definieren von Messgrößen
Es sollten Messgrößen definiert werden, mit denen sich die Wirksamkeit von Sicherheitsmaßnahmen im Entwicklungszyklus messen lässt.

Control 11.2: Kontinuierliche Auswertung
Die Auswertung von Messgrößen sollte regelmäßig geschehen, um eine kontinuierliche Überwachung des Prozesses zu gewährleisten.

Control 11.3: Identifizieren von Stakeholdern
Für alle erfassten Messgrößen sollte ein Stakeholder identifiziert werden, der für die Auswertung und das Ableiten von Maßnahmen verantwortlich ist.

Control 11.4: Eigenschaften von Messgrößen
Messgrößen sollten die folgenden Eigenschaften aufweisen: Zweckdienlich zur Verbesserung der Sicherheit im Entwicklungsprozess, objektiv, eindeutig, angemessen, einfach zugänglich für den jeweiligen Stakeholder.

6.4.12 Abschließende Bemerkung

Bei allen Maßnahmen und Aktionen, die im Rahmen der Etablierung eines sicheren Software-Entwicklungsprozesses durchgeführt werden, bleibt das Ergebnis, die Software, immer nur eine Annäherung an ein sicheres Produkt. Software ist zu komplex, um fehlerfrei sein zu können, und ein optimal auf Sicherheit getrimmter Entwicklungsprozess wird eine Menge Sicherheitslücken vermeiden, aber keine Garantie für absolut sichere Software sein.

Interessanterweise gibt es Software, die als sicher gilt. *Qmail* ist ein gutes Beispiel dafür. Qmail ist ein MTA, ein *Mail Transfer Agent*, für Unix-Systeme und wurde von seinem Programmierer Dan Bernstein als Ersatz für das durch immer neue Sicherheitslücken geplagte Urviech *Sendmail* konzipiert. 1997 hat Dan Bernstein einen Preis von 500 USD für denjenigen ausgelobt, der eine Sicherheitslücke in Qmail nachweisen kann. Das ist bis heute niemandem gelungen.

Die Begründung, warum aus seiner Sicht Qmail so sicher ist, gibt Dan Bernstein in der *Qmail Security Guarantee*[7]. Die Kurzzusammenfassung lautet wie folgt:

1. Programme und Dateien niemals als Adressen behandeln
2. So wenig wie möglich mit *setuid*-Programmen arbeiten
3. So wenig wie möglich als *root* arbeiten
4. Funktionen in eigene, sich nicht vertrauende Programme auslagern
5. Nicht parsen

---

7 http://cr.yp.to/qmail/guarantee.html

6. Design und Code einfach (übersichtlich) halten (*Keep it simple, stupid!*)
7. Bugfreien Code schreiben
8. Auch wenn diese sieben Argumente für die Sicherheit von Qmail nicht den Anschein eines sicheren Entwicklungsprozesses erwecken, sind sie jedoch alle in verschiedenen Controls des oben beschriebenen Anforderungskatalogs enthalten. Und da schließt sich der Kreis: Ein einzelner, fähiger und engagierter Programmierer kann auch ohne einen Prozess sichere Software schreiben. Das funktioniert auch in einem Team gleichartig engagierter und fähiger Programmierer. Allerdings ist das Ergebnis nur so lange gut, wie alle Beteiligten ihren Elan behalten, ihr Wissen auf dem neuesten Stand bleibt und sie sich an alle selbst gesteckten Vorgaben bezüglich Design und Implementierung halten. Um diese Voraussetzung dauerhaft zu schaffen, ist ein entsprechend gearteter Entwicklungsprozess notwendig.

6.5 Sicherheit in der iOS-API

Auf die Sicherheit von iOS selbst können Sie als Programmierer keinen Einfluss nehmen. Sie können aber die vom Betriebssystem zur Verfügung gestellten Sicherheitsmechanismen nutzen, um Ihre App und die von ihr verarbeiteten und abgespeicherten Daten gegen unbefugten Zugriff zu sichern. Das Betriebssystem stellt Ihnen dazu zwei elementare Mechanismen zur Verfügung. Der eine Mechanismus ist die *Keychain*, in der Sie sensible Daten wie z. B. Passwörter und Benutzerkennungen ablegen können und sollten.

Der zweite Mechanismus ist die *Verschlüsselung* von Dateien über entsprechende Attribute. Sowohl die Keychain als auch die Verschlüsselung der Dateien sind mit dem Benutzercode des Anwenders verknüpft. Einen hinreichend starken Code vorausgesetzt, lassen sich Daten auf dem iPhone angemessen schützen.

6.5.1 Keychain

Die Sicherheit der Keychain resultiert aus einem mehrstufigen Verschlüsselungskonzept. Jede Tabelle – die Keychain legt Daten in Form relationaler Datenbanktabellen ab – besitzt eine verschlüsselte Spalte, in der die verschlüsselt abzulegenden Daten liegen. Diese Daten sind mit einem gerätespezifischen Schlüssel versehen, der den transparenten Zugriff auf die Daten auf das jeweilige Gerät beschränkt. Ein Angreifer, der sich der Datenbankdaten der Keychain bemächtigt, kann die Verschlüsselung (AES 128) außerhalb des Gerätes nicht brechen. Die Keychain ist also grundsätzlich dagegen geschützt, von einem Gerät extrahiert und per

Brute-Force-Angriff, beispielsweise mit einem GPU-Cluster oder einer leistungsfähigen Cloud, dechiffriert zu werden. Nichtsdestotrotz besteht die Gefahr, dass ein Angreifer auf einem Gerät mit Jailbreak oder über eine Sicherheitslücke im iOS Zugriff auf die Keychain bekommt und unbefugt Daten ausliest.

Daher ist die Keychain ab iOS 4 zusätzlich zum Geräteschlüssel noch mit dem Benutzercode des Anwenders verschlüsselt. Das heißt, der Zugriff auf die verschlüsselten Daten ist nur möglich, wenn der Anwender den Benutzercode beim Entsperren des iPhones eingegeben hat. Das schützt neben dem oben genannten Angriffsvektor der Extraktion der Keychain vom Gerät auch gegen den Angriffsvektor, dass sich ein Unbefugter auf dem Gerät selbst Zugriff auf die Keychain verschafft, um Daten auszulesen.

> **Die Bedeutung des Benutzercodes in iOS**
>
> Der Benutzercode, mit dem ein Anwender sein iPhone gegen unbefugten Zugriff schützen kann und der dem Passwort von Desktop-PCs entspricht, hat dem Konzept der Keychain zufolge nicht nur die Aufgabe, das Gerät vor unbefugtem Zugriff zu schützen, sondern fließt auch in die Verschlüsselung sensibler Daten mit ein. Daher ist es dringend angeraten, immer einen Benutzercode zu verwenden. Je nach Schutzbedarf ist die Verwendung des standardmäßig auf vier Zahlen eingestellten Benutzercodes nicht ausreichend. Dann sollte ein komplexerer und längerer Benutzercode zum Einsatz kommen. Wenn Sie als App-Entwickler im Auftrag eine App für die Verarbeitung sensibler Daten erstellen, sollten Sie Ihren Auftraggeber auf diesen Umstand hinweisen. Gerade im Unternehmens-Einsatz ist die Verwendung starker Passwörter nicht unüblich.
>
> Der lokale Angriff auf den Benutzercode über das Booten eines modifizierten Jailbreaks[8] dauert bei einem vierstelligen, aus Zahlen bestehenden Benutzercode auf einem iPhone 4 knapp 30 Minuten – ein nahezu wirkungsloser Schutz. Ein Benutzercode aus 5 Zahlen verlängert die maximal notwendige Zeit für einen Brute-Force-Angriff auf knapp 5 Jahre. Man muss die Benutzer also gar nicht mit langen und komplexen Benutzercodes nerven, weniger ist hierbei häufig mehr.

Die Keychain kennt vier Arten von Informationen:

- *Generic Passwords*
- *Internet Passwords*
- *Certificates*
- *Keys*

---

8 http://www.heise.de/ct/inhalt/2011/15/154/

Generic Passwords ist die Klasse für App-Programmierer, die Kombinationen aus Benutzername und Passwort sicher ablegen möchten (Key-Value-Paare). *Internet Passwords* ist der Speicher für Systemdienste von iOS, z. B. das *Mail*-Programm oder Safari. Dort liegen die Zugangsdaten zu Mailkonten, Exchange-Server, Anmeldedaten für Webseiten etc. In der Klasse *Certificates* speichert iOS alle Zertifikate ab, die der Benutzer auf das Gerät bringt, also z. B. S/MIME oder VPN-Zertifikate. *Keys* ist ein Systembereich, mit dem man als App-Programmierer keine Berührung hat.

Jede App darf nur auf die Keychain-Einträge zugreifen, die sie selber angelegt hat. Dieser Zugriff wird von iOS über Entitlements geregelt. Sie als Programmierer müssen sich darum also nicht kümmern. Ein wichtiger Punkt, um den Sie sich allerdings kümmern müssen, ist der Schutz der einzelnen Einträge Ihrer App in der Keychain. Dies ist sogar der wichtigste Punkt in Bezug auf die Sicherheit der Keychain, sodass Sie diesen Mechanismus gut kennen sollten, um die Daten Ihrer App bestmöglich gegen unbefugten Zugriff zu schützen. Beim Anlegen eines Eintrages kann und sollte man eines der folgenden Attribute (*Protection class*) übergeben, die den Zugriff auf den Eintrag regeln:

- `kSecAttrAccessibleAfterFirstUnlock`
- `kSecAttrAccessibleAfterFirstUnlockThisDeviceOnly`
- `kSecAttrAccessibleAlways`
- `kSecAttrAccessibleAlwaysThisDeviceOnly`
- `kSecAttrAccessibleWhenUnlocked`
- `kSecAttrAccessibleWhenUnlockedThisDeviceOnly`

Die Bedeutung der Konstanten ist wie folgt:

kSecAttrAccessibleAfterFirstUnlock

Der Eintrag ist nach dem Booten von iOS erst dann zugänglich, wenn der Benutzer seinen Benutzercode korrekt eingegeben hat. Wird das Gerät gesperrt, bleibt der Eintrag zugänglich. Nach einem Neustart des Gerätes muss der Benutzer erst wieder den korrekten Benutzercode eingeben, damit iOS den Eintrag entschlüsselt.

kSecAttrAccessibleAfterFirstUnlockThisDeviceOnly

Dieses Attribut entspricht dem vorherigen, allerdings mit dem Unterschied, dass der damit geschützte Eintrag ausschließlich auf dem Gerät verbleibt, auf dem er angelegt worden ist. Installiert der Benutzer ein Geräte-Backup auf ein neues Gerät, wandert der Eintrag nicht mit.

kSecAttrAccessibleAlways

Der Eintrag ist immer zugänglich. Bei der Migration auf ein neues Gerät wandert der Eintrag mit, wenn die Migration über ein in iTunes verschlüsseltes Backup läuft. Dies ist das Attribut mit der schlechtesten Schutzfunktion, und Sie sollten es entweder gar nicht oder nur nach sehr sorgfältiger Abwägung verwenden. Leider bekleckert Apple sich an dieser Stelle nicht mit Ruhm und speichert durchaus sensible Daten wie WLAN-Schlüssel, Zugangsdaten für Exchange-und Mail-Konten und Passwörter von Webseiten mit diesem Attribut ab. Nehmen Sie sich dieses Verhalten nicht zum Vorbild!

kSecAttrAccessibleAlwaysThisDeviceOnly

Dieses Attribut entspricht dem vorherigen, beschränkt den Eintrag aber auf das originäre Gerät. Der Eintrag wandert bei einem Backup nicht mit auf das neue Gerät, auch nicht beim Einsatz eines verschlüsselten Backups.

kSecAttrAccessibleWhenUnlocked

Dieses Attribut legt fest, dass ein Eintrag nur dann zugänglich ist, wenn das Gerät entsperrt ist. Jedes Sperren des Gerätes verschlüsselt den Eintrag, unabhängig davon, ob das Gerät nach einem Reboot gesperrt wurde oder vom Benutzer oder durch die automatische Bildschirmsperre.

kSecAttrAccessibleWhenUnlockedThisDeviceOnly

Dieses Attribut entspricht dem vorherigen, beschränkt den Eintrag aber auch auf das Gerät, auf dem der Eintrag erzeugt wurde.

> **Praktische Arbeit mit der Keychain**
>
> Das Arbeiten mit der Keychain im Simulator funktioniert nicht. Sie müssen Zugriffe auf die Keychain daher auf einem echten iOS-Gerät testen. Prinzipbedingt ist die Überprüfung der Funktionalität schwierig, da man sich den Inhalt der Keychain nicht ohne Weiteres angucken kann. Der Einstieg in die Keychain-Programmierung kann daher bisweilen holperig sein.
>
> Eine praktische Hilfe ist die App *KeychainViewer* vom *iphone-dataprotection*-Projekt[9]. Mit dieser App können Sie alle Einträge in der Keychain auf einem iPhone betrachten.
>
> Einziger Nachteil ist dabei, dass der KeychainViewer nur auf einem Gerät mit Jailbreak funktioniert – was wiederum beruhigend ist, da dies die Sicherheit von Apples Keychain-Konzept bestätigt.

---

9 *https://code.google.com/p/iphone-dataprotection/*

Abbildung 6.20 zeigt die Klassen der Keychain in der Übersicht des *Keychain-Viewer*.

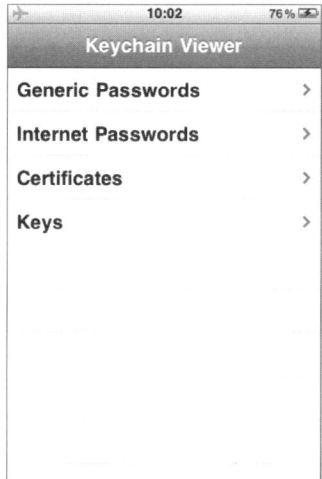

Abbildung 6.20   Die Keychain in der Ansicht des KeychainViewer

Durch Auswahl einer der Klassen erlaubt der *KeychainViewer* das Betrachten von Einträgen. Abbildung 6.21 zeigt die Zugangsdaten zu einem WLAN, mit dem sich das iPhone erfolgreich verbunden hat.

Abbildung 6.21   Zugangsdaten zu einem WLAN – leider ungeschützt

Der Zugriff auf die Keychain ist nicht kompliziert, und daher sollten Sie die Keychain aufgrund der im Betriebssystem implementierten Schutzmechanismen immer als Speicherort für sensible Daten verwenden. Es lohnt sich schlichtweg nicht, einen eigenen Keystore zu programmieren und selber Kryptografie zu implementieren – so etwas wird zwangsläufig schiefgehen.

6 | Programmieren, aber sicher

Der Zugriff auf die Keychain ist im Security-Framework gekapselt. Um die Keychain verwenden zu können, müssen Sie daher zunächst die Header-Datei des Security-Frameworks importieren:

`#import <Security/Security.h>`

Anschließend fügen Sie das Framework in den Build-Settings (TARGETS • SUMMARY) von Xcode zum Projekt hinzu (siehe Abbildung 6.22 und Abbildung 6.23).

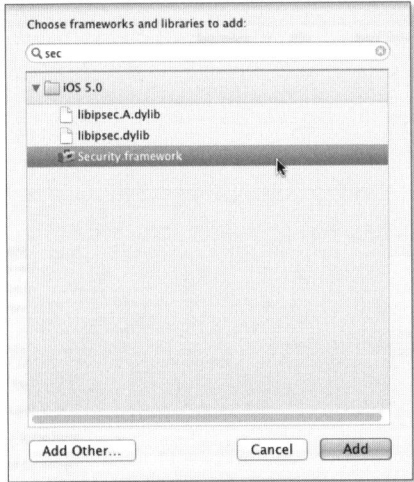

Abbildung 6.22 Auswahl des Security-Frameworks in den Build-Settings

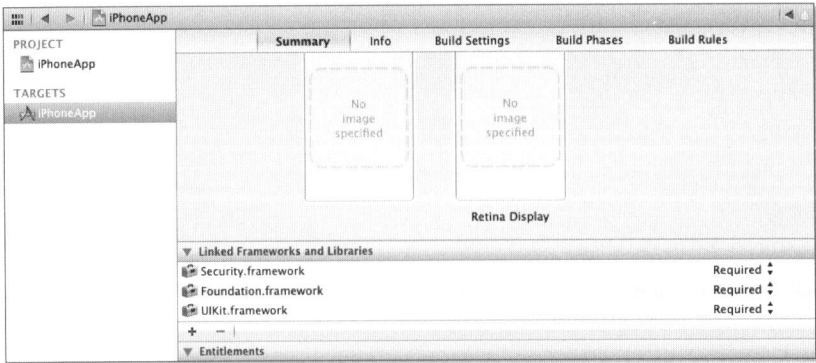

Abbildung 6.23 Das Security-Framework in den Projekt-Einstellungen

Die folgende Methode `writeKeychainData` demonstriert das Schreiben in die Keychain. Dazu legt die Methode ein *Generic Password* mit den folgenden, fest kodierten Werten an:

- Service: »1337-service«
- Label: foolabel
- Account: fooname
- Password: foopass
- Protection class: kSecAttrAccessibleAfterFirstUnlockThisDeviceOnly

Das Schreiben in die Keychain erfolgt über ein NSMutableDictionary, in dem die Bezeichner samt Werten abgelegt werden. Der Aufruf, um den Inhalt des NSMutableDictionary in die Keychain zu schreiben, ist SecItemAdd. Dieser Aufruf schlägt fehl, wenn bereits ein Eintrag mit denselben Werten vorhanden ist. Daher löscht die Beispiel-Methode vor dem Schreiben des Eintrages einen eventuell vorhandenen Eintrag mit SecItemDelete. In der Praxis sinnvoller wäre es in diesem Fall, den vorhandenen Eintrag zu erneuen. Dazu gibt es die Methode SecItemUpdate.

```
-(BOOL)writeKeychainData
{
    NSLog(@"[+] %@", NSStringFromSelector(_cmd));
    NSString *dump = [[NSString alloc] initWithFormat:@"[+] %@", ↵
    NSStringFromSelector(_cmd)];
    thisTextView.text = dump;

    NSString *service = [[NSString alloc] initWithString:@"1337-↵
                        Service"];
    NSString *label = [[NSString alloc] ↵
    initWithString:@"foolabel"];
    NSString *account = [[NSString alloc] ↵
    initWithString:@"fooname"];
    NSString *input = [[NSString alloc] ↵
    initWithString:@"foopass"];

    NSMutableDictionary *query = [NSMutableDictionary dictionary];
    [query setObject:(id)kSecClassGenericPassword ↵
    forKey:(id)kSecClass];
    [query setObject:service forKey:(id)kSecAttrService];
    [query setObject:label forKey:(id)kSecAttrLabel];
    [query setObject:account forKey:(id)kSecAttrAccount];
    [query ↵
    setObject:(id)kSecAttrAccessibleAfterFirstUnlockThisDeviceOnly ↵
    forKey:(id)kSecAttrAccessible];
    [query setObject:[input ↵
    dataUsingEncoding:NSUTF8StringEncoding] ↵
    forKey:(id)kSecValueData];
```

```
    OSStatus status = SecItemDelete((CFDictionaryRef)query);
    NSLog(@"[+] status deleting keychain item: %ld", status);

    status = SecItemAdd((__bridge CFDictionaryRef)query, NULL);
    NSLog(@"[+] keychain write status: %ld", status);

    if (status != noErr)
    {
        return NO;
    }
    return  YES;
}
```

Listing 6.1 SecItemUpdate.

In der Konsole ist die Ausgabe unspektakulär:

22:59:25.429 keychaingucker[1232:607] [+] writeKeychainData

22:59:25.473 keychaingucker[1232:607] [+] status deleting key‐
chain item: 0

22:59:25.515 keychaingucker[1232:607] [+] keychain write ‐
status: 0

Das Auslesen eines Eintrages in der Keychain erfolgt über die Methode `SecItemCopyMatching`. Die folgende Methode, `geKeychainData`, veranschaulicht das Vorgehen:

```
-(BOOL)getKeychainData
{
    NSLog(@"[+] %@", NSStringFromSelector(_cmd));

    NSArray *keys = [NSArray arrayWithObjects:(NSString ‐
*)kSecClass, kSecAttrAccount, kSecAttrService, kSecReturnData, nil];
    NSArray *objects = [NSArray arrayWithObjects:(NSString ‐
*)kSecClassGenericPassword, @"fooname", @"1337-Service", ‐
kCFBooleanTrue, nil];

    NSMutableDictionary *query = [NSMutableDictionary ‐
dictionaryWithObjects:objects forKeys:keys];

    NSData *pw = NULL;
    OSStatus status = SecItemCopyMatching((CFDictionaryRef)query, (C
FTypeRef *)&pw);
    NSLog(@"[+] keychain read status: %ld", status);
```

```
    if (status != noErr)
    {
        return NO;
    }

    NSString *password = [[NSString alloc] initWithData:pw ↵
    encoding:NSUTF8StringEncoding];
    NSLog(@"[+] password from keychain: %@", password);
    return YES;
}
```

`geKeychainData` Zum Suchen in der Keychain kommt ebenfalls ein `NSDictionary` zum Einsatz. Die Konsolen-Ausgabe ergibt:

```
22:59:25.520 keychaingucker[1232:607] [+] getKeychainData
22:59:25.535 keychaingucker[1232:607] [+] keychain read status: 0
22:59:25.540 keychaingucker[1232:607] [+] password from keychain: ↵
foopass
```

> **Rückgabetypen von SecItemCopyMatching**
>
> Eine bekannt-beliebte Fehlerquelle beim Auslesen von Werten aus der Keychain ist die Verwendung eines falschen bzw. unerwarteten Rückgabetyps. Sie können den Typ der Rückgabe über Attribute in dem `NSDictionary` definieren, das an `SecItemCopyMatching` übergeben wird. Besitzt der Schlüssel `kSecReturnData` wie im Beispiel den Wert `kCFBooleanTrue`, erfolgt die Rückgabe als `NSData`. Ist hingegen `kSecReturnAttributes` auf `kCFBooleanTrue` gesetzt, so erfolgt die Rückgabe als `NSDictionary`. Weitere Informationen dazu enthält die API-Dokumentation der Keychain.

6.5.2 Dateiattribute

Der Schutz von Dateien auf dem iPhone erfolgt ähnlich wie der Schutz der Keychain-Einträge. Auch hier ist eine mögliche Verschlüsselung an den Benutzercode des Benutzers gekoppelt. Mit iOS 4 hat Apple mit dem `NSFileProtectionKey` zwei mögliche Schutzklassen eingeführt:

- `NSFileProtectionNone`: Die Datei ist nicht verschlüsselt und immer lesbar.
- `NSFileProtectionComplete`: Die Datei ist verschlüsselt und kann nicht gelesen werden, während das Betriebssystem startet oder das Gerät gesperrt ist.

Mit iOS 5 sind zwei weitere Schutzklassen hinzugekommen, die eine feinere Granulierung der Zugriffsrechte erlauben:

- `NSFileProtectionCompleteUnlessOpen`: Die Datei ist verschlüsselt und kann nur entschlüsselt werden, während das Gerät entsperrt ist. Danach bleibt die Datei entschlüsselt.

- `NSFileProtectionCompleteUntilFirstUserAuthentication`: Die Datei ist verschlüsselt und wird nach dem Start des Betriebssystems erst durch Eingabe des Benutzercodes entschlüsselt. Danach verbleibt die Datei unverschlüsselt bis zum nächsten Neustart.

Die Verwendung der Schutzklassen ist unkompliziert. Sie erstellen ein `NSDictionary` mit Attributen, das Sie dem `NSFileManager` beim Anlegen der betreffenden Datei als Parameter für den `NSFileProtectionKey` übergeben:

```
NSDictionary *attr = [NSDictionary dictionaryWithObject: ↵
NSFileProtectionCompleteUnlessOpen forKey:NSFileProtectionKey];
        if (![[NSFileManager defaultManager] setAttributes:attr ↵
        ofItemAtPath:fileerror:&error]) {
            ...
        }
```

Verwendung des NSFileProtectionKey

Die sichere Ablage von Dateien über den `NSFileProtectionKey` ist mit einer zusätzlichen Zeile Code erledigt. Es gibt also keine sinnvolle Ausrede dafür, Dateien nicht zu schützen. Für die Wirksamkeit des Schutzes gilt das für den Schutz der Keychain bereits Gesagte: Die Stärke der Verschlüsselung hängt direkt von der Stärke des Benutzercodes ab.

6.5.3 Jailbreak-Erkennung

Wie am Anfang dieses Kapitels bereits gesagt wurde, ist ein über einen Jailbreak manipuliertes Gerät als grundsätzlich unsicher zu betrachten. Nicht nur, dass ein Jailbreak die wichtigsten Sicherheitsmechanismen von iOS außer Kraft setzt, überdies erfordert die Installation eines Jailbreaks die Verwendung einer aus unbekannten Quellen erstellten Firmware. Ein Jailbreak kann, wenngleich dies bis jetzt noch nicht passiert ist, von einem Angreifer über eine Sicherheitslücke auf ein iPhone appliziert werden, ohne dass der Anwender etwas davon bemerkt.

Sie sollten daher als App-Programmierer Vorsorge treffen, um Geräte mit Jailbreak zu erkennen und ggf., je nach Sensibilität der von der App verarbeiteten Daten, geeignete Maßnahmen treffen, um auf einen Jailbreak zu reagieren. Die Verwendung einer App für Online-Banking ist auf einem Gerät ebenso wenig zu empfehlen wie Online-Banking auf einem PC, der mit einem Trojaner befallen ist.

Alle bisher implementierten Jailbreaks zeichnen sich durch verschiedene Merkmale aus, die Sie in Ihrer App abfragen können. Leider hat Apple den API-Aufruf zur Erkennung von Jailbreaks wieder aus iOS entfernt, sodass Sie die Überprüfung »zu Fuß« vornehmen müssen. Die grundlegendste Eigenschaft eines Jailbreaks ist das Deaktivieren der Signaturprüfung im Kernel. Ein möglicher Test auf einen Jailbreak wäre daher das Ausführen unsignierten Codes aus der eigenen App heraus. Da diese Prüfung aber nicht durch Apples Review-Prozess für den App Store gelangen würde, sind die folgenden sechs Prüfschritte eine sinnvolle Herangehensweise:

1. Überprüfung der Attribute der root-Partition in der Datei */etc/fstab*. Wenn die Partition mit `rw` gemountet ist, liegt ein Jailbreak vor, da die root-Partition standardmäßig readonly gemountet ist (Attribut `r` in */etc/fstab*).

2. Schreiben einer Datei auf die root-Partition, sinnvollerweise ins Verzeichnis */tmp*. Gelingt dies, liegt ein Jailbreak vor. Diese doppelte Prüfung der root-Partition beugt der Möglichkeit vor, dass ein Jailbreak die Prüfung der Datei */etc/fstab* unterbindet und falsche Werte zurückliefert.

3. Prüfen auf das Vorhandensein der *Cydia*-App. Cydia ist der App Store für gejailbreakte iPhones und daher mit großer Wahrscheinlichkeit auf jedem Gerät mit Jailbreak installiert.

4. Prüfen auf das Vorhandensein des OpenSSH-Servers (*/usr/sbin/sshd*). Dieser ist nur bei gejailbreakten iPhones vorhanden (Installation über Cydia).

5. Prüfen auf das Vorhandensein des *apt*-Paketmanagers, den Cydia verwendet (*/private/var/lib/apt*)

6. Prüfen auf das Vorhandensein der Bash-Shell (*/bin/bash*)

Ergibt einer oder mehrere der vorstehenden Prüfschritte ein positives Ergebnis, liegt ein Jailbreak vor. Die aus dieser Erkenntnis abzuleitende Reaktion hängt von der Art Ihrer App, den Vorstellungen der Kunden und dem Schutzbedarf der Daten ab, die Ihre App verarbeitet.

> **Erkennen von Schadsoftware**
>
> Aus der PC-Welt weiß man, dass sich Schadsoftware, die auf Kernel-Ebene agiert, beliebig tarnen und somit alle Versuche, ihr auf die Schliche zu kommen, ins Leere führen kann. Eine über einen Jailbreak entsprechend modifizierte Firmware könnte dies auch mit den vorstehend beschriebenen Prüfschritten tun. Bis heute ist aber noch keine solche Firmware bekannt geworden. Daher liefert die manuelle Prüfung auf einen Jailbreak innerhalb der App zurzeit eine verlässliche Aussage.

Der folgende Code führt die Prüfung auf einen Jailbreak aus. Er ist in die Methode `checkJailbreak` gekapselt, sodass Sie den Code einfach in eine Utility-Klasse übernehmen und in Ihre App integrieren können.

```
-(BOOL)checkJailbreak
{
    // check for jailbreak
    // result not guaranteed, rootkits may disable any check
    // feature, not a bug: simulator appears always to be
        jailbroken (as using OS X resources)
    // remove logging for convenience
    // (c) 2011 by <klaus@rodewig.de>

    NSLog(@"[+] %@", NSStringFromSelector(_cmd));

    NSInteger forecast = 0;

    // first check: root partition rw
    NSError *error = nil;
    NSString *fstab = [NSString
    stringWithContentsOfFile:@"/etc/fstab"
    encoding:NSISOLatin1StringEncoding error:&error];
    NSRange textRange;
    NSString *substring = [NSString stringWithString:@" /
    hfs rw"];
    textRange =[[fstab lowercaseString] rangeOfString:[substring
    lowercaseString]];

    if(textRange.location != NSNotFound)
    {
        NSLog(@"[+] / writeable");
        forecast += 25;
    } else {
        NSLog(@"[+] / not writeable");
    }

    // second check: locate Cydia
    NSString *docsDir = @"/Applications/";
    NSFileManager *localFileManager=[[NSFileManager alloc] init];
    error =nil;
    NSArray *dirEnum = [localFileManager
    contentsOfDirectoryAtPath:docsDir error:&error];

    for(id object in dirEnum){
        if([object isEqual:@"Cydia.app"]){
```

```
            forecast += 25;
             NSLog(@"[+] Cydia found");
        }
    }

    // third check: write in /
    if([localFileManager createDirectoryAtPath:@"/tmp/..." ⤶
    withIntermediateDirectories:NO attributes:nil error:&error]){
        forecast += 25;
        NSLog(@"[+] could write to /tmp");
        [localFileManager removeItemAtPath:@"/tmp/..." ⤶
        error:&error];
    } else {
        NSLog(@"[+] error creating dir: %@", error);
    }


    // forth check: find sshd
    if([localFileManager fileExistsAtPath:@"/usr/sbin/sshd"]){
        forecast += 25;
        NSLog(@"[+] sshd found");
    }

    // fifth check: find apt
    if([localFileManager ⤶
    fileExistsAtPath:@"/private/var/lib/apt"]){
        forecast += 25;
        NSLog(@"[+] apt found");
    }

    // sixth check: find bash
    if([localFileManager fileExistsAtPath:@"/bin/bash"]){
        forecast += 25;
        NSLog(@"[+] bash found");
    }

    [localFileManager release];

    NSLog(@"[+] forecast: %d%%", forecast);

    if(forecast >= 50) // adjust for probability
        return YES;
    else
        return NO;
}
```

Prüfung auf einen Jailbreak Jeder Prüfschritt erhöht bei einem positiven Ergebnis den Zähler `forecast` um 25 Punkte. Am Ende der Methode wird überprüft, ob mindestens zwei Prüfschritte positiv verlaufen sind (`forecast >= 50`). Ist dies der Fall, liegt ein Jailbreak vor, und die Methode gibt den booleschen Wert `YES` zurück.

Auf einem Gerät mit Jailbreak sieht die Konsolen-Ausgabe dann wie folgt aus:

```
22:59:25.546 keychaingucker[1232:607] [+] checkJailbreak
22:59:25.553 keychaingucker[1232:607] [+] / writeable
22:59:25.560 keychaingucker[1232:607] [+] Cydia found
22:59:25.570 keychaingucker[1232:607] [+] could write to /tmp
22:59:25.580 keychaingucker[1232:607] [+] sshd found
22:59:25.587 keychaingucker[1232:607] [+] apt found
22:59:25.594 keychaingucker[1232:607] [+] bash found
22:59:25.600 keychaingucker[1232:607] [+] forecast: 150%
22:59:25.606 keychaingucker[1232:607] [+] Device jailbroken!
```

Auf einem Gerät ohne Jailbreak führt der Schreibversuch auf der root-Partition zu einem Fehler, und auch die anderen Prüfungen laufen ins Leere:

```
23:04:49.794 keychaingucker[1639:707] [+] checkJailbreak
23:04:49.799 keychaingucker[1639:707] [+] / not writeable
23:04:49.830 keychaingucker[1639:707] [+] error creating dir: Error
Domain=NSCocoaErrorDomain Code=513 "The operation couldn't be comple
ted. (Cocoa error 513.)" UserInfo=0x1bb060 {NSFilePath=/tmp/
..., NSUnderlyingError=0x1baa50 "The operation couldn't be completed
. Operation not permitted"}
23:04:49.838 keychaingucker[1639:707] [+] forecast: 0%
23:04:49.841 keychaingucker[1639:707] [+] No Jailbreak
```

6.5.4 Event-Handling

Ein zentrales Bestandteil der App-Sicherheit ist der richtige Umgang mit Events. Das betrifft zum einen das Abfangen von Fehlermeldungen (*Informations disclosure*), zum anderen auch den korrekten Umgang mit Events. Eine App, die aus Sicherheitsgründen eine eigene Authentisierung implementiert, sollte ihre GUI beim Wechsel in den Hintergrund sperren, um unbefugten Zugriff zu verhindern. Auch sollte die App in diesem Fall sensible Daten bereinigen oder verschlüsseln, um zu verhindern, dass diese Daten unbemerkt, z. B. über das automatische iTunes-Backup, das Gerät verlassen.

»If I had eight hours to chop down a tree, I'd spend the first six of them sharpening my axe.«
– Abraham Lincoln

7 Jahrmarkt der Nützlichkeiten

Dieses Kapitel zeigt Ihnen Tipps und Tools, die Ihnen die Arbeit mit Xcode und das Erstellen von iOS-Apps erleichtern. Neben einem kleinen Rundgang durch Xcode erhalten Sie einen Überblick über die Versionsverwaltung Git und die Verteilung von Apps im Entwicklungsstadium an Beta-Tester (siehe Abschnitt 7.2).

7.1 Xcode 4

Bis Xcode 4 orientierten sich der Aufbau und das Design von Xcode am *Project Builder* von NEXTSTEP (siehe Kapitel 1). Insbesondere die Trennung von Xcode und dem Interface Builder in zwei separate Programme war ein Relikt aus NEXTSTEP-Zeiten. 2010 hat Apple mit Xcode 4 die Entwicklungsumgebung komplett überarbeitet und alle zentralen Funktionen in Xcode integriert, so auch den Interface Builder.

Für alte Hasen bedeutete das eine größere Umstellung von Gewohnheiten, und für den Einsteiger hat dies zur Folge, dass viele Beispiele in Literatur und Apple-Dokumentation noch nicht an Xcode 4 angepasst sind. Auch ist Xcode 4 noch nicht so stabil wie seine Vorgängerversion. Leider sieht man bei der Arbeit häufiger diese unschöne Fehlermeldung aus Abbildung 7.1, bei der Sie zur Rettung Ihrer Projektdaten immer CRASH wählen sollten, auch wenn CONTINUE sich vielversprechender anhört.

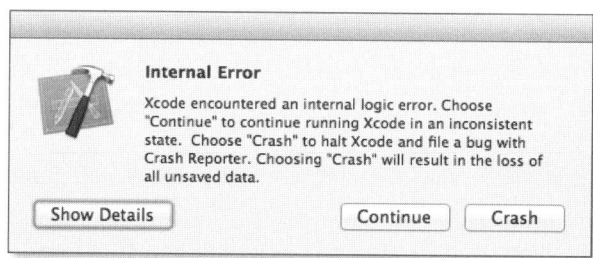

Abbildung 7.1 Tunlichst »Crash« wählen!

Letzteres kann aber dazu führen, dass Xcode die Projektdatei zerschießt und Sie am Ende mit einem kaputten Projekt dastehen. Sie haben also die buchstäbliche Wahl zwischen Pest und Cholera.

Das Xcode-Fenster, der zentrale Ort für die Arbeit des App-Programmierers teilt sich in verschiedene Bereiche auf. Links befindet sich der Navigationsbereich, der alle Dateien und Ressourcen eines Projektes anzeigt und die Navigation im Projektbaum ermöglicht. In der Mitte des Xcode-Fensters ist der Editor angesiedelt, der je nach Auswahl einer Datei im Navigationsbereich entweder Quelltext oder eine GUI anzeigt. Wählen Sie im Navigationsbereich statt einer einzelnen Datei das Projekt selber aus, können Sie im Editor-Bereich alle projektbezogenen Einstellungen vornehmen, von Build-Settings über zu verwendende Bibliotheken und Frameworks bis hin zu Entitlements. Xcode ist also die zentrale Schnittstelle für den App-Programmierer, sodass der Zugriff auf weitere Tools nur im Ausnahmefall notwendig ist.

Die restlichen Elemente des Xcode-Fensters können Sie über die Auswahlbuttons oben rechts in der Toolbar von Xcode aktivieren. Beim Erstellen einer App wird man in der Regel die Inspektor-Leiste am rechten Rand einblenden, beim Debuggen ist der Debug-Bereich unten im Xcode-Fenster von großem Interesse.

Xcode 4 benötigt durch seinen zentralistischen Ansatz und die Darstellung in einem einzigen Fenster einen großen Monitor. Es ist natürlich möglich, auf einem MacBook Air mit 11-Zoll-Display Xcode zu starten und damit zu arbeiten – seinen großen Vorteil, die Übersichtlichkeit, kann Xcode aber nur auf einem großen Display ausspielen. Unter Lion unterstützt Xcode den Vollbild-Modus, was ungestörtes Arbeiten auf dem gesamten Bildschirm ermöglicht.

7.1.1 Tabs

Das wichtigste Hilfsmittel bei der Navigation in Xcode sind Tabs. In Xcode 3 befand sich z. B. die Konsole mit den Ausgaben des Programms in einem eigenen Fenster. Das macht beim Ausführen des Programms aus Xcode heraus das Überwachen der Konsole einfach. Entweder wechseln Sie mit `CMD` + `TAB` von Xcode in die Konsole, oder Sie schieben das Konsolen-Fenster in einen freien Bereich des Bildschirms.

In Xcode 4 ist dies durch das eine Fenster nicht möglich. Hier können Sie entweder mit der Maus die verschiedenen Ansichten im Navigationsbereich auswählen, was einer ergonomischen Arbeit stark widerspricht, oder Sie verwenden Tabs. Einen neuen Tab erzeugen Sie (wie z. B. in Safari auch) über die Tastenkombination `CMD` + `T`. Diese Tastenkombination ist wie alle anderen Tastenkombinationen von Xcode auch in den Einstellungen zu finden (XCODE • PREFERENCES •

Key Bindings). Dort finden Sie auch die Tastenkombinationen, um zwischen Tabs zu wechseln.

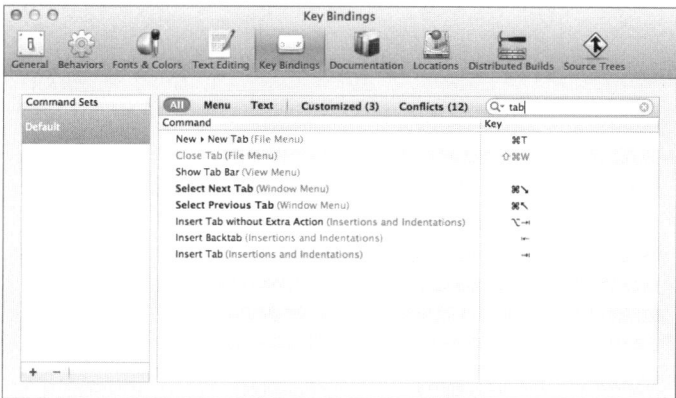

Abbildung 7.2 Die Tastenkombinationen für die Arbeit mit Tabs

Definieren Sie sich über ⌘ + T anschließend einige Tabs, z. B. für die Dateien, in denen Sie am häufigsten arbeiten und für die Log-Ausgabe des Build-Prozesses. Anzahl, Anordnung und Inhalt der Tabs sind Bestandteil der Projekt-Einstellungen und werden beim Schließen von Xcode gespeichert sowie beim nächsten Start wiederhergestellt. Das Arbeiten mit Tabs mag am Anfang etwas gewöhnungsbedürftig sein, ist aber nach einer kleinen Einarbeitungsphase eine gute Alternative zum Multi-Fenster-Konzept von Xcode 3 und seinen Vorgängern.

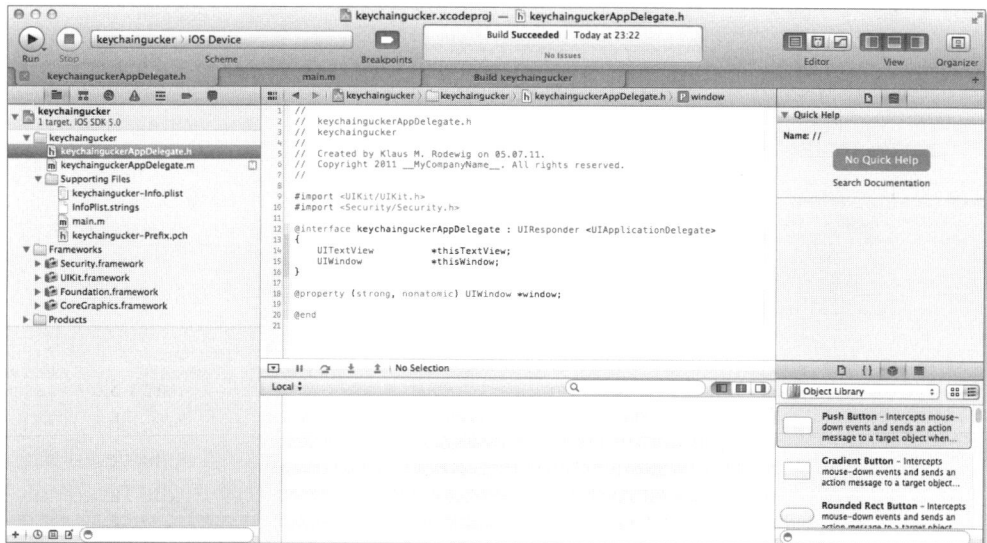

Abbildung 7.3 Xocde mit verschiedenen geöffneten Tabs

7.1.2 Organizer

Neben dem Hauptfenster von Xcode, das für die Programmierung die zentrale Schnittstelle ist, gibt es noch den *Organizer*, der die zentrale Schnittstelle für die Verwaltung von Geräten und Projekten sowie für die Xcode- und API-Dokumentation ist. Den Organizer rufen Sie in Xcode über den Menüpunkt WINDOW • ORGANIZER auf. Die einzelnen Funktionen des Organizers erreichen Sie dann über die entsprechenden Buttons in dessen Toolbar.

Die Geräteverwaltung im Organizer ermöglicht das bequeme Einrichten von Geräten für die Entwicklung (siehe Abbildung 7.4). Der Organizer ruft – einen kostenpflichtigen Zugang für das iPhone Developer Program vorausgesetzt – alle für die Einrichtung notwendigen Daten selbstständig aus dem Entwicklerportal bei Apple ab und installiert die notwendigen Zertifikate und Provisionsprofile auf dem Endgerät.

Sie können über den Organizer nicht nur Geräte einrichten, sondern auch auf Daten dieser Geräte zugreifen, die bei der Entwicklung und insbesondere beim Debugging hilfreich sind. Das sind insbesondere die Konsole eines Gerätes (z. B. um `NSLog`-Ausgaben zu beobachten) und die Sandboxen der einzelnen Apps. Mit dem Zugriff auf eine Sandbox können Sie alle Dateien einer App vom Gerät herunterladen und auf diese Weise die Aktivitäten der App im Dateisystem kontrollieren (siehe Abbildung 7.5) und z. B. die Wirksamkeit der von Ihnen implementierten Verschlüsselung prüfen.

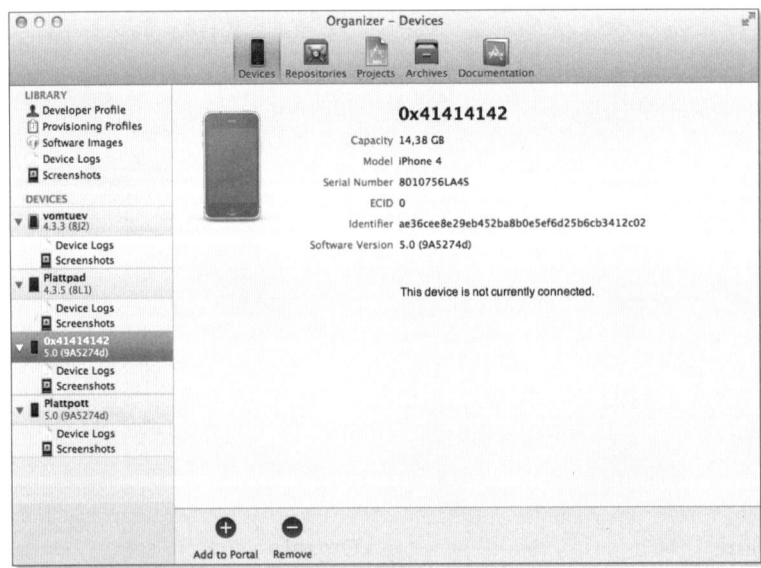

Abbildung 7.4 Die Geräteverwaltung im Organizer

Abbildung 7.5 Zugriff auf die Sandbox einer App

Xcode enthält neben der Integration externer SCM-Systeme (siehe Abschnitt 7.3 auch einen integrierten Snapshot-Mechanismus für die Verwaltung von Versionsständen. Um Snapshots verwenden zu können, müssen Sie bei der Installation von Xcode die *System Tools* mit installieren. Ein Snapshot ist ein komplettes Abbild des Projekts, differenziert also nicht zwischen den einzelnen Dateien eines Projekts. Sie können einen Snapshot über den Menüpunkt FILE • CREATE SNAPSHOT erstellen. Im sich öffnenden Dialog haben Sie die Möglichkeit, einen Titel und eine Beschreibung zum Snapshot hinzuzufügen. Im Sinne der Übersichtlichkeit sollten Sie diese Möglichkeit intensiv nutzen.

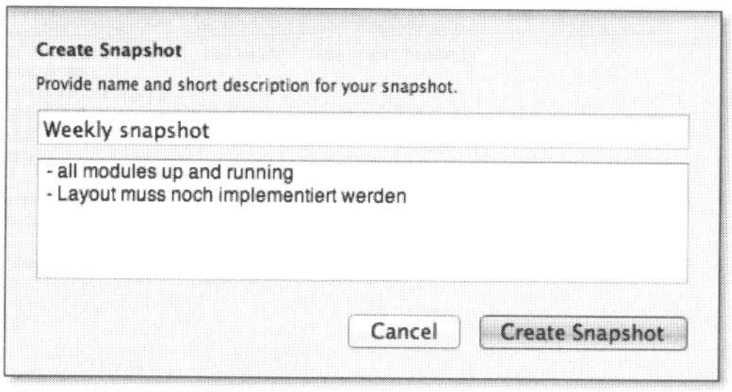

Abbildung 7.6 Erstellen eines Snapshots

Auf gespeicherte Snapshots können Sie über den Organizer zugreifen. Wählen Sie dort das Icon PROJECTS in der Toolbar und aus der Projektübersicht links das Projekt, für das Sie einen Snapshot suchen. Die vorhandenen Snapshots finden Sie rechts unten im Fenster im Bereich SNAPSHOTS. Durch einen Doppelklick auf den gewünschten Snapshot öffnet sich ein Datei-Dialog, in dem Sie ein Verzeichnis angeben können, in das Xcode den Snapshot exportieren soll. Xcode exportiert dann den Zustand des Projekts zum Zeitpunkt der Snapshot-Erstellung in diesen Ordner. Diese Funktion ist zum einen hilfreich, um vor größeren Änderungen einen (hoffentlich funktionierenden) Stand eines Projektes zu sichern. Sie eignet sich aber auch gut dafür, bestimmte Versionsstände an Dritte weiterzugeben.

Auch wenn Snapshots weit davon entfernt sind, die Funktionalität einer Versionsverwaltung abzubilden, sind sie doch ein mächtiges Werkzeug und können, wenn sie konsequent angewendet werden, die Verwendung eines SCM überflüssig machen. Nicht jeder Programmierer muss ja mit Kanonen auf Spatzen schießen. Für Einzelkämpfer können Snapshots ausreichend sein, als Versionsverwaltung taugen sie aber genau dann nicht mehr, wenn mehr als eine Person an demselben Projekt arbeitet – dann muss ein System zur Versionsverwaltung her (siehe Abschnitt 7.4).

7.2 Das Buildsystem

Mit Xcode 4 hat Apple das integrierte Buildsystem gegenüber den Vorgängerversionen stark verändert und die Benutzung vereinfacht. Das Buildsystem sorgt dafür, dass aus den Quelldateien Ihrer Projekte die gewünschten *Produkte* entstehen. Die häufigsten *Produkte* sind natürlich Programme, aber Xcode kann auch Programmbibliotheken, Testrunner oder beliebige andere Dateien und Verzeichnisse aus den Quelldateien erzeugen.

7.2.1 Workspaces, Projekte und Targets

Ein Projekt enthält alle notwendigen Daten, um Produkte zu erstellen. Da sind zum einen natürlich die Dateien mit dem Quellcode, Storyboards oder XIB-Dateien, Bilder, Sounds usw. Zum anderen enthält das Projekt noch Targets. Dabei fasst ein *Target* oder auch *Ziel* die Regeln und Einstellungen für jeweils ein Produkt zusammen. Über die *Konfigurationen* kann das Projekt dabei Einstellungen für die enthaltenen Targets vorgeben, die aber jedes Target auch überschreiben kann. Außerdem enthält das Projekt noch Schemata, über die Sie Targets und weitere Aktionen ausführen lassen können. Sie können mehrere Projekte in einem *Workspace* zusammenfassen. Diese Struktur stellt Abbildung 7.7 dar.

In der Regel fassen Sie in einem Workspace voneinander abhängige Projekte zusammen. Ein typisches Beispiel dafür ist ein Projekt für ein Programm und ein oder mehrere Projekte für die benutzten Bibliotheken. Zwischen den Targets der verschiedenen Projekte können Sie Abhängigkeiten definieren. So darf Xcode beispielsweise erst das Programm erzeugen, wenn es alle Bibliotheken erstellt hat.

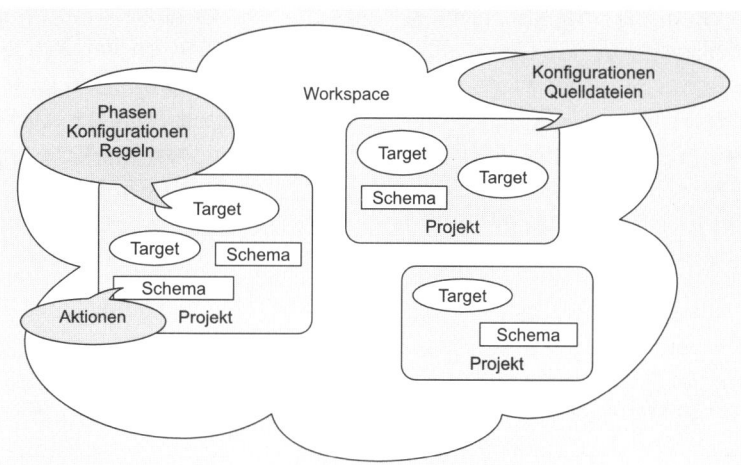

Abbildung 7.7 Die Komponenten des Buildsystems

Die Projekte in einem Workspace verwenden außerdem den gleichen Symbolindex. Dieser erlaubt Ihnen bei abhängigen Projekten auch ein Debuggen in den Quellen der verschiedenen Projekte.

7.2.2   Klassen in Bibliotheken auslagern

Um den Umgang mit Workspaces zu veranschaulichen, sollen Sie im Folgenden schrittweise das Projekt *Clock* von der beiliegenden DVD in eine Bibliothek und eine Applikation aufteilen. Legen Sie dazu eine Kopie des Projekts auf Ihrer Festplatte an, und öffnen Sie diese Kopie. Führen Sie ruhig das Programm einmal im Simulator aus, um sich zu vergewissern, dass die Kopie vollständig ist.

Zunächst müssen Sie zu dem Projekt einen Workspace erzeugen, wozu Sie den Menüpunkt FILE • SAVE AS WORKSPACE... aufrufen. Speichern Sie den Workspace unter dem Namen *ClockWorkspace* in dem Ordner ab, der den Ordner des Projekts enthält. Nach dem Speichern hat sich in der Anzeige nicht viel verändert. Lediglich die Werkzeugleiste zeigt den Namen des Workspace mit einem Icon an (siehe Abbildung 7.8). Außerdem hat Xcode die Datei *ClockWorkspace.xcworkspace* angelegt.

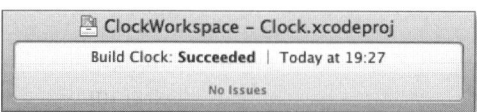

Abbildung 7.8 Anzeige des Workspace in der Werkzeugleiste

Für die Bibliothek müssen Sie ein eigenes Projekt anlegen. Klicken Sie dazu mit der rechten Maustaste auf das Clock-Projekt im Navigationsbereich von Xcode, und wählen Sie den Punkt NEW PROJECT... aus. Als Vorlage für die Bibliothek verwenden Sie COCOA TOUCH STATIC LIBRARY und FRAMEWORK & LIBRARY (siehe Abbildung 7.9). Das neue Projekt speichern Sie im gleichen Ordner wie die Workspacedatei.

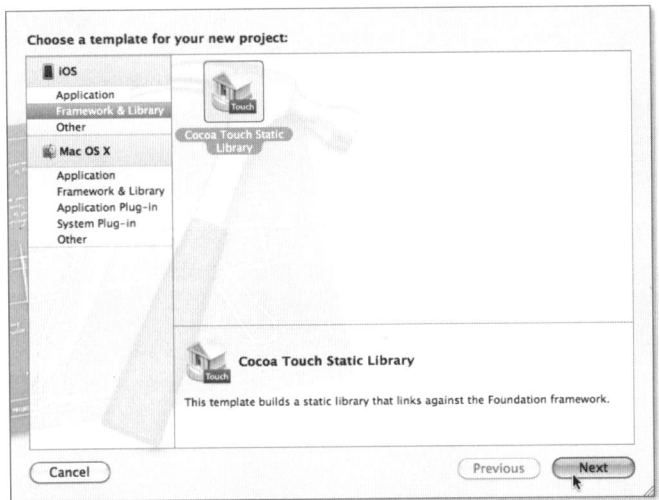

Abbildung 7.9   Anlegen einer statischen Bibliothek

> **Statische und dynamische Bibliotheken**
>
> Eine Programmbibliothek fasst binäre Objektdateien mit Klassen, Methoden, Funktionen zu einer Datei zusammen. Sie können die Symbole (z. B. Methoden, Funktionen, globale Variablen) einer Bibliothek in beliebigen Programmen verwenden. Bei einer *statischen Bibliothek* verbindet der Linker die Symbole fest mit dem Programm. Es enthält dann die Symbole aus der Bibliothek. Im Gegensatz dazu lädt ein Programm die Symbole aus einer *dynamischen Bibliothek* erst zur Laufzeit, und die Bibliothek muss zur Laufzeit für das Programm verfügbar sein.
>
> Zwar unterstützt Cocoa Touch sowohl statische als auch dynamische Bibliotheken. Sie können aber nur statische Bibliotheken erzeugen, da es keine Möglichkeit gibt, dynamische Bibliotheken auf Ihren oder gar fremden iOS-Geräten zu installieren. Sie können keine Bibliotheken über den App Store oder die anderen Distributionswege verteilen.
>
> Cocoa-Touch-Frameworks enthalten eine Bibliothek, die zugehörigen Headerdateien und gegebenenfalls noch weitere Dateien. In der Regel wird die enthaltene Bibliothek dynamisch gebunden. Es sind aber auch Frameworks mit statischen Bibliotheken möglich.

Nach dem Anlegen enthält das ursprüngliche Clock-Projekt ein Subprojekt für die Bibliothek (siehe Abbildung 7.10).

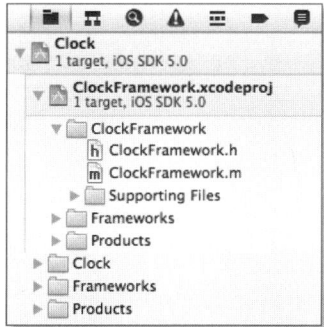

Abbildung 7.10 Struktur des Projekts nach Anlegen des Subprojekts

Das Subprojekt enthält die Klasse ClockFramework, die Sie nicht brauchen und deshalb löschen können. Stattdessen fügen Sie die Klasse ClockView zum Bibliotheksprojekt hinzu, indem Sie über einen Rechtsklick auf die Gruppe *ClockFramework* die Dateien hinzufügen. Achten Sie beim Einfügen darauf, dass Xcode die Dateien auch kopiert (siehe Abbildung 7.11).

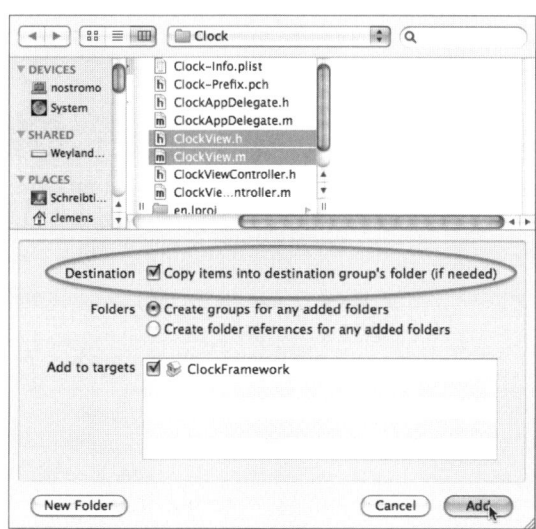

Abbildung 7.11 Kopieren der Dateien in das Bibliotheksprojekt

Danach können Sie diese Dateien aus dem Clock-Projekt löschen, indem Sie die Dateien auswählen und die Entfernen- oder Löschtaste drücken. Da Sie diese

Dateien ja bereits kopiert haben, können Sie die Dateien ruhig endgültig löschen (siehe Abbildung 7.12).

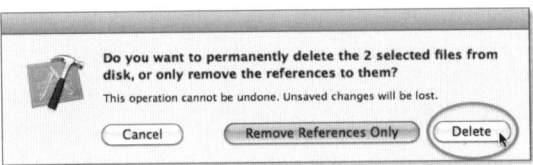

Abbildung 7.12 Endgültiges Löschen der Dateien

Wenn Sie das Projekt übersetzen lassen, erhalten Sie mit Xcode 4.0 keine Fehlermeldung. Unter Xcode 4.2 erhalten Sie hingegen diese Fehlermeldung:

```
Automatic Reference Counting Issue
ARC forbids explicit message send of 'dealloc'
```

Das liegt daran, dass die aktuelle Version der IDE bei neuen Projekten automatisches Referenzenzählen voreinstellt. Die Klasse `ClockView` enthält aber keinen ARC-kompatiblen Code. Sie können entweder die Klasse entsprechend modifizieren oder alternativ den Compiler auf das manuelle Referenzenzählen umstellen. Bei der ersten Variante brauchen Sie nur die letzte Zeile aus `dealloc` zu entfernen. Auch bei größeren Projekten sollten Sie dieses Vorgehen bevorzugen, da ab iOS 5 das automatische Referenzenzählen das Standardvorgehen für die Speicherverwaltung ist.

Wenn Sie trotzdem lieber den Compiler zum manuellen Referenzenzählen überreden möchten, müssen Sie das Projekt für die Bibliothek auswählen und den Reiter BUILD SETTINGS öffnen. Dort finden Sie eine umfangreiche Liste mit Einstellungen. Um das passende Feld zu finden, geben Sie wie in Abbildung 7.13 in das Suchfeld oben links das Wort »Automatic« ein. Xcode zeigt dann nur die Einstellungen an, die auf diesen Begriff passen.

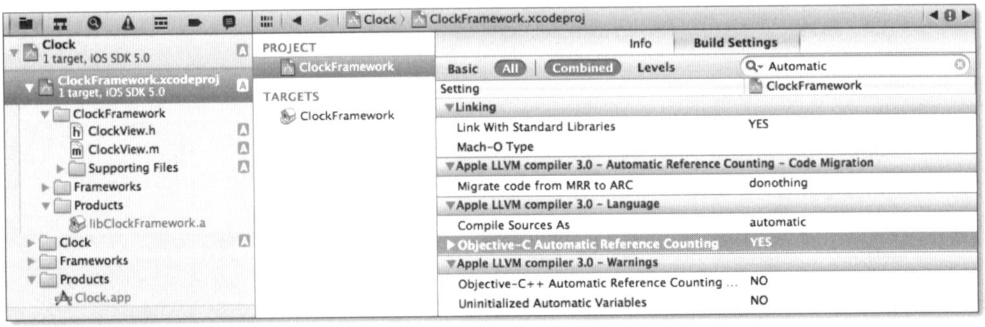

Abbildung 7.13 Einstellung für das automatische Referenzenzählen

Führen Sie einen Doppelklick auf der Zeile Objective-C Automatic Reference Counting aus, und geben Sie als neuen Wert NO ein. Dadurch schalten Sie das automatische Referenzenzählen aus. Jetzt sollten Sie das Projekt auch mit Xcode 4.2 übersetzen und ausführen können. Bei der Ausführung zeigt das Programm aber keine Uhren an. Stattdessen finden Sie in der Konsole folgende Nachricht:

```
Unknown class ClockView in Interface Builder file.
```

Das Programm findet also die Klasse `ClockView` nicht. Da es sie aber erst zur Laufzeit braucht, fällt das bei der Übersetzung nicht weiter auf. Da Sie die Klasse in eine Bibliothek ausgelagert haben, müssen Sie diese Bibliothek in das Programm einbinden. Dazu wählen Sie das Target des Programms aus und öffnen unter dem Reiter Build Phases die Phase Link Binary With Libraries. Klicken Sie auf den Plus-Button in der Phase, um die Bibliothek zu dem Target hinzuzufügen. Dazu wählen Sie sie im Dialog aus und klicken auf den Button Add (siehe Abbildung 7.14).

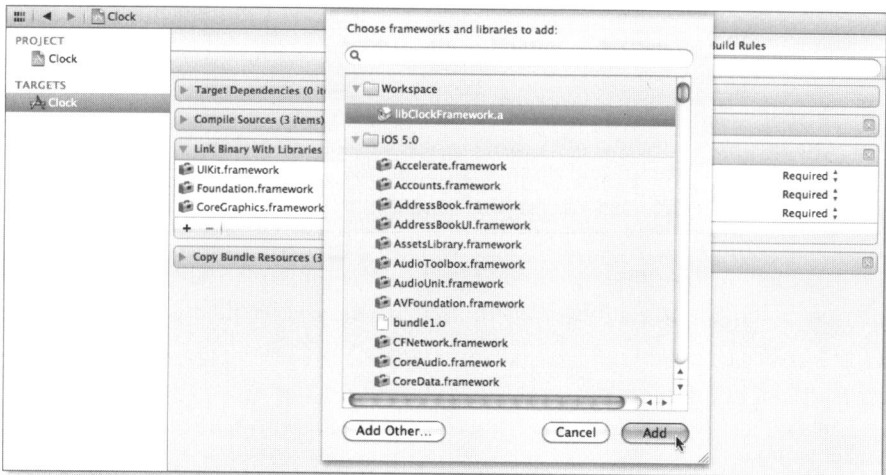

Abbildung 7.14 Hinzufügen einer Bibliothek

Aber auch durch das Hinzufügen findet das Programm die Klasse nicht. Sie steht zwar beim Linken zur Verfügung, aber der Linker weiß nicht, dass sie auch gebraucht wird. Da er sich streng an den sechsten Artikel des Kölschen Grundgesetzes »Kenne mer nit, bruche mer nit, fott domet.«[1] hält, schmeißt er die sorgsam importierte Klasse einfach weg. Glücklicherweise ist aber der Linker wie auch der Kölner ein an und für sich toleranter Zeitgenosse[2], der sich durch den Schalter `-ObjC` (beziehungsweise ein paar Kölsch) leicht umstimmen lässt.

---

1 »Kennen wir nicht, brauchen wir nicht, fort damit.«
2 Zumindest in seiner Selbsteinschätzung – Westfalen sehen das häufig anders.

Um dieses Flag an den Linker zu bringen, wählen Sie das Clock-Projekt aus und öffnen den Reiter BUILD SETTINGS. Als Suchbegriff verwenden Sie diesmal »Linker« (siehe Abbildung 7.15).

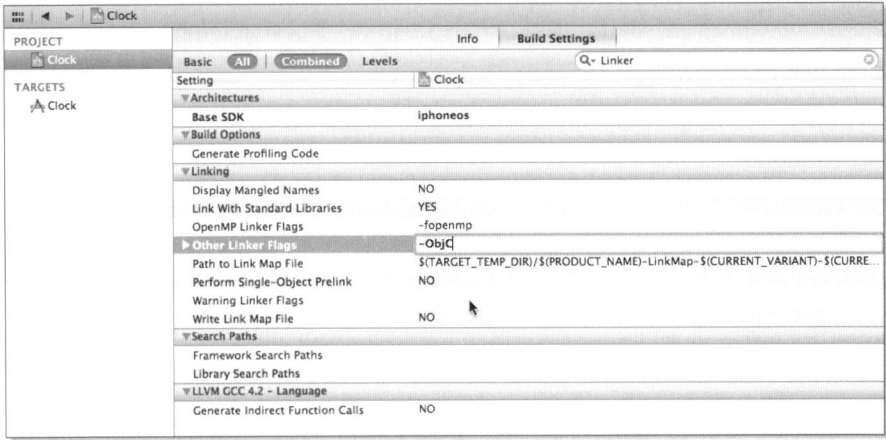

Abbildung 7.15 Eingabe eines Linkerflags

In der Mitte der Liste finden Sie nun die Einstellung OTHER LINKER FLAGS. Wählen Sie diese Zeile aus, und klicken Sie einmal in deren rechten Bereich. Dadurch können Sie den Wert dieser Einstellung verändern. Geben Sie dort »-ObjC« ein, und beenden Sie die Eingabe durch Drücken des Zeilenvorschubs. Wenn Sie nun die App erstellen und ausführen lassen, sehen Sie die Zifferblätter auf dem Bildschirm.

Sie haben durch diese Schritte die Klasse `ClockView` in eine statische Bibliothek ausgelagert. Sie können das überprüfen, indem Sie im Organizer das Icon PROJECTS auswählen. Dort finden Sie in der linken Spalte neben Ihren Projekten auch den eben erstellten Workspace. Wenn Sie ihn auswählen, zeigt Xcode Ihnen unter DERIVED DATA den Pfad zu den Ausgabedateien an. Sie können den Pfeil neben dem Pfad anklicken, um das Verzeichnis im Finder zu öffnen (siehe Abbildung 7.16). In diesem Ordner befinden sich die Unterorder *Build/Products/Debug-iphonesimulator* und/oder *Build/Products/Debug-iphoneos*, in denen Sie jeweils drei Dateien finden:

1. Das Programm befindet sich in der Datei *Clock*.
2. Die Datei *Clock.app.dSYM* enthält Symbole für den Debugger.
3. Die dritte Datei *libClockFramework.a* ist schließlich die statische Bibliothek. Unter UNIX ist es üblich, dass statische Bibliotheken das Präfix *lib* und die Dateiendung *.a* haben.

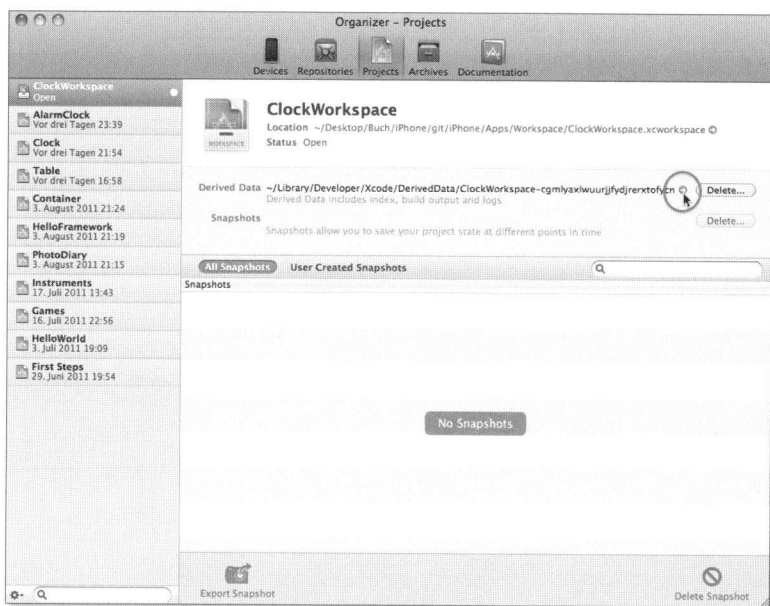

Abbildung 7.16 Öffnen des Ausgabeverzeichnisses

7.2.3 Bibliotheken wiederverwenden

Jetzt haben Sie die Klasse erfolgreich in eine Bibliothek ausgelagert. Für ein einzelnes Projekt ist das natürlich wenig sinnvoll. Aus diesem Grund legen Sie jetzt ein weiteres Projekt an. Klicken Sie dazu mit der rechten Maustaste in den grauen Bereich der Navigationsspalte, und wählen Sie aus dem Kontextmenü den Punkt New Project... aus. Wählen Sie die Vorlage Single View Application, und speichern Sie das Projekt unter dem Namen *SecondClock* im gleichen Verzeichnis wie die Workspacedatei und das andere Programmprojekt ab. Falls Sie Xcode 4.2 verwenden, wählen Sie die Option Use Storyboard aus.

Im Storyboard legen Sie einen View mit der Klasse `ClockView` an. Obwohl das neue Projekt noch nicht die Bibliothek importiert hat, bietet Ihnen der Identitätsinspektor bereits diese Klasse an, und auch beim Übersetzen erhalten Sie keine Fehlermeldung. Aber das Programm zeigt wieder keine Uhr. Stattdessen zeigt die Konsole die Nachricht

```
Unknown class ClockView in Interface Builder file.
```

an.

Zunächst müssen Sie das Bibliotheksprojekt als Subprojekt des neuen Projekts festlegen. Ziehen Sie dazu mit gedrückter Maustaste das Bibliotheksprojekt auf das neue Projekt (siehe Abbildung 7.17).

7 | Jahrmarkt der Nützlichkeiten

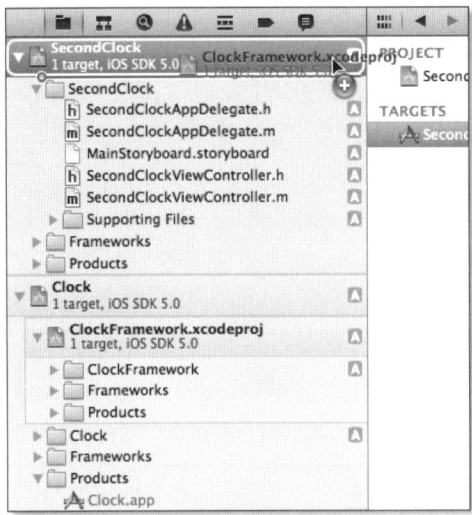

Abbildung 7.17 Hinzufügen eines Subprojekts

Verwenden Sie die gleichen Optionen wie in Abbildung 7.18. Durch die Einstellung CREATE GROUPS FOR ANY ADDED FOLDERS legt Xcode nur interne Verweise und keine Kopien für das Subprojekt an.

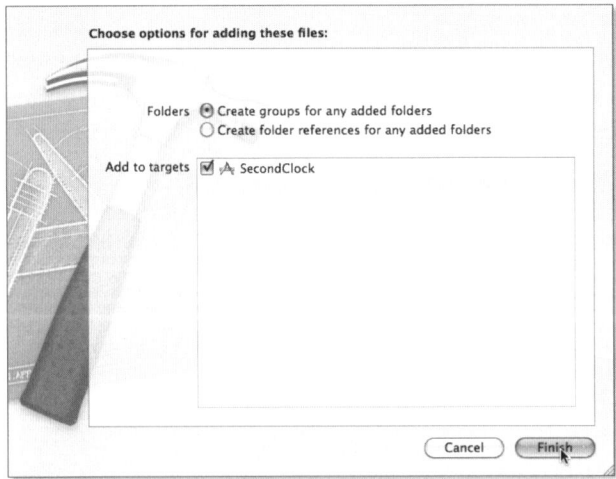

Abbildung 7.18 Optionen für das Subprojekt

Analog zum Hauptprojekt *Clock* fügen Sie die Bibliothek zum neuen Projekt hinzu (siehe Abbildung 7.14) und setzen in den Buildsettings das Linkerflag (siehe Abbildung 7.15). Nach diesen Änderungen zeigt Ihnen die App auch das Ziffernblatt mit den Zeigern an.

> »Oh we got both kinds. We got Country and Western.«
>
> Vielleicht ist Ihnen aufgefallen, dass Sie diesmal nicht das automatische Referenzenzählen ausschalten sollten. Trotzdem übersetzt Xcode Ihren Code, und das Programm läuft. Das ist auch kein Problem und so vorgesehen. Sie können Projekte mit automatischem und manuellem Referenzenzählen problemlos auf der Objektcodeebene[3] mischen. Da das aber nicht auf der Quellcodeebene geht, sehen Sie an diesem Beispiel auch, dass die Projekte die Klasse `ClockView` tatsächlich aus der Bibliothek *libClockFramework.a* laden.

Zwar ist der Anblick einer stehenden Uhr zeitlos schön, aber eine laufende Uhr ist im Allgemeinen sinnvoller. Um sie zu starten, ziehen Sie wie in Kapitel 3 beschrieben eine Outletverbindung vom View in die Deklaration des Viewcontrollers. Außerdem importieren Sie die Headerdatei *ClockView.h* in die Headerdatei des Controllers, wie in Listing 7.1 gezeigt wird.

```
#import <UIKit/UIKit.h>
#import "ClockView.h"

@interface SecondClockViewController : UIViewController

@property (strong, nonatomic) IBOutlet ClockView *clockView;

@end
```

Listing 7.1 Headerdatei des Viewcontrollers

Allerdings zeigt Ihnen Xcode neben der Importanweisung für die Uhrenklasse einen Fehler an, und übersetzen können Sie das Projekt jetzt auch nicht mehr. Das liegt daran, dass Sie zwar die Bibliothek eingebunden haben, Ihre Projekte für die Programme aber nicht wissen, wo sie die Headerdateien zu der Bibliothek finden.

Um dieses Problem zu beseitigen, öffnen Sie wieder den Reiter BUILD SETTINGS des Projekts *SecondClock*. In das Suchfeld geben Sie den Begriff »Header« ein und geben für die Einstellung HEADER SEARCH PATHS den Pfad *../ClockFramework/ClockFramework* ein (siehe Abbildung 7.19).

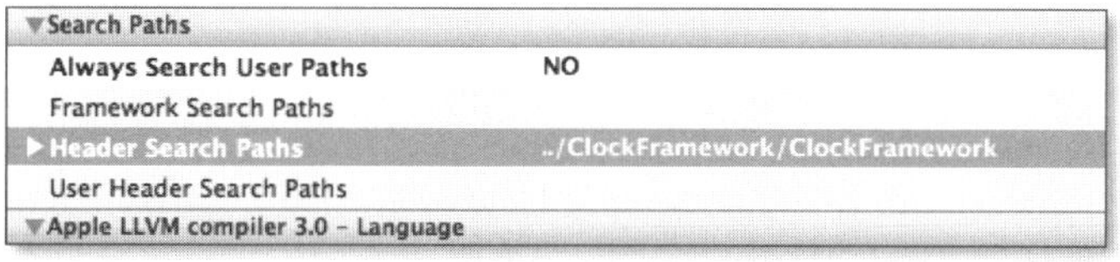

Abbildung 7.19 Suchpfade für Headerdateien anpassen

---

[3] Das sind Bibliotheken und die übersetzten Dateien, die der Compiler erzeugt.

Damit fügen Sie einen relativen Suchpfad für die Headerdateien zu dem Projekt hinzu, da Sie die Lage des Verzeichnisses bezogen auf das *Projektverzeichnis* angegeben haben. Das Projektverzeichnis ist der Ordner, der die Datei *SecondClock.xcodeproj* enthält. Dabei verweisen die beiden Punkte am Anfang des Pfades auf das Oberverzeichnis des Projektverzeichnisses. Nach dieser Änderung können Sie das *SecondClock*-Projekt wieder übersetzen und ausführen.

7.2.4 Konfigurationen

Häufig soll sich der Programmcode für die Entwicklung von dem für den AppStore unterscheiden. Beispielsweise soll der Compiler den Code für die Veröffentlichung optimieren. Für die Entwicklung ist hingegen ein unoptimierter Programmcode mit Debuginformationen geeigneter, da der Compiler beim Optimieren die Reihenfolge von Programmanweisungen verändern kann.

Vielleicht ist Ihnen bei den Änderungen an den Projekteinstellungen aufgefallen, dass Sie jede Einstellung aufklappen können. Sie finden darin jeweils die zwei Unterpunkte, mit denen Sie die Einstellungen für die Entwicklung (*Debug*) und Veröffentlichung (*Release*) getrennt festlegen können. Die Namen der beiden Unterpunkte bezeichnen die *Konfigurationen*, die das Projekt enthält. Xcode erzeugt die beiden Konfigurationen *Debug* und *Release* automatisch, wenn Sie das Projekt anlegen.

> **Copy-King Karl**
>
> Sie können zu Ihrem Projekt weitere Konfigurationen hinzufügen, indem Sie die bestehenden kopieren. Dazu wählen Sie das Projekt aus und öffnen den Reiter INFO. Unter der Rubrik CONFIGURATIONS finden Sie alle bestehenden Konfigurationen. Über den Plus-Button können Sie Ihr Projekt um weitere Konfigurationen erweitern. Das ist aber nur in seltenen Fällen notwendig, da in der Regel die zwei Standardkonfigurationen für ein Projekt ausreichen.

In der Regel haben beide Konfigurationen die gleichen Einstellungen, und es gibt nur wenige Unterschiede. Die Einstellung OPTIMIZATION LEVEL ist ein typisches Beispiel für unterschiedliche Werte für die Entwicklung und die Veröffentlichung (siehe Abbildung 7.20). Für die Entwicklung verwendet der Compiler die Optimierungsstufe 0 – also keine Codeoptimierung. Für die Veröffentlichung benutzt er hingegen die Stufe s, die einen möglichst kurzen Code erzeugt.

Sie können das Verhalten Ihres Programms ebenfalls von der benutzten Konfiguration abhängig machen. Dazu verwenden Sie ein Präprozessormakro, über das Sie Teile des Codes ein- oder ausblenden können. Ein typisches Beispiel sind Logmeldungen, die nur die Entwicklungsversion ausgibt. Das können Sie über das Makro DEBUG realisieren, das nur die Debug-Konfiguration setzt.

7.2 | Das Buildsystem

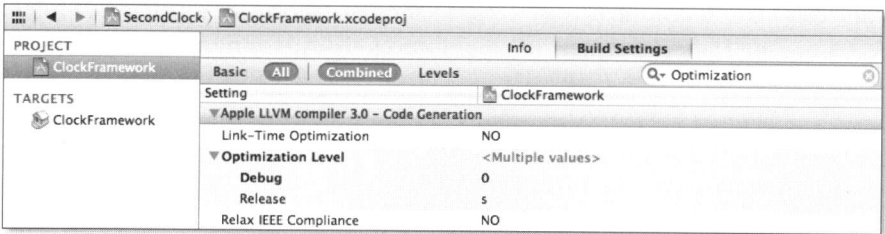

Abbildung 7.20 Einstellungen für die bedingte Übersetzung

> **Die Qual der Wahl**
>
> Wie Sie gesehen haben, bietet Ihnen Xcode eine Fülle von Einstellungen an. In den meisten Fällen brauchen Sie diese Werte aber nicht zu verändern, da Apple hier schon sinnvolle Werte voreingestellt hat. Wenn Sie eine Änderung vornehmen, sollten Sie aber genau wissen, was Sie tun.

Um das *ClockFramework* in beiden Apps verwenden zu können, mussten Sie in den Konfigurationen beider Projekte die Einstellungen anpassen. Bei einer Bibliothek mit mehreren Einstellungen, die Sie in viele Projekte einbinden möchten, kann das aber sehr lästig sein. Sie können als Basis für Ihre Projekte und Targets auch eigene Basiskonfigurationen festlegen.

Legen Sie dazu über den Menüpunkt FILE • NEW • NEW FILE... eine neue Konfigurationsdatei an. Als Vorlage verwenden Sie CONFIGURATION SETTINGS FILE, die Sie in der Rubrik OTHER unter IOS finden. Wählen Sie den Dateinamen *ClockFramework* und als Gruppe *ClockWorkspace* aus. Außerdem schalten Sie die Zugehörigkeit zu allen Targets über die Checkboxen aus (siehe Abbildung 7.21).

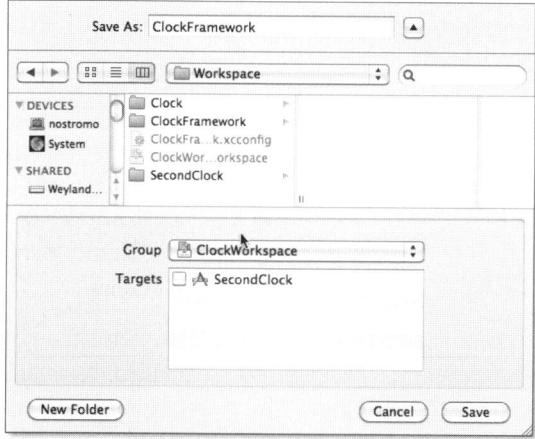

Abbildung 7.21 Anlegen der Konfigurationsdatei

473

Xcode legt die neue Datei in der obersten Ebene in der Navigationsspalte ab. Wenn Sie die Datei öffnen, sehen Sie, dass es sich um eine einfache Textdatei handelt. Schreiben Sie die folgenden Zeilen an das Ende dieser Datei:

```
HEADER_SEARCH_PATHS = ../ClockFramework/ClockFramework
OTHER_LDFLAGS = -ObjC
```

Listing 7.2 Konfigurationsdatei mit Basiseinstellungen

Das sind genau die Einstellungen, die beide Applikationen brauchen, um die Bibliothek zu verwenden. Als Nächstes fügen Sie die Datei zu Ihrem Clock-Projekt über einen Rechtsklick auf das Projekt und den Menüpunkt ADD FILES TO "CLOCK"... hinzu. Schalten Sie dabei aber die Option COPY ITEMS TO DESTINATION GROUP'S FOLDER (IF NEEDED) und alle Zugehörigkeiten zu den Targets über die entsprechenden Checkboxen aus.

Als Nächstes legen Sie diese Konfigurationsdatei als Basis des Clock-Projekts fest. Dazu wählen Sie im Projekt den Reiter INFO aus und klappen über die Dreiecke die beiden Konfigurationen DEBUG und RELEASE in der Rubrik CONFIGURATIONS auf. Durch Anklicken der Doppelpfeile in der Spalte BASED ON CONFIGURATION FILE können Sie nun die neu angelegte Konfigurationsdatei als Basis auswählen (siehe Abbildung 7.22).

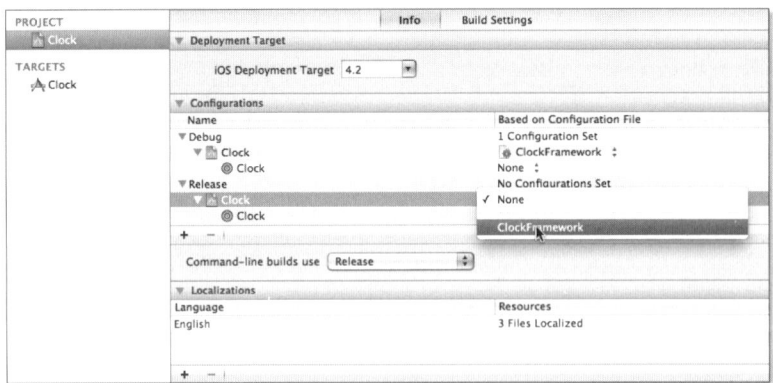

Abbildung 7.22 Festlegen der Basiskonfiguration

Öffnen Sie nun den Reiter BUILD SETTINGS, und suchen Sie die Einstellung »Other Linker Flags« über das Suchfeld. Xcode stellt die Zeile in fetter Schrift dar, weil Sie den Standardwert überschrieben haben. Die Einstellung hat immer noch den Wert -ObjC. Wählen Sie die Zeile aus, ohne die Texteingabe zu aktivieren, und drücken Sie die Löschtaste. Dadurch entfernen Sie den Wert. Xcode zeigt die Zeile jetzt in normaler Schrift an, die immer noch den Wert -ObjC hat. Das Projekt verwendet jetzt die Einstellung aus der neuen Konfigurationsdatei. Löschen Sie außerdem den Wert für die Einstellung HEADER SEARCH PATHS auf die gleiche Weise.

Wenn Sie das nicht glauben, können Sie das ganz einfach überprüfen, indem Sie die Schritte vertauschen. Löschen Sie also im *SecondClock*-Projekt zuerst die beiden Einstellungswerte. Beide Felder enthalten dadurch keine Werte mehr. Danach fügen Sie die Konfigurationsdatei zu diesem Projekt hinzu und wählen schließlich die Konfigurationsdatei als Basis für das Projekt. Auch hier ist es wichtig, dass Sie beim Hinzufügen die Kopieroption ausschalten. Jetzt zeigen die Linkerflags den Wert `-ObjC` und die Headersuchpfade den Wert *../ClockFramework/ClockFramework* jeweils in normaler Schrift an.

> **Einstellungsnamen und -werte ermitteln**
>
> In der Konfigurationsdatei müssen Sie festgelegte Namen für die Einstellungen verwenden. Sie können sich diese Namen über den Menüpunkt EDITOR • SHOW SETTING NAMES anzeigen lassen, wenn Sie die Einstellungen eines Projekts oder eines Targets geöffnet haben. Über den Menüpunkt EDITOR • SHOW SETTING TITLES können Sie wieder auf die Standardansicht zurückschalten.
>
> Viele Werte legt Xcode über Variablen fest. Sie sehen stattdessen in der Regel aber die endgültigen Werte, bei denen Xcode die Variablen durch ihre Werte ersetzt. Sie können sich die Definitionen über den Menüpunkt EDITOR • SHOW DEFINITIONS anzeigen lassen und über EDITOR • SHOW VALUES wieder in die ursprüngliche Darstellung wechseln.
>
> Sie können übrigens im Suchfeld sowohl Titel als auch Namen oder Definitionen als Werte verwenden. Xcode zeigt Ihnen immer die passenden Zeilen an.

Beim Einbinden der Konfigurationsdatei in die Projekte sollten Sie die Datei nicht kopieren. Dadurch verwenden beide Projekte die gleiche Konfigurationsdatei als Basis. Wenn Sie sie verändern, verändern Sie die Einstellungen in beiden Projekten.

Es ist beispielsweise eine gute Idee, die Compilerwarnungen wie Fehler zu behandeln. Normalerweise können Sie ein Projekt mit Warnungen übersetzen und ausführen. Das können Sie aber durch einen Schalter unterbinden. Dazu fügen Sie die Zeile

```
GCC_TREAT_WARNINGS_AS_ERRORS = YES
```

in die Konfigurationsdatei ein. Dadurch erzeugt der Compiler anstatt Warnungen Fehler. Nach dieser Änderung zeigt Xcode diese Einstellung auch in den beiden Projekten an.

7.2.5 Targets

In Kapitel 5 haben Sie bereits ein neues Ziel zu einem Projekt hinzugefügt, um Unittests ausführen zu können. Sie können über Targets auch verschiedene Varianten Ihrer Applikationen erzeugen. Programmvarianten kommen häufig in folgenden Fällen zum Einsatz:

- Lite- und Pro-Versionen
- getrennte Apps für iPad und iPhone mit ähnlicher Codebasis
- spezielle Versionen für den Auftraggeber mit erweitertem Funktionsumfang gegenüber der Endnutzerversion
- Anpassung der App an verschiedene Partnerfirmen (»Cobranding«). Die gleiche App wird mit unterschiedlichem Aussehen und unterschiedlichen Namen vertrieben.

Beim letzten Fall besitzen die Varianten also lediglich andere Benutzerschnittstellen, haben aber die gleiche Funktionalität. Die App im Beispielprojekt hat einen grauen Hintergrund. Eine einfache Variante soll nun einen schwarzen Hintergrund bekommen. Dabei geht es natürlich nicht darum, wie Sie die Farbe ändern können, sondern darum, wie Sie die Varianten über unterschiedliche Targets verwalten.

Zunächst legen Sie ein neues Target an, indem Sie das Target *SecondClock* im Projekt *SecondClock* auswählen. Über [CMD] + [D] oder einen Rechtsklick und den Menüpunkt DUPLICATE erzeugen Sie eine Kopie des Targets (siehe Abbildung 7.23).

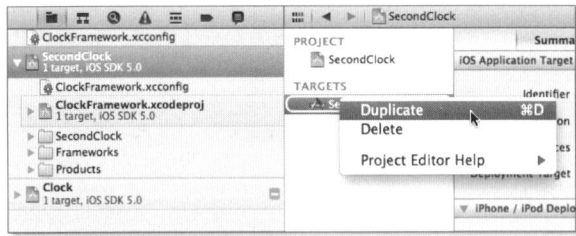

Abbildung 7.23 Duplizieren eines Targets

Über einen Dialog fragt Xcode Sie, ob Sie das Duplikat für das iPad anlegen möchten. Wählen Sie hier die Option DUPLICATE ONLY (siehe Abbildung 7.24).

Abbildung 7.24 Auswählen des Duplikatstyps

Xcode erzeugt dann unterhalb des bestehenden Targets ein neues Target mit dem Namen *SecondClock copy*. Als Erstes sollten Sie das neue Target in *BlackClock* umtaufen. Selektieren Sie dazu das neue Target, und drücken Sie die [TAB]-Taste. Sie können dann den Namen direkt anpassen. Außerdem sollten Sie den Namen der Datei *SecondClocck-copy.plist* in *BlackClock-Info.plist* ändern.

Wenn Sie nun den Reiter SUMMARY des neuen Targets öffnen, stellen Sie fest, dass viele Einstellungen leer sind. Das liegt daran, dass diese Einstellungen in dieser Datei stehen. Sie müssen also auch in den Einstellungen des Targets den Verweis auf diese Datei verändern, da er bei der Umbenennung ungültig wurde. Öffnen Sie dazu den Reiter BUILD SETTINGS des Targets, und geben Sie in das Suchfeld »SecondClock copy« ein. Lassen Sie sich außerdem die Definitionen der Werte anzeigen, indem Sie den Menüpunkt EDITOR • SHOW DEFINITIONS aufrufen (siehe Abbildung 7.25).

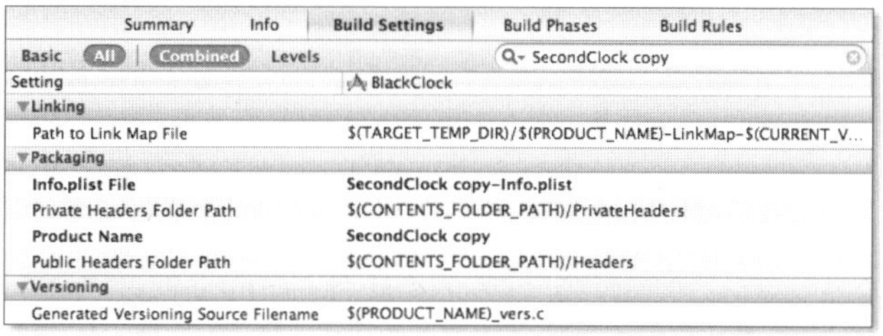

Abbildung 7.25 Anpassen der »Info.plist«-Datei im Target

Die Suche liefert mehrere Zeilen, von denen aber nur zwei in fetter Schrift gesetzt sind und den Suchbegriff enthalten. Verändern Sie in der Einstellung INFO.PLIST FILE den Wert auf »BlackClock-Info.plist«, und setzen Sie für PRODUCT NAME den Wert auf »BlackClock«. Durch diese Änderung legen Sie den Namen der App fest. Wenn Sie nun den Reiter SUMMARY öffnen, sind wieder alle Einstellungen vorhanden.

Um die Dateien des neuen Targets besser von den bestehenden abzugrenzen, legen Sie am besten eine eigene Gruppe dafür an. Klicken Sie dafür mit der rechten Maustaste auf das *SecondClock*-Projekt in der Navigationsspalte, und wählen Sie den Menüpunkt NEW GROUP aus. Benennen Sie die neue Gruppe in *BlackClock* um, und ziehen Sie die Datei *BlackClock-Info.plist* in diese Gruppe.

Sie können nun das neue Target ausführen, indem Sie im Popupbutton SCHEME in der Toolbar den Eintrag SECONDCLOCK COPY • IPHONE 5.0 SIMULATOR auswählen (siehe Abbildung 7.26). Dazu müssen Sie allerdings in die linke Hälfte dieses Buttons klicken. Nach dem Start zeigt Ihnen die App eine laufende Uhr an, genauso wie es die *SecondClock*-App macht. Wenn Sie die Ausführung in Xcode stoppen, können im Springboard des Simulators die neue App mit dem Namen *BlackClock* sehen.

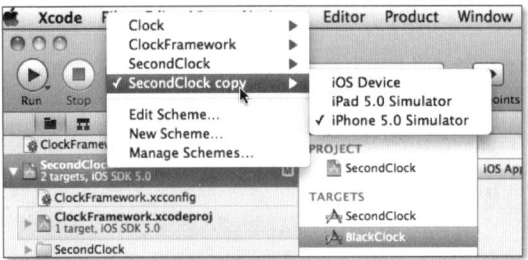

Abbildung 7.26 Auswahl des Schemas zum Starten der App-Variante

Die App des neuen Targets soll die Uhr anders darstellen. Das können Sie über ein eigenes Storyboard für das Target erreichen. Leider bietet Xcode zurzeit keine Möglichkeit, eine Datei zu kopieren. Sie können das aber über den Finder machen. Dazu klicken Sie mit der rechten Maustaste auf die Datei *MainStoryboard.storyboard* und wählen den Punkt SHOW IN FINDER aus. Dort erzeugen Sie eine Kopie der Datei mit dem Namen *MainStoryboard-BlackClock.storyboard* und ziehen diese Datei mit der Maus auf die Gruppe BLACKCLOCK in Xcode. Xcode zeigt Ihnen einen Dialog mit Optionen an. Wählen Sie als Target für diese Datei BLACKCLOCK, und deselektieren Sie die Checkbox für das SECONDCLOCK-Target. Damit das *BlackClock*-Target dieses Storyboard verwendet, öffnen Sie den Reiter SUMMARY. Das Storyboard des Projekts legen Sie über das Feld MAIN STORYBOARD fest (siehe Abbildung 7.27).

In dem neuen Storyboard öffnen Sie die SECOND CLOCK VIEW CONTROLLER SCENE und setzen die Hintergrundfarbe des ClockViews auf Schwarz. Wenn Sie das Target jetzt aufrufen, sollte das Ziffernblatt jetzt einen schwarzen Hintergrund haben.

Abbildung 7.27 Auswahl des Storyboards

Wenn Sie den Dateiinspektor der Datei *MainStoryboard.storyboard* öffnen, können Sie unter der Rubrik TARGET MEMBERSHIP sehen, dass diese Datei auch zum Target BLACKCLOCK gehört (siehe Abbildung 7.28). Da dieses Target die Datei aber nicht braucht, sollten Sie sie über die Checkbox aus dem Target entfernen.

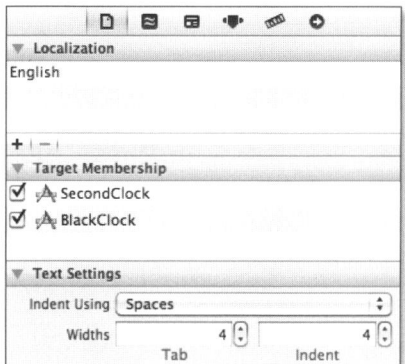

Abbildung 7.28 Zugehörigkeit einer Datei zu den Targets eines Projekts

Sie können natürlich die Unterschiede der Projektvarianten nicht nur über unterschiedliche Dateien, sondern auch über Unterschiede in den Konfigurationen festlegen. Schließlich besitzt ja jedes Target eigene Konfigurationen, wie Sie bereits beim Festlegen des Produktnamens und der *Info.plist*-Datei gesehen haben. Sie können den Programmcode also beispielsweise über Präprozessormakros beeinflussen, wie Sie das bereits für die Unterscheidung zwischen der Debug- und Release-Konfiguration gemacht haben.

Öffnen Sie dazu den Reiter BUILD SETTINGS des Targets BLACKCLOCK, und suchen Sie nach der Einstellung »Preprocessor Macros«. Dort finden Sie den Eintrag `DEBUG=1` für die Debug-Konfiguration. Der Wert für die Konfiguration *Release* ist hingegen leer. Für das neue Target definieren Sie ein neues Makro `BLACK_CLOCK=1`. Sie können die Werte für beide Konfigurationen getrennt festlegen. Allerdings können Sie dann die Werte nicht mehr über die globale Konfiguration beeinflussen. Solange Sie nur Werte zu einer Einstellung hinzufügen wollen, können Sie die Variable `$(inherited)` verwenden. Xcode ersetzt sie bei der Übersetzung durch den Wert der übergeordneten Konfiguration.

Wenn Sie also für die Einstellung PREPROCESSOR MACROS den Wert `BLACK_CLOCK=1 $(inherited)` eintragen, dann zeigt die Debug-Einstellung den Wert `BLACK_CLOCK=1 DEBUG=1` und die Release-Einstellung den Wert `BLACK_CLOCK=1` an. Beide Einstellungen haben die gleiche Definition, aber unterschiedliche Werte.

> **Konfigurationshierarchien**
>
> Die Werte für die Einstellungen kommen aus unterschiedlichen Konfigurationen. Dabei gibt es eine feste Suchreihenfolge:
> - Target
> - Projekt
> - projektdefinierte Basiskonfiguration
> - Standardkonfiguration
>
> Wenn Xcode also den Wert für eine Einstellung sucht, geht es diese Liste von oben nach unten durch, bis es einen Wert findet. Wenn der Einstellungswert die Variable $(inherited) verwendet, sucht Xcode deren Wert nur in den folgenden Konfigurationen in der Liste. In der Konfiguration des *BlackClock*-Targets haben Sie diese Variable verwendet. Xcode sucht deren Wert also zunächst im Projekt, dann in der Basiskonfiguration *ClockFramework.xcconfig* und schließlich in der Standardkonfiguration.

Das Makro BLACK_CLOCK können Sie jetzt dazu verwenden, um die beiden Varianten der App auch im Programmcode zu unterscheiden. Beispielsweise können Sie damit den Hintergrund des Ziffernblatts der *BlackClock* abrunden. Dazu ändern Sie die Methode viewDidLoad der Klasse SecondClockViewController so wie in Listing 7.3. Außerdem müssen Sie die Headerdatei des QuartzCore-Frameworks einfügen und dieses Framework auch beim Linken einbinden. Dazu wählen Sie den Reiter BUILD PHASES in diesem Target aus und fügen das Framework über den Plusknopf in der Phase LINK BINARY WITH LIBRARIES hinzu.

```
#import "SecondClockViewController.h"

#if BLACK_CLOCK
#import <QuartzCore/QuartzCore.h>
#endif

@implementation SecondClockViewController

@synthesize clockView;

- (void)viewDidLoad {
    [super viewDidLoad];
#if BLACK_CLOCK
    CALayer *theLayer = self.clockView.layer;

    theLayer.cornerRadius = 10.0;
    theLayer.masksToBounds = YES;
#endif
}
...
```

Listing 7.3 Programmvarianten über Präprozessormakros

Durch diese Änderung zeigt die *BlackClock*-App das Ziffernblatt in einem schwarzen Quadrat mit abgerundeten Ecken an.

> **Ja, wo laufen sie denn?**
>
> In dem Summary-Reiter des Targets können Sie über Deployment Target (siehe Abbildung 7.27) die minimal notwendige iOS-Version für das Produkt festlegen. Wenn Ihre App beispielsweise auch unter iOS 4 laufen soll, sollten Sie in dem Menü 4.0 auswählen. Sie müssen dann aber auch darauf achten, dass Ihr Code keine Eigenschaften (z. B. Storyboards, Pageviewcontroller, iCloud) einer neueren iOS-Version verwendet. Sie können entweder ganz auf diese Funktionen verzichten oder, wie in Kapitel 4 gezeigt, zur Laufzeit testen, ob sie vorhanden sind.
>
> Bevor Sie eine App in den Store einreichen, sollten Sie sie immer ausgiebig auf den Endgeräten testen. Wenn Ihre App auch ältere Betriebssystemversionen unterstützt, sind Tests auf Geräten mit diesen Versionen höchst empfehlenswert.

7.2.6 Schemata

Über ein *Schema* können Sie die Parameter der Aktionen in Xcode festlegen. Eine *Aktion* ist eine festgelegte Aufgabe, die auf einem oder mehreren Targets basiert. Es gibt folgende Aktionen:

- *Build*: Erzeugt das Produkt eines oder mehrerer Targets.
- *Run*: Führt das Produkt eines Targets aus.
- *Test*: Führt die Unittests eines Targets aus.
- *Profile*: Startet *Instruments* mit dem Produkt eines Targets.
- *Analyze*: Untersucht den Quellcode auf Fehler.
- *Archive*: Archiviert ein Produkt.

Über den Menüpunkt Product • Manage Schemes... können Sie sich die Schemata in Ihrem Workspace ansehen. Der Beispiel-Workspace sollte vier Schemata enthalten (siehe Abbildung 7.29).

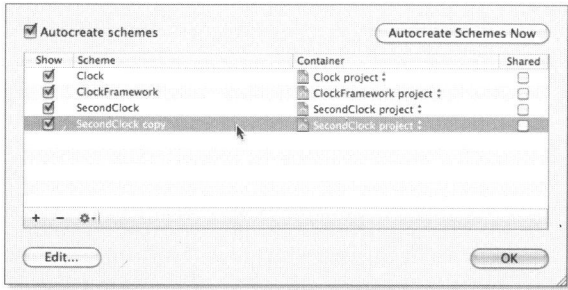

Abbildung 7.29 Verwaltung der Schemata

Da Sie das Target *ClockFramework* nicht manuell ausführen müssen, können Sie es über die Checkbox in der Spalte Show unsichtbar schalten. Es erscheint dann nicht mehr in dem Scheme-Popupbutton in der Xcode-Toolbar. Außerdem können Sie das Schema SecondClock copy in BlackClock umbenennen. Xcode legt zu jedem neuen Target automatisch ein eigenes Schema an. Dieses Verhalten lässt sich über die Checkbox Autocreate schemes ausschalten. Über den Button Autocreate Schemes Now können Sie die Erzeugung manuell aufrufen.

Wählen Sie das Schema BlackClock aus, und klicken Sie auf den Button Edit Scheme... Xcode öffnet einen Dialog mit der Run-Aktion des Schemas (siehe Abbildung 7.30). Diese Aktion führt Xcode aus, wenn Sie auf den Button Run in der Toolbar klicken. Sie können in dieser Aktion die Konfiguration, das auszuführende Programm und den Debugger auswählen. Sie können über diesen Dialog also die Konfiguration ändern, mit der Sie Ihr Programm debuggen. Das ist beispielsweise dann sinnvoll, wenn bestimmte Fehler nur in der Release-Konfiguration auftreten.

Über die Einstellung Launch (siehe Abbildung 7.30) können Sie festlegen, wie Xcode die Ausführung des Programms und des Debuggers startet. Wenn Sie die Standardoption Automatically auswählen, startet der Debugger das Programm, wie Sie es gewohnt sind. Bei der zweiten Option, Wait for BlackClock.app to launch, müssen Sie das Programm manuell starten.

> **Programmstarts debuggen**
>
> Sie können diese Option verwenden, um das Verhalten Ihres Programms zu analysieren, wenn es das Betriebssystem startet. Beispielsweise ermöglicht diese Option es Ihnen, das Verhalten der Methode `application:didReceiveLocalNotification:` zu untersuchen, ohne dass Ihr Programm bereits läuft.

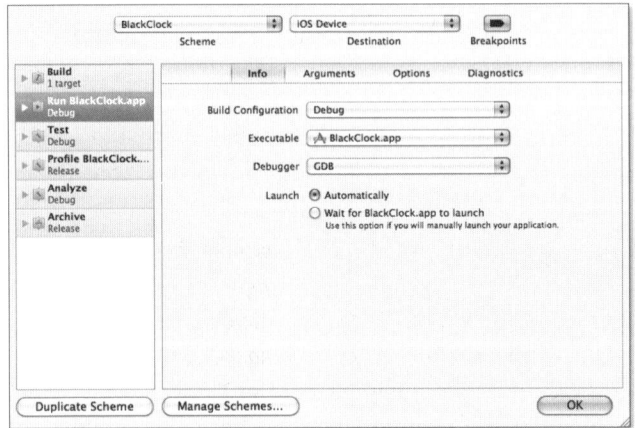

Abbildung 7.30 Bearbeiten der »Run«-Aktion eines Schemas

Auf der linken Seite des Dialogfensters sehen Sie eine Liste mit allen Aktionen. Außer bei der Build-Aktion steht unter allen Aktionen die verwendete Konfiguration. Die Konfiguration können Sie bei diesen Aktionen über ein Menü auswählen. Das funktioniert bei allen Aktionen gleich, weswegen hier nicht näher darauf eingegangen wird.

Wenn Sie die Build-Aktion durch Anklicken öffnen, sehen Sie den in Abbildung 7.31 angezeigten Dialog. Über die Tabelle auf der rechten Seite können Sie die Targets festlegen, die erzeugt werden sollen. Über die Checkboxen legen Sie fest, für welche Aktionen Xcode das Produkt erzeugen soll. Wenn Sie die Checkbox ausschalten, verwendet die Aktion das bereits vorhandene Produkt eines früheren Builds.

Sie können über den Plus-Button am unteren Rand des Dialogs weitere Targets in die Tabelle einfügen. Beispielsweise können Sie das Produkt des *SecondClock*-Targets immer zusammen mit dem des *BlackClock*-Targets bauen. Klicken Sie dazu den Plus-Button an, und wählen Sie das *SecondClock*-Target aus der Liste aus. Danach erscheint in der Tabelle eine Zeile mit dem gewählten Eintrag. Auch hier können Sie wieder festlegen, für welche Aktionen Xcode das Produkt erzeugen soll.

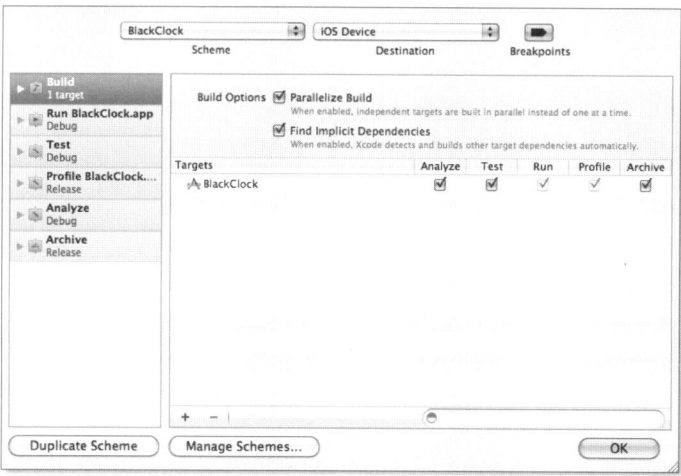

Abbildung 7.31 Die Einstellungen der Build-Aktion

Diese Möglichkeit, weitere Targets in die Build-Aktion explizit aufzunehmen, ist erster Linie für Targets gedacht, die voneinander *unabhängig* sind. Das ist bei der *BlackClock*- und *SecondClock*-App der Fall, da Sie jeweils die eine ohne die andere erzeugen können. Im Gegensatz dazu können Sie die *BlackClock*-App erst dann erstellen, wenn Sie vorher die Bibliothek erzeugt haben. Das Target für die App ist also *abhängig* von dem Target für die Bibliothek. Über die Checkbox FIND IMPLICIT DEPENDENCIES können Sie festlegen, dass Xcode alle Targets sucht und erzeugt, von denen die aufgelisteten Targets in der Tabelle abhängen. Für das *BlackClock*-Target bedeutet das beispielsweise, dass Xcode vor der App die Bibliothek erstellt. Wenn Sie die Checkbox PARALLELIZE BUILDS einschalten, versucht Xcode, voneinander unabhängige Targets parallel zu erstellen. Die Entwicklungsumgebung nutzt dann also mehrere Prozessoren, um die Produkte der Targets zu bauen.

Wenn Sie den Punkt TEST in der linken Spalte auswählen, können Sie die Targets mit Ihren Testfällen konfigurieren. Sie finden hier eine Tabelle, die die Targets dieser Aktion auflistet. Auch hier können Sie wie bei der Build-Aktion weitere Targets über den Plus-Button hinzufügen. Die Targets lassen sich aufklappen, um die darin enthaltenen Klassen anzuzeigen. Auch die Klassen lassen sich für die Anzeige der Testmethoden aufklappen. Abbildung 7.32 stellt die Test-Aktion des entsprechenden Targets aus der Games-App aus Kapitel 5 dar.

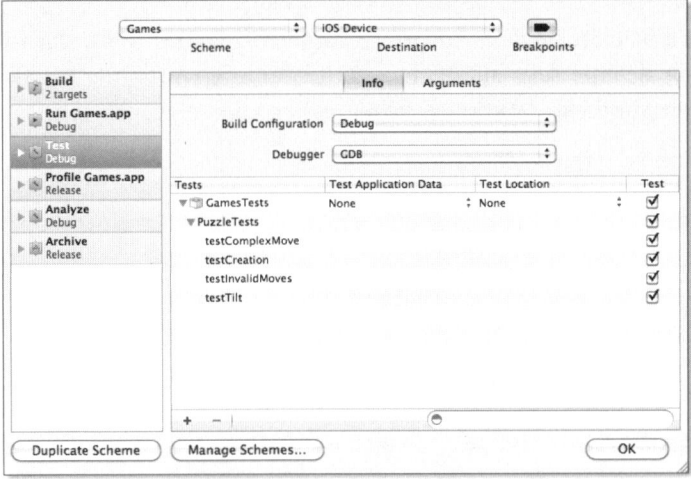

Abbildung 7.32 Einstellungen für die Test-Aktion

Mit den Checkboxen in der rechten Spalte können Sie einzelne Komponenten (Targets, Klassen und Methoden) für das Testen an- oder abschalten. Wenn Sie eine Komponente abschalten, führt Xcode bei einem Testlauf keinerlei Tests für sie aus. Wenn Sie beispielsweise die Tests für die Klasse `PuzzleTests` ausschalten, führt die Testumgebung keine der aufgeführten Methoden aus.

Im Dialog für die PROFILE-Aktion können Sie unter dem Punkt EXECUTABLE das Programm wählen, das Sie untersuchen möchten. Außerdem können Sie auch das Instrument auswählen, dass *Instruments* für die Untersuchung verwenden soll (siehe Abbildung 7.33). Dadurch können Sie also den Startdialog von *Instruments* umgehen.

Sie brauchen die ARCHIVE-Aktion, um eine App in den App-Store hochzuladen oder um sie über eine Ad-Hoc- beziehungsweise In-House-Distribution zu verteilen. Für die ARCHIVE-Aktion können Sie den Namen des Archivs auswählen. Xcode verwendet dafür standardmäßig den Namen des Targets. Über die Checkbox REVEAL ARCHIVE IN ORGANIZER können Sie festlegen, dass Xcode das Archiv eines Produkts nach dem Archivieren im Organizer anzeigt.

> **Nomen est omen**
> Der Name eines Archivs für den App-Store sollte keine Leer- oder Sonderzeichen enthalten. Falls der Name des Targets solche Zeichen enthält, sollten Sie über diese Einstellungen einen unproblematischen Archivnamen wählen.

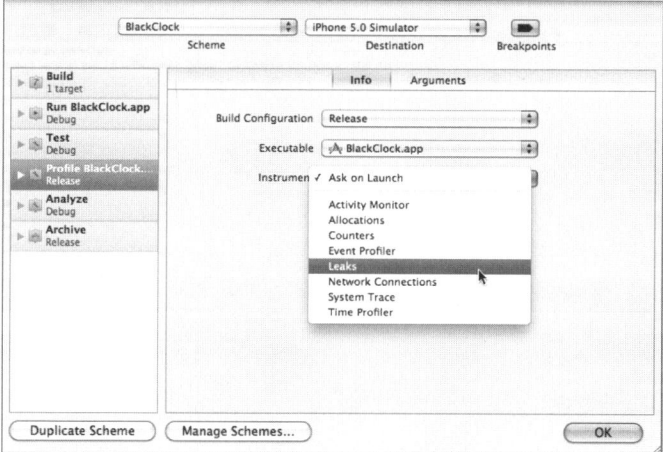

Abbildung 7.33 Vorauswahl eines Instruments in der Profile-Aktion

7.3 Ad-Hoc-Distributionen

In der Entwicklungsphase eines iOS-Projektes möchten Sie häufig den aktuellen Stand der App anderen Personen, z. B. Testern oder Kunden, zur Verfügung stellen. Natürlich können sich diese Personen immer den aktuellen Stand bei Ihnen am Rechner abholen. Aber dieser Weg erweist sich in der Praxis häufig als unpraktisch oder unbrauchbar. Die Tester kommen immer zum ungünstigsten Zeitpunkt vorbei. Die Kunden leben in weiter Entfernung und haben für Besuche sowieso keine Zeit – abgesehen davon müssten Sie auch erst einmal Ihren Schreibtisch aufräumen.

Glücklicherweise können Sie aber Ihre Apps über *Ad-Hoc-Distributionen* auch auf elektronischem Weg an andere Personen verteilen. Allerdings ist diese Möglichkeit nur für Testzwecke gedacht. Damit Sie eine App per Ad-Hoc-Distribution auf einem Gerät installieren können, müssen Sie dieses Gerät zuvor im *Provisioning Portal* registrieren. Falls Sie sich über das *iOS Developer Program* registriert haben, können Sie Ihre Apps auf maximal 100 Geräte verteilen.

7.3.1 Geräteregistrierung

Kapitel 5 beschreibt das Vorgehen, wie Sie Geräte über Xcode im Portal registrieren können. Dafür müssen Sie allerdings mindestens einmal das Gerät an Ihren Rechner anschließen. Das kann sich aber bei entfernt lebenden Testern als sehr schwer durchführbar erweisen. Das Provisioning Portal erlaubt Ihnen aber auch die Registrierung über die *Geräteidentifizierung* (UDID). Das ist eine 40-stellige Zeichenkette, die das Gerät eindeutig identifiziert. Diese Nummer kann der Tester über iTunes ermitteln und Ihnen zusenden.

> **Bestimmung der UDID über iTunes**
>
> Um die UDID über iTunes zu bestimmen, müssen Sie folgende Schritte durchführen:
> - Schließen Sie Ihr iPhone über ein USB-Kabel an Ihren Rechner an, und öffnen Sie iTunes.
> - Wählen Sie das Gerät in der linken Spalte aus, und öffnen Sie den Reiter ÜBERSICHT. Im Hauptbereich des Fensters sehen Sie neben dem Bild die Zeile SERIENNUMMER (siehe Abbildung 7.34).
> - Wenn Sie diese Zeile anklicken, erscheint die UDID (siehe Abbildung 7.35).
> - Drücken Sie CMD + C, oder wählen Sie den Menüpunkt BEARBEITEN • KOPIEREN aus.
> - Sie können die UDID jetzt über CMD + V in eine E-Mail einfügen und verschicken.

Mit der UDID können Sie nun im Provisioning Portal[4] das Gerät registrieren. Öffnen Sie dazu den Punkt DEVICES in der linken Spalte, und klicken Sie danach auf den Button ADD DEVICES oben rechts. Im Feld DEVICE NAME können Sie für das Gerät einen beliebigen Namen eingeben. Apple empfiehlt hier die Verwendung der E-Mail-Adresse des Eigentümers. Die 40-stellige UDID des Geräts kopieren Sie in das Feld DEVICE ID. Durch Anklicken des SUBMIT-Buttons schließen Sie die Registrierung ab.

Nach der erfolgreichen Registrierung muss der Tester ein Profil auf seinem iPhone installieren, das Sie erzeugen und ihm zuschicken müssen. Öffnen Sie dazu den Reiter DEVICES im Xcode-Organizer, und wählen Sie den Punkt PROVISIONING PROFILES in der Rubrik LIBRARY aus. Damit das Team Provisioning Profile auch das neue Gerät enthält, müssen Sie zunächst REFRESH drücken.

---

4 *https://developer.apple.com/ios/manage/overview/index.action*

Ad-Hoc-Distributionen | **7.3**

Abbildung 7.34 Anzeige der Seriennummer in iTunes

Abbildung 7.35 Anzeige der Identifizierung

Über einen Rechtsklick auf das Profil und den Menüpunkt REVEAL PROFILE IN FINDER können Sie sich die Profildatei im Finder anzeigen lassen (siehe Abbildung 7.36). Diese Datei müssen Sie an Ihre Tester verschicken.

487

7 | Jahrmarkt der Nützlichkeiten

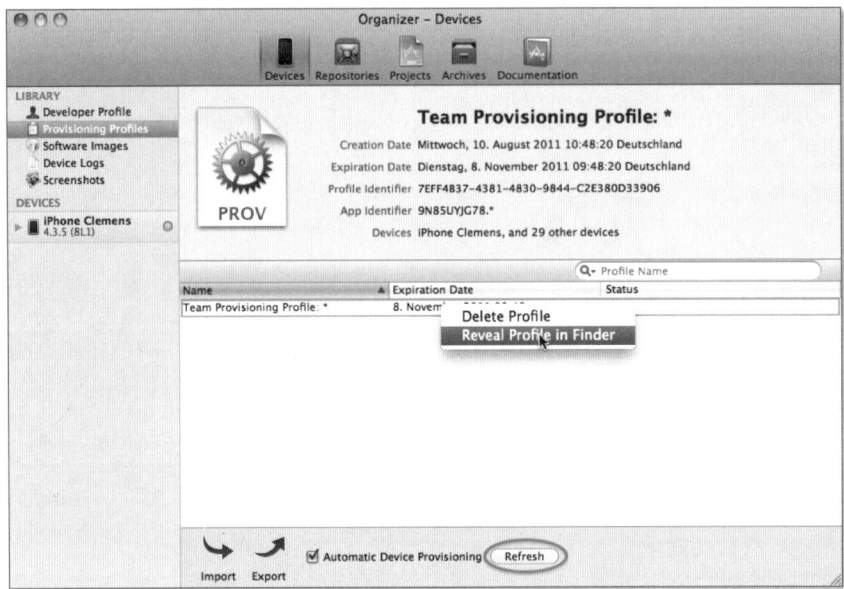

Abbildung 7.36   Profil im Finder anzeigen

Für die Installation auf einem iOS-Gerät braucht der Tester das *iPhone Konfigurationsprogramm*, das er kostenlos bei Apple herunterladen kann.[5] Dieses Programm gibt es für OS X und Windows.

> **Installation eines Profils über das iPhone Konfigurationsprogramm**
>
> Für die Installation des Profils über das *iPhone Konfigurationsprogramm* schließen Sie Ihr iOS-Gerät an den Computer an. Danach ziehen Sie die Profildatei auf das iPhone Konfigurationsprogramm und wählen das Gerät in der Rubrik GERÄTE aus. Unter der Rubrik BEREITSTELLUNGSPROFILE finden Sie eine Liste der vorhandenen Profile. Über den Butten INSTALLIEREN können Sie das passende Profil auf das Gerät übertragen (siehe Abbildung 7.37).
>
> Sie können die Installation überprüfen, indem Sie auf dem iPhone die Einstellungen öffnen. Es zeigt die installierten Profile unter dem Punkt ALLGEMEIN • PROFIL an.

Nach der Installation des Profils ist das Gerät für die Ausführung der Entwicklungsversionen Ihrer Apps vorbereitet. Sie können die App nun an die Testnutzer verteilen.

---

5   http://www.apple.com/de/support/iphone/enterprise/

Ad-Hoc-Distributionen | 7.3

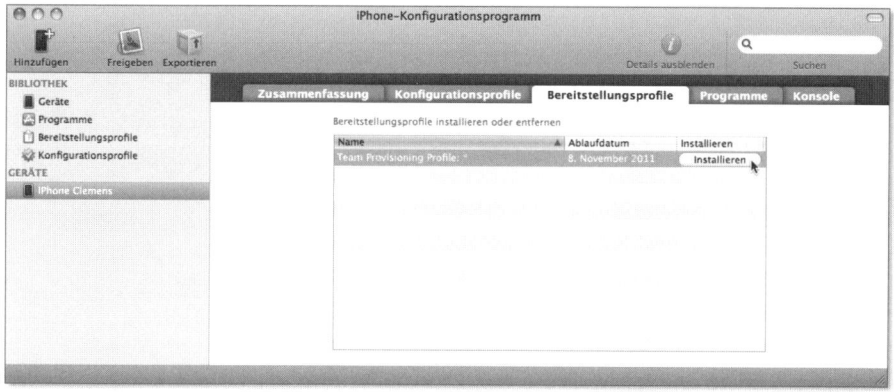

Abbildung 7.37 Installieren eines Profils

7.3.2 Installation über das iPhone Konfigurationsprogramm

Das *iPhone Konfigurationsprogramm* kann aber nicht nur Profile, sondern auch Apps auf iOS-Geräten installieren. Dazu müssen Sie die App aber nach der Übersetzung für die Installation vorbereiten. Dabei signiert Xcode die App, sodass nur die Geräte mit dem passenden Profil sie installieren und ausführen können.

Wenn Sie eine App weitergeben möchten, müssen Sie zunächst ein *Archiv* erstellen, das die übersetzte App enthält. Xcode erlaubt aber nur die Erstellung von Archiven für iOS. Eine Archivierung der Programme für den Simulator ist nicht möglich. Für die Archivierung wählen Sie über den Button Scheme in der Xcode-Toolbar das passende Schema mit der Zielarchitektur iOS (siehe Abbildung 7.38).

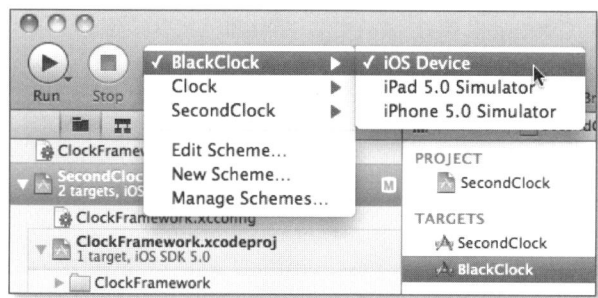

Abbildung 7.38 Zielarchitektur für die Archivierung auswählen

Danach rufen Sie den Menüpunkt Product • Archive auf. Xcode erzeugt das Archiv und zeigt es im Organizer an (siehe Abbildung 7.39).

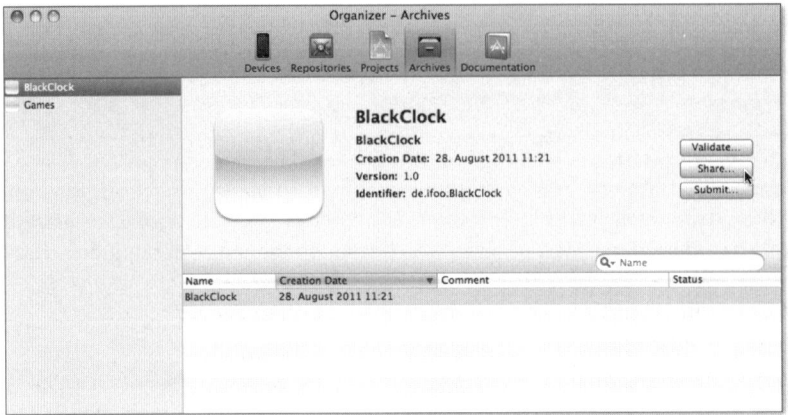

Abbildung 7.39 Anzeige eines Archivs im Organizer

Über den Button SHARE... können Sie eine Distribution erstellen. Wenn Sie ihn drücken, öffnet Xcode zunächst einen Dialog mit den Optionen. Wählen Sie hier die Option iOS App Store Package (.ipa) aus (siehe Abbildung 7.40). In dem Dropdown-Menü für die Identität (IDENTITY) wählen Sie das Entwicklerprofil (*iPhone Developer*) aus, das zu dem an die Tester verteilten Profil passt. Wenn Sie beispielsweise das Team Provisioning Profile verteilt haben, wählen Sie einen Eintrag aus, der dieses Profil enthält. In der Regel können Sie in der Rubrik AUTOMATIC PROFILE SELECTOR (RECOMMENDED) den Punkt iPHONE DEVELOPER verwenden (Abbildung 7.40).

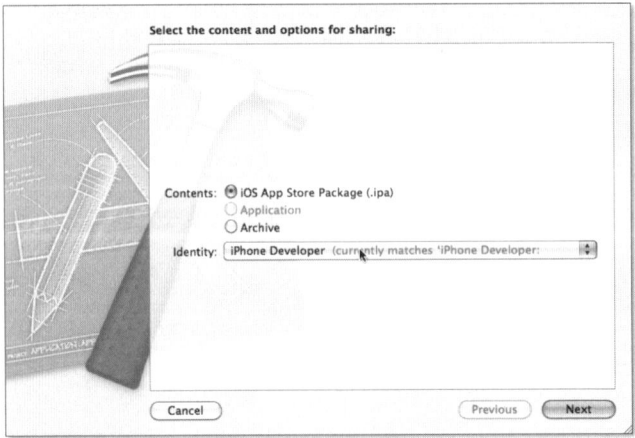

Abbildung 7.40 Optionen für die Erstellung einer Distribution

Nach dem Drücken von NEXT erzeugt Xcode die IPA-Datei, was einige Zeit dauern kann. Danach speichern Sie die Datei auf der Festplatte ab. Wenn Sie die App per Mail verschicken wollen, brauchen Sie die Checkbox SAVE FOR ENTERPRISE DISTRI-

BUTION (siehe Abbildung 7.41) nicht auszuwählen. Xcode legt eine Datei mit der Endung *.ipa* an. Sie können diese Datei an die Tester verschicken.

> **Installation einer IPA-Datei über das iPhone Konfigurationsprogramm**
>
> Schließen Sie für die Installation einer App Ihr iOS-Gerät an den Computer an, und ziehen Sie die IPA-Datei auf das Programmsymbol des *iPhone Konfigurationsprogramms*. Nach dem Start des Programms wählen Sie das angeschlossene Gerät aus der Liste aus und öffnen den Reiter PROGRAMME. Das Konfigurationsprogramm zeigt Ihnen eine Liste der verfügbaren Programme des Gerätes und des Konfigurationsprogramms an. Um ein neues Programm zu installieren, drücken Sie einfach den gleichlautenden Button neben dem Namen der App.
>
> Falls diese App bereits auf dem Gerät installiert ist, müssen Sie zuerst auf DEINSTALLIEREN und danach auf INSTALLIEREN klicken.

7.3.3 Ad-Hoc-Distributionen über einen Webserver

Die Verteilung einer iOS-App über das *iPhone Konfigurationsprogramm* ist bei einem größeren Kreis von Testnutzern schon recht praktisch. Sie können die Installation für die Nutzer aber noch vereinfachen, wenn Sie einen Webserver haben, auf dem Sie Dateien für den Download bereitstellen können. Sie müssen dort zwei Dateien ablegen können: die IPA-Datei mit der App und eine Propertyliste mit Metainformationen.

Die Propertyliste können Sie sich von Xcode erstellen lassen, indem Sie beim Abspeichern der IPA-Datei die Option SAVE FOR ENTERPRISE DISTRIBUTION auswählen, wodurch Xcode weitere Optionen im Dialog anzeigt (siehe Abbildung 7.41).

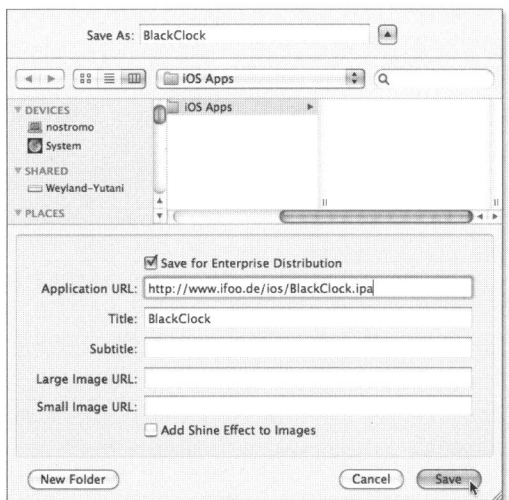

Abbildung 7.41   Speichern einer IPA-Datei mit Metadaten

Für die Metadaten müssen Sie zwei zusätzliche Angaben machen. Zum einen müssen Sie die URL in dem Feld APPLICATION URL angeben, unter der Sie die IPA-Datei der App ablegen. Außerdem müssen Sie einen Namen für die App im Feld TITLE angeben. Wenn Sie den Button SAVE anklicken, speichert Xcode zwei Dateien ab – neben der IPA-Datei noch eine Propertyliste mit dem gleichen Namen und der Endung *.plist*. Sie müssen beide Dateien auf Ihrem Webserver ablegen. In der Regel können Sie sie im gleichen Verzeichnis des Webservers ablegen, sodass sich die URLs zu beiden Dateien nur in der Dateiendung unterscheiden. Für die URL in Abbildung 7.41 könnte die URL für die Propertyliste also beispielsweise *http://www.ifoo.de/ios/BlackClock.plist* lauten.

> **Tipp**
> Sie brauchen die Propertyliste pro Applikation nur einmal zu erstellen. Wenn Sie ein Update verteilen möchten, können Sie die Propertyliste von der ersten Distribution verwenden. Es reicht also aus, wenn Sie die Distribution für das Update wie das für die Installation per Konfigurationsprogramm erzeugen.

Durch die Installation der Datei auf einem Webserver haben Sie schon alle Schritte für die Installation Ihrer App über einen Webserver vollzogen. Sie müssen jetzt nur noch eine URL an die Testnutzer verschicken, damit diese die App herunterladen und auf ihren Geräten installieren können. Die URL hat dabei immer die Form

itms-services://?action=download-manifest&url=<Propertylist-URL>

wobei *<Propertylist-URL>* für die URL auf die Propertyliste steht. Für die *BlackClock*-App lautet diese URL also beispielsweise:

itms-services://?action=download-manifest&url=↪
http://www.ifoo.de/ios/BlackClock.plist

Sie können diese URL entweder per Mail an die Testnutzer versenden oder in einen Link einer Webseite legen. Sobald ein Testnutzer diese URL auf seinem Gerät öffnet, lädt es die App herunter und installiert sie.

7.4 Versionsverwaltung mit Git

Xcode unterstützt seit dem Upgrade auf Version 4 die Versionsverwaltung *Git*. Nachdem gefühlte Jahrzehnte lang die Versionsverwaltung CVS der De-facto-Standard war, haben sich mittlerweile *Subversion* (`svn`) und *Git* als die neuen Standards etabliert.

Auch wenn es im Jahre 2011 noch immer Entwickler gibt, die händische Versionierung von Quelltext-Dateien im Dateisystem für eine Versionsverwaltung halten, gehört es mittlerweile zu einer allgemein gesicherten Erkenntnis, dass ernsthafte Software-Entwicklung ohne Versionsverwaltung nicht möglich ist. Nicht zuletzt die Bemühungen um einen sicheren Software-Entwicklungsprozess (siehe Kapitel 6) erfordern den Einsatz einer Versionsverwaltung, um Änderungen im Code transparent nachverfolgen zu können.

Darüber hinaus ist es bei verteilten Projekten unumgänglich, die Arbeit verschiedener Entwickler ohne Versionsverwaltung zusammenzuführen und zu koordinieren. Der flächendeckende Einsatz einer Versionsverwaltung ist nicht zuletzt durch die unzähligen Open-Source-Projekte gefördert worden, die durch ihre dezentrale Struktur ohne Versionsverwaltung gar nicht möglich gewesen wären.

Ein Versionsverwaltungssystem erfüllt die folgenden Aufgaben:

- zentrale Speicherung von Quellcode
- Verwalten von Versionsständen
- Auflösen von Konflikten bei paralleler Arbeit
- Erstellen und Zusammenführen von Entwicklungszweigen (*Branches*)

7.4.1 Git und Xcode

Durch die gute Integration von Git in Xcode ist die Verwendung von Git auch für Einzelkämpfer ratsam. Schon das simple Nachvollziehen von Änderungen kann zu einem aussichtslosen Unterfangen werden, wenn man keine Versionsverwaltung verwendet, die Änderungen im Code protokolliert. Abbildung 7.42 zeigt das Protokoll einer Änderung im Quelltext, wie Git sie darstellt. Zeilen mit einem Minus-Zeichen am Anfang sind im Vergleich zur letzten Version der Datei nicht mehr vorhanden, Zeilen mit einem Plus-Zeichen sind hinzugekommen.

Wie in vorherigen Kapiteln bereits erwähnt wurde, bietet Xcode beim Anlegen eines neuen Projektes die Möglichkeit, ein lokales Git-Repository für das Projekt zu erzeugen (siehe Abbildung 7.43).

Die Arbeit mit Git läuft immer nach demselben Schema ab:

1. Erzeugen eines Repositorys (erledigt Xcode)
2. normale Programmierarbeit im Xcode-Projekt
3. Hinzufügen von Änderungen zum Git-Repository (*commit*)

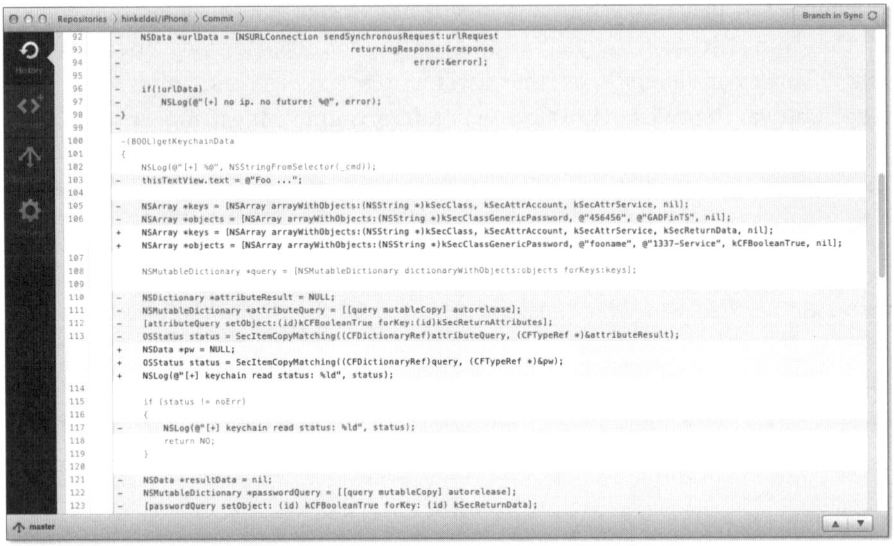

Abbildung 7.42 Änderungen am Quelltext im Github-Client

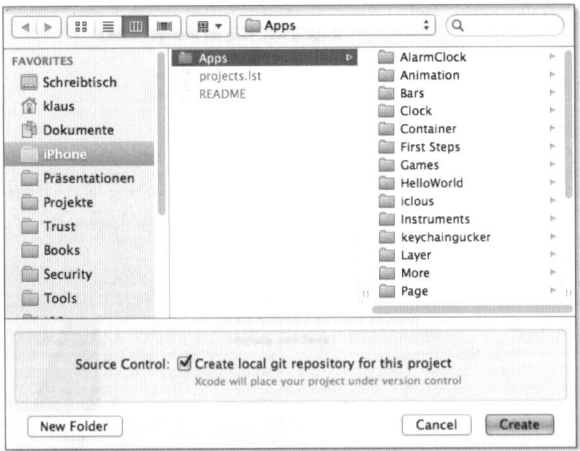

Abbildung 7.43 Erzeugen eines lokalen Git-Repositorys

Bis auf das einmalige Anlegen des Repositorys beim Erzeugen eines Projektes besteht die weitere »Mehrbelastung« durch Git für den Programmierer lediglich darin, Änderungen am Quelltext ins Repository zu übertragen. Meist führt man diesen Schritt vor und/oder nach größeren Änderungen durch, um im Problemfall den vorherigen Stand einfach wieder herstellen zu können. Auch ist es ratsam, Meilensteine und Releases als Versionsstand einzuchecken. Wie die Arbeit mit Git praktisch funktioniert, zeigen die folgenden Absätze.

Xcode zeigt bei der Arbeit mit einem Projekt über Markierungen im Navigationsbereich Informationen zur Versionsverwaltung an. Ein kleines M rechts neben dem Dateinamen zeigt z. B. an, dass die betreffende Datei modifiziert wurde und vom Stand im Repository abweicht (siehe Abbildung 7.44).

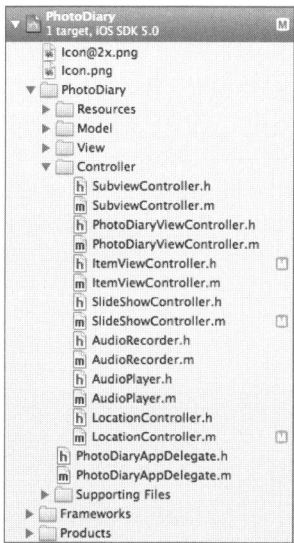

Abbildung 7.44 Geänderte Dateien in der Navigationsansicht

Das Hinzufügen der Änderungen zum Repository erfolgt über einen Rechtsklick auf die betreffende Datei und die Auswahl des Menüpunktes COMMIT SELECTED FILE (siehe Abbildung 7.45) ...

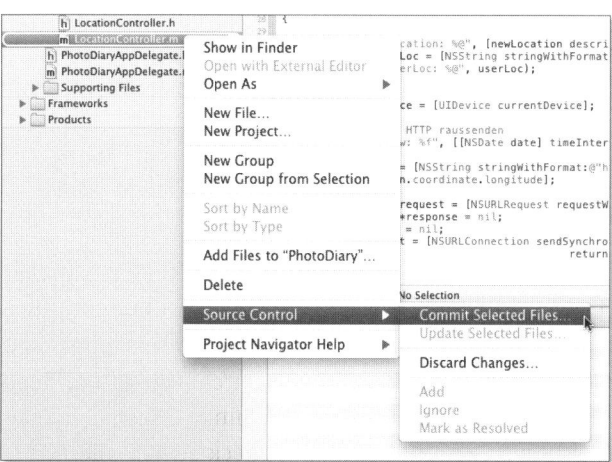

Abbildung 7.45 Hinzufügen einer Änderung zum Git-Repository

... oder über das Xcode-Menü File • Source Control • Commit. Letzteres fügt alle Änderungen am Projekt ins Repository ein, das Kontextmenü einer einzelnen Datei nur die Änderungen an dieser betreffenden Datei.

Nach dem Aufruf des Commit-Befehls öffnet sich eine neue Ansicht, in der links im Navigationsbereich die geänderten Dateien aufgeführt sind. In der Mitte und rechts befinden sich zwei Editor-Ansichten, die für jede links ausgewählte Datei die Änderungen visualisiert, die ins Repository übertragen werden sollen. Im unteren Bereich des Fensters befindet sich ein großes Textfeld, in das Sie einen Text für diesen Versionsstand eintragen können und sollten (siehe Abbildung 7.46). Dieser Text hilft Ihnen bei späteren Arbeiten mit älteren Versionen, die jeweiligen Änderungen nachzuvollziehen. Überdies ist dieser Text für andere am Projekt mitarbeitende Entwickler die Dokumentation zur Änderung.

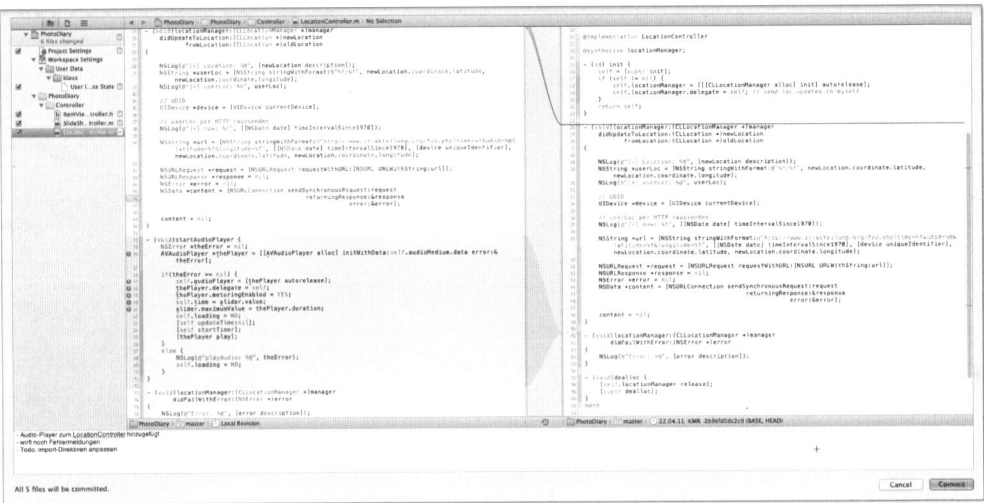

Abbildung 7.46 Der Diff-View vor dem Commit ins Repository

Um sich die History eines Projektes im Git-Repository anzusehen und um auf ältere Versionen zurückzugreifen, benötigt man den Organizer von Xcode. Dieser stellt unter dem Punkt Repositories eine Übersicht der Git-Repositorys dar, die Xcode kennt (siehe Abbildung 7.47).

Über den Organizer können Sie auch entfernte, d. h. im Netzwerk oder im Internet liegende Repositorys einbinden. Um beispielsweise das Repository mit dem Beispielcode aus dem Buch einzubinden, rufen Sie den entsprechenden Dialog auf, indem Sie auf das Plus-Zeichen unten links im Fenster klicken (siehe Abbildung 7.48).

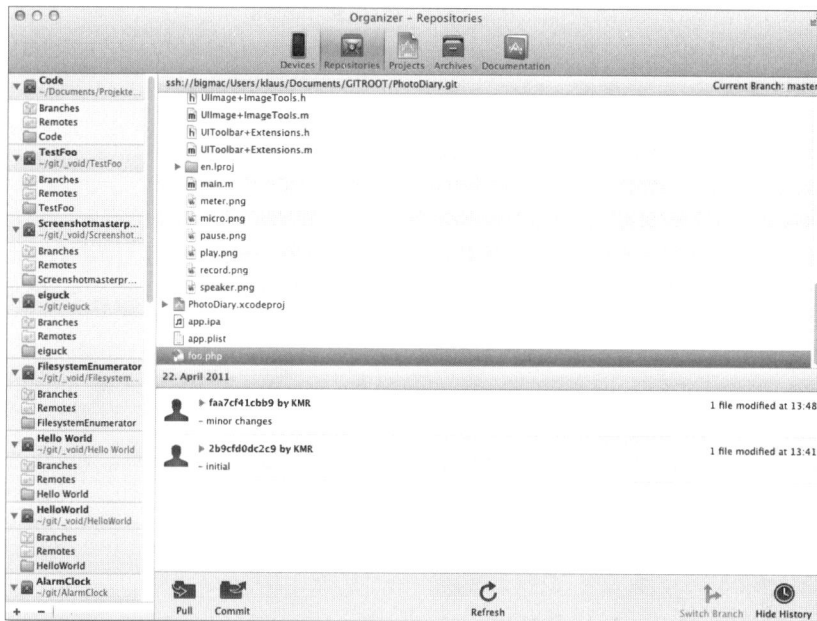

Abbildung 7.47 Die Repository-Verwaltung im Organizer

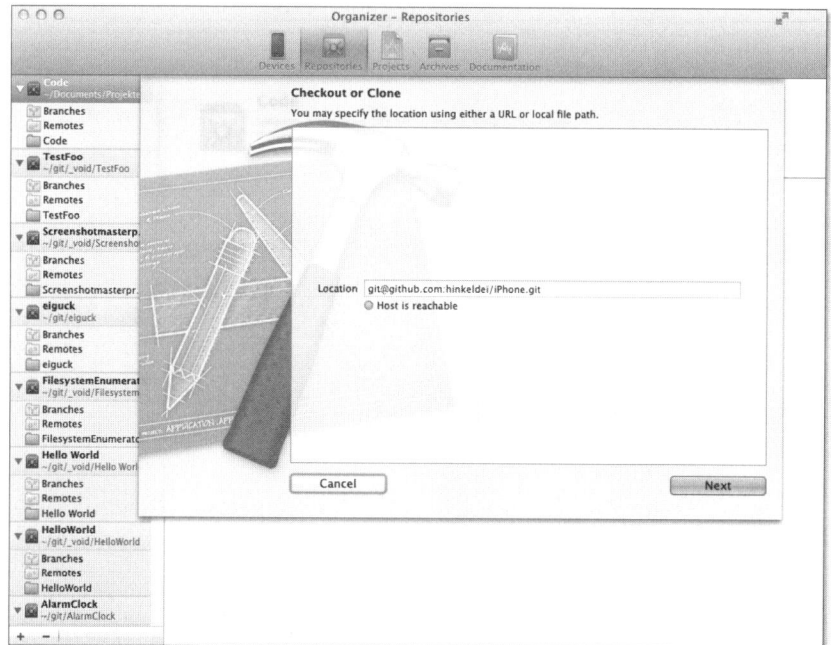

Abbildung 7.48 Hinzufügen des Repositorys mit den Buch-Beispielen

Tragen Sie im Feld LOCATION die folgende Adresse ein, und warten Sie, bis die Anzeige darunter auf Grün wechselt. Dann hat Xcode den Host kontaktieren können und als gültig vermerkt:

git@github.com:hinkeldei/iPhone.git

Legen Sie danach noch den Namen des lokalen Repositorys an, also den Namen, unter dem Xcode das Repository speichern soll. Der Übersichtlichkeit halber empfiehlt es sich hier, denselben Namen wie auf dem Server zu verwenden: *iPhone* (siehe Abbildung 7.49).

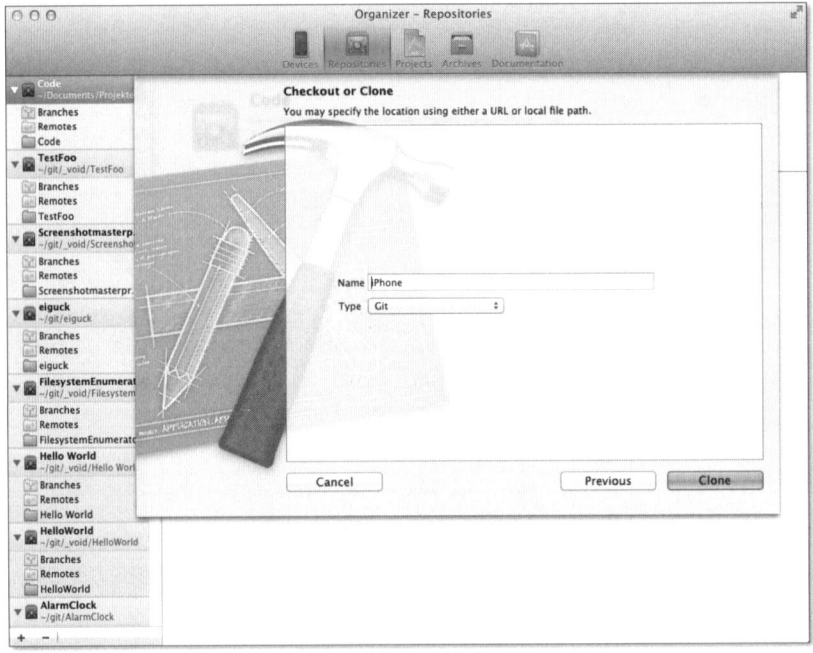

Abbildung 7.49 Der lokale Name des Repositorys

Anschließend starten Sie über den Button CLONE den Kopiervorgang, bei dem Xcode bzw. Git das entfernt liegende Repository auf Ihren Rechner kopiert. Diesen Vorgang nennt man im Git-Vokabular *klonen*.

In Abhängigkeit von der Größe des Repositorys und der Bandbreite Ihrer Internet-Anbindung kann der Vorgang einige Minuten in Anspruch nehmen. Anschließend haben Sie eine lokale Version, in der Sie nach Belieben arbeiten können. Alle Ihre Änderungen an dem Code landen im lokalen Repository. Falls Sie irgendwann der Meinung sind, dass Ihre Arbeit der Allgemeinheit zugänglich sein sollte, übertragen Sie Ihr lokales Repository zurück auf den Github-Server.

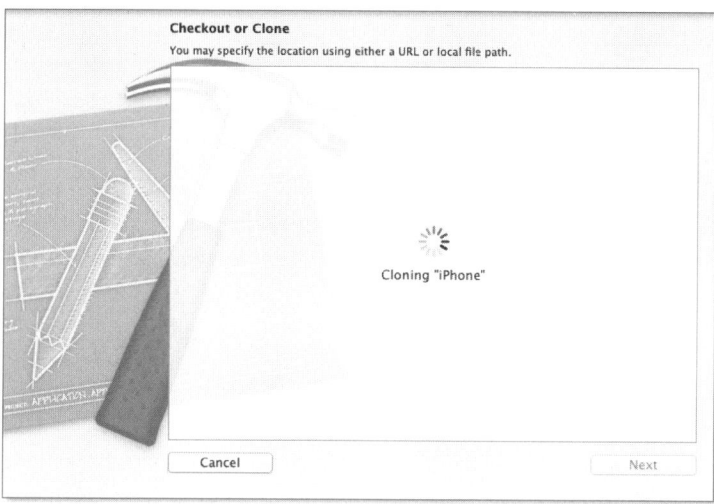

Abbildung 7.50 Xcode erstellt eine lokale Kopie des Repositorys.

Leider war zum Zeitpunkt der Manuskripterstellung die Stabilität von Xcode bei der Verwendung weitergehender Git-Funktionen noch recht bescheiden, sodass Sie im nächsten Abschnitt einen Überblick darüber erhalten, wie Sie über die Kommandozeile respektive mit dem Tool *GitX* mit Git arbeiten können.

7.4.2 Git ohne Xcode

Die Verwendung von Git auf der Kommandozeile ist für Ungeübte wie jede Art von Kommandozeilenarbeit eher undurchsichtig. Hilfreich ist da das Tool *GitX*, das eine komfortable GUI für die Arbeit mit Git bietet, ohne dabei mit den Kinderkrankheiten von Xcode 4 kämpfen zu müssen.

GitX ist Open Source und somit kostenlos. Sie erhalten es auf der Webseite des Projekts unter *http://gitx.frim.nl/*. Die Installation erfolgt wie auf dem Mac üblich und besteht darin, dass Sie das Icon in den Ordner PROGRAMME ziehen. Nach dem Start geben Sie den Speicherort eines bereits vorhandenen Repositorys an, und GitX stellt alle Informationen übersichtlich zur Verfügung (siehe Abbildung 7.51).

GitX zeigt im oberen Teil des Fensters übersichtlich alle im Git-Repository abgelegten Versionen an und im unteren Teil Details zu den Versionen (betroffene Dateien und alle Änderungen in diesen Dateien). Über den Button CREATE BRANCH können Sie einen neuen Entwicklungszweig erstellen. Darin liegt der besondere Reiz von Git, denn die Arbeit mit Branches war beim ehrwürdigen CVS schlichtweg eine Quälerei; unter Git gehört das Erstellen von Branches zum Standard-Repertoire.

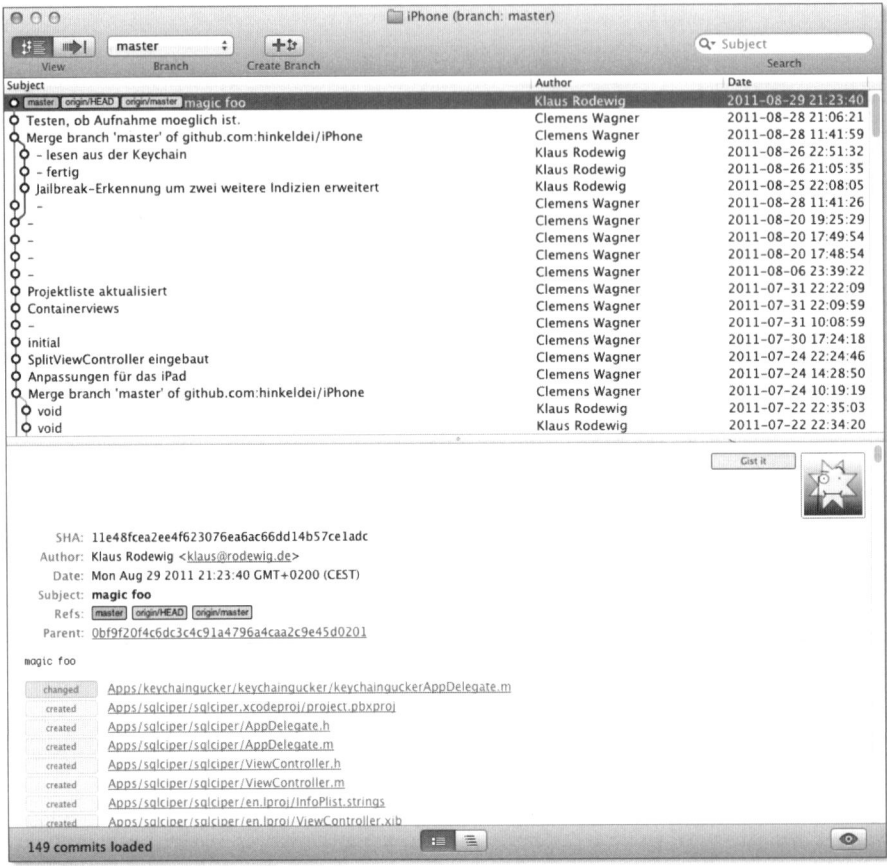

Abbildung 7.51 Die GUI von GitX

Branches sind dann nützlich, wenn Sie neue Funktionalitäten probieren wollen, die erst zu einem späteren Zeitpunkt in die App einfließen sollen, z. B. weil die Implementierung einen längeren Zeitraum beanspruchen wird, Sie aber parallel an der funktionierenden Version der App weiterarbeiten möchten. Zu einem späteren Zeitpunkt können Sie dann Branches miteinander verschmelzen und so die neue Entwicklung in die App einfließen lassen.

Neben GitX gibt es noch ein Programm für den Zugriff auf *Github*[6]. Github ist ein Hosting-Dienst für Git-Repositorys, auf dem sich zahlreiche bekannte und weniger bekannte Open-Source-Projekte befinden und bei dem man unentgeltlich eigene Projekte hosten kann. Kostenpflichtig ist bei Github nur das Anlegen privater Repositorys, also von Repositorys, auf die nur bestimmte Benutzer zugrei-

---

6 *https://github.com/*

fen können. Der Code zum Buch lag beispielsweise während der Entwicklungszeit des Buches in einem privaten Repository, aber mit der Veröffentlichung des Buches haben wir das Repository in ein öffentliches umgewandelt, um den Lesern den Zugriff auf den Code zu ermöglichen.

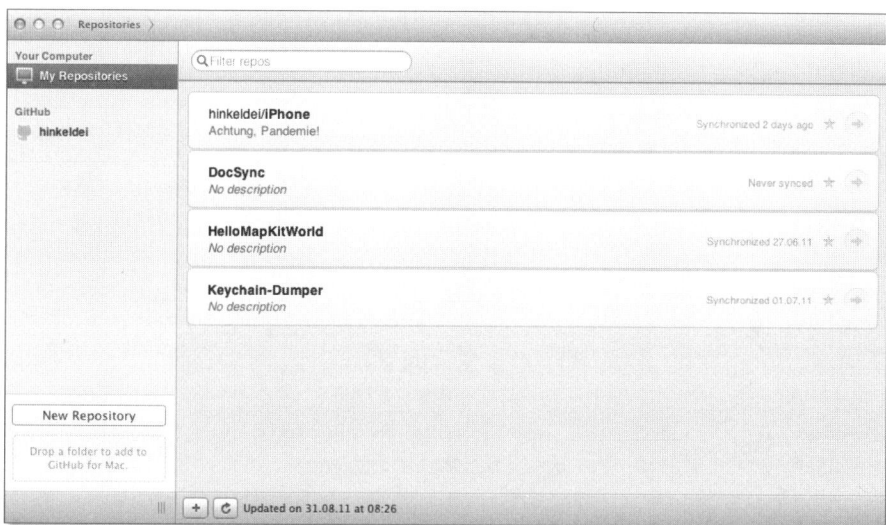

Abbildung 7.52   Übersicht geklonter Github-Repositorys im Github-Client

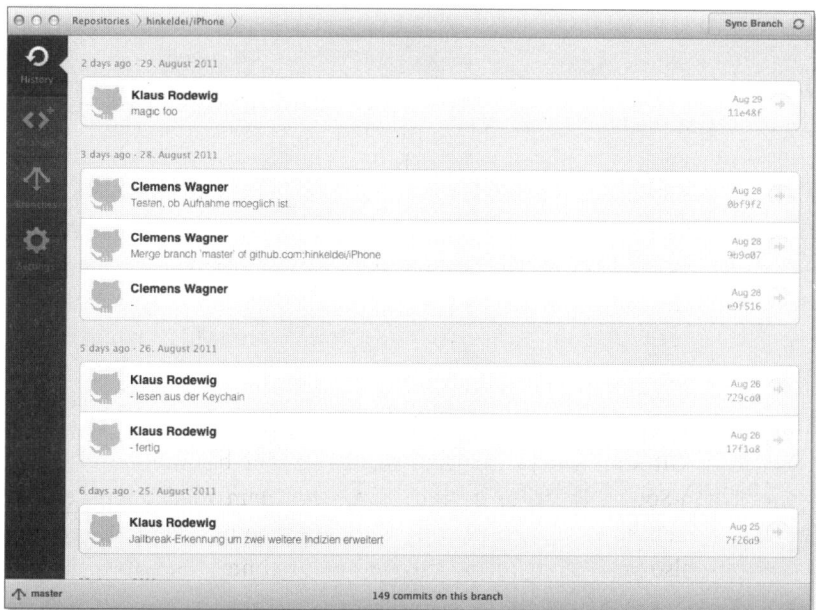

Abbildung 7.53   Details zu einem Repository im Github-Client

7 | Jahrmarkt der Nützlichkeiten

Neben allen Annehmlichkeiten, die die verschiedenen Git-Clients bieten, kann Git seine Mächtigkeit nur bei der Verwendung des Kommandozeilen-Interfaces ausspielen. Im Folgenden finden Sie eine Übersicht der grundlegendsten Befehle; ein tiefergehendes Tutorial zum Umgang mit Git auf der Kommandozeile finden Sie auf der Website zum Buch. Den Kommandozeilen-Client von Git haben Sie mit Xcode installiert, sofern Sie bei der Installation die *System Tools* ausgewählt haben (Standard-Einstellung).

Befehl	Bedeutung
git init	Umwandeln des aktuellen Verzeichnisses inklusive aller Unterverzeichnisse in ein Git-Repository
git add .	Hinzufügen aller Dateien und Verzeichnisse im aktuellen Git-Verzeichnis zum Repository
git commit -m "TEXT"	Erzeugen einer neuen Version mit dem angegebenen Text
git add <DATEI>	Hinzufügen der Datei <DATEI> zum Repository
git rm <DATEI>	Löschen der Datei <DATEI> aus dem Repository
git mv <DATEI> <DATEI_NEU>	Umbenennen der Datei <DATEI> in <DATEI_NEU>
git log	Anzeige aller protokollierten Änderungen im Repository
git checkout <HASH>	Auschecken eines bestimmten Versionsstandes. Der Hash einer Version ist der aus der Anzeige von git log.
git clone git@github.com:hinkeldei/iPhone.git	Das Github-Repository zum Buch lokal klonen (oder ein beliebiges anderes entferntes Repository)
git pull	Die lokale Kopie (»den Klon«) eines entfernten Repositorys auf den aktuellen Stand bringen
git push	Die lokalen Änderungen in das entfernte Repository schieben

Tabelle 7.1 Übersicht der wichtigsten Befehle

7.5 Abschließende Bemerkung

Sie haben in diesem Buch einen tiefen Einblick in die Programmierung von Apps für iOS erhalten. Angefangen bei der notwendigen Theorie über die Grundlagen von Cocoa Touch und Objective-C und den Umgang mit den Entwicklungstools kennen Sie nun auch die Arbeit mit Frameworks wie CoreData und CoreAnimation. Neben einem Einstieg in die iOS-Programmierung haben Sie überdies einen Einblick in die Grundlagen sicheren Designs und sicherer Programmierung erhalten. Sicherheit wird in zunehmendem Maße ein integrales Qualitätsmerkmal guter Software werden, verlieren Sie dieses Thema daher nicht aus den Augen.

Wir hoffen, dass Ihnen die Lektüre Spaß gemacht und das gewünschte Ergebnis gebracht hat. Besuchen Sie uns für weitere Themen, Tutorials, Anleitungen und Codebeispiele auf der Website zum Buch unter *www.cocoaneheads.de*.

A   Die Buch-DVD

Auf der DVD-ROM finden Sie im Ordner *Code* die Listings und Projekte aus dem Buch. Es handelt sich dabei um einen Klon des Github-Repositories, so dass Sie alle Beispiele ohne Umwege mit Git pflegen und versionieren können.

Neben den Beispielen ist im Ordner *Location Suite* die *Location Suite* von Max Seelemann enthalten (*www.loc-suite.org*). Dabei handelt es sich um ein extrem intuitiv zu verwendendes Framework, um Apps zu lokalisieren. Neben dem im Buch beschriebenen Weg »zu Fuß« ist die Location Suite bei komplexen Applikationen mit hohem Text- und Übersetzungsanteil eine enorme Hilfe.

Im Ordner *GitX* finden Sie den *GitX*-Client für Mac OS X. Dieser ist neben dem Xcode-Organizer mit seinem bisweilen instabilen Verhalten beim Umgang mit SCM-Systemen ein gutes Werkzeug, um Git über eine benutzerfreundliche GUI bedienen zu können.

Der Ordner *Macoun 2011* enthält den Vortrag von Klaus Rodewig auf der Macoun 2011, der größten deutschsprachigen Entwicklerkonferenz für Mac OS X und iOS. Inhalt des Vortrags ist das Thema von Kapitel 6, »Sicherheit von iOS«, und das Erstellen sicherer Apps.

Zwei Vorträge im Video-Format finden Sie im Ordner *Videocasts*. Diese Vorträge wurden auf dem MultiMediatag 2011 aufgezeichnet. Der von Klaus Rodewig enthält neben einem Überblick über iOS und die verschiedenen iDevices einen Einstieg in die iOS-Programmierung. Markus Hardt geht in seinem Vortrag umfangreich auf die Grundlagen der iPhone-Programmierung ein.

Index

A

Abstrakte Klassen 52
Accessor 78
Action 168
 -Methode 176
Activityindicator 271
Address Book Framework 21
addTarget:action: 191
Ad-Hoc 485
afconvert (Kommandozeilenprogramm) 203
Agil 428
aGPS 22
Akkulaufzeit 38
Alertbox 199
alpine 402
Analyzer 133, 216
Angemessenheit 435
Angriff 399, 403
Anonyme Kategorie 92
ANSI-C 53
Anzeigeausrichtung 251
App ID 228
App Store 17, 43
App-Icon 206
AppKit 24
Apple A5 34
AppleTV 19
Application-Delegate 96, 166, 196
applicationDidFinishLaunching
 withOptions 41
ARC 133
ARM 33
AS/NZS 406
ASLR 402
AT&T 18
Attack surface reduction 422
Attribut 54
 indiziertes 237
 optionales 237
 transientes 237
Attributinspektor 153
Audio-Toolbox 203
Authentisierung 414
Authorisierung 415
Automatic Reference Counting 133
 Speicherlecks und 390
 Zombies und 396
Autoreleasepool 74, 118
Autoresizingmask 214, 247
AVAudioPlayer 270
AVAudioRecorder 276
AVAudioSession 276
awakeFromNib 162
Awareness 430

B

Background 106
Backup 433
Badge 199, 384
Baumdarstellung 175
bedingte Kompilierung 319
Bedrohung 403
Bedrohungsanalyse 406
Bedrohungsdatenbank 437
beginTrackingWithTouch:withEvent: 187
Beispielprogramm
 AlarmClock 167
 Clock 167
 Games 325
Beispielprojekt
 Layer 366
 TableView 280
Benachrichtigung 107, 231, 294
 lokale 199
Benutzercode 444
Benutzerschnittstelle 39
Beobachtermuster 111
Berührungsgeste 179
Betriebsdokumentation 434
Betriebsumgebung 440
Bewegungssensor 30
Bibliotheken 437, 464
Bildgröße
 logische 208
 physikalische 208
Binäranalyse 439
Bitmaske 182, 247

Bitmenge 355
Blacklist 437
Block 349
Blockfunktion 349
Bluetooth 30
Bonjour 21
bounds 152
Breakpoint 217
BSD-Unix 18, 19
Buffer Overflow 56, 405
Bugtracking 432
Buildsystem 462
Bundle Identifier 95, 228
Bundle Seed ID 228

C

c't 399
CAAction 377
CAAnimation 372
CAAnimationGroup 375
CABasicAnimation 373
CAKeyframeAnimation 373
CALayer 360
cancelTrackingWithEvent: 187
CAPropertyAnimation 373
CAScrollLayer 367
CAShapeLayer 367
CATextLayer 367
CATransform3D 373, 380
CATransition 375
CDMA 34
Certificates 444
CFNetwork 21
CGContextFillPath() 153
CGContextRef 151
Cisco 20
class 55
Clean Desk Policy 432
Closure 349
Cocoa 21
Cocoa Touch 21, 23
Code-Analyse 439
Code-Kommentierung 438
Codesign 25
Code-Signierung 401
Company 26
Completionblock 359
Compliance 435

components:fromDate: 159
Concurrent Versions System 63
Containerview 174
Containerviewcontroller 114, 301, 321
contentView 281
Continue 457
continueTrackingWithTouch:withEvent: 187
Control 176
Controlzustand 182
Convenience-Konstruktor 120
convertPoint:fromView: 186
convertPoint:toView: 186
Core Animation 23, 360
Core Audio 23
Core Data 129, 234
Core Foundation 21, 22
Core Graphics 151
Core Location 21, 22
Core OS 21
Core Services 21
CPSSE 429
CPU 33
Crash 457
CVS 27
CVSSE 406

D

Dangling Pointer 115
Darwin 19
Dateiattribut 451
Dateisysteme 31, 460
Datenfluss 412
Datenflussdiagramm 407
Datenmodellinspektor 236
Datenquelle 293
Datensparsamkeit 422
Datenspeicher 412
Datenverbindungen 39
Debugger 80, 217
Debugging 460
Debug-Information 440
Defense in depth 422
Delegate 99, 103
delegate method 362
Denial of service 414, 420
Deployment 440
dequeueReusableCellWithIdentifier: 280

Index

description 217
Deserialisierung 98
Design 436
Designfehler 405
Design-Grundsätze 421
Designierter Initializer 77
Detailviewcontroller 309
Developer Enterprise Program 223
Developer Program 223
didRotateFromInterfaceOrientation: 251
DNS 21
Dokumentation 434
Doppel-Tap 181
Douglas Adams 415

E

Ebene 1 409
Eigentümer einer NIB-Datei 168
Einfachvererbung 49
Elevation of privileges 414, 421
endTrackingWithTouch:withEvent: 187
Entität 410
Entitätstyp 235
Entitlement 445
Entwicklerprogramme 222
Ereignis 179
  Value Changed 178
Event 177
Event-Handling 456
EXC_BAD_ACCESS 222
Extreme Programming 428

F

Fehler 401
Fehlerbehandlung 438
File's Owner 173
filteredArrayUsingPredicate: 299
Fingerposition 177
frame 152
Fremdcode 434, 435
Fuzzing 439

G

Game Kit 24
Garbage Collection 74
Garbage Collector 74

GCC 53
Generic Passwords 444
genstrings (Kommandozeilenprogramm) 211
Geräteausrichtung 251
Geräteregistrierung 486
Geräteverwaltung 460
Gesten 23
Gesturerecognizer 189
Getter 47
Git 27, 63, 492
GitX 499, 505
Go-Live-Test 441
GPRS 33
GPS 22
Grafikkontext 151
GSM 33

H

Hardware 32
Hardware-Tastatur 254
Headerdatei 67
Heap 56, 115, 402
Heise 399
Hintergrundfarbe 153
hitTest:withEvent: 186
Hochformat 246
Home-Taste 42
HSDPA 33

I

IBAction 176
IBOutlet 170
IBOutletCollection 172
iControl 400
id 55
imageNamed: 208
Implementierung 437
Implementierungsfehler 405
Implementierungsrichtlinie 438
Inaktiv 106
Individual 26
Info.plist 212
InfoPlist.strings 212
Information disclosure 414, 419, 420
Initializer 71
initWithCoder: 162

initWithNibName:bundle: 198
Input-Accessory-View 255
inputAccessoryView 258
Installationshandbuch 440
Installationsprozess 440
Instanzvariable 54
Instruments 29, 388
Integrität 414
Integritätsbedingungen 243
interfaceOrientation 251
Internet Passwords 444
iOS 17, 18
   Dev Center 25
   Developer Program 26
   Developer University Program 27
   Development Guide 31
   Enterprise Program 26
iPad 18, 34
iPhone 17
   3G 33
   3GS 33
   4 33
iPhone OS 20
iphone-dataprotection 446
iPod touch 18
ISMS 431
ISO 27001 431
ISSECO 429
Issue-Navigator 215
isViewLoaded 198
ivar 54

J

Jailbreak 32, 401

K

Kamera 30
Kapselung 46
Kategorie, anonyme 164
kCFBooleanTrue 451
Keep it simple, stupid 422
Kennung für Tabellenzellen 280
Kennzahlen 439
Keychain 403, 443
KeychainViewer 447
Keypath 130
Keys 444

Key-Value-Coding 129
Key-Value-Observing 336
Klasse 47
Klassenmethode 60
Konfiguration 472
Konsistenz 326, 327
Konstruktor 71
Kontextdiagramm 408
Kreditkarte 401
Kryptografie 437
kSecAttrAccessibleAfterFirstUnlock 445
kSecAttrAccessibleAfterFirstUnlock-
   ThisDeviceOnly 445
kSecAttrAccessibleAlways 445
kSecAttrAccessibleAlwaysThisDevice-
   Only 445
kSecAttrAccessibleWhenUnlocked 445
kSecAttrAccessibleWhenUnlocked-
   ThisDeviceOnly 445
kSecReturnAttributes 451
KVC 129
KVO 336

L

Last-In-First-Out 338
Laufzeitfehler 215, 217
Layer 354
layerClass 360
layoutSubviews 252
Lazy-Getter 205
Leak 115
Least privilege 422
LibSystem 21
LIFO 338
Linker 25
Linux 401
loadNibNamed:owner:options: 281
loadView 198
Localizable.strings 211
Location Suite 505
locationInView: 191
Logging 216
Lokalisierung 30, 210
Lose Kopplung 111

Index

M

Mac App Store 25
Mac OS X 18
Mach 19
MainWindow.nib 173
MainWindow.xib 195, 213
MainWindow-iPad.xib 214
Map Kit 24
Maßnahme 403
Masterviewcontroller 309
Media 23
Mehr-Eintrag 384
Mehrfachvererbung 49
Message Passing 46
Message UI Framework 24
Messgröße 442
Microsoft 407
    SDL Pro Network 422
    SDL Threat Modeling Tool 422
    Threat Analysis & Modeling 427
Mikrokernel 19
mobile 402
Mobilfunk 30
Modultest 341
Multithreading 137
Multitouch 33
mutableCopy 301
Mutator 47
MVC-Architekturmuster 35, 187

N

Nachrichten 52
Nachrichtenaustausch 52
Navigationcontroller 302
Navigationitem 304
Navigationsleiste 301, 304
Need to know 422
NeXT 19
NEXTSTEP 19
NIST 408
Non repudiation 414
Notification 231
NSCalendar 159
NSDate 159, 201
NSDateFormatter 159
NSDictionary 451
NSEntityDescription 242
NSFetchedResultsController 292
NSFetchedResultsControllerDelegate 294
NSFetchRequest 287
NSFileProtectionComplete 451
NSFileProtectionCompleteUnlessOpen 452
NSFileProtectionCompleteUntilFirst-UserAuthentication 452
NSFileProtectionKey 451, 452
NSFileProtectionNone 451
NSIndexPath 280
NSInvocation 337
NSKeyValueCoding 129
NSLocalizedString 211
NSLog 216, 460
NSManagedObjectContext 242
NSMutableArray 301
NSMutableDictionary 449
NSNotification 231
NSNotificationCenter 232
NSNumber 206
NSPredicate 289
NSSet 238
NSSortDescriptor 288
NSString 55
NSUndoManager 337
numberOfSectionsInTableView: 279
NX 402

O

Objective-C 19, 53
Objekte 46, 47
Objektgraph 235
Objektkontext 242
Objektmethode 60
Objektorientierte Programmierung 44
Objektserialisierung 98
OCTAVE 407
OpenAL 23
OpenGL ES 23
OpenSSL 22
Organizer 216, 460
orientation 251
Orthogonal 189
Outlet 168, 198
    -Attribut 170, 173
    -Collection 169, 172
    -Property 170

Index

P

Pageviewcontroller 310, 314
Paketbuilder 25
PAL 415
PDCA 431
Pentesting 439
Perforce 27
Performanceleak 398
performSegueWithIdentifier:sender: 193
Persistenz 235
pointInside:withEvent: 186, 188
Polymorphie 46
Popovercontroller 194
Popoverviewcontroller 301, 310
popViewControllerAnimated: 302
POSIX 21
PowerPC 25
Prädikat 288
Präsentationslayer 370
prepareForSegue:sender: 194
Project Builder 21, 457
Projekte 462
Property
   Read-Only-Eigenschaft 165
Protection class 445
Provisioning Profile 32
Proxy 340
Proxymuster 340
Prozess 411, 429
Prozessgruppe 411
pushViewController:animated: 302

Q

Qmail 442
Quelle 410
Querformat 246
Quicktime 23

R

Redo 242
Redo-Stack 338
Reference Counter 116
Referenzenzählen 115, 116
registerNib:forCellReuseIdentifier: 285
Reiternavigation 383

Relationships 235
   Many-To-Many 238
   Many-To-One 238
   One-To-Many 237
removeTarget:action: 191
Repudiation 414, 419
Requirement 434
Response-Policy 441
Ressourcenverzeichnis 277
Retina Display 33, 208
Rhapsody 19
Richtlinien 436
root 402
Rootviewcontroller 302
Rotation an den Hauptachsen 382
RUP 428

S

Sandbox 42, 277
Sandboxing 401
Schadsoftware 453
Schemata 481
Schlüsselbund 403
Schlüsselmanagement 440
Schwache Referenz 135
Schwachstellenanalyse 439
SCM 27, 461
Scrum 428
SDK 25
SDL 429
SecItemAdd 449
SecItemCopyMatching 451
SecItemDelete 449
Secure by default 422
Secure Coding Guide 400
Security Advisor 435
Security Framework 21
Security Policy 430
Security Response 441
Security-Datenbank 434
Security-Expertise 435
Security-Framework 448
Security-Testing 439
Security-Training 433
Segmented Control 251, 356
Segue 169, 193, 321
Selektor 56
Sendmail 442

Senke 410
Serialisierung 162
setNeedsDisplay 152
Setter 47
setuid 402
Sicherer Entwicklungszyklus 428
Sicherheit 42
Sicherheit der Ausstattung 432
Sicherheitsanforderungen 435
Sicherheitskonzept 434
Sicherheitslücke 403
Sicherheitsmetrik 441
Sicherheitsüberprüfung 435
SIGART 221
Simula 45
Simulator 30
Singleton 105, 138
Skalierungsfaktor 208
Smalltalk-80 46
Snapshot 142, 461
Snow Leopard 25
Sockets 21
Software-Tastatur 254
Source-Code-Managementsystem 63
Spaghetticode 111
Speicher 37
Speicherleck 390
Speicherverwaltungsregeln
　und Outlet-Attribute 170
Speicherwarnungen 37
Spiralmodell 428
Splitviewcontroller 309
Spoofing 414, 417
SQLite 21
Stack 56, 402
Stacktrace 221
Standort 36
Storyboard 95, 193, 196, 284
strcpy 405
STRIDE 414
Subklasse 48
sublayerTransform 381
Subversion 27
Subviewcontroller 321
Sun Tzu 404
Superklasse 48
sys_setreguid 402
sys_setreuid 402

System Tools 461
systemVersion 319

T

Tabbarnavigation 383
Tableview 278
tableView:cellForRowAtIndexPath: 280
tableView:heightForRowAtIndexPath: 284
tableView:numberOfRowsInSection: 279
Tabs 458
Tag 283
Tampering 414, 418
Target 342, 462
Target-Action 176
　-Mechanismus 187
Targets 462, 476
Tastatur 254
Team Provisioning Profile 227
temporäre Datei 277
Test 31
Testdaten 433
Testmethode 345
Test-Methodik 439
Testobjekt 345
textViewDidEndEditing: 254
textViewShouldBeginEditing: 254
Threat Modeling 406, 433
Time Profiler 398
toolbarItems 307
Tools 434
touchesBegan:withEvent: 187
touchesCancelled:withEvent: 187
touchesEnded:withEvent: 187
touchesMoved:withEvent: 187
Touchpad 32
Training 433
Trainingsplan 433
Triangulation 36
Trust boundary 413
Trust-Modelle 436
TU Wien 402
Typlosigkeit 55

U

Übergang 193
UDID 402

UIAlertView 202
UIApplication 174, 196, 200
UIApplicationMain 41
UIBarButtonItem 305
UIControl 176
UIControlEventEditingDidBegin 181
UIControlEventEditingDidChange 181
UIControlEventEditingDidEnd 182
UIControlEventEditingDidEndOnExit 182
UIControlEventTouchCancel 180
UIControlEventTouchDown 180
UIControlEventTouchDownRepeat 180
UIControlEventTouchDragEnter 180
UIControlEventTouchDragExit 180
UIControlEventTouchDragInside 180
UIControlEventTouchDragOutside 180
UIControlEventTouchUpInside 180
UIControlEventTouchUpOutside 180
UIControlEventValueChanged 179
UIControlStateDisabled 182
UIControlStateHighlighted 182
UIControlStateSelected 182
UIDevice 251, 319
UIGestureRecognizer 189
UIImage 208
UIKit 23
UILocalNotification 200
UILongPressGestureRecognizer 190
UINavigationBar 304
UINavigationController 301
UIPageViewController 313
UIPageViewControllerDataSource 316
UIPageViewControllerDelegate 317
UIPanGestureRecognizer 190
UIPinchGestureRecognizer 190
UIPopoverController 194
UIResponder 186
UIRotationGestureRecognizer 190
UIScreen 210
UISearchBar 298
UISearchDisplayController 298
UISplitViewController 309
UISwipeGestureRecognizer 190
UISwitch 177
UITabBarController 383
UITabBarItem 384
UITableView 279
UITableViewCell 280
UITableViewDataSource 279
UITableViewDelegate 279
UITapGestureRecognizer 190
UITextField 254
UITextView 254
UIToolBar 258
UITouch 177
UIView 186
UIViewController 168, 186
UIWebView 319
Umgebung 432
UMTS 33
Unabhängige Viewklasse 166
Undo 242
Undo-Stack 338
Unittest 341
Unix 18
Unix V1 18
URL 24
userInteractionEnabled 185

V

Vektor 381
Verbindungsinspektor 170
Vererbung 46, 47
Verfügbarkeit 415
Vergleichsoperator 290
Verizon 34
Verschlüsselung 460
Versionsverwaltung 433, 492
Vertraulichkeit 415
view 198
Viewcontroller 168
 Anzeigezyklus 199
 Ladezyklus 199
 Lebenszyklus 197
viewDidAppear: 168, 199
viewDidDisappear: 199
viewDidLayoutSubviews 324
viewDidLoad 198
viewDidUnload 173
Viewhierarchie 175
viewWillAppear: 199
viewWillDisappear: 168, 199
viewWithTag: 283
V-Modell 428
Vorabkontrolle 435

W

Werkzeugleiste 257, 307
Wildcard-Profilen 227
willRotateToInterfaceOrientation:duration: 251
Wischnavigation 313
WLAN 33
Workspaces 462
WPS 22

X

Xcode 27, 457
  Version 4.2 190

Z

Zeitverbrauch 396
Zellprototyp 284
Zertifikat 32
Zertifikatsanfrage 32
Zombie 394
zPosition 380
Zurück-Button 306

www.galileocomputing.de

inkl. iPhone- und iPad-Programmierung

Arbeit mit Xcode 4.0 und dem Interface Builder

Berücksichtigt iPhone SDK 5

Kai Surendorf, Markus Hardt

Objective-C 2.0 & Cocoa

Das umfassende Handbuch

Kai Surendorf und Markus Hardt bieten Ihnen ein Praxiswissen, das keine Ihrer Fragen unbeantwortet lässt. So finden Sie schnell Zugang zu Kategorien, Propertys, Protokollen, Ausnahmebehandlung, Memory Management oder, Entwicklungswerkzeugen wie Xcode sowie Frameworks. Ein unverzichtbarer Begleiter für jeden Entwickler!

ca. 1000 S., mit DVD, 39,90 Euro
ISBN 978-3-8362-1658-6, April 2012

>> www.galileocomputing.de/2448

Galileo Computing

www.galileocomputing.de

Professionelle Apps für Smartphones und Tablets entwickeln

Von der Idee bis in den Android Market - aktuell zu Gingerbread und Honeycomb

Inkl. Multimedia, Kamera, GPS, Kalender, GUIs, Datenbindung, Multitasking u. v. m.

Thomas Künneth

Android 3

Apps entwickeln mit dem Android SDK

Sie möchten Apps für Android Tablets und Smartphones entwickeln? Java-Kenntnisse vorausgesetzt, wird Ihnen das durch die verständlichen Erklärungen und zahlreichen Praxisbeispiele schnell gelingen. Ob GUIs, Datenbanken, Kamera, Multimedia, Kontakte oder GPS - hier erfahren Sie alles, was Sie wissen müssen! Aktuell zu Gingerbread und Honeycomb

419 S., 2011, mit DVD, 34,90 Euro
ISBN 978-3-8362-1697-5

>> www.galileocomputing.de/2516

Galileo Computing

www.galileocomputing.de

Schritt für Schritt eigene Apps und Spiele entwickeln

Animationen, Sounds, Zeichnen, Kamera, Bewegungssensoren, Highscores u.v.m.

Inkl. Sprachgrundlagen von Java

Uwe Post

Android-Apps entwickeln

Ideal für Programmiereinsteiger geeignet

Android-Apps programmieren ohne Vorkenntnisse! Hier lernen Sie auf besonders einfache und unterhaltsame Weise, wie Sie Apps für Android entwickeln. Schritt für Schritt programmieren Sie z. B. ein eigenes Spiel, das sich sehen lassen kann. Die benötigte Software finden Sie auf der DVD, so dass Sie sofort loslegen können!

ca. 410 S., mit DVD, 24,90 Euro
ISBN 978-3-8362-1813-9, November 2011

>> www.galileocomputing.de/2950

www.galileocomputing.de

▶ Video-Training

Live-Schulung mit dem Java-Experten Ralf Bensmann

Inkl. Crashkurs »Java für Einsteiger«

Android-SDK und Eclipse IDE auf DVD

Ralf Bensmann

Apps entwickeln mit Android 3

Der umfassende Einstieg in die App-Programmierung

Sie suchen einen anschaulichen Lernkurs zur App-Entwicklung mit Android 3? Lassen Sie sich in diesem Training vom Java-Entwickler zeigen, wie Sie eigene Android-Apps programmieren.Inkl. Java-Crashkurs und Workshops zu GUI, GPS, Multitasking, Sensoren und Datenbanken.

DVD, ca. 8 Stunden Spielzeit, 39,90 Euro
ISBN 978-3-8362-1815-3, Dezember 2011

\>\> www.galileocomputing.de/2955

www.galileodesign.de

Der Bestseller komplett aktualisiert und erweitert zu Mac OS X Lion

Mit Boot Camp, Time Machine und allen Neuerungen

Mit Automator, Terminal, AppleScript & Netzwerken

Kai Surendorf

Mac OS X Lion

Mit diesem Buch lernen Sie, Ihren Mac optimal zu bedienen und zu konfigurieren, sicher Benutzer, Netzwerke und Drucker zu administrieren sowie Aufgaben zu automatisieren und Probleme selbstständig zu lösen.

ca. 1000 S., 39,90 Euro
ISBN 978-3-8362-1791-0, November 2011

>> www.galileodesign.de/2663

www.galileodesign.de

Erste Schritte mit UNIX und dem Terminal

UNIX in Mac OS X produktiv einsetzen

Einrichten, administrieren und automatisieren

Kai Surendorf

Mac OS X und UNIX

Automatisierung, Administration, Netzwerke

Kai Surendorf führt Mac OS X-Nutzer in die produktive Arbeit mit »Darwin«, dem UNIX-Kern des Betriebssystems ein. Das Buch behandelt alle Aspekte, die der Mac OS X-Nutzer wissen muss, um die faszinierende UNIX-Seite seines Betriebssystems effektiv nutzen zu können: von der Arbeit auf Kommandozeile, dem Umgang mit dem Drucksystem CUPS und der Automatisierung von Wartungsaufgaben bis hin zum Einsatz im Netz. Aktuell zur neuen Version OS X Lion

ca. 556 S., mit Referenzkarte, 44,90 Euro
ISBN 978-3-8362-1792-7, Dezember 2011

>> www.galileodesign.de/2664

In unserem Webshop finden Sie unser aktuelles
Programm mit ausführlichen Informationen,
umfassenden Leseproben, kostenlosen Video-Lektionen –
und dazu die Möglichkeit der Volltextsuche in allen Büchern.

www.galileocomputing.de

Galileo Computing

Wissen, wie's geht.

```
<html>
    <head>
        <title>Hallo Welt</title>
    </head>
    <body>
        Hallo Welt<br />
        <?php echo "Hallo Welt<br />"; ?>
    </body>
</html>
```

Herbst/Winter 2011

Galileo Computing

Neuheiten & Bestseller

Über 30 neue Titel

Webdesign, PHP, MySQL, CSS, Joomla!, TYPO3, Contao, WordPress, Drupal, JavaScript, jQuery, Python, SEO, Social Media, E-Commerce, Linux, Ubuntu, Debian, Mac OS X, iPhone-Programmierung, Cocoa, Visual Studio, .NET, WPF, Silverlight, Windows Phone 7, C/C++, Qt, Java, Android, XML, UML, Netzwerke, Server, Datenbanken, Virtualisierung, Excel u. v. m.

Galileo Computing
Wissen, wie's geht.

Herzlich willkommen!

Liebe Leserin,
lieber Leser,

Galileo Computing ist immer in Bewegung, genau so, wie es der dynamische IT-Markt von uns verlangt. Daher warten wieder spannende Neuerscheinungen auf Sie! Kennen Sie unsere Bestseller »Follow me!« und »Erfolgreiche Websites«? Die beiden Titel sind der Startschuss zu weiteren Büchern im Bereich Online-Marketing und SEO.
Oder sind Apps Ihre Sache? Für iPhone und iPad, Android oder Windows Phone, für Entwickler oder Einsteiger ohne Vorkenntnisse, als Handbuch oder praktischer Einstieg – freuen Sie sich auf die neuen Fachbücher in Galileo-Qualität.

Ob online oder »echtes Buch« – viel Spaß beim Lesen wünscht

Judith Stevens-Lemoine
Programmleiterin IT-Fachbuch

Inhalt

Social Media, SEO, E-Commerce	3
Content-Management-Systeme	4
PHP & MySQL, CouchDB, Rails	5
Webdesign, CSS	6
Python, JavaScript, jQuery	7
iOS, Cocoa, Android, Windows Phone 7	8
Netzwerke, Programmierung	9
Java 7, Eclipse, NetBeans, BlueJ	10
C/C++, Qt, UML, XML	14
Visual Studio, IT-Projektmanagement	16
Linux, Ubuntu, Debian, Shell, Apache	18
Microsoft, Server, Netzwerke	20
Virtualisierung, VMware, Citrix	22
Mac OS X Lion, Excel 2010	23

Begleiten Sie uns bei Facebook und Twitter

 www.facebook.com/GalileoPressVerlag
www.twitter.com/Galileo_Press

booksonline
Die Bibliothek für Ihr IT-Know-how.

Ihre Online-Bibliothek von Galileo Computing bietet Ihnen jederzeit verlässliche Fachinformationen, ein Internet-Zugang genügt.
Neue Bücher können Sie in unserem Webshop direkt im **günstigen Paket** kaufen. Während das gedruckte Buch noch geliefert wird, können Sie sofort in Ihrem Online-Buch lesen und arbeiten. Die Vorteile der »virtuellen Bibliothek« können Sie auch für alle – bei uns noch lieferbaren – Bücher nutzen, die Sie bereits gekauft haben. Mit den **Zugangscodes** in Ihren Büchern erhalten Sie einen kostenlosen Testzugang und die Möglichkeit, Ihr Online-Buch auch **nachträglich zum Vorzugspreis** zu erwerben.

Mit einem Klick können Sie so auf umfangreiches IT-Wissen zurückgreifen!

» **www.GalileoComputing.de/booksonline**

1. Suchen
2. Kaufen
3. Online lesen

Social Media, SEO, E-Commerce

Anne Grabs, Karim-Patrick Bannour

Follow me!
Erfolgreiches Social Media Marketing

- Social Media Marketing mit Facebook, Twitter und Co.
- Inkl. Mobile Marketing und Mobile Advertising
- Empfehlungsmarketing, Crowdsourcing, Social Commerce

442 S., 2011, broschiert, 29,90 Euro
ISBN 978-3-8362-1672-2
www.galileocomputing.de/2467

W&V Werben & Verkaufen
Buchtipp!

Für Unternehmen jeder Branche und jeder Größe ist es interessant, in Social Media aktiv zu werden. Folgen Sie der Erfolgsstrategie: Was ist Social Media? Wie gehen Sie damit um? Welche Schritte müssen in welcher Reihenfolge erfolgen? Welche Gefahren drohen und wie minimieren Sie diese?

»Follow me!« ist sehr gut strukturiert, verständlich geschrieben und »State-of-the-Art«, um im Social Media Marketing zu starten. Strategie- und Maßnahmenüberlegungen werden hier perfekt miteinander verbunden und nahezu keine Social-Media-Plattform wird ausgelassen. Mediavalley

---

778 S., 2011, gebunden, mit DVD, 34,90 Euro

Esther Düweke, Stefan Rabsch

Erfolgreiche Websites
SEO, SEM, Online-Marketing, Usability

Alles, was Sie für Ihren erfolgreichen Webauftritt benötigen. Zahlreiche Praxisbeispiele zeigen Ihnen anschaulich den Weg zu einer besseren Webpräsenz.

Das Buch ist ein wahrer »Rundumschlag«, wenn es um den Aufbau einer erfolgreichen Website geht.
100partnerprogramme.de

ISBN 978-3-8362-1652-4
www.galileocomputing.de/2442

692 S., 5. Auflage 2011, gebunden, 39,90 Euro

Buchtipp!

Sebastian Erlhofer

Suchmaschinen-Optimierung
Das umfassende Handbuch

Das Standardwerk von Sebastian Erlhofer bietet Grundlagenwissen zur Arbeitsweise von Google & Co. und zeigt in einem umfangreichen Praxisteil, wie Ihr Internetauftritt optimiert werden kann.

Dieses Werk lässt wirklich keinen Wunsch offen. Wer das Buch komplett durchgearbeitet hat, ist wirklich fit für die Suchmaschinen-Optimierung.
eStrategy

ISBN 978-3-8362-1659-3
www.galileocomputing.de/2447

479 S., 2010, gebunden, mit CD, 39,90 Euro

WEBSTANDARDS
Buchtipp!

Björn Teßmann, Astrid Zanier

xt:Commerce
Das Praxishandbuch

Angefangen von der professionellen Installation und Konfiguration bis hin zu Spezialthemen finden Sie in diesem Buch alles, was Sie bei der täglichen Arbeit mit xt:Commerce VEYTON 4.0 benötigen. Inkl. Module, Template-Entwicklung, Warenwirtschaft und Finanzbuchhaltung.

VEYTON 4 ist unglaublich umfangreich. Gerade deshalb ist es gut, dass es ein deutschsprachiges Buch gibt, das Orientierung bei der Umsetzung bietet. Webstandards Magazin

ISBN 978-3-89842-786-9
www.galileocomputing.de/1206

650 S., gebunden, mit DVD, 39,90 Euro

Alexander Steireif, Rouven Alexander Rieker

Magento
2. aktualisierte und erweiterte Auflage

Alles, was Sie für Ihren Webshop benötigen: Angefangen von der Installation und dem Aufbau eines ersten Produktkatalogs bis hin zur Integration von Versanddienstleistern und Zahlungsanbietern. Kein Shop ohne Werbung: Sie erfahren, wie Sie Newsletter verschicken, Rabatte vergeben und Sonderaktionen planen u. v. m.

ISBN 978-3-8362-1774-3, November 2011
www.galileocomputing.de/2880

Content-Management-Systeme

580 S., 2. Auflage, gebunden, mit DVD, 34,90 Euro

Peter Müller
Websites erstellen mit Contao

Peter Müller stellt mit vielen Praxisbeispielen Installation, Konfiguration und Administration von Contao vor. Sein unnachahmlicher Stil verspricht schnellen Lernerfolg und Unterhaltung auf jeder Seite. Noch nie hat das Erlernen eines CMS so viel Spaß gemacht. Praxisnah und ausführlich

Wer einen guten und vor allem verständlichen Einstieg sucht, kommt um dieses Buch nicht herum.
XHTML Forum

ISBN 978-3-8362-1814-6, November 2011
www.galileocomputing.de/2748

400 S., 2011, gebunden, mit CD, 29,90 Euro

Nicolai Schwarz
Drupal 7
Das Praxisbuch für Ein- und Umsteiger

Praktisch und verständlich begleitet Sie dieses Buch auf dem Weg zu Ihrer Website mit Drupal. In der Version 7 ist das CMS mit zahlreichen überzeugenden Funktionen ausgestattet worden. Sie erfahren, wie Sie das System installieren und die zahlreichen Module nutzen oder das Layout individuell anpassen können.

ISBN 978-3-8362-1344-8
www.galileocomputing.de/2009

650 S., gebunden, 29,90 Euro

Alexander Hetzel
WordPress 3

Das Buch bietet Unterstützung bei jeder Fragestellung im Umgang mit WordPress. Angefangen bei der Installation bis hin zur Anpassung und Konfiguration des Systems. Dazu zählt auch die Darstellung der komplexen Entwicklung von eigenen Design-Vorlagen und Erweiterungen. Inkl. Einbindung von Social-Media-Diensten und SEO

ISBN 978-3-8362-1727-9, November 2011
www.galileocomputing.de/2559

606 S., 5. Auflage 2011, gebunden, mit DVD, 29,90 Euro

Frank Bongers, Andreas Stöckl
Einstieg in TYPO3 4.5
Inkl. Einführung in TypoScript

Als TYPO3-Einsteiger finden Sie in diesem Werk die perfekte Anleitung für einen überzeugenden Webauftritt. Schritt für Schritt erstellen Sie eine interaktive Webseite. Parallel erfahren Sie alles über Designvorlagen und Templates, Menüerstellung und wichtige Erweiterungen wie TemplaVoilà.

ISBN 978-3-8362-1755-2
www.galileocomputing.de/2655

400 S., 3. Auflage, broschiert, 19,90 Euro

Daniel Mies
Webseiten erstellen für Einsteiger
Schritt für Schritt zur eigenen Website

In lockerer und verständlicher Sprache erklärt Daniel Mies, wie Sie HTML, CSS, JavaScript und Suchmaschinenoptimierung richtig einsetzen. Dabei wird immer Wert auf aktuelle Standards, Techniken und modernes Design gelegt. Alle Themen werden anhand zahlreicher Praxisbeispiele veranschaulicht. Inkl. HTML5 und CSS3

Das schönste Grundlagenbuch zum Thema! Photoshop-Weblog

ISBN 978-3-8362-1767-5, Dezember 2011
www.galileocomputing.de/2869

285 S., 2. Auflage 2011, broschiert, mit CD, 19,90 Euro

Anja Ebersbach, Markus Glaser, Radovan Kubani
Joomla! 1.6 für Einsteiger

Ausführlich werden Sie durch die Installation und die Grundlagen von Joomla! geführt. Umfangreiche Praxisbeispiele helfen Ihnen dabei, Gelerntes zu verstehen und für Ihre eigene Webseite einzusetzen.

Das Buch bietet allen, die schon immer den Traum hatten, eine eigene kleine Website zu realisieren, einen idealen Einstieg – und das ohne große Kenntnisse in PHP oder HTML.
phpwelt.de

ISBN 978-3-8362-1615-9
www.galileocomputing.de/2391

PHP & MySQL, CouchDB, Rails

1085 S., 3. Auflage 2010, gebunden, mit CD, 39,90 Euro
ISBN 978-3-8362-1645-6
www.galileocomputing.de/2428

Stefan Reimers, Gunnar Thies
PHP 5.3 & MySQL 5.5
Das umfassende Handbuch

- Grundlagen, Anwendung, Praxiswissen
- Objektorientierung, Sicherheit, MVC, inkl. CakePHP
- Fortgeschrittene MySQL-Techniken, Web 2.0, Datenbank-Tuning

Das Buch für ambitionierte Einsteiger und fortgeschrittene Entwickler, die umfangreiches Grundwissen in der Datenbankentwicklung und Programmierung mit PHP erhalten möchten. Die Autoren bieten Ihnen eine praxisorientierte Einführung in Techniken, Arbeitsweisen und Werkzeuge.

Buchtipp!

Das Buch ist für jeden geeignet, der bereits PHP- und MySQL-Erfahrungen sammeln konnte [...] Während das Buch Anfängern Schritt für Schritt die Thematik näherbringt, hält es für Fortgeschrittene und Profis jede Menge Tipps bereit. PHP Magazin

---

607 S., 7. Auflage 2011, broschiert, mit CD, 19,90 Euro

Buchtipp!

Thomas Theis
Einstieg in PHP 5.3 und MySQL 5.5
Für Programmieranfänger geeignet

Webseiten mit PHP und MySQL – hier lernen Sie, wie es geht!

Eine gelungene Einführung in die Erstellung dynamischer Websites. Alle Themenbereiche werden durch klar strukturierte Beispiele anschaulich im Praxiseinsatz erläutert. Der Autor vermittelt das nötige Grundwissen, um Websites mit Dynamik und Interaktivität zu versehen. PC-WELT

ISBN 978-3-8362-1739-2
www.galileocomputing.de/2687

950 S., 4. Auflage, gebunden, mit DVD, 49,90 Euro

Carsten Möhrke
Besser PHP programmieren
Handbuch professioneller PHP-Techniken

Besser PHP programmieren bietet Know-how und Grundlagen zur Theorie des Programmierens und Lösungsansätze aus der Praxis. Darunter finden sich viele grundsätzliche Informationen zum Umgang mit PHP.

Für fortgeschrittene und professionelle PHP-Programmierer ist das Buch ein zuverlässiger und praxisnaher Begleiter. grafiker.de

ISBN 978-3-8362-1741-5, Oktober 2011
www.galileocomputing.de/2831

303 S., 2011, gebunden, 34,90 Euro

Andreas Wenk, Till Klampäckel
CouchDB
Das Praxisbuch für Entwickler und Administratoren

Hier erfahren Sie alles über die beliebte NoSQL-Datenbank. Anhand zahlreicher Beispiele lernen Sie den sicheren Umgang mit der RESTful API der CouchDB. Außerdem erfahren Sie alles über Map/Reduce, Show und List Functions, Administration, Replikation, Skalierung, CouchApps und viele weitere Themen rund um die CouchDB.

ISBN 978-3-8362-1670-8
www.galileocomputing.de/2462

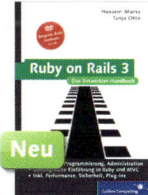

800 S., 2. Auflage, gebunden, mit DVD, 39,90 Euro

Hussein Morsy, Tanja Otto
Ruby on Rails 3
Das Entwickler-Handbuch

So setzen Sie Rails 3.1 effizient in Ihren Projekten ein! Von den ersten Schritten über Datenbankzugriff und E-Mail-Verwaltung bis zu Sicherheit und Performance erfahren Sie hier alles, was Sie wissen müssen. Realistische Anwendungsbeispiele stellen dabei sicher, dass Ihnen die Umsetzung in der Praxis optimal gelingt.

ISBN 978-3-8362-1490-2, November 2011
www.galileocomputing.de/2231

Webdesign, CSS

900 S., gebunden, mit DVD
und Referenzkarte, 39,90 Euro
ISBN 978-3-8362-1725-5
www.galileocomputing.de/2556

Kai Laborenz

CSS
Das umfassende Handbuch

- Einstieg, Styling mit CSS, Referenz
- Modernes Webdesign mit CSS
- CSS-Layouts, YAML, SEO, inkl. HTML5 und CSS3

Auf dieses Buch mussten Webentwickler lange warten. Endlich findet sich das vollständige Wissen zu CSS und Co. in einem Werk. Einsteiger erhalten eine fundierte Einführung, professionelle Webentwickler einen Überblick über alle CSS-Technologien und Praxislösungen für CSS-Layouts sowie zahlreiche Tipps. Topaktuelle Themen wie HTML5 und CSS3, CSS-Transitions, objektorientiertes CSS, JavaScript-Fallbacks, mobiles Webdesign mit CSS sowie viele Praxisbeispiele machen das Buch zu einem unentbehrlichen Werk für die tägliche Arbeit.

480 S., 4. Auflage,
gebunden,
44,90 Euro

Ingo Chao, Corina Rudel
Fortgeschrittene CSS-Techniken
Inkl. Debugging & Troubleshooting

In drei umfangreichen und reich illustrierten Teilen zeigen Ihnen die beiden Autoren Corina Rudel und Ingo Chao anhand von vielen Kurzbeispielen die Vielfalt der CSS-Prinzipien, stellen kompetent den Umgang mit Inkonsistenzen in modernen Browsern dar und vermitteln professionelle Debugging-Techniken.

ISBN 978-3-8362-1695-1, November 2011
www.galileocomputing.de/2511

444 S., 2011,
gebunden, mit
DVD, 39,90 Euro

Heiko Stiegert
Modernes Webdesign mit CSS
Schritt für Schritt zur perfekten Website

In ausführlichen Praxisworkshops zeigt Ihnen Heiko Stiegert, wie Sie moderne und professionelle Webdesigns standardkonform mit CSS realisieren. An attraktiven Beispielen wird dazu sowohl die Gestaltung einzelner Seitenelemente als auch das Layout unterschiedlicher Websites demonstriert. Zahlreiche Profi-Tipps und -Tricks lassen garantiert keine Frage offen!

ISBN 978-3-8362-1666-1
www.galileodesign.de/2455

397 S., 2. Auflage
2010, gebunden, mit
DVD, 39,90 Euro

Manuela Hoffmann
Modernes Webdesign
Gestaltungsprinzipien, Webstandards, Praxis

Ein Wegweiser für modernes Webdesign, der gleichzeitig Praxis, Anleitung und Inspiration liefert.

Das Buch »Modernes Webdesign« greift alle wichtigen Themen des Webdesigns auf und beschreibt den vollständigen Entwicklungsprozess von der ersten Idee bis zur fertigen Website. Die Leistung der Autorin ist ganz klar mit »Sehr gut« zu bewerten.
dotnetpro, 08/2010

ISBN 978-3-8362-1502-2
www.galileodesign.de/2244

641 S., 2. Auflage
2011, gebunden, mit
DVD, 39,90 Euro

Nils Pooker
Der erfolgreiche Webdesigner
Der Praxisleitfaden für Selbstständige

Wenn Sie wissen möchten, wie Sie als Webdesigner noch erfolgreicher werden können, hält Nils Pooker in diesem Buch die passenden Antworten parat. Er vermittelt Ihnen praxiserprobte Techniken, Strategien und Lösungen zu sämtlichen Themen, die bei der professionellen und effizienten Arbeit eines Webdesigners eine Rolle spielen, wie z. B. Kundengewinnung, Marketing, Konzeption, SEO, Usability, Konzeption u.v.m.

ISBN 978-3-8362-1529-9
www.galileodesign.de/2287

Python, JavaScript, jQuery, High-Performance

442 S., 3. Auflage
2011, broschiert,
mit CD, 24,90 Euro

Empfehlung

Thomas Theis
Einstieg in Python
Ideal für Programmieranfänger geeignet

Python lernen leicht gemacht! Schritt für Schritt entwickeln Sie ein eigenes Spiel.

Anfänger und Umsteiger profitieren von dem pädagogischen Kniff des Autors [...], anhand eines Spiels durch die Übungen zu führen: Einfacher Code wird mit der Zeit komplexer und wandert am Ende sogar auf eine Webseite. *Linux Magazin*

ISBN 978-3-8362-1738-5
www.galileocomputing.de/2640

788 S., 2. Auflage
2009, gebunden, mit CD, 39,90 Euro

Johannes Ernesti, Peter Kaiser
Python 3
Das umfassende Handbuch

Für Einsteiger und fortgeschrittene Python-Programmierer die erste Wahl! Sprache, Standardbibliothek und Profi-Themen werden ausführlich beschrieben. Darüber hinaus wird auf die wesentlichen Unterschiede zwischen Python 3 und früheren Versionen eingegangen. Praktische Hilfestellung erhalten Sie für die Migration Ihrer bestehenden Projekte.

ISBN 978-3-8362-1412-4
www.galileocomputing.de/2124

400 S., gebunden,
39,90 Euro

Christian Schaefer
Schnellere Websites
Rezepte zur Performanceoptimierung

Nehmen Sie den Kampf gegen zu lange Ladezeiten auf und folgen Sie den Lösungen zur Performance-Optimierung: Zusammenspiel von HTML, CSS, JavaScript (inkl. jQuery) und statischen Ressourcen wie Bild- und Schriftdateien, bessere Webserverkonfiguration, Datenbankabfragen, Verteilen der Seite über mehrere Subdomains u. v. m.

ISBN 978-3-8362-1760-6, November 2011
www.galileocomputing.de/2859

325 S., 2010,
broschiert, mit CD,
24,90 Euro

Lars Heppert
Coding for Fun mit Python

Haben Sie Lust, künstliches Leben zu erschaffen, Snake nachzuprogrammieren oder einen eigenen Webcrawler zu entwickeln? Dann ist dieses Buch genau das Richtige für Sie!

Lars Heppert kokettiert zwar mit dem Slogan: »Garantiert kein Lehrbuch!«, aber da stapelt er tief: Zu lernen gibt es hier nämlich eine ganze Menge. Allein schon des hohen Spaßfaktors wegen wird das Buch zu einem idealen Begleiter an langen Winterabenden. *c't*

ISBN 978-3-8362-1513-8
www.galileocomputing.de/2260

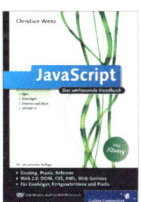

837 S., 10. Auflage
2010, gebunden, mit
DVD, 39,90 Euro

Christian Wenz
JavaScript
Das umfassende Handbuch

Eine gründliche Einführung und viele praktische Beispiele, das zeichnet dieses Handbuch aus! In dieser Auflage wurde das Kapitel zu jQuery deutlich erweitert, neu hinzugekommen sind die Themen Ajax Performance und Ajax Best Practices. JavaScript werden Sie nach der Lektüre verstehen und sicher anwenden können.

Das Buch wird zu einem treuen Wegbegleiter. Von den ersten Schritten in JavaScript bis hin zu fortgeschrittenen Aufgaben. *eStrategy*

ISBN 978-3-8362-1678-4
www.galileocomputing.de/2481

730 S., 2. Auflage
2011, gebunden,
34,90 Euro

dotnetpro
Buchtipp!

Frank Bongers, Maximilian Vollendorf
jQuery
Das Praxisbuch

Das Praxisbuch zu jQuery richtet sich an Webentwickler und -designer, die mit den Grundlagen der Webentwicklung vertraut sind und sich für die Erstellung von dynamischen Websites ohne großen Programmieraufwand interessieren. Alle Methoden werden anhand von kurzen Codebeispielen ausführlich und verständlich erläutert. Darüber hinaus wird auch auf mobile Geräte wie das iPhone eingegangen. Ein gelungenes Werk zum Thema. *dotnetpro, 06/2011*

ISBN 978-3-8362-1810-8
www.galileocomputing.de/2930

iOS, Cocoa, Android, Windows Phone 7, Silverlight

Mobile Entwicklung

1000 S., gebunden,
mit DVD,
39,90 Euro

Kai Surendorf, Markus Hardt
Objective-C 2.0 und Cocoa
Das umfassende Handbuch

Kai Surendorf und Markus Hardt bieten Ihnen wertvolles Praxiswissen, das all Ihre Fragen zu Objective-C und Cocoa beantwortet. So finden Sie schnell Zugang zu Kategorien, Propertys, Protokollen, Ausnahmebehandlung, Memory Management oder Entwicklungswerkzeugen wie XCode sowie Frameworks.

ISBN 978-3-8362-1658-6, Februar 2012
www.galileocomputing.de/2448

500 S., gebunden,
mit CD, 34,90 Euro

Klaus M. Rodewig, Dr. Claus Wagner
Apps entwickeln für iPhone und iPad
Das Praxisbuch

Unsere Autoren zeigen Ihnen, wie Sie schnell zur eigenen App kommen. Dabei werden alle wichtigen Themen in der gebotenen Tiefe mit viel Hintergrundwissen beschrieben. Praktische und direkt nachvollziehbare Beispiele helfen beim Verständnis. Aktuell zu iOS 5 und Xcode 4.2

ISBN 978-3-8362-1463-6, Oktober 2011
www.galileocomputing.de/2191

419 S., 2011,
gebunden, mit
DVD, 34,90 Euro

Thomas Künneth
Android 3
Apps entwickeln mit dem Android SDK

Sie möchten professionelle Apps für Android Tablets und Smartphones entwickeln? Java-Kenntnisse vorausgesetzt, wird Ihnen das durch die verständlichen Erklärungen und zahlreichen Praxisbeispiele schnell gelingen. Ob GUIs, Datenbanken, Kamera, Multimedia, Kontakte oder GPS – hier erfahren Sie alles, was Sie wissen müssen! Aktuell zu Honeycomb und Gingerbread

ISBN 978-3-8362-1697-5
www.galileocomputing.de/2516

410 S., broschiert,
mit DVD, 24,90 Euro

Uwe Post
Android-Apps entwickeln
Ideal für Programmiereinsteiger geeignet

Android-Apps programmieren ohne Vorkenntnisse! Hier lernen Sie auf besonders einfache und unterhaltsame Weise, wie Sie Apps für Android entwickeln. Schritt für Schritt programmieren Sie z. B. ein eigenes Spiel, das sich sehen lassen kann. Die benötigte Software finden Sie auf der DVD, so dass Sie sofort loslegen können!

ISBN 978-3-8362-1813-9, Dezember 2011
www.galileocomputing.de/2950

650 S., gebunden,
mit CD, 39,90 Euro

Karsten Samaschke, Oliver Branies, Wilko Waitz
Entwickeln für Windows Phone 7
Das Praxisbuch

So entwickeln Sie Apps für Windows Phone 7! Sie lernen alle wichtigen Tools und Techniken kennen und erfahren, wie Sie auf die Kamera zugreifen, Medien abspielen, Sensoren nutzen u. v. m. Kenntnisse in Visual C# vorausgesetzt, werden Sie durch die vielen Beispiele schon bald eigene professionelle Apps veröffentlichen! Aktuell zu Mango

ISBN 978-3-8362-1673-9, November 2011
www.galileocomputing.de/2468

1270 S., 2. Auflage,
gebunden, mit DVD,
49,90 Euro

dotnetpro
Buchtipp!

Thomas Claudius Huber
Silverlight 5
2. aktualisierte und erweiterte Auflage

Sie möchten mit Silverlight 5 attraktive RIAs oder Apps für Windows Phone 7 entwickeln? In diesem Buch erfahren Sie alles: von den Grundlagen und XAML über die Datenbindung bis zu Animationen und Multimedia. Durch die vielen Praxisbeispiele sind Sie optimal für Ihre tägliche Arbeit gerüstet!

Das Buch bietet dem Leser einen praxisorientierten Einstieg in die Entwicklung mit Silverlight und XAML.
dotnetpro, 03/2011 zur Vorauflage

ISBN 978-3-8362-1829-0, Dezember 2011
www.galileocomputing.de/2972

IT-Handbuch, Netzwerke, Programmierung

Sascha Kersken

IT-Handbuch für Fachinformatiker
Der Ausbildungsbegleiter

- EDV-Grundlagen, Programmierung, Mediengestaltung
- Praxisorientiertes Lehr- und Nachschlagewerk
- Für die Fachbereiche Anwendungsentwicklung und Systemintegration

CHIP Buchtipp!

1171 S., 5. Auflage 2011, gebunden, 34,90 Euro
ISBN 978-3-8362-1744-6
www.galileocomputing.de/2839

Das Buch vermittelt alle Grundlagen der Informationstechnik, wie sie Fachinformatiker in ihrer Ausbildung benötigen: Computerhardware, Betriebssysteme, Netzwerktechnik, -protokolle und -anwendungen sowie Grundlagen der Programmierung, Datenbanken und Multimedia.

Die Herausforderung, das gesamte IT-Grundwissen in dieses Buch zu packen, ist dem Autor sehr gut gelungen: so ausführlich wie möglich, so kompakt wie nötig. Jedem Einsteiger in die IT-Welt sollte das Buch als Begleiter dienen. CHIP

Harald Zisler

Computer-Netzwerke
Grundlagen, Funktionsweise, Anwendung

350 S., broschiert, 24,90 Euro

Als beruflicher Anwender, Student oder Auszubildender benötigen Sie Grundlagenwissen der modernen Netzwerktechnik. Zusammen mit vielen Praxistipps erfahren Sie hier alles über das OSI-Modell, VLANs, VPN und Funknetze sowie einzelne Netz-Zugangsszenarien wie ISDN, DSL, Glasfaser und Serverhosting von A bis Z.

ISBN 978-3-8362-1698-2, November 2011
www.galileocomputing.de/2515

Bernhard Lahres, Gregor Raýman

Objektorientierte Programmierung
Das umfassende Handbuch

656 S., 2. Auflage 2009, gebunden, 49,90 Euro

Sie möchten sich von Grund auf in die objektorientierte Programmierung einarbeiten? In diesem Buch erlernen Sie alle Prinzipien, anschaulich und verständlich an vielen typischen Beispielen erklärt. Ein größeres Projekt dient dabei der Orientierung, so dass Sie die OOP-Prinzipien in Zukunft konsequent umsetzen werden!

ISBN 978-3-8362-1401-8
www.galileocomputing.de/2103

Marcus Throll, Oliver Bartosch

Einstieg in SQL
Verstehen, einsetzen, nachschlagen

325 S., 4. Auflage 2011, gebunden, mit CD und Referenzkarte, 24,90 Euro

Eine übersichtliche Strukturierung, zahlreiche Praxisbeispiele und die Übungssoftware auf CD machen dieses Buch zum perfekten Lehrwerk für Universität und beruflichen Einsatz. Von der Anlage der Datenbank über Abfragen bis zur Arbeit mit Rechteverwaltung und Automatisierung. Auch zum Selbststudium geeignet

Das Buch eignet sich für den Einstieg im Selbststudium und auch als Referenz für die spätere praktische Arbeit.
dot.NET Magazin

ISBN 978-3-8362-1699-9
www.galileocomputing.de/2514

Bernhard Wurm

Programmieren lernen!
Schritt für Schritt zum ersten Programm

340 S., 2010, broschiert, mit DVD, 24,90 Euro

Sie wünschen sich einen leichten Einstieg in die Programmierung? Sie wollen kleine Programme schreiben und das Erfolgserlebnis haben, dass alles fehlerfrei läuft? Hier lernen Sie, wie ein Programm wirklich funktioniert. Ganz nebenbei lernen Sie die Syntax der Sprache C# kennen. So macht Programmieren Spaß!

ISBN 978-3-8362-1462-9
www.galileocomputing.de/2197

Java 7

600 S., 4. Auflage, broschiert, 19,90 Euro
ISBN 978-3-8362-1662-3, Oktober 2011
www.galileocomputing.de/2452

Bernhard Steppan

Einstieg in Java 7
Eine professionelle und umfassende Einführung

- Java 7 verständlich erklärt
- Mit vielen Beispielen und kommentierten Lösungen
- Programmierung grafischer Oberflächen mit Swing

Java verstehen und anwenden, das ist Ihr Ziel! UnserBuch hält das theoretische und praktische Rüstzeug für Sie bereit. Sie werden mit Grundbegriffen, Sprachelementen und dem objektorientierten Ansatz vertraut gemacht; viele kleine und große Beispiele lassen Sie das Gelernte direkt ausprobieren und nachvollziehen. Als Lernkontrolle sind die vielen Übungen bestens geeignet. AWT, Swing, Servlets oder Datenbankanwendungen: Machen Sie sich auch bei fortgeschrittenen Themen kundig! Unser Java-Bestseller erscheint natürlich aktuell zu Java 7.

1100 S., 10. Auflage, gebunden,
mit DVD, 49,90 Euro
ISBN 978-3-8362-1802-3, Oktober 2011
www.galileocomputing.de/2672

Christian Ullenboom

Java ist auch eine Insel
Das umfassende Handbuch

- Einführung, Praxis, Referenz
- Von Klassen und Objekten zu Datenstrukturen und Algorithmen
- Java verstehen und anwenden

Die 10. Auflage des Java-Kultbuches wurde gründlich überarbeitet zur Java-Version 7. Besonders Java-Einsteiger, Studenten und Umsteiger profitieren von diesem umfassenden Standardwerk. Die Einführung in die Sprache Java ist anschaulich und konsequent praxisorientiert. Die »Insel« lässt auch in dieser Auflage keine Wünsche offen: Neben der Behandlung der Sprache Java gibt es kompakte Einführungen in Spezialthemen. So erfahren Sie einiges über Threads, Swing, Netzwerkprogrammierung, NetBeans, RMI, XML und Java, Servlets und Java Server Pages, JDBC u. v. m.

1100 S., gebunden, mit DVD, 49,90 Euro
ISBN 978-3-8362-1507-7, Oktober 2011
www.galileocomputing.de/2253

Christian Ullenboom

Java 7 – Mehr als eine Insel
Das Expertenbuch zu den Java SE-Bibliotheken

- Fortgeschrittene Themen in bewährter Insel-Qualität
- Java im täglichen Einsatz
- Aktuell zu Java 7

Die Fortsetzung des Java-Kultbuchs für Entwickler! Hier bekommen Sie umfassendes und kompetentes Praxiswissen zu den vielen Bibliotheken und Technologien in einem Band. Am Beispiel konkreter Java-Projekte zeigt Christian Ullenboom, was man wissen muss über Swing, Netzwerk- und Grafikprogrammierung, RMI und Web-Services, JavaServer Pages und Servlets, Applets, JDBC, Reflection und Annotationen, Logging und Monitoring, Java Native Interface (JNI) und vieles mehr. Dieses Buch ist Ihr unersetzlicher Begleiter bei der täglichen Arbeit!

BlueJ, Eclipse, NetBeans

630 S., 2011,
gebunden, mit
DVD, 29,90 Euro

Florian Siebler
Einführung in Java mit BlueJ
Objektorientierte Programmierung für Einsteiger

Sie suchen einen verständlichen und gründlichen Einstieg in die objektorientierte Programmierung mit Java? Dann werden Sie in diesem Buch alles finden, was Sie benötigen: von den Grundlagen über die OOP bis zur Oberflächenentwicklung und vielen weiterführenden Themen. Das Buch ist auch als Kursgrundlage geeignet.

ISBN 978-3-8362-1630-2
www.galileocomputing.de/2411

702 S., 2. Auflage
2009, gebunden,
mit CD, 49,90 Euro

Buchtipp!

Michael Scholz, Stephan Niedermeier
Java und XML
Grundlagen, Einsatz, Referenz

Java und XML bilden das ideale Gespann für die Entwicklung plattformunabhängiger Anwendungen. In diesem Buch finden Sie alles, was Sie dafür benötigen: von den Grundlagen über die entscheidenden APIs wie SAX, JAXP oder StAX bis zum Binding mit JAXB, Webservices und Publishing.

Ein rundum empfehlenswertes Buch.
Entwickler Magazin

ISBN 978-3-8362-1308-0
www.galileocomputing.de/1949

670 S., 2. Auflage
2011, 49,90 Euro

Javamagazin
Buchtipp!

Heiko Böck
NetBeans Platform 7
Das umfassende Handbuch

Heiko Böck beschreibt ausführlich den Aufbau der Plattform, das Zusammenspiel der Komponenten, die verschiedenen Anzeigemöglichkeiten und wie Sie das alles für Ihre eigene Anwendung nutzen. Dabei wechseln sich Erläuterungen und Tutorial-artige Abschnitte ab. Da jedes Kapitel eine thematische Einheit bildet, kann das Buch sehr gut als Referenz genutzt werden. So finden Sie schnell den Einstieg in die Rich-Client-Entwicklung.
Java Magazin

ISBN 978-3-8362-1731-6
www.galileocomputing.de/2620

450 S., 4. Auflage,
gebunden, mit DVD,
34,90 Euro

Thomas Künneth
Einstieg in Eclipse 3.7
Aktuell zu Indigo

Effiziente Java-Entwicklung mit Eclipse: Dieses Buch zeigt Ihnen, wie Sie die Möglichkeiten von Eclipse voll nutzen. Ob Grundlagen, Testen, Plugin- und RCP-Entwicklung, GUI- oder Web-Entwicklung – Sie lernen alles an anschaulichen Praxisbeispielen, so dass Ihnen die Umsetzung in Ihren Projekten mühelos gelingen wird!

ISBN 978-3-8362-1668-5, November 2011
www.galileocomputing.de/2463

Einfach bessere Fotos!

Alles zur Digitalfotografie: Kamera- und Objektivtechnik, Regeln und Prinzipien der Bildgestaltung, Umgang mit Licht und Beleuchtung, Blitzfotografie, Techniken der Scharfstellung und vieles mehr. Dieses Werk ist Ihr Begleiter auf Ihrem fotografischen Weg!

www.GalileoDesign.de/Fotografie

Galileo Design
Know-how für Kreative.

Video-Trainings von Galileo
Lernen durch Zuschauen

| Apple | Webentwicklung | Programmierung | Office |

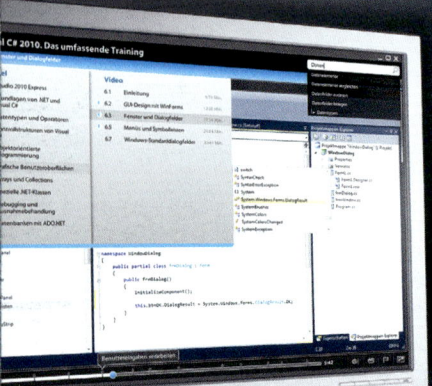

 **Video-Training**

- ✓ Intuitiv lernen durch Zuschauen & Mitmachen
- ✓ Erfahrene Trainer schulen Sie direkt an Ihrem PC
- ✓ Komfortable Navigation
- ✓ Treffsichere Suchfunktion – mit nur einem Klick den gesuchten Lernabschnitt im Video finden
- ✓ Lesezeichen mit Notizfunktion
- ✓ Direkte Teilnahme im »Live-Modus«

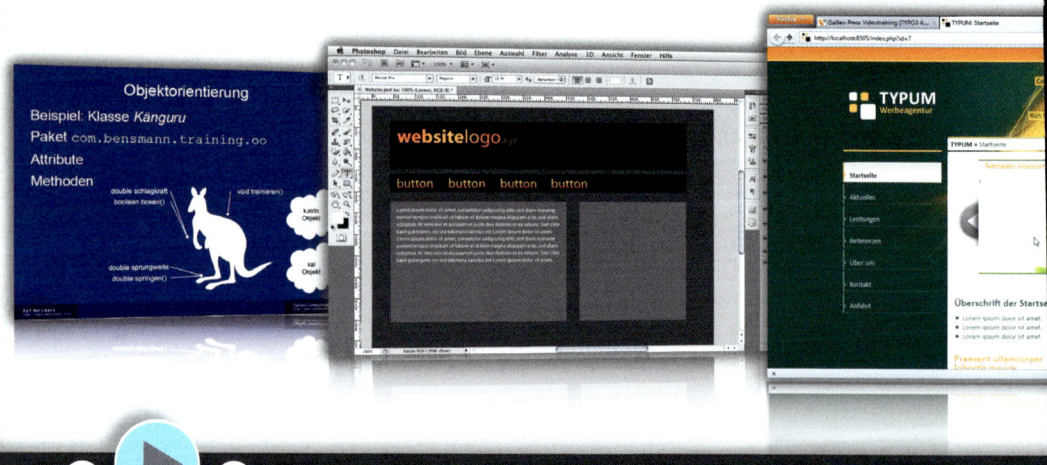

» **www.galileo-videotrainings.de**

Programmierung, C++, Qt

Jürgen Wolf

C++ von A bis Z
Das umfassende Handbuch

- Das Lehr- und Nachschlagewerk
- Für Einsteiger: ANSI C++ verstehen und anwenden
- Für Profis: Netzwerkprogrammierung, GUI- und Multimedia-Bibliotheken

Dieses Buch ist als Lehr- und Nachschlagewerk angelegt: Es bietet einen sehr ausführlichen Einstieg in die Sprache C++ und die Objektorientierung. Darüber hinaus enthält es umfangreiche Kapitel zu professionellen C++-Themen, wie etwa Socketprogrammierung und Cross-Plattform-Entwicklung oder GUI- und Multimedia-Entwicklung. Das ausgewogene didaktische Konzept und die herausragende fachliche Qualität machen es zu einem unentbehrlichen Begleiter in Studium und Beruf.

Empfehlung der Redaktion!
IT-Szene München

1247 S., 2. Auflage 2009, gebunden, mit CD, 39,90 Euro
ISBN 978-3-8362-1429-2
www.galileocomputing.de/2156

509 S., 4. Auflage 2009, gebunden, mit CD, 24,90 Euro

Arnold Willemer
Einstieg in C++

Sie suchen einen fundierten und gut verständlichen Einstieg in C++? Dann ist dieses Buch das Richtige für Sie. Von den Sprachgrundlagen und der objektorientierten Programmierung bis zu fortgeschrittenen Themen wie der Standard Template Library (STL) lernen Sie an vielen Beispielen und Übungen alles, was Sie wissen müssen!

ISBN 978-3-8362-1385-1
www.galileocomputing.de/2083

818 S., 2. Auflage 2010, gebunden, mit DVD, 49,90 Euro

entwickler magazin
Buchtipp!

Jürgen Wolf
Qt 4.6 – GUI-Entwicklung mit C++
Das umfassende Handbuch

Ob Skype, Google Earth oder Opera – viele professionelle GUI-Anwendungen werden mit Qt entwickelt. Dieses Buch beschreibt die Grundlagen praxisnah und verständlich; C++-Entwickler und Einsteiger kommen voll auf ihre Kosten.

Es handelt sich mit Sicherheit um das aktuellste und beste deutschsprachige Qt-Buch für Einsteiger.
Entwickler Magazin

ISBN 978-3-8362-1542-8
www.galileocomputing.de/2308

400 S., 2. Auflage, broschiert, mit DVD, 24,90 Euro

dotnetpro
Buchtipp!

André Willms
Spielend C++ lernen
oder wie man Käfern Beine macht

Programmieren macht Spaß!

Das Buch *Spielend C++ lernen... oder wie man Käfern Beine macht* richtet sich an junge Leute, die das Programmieren lernen möchten. Autor André Willms hat nicht nur mehrere Bücher über C++ geschrieben, sondern hat auch Erfahrungen mit Programmierkursen für Jugendliche. Anhand eines Abenteuerspiels rund um den Käfer Scara vermittelt Willms, was der Leser zum Programmieren mit C++ braucht.
dotnetpro, 04/2010 zur Vorauflage

ISBN 978-3-8362-1818-4, November 2011
www.galileocomputing.de/2958

354 S., 2010, broschiert, mit CD, 24,90 Euro

Arnold Willemer
Coding for Fun mit C++

Das Ü-Ei für C++-Programmierer! Wenn Sie Spiel und Spaß mögen, sind Sie hier genau richtig! Angesichts von schrägen Arcade-Abenteuern oder komplett größenwahnsinnigen Programmen bleibt garantiert kein Auge trocken. Schokolade können wir Ihnen zwar leider nicht bieten, dafür aber immerhin ein überfahrenes Eichhörnchen.

ISBN 978-3-8362-1512-1
www.galileocomputing.de/2259

C, C++, UML, XML

1190 S., 3. Auflage 2009, gebunden, mit CD und Referenzkarte, 39,90 Euro

dotnetpro Buchtipp!

Jürgen Wolf
C von A bis Z
Das umfassende Handbuch

Alle wesentlichen Aspekte der Sprache werden tiefgehend dargestellt und durch gute Abbildungen unterstützt. Der Autor blickt aber über den Tellerrand hinaus und widmet den Themen Algorithmen, Datenbankprogrammierung, paralleles Rechnen und Netzwerkprogrammierung ein eigenes Kapitel. Zielgruppe dieses Buches sind Einsteiger und Fortgeschrittene. dot.NET Magazin

ISBN 978-3-8362-1411-7
www.galileocomputing.de/2132

1344 S., 4. Auflage 2008, gebunden, mit CD, 39,90 Euro

Ulrich Kaiser, Christoph Kecher
C/C++
Das umfassende Lehrbuch

Unser Standardwerk zu C/C++ ist Lehrbuch und Nachschlagewerk zugleich. Es vermittelt umfangreiche C/C++-Kenntnisse und die Grundlagen der Informatik. Der ideale Begleiter für Studenten und Leser, die im Selbststudium lernen möchten!

ISBN 978-3-89842-839-2
www.galileocomputing.de/1299

406 S., 2010, Taschenbuch, 9,90 Euro

Jürgen Wolf
Grundkurs C
C-Programmierung verständlich erklärt

Kompaktes C-Wissen im praktischen Taschenbuch-Format. Alle Sprachgrundlagen werden kurz und übersichtlich dargestellt; Übersichtstabellen und eine Funktionsreferenz machen das Buch zum praktischen Begleiter. Auch Einsteiger lernen schnell, ihre ersten Programme zu schreiben, Übungsaufgaben in drei Schwierigkeitsstufen helfen bei der Lernkontrolle.

ISBN 978-3-8362-1546-6
www.galileocomputing.de/2312

413 S., 2011, Taschenbuch, 9,90 Euro

PC WELT Buchtipp!

Jürgen Wolf
Grundkurs C++
C++-Programmierung verständlich erklärt

Das gesamte Grundwissen zu C++ im praktischen Taschenbuchformat. Vom ersten einfachen Programm bis zu komplexen Anwendungen.

Wer schnell und komprimiert die Grundlagen von C++ lernen will, ohne durch Nebensächliches oder unterhaltende Elemente abgelenkt zu werden, liegt mit diesem Buch richtig. PC-WELT

ISBN 978-3-8362-1547-3
www.galileocomputing.de/2313

448 S., 4. Auflage 2011, gebunden, mit CD und Poster, 29,90 Euro

Christoph Kecher
UML 2
Das umfassende Handbuch

Von den Grundlagen bis zum professionellen Einsatz erfahren Sie alles, was Sie für eine erfolgreiche Softwareentwicklung wissen müssen. Die UML 2-Superstructure, alle Diagrammtypen, Konzepte und Elemente werden ausführlich vorgestellt und jederzeit durch Praxisbeispiele veranschaulicht. Das Buch behandelt den aktuellen UML-Standard.

ISBN 978-3-8362-1752-1
www.galileocomputing.de/2647

619 S., 6. Auflage 2011, gebunden, mit CD, 34,90 Euro

Helmut Vonhoegen
Einstieg in XML
Grundlagen, Praxis, Referenz

XML für Anwendungsentwicklung und E-Publishing! Leicht nachvollziehbar und mit vielen Praxisbeispielen lernen Sie alle wichtigen Themen kennen, wie z. B. Validierung mit DTD und XML Schema, Transformation mit XSLT, Formatierung mit CSS und XSL, Mapping mit Datenbanken, die Programmierschnittstellen DOM und SAX u. v. m.

Wer sich beruflich in XML einarbeiten will, kommt an diesem neuen Standardbuch nicht vorbei. Media-Mania

ISBN 978-3-8362-1711-8
www.galileocomputing.de/2530

Visual Studio, WPF

Matthias Geirhos
Professionell entwickeln mit Visual C# 2010
Das Praxisbuch

- Alle Phasen vom Entwurf bis zum Deployment
- Best Practices, echte Fallbeispiele, Technologieempfehlungen
- Inkl. objektorientierte Analyse und Design, SOA, TPL, Debugging, Refactoring, Transaktionen, LINQ, ADO.NET, Performance, Unit Tests u. v. m.

Das Buch ist ein Kraftpaket: Von der Planung, Konzeption, Vorbereitung, Testerstellung bis hin zur Veröffentlichung – Geirhos öffnet Bände des Wissens und der Berufserfahrung. Diese leicht zu lesende und zugleich spannende Lektüre hat sein Eigengewicht redlich verdient.

Geirhos eröffnet Wege zur eigenen Verbesserung von angewendeten Methoden und Wissen. Die Praxisbeispiele eröffnen uns wichtige Einblicke, warum etwas in seiner Gesamtheit gut oder weniger hilfreich ist. Dieses Buch gehört definitiv ins Regal eines C#-Programmierers. MCSE Magazine

896 S., 2011, gebunden, mit CD, 49,90 Euro
ISBN 978-3-8362-1474-2
www.galileocomputing.de/2212

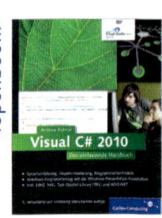

Andreas Kühnel
Visual C# 2010
Das umfassende Handbuch

Der ideale Begleiter für Ihre tägliche Arbeit! Hier finden Sie geballtes C#-Wissen: von den Sprachgrundlagen und OOP über Klassendesign, LINQ und Multithreading bis zur Oberflächenentwicklung mit WPF und Datenbankanbindung mit ADO.NET.

Auf knapp 1.300 Seiten verspricht der Autor alles, was der Leser für die tägliche Arbeit mit C# wissen muss. iX Programmieren heute

1295 S., 5. Auflage 2010, gebunden, mit DVD, 49,90 Euro

Buchtipp!

ISBN 978-3-8362-1552-7
www.galileocomputing.de/2322

Thomas Claudius Huber
Windows Presentation Foundation
Das umfassende Handbuch

Ob Grundlagen, XAML, GUI-Entwicklung, Datenbindung, Animationen, Multimedia oder Migration – hier finden Sie auf jede Frage eine Antwort! Dieses Buch ist sowohl zum Einstieg als auch als Nachschlagewerk optimal geeignet.

Interessant ist das Handbuch für alle, die die WPF nutzen oder sie demnächst einsetzen. dotnetpro, 10/2010

1236 S., 2. Auflage 2010, gebunden, mit DVD und Referenzkarte, 49,90 Euro

Buchtipp!

ISBN 978-3-8362-1538-1
www.galileocomputing.de/2304

André Willms
Visual C++ 2010
Das umfassende Handbuch

Alles, was Sie über Visual C++ 2010 wissen müssen, finden Sie in diesem Buch. Egal, ob objektorientierte Programmierung mit ANSI-C++ und C++/CLI, GUI- und Datenbankentwicklung oder die professionelle Entwicklung mit Visual Studio – alles wird verständlich und an typischen Beispielen erklärt.

931 S., 2011, gebunden, mit DVD, 49,90 Euro

msdn
Buchtipp!

ISBN 978-3-8362-1639-5
www.galileocomputing.de/2422

H. R. Wieland
Computergeschichte(n) – nicht nur für Geeks
Von Antikythera zur Cloud

Eine spannende Reise durch die Geschichte der Hardware und Software-Entwicklung, in deren Verlauf vielfältige Computeranwendungen vorgestellt werden – die kann Laien wie Fachleute schon ins Schwelgen bringen. Ein tolles Buch, populärwissenschaftlich im besten Sinne, spannend und lehrreich [...]: Ein guter Kandidat zum Verschenken und Sich-Selber-Schenken. c't

605 S., 2011, broschiert, mit DVD, 29,90 Euro

ISBN 978-3-8362-1527-5
www.galileocomputing.de/2285

Visual Studio, IT-Projektmanagement

467 S., 2010, broschiert, mit DVD, 24,90 Euro

dotnetpro Buchtipp!

Thomas Theis

Einstieg in Visual C# 2010
Für Programmieranfänger geeignet

Thomas Theis führt den Leser mit seinem Buch auf klassische und leicht verständliche Weise in die Programmiersprache C# ein. Das Buch richtet sich gezielt an angehende Entwickler. Durch die zahlreichen Schritt-für-Schritt-Anleitungen und Übungsaufgaben eignet sich das Buch sehr gut zum Selbststudium.
dotnetpro, 09/2010

ISBN 978-3-8362-1611-1
www.galileocomputing.de/2386

467 S., 2. Auflage 2010, broschiert, mit DVD, 24,90 Euro

dotnetpro Buchtipp!

<openbook>

Thomas Theis

Einstieg in Visual Basic 2010
Programmieren lernen leicht gemacht

Sie möchten Visual Basic lernen? Von den Grundlagen über die OOP bis hin zu Datenbank- und Internetanwendungen werden alle wichtigen Themen erläutert.
Der Programmierkurs führt den Leser vom Basiswissen für Einsteiger bis zu grundlegenden Kenntnissen im Umgang mit Datenbanken und der Webprogrammierung und verdient dafür die Note »Gut«. dotnetpro, 08/2010

ISBN 978-3-8362-1541-1
www.galileocomputing.de/2307

190 S., 2011, Taschenbuch, 12,90 Euro
ISBN 978-3-8362-1773-6, September 2011
www.galileocomputing.de/2875

Matthias Geirhos

IT-Projektmanagement
Was wirklich funktioniert – und was nicht

▸ IT-Projekte erfolgreich planen, durchführen und abschließen
▸ Praxisbewährte Lösungen für typische Probleme
▸ Inkl. zahlreicher Fallbeispiele, Projektvorlagen und Checklisten

Effektives IT-Projektmanagement, mit dem alle Projekte auf Kurs bleiben, ist wohl die Hoffnung jedes Projektleiters. In diesem Buch finden Sie die wichtigsten Antworten. Der langjährige Entwicklungsleiter Matthias Geirhos lässt Sie an seinen eigenen Projekten und Erfahrungen teilhaben und zeigt Ihnen anschaulich und unterhaltsam, welche Maßnahmen sich in der Praxis bewährt haben und was Sie besser nicht tun sollten. Zahlreiche Checklisten, Tipps und Tricks helfen Ihnen dabei schnell und konkret, Ihr Projekt auf Kurs zu bringen und erfolgreich abzuschließen!

SAP-Know-how für Anwender

Mit unseren **SAP-Grundkursen** lernen Sie, das SAP-System schnell und problemlos zu bedienen. Alle Bände sind verständlich und leicht nachvollziehbar durch detaillierte Schritt-für-Schritt-Anleitungen, Übungen und Beispiele.

www.SAP-PRESS.de

Galileo Press

Linux, Ubuntu, Debian

1118 S., 6. Auflage
2011, gebunden, mit
2 DVDs, 39,90 Euro

Buchtipp!

Marcus Fischer
Ubuntu GNU/Linux
Das umfassende Handbuch, aktuell zu Ubuntu 11.04 »Natty Narwhal«

So geht Ubuntu! Kompetent und leicht verständlich vermittelt Ihnen das Handbuch alles zur Version 11.04 »Natty Narwhal«. Von der Installation und Konfiguration über Paketverwaltung und Shell bis hin zu Kernelkompilierung, Virtualisierung und Serverbetrieb. Mit über 300 Praxistipps!

Für Einsteiger bis zum nachschlagenden Profi! iX

ISBN 978-3-8362-1765-1
www.galileocomputing.de/2751

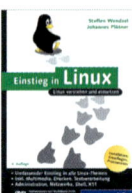

424 S., 4. Auflage
2010, broschiert, mit
DVD, 24,90 Euro

Steffen Wendzel, Johannes Plötner
Einstieg in Linux
Linux verstehen und einsetzen

Dieses Buch ist für Linux-Einsteiger geeignet, die etwas wissen wollen über die Bedienung gängiger Anwendersoftware unter Linux (wie OpenOffice.org, LaTeX, KDE u. v. m.), aber auch keine Angst haben vor Administration, Shell oder der Netzwerkkonfiguration. Sie bekommen praktisches Wissen, das sie befähigt, sicher mit Linux zu arbeiten.

ISBN 978-3-8362-1606-7
www.galileocomputing.de/2381

786 S., 4. Auflage
2011, gebunden, mit
DVD, 39,90 Euro

Heike Jurzik
Debian GNU/Linux
Das umfassende Handbuch

Dieses Buch ist der ideale Begleiter, wenn Sie das aktuelle Debian »Squeeze« von Grund auf kennenlernen wollen. Es behandelt alle wichtigen Themen – angefangen bei der Installation über die Anwendung bis zur Administration. Mit vielen Tipps und Schritt-für-Schritt-Anleitungen sind Sie auch bei der professionellen Anwendung optimal beraten!

ISBN 978-3-8362-1694-4
www.galileocomputing.de/2510

925 S., 2011,
broschiert, mit
DVD, 39,90 Euro

Arnold Willemer
Linux-Server einrichten und administrieren mit Debian 6 GNU/Linux

So richten Sie mit Debian GNU/Linux erfolgreich einen Server ein. Zahlreiche Workshops zeigen Ihnen praxisnah den Einsatz als Backoffice- oder Root-Server, als Gateway oder Security-Server u. v. m. Lernen Sie alle Anwendungsbereiche kennen und erlernen Sie ganz nebenbei die Grundlagen einer Linux-Administration.

ISBN 978-3-8362-1653-1
www.galileocomputing.de/2443

1300 S., 5. Auflage, gebunden,
mit 2 DVDs, 49,90 Euro
ISBN 978-3-8362-1822-1, November 2011
www.galileocomputing.de/2963

Steffen Wendzel, Johannes Plötner
Linux
Das umfassende Handbuch

- Grundlagen, Praxis, Kommandoreferenz
- Linux als Workstation: Multimedia, Office, GNOME, KDE, X11
- Kernel, Shell, Netzwerk- und Systemadministration, Sicherheit

Dieses Handbuch bietet Ihnen nahezu vollständiges Linux-Wissen. Es erklärt, wie man Linux als leistungsstarke Workstation nutzen kann und widmet sich ausführlich professionelleren Themen. Das Buch ist geeignet für Nutzer aller gängigen Linux-Distributionen. Die beiliegenden Multiboot-DVDs enthalten eine große Auswahl an Linux-Systemen.

PC WELT
Buchtipp!

Hochkarätige Lektüre! Das Buch beschäftigt sich umfassend mit allen Aspekten von Linux. EasyLinux

Das Buch bietet sehr viele Inhalte rund um die Linux-Welt. Es gibt wohl kaum ein Bereich, der nicht zur Sprache kommt. Ich halte das Buch für eine großartige Leistung. ubuntublog.ch

Linux-Server, Hochverfügbarkeit, Apache, Shell

Dirk Deimeke, Stefan Kania, Charly Kühnast, Stefan Semmelroggen, Daniel van Soest

Linux-Server
Das Adminstrationshandbuch

IT-Administrator Buchtipp!

- Linux-Server distributionsunabhängig einrichten und administrieren
- Backup, Sicherheit, Samba, LDAP, Webserver, Mailserver, Datenbanken
- Inklusive sofort einsetzbarer Praxislösungen

815 S., 2011, gebunden, 49,90 Euro
ISBN 978-3-8362-1469-8
www.galileocomputing.de/2205

Der »Kofler« war jahrelang das Synonym für die beste deutsche Publikation zum Thema Linux. Doch im Kofler blieben einige Fragen, die insbesondere im professionellen Bereich relevant sind, offen. Das Autorenteam hat sich zur Aufgabe gestellt, den Administratoren eine neue Bibel zu schenken. Der Lektor schreibt: »Es geht nichts über ein Buch, in dem man zuverlässige Informationen darüber erhält, wie eine benötigte Lösung in die bestehende Infrastruktur optimal implementiert, konfiguriert und sicher administriert wird.« Mit einem Nicken bleibt dem nichts hinzuzufügen. IT-Administrator

---

454 S., 2011,
gebunden,
49,90 Euro

Empfehlung

Oliver Liebel
Linux Hochverfügbarkeit
Einsatzszenarien und Praxislösungen

Profitieren Sie als Administrator von den praxiserprobten Setups und dem technischen Background des Autors.

Ein wirklich lohnenswertes Buch für Linux-Admins im Unternehmen. Der Autor beschreibt unterhaltsam und sehr informativ viele Details zum Aufbau lokaler oder netzwerkbasierter Hochverfügbarkeits-Systeme und spart nicht mit Praxisbeispielen.
SearchSecurity

ISBN 978-3-8362-1339-4
www.galileocomputing.de/1999

497 S., 2. Auflage
2011, gebunden, mit
CD, 39,90 Euro

IT-Administrator Buchtipp!

Klaus M. Rodewig
Webserver einrichten und administrieren

Das Buch unterstützt Sie bei der Planung, Installation und Konfiguration eines eigenen Webservers auf der Basis des Betriebssystems Linux.

Egal, ob der Leser Anwender oder IT-Administrator im Webserver-Bereich ist: Die Inhalte dieses Buches halten die Versprechen auf dem Klappentext ein. Am Aufbau der sauberen Darstellung und dem hohen Praxisbezug gibt es nichts auszusetzen. IT-Administrator

ISBN 978-3-8362-1708-8
www.galileocomputing.de/2529

808 S., 3. Auflage
2010, gebunden,
mit CD, 39,90 Euro

Empfehlung

Jürgen Wolf
Shell-Programmierung
Das umfassende Handbuch

Die Shell-Programmierung ist das ABC eines jeden Linux-Anwenders und System-Administrators. Dieses umfassende Handbuch bietet alles, was man zur Shell-Programmierung wissen muss.

Der Leser bekommt ein umfangreiches Werk zur Shell-Programmierung. Sehr gut ist die konsequente Umsetzung eines einheitlichen Shellprompts gelungen, hier scheitern andere Bücher.
Linux Magazin

ISBN 978-3-8362-1650-0
www.galileocomputing.de/2440

1000 S., 4. Auflage,
gebunden, mit DVD,
49,90 Euro

Sascha Kersken
Apache 2.4

Neu

Das deutschsprachige Standardwerk zu Apache! Neben den Grundlagen der Konfiguration und Anwendung werden alle Optionen umfassend dargestellt. Auch zu allen professionellen Themen und Neuerungen von Apache 2 wie Multiprotokollsupport, Load Balancing, Entwicklung von eigenen Modulen, CGI, PHP und Tomcat finden Sie ausführliche Hilfe.

ISBN 978-3-8362-1777-4, Dezember 2011
www.galileocomputing.de/2632

Bücher zu LPIC-1 und LPIC-2 erscheinen im Frühjahr 2012

Microsoft Windows, Server, Netzwerke

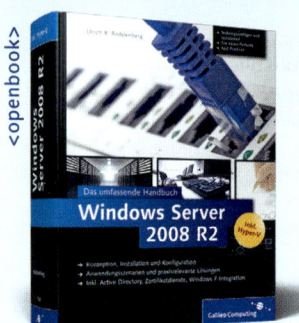

<openbook>

1410 S., 3. Auflage 2010,
gebunden, 59,90 Euro
ISBN 978-3-8362-1528-2
www.galileocomputing.de/2286

Ulrich B. Boddenberg
Windows Server 2008 R2
Das umfassende Handbuch

IT-Administrator Buchtipp!

- Konzeption, Installation und Konfiguration
- Anwendungsszenarien und praxisrelevante Lösungen
- Inkl. Active Directory, Zertifikatdienste, Windows 7-Integration, Virtualisierung mit Hyper-V, SharePoint

Das Handbuch vom branchenweit anerkannten Experten! Ob Hyper-V, Active Directory, Remotedesktopdienste, IIS, SharePoint Services, Hochverfügbarkeit oder Sicherheit: Hiermit erledigen Sie alle Aufgaben rund um Windows Server!

Wer Windows Server 2008 R2 professionell einsetzt, wird nicht auf ein umfassendes Nachschlagewerk verzichten wollen. Das Buch von Ulrich B. Boddenberg erfüllt alle Ansprüche, die der Leser an so einen Titel stellen kann. IT-Administrator

---

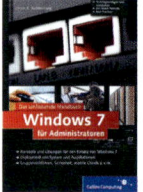

804 S., 2010,
gebunden,
49,90 Euro

Buchtipp!

Ulrich B. Boddenberg
Windows 7 für Administratoren
Das umfassende Handbuch

Ulrich B. Boddenberg liefert Ihnen die technischen Grundlagen und Informationen zu Themen wie Deployment, Sicherheit, Management mit Gruppenrichtlinien, Anbindung mobiler Clients oder den Umgang mit SCCM.

Das Buch wendet sich konsequent an professionelle Anwender. Ein solides und umfassendes Handbuch und Nachschlagewerk für Administratoren und IT-Berater. PC-WELT

ISBN 978-3-8362-1501-5
www.galileocomputing.de/2242

456 S., 2011,
gebunden, mit
Poster, 59,90 Euro

msdn Buchtipp!

Markus Widl
BizTalk Server 2010
Administration, Entwicklung und Einsatz

Wie Sie mit BizTalk Server Geschäftsprozesse integrieren, automatisieren und verwalten, zeigt Ihnen dieses Buch. Neben der Installation und Konfiguration des Servers führt es Sie in die Entwicklung von BizTalk-Anwendungen ein. Dabei vermittelt es auch fortgeschrittenes Arbeiten (Webservices, SharePoint-Anbindung) an sofort einsetzbaren Praxisszenarien.

ISBN 978-3-8362-1545-9
www.galileocomputing.de/2311

1215 S., 4. Auflage
2011, gebunden,
59,90 Euro

Dirk Mertins, Jörg Neumann, Andreas Kühnel
SQL Server 2008 R2
Das Programmierhandbuch

Das Buch gehört für mich eindeutig zu den besten deutschsprachigen SQL Server 2008 R2-Kompendien. Der Leser erhält einen rundherum gelungenen Überblick über die Programmierung. Die Autoren beginnen mit der Installation, gefolgt von der Datenmodellierung und T-SQL-Entwicklung hin zu .NET CLR und XML-Themen und enden bei der Datenzugriffsprogrammierung über ADO.NET und LINQ.

InsideSQL.org – Frank Kalis

ISBN 978-3-8362-1693-7
www.galileocomputing.de/2503

598 S., 2011,
broschiert, mit
CD, 29,90 Euro

dotnetpro Buchtipp!

Daniel Caesar, Michael R. Friebel
Microsoft SQL Server 2008 R2
Schnelleinstieg für Administratoren und Entwickler

Egal, ob Sie SQL Server administrieren oder sichere Anwendungen dafür entwickeln wollen: mit diesem Einstieg beherrschen Sie schnell zentrale Themen wie Serversicherheit, Hochverfügbarkeit und Skalierbarkeit oder wichtige Grundlagen in T-SQL, Powershell und Scripting.

Der Schnelleinstieg liefert einen gelungenen Gesamtüberblick, der die wichtigsten Möglichkeiten von SQL-Server in einfacher und verständlicher Form abdeckt. dotnetpro, 04/2011

ISBN 978-3-8362-1596-1
www.galileocomputing.de/2344

Microsoft SharePoint, Oracle PL/SQL, MySQL

1100 S., 2. Auflage,
gebunden, mit CD,
59,90 Euro

Ulrich B. Boddenberg
Microsoft SharePoint Server 2010 und SharePoint Foundation 2010
Das Lösungsbuch für Administratoren und Entwickler

Das Standardwerk, wenn Sie sich als Administrator, Entwickler oder Berater mit der Umsetzung intelligenter webbasierter Collaboration-Lösungen beschäftigen. Ob Workflows, (Daten-)Integration, Entwicklung für SharePoint, Web-Content-Management oder Enterprise Search: Hier finden Sie alles – vom Praktiker für Praktiker!

ISBN 978-3-8362-1655-5, November 2011
www.galileocomputing.de/2445

543 S., 2011,
gebunden,
49,90 Euro

Fabian Moritz, René Hézser
Praxisbuch SharePoint-Entwicklung
Aktuell zu SharePoint 2010

Nutzen Sie als Entwickler SharePoint als Ihre Entwicklungsplattform! Ob Sie die Grundlagen oder fortgeschrittene Techniken erlernen wollen: Mit diesem Praxisbuch setzen Sie benutzerdefinierte SharePoint-Foundation-Anwendungen um und entwickeln Benutzeroberflächen, Zusammenarbeits-, CMS-, Workflow- oder Such-Lösungen.

ISBN 978-3-8362-1468-1
www.galileocomputing.de/2204

625 S., 2011,
gebunden,
59,90 Euro

Jan Henrik Boltz, Peggy Hoffmann
Business Intelligence mit SharePoint 2010 und SQL-Server 2008 R2
Das umfassende Handbuch für Administratoren und Poweruser

Poweruser und Administratoren erfahren in diesem Buch, wie sie die BI-Funktionen, die SharePoint in Verbindung mit SQL Server bietet, für das eigene Unternehmen optimal nutzen und bereitstellen. Von der Wahl des passenden BI-Features über Konfiguration und Integration bietet das Buch BI-Praxiswissen aus nächster Nähe.

ISBN 978-3-8362-1660-9
www.galileocomputing.de/2449

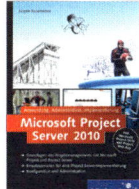

869 S., 2010,
gebunden,
49,90 Euro

Jürgen Rosenstock
Microsoft Project Server 2010
Anwendung, Administration, Implementierung. Inkl. Microsoft Project 2010 und Project Web App

Wer auf der Suche nach einem deutschsprachigen Gesamt-Leitfaden zur Einrichtung, Nutzung und Wartung von Microsoft Project 2010 ist, für den führt derzeit kein Weg am gleichnamigen Buch vorbei. Aufgrund seiner projekterfahrenen Autorenschaft wird kein Fallstrick bei der Nutzung übersehen. CHIP

ISBN 978-3-8362-1539-8
www.galileocomputing.de/2306

881 S., 2010,
gebunden,
69,90 Euro

Jürgen Sieben
Oracle PL/SQL
Das umfassende Handbuch

Alles, was Sie benötigen, um mit PL/SQL den maximalen Nutzen für Ihren Anwendungsfall zu finden. Dafür sorgen die gründliche Einführung in Aufbau und Syntax von PL/SQL, hilfreiche Anregungen zum Einsatz und zur Verbesserung Ihres Codes sowie ausführliche Workshops mit Praxisbezug.

ISBN 978-3-8362-1452-0
www.galileocomputing.de/2183

750 S., 2011,
gebunden, mit
DVD, 49,90 Euro

Stefan Pröll, Eva Zangerle, Wolfgang Gassler
MySQL
Das Handbuch für Administratoren

Wie Sie als Administrator MySQL installieren, konfigurieren und in der Praxis verwalten, erfahren Sie hier. Von Performance- und Abfrageoptimierung über Zusatz-Tools bis hin zu Sicherheit werden alle wichtigen Themen erläutert. Aktuell zu MySQL 5.5 und 5.6 – inkl. umfassender Befehlsreferenz zum Nachschlagen und großer Beispieldatenbank auf DVD

ISBN 978-3-8362-1715-6
www.galileocomputing.de/2533

VMware, Citrix, VirtualBox, OpenVPN

Nico Lüdemann
Citrix XenApp 6 und XenDesktop 5
Das Praxishandbuch für Administratoren

Buchtipp!

608 S., 4. Auflage 2011,
gebunden, 59,90 Euro
ISBN 978-3-8362-1667-8
www.galileocomputing.de/2465

Dieses Buch bietet eine detaillierte Anleitung für die optimale Konfiguration und die Administration von Citrix XenApp 6 und Citrix XenDesktop 5. Verwaltungsstruktur, Installation, Konfiguration und das Zusammenspiel der beiden Produkte werden ausführlich erläutert. Mit Kapiteln zum Troubleshooting und Best Practices.

Das Buch kann als Standardwerk zum Thema bezeichnet werden.

Es hat seine besonderen Stärken bei der Konzeption und der optimalen Einrichtung eines Citrix-Systems. IT-Administrator Nico Lüdemann bietet im Buch eine außergewöhnlich lösungsorientierte Herangehensweise an ein doch sehr komplexes Thema an. Kompetent und praxisnah schildert er anhand eines durchgehenden Beispiels die Installation und Konfiguration von XenApp. CHIP

D. Zimmer, B. Wöhrmann, C. Schäfer, G. Baumgart, S. Wischer, O. Kügow
VMware vSphere 4
Das umfassende Handbuch

1052 S., 2010,
gebunden,
89,90 Euro

Buchtipp!

Wenn Sie Ihre IT-Infrastruktur mit vSphere 4 noch effizienter auslasten, einfacher administrieren und so Kosten sparen wollen, dann ist dieses Buch Ihr unverzichtbarer Begleiter!

Das Buch ist als Gesamtwerk eine wahre Fundgrube an Wissen. Für VMware-Admins ist das Buch im Moment das Standardwerk zu vSphere 4. IT-Administrator

ISBN 978-3-8362-1450-6
www.galileocomputing.de/2179

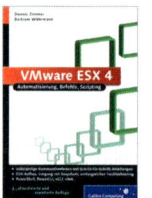

Dennis Zimmer, Bertram Wöhrmann
VMware ESX/ESXi 4
Automatisierung, Befehle, Scripting

Administrieren Sie mit diesem Buch ESX-/ESXi-Server besonders effizient! Arbeiten Sie mit ESX-, Linux- und PowerCLI-Befehlen, und erledigen Sie auch ohne Skriptkenntnisse Aufgaben wie Installation, Konfiguration, Protokollauswertungen, Fehlersuche, Sicherung etc. noch schneller.

687 S., 3. Auflage 2010, gebunden, 69,90 Euro

Buchtipp!

Das Buch ist vor allem als Nachschlagewerk für die tägliche, administrative Arbeit geeignet. Entwickler Magazin

ISBN 978-3-8362-1644-9
www.galileocomputing.de/2427

Dirk Becker
VirtualBox
Installation, Anwendung, Praxis

327 S., 2. Auflage 2011, gebunden, 29,90 Euro

Buchtipp!

Virtualisieren Sie Ihren Desktop ganz einfach unter Windows oder Linux. Von der Installation bis zum Steuern der virtuellen Maschinen über die Kommandozeile beantwortet dieses Buch alle Fragen zum Einsatz von VirtualBox 4 auf privaten Rechnern und im Unternehmen. Inkl. getesteter Praxisszenarien und Troubleshooting

Das Buch bietet eine Fülle an Informationen, die die Arbeit mit VirtualBox deutlich erleichtern. linuxUSER

ISBN 978-3-8362-1778-1
www.galileocomputing.de/2883

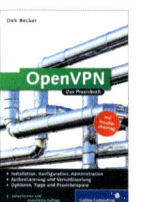

Dirk Becker
OpenVPN
Das Praxisbuch

Sorgen Sie für jederzeit sichere Verbindungen – im Unternehmen oder zuhause: Mit diesem Buch bauen Sie Schritt für Schritt Ihr VPN-Netzwerk auf, konfigurieren und verwalten es. Ob bewährte Konfigurationen, sofort einsetzbare Skripte oder fertige Lösungen im Fehlerfall: So machen Sie OpenVPN zur rundum sicheren Sache.

296 S., 2. Auflage 2011, gebunden, 39,90 Euro

Buchtipp!

Kurz, knapp und präzise gibt der Autor eine Anleitung für den Umgang mit OpenVPN. IT-Administrator

ISBN 978-3-8362-1671-5
www.galileocomputing.de/2466

Mac OS X Lion, PC-Netzwerke, Excel 2010

1000 S., gebunden,
39,90 Euro

Buchtipp!

Kai Surendorf
Mac OS X Lion
Inkl. Mac OS X Server

Mit diesem Buch lernen Sie, Ihren Mac optimal zu bedienen und zu konfigurieren, sicher Benutzer, Netzwerke und Drucker zu administrieren sowie Aufgaben zu automatisieren und Probleme selbstständig zu lösen.

Ein umfangreicher Schmöker zu Mac OS X 10.6, mit dem der Galileo-Verlag erneut seine Qualität beweist. mac life zur Vorauflage

ISBN 978-3-8362-1791-0, Oktober 2011
www.galileodesign.de/2663

556 S., gebunden,
mit Referenzkarte, 44,90 Euro

MAC L!FE
Buchtipp!

Kai Surendorf
Mac OS X und UNIX
Automatisierung, Administration, Netzwerke

Kai Surendorf führt Mac OS X-Nutzer in die produktive Arbeit mit »Darwin«, dem UNIX-Kern des Betriebssystems, ein. Das Buch behandelt alle Aspekte, die der Mac OS X-Nutzer wissen muss, um die UNIX-Seite seines Betriebssystems effektiv nutzen zu können.

Wer sich mit Terminal, Zugriffsrechten, Shell, Skripten und Serverkonfigurationen näher anfreunden will, findet hier einen soliden Einstieg. mac life

ISBN 978-3-8362-1792-7, Dezember 2011
www.galileodesign.de/2664

659 S., 5. Auflage
2010, gebunden, mit
DVD, 29,90 Euro

Axel Schemberg, Martin Linten, Kai Surendorf
PC-Netzwerke
Mit VoIP, Asterisk und Skype. Aktuell zu Windows 7

Bewährt, praxisnah und randvoll mit wertvollen Informationen – dabei erhalten Sie nicht nur umfassende Grundlagen der Vernetzung, sondern auch Praxis-Anleitungen, mit denen Sie Ihre Computer zu Hause oder im Büro professionell vernetzen.
Inkl. Vernetzung Mac und PC

ISBN 978-3-8362-1105-5
www.galileocomputing.de/1618

415 S., 2. Auflage
2010, broschiert,
mit CD, 19,90 Euro

Thomas Theis
Einstieg in VBA mit Excel
Für Microsoft Excel 2002 bis 2010

Thomas Theis vermittelt das Wissen nicht nur über Text, sondern arbeitet zur näheren Erläuterung viel mit Screenshots und natürlich Codezeilen. Der Autor versteht es, in verständlichen Worten komplexe VBA-Inhalte auch für Nicht-Programmierer optimal zu transportieren.
Mediavalley

ISBN 978-3-8362-1665-4
www.galileocomputing.de/2454

958 S., 2011, gebunden,
mit DVD, 39,90 Euro
ISBN 978-3-8362-1531-2
www.galileocomputing.de/2289

Stephan Nelles
Excel 2010 im Controlling
Das umfassende Handbuch

- Operative Planung, Analyse und Reporting
- Inkl. Pivot-Tabellen, OLAP-Cubes, Diagramme, Makros
- Datenimport aus ERP-Systemen, Soll-Ist-Vergleich, Budgetverwaltung, Kennzahlen, Personalplanung u. v. m.

Praxislösungen für Controller: Von Diagrammen, Datenimport und Pivot-Tabellen über Unternehmensplanung und alle wichtigen Kennzahlen bis hin zu OLAP-Cubes und VBA finden Sie hier alle relevanten Themen. Anschauliche Beispiele stellen sicher, dass Ihnen die Umsetzung in Ihren Projekten sicher gelingt!

Ein echt starkes Buch mit verständlichen Erklärungen rund um die professionelle Nutzung von Excel, bei der sowohl technische als auch inhaltliche Ebenen sehr detailliert erklärt werden. Es ist einfach ein Muss für Controller, die täglich in ihrer Arbeitszeit das Nonplusultra aus Excel rausholen möchten. Mediavalley

Aktuelle Buchtipps

Android 3
auf Seite 9

Linux-Server
auf Seite 19

Follow me!
auf Seite 3

Erhältlich in jeder gut sortierten Buchhandlung. Fragen Sie danach!

Immer gut informiert

- ☑ Ausführliche Leseproben zu allen lieferbaren Büchern
- ☑ Kostenlose Probe-Lektionen aus unseren Video-Trainings
- ☑ Volltextsuche: Finden Sie das richtige Buch!
- ☑ Techtalks: Kostenlose Fachvorträge von führenden Experten
- ☑ Monatlicher Newsletter mit allen Neuheiten

www.GalileoComputing.de

Galileo Press GmbH • Rheinwerkallee 4 • 53227 Bonn • info@galileo-press.de